湖南中医药大学学科建设项目

汉语意合
表达式体认语言学
研究

廖光蓉　刘　康 著

湖南师范大学出版社

·长沙·

图书在版编目（CIP）数据

汉语意合表达式体认语言学研究 / 廖光蓉，刘康著. —长沙：湖南师范大学出版社，2023.11

ISBN 978-7-5648-4922-1

Ⅰ.①汉… Ⅱ.①廖… ②刘… Ⅲ.①汉语—语言学—研究 Ⅳ.①H1

中国国家版本馆 CIP 数据核字（2023）第 075977 号

汉语意合表达式体认语言学研究

Hanyu Yihe Biaodashi Tiren Yuyanxue Yanjiu

廖光蓉　刘　康　著

◇出　版　人：吴真文
◇组稿编辑：李　阳
◇责任编辑：李永芳　李　阳
◇责任校对：谢兰梅　张晓芳
◇出版发行：湖南师范大学出版社
　　　　　　地址/长沙市岳麓区　邮编/410081
　　　　　　电话/0731-88872256　0731-88873070
　　　　　　网址/https://press.hunnu.edu.cn
◇经销：新华书店
◇印刷：长沙市宏发印刷有限公司
◇开本：710 mm×1000 mm　1/16
◇印张：26.25
◇字数：480 千字
◇版次：2023 年 11 月第 1 版
◇印次：2023 年 11 月第 1 次印刷
◇书号：ISBN 978-7-5648-4922-1
◇定价：98.00 元

目　录

绪　论

本部分着重介绍以下几个方面的内容：研究缘起与研究对象，研究现状，研究问题，理论框架，研究方法，研究目的、价值和意义及著作结构。

一、研究缘起与对象

袁毓林（2015）认同意合是汉语语法的关键性特点之一的观点，继而厘清其不同含义，揭示其认知机制和运作过程，建立足以刻画其机制的描写体系。本研究基于翔实的语料，在意合表达式体验基础、认知操作和途径及其具体实施等方面予以补充、完善和发展。

人类的前概念/基本域、一般意象图式、单层概念、复合概念、百科知识网络都是通过直接或间接体验外部世界或内省，即加工源于身体内部状态感觉输入获得的。

具体的个人，林林总总、形形色色。虽说人以群分，但以二分法分之，如好人与坏人、胖子与瘦子、女人与男人，则难以确认、不易对立，因为中间还有一片面积不小的灰色地带。因此，虽然人与人之间的互动是最频繁的（经历最多、身体感觉与感知最多、认知最多、概念最多），但同时也是最复杂的，最难以驾驭的；再则，人的内部状态、内部状态感觉和内省深不可测、难以言表，而由此导致的所谓的同类人的差异让原本因标准难以统一而不好确认的分类变得更为模糊。因而某类人的概念框架难以成为恰当的类型参项。

除了与同类互动以外，人与动物的关系最为密切。人和动物同属一个生态圈，都是异养生物，共享自然，消费着自养生物（植物）生产的有机物和能量。人从动物进化而来，本身还是动物，一直试图征服、控制（包括保护）其他的动物。因动物利用价值不同，对其关注的程度也就不同。总的说来，人和动物之间主要存在斗争与利用的关系。这样一种关系就决定了人对动物具有丰富的感觉、感知、认知经验。因此，关于动物的概念也很多，包括按照人类自己的道德规范、价值取向、行为准则、风俗习惯等对其所做的评判。诸如此类的，在一个民族文化模式里大体上是可以被认同并被接受的。当然，人类不可能与所有的动物都有互动，而且即便有互动，程度也不同。

一个动物词文化意义的多少一般可以反映出人类与其互动频率的高低。汉语里，文化动物词比例最高的前 10 类动物是传说动物、猛禽、游禽、其他动物、昆虫、涉禽、其他禽鸟、食肉兽类、爬行动物、食草兽类；文化动物词绝对数量最大的前 10 类动物是食草兽类、食肉兽类、昆虫、其他禽鸟、游禽、猛禽、鸣禽、涉禽、爬行动物、传说动物。显然，食草兽类、食肉兽类、猛禽、游禽、昆虫是比较具有典型性、广泛性和代表性的，而猪（食草兽）、狗（食肉兽）、鹰（猛禽）、鸡（游禽）、蝇（昆虫）在各自的类别中文化意义都是最多的（廖光蓉，2000），因而我们选择了"猪""狗""鹰""鸡""蝇"这五个动物词概念作为研究个案，对象为后入"猪""狗""鹰""鸡""蝇"五个词概念框架里的意合表达式。为方便编辑，全书中宋体字加双引号（""）这一格式既用来表概念，也用来表语言单位。

二、研究现状

（一）界定

我国语言学家把单纯通过词语或小句的直接组合来表情达意的结构方式叫作"意合法"。意合法可分为高、低级两种版本。后者着眼于语法形式的不充分性，具体指词语直接组合、不借助形态和虚词等语法形式手段来表示语法结构关系和有关的语法意义；前者则是超出了语义组合性原理的语句组合方式，其突出的特点是语言形式的不完整性，表现为词语或小句直接组合、缺省某些结构成分来跳跃性地表情达意。（袁毓林，2015）

朱德熙在《语法答问》中说过这么一段话：印欧语里该用虚词的地方不能不用，汉语句子里的虚词倒是常常可以"省略"，特别是在口语里。此外，口语里甚至连一些表示结构关系的虚词有时候也可以不说出来。吕叔湘认为"意合法"是汉语语法的特点之一。他在《现代汉语语法要点》中论述汉语语法的特点的时候指出了四点，其中第二点是"常常省略虚词"。他是这样论述的："汉语里可以不用人称代词的时候就不用，即使因此而显得句子结构不完整，也不搞形式主义。连词也常常省略，介词有时候也省略。"有了朱德熙、吕叔湘两位先贤给出的说明，"意合法"似是汉语组词造句时的一个特点：汉语的词句在组合时常常不用相关的虚词，同样可以达到相应的"非省略形式"的表达效果。通俗地说，成分省了，语义的表达和效果却毫不逊色。若是用"意合法"，一定要在汉语的句法层面有明显的、突出的表现，这是因为，汉语的词法系统并不发达。徐通锵更认为汉语没有词法，所谓的词法只是古代汉语句法的压缩。他指出："我们传统的研究根本就没有什么构词法。现在的所谓联合式、偏正式、述宾式的复合词和以'-子、-儿、-头'类的词缀为特征的派生词，都是语言发展中的产物，是词组凝固为单词，即把词降格为语素的结果，而不是组合语素为词。"通过对现代汉语语言事实的初步观察，汉语句法层面的组合确有"意合"的情况。不过，这里所说的"意合"不是吕叔湘和朱德熙所说的"省略"，而是根本就不存在"省略"的组合！"意合法"是相对于印欧语的语法构造而言的。由于汉语的词类形态变化贫乏，汉语词语组合的时候，在不少情况下并不像印欧语那样，既需要相应的形态变化，又要使用相应的虚词关联，而是直接组合。这种现象不是局部的，而是大面积的。由于汉语组合的"意合"特点，于是就形成了汉语句法结构形式简练、但语义丰富复杂的状况。汉语中用意合法构成句法结构，这种组合法的规则性并不强，或者可以说缺少规则性。意合现象呈现出不对称、不均衡状况，在某些结构类型中比较突出，而在某些结构类型中较为贫乏。对通过意合形成的句法结构（或者简称为意合结构）的组合规则的分析、解释是一个挑战。在二语教学中，曾经有学者用"习惯搭配"或"习惯用法"的说法来解释汉语的意合现象，但是这种解释的范围有多大？解释力有多强？如果所有的意合结构都可以用"习惯搭配"或"习惯用法"来解释，那么我们只能说汉语的意合结构并无规律可言。（罗琼 等，2016）

　　总体上，汉语没有严格意义上的形态变化，主要借助语序、虚词等语法手段表示语法关系和语法意义，因而汉语的句子结构及语篇结构都较松散与随意，以意合为主。重意合就是不用严格的形态变化来体现语法关系和语法意义，而是在遵守基本的结构规则外，只要词义（笔者注：概念角色）有某种联系，就可以组合在一起。不像形态语言那样有丰富的词缀派生，汉语构词法的主体方式是词根复合，即语素意合（笔者注：词汇层面的意合应是人类自然语言的普遍现象）。汉语中同一语法结构，即相同的词汇组合序列，可表示不同的语法关系。汉语中不带"被"的被动句，例如"车停住了"，更是汉语意合特点的体现。汉语复句表达灵活，在上下文中关联词语、主语、动词、宾语、修饰语、中心语等均可省略。这是汉语意合特点给汉语语言结构带来的灵活性与简约性。汉语重意合这一语构文化特点还体现在汉语语法不重形态。汉语没有词形变化的语法范畴，即名词没有印欧语言那样的性、数、格的词形变化；动词没有印欧语言那样的时、体、态的形态变化。汉语词语没有词形变化，靠语序和虚词表达语法关系。汉语词类也没有形式上的标志，实词兼类多（笔者注：包括兼职标记语法意义）。汉语词类的功能有很大的灵活性，没有形态标记的词类性质与意义，只能在具体语境中判断，交际中并不会产生误会。汉语意合特点导致汉语词类与句法成分不像形态语言那样存在简单的对应的关系。（金枚，2016）

"意合"概念产生于 19 世纪的希腊语言，主要是指句子中的语言接应，意合现象可以不利用其他语言方式，仅仅通过语义和语序等来连接各个语言成分，使得整体更加的流畅，偏重语句意义上的连接。而和意合不同的是，形合这种形式主要是通过一些连接性质的词语将各个部分完整的联系起来，在这种形式之中，关联词和形态所起的作用非常重大，语义的表达和句与句的区别主要是通过它们来完成的。（赵艳丽，2017）

汉语可凭借概念角色内在的、逻辑的关联来组词造句，词语与句子的底层都有一种概念脉络，这种脉络是汉语组词造句的灵魂。简言之，即"文以意为主"。用体认语言学的话说，就是依靠体验基础，即事物、关系或事件概念框架，通过转喻、转隐喻等组词造句，此即意合。在汉语内部，与意合相对的不是形合，而是直陈，也称组构，统称为非意合。直陈，即在常识范围内，相对直接地（或称象似地）陈述事物、关系或事件，其目的和效果是使得语言表达更直接，与事物、关系或事件结构的逻辑更一致，或者说，象似性更强，反之为非直陈或抽象。组构，即某一语言构块的语义由其组成部分的意义和句法结构决定，反之为非组构。抽象是指表达一个事物、关系或事件时，比较多地隐略其元素，相应地，语言单位也减少，

也即没那么翔实/具体。意合、非组构、非直陈和抽象作为概念化方式，没有实质性差别。（廖光蓉 等，2021）

（二）认知机制与描写体系

语句意义的理解，尤其是意合法造成的各种句子，对其意义的识解，端赖听说双方之间的主体间性。主体间性为意合法及其语义识解提供了心理、情感、认知、社会、文化方面的基础。主体间性及建基于其上的意合法具有坚实的认知和神经基础，那就是孕于身体的认知和镜像神经系统。人的身体在认知过程中起着关键的作用，认知是通过身体的经验及其活动方式而形成的。最初的心智和认知是基于身体和涉及身体的，心智始终是具身的心智，认知始终跟具身的结构及其活动图式相关联。人的认知是被身体塑造出来的，通过"动作—身体—神经—概念"配对和融合。语义也是一种对身体经验的抽象处理的结果，依赖于我们跟外界事物打交道的身体经验。幸赖于此，意合语法才可以大展身手。汉语意合语法可在基于概念结构的"词库—构式"互动的体系中予以描写、分析和解释。其中，词库知识以谓词的论元结构和体词的物性结构为主，句式知识以句子的骨架结构、时体结构和认识结构为主，从而进行分层描写；同时，辅之以不同层次之间的互动机制。（袁毓林，2015）

（三）概念化方式

早期注意到的概念化方式有省略和直接组合。（罗琼 等，2016）运用意合这种概念化方式时，会突显、隐略或转换事物、关系或事件中的元素，手段包括转喻、转隐喻、隐转喻、整合；体现在形式结构和概念结构对应上，就是象似性差，也即语言表达与事物、关系或事件结构的逻辑不一致。（廖光蓉 等，2021）

三、研究问题

已有研究涉及意合的界定、认知机制与描写体系以及概念化方式几方面。以此为基础，走还原主义道路，以体认语言学为指导，把意合表达式作为一个有机体进行更为全面、系统、深入的探讨以更进一步逼近汉语语法真相。本研究尝试着回答了以下几个问题：（1）如何拟构五个词概念框架且如何比较它们？（2）后入框架概念表达式情形怎样？（3）后入框架事物概念是如何实现意合表达式的？（4）后入框架事件概念是如何实现意合表达式的？（5）汉语意合表达式的特征有哪些？

一个简单的语言形式最初是如何标记一个框架的起点概念的？对其进行探究很难有获。但是，事物、关系或事件经验依附于形式，尤其是被固化下来成为语言单位进入语言体系后，就向语言单位概念框架逐步完整的建构迈出了第一步。自此开始，以最初的那个简单语言单位概念为中心的框架就处在一个动态的发展扩张过程中，即里面的语言单位概念（包括命题）数量会增加，语义的内容会变化转换等等。与语义的理解和使用一样，后入框架概念的产生及其表达式（包括意合和非意合表达式）也需依靠概念框架。至少下面这一事实是显而易见的：起点语言单位概念是后入框架概念产生的基础，是其表达式的基础材料，也是其存活或消失的关联方。探讨后入框架概念意合表达式，自然需关注体验基础及其文化模式，但更应注重其概念化方式包括转喻、隐转喻、转隐喻、链式转喻及其具体实施，还有体认理据、语用功能、语法特点等等。

四、理论框架

理论框架包括概念与概念框架、体认语言学核心原则和概念化理论。

（一）概念与概念框架

1. 概念

郅友昌、赵亮和杨丽芳（2008）把俄罗斯学者对概念的理解与认识归结为三种基本观点，在此基础上，概括出概念的五个稳定特征：（1）人类经验在其理念表象中的最小单位，借助词语表达，有场性结构；（2）加工、存储和传递知识的基本单位；（3）有变动的边界和具体的功能；（4）具有社会性，其联想场限制它的语用；（5）文化的基本单位。他们认为，以下由其所转述的关于概念的定义较为全面地概括了概念的主要特征且具有很强的可操作性：语义构成物，有语言文化特性，用这种或那种方式描述某一民族文化的载体；反映民族世界观，使民族的语言世界图景带上标记；建立"存在之家"的基石，反映人类活动内容的知识"量子"；不直接出现于词义，而是词典义与人的经验碰撞的结果，被情感的、表达的、评价的光环所笼罩。概念展现了人脑中的世界，构成了概念系统。人类语言符号将这一系统的内容在词语中编码。

陈嘉映（2003）认为，人利用客体的特点来形成其概念，因为人本来就是从其世世代代处在身周的事物出发来理解整个世界的。自然语言的概念不是一些四界分明、清清楚楚的东西，而且一直连通到人的感性经验；在这里，含混和错误有着巨大的区别。一个概念是一些经验事实的结晶，这些经验事实和另外很多经验事实相联系。概念是在对事实的了解中形成的，概念的最终形式或最清晰的形式，即语词，也是这样形成的，只不过不是从某一个体的经验中形成的，而是通过一个语言共同体、成千上万年的集体的共同经验成形的。

据郅友昌、赵亮和杨丽芳（2008）述评，无论从内容还是结构上，概念可分为很多类；无论哪一类都有一个基本层面，即确定的感觉经验结构；这种结构是通用事物码的基本单位，可以将概念进行编码，从而进行思维操作。概念若是具体的感觉和感知印象，或者概念认知的主体思维简单，基本感觉经验结构就内包了概念的所有内容；在更为复杂的概念当中，补充认知特征会叠加在基本感觉经验结构之上。这些特征可能很多，能构成相对自主的概念（认知）层面，并从具体层面向更为抽象的层面层层叠加。概念的基本层面由感觉经验结构加上一些补充的概念特征构成。反映概念发展和概念间关系的众多认知层面补充了基本的认知层面；认知层面反映了人认知外部世界的成果，由概念特征构成。基本感觉经验结构、补充认知特征以及认知层面构成了概念的总体，并确定了概念的结构。并非所有的概念都有为数众多的认知层面，但是每个概念都含有以感觉经验结构为核心的基本认知层，否则概念就不能在通用事物码中得到确定，就像离散的思维结构不能作为思维单位发挥正常功能一样。

据其概括，着眼于结构，概念有三种类型：（1）单层概念，只包括感觉核心，即基本层面。这种概念主要是一些事物和表象概念。（2）多层概念，内包了不同抽象程度的认知层面，它们依次叠加在基本层面之上。（3）切分概念，包括基本感觉层面和具有相同抽象程度的几个外围部分。概念的基本层面、所有的认知层面以及认知切分部分共同构成了概念核心。除了核心，概念还包括相当多的解释成分，其表现形式为文化中的一些论点和固定看法。

综上所述，概念是经验事实的结晶，经验事实相互联系；概念借助词语表达；概念是加工、存储和传递知识的基本单位；概念是语义构成物，不直接出现于词义，而是词典义与人的经验碰撞的结果，概念可从内容或结构上进行分类。据此我们认为，概念是人脑对人所体验和认知的事物、关系或事件本质特征的概括反映，是语义的基础；概念可以分解，得到的结果便是概念成分，分为中心成分和限定成分。一般说来，成分也是概念。为了简便，本研究不用"限定概念""中心概念"这两个名称，取而代之的是"限定成分""中心成分"。概念可组合在一起，构成概念组合，结构上至少有两个层次，其表达式是大于简单词的单位。

2. 概念框架

（1）语言单位概念框架

独立于语境的词义，即词这种语言单位习惯上所表达或标记的事物/关系/事件，可称为词概念。词只是最典型的语言单位。其他的语言单位，诸如词素、成语、俗语、谚语等，也有其习惯上所表达的初始或称理性概念（包括命题），因而产生语言单位概念这一术语。

当一个形式被用来表达一个客体（包括事物/关系/事件）而获得理性概念意义，再通过语言社区的反复使用直到确认，最终成为音义结合的语言单位的时候，语言单位概念框架就已产生，随后逐步扩展。因此，我们把语言单位概念框架定义为：以最初的那个理性概念意义为起点的知识结构。这个初始义也是框架里的中心元素；从这个起点出发，框架辐射式扩展、链条式延伸，且如此往复，结果形形色色、林林总总的知识元素就聚集在这个初始义的周围。这就是初始义即框架的中心的含义。框架里的元素包括事物、关系和事件概念/范畴，是经验图式化的结果。框架还包括语言单位的语音形式、书写形式、语法功能、附加色彩等，附加色彩包括情感、语体和象征色彩。事物可分为具体事物和抽象事物，关系包括社会关系、血缘关系、地缘关系、人际关系等，事件大致可分为行为事件、出现事件、领有事件、存在事件和状态事件。关于它们的概念本身又是一个框架，也即知识结构。框架里的元素相互依存，相互联系，相互作用，相互激活；随着人类经验日趋丰富，里面的内容会逐渐地变化和增补，人们在推理过程中利用框架获得新的论断；框架是知识表达的基本方式，结构层次逻辑，自成体系，稳定又变化。（廖光蓉 等，2021）

（2）事物和关系概念框架

一个事物就是一个系统。系统是相对的，有母系统、子系统；系统又由多种要素组成，构成复杂的并列因素的综合体。（李鸿安 等，1986）任何事物都具有层次性。层次是指事物按照一定的秩序和规律划分出来的系统结构；（敬源峻，1989）结构则是指事物内部各要素的组合和结合方式。（范为启，2018）

关系是指人与人之间、人与事物之间、事物与事物之间、事物成分之间、事件框架元素之间的相互联系，由主体、基础、内容、方式、理念等要素组成。（宋连胜 等，2011）

（3）事件概念框架

典型的行为事件逻辑结构第一层次最多有四个元素，即施事、行为、受事和对象，最少有两个，即施事和行为；第二层次是关于施事、行为、受事和对象的知识元素，例如，施事、受事和对象的属性特征等，行为的构成要素：行为本身、目的、时点、时段、场所、方式、工具、过程、状态、伴随事件、结果、起点、终点等；第三层次是关于行为构成要素的知识元素，例如，目的的具体内容、场所的种类、伴随事件的构成要素等。理论上，层次是很难穷尽的。典型的出现事件逻辑结构第一层次一般有两个元素：出现者和出现；第二层次是出现的构成要素诸如场所、时间等，以及出现者的属性特征等；第三层次是场所的属性特征。出现事件看起来也比较简单，但理论上，层次同样是很难穷尽的。典型的领有事件逻辑结构第一层次必定有三个元素：领主、领有和所属；第二层次是关于领主、领有和所属的知识元素，例如，领主和所属的属性特征等，领有的构成要素：领有本身、时点、时段、场所、结果等；第三层次是关于诸如领有构成要素的知识元素，例如，结果的构成要素。领有事件看起来比行为事件要简单，但理论上，层次同样是很难穷尽的。典型的存在事件逻辑结构第一层次一般有两到四个元素：存在物和存在，另加场所或时间，或另加场所和时间；第二层次是关于存在物、存在、场所和时间的知识元素，例如，存在物和场所的属性特征等，存在的构成要素；第三层次是关于存在物和场所的属性特征与存在的构成要素的知识元素。存在事件看起来也比较简单，但理论上，层次同样是很难穷尽的。典型的状态事件逻辑结构第一层次一般有两个元素：状主/经历者和状态；第二层次是关于状主和状态的知识元素，例如，状主的知识元素包括其组成部分、特征等，状态的知识元素包括状态本身、程度等；第三层次是关于状主的组成部分、特征等和状态构成要素的知识元素。状态事件看起来也比较简单，但理论上，层次同样是很难穷尽的。出现事件与行为事件主要的区别在于前者没有受力者，即受事不明显。状态事件与行为事件主要的区别在于前者是力（包括来自外部和内部的力）的作用所产生的结果，或更具体地说是致使行为的结果。所有的事件与其构成元素是整体与部分关系。（廖光蓉 等，2021）本研究所基于的框架是包括大框架和小框架，换言之，框架里面有框架。

（二）体认语言学核心原则

体认语言学核心原则是，坚持辩证唯物主义和历史唯物主义世界观和方法论，强调语言的人本性，表明语言本身是被人创造出来的，即按照"现实—认知—语言"，"从左向右"顺序而成。具言之，语言形成于人与外部世界进行"互动体验""认知加工"以及对人的内部状态感觉输入所进行的认知加工；语言服务于社会交际，在其用法规则中必然要深深地打上人之认知的烙印。（王寅，2014）人生下来后，成长于一个特定的语言环境中，通过自然语境与家庭、学校和社会教育不断学习这一特定的语言，在此基础上逐渐建构自己的个体语言系统。（廖光蓉，2019）

言语生成的心理途径是从最初的表述动机经过表述的语义初迹，到扩展的外部言语的过程。表述动机，即在话语中表述特定内容的需要，它是言语表述的出发点。语义初迹即表述的意图/客体，即事物、关系和事件。动机只是言语表述的出发点，它本身没有确定的内容；语义初迹是确定表述内容的阶段。内部言语是从同时综合出现的语义初迹向扩展的外部言语过渡的必需阶段，过渡时要经过复杂的改码。扩展的言语表述包含一系列相互联系的句子，存在于传递信息的实际交际过程之中，受到言语环境的制约，具有统一封闭结构的性质。（王德春，1982）不管语言是人与人交流感情和传输信息的中介，还是人类认知世界和描写世界的工具，人们在生成言语的时候必须首先考虑逻辑上的正确与否，也即意义与语境制约。意义制约，即分析言语所表达的思想与情感是否符合客观实际，语境制约，即指言语的表达要符合具体语境的要求，也即言语具有可变性，对不断变化的语境很敏感，是变化不定的"活语"。（王力 等，1994）

心理语言学家试图解释并希望以模型来展现言语生成时各个层面的心理表达。西方心理语言学界比较流行并得到公认的言语生成模型有三：串行、并行和列维特模型。这些理论大体上把言语生成分为四个阶段：（1）把意念转换成要传达的信息，（2）把信息转变为言语计划，（3）执行言语计划，（4）自我监控。（贾旭杰，2002）语言表达因人而定，因时而异，因地而妥。(王寅，2014)言语生成理论认为应从言语现象返回最初"沉默"知觉世界，研究说话主体如何在知觉世界背景中生成形式和意义，并在开放体验中形成强烈的意义意向，最终实施为说话行为。(姜晨，2017)

在体认语言学框架内，上述所谓的内容、思想与情感以及从意念转换而来的信息和在知觉世界背景中所生成的意义，就是身体经验；所谓的内部言语、言语计划和意义意向，就是启用个体语言系统；所谓的复杂改码、符合具体语境的要求、执行言语计划并自我监控和因人而定，就是认知，包括文化模式、范畴化、概念化、注意、视角、选择、突显、隐略、详略度、情感和情态；所谓的句子、"活语"和说话行为，就是言语。因此言语的生成可概括为：体验—语言＋认知—言语。(廖光蓉，2019)

(三) 概念化理论

此处主要包括转喻和隐喻。(廖光蓉，2016)

1. 概念转喻

概念转喻是一个认知过程，在这个过程当中，基于事物、关系或事件的组成部分的相关性、邻近性或同一性，或其最耀眼的部分或人的主观注意，在同一个事物、关系或事件概念域或概念域矩阵中，通过突显一个概念成分或一个事物、关系或事件概念，为进入另一个概念成分或另一个事物、关系或事件概念提供心理入口。目的域义源自对源域义的比较详尽的阐释，源域义不会消失，相反会成为目的域义所依靠的概念结构的一部分。转喻可分为两大类：整体与其部分之间的转喻和整体中不同部分之间的转喻。整体与其部分之间的转喻主要包括整体指代部分和部分指代整体两种情况。整体可以是具体或抽象事物、关系、范畴和事件（包括依据事件内容划分而来的行为、出现、领有、存在、状态事件），甚至两个以上的事物、关系的组成部分、范畴成员或事件要素之和，相应的部分则是事物、关系的组成部分、范畴的成员和事件的组成部分/构成要素。事物的组成部分、范畴的成员和事件的组成部分/构成要素之间存在转喻关系。转喻还可分为单次转喻和连续两次以上的转喻；后者是指借源域先指代一个目的域，然后再指代一个……依此类推，可分为复合转喻（连续两次）和复杂转喻（连续两次以上）。

2. 概念隐喻

概念隐喻是一个过程。在这个过程当中，在特定的文化模式下，联想、比较和判断，根据源头经验域/事物、关系或事件来概念化目标经验域/事物、关系或事件；源头经验域是比较熟悉和易于理解的，而目标经验域则是不太熟悉和较难理解的——当然，这只是相对的。概念隐喻的理据寓于经验域（源头域和目标域）/经验结构/概念系统/知识结构层面。换言之，人的思维也是隐喻性的。从源头经验域映射到目标经验域是颇具主观性的。概念隐喻理论的阐述重点在于日常生活中普遍存在的传统化隐喻，包括结构隐喻、方位隐喻和本体隐喻。结构隐喻，是指隐喻中源头经验域的结构/事物、关系或事件结构可系统地转移到目标经验域/事物、关系或事件结构中去，使得后者可按照前者的结构来系统地加以理解。方位隐喻，是指运用诸如"上下""内外""前后""远近""深浅""中心—边缘"等表达空间的概念来组织另一概念系统。本体隐喻是指用关于具体事物的概念或关于概念的知识结构来认识和理解关于抽象事物的概念。

3. 隐转喻/转隐喻

（1）"嵌套转喻的隐喻"

"A IS B′（B′ FOR B）"。其中，"B′ FOR B"是嵌套在隐喻中的转喻。例如，在概念隐喻 ANGER IS THE HEAT OF A FLUID 中，嵌套了部分生理反应（发热、出汗等）来代替整个发怒情绪，即部分代整体的转喻。

（2）"嵌套隐喻的转喻"

"B FOR B′（B′ IS A）"。"B′ IS A"是嵌套在转喻中的隐喻。在 CATCH ONE'S EARS 中包含概念转喻 BODY PART（EARS）FOR（MANNER OF）FUNCTION，即：耳朵代功能。但其还暗含了概念隐喻：ATTENTION IS A MOVING PHYSICAL ENTITY，即："抓住某人的耳朵"就是"吸引了某人的注意力"。

事实上，隐喻和转喻存在密切联系，二者可形成连续体或共存模型，换言之，隐喻和转喻可以相互包含或相互衍生。所谓的认知操作组合，就包括隐转喻、链式转喻、链式隐喻和融合隐喻。（杨京鹏 等，2022）

4. 突显和隐略

以语言单位为研究对象，回溯其概念化过程。在此过程中，借用形式来概括、抽象和经济地标记事物/关系/事件，所使用的语言单位可能是一个隐喻、转喻或概念整合，或类推/仿拟或直陈、抽象的结果。突显和隐略是概念化（尤其是通过转喻、概念整合或抽象概念化）的重要途径。更具体地说，用语言来标记事物/关系/事件时，依靠关于它们的知识结构，突显和隐略其组成部分，以尽可能遵循语言的经济原则；但同时也不可避免地要损害象似性。突显受下面一些因素的制约：体验基础，语言类型，文化模式，事物、关系或事件的最吸引人眼球的部分，语境，主体，语用目的，注意，视角，选择，主观性，主体间性，情感，态度，语言水平，言语规范意识和文明言语自觉性，等等。例如，"肌肉男"中的"肌肉"是一个转喻；依靠关于"肌肉"的知识结构，突显了其中的知识元素，即"标志强壮"，隐略了其他知识元素诸如"组织""颜色"，结果实现了经济性，当然不可避免地也损害了象似性。（廖光蓉，2015）

五、研究方法

后入框架事物、关系或事件依附语言形式以后，经过反复的使用和语言社团的确认，相应的语言单位概念便产生了。本研究的后入框架概念是开放式的，换言之，只要与"猪""狗""鹰""鸡""蝇"有联系便可纳入相关框架，不论是否以"猪""狗""鹰""鸡""蝇"为中心。语料一般为固化的语言单位，包括词和熟语，主要源于罗竹风主编的《汉语大词典》、中国社科院语言研究所词典编辑室编的《现代汉语词典》和百度汉语。考虑到是个案研究，意合语料搜集遵循穷尽性原则，包括各个时期的汉语。

论著呈现研究成果的方式一般是先结论，后证据；其主要优点是简单明了，不足之处则是结论的真实性、全面性和解释力易受质疑。为避此弊，本研究则首先呈现对所有语料的忠实而全面的描写，有量为支撑；然后细致入微地分析、充分而切实地解释；最后，自然而系统地归纳、概括和抽象。如此一来，可能会让读者觉得其更自然、更真实、更全面、更令人信服。然而，这样做也有其弊端，主要是需从头读到尾才会比较明了。

意合表达式象似性一般较弱，即与事物、关系或事件结构的逻辑欠一致，可通过还原的办法相对归真。（王寅，2020）意合表达式还原包括体验基础、深层规则、形式逻辑、认知操作、表述动机、语义初迹、内部语言等。通过还原可探讨意合表达式背后的体验基础、认知操作和途径及其具体实施。意合表达式用例还原以其义为标准，基于象似性，经逻辑推导，选取原初的那一个。本研究以归纳法为主，辅之以观察、访谈、内省、比较等方法，并注重有机结合自我、群体和中国文化，尤其是汉民族文化。

六、研究目的、价值和意义

受已有成果的启发，本研究基于个案，对意合表达式背后的体验基础、认知操作和途径及其具体实施等方面进行更深入、系统和全面的探讨，朝汉语语法真相迈进了一大步，进而从生成角度补充、完善、发展体认语言学。本研究探讨汉语语法中的关键点，其研究更进一步逼近意合的真相，有助于认识汉语的属性特征，反过来更深入全面地了解汉语，构建更符合汉语事实的语法体系，然后讲好汉语的故事，最终走向世界，让世界更为全面地认识人类语言的多样性，为不断发展、完善现代语言学理论做出汉语界应有的贡献。

七、著作结构

本著作由七部分组成，具体内容如下：

绪论部分着重介绍以下几个方面的内容：研究缘起与研究对象，研究现状，研究问题，理论框架，研究方法，研究目的、价值和意义及著作结构。

第一章介绍框架的拟构及其比较，呈现五个动物词概念框架，内容有三：一是框架拟构的原则与框架本体研究内容；二是所拟构的框架；三是框架间的比较。

第二章介绍后入框架概念表达式及其统计分析，首先总览后入"猪""狗""鹰""鸡""蝇"框架概念的表达式，区分意合与非意合；然后对表达式进行统计和分析。

第三章在摸清框架里意合表达式家底的基础上，着重介绍事物概念意合表达式的体验基础、认知操作和途径及其具体实施。

第四章承接第三章，专注事件概念意合表达式的体验基础、认知操作和途径及其具体实施，以事件类型为主线展开：行为、出现、领有、存在和状态事件。

第五章研究汉语意合表达式的特征，基于前两章对后入框架事物和事件概念意合表达式的描写、分析和解释，以意合表达式的还原形式和英语的平行表达为参照，归纳总结其特征。

结语部分首先概述本研究的主要工作，然后归纳创新之处，最后指出局限性的同时展望进一步的研究。

第一章
框架的拟构及其比较

如前所述，后入框架概念的产生及其表达式需依靠概念框架，本章呈现五个动物词概念框架，内容有三：一是后入框架概念选择的原则、拟构的方法与框架本体研究内容；二是所拟构的框架；三是框架间的比较。

第一节　原则、方法与框架本体研究内容

在框架拟构之前，先要弄清楚拟构的目标、后入框架概念选择的原则、拟构的方法等。（廖光蓉，2009）目标是尽可能最大限度地、全面地搜集后于起点语言单位概念进入框架、已被语言表达且已经（包括曾经）固化在语言体系中的概念。后入框架概念选择的原则、拟构的方法和框架本体研究内容如下。

一、原则

后入框架概念的搜集、选择遵循以下几个原则：（1）以符合事物、关系或事件产生、存在、发展、变化，相互联系、相互作用、相互依存的内在的、固有的规律为最根本的标准；（2）以民俗的概念为主，以科学的概念为辅，因为概念及其语言表达式能否固化成为基本的、中心的、最终存活下来的语言单位取决于民族的文化传统和普通大众的使用和接受程度；（3）以普通的概念为主，以专门的概念为辅。因为普通的是为大众所熟悉的，而专门的则仅为比较专业的人士所知晓；（4）以共同语所表达的概念

为主，以方言所表达的概念为辅。因为共同语是全民的语言；（5）以语言单位概念为主，以言语单位概念为辅，因为前者更基本、更稳定，更容易把握；但言语单位概念更能体现人类社会发展变化、人的知识水平和认知能力的提高、语言变化的前沿性和动态性；（6）以现存的语言单位概念为主，以消失或有弃用趋势的语言单位概念为辅，因为现存的才可能是基本的、中心的；但人类形成并表达概念的轨迹可有助于更全面、更系统地反映出概念化的属性与特征（包括与身体感觉感知经验、方式、心理、认知、社会、文化、哲学、语言的关系），概念间相互联系和作用的方式，以及心理、认知、社会、文化、哲学、语言发展变化的一些规律；（7）在科学的和民俗的范畴和概念并存的时候，或者当历时的民俗范畴和概念与现时的科学范畴和概念不一致的时候，尽可能倡导科学的范畴和概念。

二、方法、可行性及局限性

动物词概念框架颇为复杂，源流多向，元素品种不一，结构层次多，宜文字表述；里面的概念划分为母概念（也即框架里的起点概念）和子概念；母框架或子框架里的一个概念理论上具有双重角色，既是子概念又是母概念。

基于人的普遍经验、民族的语言与文化（包括古代文献、文学作品、字典词典等），再结合访谈与内省，拟构应该是可行的。拟构只能是模拟，不可能是重构，只能是尽可能地近似，因为事物、关系或事件概念的产生、变化或转换的轨迹，具有个体、区域文化的差异性和断链的可能性。更不用说，在产生、变化转换方面不具典型性和代表性的一些专门的或科学的概念还被人为地剔除掉了；事实上，所拟构的框架经过了简化，实际的框架可能要复杂得多。

三、框架本体研究内容

框架拟构出来后，其本体研究包括以下几方面：在框架起点语言单位概念的基础上，其他概念的产生、幸存、发展、变化，概念的本质、结构和组织，概念的属性与特征，概念链、子框架的形成，框架的逻辑结构及其特征，起点概念与其他概念内在的联系及对它们所产生的作用，其他概念之间的相互联系、相互作用、相互依存等。

第二节　五个概念框架

　　框架概念一般较为繁多庞杂，涉及这些动物生长、繁衍、构造、特性、用途等方面的知识。根据内容，概念大致可分为三类：事物、关系和事件。事物包括具体事物和抽象事物，关系包括人与事物、事物与事物等之间的关系，事件又包括行为、出现、领有、存在和状态事件。框架内绝大多数概念不是单纯的，而是组合的。按照属性，知识/概念可分为常规知识、类知识、内在知识和特征知识。框架内的概念、概念组合、概念链或子框架源于人类的身体感觉感知经验、对内部状态感觉输入与认知水平的总和。就个体而言，就某个概念而言，并非人人皆知。这些概念总体上很少是既同质又同类的，貌似散乱，其实却有其内在的、固有的逻辑关系，即事物、关系或事件产生、存在、发展、变化的内在的、固有的规律；而正是因为这种关系，通过人的认知能力（即基本分类、概念化、范畴化、系统化、网络化等），它们被联系在人脑中从而构成概念框架。

　　框架（包括子框架）里的起点语言单位概念与其他概念的关系大致有以下四种：一是整体与部分/部分与整体，用"←→"表示；二是领主与所属，用"←"表示（箭头指向领主）；三是源头与水流，用"→"表示（箭头指向水流）；四是种与类/类与种，用"——"表示。系统是由事物内部互相联系着的各个要素、部分所组成的有机整体。系统是普遍存在的，但又不是孤立存在的。整体与部分相互依赖，没有部分，不会有整体；没有整体，也无所谓部分。但整体不是部分的简单相加。整体是各个部分有机的结合，其功能大于各个部分机械相加之和，具有部分所没有的新功能。部分离不开整体观念，离开整体的部分就失去了原来的意义。领主与所属关系和整体与部分关系不同，领主与所属不属于同一个系统，领有是动态的，从无到有，从有到无，且有一个持续期；整体部分关系大致说来是与生俱来的，整体部分关系可包含领属关系，整体与部分可发生变化。源头与水流关系主要是指引发与被引发概念之间的关系。就类属而言，类预设属，属包括类。

"野生"意为"生物在自然环境里生长而不是由人饲养或栽培的":"这种农村野生植物,认识是宝,不认识是草,若您见到,请不要采挖。"(百度·三农小七 2018-12-1)"驯化"意为"野生动物、植物经人工长期饲养或培育而逐渐改变原来的习性,成为家畜、家禽或栽培植物":"我成了一只飞到万里海外的白鸥,在海波上,载沉载浮,你要驯化我,便难之又难了。"(郭沫若《李白与杜甫·杜甫的功名欲望》)"饲养"意为"喂养(动物)":"据说,这里的灰鹤是皇帝饲养着的,在这里已有许多年代。"(老舍《四世同堂》五十)"屠宰"意为"宰杀(牲畜)":"如果有必要的话,是否可以考虑在这里专设一个屠宰所。"(白危《被围困的农庄主席》)"生殖"意为"生物的亲代个体产生子代个体,以维持种族延续的过程"(分无性生殖和有性生殖两类,有性生殖以人类为例,人类分为男性和女性,要由两性生殖细胞结合才能生成子代个体):"如彼种木,任生殖则自然蕃滋。"(司马光《知永兴军谢上表》)"阉割"意为"割掉睾丸或卵巢,使失去生殖能力":"叫作公子牲口们的,净是一些没有阉割过的雄性牲口。"(柳杞《好年胜景》)

一、"猪"框架

"猪"框架内包较为复杂的"饲养"事件、"家猪"具体事物概念和"生殖"行为事件等子框架。先看母框架,然后看其他子框架。

(一) 母框架

"猪"意为"哺乳动物"(分家猪和野猪):"猪,豕而三毛丛居者。"(许慎《说文解字》)在概念"猪"(实指"野生的猪")的基础上增加概念"猪的驯化",然后在"猪的驯化"基础上增加概念"饲养",接下来在"猪的饲养"的基础上增加概念"家养的猪",因"家养的猪"而分离出概念"野猪"。猪的驯化,应该是很专业的,且已成为遥远的过去,在一般人的记忆中已不复存在。最早的驯养发生在我国,至少是在 6000 年前。在一般用途语言中关于猪的驯化的固化单位很少,因而"驯化"事件子框架没有进一步展开。另外,一般人很少接触、了解、熟悉野猪,因而"野猪"子框架也没有进一步展开。

"猪(野生的)""驯化""饲养""家猪""野猪"这五个概念因链条式的因果关系而被联系在一起。"猪(野生的)""家猪""野猪"是具体事物概念，属类知识，"驯化""饲养"是行为事件概念，属外在知识。

（二）"饲养"子框架

"饲养"框架是一个行为事件概念框架，内含整个框架里最为复杂的概念链，从中可见框架逻辑结构层次的复杂性。它共有 10 个层次，即"饲养"（事件）←→"行为"←→"目的"——"为食其肉为用其皮"→"屠宰"（事件）←→"行为"←→"结果"——"食用部分"——"内脏"——"肠子"——"大肠"/"小肠"。它们依次因某种关系而被联系在一起，这些关系体现了事物、关系或事件产生、存在和发展的必然结果。

"饲养"事件框架的第一层次至少由三个元素组成，即"施事""行为""受事"。它们是行为事件框架的三大支柱，相互联系、相互影响、相互依存，缺一不可；属内在知识，唯其如此，才被联系在一起。它们本身也是框架，"施事"框架里的元素在较大程度上不太确定，故没有展开；"受事"框架后文述及。下面看"行为"框架。

"行为"框架至少由"目的""场所""方式"等元素构成，它们处在"饲养"事件框架的第二层次；它们是行为的构成要素，属内在知识；它们既不同类也不同质，但共同支撑行为的完成，因而功能相同；唯其如此，才被联系在一起。它们本身也是框架，其中"目的"框架最为复杂。

"目的"有三："为食其肉为用其皮""玩赏""商品"。它们处在"饲养"事件框架的第三层次，属外在知识，同时也属类知识；它们之间相对独立，几乎互不关联；但它们被目的/用途所统领，唯其如此，才被联系在一起。它们本身也是框架，其中"为食其肉为用其皮"框架最为复杂。

要获得肉皮，猪就必须被宰杀，因此自然而然便产生了"屠宰"事件框架，处在"饲养"事件框架的第四层次，属外在知识；"屠宰"事件框架由"施事""行为""受事"三元素搭建而成，它们处在"饲养"事件框架的第五层次；它们是框架的三大支柱，相互联系、相互影响、相互依存，缺一不可，属内在知识，唯其如此，才被联系在一起。它们本身也是框架，其中"行为"框架最为复杂。

"行为"框架由"场所""过程""结果"等元素构成，它们处在"饲养"事件框架的第六层次，属内在知识；这些元素既不同类也不同质，但它们共同支撑行为的完成，因而功能相同；唯其如此，它们才被联系在一起，从而构成"行为"框架。它们本身也是框架，其中"结果"框架最为复杂。

"结果"框架由"食用部分""毛皮"与"出售""自用"四个元素构建而成，它们处在"饲养"事件框架的第七层次。前两者属内在知识，同时也属类知识；它们既不同类也不太同质，但分别是生活和生产所需品，是饲养肉猪的两个目的("为食其肉"是主要目的)；唯其如此，它们才被联系在一起。后两个属外在知识，虽是不同的行为，但都是对结果的处置；唯其如此，它们才被联系在一起。这两组元素与"结果"之间分别存在一种联系，即种与类关系和被处置与处置关系或源头与水流关系，因而构成了"结果"框架。它们本身也是框架，其中"食用部分"框架最为复杂。

"食用部分"框架由"肉""内脏""其他""菜肴"四个元素搭建而成，它们处在"饲养"事件框架的第八层次。"肉""内脏""其他"这三个元素基本上是同质的，但不同类，属内在知识，同时也属类知识。猪的全身可食部分甚多，味道不同，特色各异，功能有别，自然容易被特别地留意到，何况民以食为天。"菜肴"元素便是集中体现，属外在知识。是肉、内脏等的可食性、人维持生命的需要、美食追求把这四个元素联系在一起从而构成"食用部分"框架的。它们本身也是框架，其中"内脏"框架最为复杂，"肉"框架次之。

"内脏"可分为"肠子""肚子""肝""心""腰子""胰子"等，它们处在"饲养"事件框架的第九层次。这些元素同质，但不同类也不同功能，属内在知识，同时也属类知识。它们被联系在一起，是以哺乳动物的身体构造、屠宰经验、解剖学知识及其对生命体运行的作用为基础的。它们本身也是框架，"肠子"框架尤为普通人所知，由"大肠""小肠"构成；它们处在"饲养"事件框架的第十层次，属内在知识，同时也属类知识。

"肉"框架至少可由"肥肉""瘦肉"两个元素构成，它们处在"饲养"事件框架的第九层次；它们属内在知识，被联系在一起，是因为它们都是猪肉的次类。

(三)"家猪"子框架

"家猪"子框架是一个具体事物概念框架。

"家猪"意为"野猪被人类驯化后所形成的亚种"(獠牙较野猪短，是人类畜养多供食用的猪种类型)。

由于先与野生的猪接触而后又与驯化的猪、家养的猪反复接触，人们对猪的熟悉程度、认识水平在不断提高。首先，建立起关于猪的外在的"五官""排泄/放物"的概念；其次，是关于其"内脏"的概念；再次，是关于"生殖""疾病"的概念；从次，是有关其"属性特征"的概念；最后，是对其进行主要为民俗的下位层次分类或次范畴化；另外，把它一级一级地往上归并到上位层次范畴。它们都与猪具有某种关系，因而被联系在一起；这些关系反映了猪的有机组成部分、属性、能力、疾病等内在的必然性和规定性。

"五官""内脏"是具体事物概念，基本上是同属一个概念范畴，但被概括对象的功能不同；相对于"猪"而言，它们属内在知识，同时也是类知识。

"排泄/放物"是预设了一个动作的具体事物概念，概括猪所排泄或排放之物，属内在知识，同时也是类知识。"生殖"是一个行为事件概念，属内在知识。"疾病"是预设了一个动态过程，即从无到有的具体事物概念，也属内在知识。"属性特征"是抽象事物概念，概括其某些方面的特性，其中有些预设了人主观认为猪所拥有的属性特征，属特征知识。"品种"是一个预设了"次分"行为的具体事物概念，属类知识。最后四个，即"科""纲""形态""起点"都是"猪"的上位层次范畴，预设了"概括"行为的具体事物概念，后面的一个比一个概括；它们也是类知识。

到了一定的阶段后，把猪划分为野生的猪、驯化的猪和饲养的猪是一种民俗的分类，而把猪归并到上位层次范畴是科学进步的结果；后者是专业人士所为，普通人一般不太熟悉。

在框架内的 11 个概念中，从历时和共时的角度，从传统文化和现代文明的角度，"五官""内脏""生殖""属性特征""品种"相比之下更为普通人所熟悉，其内容更丰富，也更容易被激活、被扩展，因而在一般用途语言中被表达得更多，使用频率也更高，且它们本身又是显而易见的概念框架。其中，以"生殖"事件子框架最为复杂。

"生殖"框架是一个行为事件。第一个层次有两个元素，即"施事""行为"，属内在知识；它们是行为事件三大支柱中最重要的两个，因而被联系在一起。"行为"又由"行为本身""结果"等元素构成，处在"生殖"框架的第二层次，属内在知识；它们之间具因果关系，因而被联系在一起。"行为本身"，即"交配"引发"怀孕"，"怀孕"又引发"分娩"，构成一个事件链，属内在知识；它们之间具因果关系，因而被联系在一起。生殖行为必须有雌雄两性的参与才能完成，"公""母"概念便应运而生，属内在知识；正是因为它们相互补充、相互依存，才被联系在一起从而构成"施事"具体事物概念框架。早在公元前17至11世纪的殷商时代，先民就已经知道睪丸的功能和其对动物的生殖机能的作用了。为了制服雄性动物的凶猛性格，先民发明并推广了阉割牲畜的方法（后来发展到割掉雌性的卵巢）。家畜经过阉割不仅使它的经济利用价值有了提高，而且还有优胜劣汰的作用。几千年来这一阉割技术广泛应用并深受欢迎，"阉割的公/母猪"概念便应运而生了。就"公/母猪"而言，"阉割的公/母猪"是外在知识。

二、"狗"框架

"狗"框架内包较为复杂的"饲养"行为事件、"饲养的狗"具体事物和"生殖"行为事件等子框架。先看母框架，然后"饲养"事件子框架。

（一）母框架

"狗"本义为"犬"，"狗，犬也。大者为犬，小者为狗"。（许慎《说文解字》）引申为"狗犬的通称"："悍吏之来吾乡，……哗然而骇者，虽鸡狗不得宁焉。"（柳宗元《捕蛇者说》）"官"本义为"官吏，官员"："公一女，嫁为畿辅某官某妻。"（崔铣《记王忠肃公翱三事》）引申为"官府"："贼二人得我，我幸皆杀之矣。愿以闻于官。"（柳宗元《童区寄传》）"家"本义为"屋内，住所"："便要还家，设酒杀鸡作食。"（陶潜《桃花源记》）引申为"家庭，人家"："数口之家，可以无饥矣。"（《孟子·梁惠王上》）"野"意为"不是人工饲养或培植的"（与"家"相对）："野蜂巢。"（刘基《诚意伯刘文成公文集》）"野芳发而幽香。"（欧阳修《醉翁亭记》）"流浪"本义为"在水里漂游"："鳞介之物，不达皋壤之事；毛羽之族，不识流浪之势。"（孙绰《喻道论》）引申为"生活没有着落，到处转移，随地谋生"："母子二人半饥半饿，在凄风苦雨里，流浪好些年。"（周立波《暴风骤雨》第一部第四篇）"老"本义为"年岁大"（与"少、幼"相对）："他六十多岁了，可是一点儿也不显老。"（百度汉语）"嫩"意为"娇嫩"（与"老"相对）："萝短未中揽，葛嫩不任牵。"（萧衍《游钟山大爱敬寺诗》）

母框架至少由八个元素构成。最初的野生狗经人长期驯养后逐渐改变原来的习性，听从人的指挥，此为"驯化"；然后，在"狗的驯化"基础上增加概念"饲养"（"饲养"包括"官养""家养"）；接下来，在"狗的官府或家庭饲养"的基础上增加概念"官府或家庭养的狗"，因"官府或家庭养的狗"而分离出概念"流浪狗""野狗"（如"流浪狗生产的狗"）。狗的驯化，应该是很专业的，且已成为遥远的过去，在一般人的记忆中已不复存在。从最近的化石中发现，最早的驯养行为发生在中东，至少是在 10000 年前。一般用途语言中关于狗的驯化的固化单位很少，因而"驯化"事件框架没有进一步展开。另外，一般人很少接触、了解、熟悉野狗，因而"野狗"框架也没有进一步展开。"流浪狗"，即无家可归的狗，原本就是家养过的狗，因而"流浪狗"框架也没有进一步展开。

"狗（野生的）""驯化""饲养""饲养的狗""野狗"这五个概念因链条式的因果关系而被联系在一起；"狗（野生的）""狗（饲养的）""野狗"是具体事物概念，属类知识，"驯化""饲养"事件概念，属外在知识。"官养""家养"是"饲养"的两种形式，故被联系在一起，构成"饲养"事件框架；就"饲养"而言，"官养""家养"是内在知识。"野狗""流浪狗"与"饲养的狗"在生长地是否有家这一点上是对立的，因而被联系在一起，构成一个"饲养的狗"框架；相对于"狗"来说，它们都是外在知识。

（二）"饲养"事件子框架

"饲养"框架是一个行为事件。里面有"狗"框架里最为复杂的概念链。它共有 9 个层次，即"饲养"（行为事件）←→"行为"←→"目的"——"为食其肉为用其皮"→"屠宰"（行为事件）←→"行为"←→"结果"——"食用部分"——"内脏"——"肠子"/"肚子"/"肝"/"腰子"/"心"。它们依次因某种关系而被联系在一起，这些关系体现了事物、关系或事件产生、存在、发展和变化的必然结果。

"饲养"行为事件框架的第一层次至少由三个元素组成，即"施事""行为""受事"。它们是行为事件框架的三大支柱，相互联系、相互影响、相互依存，缺一不可，属内在知识；唯其如此，才被联系在一起。它们本身也是框架。"施事"框架第一层次由"官府""家庭"两元素构成，属内在知识，也是类知识；它们本身也是框架。"官府"框架包括"机构"元素，属内在知识，也是类知识；"机构"框架由"管理者""驯养者"等构成，属内在知识，也是类知识。下面看"行为"框架。

"行为"框架至少由"目的""场所""方式""住地"等元素构成，它们处在"饲养"事件框架的第二层次；它们是行为的构成要素，属内在知识；它们既不同类也不同质，但共同支撑行为的完成，因而具有相同的作用；唯其如此，才被联系在一起。它们本身也是框架，其中"目的"框架最为复杂。

"目的"包括"为食其肉为用其皮""狩猎""看家""牧羊""军/警用""玩赏""健身""商品"，这八个元素处在"饲养"事件框架的第三层次，属外在知识，同时也属类知识。它们之间相对独立，几乎互不关联；但它们被目的/用途所统领，换言之，它们都是饲养者所追逐的功利；唯其如此，才被联系在一起。它们本身也是框架，其中"为食其肉为用其皮"框架最为复杂。

要获得肉食品和毛皮，狗就必须被屠宰，因此自然而然便产生了"屠宰"这一行为事件框架，处在"饲养"行为事件框架的第四层次，属外在知识；"屠宰"行为事件框架由"施事""行为""受事"三元素搭建而成，处在"饲养"行为事件框架的第五层次；它们是框架的三大支柱，相互联系、相互影响、相互依存，缺一不可，属内在知识；唯其如此，才被联系在一起。它们本身也是框架，其中"行为"框架最为复杂。

"行为"框架由"场所""过程""结果"等元素构成，它们处在"饲养"事件框架的第六层次，属内在知识；这些元素既不同类也不同质，但它们共同支撑行为的完成，因而功能相同；唯其如此，它们才被联系在一起从而构成"行为"框架。它们本身也是框架，其中"结果"框架最为复杂。

"结果"框架由"食用部分""毛皮"与"出售"（行为事件）和"自用"（行为事件）四个元素构建而成，它们处在"饲养"行为事件框架的第七层次。前两者属内在知识，同时也属类知识；它们不同类也不太同质，但分别是生活和生产所需品，是饲养肉狗的两个目的（"为食其肉"是主要目的）；唯其如此，它们才被联系在一起。后两者属外在知识，虽是不同的行为，但都是对结果的处置；唯其如此，它们才被联系在一起。这两组元素与结果之间分别存在一种联系，即种与类关系和被处置和处置关系或源头与水流关系，因而构成了"结果"框架。它们本身也是框架，其中"食用部分"框架最为复杂。

"食用部分"框架由"肉""内脏""其他""菜肴"四个元素搭建而成，

它们处在"饲养"行为事件框架的第八层次。"肉""内脏""其他"这三个元素基本上是同质的，但不同类，属内在知识，同时也属类知识；狗的可食部分能充饥且味美，自然容易被特别地留意，何况民以食为天。"菜肴"元素便是集中体现，属外在知识。是肉、内脏等的可食性、人维持生命的需要、美食追求把这四个元素联系在一起从而构成"食用部分"框架的。它们本身也是框架，其中"内脏"框架最为复杂，"肉"框架次之。

"内脏"可分为"肠子""肚子""肝""腰子""心"等，它们处在"饲养"行为事件框架的第九层次；这些元素同质，但不同类也不具有相同功能，属内在知识，同时也属类知识。它们被联系在一起，是以哺乳动物的身体构造、屠宰经验、解剖学知识及其对生命体运行的作用为基础的。它们本身也是框架，但从营养学角度来说是很专业的，因而未对其予以展开。"肉"事物框架包括"老狗肉""嫩狗肉"两元素，它们处在"饲养"事件框架的第九层次；它们是对狗肉进行分类的结果，因而被联系在一起；它们属内在知识，同时也属类知识。它们本身也是框架，但从营养学角度来说是很专业的，因而未对其予以展开。

三、"鹰"框架

"鹰"框架里最为复杂的子框架是"官府驯养"行为事件和"驯养的鹰"具体事物。先看母框架，然后"官府驯养"行为事件框架。

（一）母框架

"驯养"意为"训教养育"："今醴泉人与蒲相类，宜用此道，往驯养之。"（白居易《徐登授醴泉令制》）"驯养"："〔裴氏鹦鹉〕一日有憔悴容，驯养者鸣磬而告之曰：'将去此而西归乎？'"（志磐《佛祖统纪》卷二八）

千百年来，鹰一直被视作勇敢、威武的象征。猎手们有一套独特而有趣的驯化方法，使鹰成为他们的最好帮手；现在国内外的很多机场用其来驱赶野鸟。只有当野生的鹰被驯化后才可能被官府驯养。狩猎经济时期没有枪械等现代工具，所以经常用猎狗或驯化的鹰捕获猎物。在概念"鹰"（实指"野生的鹰"）的基础上增加概念"驯化的鹰"，然后在"驯化的鹰"的基础上增加概念"官养的鹰"，最后在"官养的鹰"的基础上分离出概念"野生的鹰"。鹰的驯化，应该是很专业的，且已成为遥远的过去，在一般人的记忆中已不复存在；因而"驯化"行为事件框架没有进一步展开。另外，一般人很少接触、了解、熟悉野鹰，因而"野鹰"事物框架也没有进一步展开。

"鹰（野生的）""驯化""驯养""驯养的鹰""野鹰"这五个概念因链条式的因果关系而被联系在一起；"鹰（野生的）""鹰（驯养的）""野鹰"是具体事物概念，属类知识，"驯化""驯养"是行为事件概念，属外在知识。"官养""家养"是"驯养"的两种形式，故被联系在一起，构成"驯养"行为事件框架；就"驯养"而言，"官养""家养"是内在知识。"野鹰""鹰（驯养的）"在生长地这一点上是对立的，因而被联系在一起，属外在知识。

（二）"官府驯养"行为事件子框架

"官府驯养"框架是一个行为事件框架。这里的官府包括了集体、部落、国家，国家由政府、军队等组成，因此政府、军队常可代表国家。"官府驯养"行为事件框架的第一层次至少由三个元素组成，即"官府/机构""行为""受事"。它们是行为事件框架的三大支柱，相互联系、相互影响、相互依存，缺一不可，属内在知识；唯其如此，才被联系在一起。它们本身也是框架。"官府/机构"框架由"管理者""驯养者"两元素构成，属内在知识；下面看"行为"框架。

"行为"框架至少由"目的""器具""场所""饲料""栖息地"等元素构成，它们处在"官府驯养"事件框架的第二层次；它们是行为的构成要素，属内在知识。它们既不同类也不同质，但共同支撑行为的完成，因而具有相同的作用；唯其如此，才被联系在一起。它们本身也是框架，其中"目的"框架最为复杂。"目的"主要有"狩猎"，它处在"官府驯养"行为事件框架的第三层次，属外在知识，同时也属类知识。

四、"鸡"框架

"鸡"框架里最为复杂的子框架是"饲养"行为事件、"饲养的鸡"具体事物和"生殖"行为事件。先看母框架，然后"饲养"行为事件框架，最后"生殖"行为事件框架。

（一）母框架

母框架至少由七个元素构成。有说鸡的野生祖先是能飞的，不容易活捉，较难驯养。只有当野鸡被驯化后才可能普遍地被饲养。然后在"鸡的驯化"基础上增加概念"饲养"（分为"宫廷饲养""家庭饲养"）。接下来在"鸡的宫廷或家庭饲养"的基础上增加概念"宫廷或家庭饲养的鸡"，因"宫廷或家庭饲养的鸡"而分离出概念"野鸡"。鸡的驯化，应该是很专业的，且已成为遥远的过去（三千多年前鸡已被驯养），在一般人的记忆中已不复存在，因而"驯化"行为事件框架没有进一步展开。另外，一般人很少接触、了解、熟悉野鸡，因而"野鸡"框架也没有进一步展开。

"鸡（野生的）""驯化""饲养""饲养的鸡""野鸡"这五个概念因链条式的因果关系而被联系在一起；"鸡（野生的）""鸡（饲养的）""野鸡"是具体事物概念，属类知识，"驯化""饲养"是行为事件概念，属外在知识。"宫廷饲养""家庭饲养"是"饲养"的两种形式，故被联系在一起，构成"饲养"行为事件框架；就"饲养"而言，"宫廷饲养""家庭饲养"是内在知识。"野鸡"与"饲养的鸡"在生长地这一点上是对立的，因而被联系在一起；相对于"鸡"来说，它们都是外在知识。

（二）"饲养"行为事件子框架

"宰杀"意为"屠宰牲畜、家禽等"："草木之受诛锄，犹禽兽之被宰杀，其苦其痛，俱有不忍言者。"（李渔《闲情偶寄·种植·木本》）

"饲养"框架是一个行为事件，里面有"鸡"框架里最为复杂的概念链。它共有 9 个层次，即"饲养"（事件）←→"行为"←→"目的"——"为食其肉为用其毛"→"屠宰"（事件）←→"行为"←→"结果"——"食用部分"——"内脏"——"肠子"／"肫子"／"肝"／"心"。它们依次因某种关系而被联系在一起，这些关系体现了事物、关系或事件产生、存在、发展和变化的必然结果。

"饲养"行为事件框架的第一层次至少由三个元素组成，即"施事""行为""受事"。它们是行为事件框架的三大支柱，相互联系、相互影响、相互依存，缺一不可，属内在知识；唯其如此，才被联系在一起。它们本身也是框架。"施事"框架第一层次由"宫廷""家庭"两元素构成，属内在知识，也是类知识；它们本身也是框架。下面看"行为"框架。

"行为"框架至少由"目的""场所""方式""住地"等元素构成，它们处在"饲养"行为事件框架的第二层次；它们是行为的构成要素，属内在知识；它们既不同类也不同质，但共同支撑行为的完成，因而具有相同作用；唯其如此，才被联系在一起。它们本身也是框架，其中"目的"框架最为复杂。

"目的"可分为"为食其肉为用其毛""报时""玩赏""商品",这四个元素处在"饲养"行为事件框架的第三层次,属外在知识,同时也属类知识。它们之间相对独立,几乎互不关联;但它们被目的/用途所统领,换言之,它们都是饲养者所追逐的功利;唯其如此,才被联系在一起。它们本身也是框架,其中"为食其肉为用其毛"行为事件框架最为复杂。

要获得肉食品和鸡毛,鸡就必须被宰杀,因此自然而然便产生了"宰杀"行为事件框架,处在"饲养"行为事件框架的第四层次,属外在知识;"宰杀"行为事件框架由"施事""行为""受事"三元素搭建而成,处在"饲养"行为事件框架的第五层次;它们是框架的三大支柱,相互联系、相互影响、相互依存,缺一不可,属内在知识;唯其如此,才被联系在一起。它们本身也是框架,其中"行为"框架最为复杂。

"行为"框架由"工具""过程""结果"等元素构成,它们处在"饲养"行为事件框架的第六层次,属内在知识;这些元素既不同类也不同质,但它们共同支撑行为的完成,因而功能相同;唯其如此,它们才被联系在一起从而构成"行为"框架。它们本身也是框架,其中"结果"框架最为复杂。

"结果"框架由"食用部分""毛"两个元素构建而成,它们处在"饲养"行为事件框架的第七层次,属内在知识,同时也属类知识;它们不同类也不太同质,但分别是生活和生产所需品,是饲养肉鸡的两个目的("为食其肉"是主要目的);唯其如此,它们才被联系在一起。它们本身也是框架,其中"食用部分"框架最为复杂。

"食用部分"框架由"肉""内脏""其他""菜肴"四个元素搭建而成,它们处在"饲养"行为事件框架的第八层次。"肉""内脏""其他"这三个元素基本上是同质的,但不同类,属内在知识,同时也属类知识;鸡的可食部分能充饥且味美,自然容易被特别地留意,何况民以食为天。"菜肴"元素便是集中体现,属外在知识。是肉、内脏等的可食性、人维持生命的需要、美食追求把这四个元素联系在一起从而构成"食用部分"框架。它们本身也是框架,其中"内脏"框架最为复杂,"肉"框架次之。

"内脏"可分为"肠子""肫子""肝""心"等,它们处在"饲养"行为事件框架的第九层次;这些元素同质,但不同类也不同功能,属内在知识，同时也属类知识；它们被联系在一起，是以家禽的身体构造、宰杀经验、解剖学知识及其对生命体运行的作用为基础的。它们本身也是框架，但从营养学角度来说是很专业的，因而未展开其框架。"肉"事物框架包括"老鸡肉""子鸡肉"两元素，它们处在"饲养"行为事件框架的第九层次；它们是把鸡肉分类的结果，因而被联系在一起；它们属内在知识，同时也属类知识。它们本身也是框架，但从营养学角度来说是很专业的，因而未对其予以展开。"子"意为"幼小"："郫县子鱼，黄鳞赤尾。"（曹操《魏武四时食制》）

（三）"生殖"行为事件子框架

"生殖"框架是一个行为事件框架。第一个层次有两个元素，即"施事""行为"，属内在知识；它们是行为事件三大支柱中最重要的两个，因而被联系在一起。"行为"又由"行为本身"，即"交配"等元素构成，处在"生殖"行为事件框架的第二层次，属内在知识。"交配"后是"下蛋"，接下来是"孵育"，构成一个行为事件链，属内在知识；它们之间具因果关系，因而被联系在一起。生殖行为必须有雌雄两性的参与才能完成，"公""母"概念便应运而生，属内在知识；为了让公鸡长得更快一些，肉质更嫩一些，就把公鸡的睾丸割掉，"阉割"概念便应运而生；正是因为它们相互补充、相互依存，才被联系在一起从而构成"施事"具体事物框架。但从"下蛋"到"孵育"是由母鸡一方完成的。

五、"蝇"框架

"繁殖"意为"生物的滋生增殖"："人工繁殖的鱼苗，比天然繁殖的成长慢，有没有这回事？"（百度·酷软教育中心 2019-05-24）"白河东诸山地美多风，衍吹律而煖气至，五谷繁殖。"（蒋一葵《长安客话·黍谷山》）

"蝇"框架至少由 12 个元素构成。由于人被蝇反复骚扰，首先，建立起外在的"形体""部位""排放物""声音"的概念；然后，是关于其"繁殖"的概念；再后，是"害人虫"的概念；接下来，是有关其"属性特征"的抽象事物概念；再接下来，是对其进行主要是民俗的下位层次分类和次范畴化；最后，把它一级一级地往上归并到上位层次范畴。它们都与蝇具有某种关系，因而被联系在一起。这些关系反映了蝇的组成部分、属性、能力和类属等的内在的规定性。

"形体""部位""排放物""声音"是具体事物概念,相对于"蝇"而言,它们属内在知识,同时也是类知识。"繁殖"是一个行为事件概念,属内在知识。"害人虫"是一个具体事物概念,是人对蝇评价的结果,属外在知识。"品种"是一个预设了"次分"行为事件的具体事物概念,属类知识。最后四个,即"科""纲""形态""起点"都是"蝇"的上位层次范畴,预设了"概括"行为事件的具体事物概念,后面的一个比一个概括;它们也是类知识。

在框架内的 12 个概念中,从历时和共时的角度,从传统文化和现代文明的角度,"部位""属性特征""品种"相比之下更为普通人所熟悉,其内容更丰富,也更容易被激活、被扩展,因而在一般用途语言中被表达得更多,使用频率也更高,且它们本身又是显而易见的概念框架。

第三节 框架间的比较

比较在"猪""狗""鹰""鸡""蝇"框架之间进行,涉及其异同及成因;共性主要体现在概念的本质、概念链和框架形成的机制、框架的主要元素等方面,差异性则见诸框架元素的有无和多寡、层级的复杂程度等。

一、共性

"猪"/"狗"/"鹰"/"鸡"/"蝇"框架建构的基础是人的体验和认知。从"猪(野生的)"到"驯化"到"饲养"再到"猪(家养的)"最后到"野猪";从"狗(野生的)"到"驯化"到"官养""家养"到"狗(饲养的)"到"流浪狗"最后到"野狗";从"鹰(野生的)"到"驯化"到"官府驯养""家庭驯养"最后到"野鹰";从"鸡(野生的)"到"驯化"到"宫廷饲养""家庭饲养"最后到"野鸡";从受蝇骚扰到对其外表情况的了解,到对其属性和特征的概括,最后到对其作敌或友的划定,都是一个漫长却自然而然、水到渠成的身体感觉感知、认知、概念化、范畴化、网络化的过程。子框架的建构也是如此,如"猪/狗/鹰/鸡饲养"行为事件框架、"饲养的猪/狗/鹰/鸡"事物框架、"猪/狗/鹰/鸡生殖"行为事件框架等。

起点概念纵深发展总的趋势是从具体到抽象；对猪、狗、鹰、鸡和蝇的认知不断系统化和抽象化，这些都伴随着人的体验的丰富和人类智力的开发。人类的智力包括注意、观察、发现、联想、比较、分析、判断、类推、分类、概念化、范畴化、网络化、记忆等。

框架内具体或抽象事物概念的产生大凡要经历这样一个过程：先通过身体感觉感知获得新的经历经验，进而逐渐了解、熟悉、认知，然后参照已有的概念或概念系统，最后作用于认知能力。建构的概念越抽象，比较、加工、分类、概念化、范畴化的水平越高。

对猪、狗、鹰、鸡和蝇的认识是一个连续统，理论上是一环扣一环，与其产生、存在、发展、变化的内在的、固有的规律基本上是一致的；是人们生存的基本需求、人的身体感觉感知经验、意象图式、文化模式、认知机制、百科知识网络把这些概念联系在一起从而形成相应的框架。

家养动物，与人互动最频繁，且历史悠久，其相应的词概念框架元素最繁多、结构最复杂，如"猪""狗""鸡"框架中的"饲养"概念链，其次是官养动物，如"鹰"框架，野生动物则最简单；这也表明，概念、概念框架的本质是体验的、认知的。

只要是动物就都会有疾病，猪、狗、鹰、鸡和蝇都有五官/部位、排泄系统、生/繁殖系统、属性特征，猪、狗、鹰和鸡还都有五脏六腑，它们向下可次分，向上可归并，因而"猪""狗""鹰""鸡"框架有许多的相同子框架和元素。

"猪""狗""鹰""鸡""蝇"都可归并到上位层次范畴，即"科""纲""形态""起点"，这是现代科学发展的一种标志。虽然普通人对这几个概念并不一定非常熟悉，但人类是具有这种认知潜能，而这种潜能的开发是文明社会所倡导的。

二、差异性

猪、狗、鸡都是家养动物，且历史悠久，鹰是家/官养的动物，历史也比较悠久，但其相应的词概念框架之间存在一定的个体差异性。

一是，同类的子框架，元素有多有少。"狗"框架中的"目的"子框架元素最多，有八个："为食其肉为用其皮""狩猎""看家""牧羊""军/警用""玩赏""健身""商品";"鸡"框架中的"目的"子框架元素次之,有四个:"为食其肉为用其毛""报时""玩赏""商品";"猪"框架中的"目的"子框架元素有三个:"为食其肉为用其皮""玩赏""商品";"鹰"框架中的"目的"子框架元素只有一个,即"狩猎"。

二是,同类的子框架,元素的有无不一致。"猪""狗""鸡"的"为食其肉为用其皮/毛"是最为基本的,为了多产,被饲养的肉猪都是被阉割的公/母猪,被饲养的肉鸡多为被阉割的公鸡,因而,在"猪""鸡"框架的"用途"子框架里,都有"阉割"元素,而"狗"框架的"用途"子框架里却没有。

三是,同类的子框架,层级复杂程度不同。"猪"框架中的"饲养"子框架层次最为复杂,有 10 个层次:"饲养"(事件)←→"行为"←→"目的"——"为食其肉为用其皮"→"屠宰"(行为事件)←→"行为"←→"结果"——"食用部分"——"内脏"——"肠子"——"大肠"/"小肠";"狗""鸡"框架中的"饲养"子框架次之,各有 9 个层次,分别是"饲养"(行为事件)←→"行为"←→"目的"——"为食其肉为用其皮"→"屠宰"(行为事件)←→"行为"←→"结果"——"食用部分"——"内脏"——"肠子"/"肚子"/"肝"/"腰子"/"心","饲养"(事件)←→"行为"←→"目的"——"为食其肉为用其毛"→"宰杀"(事件)←→"行为"←→"结果"——"食用部分"——"内脏"——"肠子"/"肫子"/"肝"/"心";"鹰"框架中的"官养"子框架只有三个层次:"官养"→"行为"→"目的"→"狩猎";"蝇"框架的层级最简单。这表明,框架概念、概念链、子框架的形成包括元素的多少和有无与层级的复杂程度基本上要受制于相应的事物、关系或事件产生、存在、发展、变化的内在的、固有的规律和人们对其认知的水平。

小　结

五个动物词概念框架里的知识元素,源于人的身体经验和认知加工。这些元素可分为五种类型,即常规、内在、类、特征及外在和类的结合,

"为食其肉为用其皮/毛""军/警用""狩猎""牧羊""看家""玩赏""健身""报时""商品"等是外在和类的结合。一般说来，内在知识容易理解和记忆，处在内在知识和外在知识这个连续体最右端的外在知识则要困难一些，类知识也比较难，外在知识和类知识的结合更难，特征知识则最难，尤其是掺入人的主观评价的特征知识，如"狗的属性特征"之"奉承"。

框架里的知识元素关涉具体且常常反复出现的事物、关系或事件，源于体认，反过来又依靠它去认知新的事物、关系或事件。如在"野生的狗"的基础上认知"驯化的狗"；在"驯化的狗"的基础上认知"官养的狗"；在"官养的狗"的基础上认知"家养的狗"；在"家养的狗"的基础上认知"流浪狗"；在"官养的狗""家养的狗""流浪狗"的基础上认知"野生的狗"；在"官养的狗""家养的狗""流浪狗""野生的狗""母狗""公狗""幼狗""具特殊用途的狗"等的基础上抽象出"狗"。

框架里的元素组织呈众星拱月状之状，其序列较多、层级复杂。"猪"/"狗"/"鹰"/"鸡"/"蝇"框架起点语言单位概念"猪"/"狗"/"鹰"/"鸡"/"蝇"是中心，周边有其他元素，呈辐射式；它们的出现有先后顺序，可能是离散的，也可能有某种联系。其周边的每一个元素，理论上都又可作为子框架的起点，其周边又有其他的元素，呈辐射式，且可依此类推。"猪"/"狗"/"鹰"/"鸡"/"蝇"概念链条式延伸，链条上的概念一个连着一个，具有领主与所属关系、源头与水流关系、整体与部分关系/部分与整体关系或种与类/类与种关系。子框架起点语言单位概念周边的任一概念又可链条式延伸，而链条上的任一概念又可作为下位层次的子框架的起点概念，理论上是不易穷尽的。沿着一条链延伸而来的概念可形成概念链，"猪"/"狗"/"鸡"框架有好几条概念链；横向扩展导致框架具多面性，纵向延伸导致框架层级具复杂性，框架里面套着框架。

框架内后于起点概念的概念、概念组合、概念链、子框架的形成基本上与事物、关系或事件的产生、存在、发展、变化的内在的、固有的规律是一致的，合乎逻辑且稳定。如"猪"框架里最复杂的概念链，即"饲养"（事件）←→"行为"←→"目的"——"为食其肉为用其皮"→"屠宰"（事件）←→"行为"←→"结果"——"食用部分"——"内脏"——"肠子"——"大肠"/"小肠"，其逻辑关系与作为"为食其肉为用其皮"

的猪的产生、存在、处置、结果的内在的、固有的规律基本上是一致的。起点概念周边的概念是由起点概念所引发的，即起点概念与周边的概念之间具有源头与水流关系，或与起点概念具有整体与部分关系/部分与整体关系或种与类/类与种关系，或与起点概念具有领主与所属关系。但其中任一概念链条式延伸得越深，与起点概念关系则越间接；概念链上的、层级越往下的概念，若作为起点概念，其周边的概念与作为框架中心的起点概念的联系一般来说就越隐晦，如"饲养"与"大肠"的关系。任一起点概念周边的概念可能是离散的，也可能有某种联系。以任一周边概念为起点形成的概念链上的概念之间的联系比较明显；周边的概念与链条上的概念之间则不一定有联系，如"狩猎"与"嫩狗"就几乎没有联系。

框架起点概念和后入概念/知识元素都是范畴，尽管起点概念与后入概念以及后入概念它们之间绝大多数不具有同一范畴内部成员之间的关系。在框架内部，范畴/事件起稳定和触发作用，正是根据范畴/事件的结构和它们之间的相互关系，框架才得以构建、稳定、扩张和激活。如"狗"被归并到"犬科""哺乳动物""生物""物体"上位层次范畴；按照不同的标准，"狗"被划分出不同的下位层次范畴；等等。

人类思维的规律一般是从具体到抽象再回到具体，框架里最初的概念一般都指具体事物，具体概念相继产生到一定阶段就会被更为概括地表征，在此基础上再回到具体。如从"狗"（实指"野生的狗"）到"驯化的狗"到"官养的狗"到"家养的狗"到"流浪狗"到"野生的狗"等的时候，就抽象出"狗"；在"狗"的基础上再形成具体概念诸如"猎犬""看家狗""玩具狗"等。再如，从"猎犬"到"看家狗"到"牧羊犬"到"肉狗"到"宠物狗"到"健身狗"等的时候，就抽象出"狗的用途"；以"具有特别用途的狗"为范畴又可接纳诸如"比赛用犬"等。

第二章
后入框架概念表达式及其统计分析

依据所拟构的"猪""狗""鹰""鸡""蝇"框架，摸清每个框架里的意合表达式的家底。本章首先总览后入框架概念的表达式，区分意合与非意合；然后，对意合表达式进行统计和分析。

后入框架概念是指一个词概念框架内的、后于起点语言单位概念而产生的概念（包括命题）。概念表达式，即一个事物、事件或关系所依附的语言单位，包括词（简单词、派生词、复合词）、成语、习惯用语、俗语、谚语、歇后语等；概念表达式又可分为意合和非意合表达式，前者标注为 A（abstraction），后者标注为 NA（non-abstraction）。根据意合的定义，单纯词被排除在外。在判断表达式是否为意合时，一般以构词词素的基本义为准。本章首先总览后入框架概念的表达式，然后对其进行统计分析。为了结构平行（因为理论上限定成分可无限叠加），统计数据只到两层结构的语言单位，但语句一类的除外。

先民很可能是在狩猎时第一次接触到了猪、狗、鹰或鸡，然后对其进行命名或词化；"猪"和"狗"的表达并存有两种或两种以上形式："猪"与"豕/彘/豨/豭/豚"和"狗"与"犬"，前者作为俗称，后者用于书面语；后者的感情色彩更中性一些，例见下文。本研究论述时都用前者。先民与蝇的接触应是最简单和最容易的，因为当时条件差，无法御其扰于人身。"猪""狗""鹰""鸡""蝇"与它们各自相应的形式的结合是任意的，但概念的建构却是以已知的其他动物为参照点，所以单纯词"猪""狗""鹰""鸡""蝇"一开始至少承载了它们各自最基本的区别性特征。在对野生的猪、狗、鹰、鸡驯化成功以后，因其价值，即作为食物或用来狩猎，百姓家养猪、狗、鹰、鸡，官府畜养狗、鹰，宫廷官养鸡，于是相继便出现了概念"驯化了的猪/狗/鹰/鸡""官养的狗/鹰""家养的猪/狗/鹰/鸡"，其参照点是概念"野生的猪/狗/鹰/鸡"；新概念的表达式可能仍然是单纯词"猪/狗/鹰/鸡"。后来为了对其进行区分，把"驯化了的猪/狗/鹰/鸡""官养的狗/鹰""家养的猪/狗/鹰/鸡"记为无标记形式"猪/狗/鹰/鸡"，而"野生的猪/狗/鹰/鸡"则退而居其次，成了有标记形式，在"猪/狗/鹰/鸡"前加上限定成分单纯词"野"，也即"野猪/狗/鹰/鸡"。先民从狩猎经济进入到以农耕经济为主的社会以后，对家养动物更为熟悉，从而家养动物成为观察其他动物的尺度，所以在家养动物跟野生动物的对立中，前者常用无标记形式，后者常用有标记形式。（马清华，2000）

单纯词"豕"本义为"猪"："有读史记者曰：'晋师三豕涉河。'子夏曰：'非也，是己亥也。夫己与三相近，豕与亥相似。'"（《吕氏春秋·察传》）单纯词"彘"本义为"大猪"，引申为"一般的猪"："故明主表信，如曾子杀彘也。"（《韩非子·外储说左上》）单纯词"豨"本义为"大野猪"："王师则班而西，苗谓利可屡邀，蜮出豨突，弗变。"（魏源《苗疆敕建傅巡抚祠碑铭》）引申为"大猪""猪"："言则称于汤文，行则譬于狗豨。"（《墨子》）单纯词"豭"本义为"公猪"，引申为"猪"："卫开方不省其亲，管仲至比之豭狗。"（《明史·黄道周传》）单纯词"豚"本义为"小猪"，引申为"猪"："鸡豚狗彘之畜。"（《孟子·齐桓晋文之事》）"犬"本义为"大狗"，引申为"狗"："时则有犬祸。"（《洪范五行传》）

后人框架事物、关系或事件依附语言形式以后，经过反复的使用和语言社团的确认，相应的语言单位便产生了。下文中后人框架概念的编排基本上依照其产生的历时轨迹；语言单位以"猪""狗""鹰""鸡""蝇"框架及其内部子框架历时排序；有些概念的表达式不止一个，在统计时，同音异形只算一个，异音异形则算两个。

还有几点略作说明：一是概念表达式集合类似语料库，但又不同于一般的语料库，更注重体验性、体系性、历时性和互比性：第一层面以框架为主线、第二层面以子框架为主线，均以概念为基础；概念与形式之间、不同框架的类似概念与形式之间可进行比照。二是概念表达式数据是下文描写、解释和概括具有自然特性的坚实基础，因而先分别集中呈现。三是语言单位所表达的概念的确定基于默认值域，不刨根问底，且多以其逻辑结构第一层级为限。四是语言单位根据概念分类，概念与表达式之间用冒

号来连接。后入"猪""狗""鹰""鸡""蝇"框架事物、关系或事件概念
表达式依次如下所呈。

第一节　后入"猪"框架概念表达式及其统计分析

一、后入"猪"框架概念表达式

下面以框架产生扩展的大致脉络，即概念系统及其子系统为主线展开。

（一）关涉"驯化"事件的表达式

1. 行为的表达式

"把野生动物培养成家养动物"：驯化 A，"他采集了八十多个品种，其
中六十多种被他引往美英等国，加以驯化"。（徐迟《生命之树常绿》）

2. 受事的表达式

"野生的猪"：猪 NA，豚 NA，野猪 A，"蝇营狗苟一笑中，廿年稳卧野
猪峰"。（冯勘《十二辰诗赠昆山支逸人》）

（二）关涉"饲养"事件的表达式

1. 施事的表达式

"专职养猪的人"：猪倌 A，"他从小就给外屯老财主家当小猪倌，家里
从来都是勒着裤腰带过日子"。（刘白羽《写在太阳初升的时候》）"以养猪
为业的人"：养猪专业户 A。"养猪的机构"：养猪场 A，猪场 A。

2. 行为的表达式

"给吃食物"：喂 NA，饲养 A；由此引发的概念及其表达式有"家庭饲
养"：家养 A；由此引发的概念及其表达式有"关在圈里饲养"：圈养 A。

3. 受事的表达式

"猪"：豨 NA，豲 NA，豕 NA，猳 NA，豚 NA，猪 NA，猪猡 NA；
由此引发的概念有两大类，即事物和事件。

（1）事物概念及其表达式

下文以概念所包含的关系和事件为主线展开。

①包含关系的事物概念及其表达式。

第一，包含整体"猪"与部分关系事物概念及其表达式。部分包括外部部位和内部器官。因专业性强和数量多，第一层级的从略。

其一，整体"猪"＋整体与部分关系标记＋外部部位。

甲，整体"猪"＋整体与部分关系标记＋脸上部位。

"猪的耳"：猪耳 A，猪耳朵 A，招风耳 A；"猪的鼻"：猪鼻子 A，由此引发的概念及其表达式有"猪的鼻子里插葱"：猪鼻子插葱 A，"猪鼻子插葱——装象"。（百度文库）"猪的眼"：猪眼 A；"猪的嘴"：猪嘴 A，猪嘴巴 A，豕喙 A，"叔鱼生，其母视之，曰：'是虎目而豕喙，鸢肩而牛腹，溪壑可盈，是不可餍也'"。（《国语·卷十四·晋语八》）由"猪嘴"引发的概念及其表达式有"从猪的嘴里吐不出象牙"：猪嘴里吐不出象牙 A。"猪觜关"：猪觜关 A，"反为人号作'猪嘴关'"。（蔡绦《铁围山丛谈》）"腮腺炎或耳下腺炎"：猪嘴瘟 A，"你吹熄了灯，蝗虫会还要多，你就会生猪嘴瘟"。（鲁迅《彷徨·长明灯》）

乙，整体"猪"＋整体与部分关系标记＋躯干部位。

"猪的身躯"：猪身/体 A；"猪的头"：猪头/脑 A，豕首 A，豨颅 A；由此引发的概念及其表达式有"天名精的别名"：豕/豕首/豨颅 A。"用于祭祀的牛、羊、猪"：猪头三牲 A，"天名精乃天蔓菁之讹也。其气如豕豨，故有豕首、豨颅之名"。（李时珍《本草纲目·草部·天名精》）"银角用手指道：'这骑白马的是唐僧，这毛脸的是孙行者。'八戒听见道：'城隍，没我便也罢了，猪头三牲，清醮二十四分……'口里唠叨，只管许愿"。（吴承恩《西游记》第三十二回）"猪的颈"：猪颈 A，猪脖（子）A；由此引发的概念及其表达式有"猪颈上的长毛"：猪鬃 A，猪鬛 A，猪鬐 A，"抗战时期，为什么只有中国的猪鬃是重要的战略物资？"（百度知道 2019-08-13）"曹身长九尺，鬓面甚雄，臂毛逆如猪鬛，力能拔树"。（李延寿《北史·卢曹传》）"〔大咸之山〕有蛇名曰长蛇，其毛如豨毫"。（《山海经·北山经》）（郭璞注："今蝮蛇色似艾绶文，文间有毛如猪鬐，此其类也。"）由"猪颈上的长毛"引发的概念及其表达式有"具有猪鬃形状的草"：猪鬃草 A，"猪鬃草是什么？对人体有什么功效？"（苹果绿·养生 2017-12-11）

其二，整体"猪"＋整体与部分关系标记＋内部器官。

"猪的心"：豕/猪心 A。

第二，包含部分（所属＋领主）与整体"猪"的关系及其表达式。

其一，部分是毛。

"黑/白毛的猪"：黑/白猪 A，"黑猪肉与白猪肉的区别，哪个更好吃？"（搜狐·山西老农优品 2018-06-24）由此引发的概念及其表达式有"黑猪渡河"：黑猪渡河 A，"天河中有黑云，谓之黑猪渡河。主雨。则萧冰崖所谓'黑猪渡河天不风，苍龙衔烛不敢红'也"。（杨慎《古今谚》）

其二，部分是部位。

"短头猪"：猥猪 A。由此引发的概念及其表达式有"猥猪的头"：猥猪头 A，"豕，奏者猥。注曰：'今猥猪短头，皮理腠缩。'按：此猪之头短小而丑，非人意所喜，故俗以市物不称意曰'猥猪头'"。（《尔雅·释兽》）

第三，包含类"猪"＋范围标记＋整体与部分关系标记＋种事物概念及其表达式。

"猪中的王"：猪王 A，"数次面临被宰杀之危，但'猪王'均能'死里逃生'"。（百度百科）"猪中的神"：猪神 A，"象亦曰茅犀，状如犀而小角，善知吉凶，交广有之，土人名曰猪神"。（杨慎《丹铅续录·卦爻名义》）

第四，包含成员与成员关系的事物概念及其表达式。

其一，"猪"＋并列关系标记＋另一动物概念及其表达式。

"猪和狗"：猪狗 A，豚犬 A，豭狗 A，"有人夜自外归，见有物蹲其门，以为猪狗类也，以杖击之，即逸去，至山下月明处，则虎也"。（苏轼《书〈孟德传〉后》）"公见舟船器仗军伍整肃，喟然叹曰：'生子当如孙仲谋，刘景升儿子若豚犬耳！'"（裴松子注引《吴历》）"卫开方不省其亲，管仲至比之豭狗"。（张廷玉《明史·黄道周传》）由"猪和狗"引发的概念及其表达式有"猪狗不如"：猪狗不如 A；"他须纳住气，向连猪狗不如的人说好话"。（老舍《四世同堂》）"景升豚犬"：景升豚犬 A，"向忧伯道之忧，今且五其男，二其女，孕而未诞，诞而侍孕者，尚不一其人，虽尽属景升豚犬，然得此以慰桑榆，不忧穷民之无告矣！"（李渔《闲情偶寄·词曲》）

其二，另一相应的动物概念＋并列关系标记＋"猪"及其表达式。

"龙和猪"：龙和猪 NA。由"龙和猪"引发的概念及其表达式有"一龙和一猪"：一龙一猪 A，"三十骨骼成，乃一龙一猪"。（韩愈《符读书城南》）"鸡和猪"：鸡豚 A，"寅夙遭哀闵，室无强亲，计盐米，图婚嫁，察鸡豚，持门户"。（唐寅《上吴天官书》）由"鸡和猪"引发的概念及其表达式有"祭祀土地神后乡人分享鸡豚的活动"：鸡豚（同）社 A，"耻随鸳鹭班，笑

结鸡豚社"。(汪元亨《雁儿落过得胜令·归隐》)

第五，"猪"叠加及其表达式。

"猪"：豕彘 A，"墨翟非儒，目以豕彘；孟轲讥墨，比诸禽兽"。(刘勰《文心雕龙·奏启》)

②包含事件的事物概念及其表达式。

下文以事件的类型为主线展开。

第一，包含行为事件的事物概念及其表达式。

其一，施事即"猪"＋行为＋修饰关系标记＋受事及其表达式。

"猪吃的老莼菜"：猪莼 A，"莼生南方湖泽中……春夏嫩茎未叶者名稚莼，稚者小也。叶稍舒长者名丝莼，其茎如丝也。至秋老则名葵莼，或作猪莼，言可饲猪也"。(李时珍《本草纲目·草部·莼》)"猪排泄/放的粪/屎/尿"：猪粪/屎/尿 A。由"猪屎"引发的概念及其表达式有"菌类植物"：猪苓 A，豕零 A，"顾贼一日不灭，则此诸弊政一日不能去，此犹饮鸩汤以疗渴，进猪苓以养生，暂犹不可行者也"。(王韬《补苴起废药痼议》)"猪得的一种急性传染病"：猪瘟/霍乱 A，由此引发的概念及其表达式有"患瘟疫的猪"：瘟猪 A。"猪的怪异会给人带来灾祸"：豕祸 A，"《洪范》曰：'水曰润下。'水不润下，则为咎征。凡恒寒、恒阴、雪霜、冰雹、鱼孽、蝗蝻、豕祸、龙蛇之孽……黑祥皆属之于水"。(赵尔巽《清史稿·灾异志》)"猪得的一种由中枢神经疾患引起的疾病"：猪癫风/癫疯 A。"十二生肖之猪代表的年份，即亥年"：猪年 A，"传说猪年是个肥年，是个风调雨顺、五谷丰登、六畜兴旺之年。我们顺其吉言，共同来迎接 2007 愈加和谐之年！"(2007 年 Z1 期《温州瞭望》)

其二，施事即"猪"＋行为1＋行为2＋修饰关系标记＋受事及其表达式。

"猪喜欢吃的野苋菜"：猪苋 A，"细苋，俗谓之野苋，猪好食之，又名猪苋"。(李时珍《本草纲目·菜部·苋》〔集解〕引苏颂曰)

其三，行为＋修饰关系标记＋施事及其表达式。

"活着的猪"：活猪 A，毛猪 A，生猪 A，混毛猪 A，"活猪期货在芝加哥商业交易所于 1966 年开始交易"。(百度百科)"全国毛猪最新价格预测"。(耀家农业网)"和平村，去年生猪存栏数比前年增加一倍多"。(百度汉语)"死了张屠夫，不吃混毛猪"。(百度百科)由"生猪"引发的概念及其表达式有"生猪交易场所"：生猪市场 A，"生猪市场行情分析与预测准确率高"。
（卓创资讯 2020-03-10）由此引发的概念及其表达式有"装猪的笼/兜/车厢"：猪笼/兜 A，生猪车厢 A；"运猪的车"：运猪车 A，"猪苗运输车和普通仓栏运猪车的区别，长见识了"。（百度贴吧 2019-04-11）由"猪笼"引发的概念及其表达式有"具有猪笼形状的草"：猪笼草 A，"猪笼草放在家里哪个位置好？"（蟑螂花语 2016-12-24）由"猪兜"引发的概念及其表达式有"具有猪兜形状的土炮"：猪兜炮 A，"两个大队在前，一个大队在后，纵队所有的猪兜炮、九节炮，全部摆在堤埂附近"。（钟发宗《赤卫军围困兴国城》）由"混毛猪"引发的概念及其表达式有"即便死了张屠夫，也不会吃混毛猪"：死了张屠夫，不吃混毛猪 A。

其四，行为构成要素，即场所＋行为＋修饰关系标记＋施事及其表达式。

"野生的猪"：野猪 A。由此引发的概念及其表达式有"全身黑色，自肩部以后长着许多长而硬的刺，刺的颜色黑白相杂，穴居，昼伏夜出的野猪"：豪豨/豗/猪 A，箭猪 A，猫猪 A，山猪 A，"沿山莳苗多费力，办与豪猪作粮食"。（元好问《驱猪行》）"虽然屋主人告诉我说，山中只有一只箭猪，和一只小鹿，而我终是心怯"。（冰心《寄小读者·通讯二十一》）"懒妇如山猪而小，喜食田禾"。（周亮工《书影》卷三）由"豪猪"引发的概念及其表达式有"豪猪皮做的靴子"：豪猪靴 A，"羌父豪猪靴，羌儿青兕裘"。（杜甫《送韦十六评事充同谷郡防御判官》）"野公猪"：猪牯 A，"猪牯狂怒地紧追不放，两颗獠牙像两把利剑，几次险些掀中紫娥"。（罗旋《红线记》）"野猪被屠宰后对其切分而得到的肉"：野猪肉 A；"生长于广东南雄龙王岩的猪"：龙猪 A。"生长于英国巴克夏的猪"：巴克夏猪 A。

其五，行为＋完成体标记＋受事＋修饰关系标记＋施事的性别＋施事及其表达式。

"产过仔的雌性猪"：母猪 A。

其六，行为构成要素＋行为＋受事＋修饰关系标记＋施事及其表达式。

"来自本土配种的猪"（长期被人们误解为以饲养粮食为主的猪）：土猪 A，本地猪 A，"土猪行业认为所谓土猪是指，其猪种的祖先的原产地是中国，区别于外国进口猪"。（百度百科）"最受养殖户喜欢的几类本地猪，如果可以将会成为首选繁衍母本。"（百度·猪农 2018-09-24）由"土猪"引发的概念及其表达式有"土猪被屠宰后对其切分而得到的肉":土猪肉 A。由此引发的概念及其表达式有"以喂饲料为主的猪被屠宰后对其切分而得到的肉":饲料猪肉 A,"'土猪肉'和'饲料猪肉'到底有什么区别?不了解你猪肉都白吃了"。(百度·乡村美食行 2018-12-06)

其七,行为构成要素+行为 1+受事 1/施事 2+行为 2+修饰关系标记+属性特征+受事 1 及其表达式。

"专门用于繁殖的雄性和雌性家猪":种猪 A。由此引发的概念及其表达式有"专门用于繁殖的雄性/雌性家猪":种公猪 NA,种母猪 NA。"岁暮用其供祭的猪":岁猪 A,"林际已看春雉起,屋头还听岁猪鸣"。(陆游《北园杂咏》之七)"供人玩赏的猪":宠物猪 A。

其八,行为 1+受事 1/施事 2+行为 2+受事 2+修饰关系标记+受事 1 及其表达式。

"用其敬锁神的猪":开锁猪 A(旧俗。生女后,把名字写在红布上,挂在屋里西墙的锁神柜内,姑娘出嫁时由男方送猪来敬锁神,取出该红布),"上年纪的人们问道:'还用不用开锁猪呀?'"(周立波《暴风骤雨》第二部第二七篇)

其九,行为构成要素+行为+修饰关系标记+受事,即"猪"及其表达式。

甲,行为构成要素是方式。

"圈养的猪":圈猪 A,"四面四堵墙,圈猪不圈羊"。(汉谜网 2015-02-28)由此引发的概念及其表达式有"圈里饲养一年以上的猪":宿猪 A;"放养的猪":跑猪 A,"如何靠养殖'生态跑猪'年入 50 万?"(搜狐·农业行业观察 2018-07-27)

乙,行为构成要素是目的。

"为肉食饲养的猪":肉猪 A。由此引发的概念及其表达式有"已经长大且肥的猪":肥猪 A,"实拍重庆大山深处老师傅现场杀肥猪,听说这个是四里八乡的高手"。(好看视频 2017-10-07)由此引发的概念及其表达式有"肥猪拱门":肥猪拱门 A,"我看你肥猪拱门的这片孝心怪可怜见儿的,给你留个囫囵尸首,给你口药酒儿喝,叫你糊里糊涂地死了就完了事了"。(文康《儿女英雄传》第五回)"人怕出名猪怕长肥":人怕出名猪怕壮 NA,"咱们一日难似一日,外面还是这么讲究。俗语说的'人怕出名猪怕壮',况且又是个虚名儿"。(曹雪芹《红楼梦》第八十三回)"已经长大但还没有长肥的猪":架子/壳郎猪A,"他们要把小春预分的几十块钱拿去再买一头架子猪"。(陈朝璐《赶场》)"杀猪":杀猪NA,豕屠A,"我看你杀猪又是用气吹,又是棒子揍,我送你一个横批吧,叫'先斩后奏'"。(百度百科)"豕屠忠良,草刈善类,朝廷空矣"。(唐甄《潜书·贱奴》)由此引发的概念及其表达式有"以屠宰生猪为业者":屠夫A,屠户A,杀猪的A,"油灯像野火一样,映出牛的血,血染的屠夫的手臂,溅有血点的屠夫的头额"。(艾青《透明的夜》诗之二)"数内有一妇人,是屠户张永之妻"。(《前汉书平话》卷下)"杀猪的刀":屠刀A,杀猪刀A,"〔屠夫老王〕用了他的屠刀,把一个从城里跑来的逃兵干了"。(沙汀《丁跛公》)"屠宰猪的场地":屠宰场A,"大部分的材料,是在他住在屠宰场的一个比较简短的时期内聚集起来的"。(洪深《电影戏剧的编剧方法》第一章)"屠宰猪时放出的血":猪血A,猪红A;"被屠宰了的猪":死猪A,"但他是死猪不怕开水浇的,而自己何苦惹他的恨呢?"(柳青《种谷记》)"经滚水烫洗并去毛的猪":汤猪A,"一面忙展开单子看时,只见上面写着……汤猪二十个"。(曹雪芹《红楼梦》第五十三回)"已经屠宰退毛的猪":白条猪A;"猪被肢解、蛇被截断":豕分蛇断A;"猪被屠宰后经切分得到的肉":猪肉A,大肉A,"要不然你剁我的肉去卖:总得比大肉贵两子儿一斤哩"。(张天翼《儿女们》)"猪被屠宰后经切分得到的皮":猪皮A,肉皮A;"猪被屠宰后经切分得到的骨头":猪骨A,猪骨头A;"猪被屠宰后剥下来的未去毛的皮":猪皮A;"提炼猪肉得到的油/脂/膏":猪油/脂/膏A,"有差池,对青天发誓,拍口吃猪脂"。(冯惟敏《黄莺儿·劝色目人变俗》)"猪被屠宰后经切分得到的舌头":猪舌A;"猪被屠宰后经切分得到的头":猪头A;"猪被屠宰后经切分得到的腿":猪腿A;"猪被屠宰后经切分得到的脚":猪脚A,猪手A;"猪被屠宰后经切分得到的尾巴":猪尾巴A;"猪被屠宰后经切分得到的胃":猪肚A;"猪被屠宰后经切分得到的肝":猪肝A;"猪被屠宰后经切分得到的肠":猪肠A,肥肠A;"猪被屠宰后经切分得到的膀胱":猪尿泡A,猪脬A,猪胞A;"猪被屠宰后经切分得到的胰脏":连贴A。

　　由"死猪"引发的概念及其表达式有"死猪不怕开水烫":死猪不怕开水烫A。由"猪肉"引发的概念及其表达式有"猪肥肉":猪膘A,肥肉A;"猪瘦肉":瘦肉A;"肥瘦分层相间的猪肉":五花肉A,"月牙山烧烤的五花肉好不好吃?"(大众点评 2019-08-21)"刀切的猪肉片":肉片 A,"肉片是福建省小城福鼎一种很有名的特色小吃,来福鼎的做客的人都要尝一尝福鼎肉片"。(百度汉语)"切成大块的猪肉":豕戴 A,"炙南醢以西,豕戴,芥酱,鱼鲙"。(《仪礼·公食大夫礼》)"烧烤的猪肉":烧猪 A,"东坡喜食烧猪,佛印住金山时,每烧猪以待其来"。(周紫芝《竹坡诗话》)"干猪肉":豕腊 A,"备其鼎俎,设其豕腊,修其宗庙"。(《礼记·哀公问》)"用烟火或香花熏制的猪肉":熏肉 A;"腊月腌制后风干或熏干的猪肉":猪红 A,腊肉 A;"腌制的猪肉":咸肉 A;"炸过或煎过的大片瘦猪肉":猪排 A,"猪排,是指炸过或煎过的大片瘦猪肉,是在西餐中出现的一道美食"。(百度百科)由"烧烤的猪肉"引发的概念及其表达式有"烤炙的猪肉":豕炙 A,"鮨南,羊炙以东,羊戴,醢,豕炙"。(《仪礼·公食大夫礼》)由"腊肉"引发的概念及其表达式有"整片的腊肉":猪膘 A,"许多羌族群众家里有了收音机、录音机、电视机、缝纫机,壶里存放着咂酒,墙上挂着猪膘"。(《人民日报》1982-11-15)由"猪油"引发的概念及其表达式有"猪油果":猪油果 A,"猪油果树上好摄影"。(西双版纳热带植物园 2013-12-02)

由"猪头"引发的概念及其表达式有"猪头肉":猪头肉 A;由"猪腿"引发的概念及其表达式有"猪腿的最上部":肘子 A;"腌制的猪腿":火腿 A;由"猪脚"引发的概念及其表达式有"猪的蹄":猪蹄 A;由"猪腿的最上部"引发的概念及其表达式有"猪腿最上部的前半部":前肘 A,前蹄膀 A;"猪腿最上部的后半部":后肘 A;由"猪肝"引发的概念及其表达式有"买猪肝":买猪肝 NA,"何由取熊掌?幸免买猪肝"。(陆游《蔬食》)由"猪肠"引发的概念及其表达式有"猪的大肠":大肠 A;"猪的小肠":小肠 A;"腊月腌制后风干或熏干的猪肠":腊肠 A;"脱去脂肪晾干的猪肠":肠衣 A;由"猪小肠"引发的概念及其表达式有"用猪的小肠,装上碎肉和作料等制成的食品":香肠 A,"香肠,又灌肠,细切猪肉料,拌纳肠中风干(按:即今之香肠是也)"。(孙锦标《通俗常言疏证·饮食》)"状如猪肠的米粉":猪肠粉 A,"白粥半毫起计……猪肠粉、白糖糕、豆沙角是一毫起计,工人们有一毫钱就解决早点了"。(黄谷柳《虾球传·离开家庭》)由"猪的胰脏"引发的概念及其表达式有"猪胰脏制的熟食":猪胰 A。

由"猪骨"引发的概念及其表达式有"猪的肋骨、脊椎骨、猪头骨、腿骨"：排骨 A，脊椎骨 A，头骨 A，筒子骨 A；由"猪的肋骨"引发的概念及其表达式有"一种含有排骨粉的味精"：排骨精 A；由"猪的脊椎骨、腿骨"引发的概念及其表达式有"猪的脊椎骨、腿骨髓"：骨髓 A；由"猪皮"引发的概念及其表达式有"用猪皮去毛后加工制成的熟革"：猪革 A，"一起来了解，你所不知道的'猪革'"。（搜狐·鞋有名堂 2019-04-03）

"以催肥为目的阉掉睾丸或卵巢的公猪或母猪"：阉猪 A，"为过年包饺子、做菜准备肉料而宰杀的猪"：年猪 A，"过去农村流行'杀年猪'，今年却少见，为啥?"（百度·百家号 2019-01-11）

丙，行为构成要素是材料。

"泥巴捏的猪"：泥猪 A，"见个败类，纵然势焰熏天，她看着也同泥猪瓦狗"。（文康《儿女英雄传》第五回）由此引发的概念及其表达式有"全身涂满污泥的猪和长满顽癣/疥疮的狗"：泥猪癞/疥狗 A，"泥巴捏的猪和土烧的狗"：泥猪瓦狗 A；"天下竟有这等人物! 如今看来，我竟成了泥猪癞狗"。（曹雪芹《红楼梦》第七回）"墨画的猪"：墨猪 A，"少小也曾锥刺股，不徒白手走江湖；乞灵无着张皇甚，沐浴薰香画墨猪"。（徐悲鸿《题〈墨猪图〉》）

其十，行为＋受事＋修饰关系标记＋行为构成要素及其表达式。

甲，行为构成要素是场所。

"养猪的场所"：猪圈/牢 A，猪栏/阑 A，猪溷 A，豕牢/圈 A。

乙，行为构成要素是饲料。"养猪的饲料"：猪食 A，猪潲 A；由此引发的概念及其表达式有"可充作猪饲料的草类植物"：猪草 A，"农村这种野草，曾经做猪草，如今是一道野菜，营养价值高，可入药"。（搜狐网 2022-10-27）

第二，包含领有事件的事物概念及其表达式。

其一，领有＋所属，即属性特征即状主＋状态（＋范围）＋修饰关系标记＋领主"猪"及其表达式。

"肉香的猪"：香猪 A；"肉香七/十里的猪"：七里香 A，十里香 A。

其二，领有＋所属"猪的形状/属性特征"＋修饰关系标记＋领主"非猪"及其表达式。

"领有猪的好吃懒做习性的朋友和领有狗的不务正业毛病的朋友"：猪朋狗友 A，"担心的是咱爷儿俩辛辛苦苦积攒下来的一份家业，将来不够他跟那些猪朋狗友天天去吃醋溜纹银子!"(欧阳山《苦斗》第四十四章)"领有猪形的熊/貛":猪熊/貛 A,"今猎者熊有两种:猪熊,其形如猪;马熊,其形如马。各有牝牡"。(吴陆玑《毛诗陆疏广要》卷四)"领有猪形的石":石猪 A,"时坪中有石猪,子母数千头。长老传言:夷昔牧猪于此,一朝猪化为石,迄今夷不敢牧于此"。(常璩《华阳国志·蜀志·三缝县》)"领有猪的属性特征的动物":猪科 A。

第三,包含状态事件,即状态(施事+行为+受事)+修饰关系标记+状主的事物概念及其表达式。

"体重极少超过 30 公斤的猪":迷你猪 A。

第四,包含状态事件,即状态(状主+状态)+修饰关系标记+状主的事物概念及其表达式。

"毛色驳杂的猪":花猪 A,"正宗宁乡花猪肉哪里可以买到?"(网上厨房 2019-12-23)

(2)事件概念及其表达式

① "猪"为施事/状主之事件概念及其表达式。

"猪向前冲":猪突 A,豕突 A,"纷纷彼狼心,跃跃欲猪突"。(黄遵宪《三哀诗·哀吴秀清明府》)"半壁河山伤豕突,片时泥爪类鸿征"。(刘师陶《夜泊》)"猪眼神朦胧,黑白不明;下斜偷视":豕视 A(此为心术不正,贪而多欲的不仁之相),"闻诸孙卿云:'其为人也,长目而豕视者,必体方而心圆。'每以其法相人,千百不失"。(王钧林、周海生《孔丛子·卷五》)"猪吃食":豕食 A,"乡无豕食之隶,野靡狼顾之民"。(何逊《七召·治化》)"猪卑和狗险":猪卑狗险 A,"彬又目禽兽云:'羊性淫而狠,猪性卑而率,鹅性顽而傲,狗性险而出,皆指斥贵势'"。(萧子显《南齐书·卞彬传》)

② "猪"为受事之事件概念及其表达式。

"杀猪":宰猪 NA,杀猪 NA,"昨日宰猪家祭灶,今宵洗豆俗为糜"。(陈藻《平江腊月廿五夜作》)由此引发的概念及其表达式有"用冷水烫猪":冷水烫猪 A,"从部队上转业整整一年了,啥事没干成,尽碰到些冷水烫猪的倒霉事"。(克非《春潮急》)"骑猪":骑猪 NA,"蒙鞑残兵骑猪遁,永绝生猺侵省"。(刘克庄《转调二郎神》)"放牧猪":牧猪 NA,"承宫,琅邪姑幕人。少孤,年八岁,为人牧猪"。(佚名《承宫樵薪苦学》)由此引发的概念及其表达式有"放养猪的人"：牧猪奴 A，"戴胜晨呼采桑女，于菟夜警牧猪奴"。（钱惟善《述怀寄光远并简城南诸友》诗之二）"指猪却骂狗"：指猪骂狗 A，"百般指猪骂狗，欺侮俺娘儿们"。（兰陵笑笑生《金瓶梅词话》第十一回）"赶猪又打狗"：赶猪打狗 A，"惜马用牛，赶猪打狗"。（搜狐·中国职业经理 2017-04-12）"与猪交往"：豕交 A，"屠门盛豕交，宁为爱而食"。（徐渭《修拄杖首次前韵》）由此引发的概念及其表达式有"待猪和养兽"：豕交兽畜 A，"食而弗爱，豕交之也；爱而不敬，兽畜之也"。（《孟子·尽心上》）"老虎借猪，相公借书"：老虎借猪，相公借书 NA。"剥猪猡的皮"：剥猪猡 A，"有一天晚上，他看戏回来，身上的皮袍子和丝棉袄都没有了，冻得要死。这叫作'剥猪猡'"。（丰子恺《缘缘堂随笔集·旧上海》）

（三）关涉"生殖"事件的表达式

1. 施事的表达式

（1）"供配种繁殖的雄性种猪"：豴 NA，公猪 A，朴猪 A，牙猪 A，"俗呼牡猪曰朴猪"。（翟灏《通俗编·兽畜》）"就是五元多钱也不算少啦，能买一头小牙猪"。（李育才《卖肥猪》）由"豴"引发的概念及其表达式有"寄放在别人家的公猪"：寄豴之猪 A。"老公猪"：艾豴 NA；"夫为寄豴，杀之无罪，男秉义程"。（司马迁《史记·秦始皇本纪》）

（2）"雌性猪"：母猪 A，猪婆（子）A，娄猪 A，"野人歌之曰：'既定尔娄猪，盍归吾艾豴?'"（《左传·定公十四年》）由"母猪"引发的概念及其表达式有"生了崽的母猪"：猪娘 A，猪姆 A；由"猪姆"引发的概念及其表达式有"猪姆摆尾"：猪姆摆尾 NA；由"猪姆摆尾"引发的概念及其表达式有"像猪姆摇尾巴一样多的利息"：猪姆摆尾利 A，"他只得月月季季向'公平鱼栏'借钱，可是，鱼栏的'猪姆摆尾利'，却又像在他脖子上套上一条绞索，勒得他连口气也喘不过来了"。（孙景瑞《红旗插上大门岛》第九章）由"猪婆"引发的概念及其表达式有"扬子鳄"：猪婆龙 A，"猪婆龙，生长于江西。形似龙而短，能横飞；常出沿江岸扑食鹅鸭"。（蒲松龄《聊斋志异·猪婆龙》）

2. 行为的表达式

"交配"：交配 NA。"怀孕"：怀孕 NA。"分娩"：分娩 NA，生产 NA。

3. 受事的表达式

"小猪"：豚 NA，小猪 A，猪仔 A，猪牙子 A，猪娃（子）A，猪崽

（子）A，猪苗 A，仔猪 A；由"猪仔"引发的概念及其表达式有"卖猪的仔"：卖猪仔 A。"被收买的国会/议员"：猪仔国会/议员 A，"二十年来，西人开垦招工，佣值顿贵，于是贩卖人口出洋者，名曰卖猪仔"。（李钟珏《新加坡风土记》）"我们听见袁世凯做皇帝的时候，他用钱来收买无耻的猪仔议员，使他们不反对他做皇帝"。（廖仲恺《石井兵工厂青年工人学校演词》）

二、后入"猪"框架概念表达式统计分析

统计时，同音同形异义的算 2 个，同音同义异形的只算 1 个。

（一）非意合表达式的数据

共计 18 个。客体为事物即"猪"的计 3 个：雄猪，雌猪，艾猳。客体为事件的计 15 个。施事为"猪"的 8 个：繁殖，交配，怀孕，分娩，生产，豕/猪突，猪姆摆尾。施事为"人"的 7 个：骑猪，牧猪，宰猪，杀猪，人怕出名猪怕壮，老虎借猪相公借书，买猪肝。

（二）意合表达式的数据

共计 293 个。客体为事物的共计 273 个。

客体为"人或机构"的有 9 个：饲养员，猪倌，屠夫，屠户，杀猪的，养猪专业户，养猪场，牧猪奴，猪觜关。

客体为"猪"的有 64 个：活猪，生猪，死猪，大猪，小猪，家猪，母猪，种猪，肉猪，宠物猪，土猪，本地猪，洋猪，花猪，饲料猪，肥猪，香猪，圈猪，跑猪，宿猪，猪王，猪神，寄豭之猪，朴猪，公猪，牙猪，阉猪，年猪，岁猪，架子猪，壳郎猪，毛猪，混毛猪，黑猪，汤猪，白条猪，开锁猪，猪婆，猪婆子，娄猪，猪娘，猪姆，猪仔，猪牙子，猪娃，猪崽，猪苗，龙猪，巴克夏猪，香猪，迷你猪，七里香，十里香，瘟猪，猥猪，野猪，猪牯，豪稀，豪彘，豪猪，箭猪，猫猪，山猪，豕彘。

客体为"猪一类的动物"的有 1 个：猪科。客体为"猪和狗"的有 4 个：猪狗，豚犬，景升豚犬，豭狗。客体为"鸡和猪"的有 1 个：鸡豚。

客体为"外部部位"的有 24 个（因专业性强从略，后同），同部异名的有 10 个：豕/彘首，彘颅，猪脖，招风耳，豕喙，猪嘴巴，猪尾巴，猪手，猪骨头。客体为"猥猪的头"的有 1 个：猥猪头。客体为"内部器官"的有 14 个（因专业性强从略，后同），同器异名的有 2 个：豕心，猪腰子。

　　客体为"作为食材的外部部位"的有 50 个：猪肉，豚肉，猪膘，猪颈肉，猪排，猪大排，猪小排，豕羹，猪头，猪腿，猪前腿，猪后腿，猪脚，猪前脚，猪后脚，猪手，猪骨（头），猪排骨，猪脊椎骨，猪脊背，猪龙骨，猪大骨，猪筒子骨，猪腿骨，猪软骨，猪韧带骨，猪眼镜骨，猪头骨，猪蹄，猪前蹄，猪后蹄，猪蹄膀，猪肘（子），猪前肘，猪后肘，猪尾巴，猪头肉，猪耳朵，猪舌，猪肉皮，猪骨髓，大肉，肥肉，瘦肉，槽头肉，五花肉，肉片，肉皮。客体为"作为食材的内部器官"的有 17 个：猪心，猪肝，猪肺，猪腰子，猪肚，猪尿泡，猪脬，猪胞，猪胰，猪血，猪红，猪大肠，猪小肠，猪肛肠，猪肝腱，猪肠衣，肥肠。客体为"食品"的有 15 个：豕腊，腊肉，猪红，猪膘，熏肉，咸肉，火腿，豕炙，烧猪，腊肠，香肠，猪油，猪脂，猪膏，猪肠粉。

　　客体为"由猪身上的东西为材料的制成品"的有 3 个：排骨精，猪革，豪猪靴。客体为"猪颈上的长毛"的 4 个：猪鬃，猪鬣，猪髻，彘豪。客体为"排泄物"的有 3 个：猪粪/屎，猪尿。

　　客体为"猪形制品/自然物"的有 3 个：泥猪，墨猪，石猪。客体为"买卖场所或运输工具"的有 5 个：生猪市场，运猪车，猪笼，猪兜，生猪车厢。

　　客体为"饲养场所"的有 7 个：猪场，猪圈，猪牢，猪栏/阑，猪溷，豕牢，豕圈。客体为"饲料"的有 3 个：猪食，猪潲，猪草。客体为"屠宰猪的场地或工具"的有 3 个：屠宰场，屠刀，杀猪刀。

　　客体为"具有猪的属性特征的人、机构"的有 3 个：猪朋狗友，猪仔国会/议员。客体为"动物"的有 3 个：猪熊，猪獾，猪婆龙。客体为"植物"的有 10 个：猪莼，猪苋，猪笼草，猪鬃草，豕零，豕/彘首/彘颅，猪油果，猪苓。

　　客体为"祭祀品"的有 1 个：猪头三牲。客体为"器物"的有 5 个：猪惊骨，猪惊，惊骨，豪猪靴，猪兜炮。客体为"年份"的有 1 个：猪年。客体为"疾病或祸害"的有 6 个：猪瘟，猪霍乱，猪癫疯，猪栏疯，猪嘴瘟，豕祸。客体为"利息"的有 1 个：猪姆摆尾利。

　　客体为事件的计有 23 个。施事为"人"的 15 个：驯化，家养，剥猪猡，卖猪仔，"死了张屠夫，不吃混毛猪"，猪狗不如，豕分蛇断，豕屠，豕交，豕交兽畜，冷水烫猪，指猪骂狗，赶猪打狗，鸡豚（同）社。施事为"猪"的 8 个：豕视，豕食，猪卑狗险，肥猪拱门，死猪不怕开水烫，猪鼻子插葱，猪嘴里吐不出象牙，黑猪渡河。

（三）分析

非意合表达式计 18 个，意合表达式计 293 个，共计 311 个。

非意合性表达客体为事物 3 个，占总数的 16.67％；为事件的 15 个，占总数的 83.33％。意合性表达客体为事物的有 273 个，占总数的 93.17％；为事件的 20 个，占总数的 6.83％。18 个非意合表达式只占总数 311 个的 5.79％，293 个意合表达式则占到 94.21％。为避免重复，具体分析详见本章小结，下同。

意合表达式的客体数量最多的为"食物"（83 个），其次是本体"猪"（64 个）。这充分表明了言语的产生过程，即"体验—语言＋认知—言语"。这些语言形式是汉民族农耕社会文化的载体，而家猪是主要的肉食源头；尤其是其外部部位，是人们赖以生存的不可或缺的资源。

第二节　后入"狗"框架概念表达式及其统计分析

一、后入"狗"框架概念表达式

下面以框架产生扩展的大致脉络，即概念系统及其子系统为主线展开。

（一）关涉"驯化"事件的表达式

1. 行为的表达式

"把野生动物培养成家养动物"：驯化 A。

2. 受事①的表达式

"野生的狗"：狗 NA，犬 NA，野狗 A。由此引发的概念及其表达式有"狼上狗却不上"：狼上狗不上 A，"大家也想到，虽然黑虎星手下有几百人，临时还可以联络本地土匪一两千人，但毕竟是乌合之众，打起仗来狼上狗不上的，只须去三百多骑兵一冲，就可以把他们冲得溃不成军"。（姚雪垠

---

① 从专业上说是灰狼。

《李自成》第一卷第十四章）

（二）关涉"饲养"事件的表达式

1. 施事的表达式

（1）"饲养狗的主人"：狗主 A。由此引发的概念及其表达式有"吞纸和抱犬"：吞纸抱犬 A，"好学，家贫无资，累日不爨，乃时吞纸以实腹；寒无毡被，抱犬而卧"。（颜之推《颜氏家训·勉学》）

（2）"饲养狗的专业户"：养狗专业户 A。

（3）"饲养狗的人"：饲养员 A。

2. 行为"饲养"的表达式

"给吃食物"：饲养 A，养 A。

3. 受事的表达式

"犬"：犬 NA，狗 NA，狗子 A；"村陌有狗子为人所弃者，元即收而养之"。（李大师、李延寿《北史·孝行传·张元》）由此引发的概念有两大类，即事物和事件。

（1）事物概念及其表达式

下文以概念所包含的关系和事件为主线展开。

①包含关系的事物概念及其表达式。

第一，包含整体"狗"与部分关系事物概念及其表达式。部分包括外部部位和内部器官。因专业性强和数量多，第一层级的从略。

其一，整体"狗"＋整体与部分关系标记＋外部部位。

甲，"狗的头"：狗头 A。由此引发的概念及其表达式有"贼的头和狗的脑"：贼头狗脑 A，"今天楼上家中老少和一班女眷都在看，刘奎璧对着楼上贼头狗脑，以致第三箭失手"。（陈端生《再生缘》第一回）

乙，"狗的口"：狗口/嘴 A。由此引发的概念及其表达式有"狗口/嘴里生/吐不出象牙"：狗口/嘴里生/吐不出象牙 A，"父亲和这等东西，有什么好话，讲出什么公理来，狗口里吐不出象牙"。（臧懋循《元曲选·赵元遇上皇》第一折）

丙，"狗的屁股"：狗屁股 A。由此引发的概念及其表达式有"狗颠屁股"：狗颠屁股垂儿 NA，狗颠屁股（儿）NA，"春燕说莺的不好，另叫你炒个面筋儿，少搁油才好，你忙着就说自己发昏，赶着洗手炒了，狗颠屁股儿似的，亲自捧了去"。（曹雪芹《红楼梦》第六十一回）

丁，"狗的尾巴"：狗尾 A。由此引发的概念及其表达式有"狗摇尾巴"：狗摇尾巴 NA。"貂不足，狗尾续"：貂不足，狗尾续 A，"散文，在文苑中算是成功的，但试看今年的选本，便是前三名，也即令人有'貂不足，狗尾续'之感"。（鲁迅《准风月谈·由聋而哑》）狗尾续貂 A，"圣叹断定《水浒》只有七十回，而骂罗贯中为狗尾续貂"。（胡适《〈水浒传〉考证》四）"踩踏狗尾"：踏狗尾 NA，"若有那拿粗挟细踏狗尾的但风闻，这东西一半儿停将一半儿分"。（郑廷玉《后庭花》第一折）"拖着一条狗尾"：啜狗尾 A，"这等人是狗相识……是一个啜狗尾的乔男女，是一个拖狗皮的贼丑生"。（无名氏《杀狗劝夫》第三折）由"狗尾续貂"引发的概念及其表达式有"狗尾续金貂"：狗续金貂 A，"嗟满座狗续金貂，则索要清海宇谁把狼烟扫?"（筱波山人《爱国魂·勤王》）"狗尾续侯冠"：狗续侯冠 A，"琶歌宫布，为后不若为娼；狗续侯冠，畏首还当畏尾"。（感惺《断头台·党争》）

戊，"狗的皮"：狗皮 A。由此引发的概念及其表达式有"狗皮耷拉"：狗塌皮 NA，"师父每日家与清风明月为知友，茶药琴棋为相识，端的是自在无拘系，则你便是狗塌皮，是好快活也"。（无名氏《南极登仙》第二折）

其二，整体"狗"＋整体与部分关系标记＋内部器官。

甲，"狗的牙"：狗/犬牙 A。由此引发的概念及其表达式有"犬的牙交错"：犬牙交错 A，"而苗疆多与邻省犬牙交错，又必归并事权，始可一劳永逸"。（赵尔巽《清史稿·土司一》）"犬的牙相制"：犬牙相制 A，"高帝封王子弟，地犬牙相制"。（司马迁《史记·孝文帝纪》）"犬的牙相错"：犬牙相错 A，"诸侯王自以骨肉至亲，先帝所以广封连城，犬牙相错者，为盘石宗也"。（班固《汉书·中山靖王传》）"犬的牙差互"：犬牙差互 A，"其岸势犬牙差互，不可知其源"。（柳宗元《至小丘西小石潭记》）"犬的牙相接"：犬牙相接 A，"若因州县改易，隶地入他境及犬牙相接者，听依旧受"。（杜佑《通典·食货典》）"犬的牙相邻"：犬牙相邻 A，"汉郡八九十，形错诸侯间，犬牙相邻，秉甚厄塞地利"。（司马迁《史记·汉兴以来诸侯年表》）"犬的牙和盘石"：犬牙磐石/盘石犬牙 A，"盖所谓宗子维城，犬牙盘石之势"。（元稹《论教本著》）"犬的牙和鹰的爪"：犬牙鹰爪 A，"犬牙鹰爪死不辞，触机折颈吁可悲!"（陆游《艾如张》）

乙，"狗的舌"：狗舌 A。由此引发的概念及其表达式有"抹了油的嘴和狗的舌"：油嘴狗舌 A，"你会唱的甚么好成样的套数儿，左右是几句，东沟

窝，西沟灟，油嘴狗舌，不上纸笔的"。（兰陵笑笑生《金瓶梅》第七十六回）

丙，"狗的心"：狗心 A。由此引发的概念及其表达式有"人的面孔而狗的心"：人面狗心 A，"朗曰：'吏部为谁，非人面而狗心，狗面而人心兄弟者乎？'王忱丑而才慧，国宝美貌而才劣于弟，故朗云然"。（房玄龄《晋书·苻朗载记》）"欲想而后行动"：狗心狗行 A，"这等人玩的是狗气狗声，这等人使的是狗心狗行"。（无名氏《杀狗劝夫》第三折）

丁，"狗的肺"：狗肺 A。由此引发的概念及其表达式有"狼的心和狗的肺"：狼心狗肺/狗肺狼心 A，"那知这贼子恁般狼心狗肺，负恩忘义"。（冯梦龙《醒世恒言》）

戊，"狗的胆"：狗胆。由此引发的概念及其表达式有"狗的胆囊、肾脏或膀胱结石"（中医用以治痈疮、噎嗝等病）：狗宝 A，"狗宝生癫狗腹中，状如白石，带青色，其理层叠，亦难得之物也"。（李时珍《本草纲目·兽部·狗宝》）由此引发的概念及其表达式有"牛胆囊中的结石和狗的胆囊、肾脏或膀胱结石"：牛黄狗宝 A，"绝命丹内只五般，牛黄狗宝一处攒；水片人参为细末，斗大珠子用半边"。（支部道人《平鬼传》第三回）

其三，毛/外部器官＋整体"狗"。

甲，毛＋整体"狗"。

"白毛狗"：白狗/犬 A，"白狗苍鹰，公子王孙来打猎"。（陆采《明珠记·探留》）由此引发的概念及其意合表达式有"小的白狗"：白狗子 A，"后冰子蕴为广州刺史，妾房内忽有一新生白狗子，莫知所由来"。（房玄龄《晋书·郭璞传》）"红羽毛鸡和白毛狗"：丹鸡白犬 A，"境接东瓯，地邻南越。言其宝利则玳瑁珠玑，叙其风俗则丹鸡白犬"。（杨炯《唐恒州刺史建昌公王公神道碑》）

"青灰毛狗"（古代以为不祥之物）：苍狗 A，"昔彭生枉死，黑豕人啼，如意鸩亡，苍狗昼现"。（屠隆《昙花记·严公冤对》）由此引发的概念及其表达式有"青灰毛狗和白衣/云"：苍狗白衣/云 A，白衣苍狗 A，"苍狗白衣纷过云，到头故我始为真"。（陈著《弟观喜董稼山至有诗因次韵二首·其一》）"白云和青毛狗"：白云苍狗 A。

"黑毛狗"：黑狗 A，"《白泽图》曰：'木之精名'彭侯'，状如黑狗，无尾，可烹食之'"。（干宝《搜神记》卷十八）由此引发的概念及其表达式有

"黑毛狗的背中间的骨头"：黑狗脊 A。

"黄毛犬"：黄犬 A。由此引发的概念及其表达式有"狩猎的犬"：黄犬 A。"牵黄犬"：牵黄犬 A，"斯出狱，与其中子俱执，顾谓其中子曰：'吾欲与若复牵黄犬俱出上蔡东门逐狡兔，岂可得乎？'"（司马迁《史记·李斯列传》）略为：牵黄 A，"试问中书传仰药，何似上蔡行牵黄？"（钱谦益《九日宴集含晖阁醉歌》）由"牵黄犬"引发的概念及其表达式有"牵黄犬出东门"：牵犬东门 A，"一朝束缚咸阳市，牵犬东门岂可得？"（尤侗《放歌》之三）"悲/念/叹/忆黄犬"：悲/念/叹/忆黄犬 A，"李斯临刑，慨叹不能再牵黄毛犬出猎"：黄犬叹 A，"竟成黄犬叹，莫遂白鸥期"。（高启《哭临川公》）"秦李斯锁犬用过的枷"：李斯狗枷 A，"江夏王义恭，性爱古物，常遍就朝士求之。侍中何勗，已有所送，而王征索不已，何甚不平。尝出行于道，遇狗枷、败犊鼻，乃命左右取之还，以箱擎送之。笺曰：'承复须古物，今奉李斯狗枷，相如犊鼻'"。（赵璘《因话录》卷四）"耳朵上领有如翩翩起舞蝴蝶的装饰毛的狗"：蝴蝶犬 A。

乙，外部器官＋整体"狗"。

"（晋陆机的）黄耳犬"：黄犬 A。由此引发的概念及其表达式有"黄耳犬传递的音信"：黄犬音 A，"不闻黄犬音，难传红叶诗"。（王实甫《西厢记》第五本第二折）犬书 A，"犬书曾去洛，鹤病悔游秦"。（李贺《始为奉礼忆昌谷山居》）

第二，包含成员与成员关系的事物概念及其表达式。

其一，"狗"＋并列关系标记＋另一动物概念及其表达式。

甲，"狗和猪"：狗豨 A，狗彘 A，犬豕 A，犬彘 A，"言则称于汤文，行则譬于狗豨"。（《墨子·耕柱》）"林贼蛇蝎心，蔽空犹乌云。篡权之狼毒，远超狗彘行"。（罗瑞卿《答友人》之二）"长幼群聚而为牢藉庖厨之物，奚异犬豕之类乎！"（《列子·仲尼》）"国有游蛇西东，马牛乃言，犬彘乃连，有狼入于国"。（《吕氏春秋·明理》）由此引发的概念及其表达式有"狗和猪的行为"：狗彘之行 A，"你受吴王大恩，不思图报，敌兵一至，便要投降，乃是狗彘之行！"（郭勋《英烈传》第二十回）"行为如同狗和猪"：行同狗豨/行同/若狗/犬彘 A，"故此一豫让也，反君事仇，行若狗彘，已而抗节致忠，行出乎烈士，人主使然也"。（贾谊《治安策》）"狗和猪不食其余"：狗猪不食其余 A，"受人孤寄，乘便利时，夺取其国，不复顾恩义。人

如此者，狗猪不食其余"。（班固《汉书·元后传》）

乙，"狗和马"：狗马 A，犬马 A，"犬马非其土性不畜，珍禽奇兽不育于国"。（太保《旅獒》）

由此引发的概念及其表达式有"良犬、骏马、音乐、女色"：狗马声色 A，声色狗/犬马 A；"美酒、女色、良犬、骏马"：酒色狗马 A，"开封卓越豪纵，不治资业，喜酒色狗马"。（韩愈《四门博士周况妻韩氏墓志铭》）

由此引发的概念及其表达式有"犬和马恋主"：犬马恋主 A，"踊跃之怀，瞻望反侧，不胜犬马恋主之情"。（曹植《上责躬应诏诗表》）"犬和马之劳/力"：犬马之劳/力 A，"李某不才，食禄多矣，无功报德，愿施犬马之劳"。（施耐庵《水浒全传》第六十三回）"犬和马之报"：犬马之报 A，"吕布至死也不忘大德，当效犬马之报"。（无名氏《连环计》第二折）"犬和马之决"：犬马之决 A，"其有犬马之决者，仰药而伏刃"。（班固《汉书·息夫躬传》）"犬和马之诚"：犬马之诚 A，"臣伏以为犬马之诚不能动人，譬人之诚不能动天"。（陈寿《三国志·魏志·陈思王植传》）"犬和马之命"：犬马之命 A，"臣备位宰相，老病日笃，犬马之命将尽"。（陈寿《三国志·魏志·华歆传》）"犬和马之年"：犬马之年 A，"将以全陛下厚德，究孤犬马之年，此难能也"。（曹植《黄初六年令》）"犬和马的疾"：犬马（之）疾 A，"值余有犬马之疾，不能究其精详"。（张衡《东京赋》）"狗和马的病"：狗马病 A，"臣常有狗马病，力不能任郡事"。（司马迁《史记·汲郑列传》）狗马之疾 A，"不幸臣有狗马之疾……痰谏火、怔忡、眴瞀诸证时时有之"。（唐顺之《告病疏》）狗马疾 A，"〔刘从谏〕阴连训注，外托效忠，请除君侧。及有狗马疾，谢医拒使，便以兵属稹"。（欧阳修、宋祁等《新唐书·李德裕传》）

由"犬马恋主"引发的概念及其表达式有"犬和马之恋"：犬马（之）恋 A，"江海远地，孤危小臣。虽雨露之恩，幽遐必被；而犬马之恋，亲近为荣"。（刘禹锡《苏州谢上表》）由"犬马齿索"引发的概念及其意合表达式有"犬和马之齿"：犬马之齿 A，"臣位至上卿，爵为列侯，犬马之齿七十六，为明诏填沟壑，死骨不朽，亡所顾念"。（班固《汉书·赵充国传》）"犬和马的牙齿没有了"：犬马齿索/穷 A，"迫于岁暮，犬马尺索"。（范晔《后汉书·班超传》）由"犬马恋主"引发的概念及其意合表达式有"犬和马之恋"：犬马（之）恋 A。

丙，"犬和鸡"：犬鸡 A，"进乏犬鸡效，又不勇自退"。（韩愈《朝归》）

丁，"狗和鼠"：狗鼠 A，"时有汉直，为狗鼠之所为"。（应劭《风俗通义·怪神》）

其二，另一相应的动物概念＋并列关系标记＋"狗"及其表达式。

甲，"猪和狗"：猪狗 A，豚犬 A，豭狗 A，"有人夜自外归，见有物蹲其门，以为猪狗类也，以杖击之，即逸去，至山下月明处，则虎也"。（苏轼《书〈孟德传〉后》）"国君有牛享，大夫有羊馈，士有豚犬之奠"。（《国语·楚语上》）由此引发的概念及其表达式有"下贱如猪和狗"：猪狗 A，"武二是个顶天立地、嚼齿戴发男子汉，不是那等败坏风俗、没人伦的猪狗，嫂嫂休要这般不识廉耻，为此等的勾当"。（施耐庵《水浒传》第二十四回）"不如猪和狗"：猪狗不如 A，"他须纳住气，向连猪狗不如的人说好话"。（老舍《四世同堂》）

乙，"鼠和狗"：鼠狗 A。由"鼠和狗"引发的概念及其表达式有"像鼠狗一样的人"：鼠狗辈 A，"孰知鼠狗辈，嫉忌转迫切。哲人已云徂，蚁沙不停射"。（赵朴初《陈毅同志逝世五周年献词》）

丙，"貂和狗"：貂狗 A，由此引发的概念及其表达式有"貂和狗混杂在一起"：貂狗相属 A，"倬自幼学慕习鲁公书法……惜其高踪堙没，遂命攻治其伤残，补续其次，虽真赝悬越，貂狗相属，且复瞻仰鲁公遗文，昭示于后矣"。（崔倬《叙石幢事》）

丁，"狼和犬"：狼犬 A，"吾自遇汝以来，常愿天下有情人都成眷属；然遍地腥云，满街狼犬，称心快意，几家能够？"（林觉民《与妻书》）

②包含事件的事物概念及其表达式。

下文以事件的类型为主线展开。

第一，包含行为事件的事物概念及其表达式。

其一，施事，即"狗"＋行为＋修饰关系标记＋受事及其表达式。

甲，施事是"狗"。

"狗拉的屎"：狗屎/矢 A。由此引发的概念及其表达式有"臭狗屎"：臭狗屎 A，"坏人尽管摇头摆尾的得意，好人还得做好人！咱们得忍着点，不必多得罪人，好鞋不踩臭狗屎，你明白我的话吧?"（老舍《四世同堂》）"狗屎堆"：狗屎堆 A，"顽固分子，实际上是顽而不固，顽到后来，就要变，变为不齿于人类的狗屎堆"。（毛泽东《新民主主义的宪政》）"金碗里盛着狗矢"：金碗盛狗矢 A，"常曰：'金碗玉杯而盛狗矢可乎?'"（欧阳修《新五代史·孙晟传》)"狗撒的尿":狗尿 A，由此引发的概念及其表达式有"鬼笔（真菌的一种）":狗尿苔 A，"金銮殿上的狗尿苔——色不济，长在好地方"。(《中国歇后语大全》)"狗放的屁":狗屁 A，由此引发的概念及其表达式有"狗的屁不通":狗屁不通 A，"柳老赖婚狼心推测，冯生联句狗屁不通"。(石玉昆《三侠五义》第三十五回)"放狗的屁":放狗屁 A，"贱坯，只配这样对付他！狗仗人势的瘟狗在这里放狗屁！"(洪深《香稻米》第三幕)"犬带来的灾祸":犬祸 A，"天夺其心，爵加于犬，近犬祸也"。(《隋书·五行志上》)"犬留下的踪迹":犬迹 A，由此引发的概念及其意合表达式有"犬和狐留下的踪迹":犬迹狐踪 A，"他每那祖宗是斑斓的大虫，料想俺将门下无犬迹狐踪"。(王实甫《丽春堂》第一折)"十二生肖之狗代表的年份即戌年":狗年/狗/犬儿年 A，"这等人狗年间发迹俫峥嵘"。(萧德祥《杀狗劝夫》第三折)

"狗传延的人种"（有些民族传说狗为其祖先）:狗种 A，"高辛氏有犬戎之患，乃募天下能得犬戎之将吴将军头者，妻以少女。时帝有畜狗名曰盘瓠，下令之后，盘瓠遂衔吴将军首至阙下。帝大喜而计盘瓠不可妻以女，欲有报而未知所宜。女谓帝皇下令不可违信，因请行。帝不得已，乃以女配盘瓠，盘瓠负女走，入南山石室中，经二年生六男六女，自相夫妻……俗骂人狗种以此"。(陈士元《俚言解》卷一)

乙，施事是"民"。

"其为狗之后代的男性国民":狗民 A。由此引发的概念及其表达式有"狗之后代为男性国民的国家":狗民国 A（传说高辛氏所封之国），"狗封氏者；高辛氏有美女，未嫁。犬戎/夷为乱，帝曰：'有讨之者，妻以美女，封三百户。'帝之狗为盘瓠，三月而杀犬戎/夷之首来。帝以为不可训民，乃妻以女，流之会稽东南两万一千里，得海中土，方三千里，而封之。生男为狗，生女为美女。封为狗民国"。(《黄氏逸书考·子史钩沉》)

其二，（施事＋）行为＋受事，即"狗"的类/种＋修饰关系标记＋行为构成要素。

甲，行为构成要素为场所。

"（唐代）皇帝蓄养猎犬的场所":狗坊 A；"养狗的场所":狗舍 A，狗窝 A；由此引发的概念及其表达式有"仅适于狗进出的地方":狗洞/窦 A，"甘穷卧牛衣，受辱对狗窦"。(皮日休《鲁望读〈襄阳耆旧传〉见赠五百言次韵》)"狗的出入口":狗门 A,"晏子使楚,以晏子短,楚人为小门于大门之侧而延晏子,晏子不入,曰:'使狗国者从狗门入,今臣使楚,不当从此门入。'傧者更道从大门入见楚王"。(《晏子先秦·杂下九》)由"狗洞"引发的概念及其表达式有"狗洞大开":狗窦大开 A,"笑人齿缺曰狗窦大开"。(程允升《幼学琼林·身体》)"塞狗洞":塞狗洞 A,"《梦笔生花·杭州俗语》有塞狗洞语。今人因事用钱,有'宁塞城门,不塞狗洞'之语"。(孙锦标《通俗常言疏证·宫室》)"钻狗的洞":钻狗洞 A,"恐怕这厮知识开了,在外没脊骨钻狗洞,淘渌坏了身子"。(吴敬梓《儒林外史》第二十一回)

乙,行为构成要素为食物。

"养狗的食物":狗食/粮 A。由此引发的概念及其表达式有"餐馆供顾客将吃剩食物打包带回喂狗的袋子":狗食袋 A,"欧洲人从鄙视打包变得羞于打包,'狗食袋'是否能打翻身仗?"(欧洲时报网 2015-07-18)

其三,行为+修饰关系标记+施事,即"狗"及其表达式。

"吠叫的狗":吠狗 A。由此引发的概念及其意合表达式有"看守门户的狗":吠狗 A,"宿贼张度保阳羡西山,累年吏讨不克。至是发卒捕斩,支党皆尽,里无吠狗"。(欧阳修、宋祁等《新唐书·李栖筠传》)"吠叫的犬":猎犬 A,"猎犬觍颜喧上座,沐猴作态误苍生"。(宁调元《游白云归感赋四律并柬同游诸子》之二)"坐下的狗":坐狗 A;"狩猎的犬":猎犬 A,猎狗 A,走狗 A,走犬 A,畋犬 A,遇犬 A,田犬 A,"牧童望村去,猎犬随人还"。(王维《淇上田园即事》)"野兽已尽而猎狗亨"。(司马迁《史记·淮阴侯列传》)"世无东郭俊卢氏之狗,王之走狗已具矣"。(刘向《战国策·齐策四》)"陈酒行馔,夜以继日,强弩弋高鸟,走犬逐狡兔,此其为乐也"。(《淮南子·原道训》)"譬若畋犬,骄用逐禽,其犹不克有获"。(《逸周书·皇门》)"跃跃毚兔,遇犬获之"。(《诗经·小雅·巧言》)"狗类甚多,其用有三:田犬长喙善猎,吠犬短喙善守,食犬体肥供馔"。(李时珍《本草纲目·兽部·狗》)"工作的狗":工作犬 A,"这 5 种'人气爆棚'的工作犬,有你喜欢的吗?"(小宠一家 2020-11-10)"活着的狗":活狗 A;"死了的狗":死狗 A,"三公出死狗,训导能有素"。(梅尧臣《闵尚衣盗裤》)

由"猎犬"引发的概念及其表达式有"猎犬和兔子的争斗":犬兔之争

A；"兔子死了，猎狗就被煮来吃了"：狡兔死，走狗/犬/良狗烹 A，兔尽/死狗烹 A；"猎获了兔子，猎狗就被煮来吃了"：获兔烹狗 A，"知道这批宝贝就是大家称之为'叛徒'的家伙……将来还不是兔尽狗烹，可不是我早就见过"。(茅盾《腐蚀》)"南洋一带，苟微华人，必不有今日。今虽获兔烹狗，得鱼忘筌"。(梁启超《论中国之将强》)"飞鸟射尽了就把良弓收起，狡兔被捉就把捕兔的猎狗煮了吃肉"：藏弓烹狗 A，烹狗藏弓 A，"烹狗藏弓事可哀，看他海蜃结楼台"。(周咏《秋怀》诗之六)略为：烹狗 A，"东方烹狗阳初动，南陌争牛卧作团"。(苏轼《立春日病中邀安国》)"将保首领，无烹狗之谕"。(杜牧《原十六卫》)"兔子一死猎犬就挨饿"：兔死犬饥 A，"鸟尽弓藏，兔死犬饥，故诸将士多张大贼势者，亦未可尽以为然也"。(张居正《答两广刘凝斋言贼情军情民情》)"猎犬和兔子都死了"：犬兔俱毙 A；"牵着猎狗并架着猎鹰"：牵犬/狗臂鹰 A，臂鹰牵犬/狗 A，架鹰牵犬/狗 A，"想见南山，少年射虎，臂鹰牵狗"。(吴存《水龙吟·雪次韵》)

　　由"犬兔之争"引发的概念及其表达式有"看到了兔子，再回头叫唤猎狗去追捕"：见/目兔顾犬 A，"夫见兔顾犬，或未为晚，今能议及，岂不犹愈于己"。(梁启超《我政府之对俄政策》)由"见兔顾犬"引发的概念及其意合表达式有"丢失了羊，才修补羊圈；见了野兔，才回头唤狗去追捕"：补牢顾犬/顾犬补牢 A，"及待开厂制办，补牢顾犬，已觉其迟"。(左宗棠《请拓增船炮大厂疏》)由"兔子死了，猎狗也就被煮来吃了"引发的概念及其表达式有"表示对被烹煮猎狗的悲叹"：悲烹狗 A，"中原此日悲烹狗，海内何年起卧龙"。(谢华国《过固镇有怀建国诸烈》)

　　由"猎狗"引发的概念及其表达式有"猎狗追捕兽兔之功"：狗功 A，"兔死缚淮阴，狗功指平阳"。(苏轼《和陶杂诗十一首》)"纵狗行猎"：走狗 A，走犬 A，"臂鹰走狗，驰逐为乐"。(方孝孺《楼君墓志》)"临淄甚富而实，其民无不吹竽、鼓瑟、击筑、弹琴、斗鸡、走犬、六博、踏鞠者"。(刘向《战国策·齐策一》)由"走狗/犬"引发的概念及其表达式有"放出猎鹰和猎狗去追捕野兽"：飞/呼鹰走狗/犬 A，走狗/犬/飞/呼鹰 A，"少以侠气闻，数与诸公子飞鹰走狗"。(范晔《后汉书·袁术传》)

　　由"死狗"引发的概念及其意合表达式有"耍死狗"：耍死狗 A，"郭振山要拉砖瓦的时候，韩万祥耍死狗，只给他象征性的一点点货，给人一看就是弄虚作假"。(柳青《创业史》第一部第十九章)

其四，行为构成要素，即程度＋行为＋修饰关系标记＋施事/行为＋行为构成要素，即场所＋修饰关系标记＋施事及其表达式。

"善于叫的狗"：吠犬 A，"北海则有走马吠犬焉，然而中国得而畜使之"。（《荀子·王制》）"生长于蜀郡的狗"：蜀犬 A，"烈日已应惊蜀犬，炎云惟是喘吴牛"。（唐孙华《夏日园居杂咏》之十二）由"蜀犬"引发的概念及其意合表达式有"因四川多雨，其狗不常见太阳，出太阳就要叫"：蜀犬吠日 A，"古人说蜀犬吠日。蜀就是川西，而且是成都平原"。（李劼人《天魔舞》第二十四章）"生长于广东的狗"：粤犬，由此引发的概念及其意合表达式有"广东很少下雪，狗看见下雪就叫"：粤犬吠雪 A，"前六七年，仆来南，二年冬，幸大雪，逾岭被南越中数州。数州之犬，皆苍黄吠噬，狂走者累日，至无雪乃已"。（柳宗元《答韦中立论师道书》）"生活在邑里中的狗"：邑犬 A，"邑犬横来矜意气，窳蟾偷出助光辉"。（王安石《次韵张氏女弟咏雪》）由此引发的概念及其意合表达式有"邑里中的犬群吠"：邑犬群吠 A，"邑犬群吠兮，吠所怪也"。（屈原《九章·怀沙》）

其五，行为＋受事＋修饰关系标记＋施事及其表达式。

甲，"狗"为施事。

"看家的狗/犬"：看家狗/守狗/犬 A，"要做羊子，不要做狼，也不要做看家狗"。（瞿秋白《〈向光明〉诗附语》）"壬寅，天子饮于文山之下，文山之人归遗，乃献良马十驷，用牛三百，守狗九十，牦牛二百"。（《穆天子传》卷四）"犬则执绁，守犬、田犬则授摈者，既受，乃问犬名"。（《礼记·少仪》）

"看门的狗/犬"：看门狗/犬 A。由"看门狗"引发的概念及其意合表达式有"拦门咬人的狗"：当门犬 A，"说话一似当门犬"。（无名氏《张协状元》戏文第五出）"神话中守天门的狗"：玉狗 A，"青霓扣额呼宫神，鸿龙玉狗开天门"。（李贺《绿章封事》）"狗咬了吕洞宾"：狗咬吕洞宾 A，"乞丐防范看家狗咬的武器"：打狗棒/棍 A，"刚刚扔掉打狗棍，就回头痛打叫花子"。（爱问网）"看守宫门的犬"：阍犬 A，"公危行正词，献纳以诚，累陈诛凶渠完封疆之策，阍犬迎吠，故书留不下"。（独孤及《检校尚书吏部员外郎赵郡李公中集序》）

"陪伴老人、小孩、盲人等的犬"：陪伴犬 A，"6 种'好养'且'长寿'的陪伴犬，可以陪主人很久！"（汪旺小百科 2022-07-16）"偷食的狗"：盗狗

A，"太祖笑，顾谓左右曰：'东曹毛掾数白此家，欲令我重治，我非不知此人不清，良有以也。我之有斐，譬如人家有盗狗而善捕鼠，盗虽有小损，而完我囊贮'"。（鱼豢《魏略》）"戴帽的狗"：冠狗 A，"贺为王时，又见大白狗冠方山冠而无尾，此服妖，亦犬祸也。贺以问郎中令龚遂，遂曰：'此天戒，言在仄者尽冠狗也'"。（班固《汉书·五行志》）

"提供劳役的狗"：役狗 A。由此引发的概念及其表达式有"以狗供役的驿站"：狗站 A，"辽阳等处行中书省所辖……狗站一十五处，元设站户三百，狗三千只"。（《元史·兵志四》）"狗站中狗应得到的给养物"：狗分例 A，"征东行省，每岁委官至奴儿干给散囚粮，须用站车，每车以四狗挽之。狗悉谙人性，站有狗分例，若克减之，必啮其主者，至死乃已"。（陶宗仪《辍耕录·狗站》）

"牧羊的犬"：牧羊犬 A；"供玩赏的犬"：玩赏犬 A；"食腐的狗"：贱狗 A；"识人意的狗"：周狗 A，"狗识人意指曰周狗"。（王志坚《表异录·动物二》）"发疯/狂的狗/犬"：疯狗/狂犬 A，瘈狗 A，猣犬 A，"当时底下人便围了过去，要拿他；他越发了狂，犹如疯狗一般，在那里乱叫"。（吴趼人《二十年目睹之怪现状》第二十二回）"国人逐瘈狗。瘈狗入于华臣氏，国人从之"。（《左传·襄公十七年》）"洛风送马入长关，阊扇未开逢猣犬"。（李贺《仁和里杂叙皇甫湜》）由此引发的概念及其表达式有"狗的一种急性传染病"：狂/疯犬病 A。

乙，"非狗"为施事。

"寄生在狗身上的跳蚤"：狗蚤/虱 A，"狗蚤成罗，壁虱成窝，蚊子似筛锣"。（新东方在线·汉语词典）"状如狗虱，其茎方兮"。（苏轼《服胡麻赋》）"主吠守的二星"：狗二星 A，"狗二星，在南斗魁前，主吠守"。（房玄龄《晋书·天文志》）

其六，行为构成要素＋行为＋受事＋修饰关系标记＋施事/行为＋受事＋行为构成要素＋修饰关系标记＋施事及其表达式。

"凶猛咬人的狗"：噬狗/犬 A，"百廛之市，不畜噬犬"。（刘基《拟连珠》之三三）"冬日来往使犬的国家"：狗国 A，"居同狗国秽，食等豕牢薄"。（黄遵宪《逐客篇》）"不承认自己的错误或责任的狗"：癞皮狗 A，"我高旭不是癞皮狗，不是可怜虫"。（孟驰北《新疆疏勒劫狱奇案》三十三）"配种来自本土的狗"：土狗（子）A，"中华田园犬就是本地土狗？我们该如何正确理解中华田园犬的含义?"（百度·完全喵控 2018-05-30）"安装二柱于其中的守城器械"：狗脚木 A，"狗脚木，植二柱于女墙内，相去五尺，准墙为高下，柱上施横钩挂，以悬竹笆之压，防敌之矢石"。（茅元仪《武备志·狗脚木》）

其七，行为 1＋受事 1/施事 2＋行为 2＋修饰关系标记＋受事 1 及其表达式。

"用其猎鸟的犬"：运动犬 A，"根据现有犬种的特性、工作能力和用途，我们可以将所有犬种分为七大组，分别是运动犬、猎犬、工作犬、梗犬、牧羊犬、玩赏犬和非运动犬"。（宠物大全 2018-09-15）枪猎犬 A，"狩猎犬和枪猎犬有什么区别? 前者注重独立捕猎，后者注重驱赶，让猎人枪杀!"（百度知道·钥匙心记录 2014-06-15）"将其作为玩具的犬"：玩具犬 A，"俄罗斯玩具犬是世界上最小的犬类之一。此类犬只可爱，聪敏，积极，好动"。（百度百科）"将其作为宠物的狗"：宠物狗 A。由此引发的概念及其表达式有"牵着狗慢慢走"：遛狗 A，"到处都是遛狗的。遛狗的人有的带着器皿与工具，随时收拾狗屎"。（王蒙《轮下》）"赛狗活动"：跑狗 A，"跑马、跑狗、回力球，也每次吸引着成千上万的赌徒"。（徐铸成《报海旧闻》三十四）由"赛狗活动"引发的概念及其表达式有"赛狗的场所"：跑/赛狗场 A；"将犬作为图腾的少数民族"：犬戎/夷 A，"三州陷犬戎，但见西岭青"。（杜甫《扬旗》）

其八，（行为＋目的地）＋修饰关系标记＋施事，即"狗"及其表达式。

"落入水的狗"：落水狗 A，"总而言之，不过说是'落水狗'未始不可打，或者简直应该打而已"。（鲁迅《坟·论"费厄泼赖"应该缓行》）由此引发的概念及其表达式有"打击落了水的狗"：打落水狗 A，"至于'打落水狗'，则并不如此简单，当看狗之怎样，以及如何落水而定"。（鲁迅《坟·论"费厄波赖"应该缓行》）

其九，直接受事＋被动语态标记＋行为＋修饰关系标记＋间接受事，即"狗"及其表达式。

"睾丸被阉割的雄狗"：阉/骟狗 A，"童贯这骟狗，作恶异常，教我那里按捺得定"。（李玉《清忠谱·书闹》）

其十，行为＋修饰关系标记＋受事，即"狗"及其表达式。

"家养的狗"：家犬/狗 A。由此引发的概念及其表达式有"自家的狗却

向里面乱叫"：家狗向里吠 A，"哦，我养着你个家生狗，倒向着里吠，直被你骂的我好也"。（武汉臣《生金阁》第二折）

其十一，行为构成要素＋行为＋修饰关系标记＋受事，即"狗"及其表达式。

甲，行为构成要素是目的。

"为食其肉、用其皮养的狗"：食犬 A，菜狗 A，肉狗 A，"食犬，若今菜牛也"。（《三才图会·鸟兽三·犬》）"盘点被当做'肉狗''菜狗'的六大品种，越看越心酸"。（网易 2018-03-22）由此引发的概念及其表达式有"屠狗"：屠/宰/杀/打狗 NA，"舞阳侯樊哙者，沛人也，以屠狗为事"。（司马迁《史记·樊哙列传》）由"屠狗"引发的概念及其表达式有"以屠狗为业者"：狗屠 A，"今日无事，不免去寻那狗屠与善击筑的高渐离，同到市中沽饮一回，有何不可！"（叶宪祖《易水寒》第一折）"刮狗的头"：刮狗头 A，"屠狗时放出的血"：狗血 A。"切分被屠的狗而得到的肉"：狗肉 A。"切分被屠的狗而得到尾巴"：狗尾巴 A。"切分被屠的狗而得到的舌子"：狗舌子 A。"切分被屠的狗而得到的内部器官"：狗杂碎 A。"切分被屠的狗而得到的骨头"：狗骨/狗骨秃/狗骨头 A。"切分被屠的狗而得到的油"：狗油 A。"退下的被屠的狗的毛"：狗毛 A。"剥下的被屠的狗的皮"：狗皮 A。"连毛一起剥下来的皮"：狗毛皮 A；"杀狗和卖酒"：屠狗卖浆/卖浆屠狗 A，"访古颓垣荒堑里，觅交屠狗卖浆中"。（陆游《野炊》）"喂牛和杀狗"：饭牛屠狗 A，"别来落魄吴楚间，饭牛屠狗俱无颜"。（陈子龙《酬吴次尾》）"杀人和杀狗"：椎埋屠狗 A，"谁谓百岁之后，椎埋屠狗之人见其亲戚乘势为帝王，而不欣然而从之邪！"（苏洵《权书下·高祖》）

由"狗屠"引发的概念及其表达式有"以屠狗为业者杂居的市场"：狗市 A，"击筑几曾闻狗市，买书犹自梦神田"。（叶玉森《浮生迭和忆园》）

由"刮狗头"引发的概念及其表达式有"詈词"：狗刮头 A："小子道宗，听的刘季真那狗刮头下将战书来，气的我酒肉也吃不得"。（无名氏《小尉迟》第二折）

由"狗血"引发的概念及其表达式有"屠狗时放出的血淋漓"：狗血淋漓 A，"那飞天夜叉拿破仑，单刀匹马，将这如荼如锦的欧洲，杀得简狗血淋漓"。（梁启超《劫灰梦·会议》）"用狗血喷/淋头"：狗血喷/淋头 A，"范进因没有盘费，走去同丈人商议，被胡屠夫一口啐在脸上，骂了一个狗血喷头"。(吴敬梓《儒林外史》第三回)"洒狗的血":洒狗血 A,"比如李白的诗句:'天门一长啸,万里清风来',汪曾祺就说他有点'洒狗血',原因是说李白'有时底气不足,就只好洒狗血,装疯'"。(百度百科)

由"狗肉"引发的概念及其表达式有"挂羊头却卖狗肉":挂/悬羊头卖狗肉 A,"中国当前的顽固派,正是这样。他们口里的宪政,不过是'挂羊头卖狗肉'"。(毛泽东《新民主主义的宪政》)悬羊卖狗 A,"一个个蛇吞象,一个个兔赶獐,一个个悬羊卖狗"。(薛论道《水仙子·愤世》)羊头狗肉 A,"在我们凡百事情都是羊头狗肉的中国,一切原则都要生出例外"。(郭沫若《文艺论集·泰戈尔来华之我见》)"卖狗肉却挂羊头":卖狗悬羊 A。"切成薄片的狗肉":狗膘 A。"切成块的狗肉":狗㹠 A。"用狗肉做的菜":狗肉。"一种用狗肉、鸡蛋、小麦和白酒制成的食品":犬膮 A。

由"切分被屠的狗而得到的内部器官"引发的概念及其表达式有"狗的胃":狗肚 A。"狗的肠子":狗肠 A。"狗的膀胱":狗尿泡 A。"狗的睾丸":狗蛋 A。"狗的肚肠":狗肚肠/狗下水 A,"你长着个人样子,肚子里安的是狗下水"。(周立波《暴风骤雨》第一部第十五篇)

由"狗油"引发的概念及其表达式有"狗脂肪的臭气味":狗生/臭 A,"祭之日而言狗生,取妇夕而言衰麻"。(刘安《淮南子·说山训》)

由"狗皮"引发的概念及其表达式有"杀犬分割坐犬皮":坐犬 A,"君子仕则不稼,田则不渔,食时不力珍,大夫不坐羊,士不坐犬"。(董仲舒《先秦繁露·度制》)"用狗皮制成的车帘":狗辟 A。"用狗皮制成的盛兵器的用具":犬服 A,"主人乘恶车,白狗幦,蒲蔽,御以蒲菆,犬服"。(《仪礼·既夕礼》)

由"狗毛皮"引发的概念及其表达式有"用狗毛皮制成的帽子":狗皮帽子 A,"正因为狗皮帽子具有这些优点,所以在使用一段时间后会出现帽子变硬的情况"。(百度经验 2018-01-07)"用狗毛皮制成的裘":狗裘 A,"衣狗裘者当犬吠,衣羊裘者当羊鸣"。(刘向《说苑·善说》)"白犬皮制的车笭上的覆盖物"(周代天子丧车所用):犬帻 A。

由"用狗肉做的菜"引发的概念及其表达式有"狗肉做的菜上不得台盘/不上桌":狗肉上不得台盘/不上桌 A,"落后分子都是狗肉上不得台盘,稀泥巴糊不上壁"。(周立波《山乡巨变》上卷第十八章)"真是狗肉不上桌。他怎么现在搞这个名堂?不争气!"(《人民文学》1977 年第 11 期)

其十二，行为构成要素，即时间/目的＋行为 1＋受事 1＋行为 2＋修饰关系标记＋受事 2，即"狗"及其表达式。

"祭祀时用草扎成的狗"：刍狗 A，刍犬 A；"徐彦伯为文，多变易求新……以玉山为琼岳，以刍狗为刍犬"。（陈继儒《珍珠船》卷四）由此引发的概念及其表达式有"用土捏的龙和用草扎成的狗"：土龙刍狗 A，"曹丕篡弑，自立为帝，是犹土龙刍狗之有名也"。（陈寿《三国志·蜀书·杜微传》）"古代祭祀用刍扎成的、祭祀后丢弃的狗"：已陈刍狗 A，"盖已陈刍狗，其机已泄，恃胜失备，反受其害"。（沈括《梦溪笔谈》卷十三）"用陶/瓦制作的犬"：陶犬 A，瓦狗 A；由此引发的概念及其表达式有"用泥制作的车和用瓦制作的狗"：泥车瓦狗 A，"或作泥车、瓦狗、马骑、倡排，诸戏弄小儿之具以巧诈"。（王符《潜夫·论浮侈》）"用陶/瓦制作的犬和鸡"：陶犬瓦鸡 A，"纸上谈兵搞出来的发明，常常经不起时间的检验，不过是陶犬瓦鸡，毫不实用"。（成语之家）"作为玩具用材料制作的狗"：玩具狗 A。

其十三，行为构成要素，即原因＋因果关系标记＋施事＋否定＋复指标记＋行为＋修饰关系标记＋源头，即"鱼"及其表达式。

"其骨自软而食者无所弃的鲳鱼"：狗瞌睡鱼 A，"鲳鱼，形似鳊鱼……其骨自软，食者无所弃。邻里谓之狗瞌睡鱼。以其犬在盘下，难伺其骨，故云狗瞌睡鱼也"。（刘恂《岭表录异》卷下）

其十四，施事＋行为＋修饰关系标记＋场所及其意合表达式。

"狗或狗群住的棚舍"：狗舍 A，狗窝 A。由此引发的概念及其意合表达式有"仅适于狗进出的地方"：狗洞/窦 A，"甘穷卧牛衣，受辱对狗窦"。（皮日休《鲁望读〈襄阳耆旧传〉见赠五百言次韵》）"狗的出入口"：狗门 A，"晏子使楚，以晏子短，楚人为小门于大门之侧而延晏子，晏子不入，曰：'使狗国者从狗门入，今臣使楚，不当从此门入。'傧者更道从大门入见楚王"。（《晏子先秦·杂下九》）由"狗洞"引发的概念及其意合表达式有"狗洞大开"：狗窦大开 A，"笑人齿缺曰狗窦大开"。（程允升《幼学琼林·身体》）"塞住狗进出的洞"：塞狗洞 A，"《梦笔生花·杭州俗语》有塞狗洞语。今人因事用钱，有'宁塞城门，不塞狗洞'之语"。（孙锦标《通俗常言疏证·宫室》）"钻狗进出的洞"：钻狗洞 A，"恐怕这厮知识开了，在外没脊骨钻狗洞，淘渌坏了身子"。（吴敬梓《儒林外史》第二十一回）

第二，包含领有事件的事物概念及其表达式。

其一，领主"狗"＋领属关系标记＋所属及其表达式。

"狗的尸体"：狗尸/犀 A。由此引发的概念及其表达式有"安装二柱于其中的守城器械"：狗尸/犀 A，"五步积狗尸五百枚，狗尸长三尺，衷以弟，翁其端，坚约弋。"孙冶让间诂："狗尸，疑即上文之狗犀，尸犀音近通用。后又有狗走，即此，盖亦行马、柞鄂之类……狗尸盖以木为之，而掩覆以茅，所以误敌，使陷挤不得出也。"岑仲勉注："行马是遮拦之具，柞鄂是捕兽之物，在城上并非时常适用，亦似不得以枚计。且三尺之内，哪能积防五百之多，不特无补于抗敌，且有碍自己作战。其说必误无疑。今考狗尸实绳类，备束缚之用，以茅纽成。"（《墨子·备城门》）"狗的模样"：狗样 A。由此引发的概念及其表达式有"人的模样和狗的模样"：人模狗样（儿）A，"祥子在棚里坐着呢，人模狗样的，脸上的疤被灯光照得像块玉石"。（老舍《骆驼祥子》第十四章）"狗的习气"：狗气 A，"这种走狗的走狗，自然是狗气十足，狗有狗道，此之谓狗道主义"。（瞿秋白《乱弹·狗道主义》）"狗的神态"：狗态 A，"羌胡敝肠狗态，臣不能禁，辄将顺安慰"。（范晔《后汉书·董卓传》）"犬的种类"：犬种 A。

其二，领主"非狗"＋领属关系标记＋所属及其表达式。

"桀的犬"：跖/蹠/桀犬 A，"陛下投袂万里，拯厥涂炭，臣虽心不吠尧而迹沦桀犬。此则王业始基，臣所不与，徒荷日月之私，竟无蒸烛之用"。（沈约《谢封建昌侯表》）由此引发的概念及其表达式有"跖/蹠/桀的狗/犬向尧狂吠"：跖/蹠犬/狗吠尧/桀犬吠尧 A，"跖之狗吠尧，非贵跖而贱尧也，狗固吠非其主也"。（《战国策·齐策六》）

其三，领有＋所属＋修饰关系标记＋领主，即"狗"及其表达式。

甲，所属是数量。

"领有数量，即'三条'的狗"：三狗 A，"〔丁谧〕虽与何晏、邓飏等同位，而皆少之……故于时谤书，谓'台中有三狗，二狗崖柴不可当，一狗凭默作疽囊'。三狗，谓何、邓、丁也。默者，爽小字也。其意言三狗皆欲啮人，而谧尤甚也"。（陈寿《三国志·魏志·曹爽传》）

乙，所属是疾病。

"患有顽癣或恶疮的狗"：癞狗 A，"对于日本人，他又另有一套……他的方法是老跟在日本人的后面，自居为一条忠诚的癞狗"。（老舍《四世同堂》）由"癞狗"引发的概念及其表达式有"患有顽癣或恶疮的狗扶不上

墙"：癫狗扶不上墙 A，"怨不得俗语说'癫狗扶不上墙'的！"（曹雪芹《红楼梦》第六十八回）

丙，所属是功劳。

"有功的狗"：功狗 A，"高帝曰：'夫猎，追杀兽兔者狗也，而发踪指示兽处者人也。今诸君徒能得走兽耳，功狗也。至如萧何，发踪指示，功人也'"。（司马迁《史记·萧相国世家》）

丁，所属是形象。

"领有狮子形象的狗"：哈巴/叭/吧狗 A，叭/巴儿狗 A，哈巴儿 A，狮子狗 A；由此引发的概念及其表达式有"北京哈巴狗"：京巴 A；"领有狼形象的狗"：狼犬/狗 A。

戊，所属是用途。

"废弃无用或肮脏破烂的狗"：垃圾狗 A，"其实垃圾狗就是所谓的土狗，串串。其实也不是垃圾狗，就是串太多次了"。（百度知道 2014-05-01）

己，所属是褶皱。

"幼年时全身皮肤充满褶皱的犬"：沙皮犬 A；由此引发的概念及其表达式有"生长于中国的沙皮犬"：中国沙皮犬 A。

庚，所属是后代。

"狗的下一代"："狗儿"，由此引发的概念及其意合表达式有"低贱的儿童"：狗儿 A。

其四，领有＋所属＋行为构成要素＋行为＋修饰关系标记＋领主"狗"及其表达式。

"无家可归的狗"：丧家（之）狗/犬 A，"飞鸟依人，今做了丧家之犬"。（无名氏《鸣凤记》）忘/亡家狗 A，"想仲尼亦似忘家狗，不信你这样人做官，也难知雕鹗解横秋"。（郑若庸《玉玦记·投贤》）略为：丧狗 A，由此引发的概念及其表达式有"颓丧如无家可归的狗"：偈如丧狗 A，"孔子适郑，与弟子相失，孔子独立郭东门……累累若丧家之狗"。（司马迁《史记·孔子世家》）"没有主人的狗"：流浪狗 A，"谁知脚底下横不楞子爬着条浪狗，叫我一脚就造了他爪子上了"。（文康《儿女英雄传》第三十八回）略为：浪狗 A。野狗 A，弃犬 A，"我家狗老被小区里的野狗欺负，小区野狗也没有人管特别多"。（百度贴吧 2017-09-11）由"流浪狗"引发的概念及其表达式有"捕捉/收留/消灭无家可归的狗的机构/工具"：流浪狗收容站 A，打狗办 A，灭犬工具 A。

其五，领有＋所属，即"狗的属性特征"＋修饰关系标记＋领主"非狗"及其表达式。

"领有狗的属性特征，即卑劣的人/党/友"：狗才/材 A，狗党/友 A；"你在窑中等着，我如今寻那两个狗材去"。（秦简夫《东堂老》第三折）由此引发的概念及其表达式有"领有狗和狐的属性特征，即卑劣和狡猾的党/友/群"：狗党狐朋/群 A，狐朋狗友/党 A，狐群狗党 A，"我是个诗坛酒社文章士，不比那狗党狐朋恶少年"。（乔吉《金钱记》第一折）"他那里暗暗的藏，我须索紧紧的防，都是些狐朋狗党"。（关汉卿《单刀会》第三折）"咱若不是扶刘锄项，逐着那狐群狗党，兀良怎显得咱这黥面当王！"（无名氏《气英布》第四折）"领有猪的好吃懒做习性的朋友和领有狗的不务正业毛病的朋友"：猪朋狗友 A，"做点正经事，别整天与你那群猪朋狗友厮混！"（汉典）"领有狗形象的熊"：狗熊 A，"他的生活一直是很孤独的，'像狗熊躲在自己洞儿里似的'"。（瞿秋白《现实·关于左拉》）"领有犬状土地的国家"：犬封/戎 A，"犬封国曰犬戎国，状如犬"。（《山海经·海内北经》）"领有狗的属性特征的动物"：犬科 A。

其六，领有＋所属，即"狗的部位或器官的属性特征"＋修饰关系标记＋领主，即"非狗"及其表达式。

"领有狗头属性特征，即爱给人出主意而主意又不高明的人"：狗头军师 A，"次日，又宣众鬼入朝，论功行赏；便封活死人为蓬头大将，地里鬼为狗头军师"。（张南庄《何典》第十回）"领有狗腿属性特征，即跑腿的衙役"：狗腿差 A，"他为了出了一个贡，拉人出贺礼，把总甲、地方都派分子，县里狗腿差是不消说，弄了有一二百吊钱"。（吴敬梓《儒林外史》第五回）"领有狗耳/舌/尾/骨形状的草/乔木"：狗耳草 A，狗舌草 A，狗尾草 A，狗骨柴 A，狗骨 A，"请问狗耳草能不能清热解毒啊？"（360 问答 2015-10-22）"狗舌草的英文名称'地表上的覆盖之物'。它的繁殖力很强，覆有绒毛的种子一经风吹，就可以在任何地方落地生根"。（星座·星座与花语 2014-11-22）"莠，草莠而不实，故字从秀穗，形象狗尾，故俗名狗尾"。（李时珍《本草纲目·草部·狗尾草》）"狗骨柴的药理是什么？"（拇指医生·普通咨询 2014-12-06）"牛筋狗骨之木，鸡头鸭脚之草，亦悉备焉"。（杨衒之《洛阳伽蓝记·谣光寺》）"领有犬牙形状的丝织花边或带子"：狗牙儿绦子 A，"及至站起来，自己低头一看，才知穿的那件石青褂子，镶着一身的狗牙儿绦子，原来是慌的拉错了，把他们官太太的褂子穿出来了"。（文康《儿女英雄传》第十三回）

第三，包含存在事件的事物概念，即存在＋存在物＋修饰关系标记＋场所及其表达式。

"有狗图形的丝带"：狗带绶 A，"熹平中，省内冠狗带绶，以为笑乐"。（范晔《后汉书·五行之一》）

第四，包含状态事件的事物概念及其表达式。

其一，状态＋修饰关系标记＋状主，即"狗"及其表达式。

甲，状态是年龄。

"年老/长的狗"：老狗 NA，大狗 A，"那王婆老狗，怎么利害怕人，你如何出得他手？"（施耐庵《水浒传》第二十五回）"年幼的狗"：小/嫩狗 A。由"老狗"引发的概念及其表达式有"年老蛮横的狗"：老泼狗 NA，"只见翠莲在轿中大怒，便道：'老泼狗，老泼狗，叫我闭口又开口。正是媒人之口无量斗，怎当你没的翻做有！'"（洪楩《清平山堂话本·快嘴李翠莲记》）"老狗被屠宰后对其切分而得到的肉"：老狗 A；由"年幼的狗"引发的概念及其表达式有"嫩狗被屠宰后对其切分而得到的肉"：嫩狗 A，"吃狗肉是吃老狗好吃还是嫩狗好吃？"（百度知道·苍井玛利明步 2017-09-12）

乙，状态是体积。

"体积大/小的狗"：大/小狗 NA。

丙，状态是品质。

"平庸的狗"：庸狗 NA，"布曰：'有诏讨贼臣。'卓大骂曰：'庸狗敢如是邪！'"（范晔《后汉书·董卓传》）"质劣的犬"：驽犬 A，"天下莫强于秦楚，今闻大王欲伐楚，此犹两虎相斗，而驽犬受其敝"。（刘向《战国策·秦策四》）"肮脏破烂的狗"：垃圾狗 A。

丁，状态是品性。

"凶恶的狗"：恶狗 NA，"恶狗怕蛮棍，好女怕缠郎"。（百度·三农达人老刘 2019-08-20）"壮健骁勇的狗"：狡狗/犬 NA，"匈戎狡犬。狡犬者巨身四足果，皆北向"。（《逸周书·王会解》）"可亲的狗"：阿狗 NA。由此引发的概念及其表达式有"可亲的狗和猫"：阿狗阿猫 A，"然而新的批评家不开口，类似批评家之流便趁势一笔抹杀：'阿狗阿猫'"。（鲁迅《我们要批

评家》)

其二，状态（状主＋状态）＋修饰关系标记＋状主，即"非狗"及其表达式。

"生活简陋的哲学家"：犬儒 A，"若能循齐物之眇义，任萎玄之各适，一人百族，势不相侵，井上食李之夫，犬儒裸形之学，旷绝人间"。（章炳麟《〈无政府主义〉序》）"伪劣的膏药"：狗皮膏药 A，略为：狗皮膏 A；"怕脚上的伤口被人发觉，就买了一张狗皮膏药，贴在纱布外面"。（吴运铎《把一切献给党·转移》）"他就跟他们大声地谈到狗皮膏和云南白药"。（张天翼《清明时节》七）"极其拙劣的《曲礼》"：狗曲 A，"狗曲出何经，驴券书博士"。（黄遵宪《杂感》）

第五，包含领有和状态事件，即领有＋所属和状态＋修饰关系标记＋领主和状主，即"狗"及其表达式。

"患有顽癣、毛秃皮厚的狗"：癞皮狗 A，"假使我的血肉该喂动物，我情愿喂狮虎鹰隼，却一点也不给癞皮狗们吃"。（鲁迅《且介亭杂文末编·半夏小集》）

（2）事件概念及其表达式

①行为事件概念及其表达式。

第一，施事（＋行为构成要素）＋行为（＋行为构成要素）及其表达式。

"狗叫"：狗叫 NA，狗/犬吠 NA；"狗吠深巷中，鸡鸣桑树颠"。（陶渊明《归园田居》）"一军无主，仅一月日，曾无犬吠，况于他谋"。（杜牧《上李司徒相公论用兵书》）由此引发的概念及其表达式有"狼嗥和狗叫"：狼嗥狗叫 A，"我把牺牲的战友们背到阵地旁边，望着山下狼嗥狗叫的敌人，眼珠子都红了"。（李天银《扼住敌人的咽喉》）"狗狂吠"：狂吠 A，"王侯之门，狂吠狴犴。臣到百步，喉喘颠汗，睢盱逆走，魄遁神叛"。（柳宗元《乞巧文》）"狗猎猎地吠"：猎吠 A，"狗懒懒地猎吠着，好像出于无聊"。（沙汀《丁跛公》）"狗吠人不惊"：狗吠不惊 A，"（熙）迁魏郡太守，……视事二年，舆人歌之曰：'我有枳棘，岑君伐之；有蟊贼，岑君遏之；狗吠不惊，足下生牦'"。（班固《后汉书·岑熙传》）"狗吠引起的小惊扰"：狗吠之警 A，"今方内无狗吠之警，而使陛下甲卒死亡，暴露中原"。（班固《汉书·严助传》）"狗向着主人以外的人吠叫"：狗吠非主 A，"跖之狗吠尧，非贵跖而践尧也，狗固吠非其主也"。（刘向《战国策·齐策六》）"夜里狗不叫"：犬不夜吠 A，"在任治得路不拾遗，犬不夜吠，丰稔年熟"。（冯梦龙《警世通言》第三十六卷）"一群犬围叫所见到的怪东西"：群犬吠所怪 A。"一只狗看到影子叫起来，很多狗也跟着乱叫"：一犬吠形/影，众/百/群/犬吠声 A，"谚云：'一犬吠形，百犬吠声。'一人传虚，百人传实"。（王符《潜夫论·贤难》）略为"众犬吠声"：众犬吠声 A，"众犬吠声，因盲者得视，远近翕赫，其下车骑常数千百，酒肉滂沱"。（应劭《风俗通·怪神·李君神》）"驴鸣和狗吠"：驴鸣狗吠 A，"惟有韩陵山一片石堪共语，自余驴鸣狗吠，聒耳而已"。（张鷟《朝野佥载》）"蛙鸣和狗吠"：蛙鸣狗吠 A，"〔黄九烟索观崔金友《樵隐近咏》〕黄不觉惊赏曰：'此真铿金霏玉之音也。我向所厌薄者，大率皆蛙鸣狗吠耳'"。（钮琇《觚剩·樵隐》）"犬吠声"：猜猜 A，"勿为无年忧寇窃，猜猜小犬护篱门"。（陆游《旅舍》）"挖墙洞和爬墙头的小偷"：犬吠之盗 A，"尽十二月，郡中毋声，毋敢夜行，野无犬吠之盗"。（司马迁《史记·酷吏列传》）

"狗走"：狗走 NA。由此引发出的概念及其表达式有"狗走和狐淫"：狗走狐淫 A，"你的妻儿娇生惯养，你的婢仆狗走狐淫"。（感惺《游侠传·侠圆》）"其穴狗可走出的守城器械"：狗走 A，"狗走，广七寸，长尺八寸，蚤长四寸，犬耳施之。"孙诒让间诂："毕（毕沅）云：'疑穴之可以出狗者，曰狗走。'案毕说甚误。据下文有蚤，则非穴明矣。此当即上文之狗尸，惟尺度异耳……耳当为牙。'犬牙施之'谓错互设之。"岑仲勉注："此言狗走之制，毕以为穴，固然甚误；孙以为狗尸，亦绝不确。尸、走发音不同，且狗尸是绳类，狗走则广七寸，两者殊难牵合。岑揣之，似为钩曲之器，故有蚤（同'爪'）长，惜不能考定其如何致用耳。"（《墨子·备城门》）

"狗碰"：狗碰 NA。由此引发的概念及其表达式有"狗碰头"：狗碰头 NA，由"狗碰头"引发的概念及其表达式有"一种粗劣的薄板棺材"：狗碰头 A，"一个狗碰头，是我们街坊攒的公益儿"。（刘半农《扬鞭集·拟拟曲二》）狗碰 A，"叫左保买上一只小狗碰，破衣服乱砖头往里盛"。（评剧《左连城告状》第四场）

"狗爬/跑"：狗爬/跑 NA。由此引发的概念及其表达式有"游泳姿势"：狗爬/跑泳 A，"放开我，我要来个狗爬泳！"（新浪看点 2018-04-28）"像狗爬的浮水姿势"：狗跑儿浮 A，"呀，大水冲了房子也。好大雨，水浮水浮，水分水浮，狗跑儿浮，观音浮，跷水浮，仰蛙儿浮"。（无名氏《来生债》第一折）"游泳的方式"：狗跑/爬式 A，"科学家揭示狗爬式游泳之谜"。（凤凰科技 2014-02-07）

"狗附着"：狗附 A。由此引发的概念及其表达式有"有犬畜其中的设施"：狗附 A，"候遮捍卫"三国吴韦昭注："昼则候遮，夜则捍卫。捍卫，谓罗闉、狗附也……又二十人为曹辈，去垒三百步，畜犬其中，或视前后、左右，谓之狗附"。（《国语·晋语八》）

"狗蹦"：狗蹦 NA。由此引发的概念及其表达式有"调皮的人"：狗蹦子 A，"有一天，大伙闲唠嗑，一个狗蹦子说道：'我说，咱们谁怕娘们呐？'"（周立波《暴风骤雨》第一部第九篇）

"狗行"：狗行 NA。由此引发的概念及其表达式有"狗行和狼思"：狗行狼心 A。"狼思和狗行"：狼心狗行 A，"恨冯魁，趋恩夺爱，狗行狼心，全然不怕天折挫"。（白朴《恼煞人》）"昔日以汝为忠义，推为盟主；今之所为，真狼心狗行之徒，有何面目立于世间！"（罗贯中《三国演义》第七回）

"狗侍奉"：狗事 NA，"初上来，大家以为他是向刘四爷献殷勤，狗事巴结人"。（老舍《骆驼祥子》第四章）

"狗偷盗"：狗偷/盗/窃 NA，"当其无圣神也，则无论为乱臣、为贼子、为大盗、为狗偷、为仇雠、为夷狄，而必取一人一姓焉，偶像而尸祝之，曰：此圣神也"。（梁启超《论正统》）由此引发出的概念及其表达式有"狗盗和鸡鸣"：狗盗鸡鸣/啼 A，鸡鸣狗盗 A，"狗盗鸡鸣皆有用，鹤长凫短果如何？"（元好问《示怀祖》）"报仇的这桩事，是桩光明磊落、见得天地鬼神的事，何须这等鸡鸣狗盗、遮遮掩掩"。（文康《儿女英雄传》第十七回）"狐鸣和狗盗"：狐鸣狗盗 A，"畋谬领藩垣，荣兼将相，每枕戈而待旦，常泣血以忘餐，誓与义士忠臣，共剪狐鸣狗盗"。（赵莹《旧唐书·郑畋传》）"鼠窜和狗盗"：鼠窜狗盗 A，"历阳、广陵，窥觎相继，或谋图城邑，或动剥吏人，昼伏夜游，鼠窜狗盗"。（魏征《隋书·高祖纪下》）"鼠盗和狗窃"：鼠盗狗窃 A，"辟是大臣谋反，非鼠窃狗盗"。（王谠《唐语林·政事上》）"鼠窃和狗盗"：鼠窃狗盗/偷 A，狗盗鼠窃 A，"此特群盗鼠窃狗盗尔，何足置之齿牙间"。（司马迁《史记·刘敬书孙通列传》）"人抢杀和狗偷盗"：椎埋狗窃 A，"自绛灌至辛屠嘉，皆向时椎埋狗窃之人"。（赵彦卫《云麓漫钞》卷六）

"狗苟活"：狗苟 A，"毋怪狗苟徒，仇正群猜猜"。（赵翼《署斋偶得》）由此引发出的概念及其表达式有"狗苟活和蝇钻营"：狗苟蝇营/蝇营狗苟 A，"蝇营狗苟，驱去复返"。（韩愈《送穷文》）

"狗入"：狗入 NA。由此引发的概念及其表达式有"只要篱牢固，犬就不能入"：篱牢犬不入 A，"嫂嫂把得家定，我哥哥烦恼做甚？岂不闻古人言：'篱牢犬不入'"。（施耐庵《水浒传》第二十四回）

"狗睡得晚"：狗睡得晚 NA。由此引发的概念及其表达式有"睡得比狗晚，起得比鸡早"：睡得比狗晚，起得比鸡早 NA，"'起得比鸡早，睡得比狗晚'这句话形容当今学子最合适不过了"。（时尚中国 2017-11-30）

第二，施事（＋行为构成要素）＋行为＋受事及其表达式。

"狗生气"：狗气 A。由此引发的概念及其表达式有"狗气得要死"：狗气杀 A。由此引发的概念及其表达式有"养鸡的器具"：狗气杀 A，"杨二嫂发现了这件事，自己很以为功，便拿了狗气杀（这是我们这里养鸡的器具，木盘上面有着删栏，内盛食料，鸡可以伸进颈子去啄，狗却不能，只能看着气死），飞也似的跑了"。（鲁迅《呐喊·故乡》）

"狗探汤"：狗探汤 NA，"则怎这秀才每活计似鱼翻浪，大人家前程似狗探汤"。（关汉卿《谢天香》第二折）

"狗吃屎"：狗吃屎 NA，"这一下子把柳国斌砸了一个狗吃屎，头昏眼黑"。（蘧园《负曝闲谈》第三回）由此引发出的概念及其表达式有"狗改不了吃屎"：狗改不了吃屎 NA，"我说这淫妇，死了你爹，原守不住，只当狗改不了吃屎"。（兰陵笑笑生《金瓶梅词话》第八十六回）由此引发出的概念及其表达式有"狗即便行千里也改不了吃屎"：狗行千里也改不了吃屎 A。

"狗捉老鼠"：狗拿/追耗子或狗逮老鼠 NA，"你狗追耗子，管啥闲事？"（周立波《暴风雨》第一部第九篇）由此引发的概念及其表达式有"狗捉老鼠，多管闲事"：狗拿老鼠——多管闲事 NA。

"狗依仗主人之势"：狗仗/傍人势 A，"你就狗仗人势，天天作耗，专管生事"。（曹雪芹《红楼梦》第七十四回）"我把你这狗傍人势的奴才，我是服张天师管的，你那个老头儿，又不是道纪司，我怕他怎的"。（蒋士铨《一片石·访墓》）

"咬人的狗儿不露齿"：咬人的狗儿不露齿 NA，咬人狗儿不露齿 A，"那厮正是咬人狗儿不露齿"。（张国宾《罗李郎》第三折）

"狗头上生角"：狗头上生角 NA，狗头生角 A，狗生角 A；"会昌三年，定州深泽令家狗生角"。（宋祁、欧阳修等《新唐书·五行志二》）"你若省得这子弟门庭时，狗头上生角！"（施耐庵《水浒传》第五十一回）

"狗不吃热尿"：狗不吃热尿 NA。由此引发的概念及其意象表达式有"狗吃热尿"：狗吃热尿 A，"笑哥狗吃热尿，原道是个香甜的，生血吊在牙儿内，怎生改得?"（兰陵笑笑生《金瓶梅词话》第五十七回）

"一只虎难敌众多犬"：一虎难敌众犬 A，"所谓一虎难敌众犬，我们还是忍一忍吧"。（成语大全）

第三，施事+行为1+受事1+行为2+受事2及其表达式。

"狗用眼看人"：狗眼看人 A。由此引发的概念及其表达式有"狗用眼看人，人就变矮了"：狗眼看人低 A，"这当儿店小二三脚并两脚赶了进来，一副狗眼看人低的神态拉着猢狲的手就要往外赶"。（熊召政《张居正》第二卷第七回）

第四，行为+受事及其表达式。

"使犬"：使犬 NA。由此引发的概念及其表达式有"冬日来往使狗的国家"：狗国 A。"偷狗"：偷狗 NA，盗狗 NA；由此引发的概念及其表达式有"偷狗和戏/摸/捉鸡"：偷狗戏/摸/捉鸡 A，摸鸡偷/盗狗 A，偷鸡盗/摸狗 A，"那里承望到如今生下这些畜生来，每日家偷狗戏鸡，爬灰的爬灰，养小叔子的养小叔子"。（曹雪芹《红楼梦》第七回）"在此帮那强盗摸鸡偷狗的，一旦有失，落个骂名千古"。（钱彩《说岳全传》第二十九回）"小人如今在此，只做得些偷鸡盗狗的勾当，几时是了；跟随的二位哥哥上山去，却不好?"（施耐庵《水浒全传》第四十六回）"每日却自和西门庆在楼上任意取乐。却不比先前在王婆房里，只是偷鸡盗狗之欢"。（施耐庵《水浒传》

第二十六回）

第五，行为 1＋受事 1＋行为 2＋受事 2 及其意合表达式。

"用肉包子打狗"：肉包子打狗 A。

第六，行为构成要素，即时间＋行为＋受事及其意合表达式。

"嫁狗后随狗"：嫁狗逐/随狗/嫁犬逐犬 A。由此引发的概念及其表达式有"嫁狗后逐狗，嫁鸡后逐鸡"：嫁狗逐/随狗，嫁鸡逐/随鸡 A；"嫁狗逐狗嫁鸡逐鸡，耿耿不寐辗转思"。（赵汝鐩《古别离》）

第七，行为构成要素，即肯定＋行为＋受事＋行为构成要素，即否定＋行为＋受事及其表达式。

"宁为太平狗，莫作离乱人"：宁为太平狗，莫作离乱人 NA。

第八，行为＋受事＋行为构成要素，即结果（行为＋受事）及其表达式。

"打狗而欺主"：打狗欺主 A。由此引发的概念及其表达式有"狗有主人，打不打它，要看给其主人留不留情面"：打狗看主人面 A，"不知原来家中大小姐这等暴躁性子，就是打狗也看主人面"。（兰陵笑笑生《金瓶梅词话》第七十九回）"关门后打狗"：关门打狗 A，"'就是这个意思。'赵航宇说，'诱敌深入，关门打狗'"。（王朔《千万别把我当人》）"画虎不成反而像狗"：画虎不成反类狗 NA，画虎不成反为狗 NA，略为：画虎成狗 A，画虎类狗 A；"如君懋《隋书》，虽欲祖述商周，宪章虞夏，观其所述乃似《孔子家语》、临川《世说》，可谓画虎不成反类犬也"。（刘知几《史通·六家》）

第九，行为 1＋受事 1/施事 2＋行为 2＋目的地及其表达式。

"引人家的狗入自己的寨子"：引狗入寨 A，"抑且那家没胡姬妾，肯引狗入寨，都拒绝不留"。（东鲁古狂生《醉醒石》）

②状态事件，即状主＋状态及其表达式。

"狗恶/猛"：狗恶/猛 NA。由此引发出的概念及其表达式有"狗恶/猛和酒酸"：狗恶/猛酒酸 A，"人有市酒而甚美者，置表甚长，然至酒酸而不售。问里人其故？里人曰：'公之狗甚猛，而人有持器而欲往者，狗辄迎而啮之，是以酒酸不售也'"。（韩婴《韩诗外传》卷七）

③状态事件＋行为事件，即状主/施事＋状态＋行为/施事＋行为及其表达式。

"狗急了就跳墙"：狗急跳墙 A，"今儿我听了他的短儿，'人急造反，狗急跳墙'，不但生事，而且我还没趣"。（曹雪芹《红楼梦》第二十二回）略为：狗跳墙 NA，"说来说去，也才一个丁啦！就急得来狗跳墙"。（沙汀《替身》）

（三）关涉"培训"事件的表达式

1. 施事的表达式

"军/警方培训犬的机构"：军/警犬基地 A。"培训犬的人"：驯犬员/师 A。

2. 受事的表达式

"军/警方培训的犬"：军/警犬 A，"和平军，真混账，背叛人民和乡亲，投降日本狼，倒比日本军犬还要凶"。（《中国歌谣资料·和平军》）"这之间，自然又遭了文人学士和流氓警犬的联军的讨伐"。（鲁迅《南腔北调集·祝中俄文字之交》）由"军犬"引发的概念及其意合表达式有"经过培训随军战斗的犬（用于巡逻、守卫、传信等）"：战犬 A；由"警犬"引发的概念及其意合表达式有"防止暴乱的警犬"：防暴犬 A。"军营四面警犬守护之处"：犬铺 A，"'朱全忠穿蚰蜒壕围凤翔，设犬铺、铃架以绝内外。'胡三省注：'凡行军下营，四面设犬铺，以犬守之。敌来则群吠，使营中知所警备'"。（司马光《资治通鉴·唐昭宗天复二年》）

3. 行为的表达式

"培训"：培训 A，训 NA。

（四）关涉"管理"事件的表达式

1. 施事的表达式

"职掌犬牲的官吏"：犬人 A，"犬人掌犬牲……凡相犬者牵犬者属焉，掌其政治"。（《周礼·秋官·犬人》）"（汉代）主管皇帝猎犬的内官"：狗/犬监 A，狗中 A；"进身徭狗监，相如安足式？"（孙枝蔚《送宗鹤问赴贵池训导任》）"延年坐法腐，给事狗中"。（司马迁《史记·佞幸列传》）

2. 受事的表达式

"犬"：犬 NA。

3. 行为的表达式

"管理"：掌 NA，管 NA。

（五）关涉"生殖"事件的表达式

1. 施事的表达式

"雄性狗"：雄狗/犬 NA，公狗 A，牙狗 A；"有人骂那狂咬猛扑的大牙狗：'没长眼的家伙，才几天不来，就不认识了？'"（周立波《暴风骤雨》第一部第二篇）"雌性狗"：雌狗/犬 NA；由此引发的概念及其表达式有"生了崽的母狗"：狗娘 A，"狗娘生出来的也是狗，也是畜生，所以是在变相地咒骂他人"。（百度知道）"育子的母狗"：乳狗 A，"乳狗不远游，不忘其亲也"。（《荀子·荣辱》）

2. 行为的表达式

"交配"：交配 NA。由此引发的概念及其表达式有"狗交配"："狗交"A；由此引发的概念及其表达式有"狗交配的方式"：狗交式 A，"狗与其他动物进行交配"：狗杂交 A；由此引发的概念及其表达式有"狗与其他动物进行交配而生产的后代"：狗杂种 A，"你今天一天又没有好生意，你看黑三那个狗杂种会饶过你？"（曹禺《日出》第三幕）"怀孕"：怀孕 NA；"分娩"：分娩 NA，生产 NA；由此引发的概念及其表达式有"小狗在母狗肚子里，长满了尾巴尖儿便被生下来"：小狗长满了尾巴尖儿便生下来 A。"忌讳看到母犬产仔"：讳犬 A，"江北乳子，不出房室，知其无恶也。至于犬乳，置之宅外，此复惑也。江北讳犬不讳人，江南讳人不讳犬，谣俗防恶，各不同也"。（王充《论衡·四讳》）由"小狗长满了尾巴尖儿便生下来"引发的概念及其表达式有"狗长尾巴尖儿"：狗长尾巴尖儿 NA，"李纨笑道：'……气的我只要替平儿打抱不平儿，忖夺了半日；好容易狗长尾巴尖儿的好日子，又怕老太太心里不受用，因此没来'"。（曹雪芹《红楼梦》第四十五回）

3. 受事的表达式

"刚刚生下还未睁开眼的小狗"：未视之狗 A，"子之比我蒙蒙，如未视之狗耳"。（刘向《说苑·杂言》）"狗养/攮的后代"：狗娘养的 A，狗养/攮的 A；"一对忽剌孩，都是狗养的"。（关汉卿《哭存孝》第一折）"我永远也不会和那个狗娘养的和好"。（红枣子网 2022-06-09）"狗攮的奴才！你睁开驴眼看看灯笼上的字！船是哪家的船？"（吴敬梓《儒林外史》第九回）由"未视之狗"引发的概念及其表达式有"刚生下来的狗"：初生狗/犬 A，由"初生犬"引发的概念及其表达式有"从出生到12～18月龄的犬"：幼犬 A，稚犬 A，乳狗 A，狗仔 A，狗子 A，狗儿 A，犬子 A，狗崽（子）A，"稚犬迎来客，归牛带夕阳"。（戴复古《宿农家诗》）"乳狗之噬虎也，伏鸡之搏狸也，恩之所加，量其力"。（《淮南子·说林训》）由"狗子"引发的概念及其表达式有"小白狗"：白狗子 A，"后冰子蕴为广州刺史，妾房内忽有一新生白狗子，莫知所由来"。（房玄龄《晋书·郭璞传》）"又以往年药食鸡雏及新生犬子，皆止不复长"。（葛洪《抱朴子·论仙》）由"犬子"引发的概念及其表达式有"老虎不会生出狗仔"：虎父无犬子 A，"先主视之，叹曰：'虎父无犬子也！'用御鞭一指，蜀兵一齐掩杀过去，吴兵大败"。（罗贯中《三国演义》第八十三回）"将门不会生出狗仔"：将门无犬子 A，"将门无犬子，要熊熊一窝"。（百度知道）

二、后入"狗"框架概念表达式统计分析

（一）非意合表达式的数据

共计 59 个。客体为"狗"的计 14 个，其中为"狗"的 13 个：雄狗，雌狗，老狗₁，幼狗，幼犬，稚犬，庸狗，狡狗，狡犬，恶狗，丧家之狗/犬，阿狗；为"叫声"的 1 个：猜猜。

客体为事件的 45 个。施事为"狗"的 32 个：交配，怀孕，分娩，生产，犬吠，狗走，狗尿，狗爬/跑，狗蹦，狂吠，狗交，狗事，狗偷，狗盗，狗窃，狗睡得晚，狗长尾巴尖儿，狗碰₁，狗碰头₁，狗咬吕洞宾，狗塌皮，狗头上生角，狗颠屁股垂儿，狗吃/喫屎，狗改不了吃屎，狗不吃热尿，狗探汤，狗拿/追耗子，狗逮老鼠。施事为"人"的 13 个：豢养，使犬，打狗，偷/盗狗，屠狗，宰狗，杀狗，帮狗吃食，睡得比狗晚，起得比鸡早，宁为太平狗，莫作离乱人，画虎不成反类/为狗，踏狗尾。

（二）意合表达式的数据

共计 502 个。客体为事物的计有 336 个。

客体为"人"的有 26 个：犬人，狗监，犬监，狗中，饲养员，狗屠，屠户，驯犬员，驯犬师，狗主，狗腿差，狗头军师，狗蹦子，狗才/材，狗党狐朋/群，狐朋/群狗党，狐/猪朋狗友/党，犬儒，鼠狗辈，犬吠之盗。客体为"民族/国家/曲"的有 5 个：犬戎/夷，狗国，狗民国，狗曲。客体为"机构或家庭"的有 9 个：养狗场，狗场，养狗专业户，打狗办，流浪狗收容站，警犬队，军犬队，警/军犬基地。

客体为"狗"的有 112 个：活/死狗，公/母狗，牙狗，草狗，狗娘，乳狗$_1$，老泼狗，大/小狗，狗子/儿，犬子，狗仔，狗（杂）种，狗崽子，狗崽，嫩狗$_1$，乳狗$_2$，狗（娘）养的，土狗（子），洋狗，黄/白犬，白狗（子），苍/黑狗，三狗，家狗，玉狗，桀犬，蜀/粤犬，邑犬，癞狗，鹰背狗，狂/猘犬，疯/瘐狗，驽犬，国狗，周狗，垃圾狗，癞皮狗，贱狗，食（用）犬，菜/肉狗，军/战犬，功狗，噬狗/犬，未视之狗，走狗/犬，猎犬/狗，田/遇犬，枪猎/运动犬，役狗，警犬，防暴犬，工作犬，牧羊犬，看家/门狗，坐狗，盗狗，冠狗，落水狗，（流）浪狗，丧家犬/狗，丧/忘/亡家狗，野狗$_2$，弃犬，吠犬/狗，守狗，守犬，当门犬，猜犬，野狗$_1$，阉/騬狗，阍犬，宠物狗，哈巴/叭/吧狗，叭/巴儿狗，哈巴儿，狮子狗，京巴，狼犬/狗，沙皮犬，蝴蝶犬。客体为"狗的种类"的有 1 个：犬种。客体为"狗一类的动物"的有 1 个：犬科。

客体为"狗和其他动物或其他动物和狗"的有 13 个：阿狗阿猫，犬马，狗马，狗彘，犬鸡，狗鼠，猪狗，豚犬，景升豚犬，豭狗，朝廷鹰犬，丹鸡白犬，鼠狗。客体为"其他事物和狗"的有 1 个：白云苍狗。客体为"狗马和声色"的有 4 个：狗/犬马声色，声色狗/犬马。

客体为"养狗的场所"的有 3 个：狗坊，狗窝$_2$，狗舍$_2$。客体为"棚舍"的有 2 个：狗窝$_1$，狗舍$_1$。客体为"狗进出的地方"的有 3 个：狗洞，狗窦，狗门。客体为"养狗的食物"的有 2 个：狗食，狗粮。客体为"屠宰猪的场地或工具"的有 2 个：屠宰场，屠刀。

客体为"狗的外部部位"的有 33 个，此外，同部异名的有 7 个：狗体，狗口，狗脑，狗毛皮，狗骨秃，狗骨头，黑狗脊。客体为"狗的内部器官"的有 14 个，同器异名的有 1 个：狗宝。客体为"狗的外部部位和其他动物的外部部位"的有 1 个：犬牙鹰爪。客体为"其他事物和狗的外部部位"的有 4 个：油嘴狗舌，贼头狗脑，犬牙磐石，磐石犬牙。客体为"其他动物的外部部位或内部器官和狗的内部器官"的有 4 个：人面狗心，狼心狗肺/狗肺狼心，牛黄狗宝。客体为"狗的尸体"的有 2 个：狗尸/犀。客体为"气味"的有 2 个：狗生/臭。客体为"排泄物"的有 4 个：（臭）狗屎，狗屎堆，狗尿。

客体为"作为食材的狗的外部部位"的有 7 个：狗肉$_1$，老狗$_2$，嫩狗$_2$，狗腺，狗蒇，狗皮$_2$，狗尾巴。客体为"作为食材的狗的内部器官"的有 7 个：狗杂碎，狗肚，狗（肚）肠，狗下水，狗蛋，狗尿泡。客体为"食品"的有 2 个：狗肉$_2$，犬腺。客体为"由狗身上的东西为材料的制成品"的有 5 个：狗辟，犬服，狗皮帽子，狗裘，犬幌。

客体为"狗形制品"的有 9 个：刍狗，卉犬，土龙刍狗，已陈刍狗，瓦狗，陶犬，泥车瓦狗，陶犬瓦鸡，玩具狗。

客体为"市场"的有 1 个：狗市。客体为"供役的场所"的有 1 个：狗站。客体为"给养物"的有 1 个：狗分例。客体为"守护之处"的有 1 个：犬铺。

客体为"书信、踪迹、枷锁、比赛场地"的有 6 个：犬书，犬迹，犬迹狐踪，李斯狗枷，跑/赛狗场。客体为"模样"的有 3 个：狗样，人模狗样，人模狗样儿。客体为"器物"的有 11 个：狗食袋，打狗棍，灭犬工具，狗带绶，狗牙儿绦子，狗皮膏（药），狗碰（头），狗碰，狗走，狗尸/犀，狗脚木。

客体为"动物"的有 4 个：狗熊，狗蚤/虱，狗瞌睡鱼。客体为"植物"的有 6 个：狗耳/舌/尾草，狗骨（草），狗尿苔。客体为"国家"的有 3 个：犬封/戎，狗国。客体为"星名"的有 1 个：狗二星。

客体为"功劳、忠诚、命运、年纪、力量、音信、习气、态度、样子、日子"的有 12 个：狗功，犬马之诚/命/年/力，黄犬音，狗气/态，狗跑/爬式，狗交式，狗长尾巴尖儿的好日子。客体为"疾病或祸害"的有 8 个：狂/疯犬病，狗马病，狗马（之）疾，犬马（之）疾，犬祸。客体为"动作/行为/活动"的有 6 个：狗彘之行，犬兔之争，犬马之劳/报/决/恋。

意合表达式的客体为事件的计有 166 个。

施事为"人或其他动物"的 91 个：家养；驯养；坐犬；刮狗头；狡兔死，良狗烹；兔尽/死狗烹；走狗/犬烹；癞狗扶不上墙；狗刮头；狗血淋漓/喷头/淋头；狗肉上不得台盘；狗肉不上桌；貂不足，狗尾续；狗尾续貂；狗续金貂/侯冠；偷狗戏/摸/捉鸡；摸鸡偷/盗狗；偷鸡盗/摸狗；打狗欺主；打狗看主人面；关门打狗；嫁狗逐/随狗；嫁犬逐犬；屠狗卖浆；卖浆屠狗；饭牛屠狗；见兔顾犬；目兔顾犬；补牢顾犬；顾犬补牢；走狗/犬；走狗飞/呼鹰；走犬飞/呼鹰；飞/呼鹰走狗；飞鹰走犬；呼鹰走狗；牵犬臂鹰；臂鹰牵犬；架鹰牵犬；获兔烹狗；烹狗藏弓；藏弓烹狗；烹狗；
悲烹狗；使犬；肉包子打狗；吞纸抱犬；指猪骂狗；赶猪打狗；行同狗狶/
彘；行若狗/犬彘；行同犬彘；打落水狗；傫如丧狗；引狗入寨；画虎成/
类狗；椎埋屠狗；跑/遛狗；牵犬东门；牵黄犬；悲黄犬；念黄犬；叹黄
犬；忆黄犬；黄犬叹；讳犬；耍死狗；虎父无犬子；将门无犬子；金碗盛
狗矢；放狗屁；啜狗尾；洒狗血；塞/钻狗洞；一虎难敌众犬；狗爬/跑泳；
狗跑儿浮。

施事为"狗"的 75 个：狗气；狗气杀₁；狗附；家狗向里吠；狗爬泳；
狗（急）跳墙；跖/蹠狗吠尧；桀犬吠尧；一犬吠形，众/百/群犬吠声；一
犬吠影，众犬吠声；一犬吠影，百/群犬吠声；众犬吠声；狗吠非主；狗吠
不惊；狗仗/傍人势；狗眼看人（低）；群犬吠所怪；狺吠；犬不夜吠；蜀
犬吠日；粤犬吠雪；邑犬群吠；咬人狗儿不露齿；狗行千里也改不了吃屎；
狼上狗不上；狗猪不食其余；猪狗不如；犬兔俱毙；兔死犬饥；犬马恋
（主）；篱牢犬不入；狗恶/猛酒酸；狗心狗行；狗行狼心；狼心狗行；狗
（头）生角；椎埋狗窃；狼嗥狗叫；驴/蛙鸣狗吠；狗走狐淫；狗盗鸡鸣/
啼；狐鸣狗盗；鼠盗狗窃；鼠窃狗盗/偷；狗苟；狗苟蝇营；蝇营狗苟；狗
口/嘴里生/吐不出象牙；狗屁不通；犬牙交错/相制/相错/差互/相接/相
邻；犬马齿索/穷；狗窦大开；貂狗相属。

（三）分析

非意合表达式计 59 个，意合表达式计 502 个，共计 561 个。

非意合性表达客体为事物的有 14 个，占总数的 23.73%；为事件的 45
个，占总数的 76.27%。意合性表达客体为事物的有 336 个，占总数的
66.93%；为事件的 166 个，占总数的 33.07%。59 个非意合表达式占总数
的 10.52%，502 个意合表达式则占到 89.48%。

意合表达式的客体数量较多的为事物（336 个），其中最多的是"狗"
本体（112 个），其次是"狗的外部部位"（40 个）。这充分表明了言语的产
生过程，即"体验—语言＋认知—言语"。这些语言形式是汉民族狩猎、农
耕社会文化的载体，狗是家畜中的功能最多的一个，与人的互动也最多。

第三节　后入"鹰"框架概念表达式及其统计分析

一、后入"鹰"框架概念表达式

下面以框架产生扩展的大致脉络，即概念系统及其子系统为主线展开。

（一）关涉"驯化"事件的表达式

1. 行为的表达式

"把野生动物培养成家养动物"：驯化 A。

2. 受事的表达式

"野生的鹰"：野/山鹰 A，"野鹰来，高台下"。（赵文《野鹰来歌》）

（二）关涉"驯养"事件的表达式

1. 施事的表达式

"驯养鹰者"：鹰师 A，鹰人 A，"这种人有个极粗的譬喻，比如那鹰师养鹰一般：一放出去，他纵目摩空，见个狐兔，定要竦翅下来一爪把他擒住"。（文康《儿女英雄传》第十六回）"胸臆血流数丈，鹰人乐工见者，无不掩泣"。（陆游《避暑漫抄》）

2. 行为"驯/豢养"的表达式

驯/豢养 A。由此引发的概念及其表达式有"调弄和训练鹰隼"：调鹰 A，"外使调鹰初得按，中官过马不教嘶"。（韩偓《苑中》）由此引发的概念及其表达式有"调教于臂韝之上的鹰"：韝鹰 A，"逸骥初翻步，韝鹰暂脱羁。远途忧地窄，高视觉天卑"。（元稹《酬翰林白学士代书一百韵》）"刚训练好的鹰"：新鹰 A，"新鹰初放兔犹肥，白日君王在内稀"。（张籍《宫词》）

3. 受事的表达式

"鹰"：鹰 NA。由此引发的概念有两大类，即事物和事件。

（1）事物概念及其表达式

下文以概念所包含的关系和事件为主线展开。

①包含关系的事物概念及其表达式。

第一，包含整体"鹰"与部分关系的事物概念及其表达式。部分包括外部部位和内部器官。因专业性强和数量多，第一层级的从略。

其一，整体"鹰"＋整体与部分关系标记＋外部部位。

"鹰的头"：鹰头 A。由此引发的概念及其表达式有"鹰的头和雀的脑"：鹰头雀脑 A，"见一人光纱帽，黑布衫，鹰头雀脑将身探"。（杨暹《西游记》第四本第十三出）"老鹰头上的苍蝇"：鹰头之蝇 A，"君侧之人，众所畏惧，所谓鹰头之蝇、庙垣之鼠者也"。（欧阳修、宋祁等《新唐书·魏元忠传》）"鹰的鼻"：鹰鼻 A。由此引发的概念及其表达式有"鹰的鼻和鹞的眼"：鹰鼻鹞眼 A，"我倒是觉得敬轩的那位摇鹅毛扇子的军师，生得鹰鼻鹞眼，不是个善良家伙"。（姚雪垠《李自成》第十九章）"鹰的眼"：鹰目/眼 A，"尚义鹰目，洞微见远"。（李绂《记吕尚义破贼事》）"鹰的嘴"：鹰嘴/觜 A。由此引发的概念及其表达式有"鹰的嘴和鹞的目"：鹰嘴鹞目 A，"那老头有五个儿子，个个鹰嘴鹞目如狼似虎"。（于劲溯《月落屋梁》）"鹰的脖"：鹰脖 A。由此引发的概念及其表达式有"鹰脖子的颜色"：鹰脖色 A，"套一件鹰脖色摹本缎子面儿的珍珠毛儿半袖闷葫芦儿"。（文康《儿女英雄传》第三十回）"鹰的背"：鹰背 A，"马头迷玉勒，鹰背落梅花"。（梅尧臣《腊日雪》）"鹰的赤腹"：赤腹鹰 A。

其二，整体"鹰"＋整体与部分关系标记＋内部器官。

"鹰的心"：鹰心 A。由此引发的概念及其表达式有"鹰的心和雁的爪"：鹰心雁爪 A，"你待要使用金银，打通关节，救拔因牢，则俺燕青呵！须不是鹰心雁爪，早跳出虎穴狼巢"。（李文蔚《燕青博鱼》第四折）

第二，属性特征＋部分＋整体"鹰"的事物概念及其表达式。

其一，部分是羽毛。

"白羽毛鹰"：白鹰 A，"御马新骑禁苑秋，白鹰来自海东头"。（窦巩《新罗进白鹰》）"领有杂色羽毛的鹰"：花鹰 A，"溪城六月水云蒸，飞蚊猛捷如花鹰"。（苏轼《送渊师归径山》）

其二，部分是角。

"头顶有毛角的鹰"：角鹰 A，"角鹰初下秋草稀，铁骢抛鞚去如飞"。（王昌龄《观猎》）

第三，"鹰"＋并列关系标记＋另一动物的事物概念及其表达式。

"鹰和鹗"：鹰鹗 A，"丈夫轩豁意，快紧出鹰鹗"。（叶适《送郑景元》）

"鹰与鹊": 鹰鹊 A, "〔天赞四年〕十一月丁酉, 幸安国寺, 饭僧, 赦京师囚, 纵五坊鹰鹊"。(《辽史·太祖纪下》)"鹰和鹫": 鹰鹫 A, "麋鹿成群, 虎豹避之; 飞鸟成列, 鹰鹫不击"。(刘向《说苑·杂言》)"鹰和雕": 鹰隼/鹯 A, "〔季夏之月〕行冬令, 则风寒不时, 鹰隼蚤鸷, 四鄙入保"。(《礼记·月令》)"鹰和鹃": 鹰鹃 A, "雕鹗鹰鹃, 飞扬伏窜"。(《文选·宋玉〈高唐赋〉》)"鹰与鹯": 鹰鹯 A, "见无礼于其君者, 诛之, 如鹰鹯之逐鸟雀也"。(《左传·文公十八年》)"鹰和犬": 鹰犬 A, 鹰卢 A; 由此引发的概念及其表达式有"猎鹰和猎犬": 鹰犬 A; 由此引发的概念及其表达式有"朝廷豢养的猎鹰和猎犬": 朝廷鹰犬 A, "朝廷鹰犬还是亡国祸首, 明朝锦衣卫的权力有多大?"(历史真鉴 2020-07-08)"上蔡的猎鹰和猎犬": 上蔡鹰卢 A, "华亭羽翼浸天久, 上蔡鹰卢猎野偏"。(徐渭《数年来南雪胜于北十九韵》)"供驱使、能出力的人": 鹰犬之才 A, "幕府董统鹰扬, 扫夷凶逆, 续遇董卓侵官暴国, 于是提剑挥鼓, 发命东夏, 广罗英雄, 弃瑕录用, 故遂与操参咨策略, 谓其鹰犬之才, 爪牙可任"。(陈琳《为袁绍传檄各州郡文》)

②包含事件的事物概念及其表达式。

第一, 包含行为事件的事物概念及其表达式。

其一, 行为+修饰关系标记+施事, 即"鹰"及其表达式。

"飞游的鹰": 游鹰 A, "骏壮之马, 悁不征路, 其荷衡也, 曤似惊禽, 其即行也, 翚若游鹰"。(《艺文类聚》卷五七)"狩猎的鹰": 猎鹰 A。由此引发的概念及其表达式有"元代以后的宫廷饲养猎鹰的地方": 鹰坊 A, "世宗初年, 革内府鹰房诸鹰犬, 令放纵几尽矣"。(沈德符《万历野获编补遗·畿辅·内府畜豹》)"豢鹰者所用的皮臂套, 以打猎时保护手臂, 停立猎鹰": 鹰鞲 A, "躲离了劈手鹰鞲, 打合上齐眉鸳偶"。(叶宪祖《鸾鎞记·谐姻》)"元代以后的鹰坊中饲养猎鹰的棚子": 鹰棚 A, "命兴和路建燕铁木儿鹰棚"。(宋濂《元史·文宗纪四》)"牵着猎狗并架着猎鹰": 牵犬臂鹰 A, "臂鹰走狗, 驰逐为乐"。(方孝孺《楼君墓志》)"放出猎鹰和猎狗去追捕野兽": 飞/呼鹰走狗/犬 A, 走狗/犬/飞/呼鹰 A, "少以侠气闻, 数与诸公子飞鹰走狗"。(范晔《后汉书·袁术传》)

其二, 行为构成要素, 即时间+行为+受事+修饰关系标记+施事, 即"鹰"及其表达式。

"九月得霜鹰": 得霜鹰 A, "苏味道才学识度, 物望攸归; 王方庆体质鄙陋，言词鲁钝，智不逾俗，才不出凡。俱为凤阁侍郎。或问张元一曰：'苏王孰贤？'答曰：'苏九月得霜鹰，王十月被冻蝇。'或问其故，答曰：'得霜鹰俊绝，被冻蝇顽怯。'时人谓能体物也"。（张鷟《朝野金载》卷四）

其三，行为＋行为构成要素，即场所＋修饰关系标记＋施事"鹰"。

"蹲在臂套上的鹰"：鞲鹰 A："鞲鹰乍脱臂，但觉天地宽"。（刘从益《泛舟回澜亭坐中作》）"生长于北方的鹰"：北鹰 A，"丛生棘刺，来自博陵，在南为鹬，在北为鹰"。（房玄龄《晋书·崔洪传》）由此引发的概念及其表达式有"南鹬北鹰"：南鹬北鹰 A。

其四，行为 1＋受事 1＋行为 2＋修饰关系标记＋受事 2 及其表达式。

"用铁铸的鹰"：铁鹰 A。

其五，施事＋行为＋受事"鹰"＋修饰关系标记＋行为构成要素，即场所及其表达式。

"饲鹰者栖鹰的木架"：鹰架 A，"燕雀来鹰架，尘埃满箭靫"。（贾岛《老将》）

第二，包含领有事件的事物概念及其表达式。

其一，领主"鹰"＋领属关系标记＋所属及其表达式。

"鹰之巢窠"：鹰窠 A。由此引发的概念及其表达式有"浙江省海盐县南的鹰窠山"：鹰窠峰 A，"东观鹰窠峰，中天插孤青"。（高启《萧炼师鹰窠顶丹房》）"鹰的种类"：鹰种 A。

其二，领有＋所属，即"鹰的属性特征"＋修饰关系标记＋领主"非鹰"及其表达式。

"领有鹰属性特征的一方"：鹰派 A。由此引发的概念及其表达式有"主张采取强势外交手段或积极军事扩张的人士、团体或势力"：鹰派人物 A，"贡开宸力排众议，已经任命鹰派人物马扬为大山子的第一把手"。（陆天明《省委书记》）"捷速的辽代军队"：鹰军 A，"〔三年〕冬十月己巳，遣鹰军讨黑车子室韦，破之"。（《辽史·太祖纪上》）"两头俱锐的船"：鹰船 A，"鹰船两头俱锐，不辨首尾，竹板密钉，旁窗出矢，进退如飞，顺逆可使，多其橹桨，水战可恃"。（魏源《圣武记》卷十四）"用以驱雀的假鹰"：鹰俑 A，"五十年贴片式小画片：上海博物馆所藏陶像：三色釉胡服托鹰俑（唐）"。（孔夫子旧书网·聚贤杂货铺商品）"眼快、手快、身快的拳术"：鹰拳 A，"鹰拳擒野雀，蛛网猎飞蚊"。（殷尧藩《奉送刘使君王屋山隐居》）

"领有鹰的属性特征的动物"：鹰科 A。

其三，所属，即"鹰的部位或器官的属性特征"＋修饰关系标记＋领主，即"非鹰"及其表达式。

"领有鹰嘴形的鼻子"：鹰钩鼻（子）A，"正中右窗上悬一帧巨阔、油渍的焦阎王半身像，穿着连长的武装，浓眉，凶恶的眼，鹰钩鼻，整齐的髭须，仿佛和善地微笑着，而满脸杀气"。（曹禺《原野》第一幕）"他的脸形方正：鹰钩鼻子和眉毛眼睛的四周满是乌青色的点子，余外满是大的麻点"。（吴组缃《山洪》）"领有鹰嘴形的香"：鹰嘴香 A，"徐婶得鹰嘴香焚之，一家独不疫疾"。（谢肇淛《五杂俎·物部二》）"领有鹰嘴形的茶"：鹰觜/嘴 A，"宛然为客振衣起，自傍芳丛摘鹰觜"。（刘禹锡《西山兰若试茶歌》）"领有鹰爪形的茶"：鹰爪芽 A，"自携鹰爪芽，来试鱼眼汤"。（黄庭坚《同王稚川晏叔原饭寂照房》）略为：鹰爪 A，"凡茶芽数品，最上曰小芽，如雀舌、鹰爪，以其劲直纤锐，故号芽茶"。（顾文荐《负暄杂录·建茶品第》）"领有鹰爪形的短毛羊皮"：鹰爪毛 A。

第三，包含状态事件的事物概念及其表达式。

其一，状态＋修饰关系标记＋状主，即"鹰"及其表达式。

"神奇的鹰即对鹰的美称"：神鹰 A，"神鹰梦泽，不顾鸱鸢，为君一击，鹏搏九天"。（李白《独漉篇》）由"神鹰"引发的概念及其表达式有"神鹰变化而成的笛"：鹰笛 A，"在那高山牧场上，塔吉克族人民点燃起堆堆篝火，吹着鹰笛，面向首都北京纵情歌唱"。（《解放军报》1976-11-02）"勇猛的鹰"：雄鹰 A，豪鹰 A，"雄鹰展翅翱翔，那是多么令人羡慕的"。（百度·深话论 2018-01-13）"霜落之林，豪鹰俊鹯，万鸟避逃，直摩苍天"。（王安石《祭束向元道文》）"幼小的鹰"：幼鹰 NA，雏鹰 A，黄鹰 A，"小马学行嫌路窄，雏鹰展翅恨天低"。（谚语大全）"黄鹰白犬朝出游，翠管银筝夜歌舞"。（乃贤《羽林行》）"饥饿的鹰"：饥鹰 A，"侍中卢昶，亦蒙恩眄，故时人号曰：'饿虎将军，饥鹰侍中'"。（魏收《魏书·宗室晖传》）由此引发的概念及其表达式有"饥饿的鹰和饥饿的虎/饥饿的虎和饥饿的鹰"：饥鹰饿虎/饿虎饥鹰 A。

其二，状态（状主＋状态）＋修饰关系标记＋状主，即"鹰"及其表达式。

"形体如麻雀的鹰"：雀鹰 A，"形体如鹞的鹰"：鹞鹰 A。

其三，状态［状主＋状态＋状主＋状态＋（状主＋状态）］＋修饰关系标记＋状主，即"鹰"及其表达式。

"头黑、背苍灰的鹰"：苍/仓鹰 A，"草头一点疾如飞，却使苍鹰翻向后"。（岑参《卫节度赤骠马歌》）牙鹰 A；"广宁竟有一只巨型'牙鹰'，据说是全世界最大"。（搜狐·肇房网 2017-04-25）由此引发的概念及其表达式有"上蔡的苍鹰"：上蔡苍鹰 A，"陆机雄才岂自保？李斯税驾苦不早。华亭鹤唳讵可闻？上蔡苍鹰何足道！"（李白《行路难》诗之三）"嘴蓝黑色、上嘴弯曲、脚强健有力的鹰"：老鹰 A。

第四，包含存在事件，即场所/所属＋存在＋存在物＋修饰关系标记＋领主的事物概念及其表达式。

"钱面作鹰文的墨西哥银币"：鹰洋 A，"尝考中国洋钱多来自墨西哥。墨西哥为北亚墨利加民主之国，在美国之下，巴拉马诸小国之上，以钱面作鹰文，故曰鹰洋。又以英人贩运居多，亦曰英洋"。（郑观应《盛世危言·铸银》）

（2）事件概念及其表达式

①行为事件概念及其表达式。

第一，施事＋行为及其表达式。

"鹰击"：鹰击 NA。由此引发的概念及其表达式有"鹰出击时羽毛都张着"：鹰击毛挚 A，"而纵以鹰击毛挚为治"。（司马迁《史记·酷吏列传》）"雄鹰振翅飞翔于辽阔的天空"：鹰击长空 A，"鹰击长空，鱼翔浅底，万类霜天竞自由"。（毛泽东《沁园春·长沙》）"鹰击和狼食"：鹰挚狼食 A，"贪夫污吏，鹰挚狼食"。（苏轼《和陶〈劝农〉》之二）"鹰出击时所乘之风"：鹰风 A，"鹰风凋晚叶，蝉露泣秋枝"。（王勃《饯韦兵曹》）"武官名号"：鹰击郎将 A，鹰击司马 A，"汉赵破奴曾为'鹰击司马'"。（司马迁《史记·卫将军骠骑列传》）"隋大业五年（公元 609 年）改鹰扬副郎将为鹰击郎将，仍为鹰扬郎将的副职，秩从五品"。（国学大师·历史官职）"鹰飞扬/腾"：鹰扬/腾 NA，"当年意气何鹰扬，手扶天子登龙床"。（萨都剌《威武曲》）"所用皆鹰腾，破敌过箭疾"。（杜甫《北征》）由此引发的概念及其表达式有"老鹰飞，游鱼跳"：鹰飞鱼跃 A；"鹰扬和虎视"：鹰扬虎视/虎视鹰扬 A，"王肃以宿德显授，何曾以后进见拔，皆鹰扬虎视，有万里之望"。（应璩《与侍郎曹长思书》）"明正德间，李空同虎视鹰扬，望之森森武库，学者风靡，固其雄也。大复起而分路抗旌，如唐之李杜，各成一家"。（施闰章《重刻〈何大复诗集〉序》）"鹰扬和虎噬"：鹰扬虎噬Ａ，"散散、王士宏等，不体圣天子抚绥元元之意，鹰扬虎噬，雷厉风飞"。（陶宗仪《辍耕录·阑驾上书》）"武官名号"：鹰扬Ａ，"壬辰，雁门贼帅尉文通，聚众三千，保于莫壁谷，遣鹰扬杨伯泉击破之"。（李延寿《北史·隋纪下·炀帝》）"武科乡试放榜后，考官和考中武举者共同参加的宴会"：鹰扬宴Ａ，"文官重赋《鹿鸣》，重宴琼林者，屡见记载。武科虽亦有重赴鹰扬宴之典，而见之例案者，仅嘉庆十五年陕西巡抚奏朝邑武举蔺廷荐，系乾隆庚午中式，现在重遇庚午科，奏乞恩施。奉旨赏千总衔，重赴鹰扬筵宴"。（陈康祺《郎潜纪闻》卷十一）"鹰拿"：鹰拿ＮＡ。由此引发的概念及其表达式有"鹰捉拿雁雀"：鹰拿雁雀ＮＡ，"士真吩咐把李参军拿下。左右就在席上，如鹰拿雁雀，揪了下来听令。士真道：'且收郡狱！'左右即牵了李参军衣袂，付在狱中，来回话了"。（凌濛初《初刻拍案惊奇》卷三十）"鹰拿和雁捉"：鹰拿雁捉Ａ，"圣旨一下，早有锦衣卫官已将窦国一、宋信鹰拿雁捉的拖了出来"。（荻岸山人《平山冷燕》第五回）"鹰站立"：鹰跱ＮＡ，"窃以鸾惊之势，既闻之于索靖，鹰跱之巧，又显之于蔡邕"。（萧绎《上东宫古迹启》）"鹰看"：鹰觑ＮＡ。由此引发的概念及其表达式有"鹰看和鹊望"：鹰觑鹊望Ａ，"崔生鹰觑鹊望，去门缝里一瞧，那笑的却是一个女孩儿，约有十六岁"。（冯梦龙《警世通言》卷三十）"鹰看和鹊视"：鹰觑鹊视Ａ。"鹰视/睨/睃"：鹰视/睨/睃ＮＡ，"〔秦王从荣〕其为人，轻隽而鹰视"。（欧阳修《新五代史·李从荣传》）由此引发的概念及其表达式有"鹰视和鹗视"：鹰瞵鹗视Ａ，"其中最活跃的是有几位没有制服的外国巡捕，两手都握着手枪，鹰瞵鹗视地东奔西突"。（郭沫若《创造十年续编》四）"鹰视和虎视/虎视和鹰视"：鹰瞵虎视/虎视鹰瞵Ａ，"朱明为汉驱元，一家天下，满洲从而攘之，以民族之公而行其私，君主专制，政敝而不能久存也。而况虎视鹰瞵，环于四邻者，其为优胜，百倍满蒙，奈何为之敝耶！"（陈天华《论中国宜改创民主政体》）"俄罗斯政府，以鹰瞵虎视之势，震慑五陆，而其人民称罪恶之府，黑暗无复天日，亦生计沈窘之影响也"。（梁启超《论私德》二）"鹰视和虎取"：鹰瞵虎攫Ａ，"列强鹰瞵虎攫，日迫一日，动辄以兵事相恐吓"。（赵汉卿《宣言书》）"鹰视/睃和狼顾"：鹰视/睃狼顾Ａ，"鹰睃狼顾为非善，柳黛蛾眉杀气横"。（刘淑英《天雨花》第二十一回）"鹰视和狼/虎步"：鹰视狼/虎步 A，"吾观豁之为人鹰视虎步，专功杀之性，不可亲也"。（赵晔《吴越先秦·阖闾内传》）"鹰四下转盼"：鹰瞬 A，"庞首箕口，虎头鹰瞬"。（符载《剑南西川幕府诸公写真赞·徐将军进朝》）"鹰猜忌"：鹰猜NA，"鹰猜课野鹤，骥德责山麇"。（白居易《夏日独直寄萧侍御》）

第二，施事＋行为构成要素及其表达式。

"鹰栖止"：鹰趾 A，"其人虎踞而鹰趾，当敌将众，威怒自倍，见利即前，不顾其后"。（李石《续博物志》卷十）

第三，施事＋行为＋受事及其表达式。

"鹰化为鸠"：鹰化 A，"〔仲春之月〕始雨水，桃始华，仓庚鸣，鹰化为鸠"。（《礼记·月令》）由此引发的概念及其表达式有"即使老鹰变成了鸠鸟，众鸟仍然讨厌其眼睛"：鹰化为鸠，犹憎其眼 A；鹰化为鸠，众鸟犹恶其眼 A。"鹰攫食"：鹰撮 NA，由此引发的概念及其表达式有"像老鹰攫食，雷霆猛击"：鹰撮霆击 A。

第四，行为＋受事概念及其表达式。

"栖鹰"：栖鹰 A。由此引发的概念及其表达式有"栖鹰的木架"，鹰架 A；由此引发的概念及其表达式有"绳牵的木架（用于上下挽取重物）"，鹰架木 A，"挽土宜用雨辘铲，重物上下，宜用革车，或用鹰架木"。（司马光《书仪·穿圹》）"喂养鹰"：养鹰 A。由此引发的概念及其表达式有"喂养的老鹰吃饱后飞走"：养鹰扬去 A，"当其归附之初，国论哗然，或有养鹰飏去之疑，或有养虎遗患之惧"。（胡梦昱《嘉定壬午六月五日轮对第二札子》）

②状态事件概念及其表达式。

"鹰勇武"：鹰武 A，"斌斌将军，鹰武是扬，内康王室，外镇四方"。（班固《十八侯铭·将军汝阴侯夏侯婴》）

（三）关涉"管理"事件的表达式

1. 施事的表达式

（1）机构

"唐代以后的宫廷饲养猎鹰的官署"：鹰坊 A，"闲厩使押五坊，以供时狩：一曰雕坊，二曰鹘坊，三曰鹞坊，四曰鹰坊，五曰狗坊"。（欧阳修、宋祁等《新唐书·百官志二》）"清代宫廷饲养猎鹰猎犬的官署"：鹰狗处 A，"鹰狗处向在东华门内长街，设总统二人，以侍卫兼之，豢饲御前鹰狗，以备蒐狝之用。其牧人皆以世家子弟充之，许其蟒袍纬帽，为执事人中之品最高者"。（昭梿《啸亭续录·鹰狗处》）由此引发的概念及其表达式有"清代职掌鹰狗处的官吏（由侍卫兼任）"：鹰狗总统 A，"有吾宗室琅岩侍卫萨彬图者，素好与文士交，及兼鹰狗总统，因书鹰狗处少卿衔帖，投刺于翰苑家，众争笑之"。（昭梿《啸亭续录·鹰狗处》）

（2）管理者

"汉代以后替皇帝管理猎鹰猎犬的小吏"：鹰犬吏 A，"故汉武因一鹰犬吏而《子虚》用，孝元以《洞箫赋》使六宫婵子讽之，当时卿大夫虽死不敢轻吾辈"。（罗隐《谗书·投知书》）

（四）关涉"生殖"事件的表达式

1. 施事的表达式

"雄性鹰"：雄鹰 NA；"雌性鹰"：雌鹰 NA，母鹰 A。

2. 行为的表达式

"交配"：交配 NA；"母鹰下蛋"：生/产/下 NA，"母鹰用体温使卵内的胚胎发育成雏鹰"：孵 NA，孵化 A。

3. 受事的表达式

"幼小的鹰"：幼鹰 NA，雏鹰 A，黄鹰 A，"黄鹰白犬朝出游，翠管银筝夜歌舞"。（乃贤《羽林行》）由此引发的概念及其表达式有"二岁的鹰"：鹘鹰 A，"鹘鹰荏子，青黑者快，蜕净眼明，是未尝养雏，尤快"。（段成式《酉阳杂俎·肉攫部》）"幼鹰展开翅膀飞翔"：雏鹰展翅 A，"大学已经毕业了，这正是他雏鹰展翅的时候"。（成语大全）

二、后入"鹰"框架概念表达式统计分析

（一）非意合表达式的数据

共计 13 个。客体为事物"鹰"的计 4 个，均为"鹰"：雌鹰，雄鹰₁，幼鹰，饥鹰。

客体为事件的 9 个。施事为"鹰"的 8 个：交配，鹰击，鹰扬，鹰腾，鹰视，鹰瞵，鹰跱，鹰猜；施事为"人"的 1 个：豢养。

（二）意合表达式的数据

共计 174 个。客体为事物的共计 120 个。客体为"人、群体或机构"的 9 个：鹰犬吏，鹰狗总统，鹰师，鹰人，鹰派人物，鹰犬之才，鹰击郎将，鹰派，鹰狗处。客体为"人的外部部位"的 2 个：鹰钩鼻（子）。

客体为"鹰"的 20 个：母鹰，雏鹰，黄鹰，豪鹰，雄鹰$_2$，角鹰，神鹰，北鹰，苍/仓鹰，白鹰，花鹰，得霜鹰，新鹰，猎鹰$_1$，牙鹰，雀鹰，赤腹鹰，猎鹰$_2$，鞲鹰，游鹰。客体为"鹰一类的动物"的 1 个：鹰科。客体为"鹰的种类"的 1 个：鹰种。客体为"鹰和其他动物"的 13 个：鹰鹨，鹰鹃，鹰鸷，鹰隼/鹟，鹰鹞，鹰鹯，鹰犬，鹰卢，朝廷鹰犬，鹰马，饥鹰饿虎，上蔡苍鹰，上蔡鹰卢。客体为"其他动物和鹰"的 3 个：饿虎饥鹰，鹞鹰，南鹞北鹰。客体为"鹰的外部部位"的 33 个，同部异名的有 2 个：鹰钩，鹰拳$_1$。客体为"鹰的内部器官"的 10 个。

客体为"饲养的场所或工具"的 4 个：鹰坊，鹰棚，鹰鞲，鹰架。客体为"其他场所"的 4 个：鹰巢，鹰窠，呼鹰台，晾鹰台。客体为"客栈"的 1 个：鹰店。

客体为"植物"的 4 个：鹰觜/嘴，鹰爪，鹰爪芽。客体为"其他动物"的 1 个：鹰头之蝇。客体为"鹰形制品"的 1 个：铁鹰。客体为"器物"的 7 个：鹰船，鹰笛，鹰爪毛，鹰洋，鹰架木，鹰俑，鹰嘴香。客体为其他的共计 6 个：鹰风，鹰窠峰，鹰脖色，鹰扬宴，鹰拳$_2$，鹰爪功。

客体为事件的计有 51 个。施事为"人或其他动物"的 23 个：驯养；鹰化为鸠，众鸟犹恶其眼；鹰化为鸠，犹憎其眼；臂鹰；放鹰；飞鹰；按鹰；调鹰；呼鹰；栖鹰；晾鹰；飞鹰走马；放鹰逐犬；飞鹰走狗；飞鹰走犬；见兔放鹰；呼鹰走狗；飞鹰走犬；走狗飞鹰；走狗呼鹰；走犬飞鹰；走犬呼鹰；牵犬臂鹰。施事为"鹰"的 28 个：孵化，鹰化，鹰瞬，鹰趾，鹰武，鹰挚狼食，鹰拿雁捉，鹰觑鹊望，鹰觑鹊视，鹰瞵鹗视，鹰瞵虎视，虎视鹰瞵，鹰瞵虎攫，鹰撮霆击，鹰拿雁雀，鹰飞鱼跃，鹰扬虎视，虎视鹰扬，鹰扬虎噬，鹰视狼顾，鹰睃狼顾，鹰视狼步，鹰视虎步，鹰击毛挚，鹰击长空，雏鹰展翅，鹰犬塞途，养鹰扬去。

（三）分析

非意合表达式计 13 个，意合表达式计 174 个，共计 187 个。

非意合性表达客体为具体事物的有 4 个，占总数的 30.77%；为事件的 9 个，占总数的 69.23%。意合性表达客体为具体事物的有 123 个，占总数的 76.69%，为事件的 51 个，占总数的 23.31%。

13 个非意合表达式占总数的 6.95%，174 个意合表达式则占到

93.05％。这充分体现了语言的经济原则和人的认知省力原则，即无处不在的转喻操作，详见后文。

意合表达式的客体数量较多的为事物（123 个），其中最多的是"鹰"本体（不考虑专业性术语 20 个），其次是"鹰和其他动物"（13 个），再次是"人、群体或机构"（9 个）。这充分表明了言语的产生过程，即"体验—语言＋认知—言语"。这些语言形式是汉民族狩猎社会文化的载体，鹰是狩猎中重要帮手之一，与人的互动较多。

第四节　后入"鸡"框架概念表达式及其统计分析

一、后入"鸡"框架概念表达式

下面以框架产生扩展的大致脉络，即概念系统及其子系统为主线展开。

（一）关涉"驯化"事件的表达式

1. 行为的表达式

"把野生动物培养成家养动物"：驯化 A。

2. 受事的表达式

"野生的鸡"：雉 NA，野鸡 A，山鸡 A，石鸡 A，雊鸡 A，野雊 A，"凡挚士雉谓其守介节。交有时，别有伦也"。（《礼记·曲礼》）"黍醅新压野鸡肥，茆店酣歌送落晖"。（陆游《杂题》之四）"卢峰开石镜，人说舞山鸡"。（崔护《山鸡舞石镜》）"鸡类甚多，南海一种石鸡，潮至即鸣"。（李时珍《本草纲目·禽部·鸡》）"嗟我虽人，曾不如彼雊鸡"。（韩愈《琴操·雊朝飞操》）"莫愁野雊疏家鸡，但愿主人印累累"。（黄庭坚《戏书秦少游壁》）由此引发的概念及其表达式有"野鸡的头"：野鸡头 A。"野鸡的肉"：野鸡肉 A；"捕捉野鸡"：打野鸡 A。由此引发的概念及其表达式有"嫖私娼"：打野鸡 A，"大凡在船上当职事的人，一到了码头，便没魂灵的往岸上跑：也有回家的，也有打茶围、吃花酒的……也有打野鸡的"。（吴趼人《二十年目睹之怪现状》第五十一回）"献山鸡"：羞山鸡 A，"辽东惭

白冢，楚客羞山鸡。徒有献芹心，终流泣玉啼"。（李白《赠范金卿》）

（二）关涉"饲养"事件的表达式

1. 施事的表达式

（1）"公家；官府"：官家 A，"丈室可容身，斗储可充腹。况无治道术，坐受官家禄"。（白居易《秋居书怀》）由此引发的概念及其表达式有"官家养的斗鸡"：官鸡 A，"国马竭粟豆，官鸡输稻粱"。（杜甫《壮游》）

（2）"家庭"：家庭 NA，家 NA。由此引发的概念及其表达式有"家养的鸡"：家鸡 A，"大闻《南风》弦，同调《广陵散》。鹤鸣九天上，肯作家鸡伴"。（黄庭坚《次韵答尧民》）由此引发的概念及其表达式有"家鸡和野鸭"：家鸡野鹜 A。"家鸡和野鸡"：家鸡野雉 A。"厌家养的鸡"：厌家鸡 A。"厌家鸡，爱野雉"：厌家鸡，爱野雉 A。

（3）"饲养鸡的机构"：养鸡场 A。

（4）"以养鸡为业的人"：养鸡专业户 A。

（5）"饲养鸡的人"：饲养员 A。

2. 行为"饲养"的表达式

"给吃食物"：喂 NA，养 NA，饲养 A。

3. 受事"鸡"的表达式

"鸡"：鸡 NA，由此引发的概念有两大类，即事物和事件。

（1）事物概念及其表达式

下文以概念所包含的关系和事件为主线展开。

①包含关系的事物概念及其表达式。

第一，包含整体"鸡"与部分关系的事物概念及其表达式。部分包括外部部位和内部器官。因专业性强和数量多，第一层级的从略。

其一，整体"鸡"＋整体与部分关系标记＋外部部位。

"鸡的头"：鸡首/头 A，鸡脑壳 A，凤凰头 A，"别像往年那样，鸡头、鱼翅一大堆挤在一块，干部们到咱家，反而连句话也说不成"。（李准《大年初一》）"鸡脑壳安在鸭颈上——不对头"。（在线查询）由"鸡头"引发的概念及其表达式有"有鸡头形嘴的壶"：鸡首/头壶 A，"鸡首壶——古代吉祥的象征"。（《收藏界》2016 年第 10 期）"鸡的头和鱼的刺"：鸡头鱼刺 A。"菱角磨作鸡的头"：菱角磨作鸡头 A；"鸡头肉"：鸡头肉 A；"鸡的冠"：鸡冠（子）A，"窃见玉书称美玉，白如截肪，黑譬纯漆，赤拟鸡冠，黄侔蒸栗"。（曹丕《与钟大理书》）"鸡的眼"：鸡眼A，"背包自有驼峰耸，挽手何愁鸡眼疼"。（阮大铖《燕子笺·驼泄》）由此引发的概念及其表达式有"一种不符合规定的劣等钱币"：鸡眼A，"谨寻不行之钱，律有明式，指谓鸡眼，镶凿，更无余禁"。（魏收《魏书·食货志》）"鸡的脖子"：鸡脖（子）A；"鸡的口"：鸡口/嘴/喙A，"臣闻鄙谚曰：'宁为鸡口，无为牛后。'今西面交臂而臣事秦，何异于牛后乎？"（司马迁《史记·苏秦列传》）由此引发的概念及其表达式有"宁愿做小而洁的鸡嘴，而不愿做大而臭的牛肛门"：宁为鸡口，不/无/毋/勿为牛后A；略为：鸡口牛后A；"鸡肉烂了却嘴巴硬"：鸡烂嘴巴硬A；"鸡的胸"：鸡胸A，"媒婆真是包办代替的老祖宗……小喇叭一吹，说是媳妇进门了，天哪，谁知道是个什么，是不是哑巴、聋子？罗锅、鸡胸？"（周立波《暴风骤雨》第二部第二十三篇）由此引发的概念及其表达式有"鸡的胸和龟的背"：鸡胸龟背A。"鸡的腱子肉或胸部肉"：鸡瓜A，鸡丁A；"要吃时拿出来，用炒的鸡瓜一拌就是"。（曹雪芹《红楼梦》第四十一回）"鸡的翅膀"：鸡翅（膀）A；"鸡的腿"：鸡腿A；"鸡的爪子"：鸡爪子/凤爪A，"我们要了凤爪、牛腩、叉烧等几个碟子，边吃边聊"。（《上海文学》1981年第7期）"鸡的足踵（古人视为美味，语本《吕氏先秦·用众》）"：鸡跖/蹠A，"狂言虽寡善，犹有如鸡跖。鸡跖食不已，齐王为肥泽"。（应璩《杂诗》之一）"鸡的屁股"：鸡屁股A，凤尾A；"鸡的尾"：鸡尾A。由此引发的概念及其表达式有"鸡尾上的长羽"：鸡翘A；由此引发的概念及其表达式有"鸾旗（帝王仪仗之一）"：鸡翘A，"九死自拼埋马革，五更重幸插鸡翘"。（陈汝元《赏宫花》）

其二，整体"鸡"＋整体与部分关系标记＋内部器官。

"鸡的舌"：鸡舌A；"鸡的心"：鸡心A，"枣有狗牙、鸡心、牛头、羊角、狝猴、细腰之名"。（徐坚《初学记》卷二八）"鸡的胆"：鸡胆A。由此引发的概念及其表达式有"小鸡胆"：小鸡胆A，"谁不晓得成娃娘的是个小鸡胆"。（柳青《铜墙铁壁》第八章）"凤的羽毛，鸡的胆子"：凤毛鸡胆A，"羊质虎皮功不就，凤毛鸡胆事难成"。（罗贯中《三国演义》第三十二回）"鸡的肫"：鸡肫（子）A。由此引发的概念及其表达式有"鸡肫的内皮"：鸡内金A，鸡肫皮A，"鸡内金性平，味甘，是一种常用的中药。别名又叫鸡肫皮"。（百度文库）"鸡的肝"：鸡肝 A；"鸡的嗉囊"：鸡素/嗉 A，"吾淮呼小荷包亦名鸡素。或云鸡嗉，像形也"。（阮葵生《茶余客话》卷十八）"鸡的肠"：鸡肠（子）A。由此引发的概念及其表达式有"鸡的肠和狗的肚"：鸡肠狗肚 A，"据你这淫妇的鸡肠狗肚，容不得人，把儿媳都逼了出门"。（刘淑英《天雨花》第二回）"鼠的肚和鸡的肠"：鼠肚/腹鸡肠 A，"不是这说贼三寸货强盗，那鼠腹鸡肠的心儿，只好有三寸大一般"。（兰陵笑笑生《金瓶梅词话》第三十一回）"小肚和鸡的肠"：小肚鸡肠 A，"'正大，不要小肚鸡肠……'吴钩轻声低语"。（刘绍棠《鱼菱风景》二）"鸡的杂碎"：鸡杂 A，鸡零狗碎 A，"则此一特点不能不有一佳名，故拟题曰：'鸡零狗碎'云尔"。（茅盾《雨天杂写》）

第二，包含部分与整体"鸡"关系的事物概念及其表达式。

其一，部分是属性特征＋羽毛/眼睛/乌骨。

"白羽毛鸡"：白鸡 A，"积水浮香象，深山鸣白鸡"。（王维《和宋中丞夏日游福贤观天长寺》）由此引发的概念及其表达式有"见到白鸡的梦"：白鸡（之）梦 A，"白鸡梦后三百岁，洒酒浇君同所欢"。（李白《东山吟》）"洎太和己丑岁，复接旧老，同升台阶，或才叹止舆，已协白鸡之梦；或未闻税驾，遽有黄犬之悲。向之荣华，可以凄怆"。（李德裕《怀崧楼记》）"辛酉年"：白鸡年 A，"后会敢期黄考日，相看且度白鸡年"。（王安石《诗奉送许觉之奉使东川》）"红羽毛鸡"：赤鸡 A，"羞逐长安社中儿，赤鸡白狗赌梨栗"。（李白《行路难》之二）由此引发的概念及其表达式有"古俗盟誓和祭祀所用的赤毛雄鸡"：丹鸡 A，"鲁郊祀，常以丹鸡祀日，以其朝声赤羽"。（应劭《风俗通·祀典·雄鸡》）由此引发的概念及其表达式有"丹鸡和白犬"：丹鸡白犬 A，"境接东瓯，地邻南越。言其宝利则玳瑁珠玑，叙其风俗则丹鸡白犬"。（杨炯《唐恒州刺史建昌公王公神道碑》）"黄羽毛鸡"：黄鸡 A，"谁道人生无再少？门前流水尚能西，休将白发唱黄鸡"。（苏轼《浣溪沙》）"黑羽毛鸡"：乌鸡 A，"尔时此二州皆行心腹病，略无不死者，弘在荆州教人杀乌鸡薄之，十得八九。今中恶用乌鸡，自弘之由也"。（李昉、李穆、徐铉等《太平御览》卷八八四）

"黑眼睛鸡"：乌/五眼鸡 A，"弄的汉子乌眼鸡一般，见了俺们便不待见"。（兰陵笑笑生《金瓶梅词话》第十一回）假借为：五眼鸡 A。"黑骨头

鸡":乌骨鸡Ａ,"杜甫还养了将近一百只可以治风湿病的乌骨鸡"。(郭沫若《李白与杜甫·杜甫的地主生活》)

其二,部分是两个,即全身羽毛＋尾巴羽毛。

"鸡的一种。全身呈浓褐色,头和颈为灰黑色,头顶有似冠状的绒黑短羽,脸和两颊裸露无羽,呈艳红色。其尾羽共有22片,长羽呈双排列,中央两对特别长而且很大,被称为'马鸡翎',外边羽毛披散如发并下垂;平时,它高翘于其他尾羽之上,披散时又像马尾,故称'褐马线'":褐马鸡Ａ,略为:褐鸡(子)Ａ。

第三,包含成员与成员关系的事物概念及其表达式。

其一,"鸡"＋并列关系标记＋另一动物概念及其表达式。

"鸡和鸭":鸡鹜Ａ,"仰遵旧礼,敢忘桑梓之恭;辄进曼辞,庶当鸡鹜之贽"。(曾巩《应举启》)由此引发的概念及其表达式有"鸡和鸭相争":鸡鹜相争Ａ,"鸡鹜相争,终无了期,虽有文治派之徐世昌,亦奚补乎?"(蔡东藩、许廑父《民国通俗演义》第一百零二回)"鸡和鸭飞舞":鸡鹜翔舞Ａ,"变白以为黑兮,倒上以为下;凤凰在笯兮,鸡鹜翔舞"。(屈原《九歌·少司命》)"鸡和鸭争食":鸡鹜争食Ａ,"宁与黄鹄比翼乎?将与鸡鹜争食乎?"(屈原《卜居》)"轻视鸡而爱鸭子":轻鸡爱鹜Ａ,"爱屋及乌,谓因此而惜彼;轻鸡爱鹜,谓舍此而图他"。(程允升《幼学琼林·鸟兽》)"鸡和天鹅":鸡鹄Ａ,"庚桑托鸡鹄,未肯化南荣"。(苏轼《留别蹇道士拱辰》)"鸡和狗":鸡犬Ａ,"月明松下房栊静,日出云中鸡犬喧"。(王维《桃源行》)由此引发的概念及其表达式有"鸡和狗的叫声可以相互听见":鸡犬相闻Ａ,"土地平旷,屋舍俨然,有良田美池桑竹之属。阡陌交通,鸡犬相闻"。(陶渊明《桃花源记》)由此引发的概念及其表达式有"鸡鸣狗吠的声音都能听到,可是一辈子也不互相来往":鸡犬之声相闻,老死不相往来Ａ;"鸡和狗的叫声不可以相互听见":鸡犬不闻Ａ,"百姓久被贼人伤残,又闻得大兵厮杀,凡冲要通衢大路,都没一个人烟,静悄悄地,鸡犬不闻,就要一滴水,也没喝处,那讨酒食来?"(施耐庵《水浒传》第一百零九回)"鸡和狗不得安宁":鸡犬不安/宁Ａ,"我凭什么信他?当二毛子,等义和拳来砍头?再把野蛮的鬼子兵招来,弄得九城鸡犬不安!"(萧乾《皈依》)"把一个地方搅得菜菜不生,鸡犬不宁"。(凌濛初《二刻拍案惊奇》)"鸡和狗没有受到惊动"：鸡犬无/不惊 A；"鸡和狗没得留下"：鸡犬不留 A，"常州城已经被屠；常州城内鸡犬不留；知常州府事家铉翁不知去向"。（吴趼人《痛史》）"传说汉朝淮南王刘安修炼成仙后，把剩下的药撒在院子里，鸡和狗吃了，也都升天了"：鸡犬皆仙 A。"一人得道，鸡和狗也升天了"：一人得道，鸡犬升天 A，"淮南王刘安坐反而死，天下并闻，当时并见，儒书尚有言其得道仙去，鸡犬升天者"。（王充《论衡·道虚》）"一人飞升成仙，鸡犬也成仙"：一人得道，鸡犬飞升 A；一人飞升，仙及鸡犬 A，"闻之：一人飞升，仙及鸡犬"。（蒲松龄《促织》）"刘邦在长安仿造家乡新丰，将新丰的鸡和犬也一块取来，都各自认识自己的家"：鸡犬新丰 A，"鸡犬新丰乐故乡，万岁千秋魂渺茫"。（严遂成《歌风台》）"淮南王养的鸡和狗"：淮南鸡犬 A，"逐臭吞膻事可怜，淮南鸡犬早成仙"。（柳亚子《题〈饮冰室集〉》）淮王鸡犬 A，"我本淮王旧鸡犬，不随仙去落人间"。（吴伟业《过淮阴有感》）淮王鸡狗 A，"神仙侣淮王鸡狗，衣冠队楚国猕猴"。（朱彝尊《折桂令》）由"传说汉朝淮南王刘安修炼成仙后，把剩下的药撒在院子里，鸡和狗吃了，也都升天了"引发的概念及其表达式有"随仙道升天之鸡"：汉鸡 A，"怨已惊秦凤，灵应识汉鸡"。（吴融《岐下闻杜鹃》）"鸡和猪"：鸡豚 A，"来忧御魑魅，归愿牧鸡豚"。（刘禹锡《武陵书怀五十韵》）由此引发的概念及其表达式有"鸡和豚同社"：鸡豚同社 A，"愿为同社人，鸡豚燕春秋"。（韩愈《南溪始泛》）"微小的收益"：鸡豚之息 A，"驷马之家不恃鸡豚之息，伐冰之家不图牛羊之入"。（韩婴《韩诗外传》卷四）"鸡和猫"：鸡猫 A。"鸡和猫喊叫"：鸡猫子喊叫 A，"我说桂儿啊，外头什么事这么鸡猫子喊叫的啊?"（京剧《法门寺》第一场）"鸡和虫"：鸡虫 A，"鸡虫得失，蜗角争持，闹得天翻地覆，日月无光"。（蔡东藩、许廑父《民国通俗演义》第一百二十五回）由此引发的概念及其表达式有"微小的得失"：鸡虫得失/丧 A，"鸡虫得丧成恩怨，鸟鼠因缘见短长"。（蒋士铨《临川梦·了梦》）

其二，另一动物概念＋并列关系标记＋"鸡"及其表达式。

"虫和鸡"：虫鸡 A，"小奴缚鸡向市卖，鸡被缚急相喧争。家中厌鸡食虫蚁，不知鸡卖还遭烹。虫鸡于人何厚薄，吾叱奴人解其缚。鸡虫得失无了时，注目寒江倚山阁"。（杜甫《缚鸡行》）"鹤与鸡"：鹤鸡 A，"不道鹤鸡殊羽翼，许依龙虎借风云"。（黄滔《出京别崔学士》）"凤凰和鸡"：凤鸡 A，

"仍知李氏绝笔之本,悬若明焉。方之五臣,犹虎狗、凤鸡耳"。(王谠《唐语林·文学》)由此引发的概念及其表达式有"鸡不及凤":鸡不及凤 NA,"谢超宗尝谓慈曰:'卿书何当及虔公?'慈曰:'我之不得仰及,犹鸡之不及凤也'"。(萧子显《南齐书·王慈传》)"认鸡作凤":认鸡作凤 NA,"如楚国愚人认鸡作凤,犹春池小果执石为珠。但任浅近之情,不探深密之旨"。(延寿智觉禅师《万善同归集》卷一)"鸡栖于凤巢":鸡栖凤巢 A,"鸡栖凤巢,非其同类出去"。(释道原《景德传灯录》卷十六)"凤凰在鸡住的地方吃食":鸡栖凤食 A,"牛骥同一皂,鸡栖凤凰食"。(文天祥《正气歌》)"雁和鸡":雁鸡 A。由此引发的概念及其表达式有"雁归湖滨,而鸡落草棚":雁归湖滨,鸡落草棚 A。

②包含事件的事物概念及其表达式。

下文以事件的类型为主线展开。

第一,包含行为事件的事物概念及其表达式。

其一,施事+行为+修饰关系标记+受事及其表达式。

"鸡拉的粪":鸡粪/屎 A。由此引发的概念及其表达式有"鸡屎上的白色部分":鸡屎白 A;"鸡带来的灾祸"(旧时认为是水灾之兆):鸡祸/祇 A,"鼓妖鸡祇史频书,字入杓中自扫除"。(钱谦益《病榻消寒杂咏》之十四)"十二生肖之一鸡代表的年份,即酉年":鸡年 A,"为大家提供鸡年祝福语相关内容的文章,以帮助大家更快地找到所需内容"。(出国留学网)"阴历八月":鸡月 A,酉月 A;"阴历正月初一日":鸡日 A,"避地逢鸡日,伤时感雁臣"。(吕本中《宜章元日诗》)

"神养的鸡":神鸡 A。由此引发的概念及其表达式有"天上的鸡":天鸡 A,"半壁见海日,空中闻天鸡"。(李白《梦游天姥吟留别》)"神鸡之一":玉鸡 A,"盖扶桑山有玉鸡,玉鸡鸣则金鸡鸣,金鸡鸣则石鸡鸣,石鸡鸣则天下之鸡悉鸣"。(东方朔《神异经·东荒经》)宝鸡 A,"宝鸡前鸣,甘泉后涌"。(潘岳《西征赋》)金鸡 A,"夜半金鸡啁哳鸣,火轮飞出客心惊"。(韩愈《桃源图》)灵鸡 A,"灵鸡鼓舞承天赦,高翔百尺垂朱幡"。(李益《大礼毕皇帝御丹凤门改元建中大赦》)碧鸡 A,"马援留铜柱,王褒祀碧鸡"。(李梦阳《得何子过湖南消息》)

由"玉鸡"引发的概念及其表达式有"洛水的别称":玉鸡川 A,"紫庭金凤阙，丹禁玉鸡川"。（宗楚客《奉和幸上阳宫侍宴应制》）由"金鸡"引发的概念及其表达式有"长有三足的金鸡"：三足金鸡Ａ，"独腿站立的一种武术姿势"：金鸡独立Ａ，"我是'金鸡独立'，要一足微长"。（李汝珍《镜花缘》第七十四回）"有金鸡图饰的坐障"：金鸡障Ａ，"中有太真外禄山，二人最道能胡旋。梨花园中册作妃，金鸡障下养为儿"。（白居易《胡旋女》）"中国电影家协会创设的电影奖"：金鸡奖Ａ，"引'金鸡'摘'百花'，合肥底气足"。（中安在线2010-02-22）"颁布赦诏时所用的金首鸡形仪仗"：金鸡Ａ，"赦日，树金鸡于仗南，竿长七丈，有鸡高四尺，黄金饰首，衔绛幡长七尺，承以彩盘，维以绛绳。将作监供焉。击埆鼓千声，集百官、父老、囚徒"。（宋祁、欧阳修等《新唐书·百官志三》）由此引发的概念及其表达式有"金首鸡形仪仗竿/柱"：金鸡竿/柱Ａ，"丹凤楼前歌九奏，金鸡竿下鼓千声"。（杨巨源《元日含元殿下立仗丹凤楼门下宣赦相公》）略为鸡竿Ａ；"朝廷放赦的消息"：金鸡消息Ａ，"六六雁行连八九，只等金鸡消息"。（施耐庵《水浒全传》第七十二回）"古时大赦日，悬金鸡于长杆上，然后集罪犯，击鼓，宣读赦令"：县鸡Ａ，"碧池舞马，并无摩诘赋诗；金统县鸡，先待日休草诏"。（夏完淳《讨降贼大逆檄》）"古代大赦时，立一长杆，杆头设一黄金冠首的金鸡，口衔绛幡，然后集中罪犯，击鼓，宣布赦令"：金鸡放赦Ａ，"我愁远谪夜郎去，何日金鸡放赦回"。（李白《流夜郎赠辛判官》）"在高竿上树起金鸡，宣布大赦"：揭鸡肆赦Ａ，"揭鸡肆赦，雷动乾坤"。（梅尧臣《裕礼颂圣德》）

其二，施事＋行为＋修饰关系标记＋行为构成要素及其表达式。

甲，行为构成要素是场所。

"鸡栖的窝"：鸡窝/埘Ａ，"鹅湖山下稻粱肥，豚栅鸡栖半掩扉"。（王驾《社日》）由此引发的概念及其表达式有"打造鸡的窝"：打鸡窝Ａ，"我做斗子十多罗，觅些仓米养老婆。也非成担偷将去，只在斛里打鸡窝"。（无名氏《陈州粜米》第一折）"鸡栖的树"：鸡树Ａ，"谷莺上鸡树而栖，虽云大乐；野鹭占凤池而浴，只觉增惭"。（陆以湉《冷庐杂识·内阁中书》）由此引发的概念及其表达式有"中书省"：鸡树Ａ，鸡省Ａ，"鸡省露浓汤饼熟，凤池烟暖诏书成"。（罗隐《郑州献卢舍人》）"（唐代）宫廷养鸡之所"：鸡坊Ａ，"玄宗在藩邸时，乐民间清明节斗鸡戏。及即位，治鸡坊于两宫间，索长安雄鸡，金毫铁距，高冠昂尾千数，养于鸡坊。选六军小儿五百人，使驯扰教饲。上之好之，民风尤甚"。（李昉序《太平广记》卷四八五）"饲养鸡的场地"：鸡场 A，"鸡场潜介羽，马埒并扬尘"。（元稹《代曲江老人百韵》）

乙，行为构成要素是结果。

"鸡聚在一起而成的群"：鸡群 A，"百里岂能容骥足，九霄终自别鸡群"。（雍陶《寄永乐殷尧藩明府》）由"鸡群"引发的概念及其表达式有"一只鹤站在鸡群中"：鹤立鸡群 A，"正在谈论，谁知女儿国王忽见林之洋杂在众人中，如鹤立鸡群一般"。（李汝珍《镜花缘》第三十九回）鹤处鸡群 A，"遥望而清风宛在，鹤处鸡群；近观而光彩射人，龙来洞口"。（无名氏《敦煌变文集·维摩诘经讲经文》）鹤行鸡群 A，"君才最高峙，鹤行鸡群中"。（苏辙《次韵子瞻感旧见寄》）"鹤困于鸡群"：鹤困鸡群 A，"苟得其人，必破优伶之格以待之，不则鹤困鸡群，与侪众无异"。（李渔《闲情偶寄·演习·教白》）由"鹤立鸡群"引发的概念及其表达式有"鹤卓立鸡群"：卓立鸡群 A，"嵇延祖卓卓如野鹤之在鸡群"。（刘义庆《世说新语·容止》）独鹤鸡群 A，"独鹤鸡群自寡俦，三间老屋日西头"。（钱谦益《客途有怀吴中故人·周吏部景文》）鸡群鹤 A，"中间名种鸡群鹤，无复瘦疮乌暮啄"。（楼钥《题赵尊道渥洼图》）

其三，行为＋进行体标记＋修饰关系标记＋施事"鸡"及其表达式。

"活着的鸡"：活鸡 A。由"活鸡"引发的概念及其表达式有"交易活鸡的场所"：活鸡市场 A；"死了的鸡"：死鸡 A。

其四，行为＋受事＋修饰关系标记＋施事，即"鸡"及其表达式。

"报晓的公鸡"：报晓鸡 A，略为晓鸡 A，"醉来方欲卧，不觉晓鸡鸣"。（孟浩然《寒夜张明府宅宴》）啼明鸡 A，"啼明鸡叫着。东南天上露出了一片火烧似的红云"。（周立波《暴风骤雨》第一部第十六篇）"索斗的公鸡"：索斗鸡 A，"李林甫为性狠狡，不得士心，每有所行之事，多不协群议，而面无和气，国人谓林甫精神刚戾，常如索斗鸡"。（王仁裕《开元天宝遗事·索斗鸡》）

其五，行为构成要素＋行为＋受事＋修饰关系标记＋施事，即"鸡"及其表达式。

甲，行为构成要素是时间。

"早晨报晓的公鸡"：晨/朝/曙鸡Ａ，"林外晨鸡第一声，陇头残月伴人行"。（段成己《虞坂晓行》）"为语近来憔悴尽，日骑羸马听朝鸡"。（文徵明《送钱元抑南归口号》之十）"羁人此夕如三岁，不整寒衾待曙鸡"。（唐彦谦《夜蝉》）雄鸡Ａ，"子路性鄙，好勇力，志伉直，冠雄鸡，佩猳豚，陵暴孔子"。（司马迁《史记·仲尼弟子传·仲由传》）由此引发的概念及其表达式有"误了报晓的公鸡"：失晨（之）鸡Ａ，"谚曰：'失晨之鸡，思补更鸣'"。（曹操《选举令》）"臣闻失晨之鸡，虽不忘于改旦，败驾之马，终取怃于衔镳"。（刘孝仪《安成王让江州表》）失旦（之）鸡Ａ，"累累丧家狗，喔喔失旦鸡"。（陆游《归老》）"窃惟陛下钦明稽古，隆于兴继，为胤归诉，乞丐余罪，还兵复爵，使失旦之鸡，复得一鸣"。（陈寿《三国志·吴志·周瑜传》）

乙，行为构成要素是场所。

"栖息在露天里的鸡"：露鸡Ａ，"露鸡臛蠵，厉而不爽些"。（《楚辞·招魂》其二）"啼鸣于云中的鸡"：云鸡Ａ，"庭鹤哀以立，云鸡肃且寒"。（江淹《悼室人》之七）

丙，行为构成要素是产地。

"生长于江苏南通狼山，身体高大、腿长、卵肉两用的鸡"：狼山鸡Ａ；"生长于汝南的鸡（善鸣）"：汝南鸡Ａ，"惟憎无赖汝南鸡，天河未落犹争啼"。（徐陵《乌栖曲》之二）汝南晨鸡Ａ，"汝南晨鸡喔喔鸣，城头鼓角音和平"。（刘禹锡《平蔡州三首》）"生长于山东寿光，羽毛、嘴、腿和脚趾都是黑色，颈和翅膀略带黄色，身体大、卵肉两用的鸡"：寿光鸡Ａ；"生长于雪地的鸡"：雪鸡Ａ。

其六，行为（＋受事）＋行为构成要素（＋完成体标记）＋修饰关系标记＋施事，即"鸡"及其表达式。

甲，构成要素是场所。

"生长在草地或者树林等空地上的鸡"：走地鸡Ａ，"亲戚送了我两只走地鸡，请问鸡肉怎么烧有营养？"（九州醉2020-02-25）

乙，构成要素是结果。

"撞晕了的鸡"：撞晕鸡Ａ，"白天像撞晕鸡一样，毫无目的地到处乱

跑"。（黄谷柳《虾球传·跨过狮子山》）

丙，构成要素是源头。

"配种来自本土的鸡"：土/草/柴/笨/麻鸡Ａ，"土鸡越来越受欢迎，年轻人回乡养土鸡能挣到钱吗？"（百度·科学兴农2018-09-24）"鲁斋郎，你夺了我的浑家，草鸡也不曾与我一个"。（关汉卿《鲁斋郎》第三折）"饲养柴鸡的成本比较低廉，非常适合家庭养殖"。（百度百科）"东北小姑娘不知道小笨鸡什么意思，还埋怨大姨说不明白"。（好看视频2019-04-18）"有比麻鸡出栏快且好饲养的鸡吗？"（鸡病专业网论坛2017-01-22）

其七，行为构成要素1和2＋行为＋修饰关系标记＋施事，即"鸡"及其表达式。

"可与人交谈的鸡"：谈鸡Ａ，"窗中问谈鸡，长夜何时旦？"（钱起《秋夜作》）

其八，行为1＋受事（施事＋行为）＋行为构成要素＋行为2＋修饰关系标记＋施事，即"鸡"及其表达式。

"等到潮来即啼的鸡"：伺潮鸡Ａ，略为潮鸡Ａ，"五月畲田收火米，三更津吏报潮鸡"。（李德裕《谪岭南道中作》）

其九，行为＋修饰关系标记＋受事，即"鸡"及其表达式。

"烧烤的鸡"：烤/炙鸡Ａ，由此引发的概念及其表达式有"烧鸡和渍于棉絮里的酒"：炙鸡絮/渍酒Ａ，絮酒炙鸡Ａ，"伏枕呻吟作一文，谨奉去。朔日奠，望令祝史对灵几前读之，以泄殄瘁之哀。絮酒炙鸡，恐不蠲洁，不复赘上"。（方孝孺《与讷斋先生书》）"炙鸡渍酒，万里赴吊……有忠厚不忘恩之意"。（罗大经《鹤林玉露》卷九）"用烟火或香花熏制的鸡"：熏鸡Ａ，"闻长山说：'人有人道，贼有贼道。……咱们跟他们，混不在一起。'小石高兴了：'他们熏鸡不是熏鸡，窝脖子一个。这回可压他们上了杠。慌神啦'"。（罗丹《风雨的黎明》）"画的鸡"：画鸡Ａ，"〔正月一日〕贴画鸡户上，悬苇索于其上，插桃符其傍，百鬼畏之"。（宗懔《荆楚岁时记》）由此引发的概念及其表达式有"门上画的鸡"：门画鸡儿Ａ，"好门面，好铺房，好库司，门画鸡儿，行行买卖忒如斯"。（张国宾《罗李郎》第三折）"五代画家梅行思所画的鸡"：梅家鸡Ａ，"梅行思，不知何许人也。能画人物牛马，最工于鸡，以此知名，世号曰梅家鸡"。（《宣和画谱·梅行思》）"贴画

鸡"：黏鸡 A，"朱户黏鸡，金盘簇燕，空叹时序侵寻"。（姜夔《一萼红》）

其十，行为构成要素＋行为＋修饰关系标记＋受事，即"鸡"及其表达式。

甲，行为构成要素是目的。

"为配种用的鸡"：种鸡 A。由此引发的概念及其表达式有"一种能置于枕匣中的小种鸡"：枕鸡 A，"康熙戊寅冬。杭州市中有卖小鸡一对，雄者赤色，雌者黄色，小如画眉，名曰枕鸡。作高枕置鸡其中，半夜辄鸣，不爽时刻"。（东轩主人《述异记·枕鸡》）"为用其蛋养的鸡"：蛋/卵用鸡 A；"为食其肉、用其毛养的鸡"：菜鸡 A，肉用鸡，肉鸡 A。由此引发的概念及其表达式有"杀鸡"：杀/宰/割鸡 NA；"为过年时宰杀、吃其肉的鸡"：年鸡 A。

由"杀鸡"引发的概念及其表达式有"杀鸡时扯/抹脖"：杀鸡扯脖 A，杀鸡儿抹脖子 A，"西门庆见月娘脸儿不瞅，就折叠腿装矮子，跪在地下，杀鸡扯脖，口里姐姐长姐姐短"。（兰陵笑笑生《金瓶梅词话》第二十一回）"一席话说的贾琏脸都黄了，在凤姐身背后，只望着平儿杀鸡抹脖，使眼色，求他遮盖"。（曹雪芹《红楼梦》第二十一回）由此引发的概念及其表达式有"杀鸡抹脖时沥出的血"：鸡血 A；"杀鸡做黍饭"：杀鸡炊黍 A，杀鸡为黍 A，"哥哥，您兄弟在家杀鸡炊黍等待哥哥相会。哥哥，你休失信也"。（宫大用《范张鸡黍》楔子）"杀鸡后取蛋"：杀鸡取蛋 A，杀鸡取卵 A，"请皇上勿再竭泽而渔，杀鸡取卵，为小民留一线生机"。（姚雪垠《李自成》第二卷第三十二章）"传说猴子怕见血，驯猴的人便杀鸡放血来恐吓猴子"：杀鸡唬猴 A，杀鸡骇猴 A，杀鸡吓猴 A，"俗话说得好，叫作'杀鸡骇猴'，拿鸡子宰了，那猴儿自然害怕"。（李宝嘉《官场现形记》第五十三回）"杀鸡给猴子看让其觉悟而不犯过错"：杀鸡儆猴 A，"他们用的是杀鸡儆猴法，有意叫大哥难堪"。（司马文森《风雨桐江》第七章）"用杀鸡来警戒猴子"：宰鸡教猴 A，"吴七总想抓个奸细来'宰鸡教猴'一下，吴坚和家剑平反对：怕闹得内部更混乱，又怕有后患"。（高云览《小城先秦》第三章）"杀鸡的刀"：鸡刀 A，"牛刀可以割鸡，鸡刀难以屠牛"。（王充《论衡·程材》）由此引发的概念及其表达式有"杀只鸡用宰牛的刀"：牛刀割鸡 A，"子之武城，闻弦歌之声。夫子莞尔而笑，曰：'割鸡焉用牛刀'"。

（《论语·阳货》）"鸡被杀后退下来的鸡毛"：鸡毛 Ａ；"鸡被杀后去掉毛其皮的颗粒状"：鸡皮疙瘩/疸 Ａ，鸡皮栗子 Ａ，鸡栗 Ａ，"公子一见，吓的一身鸡皮疙瘩"。（文康《儿女英雄传》第五回）"鸡被杀后其发皱的皮肤"：鸡肤 Ａ，"鹤毳变玄发，鸡肤换朱颜"。（白居易《香山居士写真》）"鸡被杀后分割而来的肉"：鸡肉 Ａ，"鸡被杀后分割而来的部位/器官"：鸡部位/器官 Ａ，"鸡被杀后分割而来的皮"：鸡皮 Ａ，"鸡被杀后分割而来的骨"：鸡骨 Ａ，"鸡被杀后分割而来的肋"：鸡肋 Ａ，"鸡被杀后分割而来的腹内脂肪，经炼制得到的油"：鸡油 Ａ。

由"鸡血"引发的概念及其表达式有"杀鸡后有鸡血沥入的酒"：鸡血酒 Ａ，"还利用农民的老习惯，一起吃鸡血酒，表示决心"。（罗宁《方志敏同志在娄底蓝家村》）"有鲜红色似鸡血辰砂条带的地开石"：鸡血石 Ａ，"墨绿玉质的鸡血石可是玉中佳品啊！"（《人民文学》1990 年第 2 期）

由"鸡毛"引发的概念及其表达式有"三寸长的鸡毛"：三寸鸡毛 Ａ，"乡愚孤嫠不能自写，必倩代书，类多积年讼师，惯弄刀笔……所谓空中楼阁，只凭三寸鸡毛；座上秦铜，莫辨五里昏雾"。（黄六鸿《福惠全书·莅任·考代书》）"用鸡毛标记的紧急书信"：鸡毛文书/信 Ａ，"别处有人送'鸡毛文书'来了，说县里有军队过境，要招待筹款，召集甲长会议，即刻就到会"。（沈从文《牛》）"老爷爷进门气喘得紧：'我梦见鸡毛信来——可真见亲人……'"（贺敬之《放歌集·回延安》）"用鸡毛标记的紧急投递的报纸"：鸡毛报 Ａ，"学界、商界所发抵制日货传单及鸡毛报等，每日多至数十种"。（《"五四"爱国运动资料·"五四——六三"爱国运动大事日录》）"衙门里的差役"：鸡毛官 Ａ，"不畏中间端坐者，只怕两旁鸡毛官"。（魏祝亭《两粤猺俗记》）"一种价格低的客店"：鸡毛店/房 Ａ，"铺面卖茶的一家鸡毛店里，我从容不迫地走了进去"。（艾芜《人生哲学的一课》）"黄昏万语乞三钱，鸡毛房中买一眠，牛宫豕栅略相似。禾秆黍秸谁与致"。（蒋士铨《鸡毛房》）"笔头用鸡毛制成的笔"：鸡毛笔 Ａ，"腐儒箧有鸡毛笔，要咏平蛮第一功"。（赵翼《春和相公经略来滇余以故吏仍直幕府敬呈》）"把鸡毛粘扎在藤条或细竹竿上而成的帚/掸/掸子"：鸡毛帚/掸/掸子 Ａ。

由"鸡肤"引发的概念及其表达式有"鹤骨和鸡肤"：鹤骨鸡肤 Ａ，"鹤骨鸡肤不耐寒，那堪癣疥更斑斓"。（王炎《病中书怀》）

由"鸡肉"引发的概念及其表达式有"嫩/老鸡的肉"：子鸡/嫩鸡/老

鸡 A，"配种来自本土的鸡的肉"：土鸡 A。"刀切的一小块鸡肉"：鸡丁 A。"刀切的丝丝鸡肉"：鸡濛/纤/丝 A，"烧饭娘姨又送上满满的一盘炒鸡丁和一大碗的火腿白菜汤"。（茅盾《微波》）"今酒筵有所谓鸡濛鱼翅者，古语作鸡纤。《释名·释饮食》：'鸡纤，细擘其腊令纤，然后渍以酢也'"。（平步青《霞外攟屑·释谚·鸡濛》）

由"鸡皮"引发的概念及其表达式有"北宋开封夏日冷食名"：麻饮鸡皮 A，"细料馉饳儿，麻饮鸡皮，细索凉粉素签"。（孟元老《东京梦华录》）

由"鸡肋"引发的概念及其表达式有"食鸡肋"：食鸡肋 A，"从来自笑画蛇足，此事何殊食鸡肋"。（苏轼《相视新河秉道有诗次韵》之一）"如嚼鸡肋"：如嚼鸡肋 A。"味如鸡肋"：味如鸡肋 A。

乙，行为构成要素是材料。

"木制的鸡"：木鸡 A，"墨子刻木鸡以厉天，不如三寸之车辖"。（葛洪《抱朴子·应嘲》）由此引发的概念及其表达式有"纪渻养的斗鸡，看上去就像一只木鸡"：纪渻木鸡 A，"事有躁而失、静而得者，故木鸡胜焉"。（白居易《礼部试策》之三）由此引发的概念及其表达式有"把鸡驯养成木鸡一样"：木鸡养到 A，"几矣。鸡虽有鸣者，已无变矣，望之似木鸡矣，其德全矣；异鸡无敢应者，反走矣"。（《庄子·达生》）"蠢若木鸡"：蠢若木鸡 A，"小虫伏不动，蠢若木鸡"。（蒲松龄《聊斋志异·促织》）"呆如木鸡"：呆如/若/似木鸡 A，"那几个军人和财主，一个个呆若木鸡"。（鲁彦周《廖仲恺》第六章）"铁铸的公鸡"：铁公鸡 A，"济南富翁某，性悭吝，绰号铁公鸡，言一毛不拔也"。（袁枚《新齐谐·铁公鸡》）"泥土烧制的鸡"：土/瓦鸡 A，"夫陶犬无守夜之警，瓦鸡无司晨之益"。（元帝《金楼子·立言上》）由此引发的概念及其表达式有"土鸡瓦狗/犬"：土鸡瓦狗/犬 A，"曹操指山下颜良排的阵势，旗帜鲜明，枪刀森布，严整有威，乃谓关公曰：'河北人马，如此雄壮！'关公曰：'以吾观之，如土鸡瓦犬耳！'"（罗贯中《三国演义》第二十五回）

丙，行为构成要素是场所。

"在墙壁上凿成的窝里养的鸡"：埘鸡 A，"埘鸡识将曙，长鸣高树巅"。（刘孝威《鸡鸣篇》）"在村里养的鸡"：村鸡 A；"在橄榄油中炸的雏鸡"：炸子鸡 A。

丁，行为构成要素是方式。

"将鸡用油和酱油等作料烹炙的鸡"：油鸡Ａ，"一时，端进菜来。泼满的燕窝，滚肥的海参，大片的鱼翅以至油鸡填鸭之类，摆了一桌子"。（文康《儿女英雄传》第二十一回）由此引发的概念及其表达式有"将鸡用油和酱油等作料烹炙的，脚黄、皮黄、嘴黄的鸡"：三黄油鸡Ａ；"腌制风干的被杀了的、处理过的鸡"：风鸡Ａ，"醉蟹不看灯、风鸡不过灯、刀鱼不过清明、鲟鱼不过端午"。（网易号·CCTV记住乡愁2019-06-19）"以鸡卵汁溲白瓦屑作的碑"：鸡碑Ａ，"少博学，好谈论，善属文，能鼓琴，工书画，其余巧艺靡不毕综。总角时，以鸡卵汁溲白瓦屑作《郑玄碑》，又为文而自镌之，词丽器妙，时人莫不惊叹"。（房玄龄《晋书·戴逵传》）

戊，行为构成要素是时间。

"腊月腌制后风干或熏干的被杀了的、处理过的鸡"：腊鸡Ａ，"南人在都求仕者，北人目为腊鸡，至以相訾诟，盖腊鸡为南方馈北人之物也，故云"。（叶子奇《草木子·克谨》）由此引发的概念及其表达式有"腊鸡头"：腊鸡头Ａ，"至嘉靖间，分宜当国，而高新郑为史官。候于私宅时，江西乡衮求谒者旅集。及分宜延客入，皆鞠躬屏气，高因大笑。分宜问故，高对云：'适见君出，而诸君肃谒，忆得韩昌黎《斗鸡行》二句云：大鸡昂然来，小鸡悚而待。'严闻之，亦为破颜，盖俗号江右人为腊鸡头也"。（沈德符《历野获编·谐谑·谑语》）

己，行为构成要素是工具。

"一种著名川菜，为凉菜。制法：鸡煮熟去骨，用棒将鸡肉敲松，扯成丝，淋以麻酱、醋、糖、酱油、红油、葱花等调成的佐料。由于鸡肉被棒敲松了，调味料易于渗入，酸甜香辣，甚为可口"：棒棒鸡Ａ；"一种云南佳肴。用气锅蒸熟，蒸时配以虫草、三七、党参、茯苓等中草药，汁醇味鲜"：气锅鸡Ａ。

其十一，行为＋受事＋修饰关系标记＋行为构成要素及其表达式。

"饲养鸡群的房舍"：鸡舍Ａ，"每幢鸡舍造价超过30元"。（《扬子晚报》1990-07-28）"喂鸡的食料"：鸡食/饲料Ａ；"养鸡的笼子"：鸡笼Ａ；"放置鸡笼的窗户"：鸡窗Ａ。由此引发的概念及其表达式有"书斋"：鸡窗Ａ，"鸡窗夜静开书卷，鱼槛春深展钓丝"。（罗隐《题袁溪张逸人所居》）

其十二，行为构成要素，即方式（行为＋方式）＋行为＋修饰关系标记＋场所及其表达式。

"祭以犬鸡拜盟的土坛"：鸡坛 Ａ，"勿厌箴规言，鸡坛有明祀"。（李东阳《时用得诗见和似怪予破戒者用韵奉答》）

其十三，行为1＋受事1＋行为2＋受事2，即"鸡"＋修饰关系标记＋受事1及其表达式。

"用其烹鸡的枞/宗"：鸡枞/宗 Ａ，"被称为'野生菌之王'的鸡枞，熬一锅鸡汤，全家人分分钟就喝没"。（笨笨厨房 2018-08-01）"用其烹鸡的水苏"：鸡苏 Ａ，"铿然敲折青珊瑚，味如蜜藕如鸡苏"。（苏轼《石芝》）

其十四，否定＋行为1＋受事＋方式＋行为2＋方式＋行为3＋方式＋行为4＋修饰关系标记＋受事，即"鸡"及其表达式。

"不加调味白煮、随吃随斩的鸡"：白斩/切鸡 Ａ。

第二，包含领有事件的事物概念及其表达式。

其一，领主"鸡"＋领属关系标记＋所属及其表达式。

"鸡的德"（指文、武、勇、仁、信。语本《韩诗外传》）：鸡德 Ａ，"不为风雨变，鸡德一何贞"。（李频《府试风雨闻鸡》）"鸡的各种急性传染病"：鸡瘟 Ａ，"猪瘟鸡瘟的预防针，一年好几遍"。（《人民文学》1990 年第 3 期）由此引发的概念及其表达式有"患瘟疫的鸡"：瘟鸡 Ａ，"'真的是瘟鸡，这不我准备吊起来风干了再腌上，扔了可惜不是！'王老汉虽对村长没好脸色，可又不敢真得罪他"。[《文艺生活（精选小小说）》2004 年第 5 期]"传染疾病的鸡"：传鸡 Ａ；"鸡的种类"：鸡种 Ａ。

其二，领有＋所属＋修饰关系标记＋领主，即"鸡"及其表达式。

甲，所属是数量/重量。

"领有数量即'一只'的鸡"：只鸡 Ａ，"穰穰何祷手何赍，一呷村浆与只鸡"。（周昙《淳于髡》）由此引发的概念及其表达式有"一只鸡和一壶酒/一壶酒和一只鸡"：只鸡斗酒/斗酒只鸡 Ａ，"殂逝之后，路有经由，不以斗酒只鸡过相沃酹，车过三步，腹痛勿怪"。（曹操《祀故太尉桥玄文》）只鸡樽酒 Ａ，"此非人情，只鸡樽酒，山中未为乏也"。（叶绍翁《四朝闻见录·胡纮李沐》）"烧烤一只鸡，用一两棉絮渍酒后晒干裹住鸡，背上干粮到黄琼的家乡江夏去拜祭"：只鸡絮酒 Ａ，"只鸡絮酒纵有时，双鱼素书长已矣"。（陆游《闻王嘉叟讣报有作》）

"领有重量，即'九斤'的雄鸡或可达七八斤的雌鸡"：九斤黄 Ａ。

乙，所属是性别。

"领有性别，即'雄性'的鸡"：牡/雄鸡 NA，公鸡 A，鸡公/翁 A，叫鸡 A；"〔蜈蚣〕最怕鸡公"。（周立波《下放的一夜》）"叫鸡也要吃么？不抱鸡儿哪？"（艾芜《端阳节》三）由"雄鸡"引发的概念及其表达式有"啼鸣的雄鸡"：鸣鸡 A，"掩鼻计成终不觉，冯欢无路学鸣鸡"。（韩偓《故都》）"啼声长的雄鸡"：长鸣鸡 A，"长鸣鸡，高大过常鸡，鸣声甚长，终日啼号不绝。生邕州溪洞中"。（范成大《桂海虞衡志·志禽》）"雄鸡因怕做祭祀的牺牲而自断其尾"：雄鸡自断尾 A，"老龟被刳肠，不如无神灵。雄鸡自断尾，不愿为牺牲"。（白居易《答桐花》）略为雄鸡断尾 A，"宾孟适郊，见雄鸡自断其尾。问之，侍者曰：'自惮其牺也'"。（《左传·昭公二十二年》）"断尾的雄鸡"：断尾雄鸡 A，"断尾雄鸡本畏烹，年来听法伴修行"。（苏轼《僧爽白鸡》）由"公鸡"引发的概念及其表达式有"黎明时分最先啼叫的公鸡"：头鸡 A，"兀的不是头鸡叫。小二哥，你起来，收拾家伙，我去了也"。（无名氏《朱砂担》第一折）"夜间能按更报时的公鸡"：五更/时鸡 A，"挽水西流想无法，从今不养五更鸡"。（黄遵宪《山歌》之三）"有司夜鸡，随鼓节而鸣不息，从夜至晓，一更为一声，五更为五声。亦曰五时鸡"。（郭宪《洞冥记》卷三）"三更前啼叫的公鸡"：荒鸡 A，"荒鸡号月未三更，客梦还家得俄顷"。（苏轼《召还至都门先寄子由》）"白日啼鸣的鸡"：昼鸡 A，"云沙有径紫寒烧，松屋无人闻昼鸡"。（唐彦谦《第三溪》）"公鸡的睾丸"：鸡睾丸 A，公鸡蛋 A，鸡子；"手推独轮车"：鸡公车 A，"撑着红纸洋伞的刘队长穿戴得像回娘家的新媳妇，端坐在鸡公车上"。（季冠武等《渡江侦察记》第三章）

"领有性别，即'雌性'的鸡"：牝/雌鸡 NA，母/草鸡 A，鸡母/娘 A；"闻怒狮之吼，则双孔撩天；听牝鸡之鸣，则五体投地"。（蒲松龄《聊斋志异·马介甫》）"第二天，我见金凤提了只草鸡在杀，又见她家蒸白面馒头"。（康濯《我的两家房东》）"我们家里有六只鸡娘，要它生蛋哩！"（郁达夫《春潮》）由"雌性鸡"引发的概念及其表达式有"老母鸡"：鸡婆 A，"一个吹火通，一个舒火腿，吓得鸡婆飞上天去"。（冯梦龙《古今谭概·吴翟戏笔》）"母鸡报晓"：牝鸡晨鸣 A，"如有聪明才智，识达古今，正当辅佐君子，助其不足，必无牝鸡晨鸣，以致祸也"。（颜之推《颜氏家训·治家》）牝鸡牡鸣 A，"《书》诫牝鸡牡鸣，《诗》刺哲妇丧国"。（范晔《后汉书·杨震传》）牝鸡司晨/旦 NA，"与帝言，或及天下事，辞曰：'牝鸡司晨；家之穷也；可乎?’”（欧阳修、宋祁等《新唐书·长孙皇后传》）“争奈牝鸡司旦，雄狐作奸，却使太阳回照，虹霓蔽天”。（屠隆《彩毫记·祖饯都门》）“母鸡不报晓”：牝鸡无晨Ａ，“后妃之际，阴教规矩，夏德涂山，周赞文母，牝鸡无晨，中馈有主”。（皮日休《忧赋》）“母鸡不叫，公鸡不跳”：母鸡不叫，公鸡不跳Ａ，“文静妈脸一绷说：‘去你的吧！母鸡不叫，公鸡不跳。管住自家的好了”。（曹家《裁缝女》二）由“牝鸡司晨”引发的概念及其表达式有“母鸡在清晨打鸣，这个家庭就要破败”：牝鸡司晨，惟家之索Ａ。

其三，领有＋所属，即“鸡的属性特征”／“鸡的部位或器官的属性特征”＋修饰关系标记＋领主“非鸡”及其表达式。

“小廉”：鸡廉Ａ，“当世嚣嚣，非患儒之鸡廉，患在位者之虎饱鸱咽”。（桓宽《盐铁论·褒贤》）“领有鸡的属性特征的动物”：鸡科Ａ；“领有鸡爪的属性特征，即因风湿性关节炎形成的手足拘挛、无法伸展的疾病”：鸡爪风／疯Ａ，“读着读着，文如仁那皮肤白净的手发起鸡爪疯来”。（克非《春潮急》二七）“领有鸡舌形状的丁香”：鸡舌香Ａ，“御杯共醉龙头榜，春雪同含鸡舌香”。（陈汝元《金莲记·接武》）略为鸡舌／香Ａ，“暂逐虎牙临故绛，远含鸡舌过新年”。（李商隐《行次昭应县道上送户部李郎中充昭义攻讨》）“豸角戴时垂素发，鸡香含处隔青天”。（黄滔《遇罗员外衮》）“领有鸡心形状的槟榔”：鸡心槟榔Ａ，略为鸡槟Ａ，“鸟揽鸡槟尝老酒，酥花芋叶试新灯”。（范成大《丙午新正书怀》）“领有鸡卵形状的粟”：鸡谷Ａ，“〔兔床之山〕其草多鸡谷，其本如鸡卵，其味酸甘，食者利于人”。（《山海经·中山经》）

其四，领有＋所属＋修饰关系标记＋领主，即“非鸡”及其表达式。

“有鸡形图饰的酒樽”：鸡彝／夷Ａ，“灌尊，夏后氏以鸡夷，殷以斝，周以黄目”。（《礼记·明堂位》）“有鸡形平面的风信器”：鸡旗Ａ，“革命是面占风的鸡旗，人心一齐随着它转”。（臧克家《自己的写照》）“含有鸡肉粉、鸡蛋粉的味精”：鸡精Ａ。

第三，包含状态事件的事物概念及其表达式。

其一，状态＋修饰关系标记＋状主，即“鸡”及其表达式。

“已经长大而脂肪多的鸡”：肥／甘鸡Ａ，“鲜蠵甘鸡，和楚酪只”。（《楚辞·大招》）由此引发的概念及其表达式有“为催肥被阉割过睾丸的公鸡”：线鸡Ａ，阉／劁鸡Ａ，熟鸡Ａ，扇鸡／骟／献／宪／鸡Ａ，镦／镦鸡Ａ，膔鸡Ａ，性鸡Ａ，太监鸡Ａ；"线鸡长膘，绵羊下羔，丝茧成缲"。（汤式《庆东原·田家乐》之一）"赵宝准备下一只大性鸡，一背柴，就地支起了锅灶，燃起熊熊的柴火，把鸡放在锅里，煮了起来"。（《中国民间故事选·中虚壶》）"鸡肥"，鸡肥ＮＡ；由"鸡肥"引发的概念及其表达式有"鸡肥而不下蛋"：鸡肥不下蛋Ａ，"许多小厂条件比我们差得多，都有利润上缴；我们这个大厂反而年年赔本，真是鸡肥不下蛋！"（百度汉语）"肥鸡"：鸡肥Ａ，"宰一只鸡肥，捉几个鸡肥"。（徐大椿《洄溪道情·田家乐》）

　　"没有下过蛋或开过叫且喂养时间不足一年的鸡"：嫩鸡Ａ，"怎么辨别鸡的老嫩?"（百度经验2018-04-03）由此引发的概念及其表达式有"做食物用的小而嫩的鸡"：笋鸡Ａ；童子鸡Ａ，略为童鸡Ａ，子鸡Ａ；"委实有几分可厌的童子鸡们，似乎也对小李表示特别好感"。（茅盾《小圈圈里的人物》）"初一夜偷了童鸡五双，初二夜偷了母鸡八只"。（沈采《千金记·起盗》）"既泊，乃命酒肴，以子鸡苦瓜拌之"。（吴敏树《君山月夜泛舟记》）"下过蛋的母鸡或开过叫的公鸡且喂养时间超过一年"：老鸡Ａ，"老鸡臃肿不良行，将旦犹能效一鸣"。（陆游《老鸡》）

　　"神异的鸡"：神鸡Ａ。由此引发的概念及其表达式有"唐玄宗时驯鸡小儿贾昌"：神鸡童Ａ；"体肥硕，脚上有毛，羽毛多为黄色或红褐色，所产卵较大"：油鸡Ａ。由此引发的概念及其表达式有"生长于北京，体躯中等，羽毛色泽鲜艳光亮，脚上有羽毛、身体较肥，卵较大的鸡"：北京油鸡Ａ；"身体较小，产的蛋也小，腿下部一般没有毛，具有耐粗饲、就巢性强和抗病力强等特性的鸡"：柴鸡Ａ；"体型较小，具有耐粗饲、适应性、觅食性、遗传性能稳定、就巢性强和抗病力强等特性的鸡"：笨鸡Ａ。

　　其二，状态构成要素，即范围＋状态＋修饰关系标记＋状主，即"鸡"及其表达式。

　　"脚慌的鸡"：慌脚鸡Ａ，"老三还是这么慌脚鸡似的，我说你上不得高台盘"。（曹雪芹《红楼梦》第二十五回）

　　其三，状态（状主＋状态）＋修饰关系标记＋状主，即"鸡"及其表达式。

　　"形体如马的鸡"：马鸡Ａ。

　　第四，包含存在事件，即存在＋存在物＋修饰关系标记＋场所的事物概念及其表达式。

"有鸡的林子"：鸡林 A。由此引发的概念及其表达式有"佛寺"：鸡林 A，"鸡林俊赏，萧萧鹫岭之居"。（王勃《晚秋游武担山寺序》）"其上有子母鸡图形的缸即成窑酒杯中的一种精品"：鸡缸 A，"你在那槐庭酩酊倒鸡缸，我在这茆店昏沉偃石床"。（蒋士铨《临川梦·集梦》）

第五，包含存在事件即场所，即部分"脚"＋存在＋属性特征＋存在物＋修饰关系标记＋整体"鸡"的事物概念及其表达式。

"脚附着浓密羽毛的鸡"：毛脚鸡 A。

（2）事件概念及其表达式

行为事件概念及其表达式。

第一，施事"鸡"＋行为及其表达式。

"公/雄鸡啼鸣"：鸡鸣/叫/啼/唱 A，"鸡鸣关吏起，伐鼓早通晨"。（鲍照《行药至城东桥》）"霜凝南屋瓦，鸡唱后园枝"。（刘禹锡《酬乐天初冬早寒见寄》）由此引发的概念及其表达式有"雄鸡夜里啼鸣"：雄鸡夜鸣 A，"公鸡一叫，天就亮了"：雄鸡一唱天下白 A，一唱雄鸡天下白 A；"风雨交加天色昏暗的早晨，雄鸡啼叫不止"：风雨如晦，鸡鸣不已 A；"鸡鸣以报晓"：鸡鸣报晓 A，"鸡鸣犬吠、桑茂麻盛"：鸡犬桑麻 A，"田里种着菜，篱笆里栽着花，大有鸡犬桑麻光景"。（李宝嘉《文明小史》第五十三回）"鸡鸣和狗吠"：鸡鸣狗/犬吠 A，"鸡鸣狗吠相闻而达乎四境"。（《孟子·公孙丑上》）"鸡鸣和狗盗/狗盗和鸡鸣"：鸡鸣狗盗/狗盗鸡鸣 A，"报仇的这桩事，是桩光明磊落，见得天地鬼神的事，何须这等鸡鸣狗盗，遮遮掩掩"。（文康《儿女英雄传》第二十七回）"狗盗和鸡啼"：狗盗鸡啼 A，"函关脱离，又何须狗盗鸡啼?"（陆采《明珠记·江会》）"雄鸡啼鸣之助"：鸡鸣之助 A，"内助曰得鸡鸣之助"。（胡继宗《书言故事·禽兽比喻类》）"太子居处门前所列之戟"：鸡鸣戟 A，"古代最强名戟——'鸡鸣戟'外形奇葩，比战神吕布的方天画戟还牛"。（武器装备 2019-04-07）略为鸡戟 A；"报晓公鸡的啼声"：鸡声。

由"鸡鸣"引发的概念及其表达式有"一种特殊的茶壶（用铜、锡或陶瓷制成，下配可以燃烧炭墼的底座，以保壶中的茶水不冷。常备作过夜之用）"：鸡鸣壶 A，"回头一看，那点心早已整整的摆了四盘在那里，还有鸡鸣壶炖上一壶热茶"。（吴趼人《二十年目睹之怪现状》第二十七回）

由"鸡鸣报晓"引发的概念及其表达式有"天明之前"：鸡旦 A，"天帷昵就，搅留仙似龙拏；钿盒承恩，寓脱簪于鸡旦"。（金松岑、曾朴《孽海花》第二十七回）"听到鸡叫"：闻鸡 A，"始在巴陵，闻鸡，通衢执烛视事"。（何景明《祭亡兄东昌公文》）"猬毛纷纷而起，鸡声相连不断"：猬起鸡连 A，"大和纪元，沧景不虔，子弄父兵，跳踉海壖，有邻阴交，猬起鸡连"。（刘禹锡《唐故邠宁节度使史公神道碑》）"雄鸡啼鸣而起"：鸡鸣而起 A，"鸡鸣而起，孜孜为善者，舜之徒也"。（《孟子·尽心上》）"怕失晓而耽误正事，天没亮就起身"：鸡鸣候/戒旦 A，"鸡鸣候旦宁辞晦，松节凌霜几换秋"。（徐铉《和张先辈见寄》之二）"鸡鸣戒旦，则飘尔晨征；日薄西山，则马首靡托"。（房玄龄《晋书·文苑传·赵至》）"雄鸡啼鸣而起舞"：鸡鸣起舞 A，"都莫问功名事，白发渐星星如许。任鸡鸣起舞，乡关何在。凭高目尽孤鸿去"。（韩元吉《薄幸》）"雄鸡啼鸣而馌耕"：鸡鸣馌耕 A，"承德公老于场屋，不事生产，朝齑暮盐，黾勉有无，白首相庄，有鸡鸣馌耕之德，此夫人之为妻也"。（钱谦益《诰封安人熊母皮夫人墓志铭》）由"鸡声"引发的概念及其表达式有"雄鸡报晓，情人就要上路，欢爱从而中断"：鸡声断爱 A，"世徒以勾栏中人，鸡声断爱，马足无情，多致讥讽"。（王韬《淞滨琐话·刘淑芳》）

由"闻鸡"引发的概念及其表达式有"一听到鸡叫就起来舞剑"：闻鸡起舞 A，"击楫誓清，闻鸡起舞，毕竟英雄得"。（松洲《念奴娇》）略为：闻鸡舞 A；再略为：舞鸡 A，"舞鸡击楫都成梦，搔首江头看落潮"。（陈瑚《所见》）"闻鸡起舞的祖逖"：闻鸡人 A，"我思闻鸡人，中夜长假寐"。（陈子龙《送徐暗公省试金陵》）

"鸡飞"：鸡飞 NA。"鸡跳"：鸡跳 NA。"鸡惊"：鸡骇 NA。"鸡栖"：鸡栖/棲 NA。"鸡争"：鸡争 NA，"鹤下云汀近，鸡栖草屋同。琴书散明烛，长夜始堪终"。（杜甫《向夕》）"鸡早起"：鸡早起 NA。

由"鸡飞"引发的概念及其表达式有"鸡飞和狗跳/叫/窜/走"：鸡飞狗跳/叫/窜/走 A，"然而陈克明却在这里想象，一方面疑神疑鬼，又一方面畏惧怨恨所造成的鸡飞狗跳、人人自危的情形"。（茅盾《锻炼》）由"鸡跳"引发的概念及其表达式有"跳的鸡"：跳鸡 A。由此引发的概念及其表达式有"跳鸡的模"：跳鸡模 A，"艺能之精者，以刀掷于半空，手承接，名跳鸡模"。（陶宗仪《说郛》卷五）由"鸡骇"引发的概念及其表达式有"有光的犀角"：鸡骇 A，"世称鸡骇之犀。闻之父常侍曰：'犀之美者有光，鸡见影而惊，故曰骇鸡'"。（傅咸《犀钩序》）由"鸡栖"引发的概念及其表达式有"鸡栖之所"：鸡栖 A，"荒凉海南北，佛舍如鸡栖"。（苏轼《自雷适廉宿于兴廉村净行院》）由此引发的概念及其表达式有"鸡窝形的车"：鸡栖车 A，"独乘鸡栖车，自觉少风调"。（李贺《春归昌谷》）略为鸡栖 A，"今世画生土不殊，鸡栖独乘日驰驱"。（朱自清《伯鹰有诗见及次韵奉酬》）由"鸡争"引发的概念及其表达式有"鸡争和鹅斗"：鸡争鹅斗 A，鸡声/生鹅斗 A，"从今咱们两个丢开手，省得鸡争鹅斗，叫别人笑"。（曹雪芹《红楼梦》第二十一回）由"鸡早起"引发的概念及其表达式有"睡得比狗晚，起得比鸡早"：睡得比狗晚，起得比鸡早 NA，"'起得比鸡早，睡得比狗晚'这句话形容当今学子最合适不过了"。（时尚中国 2017-11-30）

第二，施事"鸡"＋行为＋受事及其表达式。

"雌鸡变为雄鸡"（旧时认为是灾难之兆）：鸡化 A，"帝下诏问群臣以灾异之由，议郎蔡邕上疏，以为霓堕鸡化，乃妇寺干政之所致，言颇切直"。（罗贯中《三国演义》第一回）

第三，行为＋受事及其表达式。

"用鸡"：用鸡 NA。由此引发的概念及其表达式有"用鸡招魂"：鸡招 A；由此引发的概念及其表达式有"用雄鸡招魂的巫术"：鸡招 A，"广州妇女患病者，使一妪左持雄鸡，右持米及箸，于闾巷间噪曰：'某归。'则一妪应之曰：'某归矣。'其病旋愈。此亦招魂之礼，是名鸡招"。（李调元《南越笔记·南越人好巫》）"用鸡为人治病的巫师"：鸡师 A，"蜀有费鸡师……或为人解灾，必用一鸡，设祭于庭。又取江石如鸡卵，令疾者握之。乃踏步作气嘘叱，鸡旋转而死，石亦四破"。（段成式《酉阳杂俎·怪术》）"扯/打/指/捉鸡"：扯/打/指/捉鸡 NA。由此引发的概念及其表达式有"扯/打/指/捉鸡却骂狗"：扯/打/指/捉鸡骂狗 A，"次日，张氏晓得了，反怪媳妇做格，不去勾搭儿子干事，把一团美意，看做不良之心，捉鸡骂狗，言三语四，影射的发作了一场"。（冯梦龙《醒世恒言》第九卷）"抓鸡"：抓鸡 NA。由此引发的概念及其表达式有"笼里抓鸡"：笼里抓鸡 A，"你修收录机，那是笼里抓鸡——十拿九稳！"（《文汇报》1990-04-28）"栓鸡"：栓鸡 NA。由此引发的概念及其表达式有"用绳子拴在一起的鸡"：连鸡 A，"齐相，晋文之伯也，始若胶附，终若冰拆，岂连鸡不能俱止于栖而已哉！"（陆龟蒙《寒泉子对秦惠王》）由此引发的概念及其表达式有"呈用绳子拴在一起的鸡的状态"：连鸡之势 A，"高杰一逃将也，恃士英卵翼，奉若骄子，浸浸尾大。而刘、黄诸将，又置若弈棋，汹汹为连鸡之势，动曰不和"。(李清《三垣笔记·补遗》)"捆鸡"：缚鸡 NA。由此引发的概念及其表达式有"捆鸡和耍弄弹丸"：缚鸡弄丸 A，"即中国宋之宣仁，明之慈圣，皆以女主临朝而致承平……即至淫篡之吕武，至为无道，而其才术控制天下，有若缚鸡弄丸"。(康有为《大同书》戊部第一章)"捆鸡的力量"：缚鸡之力 NA，"那韩信手无缚鸡之力"。(《赚蒯通》第一折)由此引发的概念及其表达式有"连捆鸡的力气都没有"：手无缚鸡之力 NA，无缚鸡之力 NA。"摸鸡"：摸鸡 NA。由此引发的概念及其表达式有"摸鸡和偷狗"：摸鸡偷狗 A，"在此帮那强盗摸鸡偷狗的，一旦有失，落个骂名千古"。(钱彩《说岳全传》第二十九回)"偷/攘鸡"：偷/攘鸡 NA，"知保甲之当罢，而第释五等之田不及二十亩者，是犹纱兄臂而谕以徐，日攘鸡而易以月"。(马端临《文献通考·兵五》)由此引发的概念及其表达式有"偷鸡和盗狗"：偷鸡盗狗 A。"偷鸡和戏狗"：偷鸡戏狗 A，"小人如今在此，只做得些偷鸡盗狗的勾当，几时是了；跟随的二位哥哥上山去，却不好?"(施耐庵《水浒全传》第四十六回)"偷鸡不着，反折一把米"：偷鸡不着，反折一把米 NA；偷鸡不着蚀把米 NA；"月攘一只鸡"：月攘一鸡 A，"而青苗之事，乃犹因旧稍加损益，欲行抮臂徐徐月攘一鸡之道"。(苏辙《缴驳青苗法疏》)"戏鸡"：戏鸡 NA。由此引发的概念及其表达式有"偷狗和戏鸡"：偷狗戏鸡 A，"那里承望到如今生下这些畜生来，每日家偷狗戏鸡，爬灰的爬灰，养小叔子的养小叔子"。(曹雪芹《红楼梦》第七回)"赶鸡"：赶/驱鸡 NA，"睹孺子则驱鸡也，而见御民之方。孺子驱鸡者，急则惊，缓则滞。方其北也，遮要之，则折而过南；方其南也，遮要之，则折而过北。迫则飞，疏则放，志闲则比之，流缓而不安则食之。不驱之驱，驱之至者也。志安则循路而入门"。(荀悦《辛鉴·政体》)"磔鸡"：磔鸡 NA，"岁时有被除不祥之具，而元日尤多，如桃版、韦索、磔鸡之类是也"。(葛立方《韵语阳秋》卷十九)"烧鸡"：爇鸡 NA，"田单火牛，江逌爇鸡"。(李瀚《蒙求》)"包裹鸡"：裹鸡 NA，"裹鸡吾老矣，东望涕长潸"。(丁鹤年《挽四明乐仲本先生》)"画鸡"：画鸡 NA；"梦鸡"：梦鸡 NA。由此引发的概念及其表达式有"死亡之兆"：鸡梦 A，"予衰极今岁，当与鸡梦协"。(王安石《游土山示蔡天启秘校》)"驯养斗鸡"：贴鸡 A，"内臣贪婪成俗，是以性好赌博。既赖鸡求胜，则必费重价购好健斗之鸡，雇善养者，昼则调驯，夜则加食，名曰'贴鸡'"。（刘若愚《酌中志·饮食好尚纪略》）"烹煮被杀了的、经处理过的鸡"：烹/煮鸡 A。由此引发的概念及其表达式有"用煮一头牛的大锅煮鸡"：牛鼎烹鸡 A，"传曰……函牛之鼎以烹鸡，多汁则淡而不可食，少汁则熬而不可熟。此言大器之于小用，固有所不宜也"。（范晔《后汉书·边让传》）"煮鸡和黍饭"：鸡黍 A，"良朋咸在兹，先期命鸡黍"。（方文《禊日与蔡芹溪同舟作》）由此引发的概念及其表达式有"以煮鸡和黍饭为膳食"：鸡黍之膳 A，"道虔为尚书，同僚于草屋下设鸡黍之膳"。（李延寿《北史·卢思道传》）"范式、张劭一起喝酒食鸡"：范张鸡黍 A，"范式字巨卿……与汝南张劭为友。劭字元伯。二人并告归乡里……乃共克期日。后期方至，元伯具以白母，请设馔以候之"。（范晔《后汉书·范式传》）由此引发的概念及其表达式有"招待客人的煮鸡和黍饭标志深厚的交情"：鸡黍深盟 A，"因此乞天恩先到泉台上，才留的这鸡黍深盟与那后人讲"。（宫大用《范张鸡黍》第四折）"戴公/雄鸡形状的帽"：冠鸡 A，"夫子与子路盖每每言之，而伉直自用，卒无改于冠鸡起舞之习"。（归有光《六言六蔽》）由此引发的概念及其表达式有"戴雄鸡形的帽子，佩野猪形的饰物"：冠/戴鸡佩豚 A，"一支冠鸡佩猳、贯甲提兵的队伍，乘着月色抄山路快速行军，他们必须要在天明前闯过这个敌军布防严密的地方"。（可可诗词网 2019-07-19）"世称子路无恒之庸人，未入孔门时，戴鸡佩豚，勇猛无礼，闻育读之声，摇鸡奋豚，扬唇吻之音，聒贤圣之耳"。（王充《论衡·率性》）

第四，行为 1＋受事 1＋行为 2＋受事 2"鸡"及其表达式。

"发出'祝祝'声呼鸡"：祝鸡 A，"君之赏赐，不可以功及也；君之诛罚，不可以理避也。犹举杖而呼狗，张弓而祝鸡矣"。（刘向《说苑·尊贤》）由此引发的概念及其表达式有"发出'祝祝'声来呼鸡的人"：祝鸡翁/公 A，"尸乡馀土室，难说祝鸡翁"。（杜甫《奉寄河南韦尹丈人》）

第五，行为构成要素＋行为＋受事及其表达式。

"宁愿管鸡，不愿从牛"：宁为鸡尸，无为牛从 A；鸡尸牛从 A；"嫁鸡后随鸡"：嫁鸡随/逐鸡 A。由此引发的概念及其表达式有"嫁鸡后随鸡和嫁狗后随狗"：嫁鸡随鸡，嫁狗随狗 A；嫁鸡逐鸡，嫁犬逐犬 A；略为随鸡逐狗 A。

第六，行为 1＋受事/施事 2＋行为 2。

"使公鸡相斗"：斗鸡 A，博鸡 A，"博鸡者，袁人，素无赖，不事产业，日抱鸡呼少年博市中"。（高启《书博鸡者事》）由此引发的概念及其表达式有"斗鸡和养狗"：斗鸡养狗 A，"他兄弟在家开赌场，斗鸡养狗，人不敢惹他"。（兰陵笑笑生《金瓶梅词话》第九十八回）"斗鸡和走狗/犬"：斗鸡走狗/犬 A，"斗鸡走狗马，击筑吹笙竽"。（张舜民《东武二首·其一》）"斗鸡和骑马/骑马和斗鸡驰逐以博胜负"：斗鸡走马/走马斗鸡 A，"鸣鸾佩玉青云间，斗鸡走马红尘里"。（何景明《邯郸行》）"抱着鸡去和别人的鸡斗"：抱鸡 A，"马上抱鸡三市斗，袖中携剑五陵游"。（于鹄《公子行》）斗鸡戏 A，"燕少以意气任专，为击球斗鸡戏"。（沉亚之《冯燕传》）舞鸡 A，"渐抛竹马剧，稍出舞鸡奇"。（杜牧《杜秋娘》）"斗鸡的场所"：鸡场 A，"鸡场潜介羽，马埒并扬尘"。（元稹《代曲江老人百韵》）"正在相斗的鸡的眼睛"：斗鸡眼 A，"尤其是前房媳妇长的不体面，生就一双斗鸡眼"。（王西彦《福元佬和他戴白帽子的牛》）"斗鸡和蹴球"：鸡鞠 A，"常从游戏北宫，驰遂平乐，观鸡鞠之会，角狗马之足，上大欢乐之"。（班固《汉书·东方朔传》）

（三）关涉"生殖"事件的表达式

1. 施事的表达式

（1）"雄性鸡"：雄鸡 NA，公鸡 A。

（2）"雌性鸡"：雌鸡 NA，母鸡 A。

2. 行为的表达式

（1）"交配"：交配 NA。由此引发的概念及其表达式有"公鸡和母鸡的交配"：鸡奸 A，"从他刚刚学习语言的时候起，大人们和别的孩子们就教他怎样骂人，而一句最普通的骂人的话是指的鸡奸行为"。（姚雪垠《长夜》第七章）

（2）"母鸡下蛋"：生/产/下蛋 NA。

（3）"母鸡用体温使卵内的胚胎发育成雏鸡"：孵化 A。由此引发的概念及其表达式有"看到鸡蛋，就希求蛋化为鸡"：见卵求鸡 A；"母鸡孵卵"：哺鸡 A，"老母鸡抱鸡子曰哺鸡，业此者曰哺坊"。（顾张思《土风录》卷六）"孵化小鸡"：抱鸡 A，"竹破还将竹补宜，抱鸡须用卵为之"。（刘献廷《广阳杂记》卷三）伏鸡 A，"北燕朝鲜洌水之间，谓伏鸡曰抱"。（扬雄《方言》第八）"鸡孵天鹅的卵"：鸡伏鹄卵 A。

由“母鸡孵卵”引发的概念及其表达式有“孵卵、哺养雏鸡的母鸡”：哺鸡A，“衢州民家，里胥至督租，无以为飧。只有哺鸡一只，拟烹之。胥恍惚见桑下有黄衣女子，前拜乞命”。(《通俗编·禽鱼》)“伏卵、孵卵、哺养雏鸡的母鸡”：伏鸡A，“乳狗之噬虎也，伏鸡之搏狸也，恩之所加，不量其力”。(《淮南子·说林训》)由“抱鸡”引发的概念及其表达式有“孵小鸡的老母鸡”：抱鸡婆A，“天井抱鸡婆带着一窝鸡仔，正拿翅子遮着它们，让它们睡觉”。(艾芜《回家》)

3. 受事的表达式

“蛋”：鸡子（儿）A，鸡蛋/卵A。由此引发的概念及其表达式有见卵求鸡A，“今徒学语其圣德，而不知圣之所以德，可谓见卵而求时夜，见弹而求鸮炙，何其造次哉”。(张君房《云笈七签·坐忘论》)“软壳的鸡蛋”：软壳鸡蛋A，“做小娘的，不是个软壳鸡蛋，怎的这般嫩得紧?”(冯梦龙《醒世恒言·卖油郎独占花魁》)略为：软蛋A，“李德全腿软得像筛糠一样，丘子一看，着急地说：‘唉，你真是个软蛋，来，我背着你!’”(李克《地道战》二)“鸡蛋的透明的胶状物质”：鸡蛋清/青A，“有鸡蛋清那样软，那样嫩，令人想着所曾触过的最嫩的皮肤”。(朱自清《温州的踪迹》二)“鸡蛋的黄”：鸡黄A，“背画天图，子星历历；东升日影，鸡黄团团”。(袁枚《随园诗话》卷四)“炒鸡蛋”：摊蛋A，“说罢，摆上酒来。九个盘子：一盘青菜花炒肉、一盘煎鲫鱼、一盘片粉拌鸡、一盘摊蛋”。(吴敬梓《儒林外史》第四十五回)摊鸡子A，“又问：‘别有佳者乎?’答曰：‘摊黄菜何如?’”原注：“即南方摊鸡子也”。(梁恭辰《北东园笔录三编·讳不知》)摊黄菜A，“呔，拿来，摊黄菜大点油”。(端木蕻良《遥远的风沙》)“在鸡蛋上刻画花纹（古代的一种风俗，流行于六朝、唐代寒食节）”：镂鸡子A，“何处春深好，春深寒食家。玲珑镂鸡子，宛转彩球花”。(白居易《和春深》之十六)“从鸡蛋里挑/找骨头”：鸡蛋里挑/找骨头A。

“刚孵出的小鸡”：雏鸡A，鸡孙A，鸡黄A，“林衡署、蕃毓署、嘉蔬署、良牧署……职掌进宫瓜蓏、杂果、菜、栽培树木、鸡黄、鹅黄、鸭雛、小猪等项”。(刘若愚《酌中志·内臣职掌纪略》)由此引发的概念及其表达式有“幼小的鸡”：小鸡A，仔鸡A，鸡仔A，(小)雄鸡A，(小)雌鸡A，鸡雏A；由此引发的概念及其表达式有“抱小鸡和养竹子”：抱鸡养竹A，

"像夏侯彪之这样抱鸡养竹的官吏，今天也不乏其人"。（成语故事）"小鸡身上的黄色绒毛"：鸡黄 A。

二、后人"鸡"框架概念表达式统计分析

（一）非意合表达式的数据

共计 43 个。非意合表达式的客体为"鸡"的计 3 个：雄鸡$_1$，雌/牝鸡。客体为"力量"的计 1 个：缚鸡之力。客体为行为事件的计 39 个。施事为"鸡"的 16 个：繁殖；交配；生蛋；产蛋；下蛋；孵化；鸡鸣；鸡飞；鸡骇；鸡早起；鸡栖/棲；鸡叫$_1$；鸡跳；鸡不及凤；母鸡不叫，公鸡不跳。施事为"人"的 23 个：养/喂鸡；用鸡；捉/抓/缚/裹/赶/驱鸡；偷/攘鸡；画鸡$_1$；梦鸡；杀/宰/割鸡；笼里抓鸡；认鸡作凤；偷鸡不着，反折一把米；偷鸡不着蚀把米；打鸡窝；手无缚鸡之力；无缚鸡之力。

（二）意合表达式的数据

共计 548 个。客体为事物的计 383 个。

客体为"人或机构"的有 9 个：鸡人，祝鸡翁，祝鸡公，闻鸡人，鸡毛官，养鸡专业户，神鸡童，鸡师，鸡树$_2$。

客体为"鸡"的有 137 个：神鸡$_1$，天/玉/宝/灵/碧鸡，（三足）金鸡$_1$，云鸡，官/家鸡，汉鸡，纪渻木鸡，坞/村鸡，鸡子$_1$，只鸡，种鸡，神鸡$_2$，鸡群，公/母鸡，鸡公/翁，鸡娘/母/婆，叫/草鸡，哺/伏鸡$_2$，抱鸡婆，小/大鸡，小鸡子，子/仔/雏鸡，童（子）鸡，鸡仔/孙，鸡黄$_1$，鸡雏，老鸡$_1$，笋/嫩鸡，土/草/柴/笨鸡，年鸡，肉（用）鸡，菜鸡，肥/甘鸡，鸡肥，蛋鸡，卵用鸡，烤/炙/熏/风/腊鸡，线/宪鸡，阉$_1$/劁鸡，熟鸡，扇/骟/献鸡，镦/敹鸡，腤鸡，性鸡，太监鸡，麻/白/赤/黄/丹鸡，乌（骨）鸡，乌/五眼鸡，毛脚鸡，枕鸡，露鸡，慌脚鸡，晓/晨/朝/曙鸡，汝南（晨）鸡，头鸡，五更/时鸡，昼鸡，荒鸡，（长）鸣鸡，谈鸡，跳鸡，活/死鸡，瘟鸡，报晓/啼明鸡，失晨/旦鸡，（伺）潮鸡，走地鸡，落汤鸡，撞晕鸡，（断尾）雄鸡$_2$，连鸡，寿光/狼山鸡，北京油鸡，褐（马）鸡，褐鸡子，马鸡，角鸡，九斤黄，野/雉/山/石鸡，野/黑雉，雪鸡。客体为"鸡一类的动物"的有 1 个：雉科。客体为"鸡的种类"的有 1 个：鸡种。

客体为"鸡和其他动物"的有 11 个：鸡鹜，鸡豚，鸡鹄，鸡虫，家鸡

野鹜，家鸡野雉，丹鸡白犬，淮南鸡犬，淮王鸡狗，淮王鸡犬，鸡犬桑麻。客体为"鸡和其他事物"的有 9 个：鸡黍，只鸡斗酒，斗酒只鸡，只鸡樽酒，只鸡絮酒，鸡鞠，炙鸡絮酒，絮酒炙鸡，炙鸡渍酒。客体为"其他动物和鸡"的有 3 个：虫鸡，鹤鸡，凤鸡。客体为"动物"的有 1 个：鸡群鹤。客体为"植物"的有 9 个：鸡枞/宗，鸡舌（香），鸡香，鸡槟，鸡树，鸡谷/苏。

客体为"鸡的外部部位"的有 33 个，如鸡跖/蹠。同部异名的有 9 个：鸡脖子/翅膀/爪子，鸡肤，鸡黄$_2$，鸡翅。客体为"鸡的内部器官"的有 10 个，同器异名的有 2 个：鸡素/嗉，鸡腰子。客体为"鸡的外部部位或内部器官和其他事物"的有 8 个：鸡胸龟背，鸡头鱼刺，鸡皮疙瘩/疸，鸡皮栗子，鸡栗，鹤骨鸡肤，鸡肠狗肚。客体为"其他事物和鸡的外部部位或内部器官"的有 5 个：鹤骨鸡肤，凤毛鸡胆，鼠肚/腹鸡肠，小肚鸡肠。客体为"鸡的产品及其组成部分"的有 8 个：鸡蛋/卵，鸡子$_2$（儿），软壳鸡蛋，软蛋，鸡蛋清/青，鸡黄。客体为"鸡的排泄物"的有 1 个：鸡屎。

客体为"饲养鸡的场所及其组成部分"的有 9 个：养鸡场/乡，鸡坊/场$_1$，鸡舍/笼/窝/埘/栖。客体为"斗鸡的场所"的有 1 个：鸡场$_2$。客体为"鸡的饲料"的有 2 个：鸡食/饲料。客体为"买卖鸡的场所"的有 1 个：活鸡市场。客体为"屠宰工具"的有 1 个：鸡刀。客体为"房屋、寺庙"的 3 个：鸡窗$_2$，鸡毛店/房，鸡林$_1$。客体为"河流、地区"的 2 个：玉鸡川，鸡林$_2$。客体为"器物"的有 26 个：金鸡$_2$，金鸡竿/柱，鸡竿，鸡楼车，鸡栖，鸡公车，鸡毛文书/信/报，鸡（鸣）戟，鸡首/头壶，鸡眼，鸡缸/碑，鸡坛，鸡窗$_1$，鸡鸣壶，鸡彝/夷，金鸡障，鸡旗，鸡血石，金鸡奖。

客体为"作为食材的鸡整体及其外部部位"的有 43 个：土鸡，洋鸡，子鸡，老鸡$_2$，嫩鸡$_2$，油鸡，棒棒鸡，气锅鸡，炸子鸡，白斩/切鸡，三黄油鸡，鸡肉，野鸡肉，鸡丁/濛/纤/丝，鸡皮/骨/肋，鸡头/脑壳，凤凰头，腊鸡头，鸡头肉，鸡脖（子），鸡瓜，胸子肉，鸡翅（膀），鸡腿，鸡爪（子），凤爪，鸡掌，爪钱风暴，凤足，鸡跖/蹠，鸡屁股，凤尾。客体为"作为食材的鸡的内部器官"的有 14 个：鸡心，鸡胗（子），鸡肝，鸡肠（子），鸡素/嗉，公鸡蛋，鸡腰子，鸡子$_3$，鸡杂，鸡零狗碎，鸡血，鸡油。客体为"膳食"的有 2 个：鸡黍之膳，范张鸡黍。客体为"饮品"的有 1 个：鸡血酒。

客体为"由鸡身上的东西为材料的制成品"的有 5 个：鸡精，鸡毛笔/帚/掸/撑子。客体为"鸡形制/画品"的有 11 个：金鸡₃，木/土/瓦鸡，土鸡瓦狗，土鸡瓦犬，瓦鸡陶犬，画鸡₂，门画鸡儿，梅家鸡，铁公鸡。

客体为"时间等抽象事物"的 21 个：（白）鸡年，鸡日/旦，鸡豚社，鸡豚之息，鸡德/廉，连鸡之势，鸡黍深盟，金鸡消息，（白）鸡梦，白鸡之梦，鸡鸣之助，鸡虫得失/丧，鸡瘟，鸡爪风/疯，鸡祸/觙，鸡招，跳鸡模。

客体为事件的计有 165 个。施事为"人、仙或其他动物"的 112 个：驯化；家养；驯养；呆如/若/似木鸡；轻鸡爱鹜；一人飞升，仙及鸡犬；祝鸡；宁为鸡尸，无为牛从；鸡尸牛从；月攘一鸡；牛刀割鸡；杀/割鸡焉用牛刀；杀鸡扯/抹脖；杀鸡儿抹脖子；杀鸡炊/为黍；杀鸡取蛋/卵；杀鸡吓/骇/吓儆猴；宰鸡教猴；爇/磔鸡；牛鼎烹鸡；贴/博/斗鸡；斗鸡戏；舞鸡₁；斗鸡养/走狗；斗鸡走犬/马；走马斗鸡；闻鸡；舞鸡₂；打野鸡；羞山鸡；传鸡；县鸡；冠鸡；抱鸡₁；宁为鸡口，不为牛后；宁为鸡口，无为牛后；宁为鸡口，毋为牛后；宁为鸡口，勿为牛后；鸡口牛后；菱角磨作鸡头；鸡犬不留；鸡犬不/相闻；鸡犬之声相闻，老死不相往来；鸡鸣而起；鸡鸣候/戒旦；鸡鸣起舞；鸡鸣馌耕；闻鸡舞；鸡奸；打鸡窝；摊蛋；摊/镂鸡子；摊黄菜；鸡蛋里挑/找骨头；见卵求鸡；鸡伏鹄卵；抱鸡养竹；揭鸡肆赦；戴鸡佩豚；冠鸡佩猳；贴画鸡；黏鸡；厌家鸡；厌家鸡，爱野雉；打/扯/指/捉鸡骂狗；摸鸡偷狗；偷鸡盗狗；偷鸡戏狗；偷狗戏鸡；嫁鸡随/逐鸡；嫁鸡随鸡，嫁狗随狗；嫁鸡逐鸡，嫁犬逐犬；随鸡逐狗；缚鸡弄丸；金鸡放赦；金鸡独立；木鸡养到；食鸡肋；鸡声断爱；睡得比狗晚，起得比鸡早；如嚼鸡肋；鸡卜/占；阉鸡₂；鹤立/处/行/困鸡群；卓立鸡群；独鹤鸡群。

施事为"鸡"的 53 个：哺鸡₂，抱鸡₂，伏鸡₂；雄鸡（自）断尾；鸡化；鸡烂嘴巴硬；鸡栖凤食；鸡鹜相争；鸡鹜翔舞；鸡鹜争食；鸡声/生/争鹅斗；鸡飞狗跳/叫/窜/走；鸡鸣狗/犬吠；鸡鸣狗盗；狗盗鸡鸣/啼；牝鸡牡鸣；鸡猫子喊叫；猬起鸡连；鸡犬皆仙；鸡犬升天；一人得道，鸡犬飞升/升天；鸡犬不安/宁；鸡犬无/不惊；雁归湖滨，鸡落草棚；鸡犬新丰；鸡鸣/唱/叫/啼；雄鸡夜鸣；雄鸡一唱天下白；一唱雄鸡天下白；风雨如晦，鸡鸣不已；雄鸡夜鸣；牝鸡晨鸣；鸡肥不下蛋；牝鸡司晨/旦；牝鸡司晨，惟家之索；牝鸡无晨；鸡鸣报晓；鸡豚同社；鸡栖凤巢；鸡骇。其他 1 个：味如鸡肋。

（三）分析

非意合表达式计 43 个，意合表达式计 548 个，共计 591 个。

非意合性表达客体为事物的有 4 个，占总数的 9.30%；为事件的 39 个，占总数的 90.70%。意合性表达客体为具体事物的有 383 个，占总数的 69.89%；为事件的 165 个，占总数的 30.11%。43 个非意合表达式占总数 591 的 7.28%，548 个意合表达式则占到 92.72%。

意合表达式的客体数量最多的为事物（383 个），其中最多的是"鸡"本体（137 个），其次是"作为食材的鸡整体及其外部部位"（43 个）；这充分表明了言语的产生过程，即"体验—语言＋认知—言语"，这些语言形式是汉民族农耕社会文化的载体，鸡是家禽中的饲养最普遍的一个，也是人们生存所需的蛋白质重要的源头。

第五节　后入"蝇"框架概念表达式及其统计分析

一、后入"蝇"框架概念表达式

下面以框架产生扩展的大致脉络，即概念系统及其子系统为主线展开。

"昆虫类中的双翅类"的表达式：蝇 NA，由此派生的表达式有：蝇子 A，"黄如蝇子攒头赤，酒似鹅儿破壳黄"。（蒲道源《次德衡弟九日以萸酒来觊》）苍蝇（蝇的通称）A，"苍蝇间白黑，谗巧令亲疏"。（曹植《赠白马王彪》）由"蝇"引发的概念有事物和事件两大类。

（一）事物概念及其表达式

下文以概念所包含的关系和事件为主线展开。

1. 包含关系的事物概念及其表达式

（1）包含整体"蝇"与部分关系的事物概念及其表达式

"蝇的头"：蝇头 A，"灯前目力虽非昔，犹课蝇头二万言"。（陆游《读书》之二）由此引发的概念及其表达式有"蝇的头和蚊的脚"：蝇头蚊脚 A，"蝇的头和蜗的角"：蝇头蜗角 A，蜗角蝇头 A；"如蝇头般细小的字"：蝇头小字 A。由此引发的概念及其表达式有"用小字写成的书"：蝇头小字 A；"字体细小的楷书"：蝇头小楷 A，蝇头楷书 A，"年八十余，尚能作蝇头小楷"。（钱泳《履园丛话·画学·画中人》）"今年八十有五，犹时以新作见寄，蝇头楷书不减盛壮，斯可敬也已"。（刘埙《隐居通议·诗歌一》）略为蝇头楷 A；"像苍蝇头一样细小的字"：蝇头细书/字 A，略为蝇头字 A，"字仅蝇头细书"。（严有禧《漱华随笔·大字帖》）"岂知鹤发残年叟，犹读蝇头细字书"。（陆游《书感》）"用小字抄印成的极小的书本，科举考试时用以作弊"：蝇头本 A，"宋承平时，科举之制大弊，假手者用薄纸书所为文，揉成团，名曰纸球，公然货卖。今怀挟蝇头本，其遗制也"。（冯梦龙《古今谭概·杂志》）"像苍蝇头那样小的财利"：蝇头微/小利 A，蝇头利 A，"蜗角虚名，蝇头微利"。（苏轼《满庭芳》）"但是它们算盘虽精，却忘了灵活应用，不知道得来一点蝇头小利，而付出了难以估计的代价"。（白韵琴《贪》）

（2）包含部分，即颜色与整体"蝇"关系的事物概念及其表达式

"灰黑色蝇"：青蝇 A，"青蝇侧翅蚤虱避，肃肃疑有青飙吹"。（韩愈《郑群赠簟》）由此引发的概念及其表达式有"白璧和青蝇"：白璧青蝇 A，"为臣子莫贵忠和孝，继美于今有凤毛，白璧青蝇何足较"。（胡文焕《群音类选》）"灰色蝇"：麻蝇 A。"黄绿色蝇"：绿豆蝇 A。"蓝绿色或紫绿色蝇"：金蝇 A。

（3）包含成员与成员/并列关系的事物概念及其表达式

①"蝇"＋并列关系标记＋另一动物概念及其表达式。

"蝇和虻"：蝇虻 A，"人攘臂失度，啾啾如蝇虻，则山中戒而相与修娴靡矣"。（龚自珍《尊隐》）"蝇与黾"：蝇黾 A，"生惭污迹同蝇黾，死留香骨兰茎"。（郑若庸《玉玦记·截发》）"蝇和蚋"：蝇蚋 A，"〔槐镇一僧〕溘然而逝，合掌端坐……面色如生，抚之肌肤如铁石。时方六月，蝇蚋不集，亦了无尸气"。（纪昀《阅微草堂笔记·滦阳续录五》）

②另一动物概念＋并列关系标记＋"蝇"及其表达式。

"蛊和蝇"：蛊蝇 A，"沿途茂草长林，白骨相望，蛊蝇扑面，杳无人

踪"。（周密《齐东野语·端平入洛》）"蛆和蝇"：蛆蝇 A，"二子之名，在天下如蛆蝇粪秽也，言之则污口舌，书之则污简牍"。（苏轼《商鞅论》）"蚊和蝇"：蚊蝇 A，"蚊蝇敛迹知无地，灯火于人顿有情"。（陆游《喜雨》）

2. 包含事件的事物概念及其表达式

下文以事件的类型为主线展开。

（1）包含行为事件的事物概念及其表达式

①施事，即"蝇"＋行为＋修饰关系标记＋受事及其表达式。

"蝇发出的声音"：蝇声 A，"麻姑休得过谦，此阁自王子安作赋之后，恶札纷纷，无以解秽，今得麻姑染翰，大是佳话，使人知古今作者，但有真仙，彼下士蝇声，自当却走也"。（蒋士铨《一片石·宴阁》）"蝇排泄的粪便"：蝇粪 A，蝇矢/屎 A；由此引发的概念及其表达式有"苍蝇粪玷污了美玉"：蝇粪点玉 A，"青蝇粪尤能败物，虽玉犹不免，所谓蝇粪点玉是也"。（陆佃《埤雅》）

②行为＋受事＋修饰关系标记＋施事，即"蝇"及其表达式。

"钻纸的蝇"：钻纸蝇 A，"痴痴钻纸蝇，兀兀蛀书蠹"。（钱谦益《寄泽州张吏部四十韵方闻屯留暴给谏之讣诗末悼之兼怀张藐姑甘州》）"吸食狗的血液的蝇"：狗蝇 A。由此引发的概念及其表达式有"狗蝇的胡子"：狗蝇胡子 A。

③场所＋行为＋受事＋修饰关系标记＋施事，即"蝇"及其表达式。

"在马、驴、骡等的毛上产卵的蝇"：马蝇 A，"〔吉老秤〕挥着一把破芭蕉扇子驱赶马蝇"。（刘绍棠《蒲柳人家》第七章）"在牛毛上产卵的蝇"：牛蝇 A。

④（行为＋受事）＋（行为＋受事）＋修饰关系标记＋施事，即"蝇"及其表达式。

"遇寒受冻之蝇"：寒蝇 A，"默坐念语笑，痴如遇寒蝇"。（韩愈《送侯参谋赴河中幕》）

⑤（行为＋受事）＋（行为＋结果）＋修饰关系标记＋施事，即"蝇"及其表达式。

"污白使黑，污黑使白的蝇"：谗蝇 A，"故蹄休践雪，朽骨讵酬金，附尾谗蝇散，投鞍啮鼠侵"。（宋庠《伤死马》）

⑥频率＋场所＋行为＋修饰关系标记＋施事及其表达式。

"常在室内外活动的蝇"：家蝇 A。

⑦（时间＋行为＋修饰关系标记＋施事，即"蝇"）＋（时间＋行为＋修饰关系标记＋施事，即"蝇"）及其表达式。

"早上飞逐的苍蝇，晚上叮咬的蚊子"：朝蝇暮蚊 A，"朝蝇不须驱，暮蚊不可拍"。（韩愈《杂诗》）

⑧行为＋行为构成要素结果＋修饰关系标记＋施事，即"蝇"及其表达式。

"存活到秋天的蝇"：秋蝇 A，痴蝇 A，"十月江南未拥炉，痴蝇扰扰莫嫌渠。细看岂是坚牢物，付与清霜为扫除"。（陆游《十月苦蝇》之二）

（2）包含出现事件的事物概念及其表达式

（出现＋）场所＋修饰关系标记＋出现者，即"蝇"及其表达式。

"集于笔端上的蝇"：笔上蝇 A，"每吐胸中凤，宁容笔上蝇"。（梅尧臣《李端民挽歌》）"附/托在骥尾的蝇"：附/托骥蝇 A，"林峦甘独往，疵贱苦相仍。敢忘衔花雀，思同附骥蝇"。（王湾《秋夜寓直即事怀赠萧令公裴侍郎兼通简南省诸友人》）"譬为山，方覆一篑而进，俄哲人梦奠两楹之间，欲为托骥之蝇，遂作丧家之犬"。（许衡《上宪使刘约斋启》）"老鹰头上的苍蝇"：鹰头之蝇 A，"君侧之人，众所畏惧，所谓鹰头之蝇、庙垣之鼠者也"。（欧阳修、宋祁等《新唐书·魏元忠传》）

（3）包含领有事件的事物概念及其表达式

①领有构成要素场所和时间＋领有＋所属＋修饰关系标记＋领主，即"蝇"及其表达式。

"胸背有时具暗色纵条或斑纹的蝇"：花蝇 A。"没头的苍蝇"：没头苍蝇 A，"上年往东京买卖，与那个没头苍蝇牛信曾相认识"。（俞万春《荡寇志》第九十七回）

②领有＋所属，即量＋修饰关系标记＋领主，即"蝇"及其表达式。

"领有量，即'很多'的蝇"：多蝇 A，"夏田已失麦，种豆喜多蝇。何以待君子，箪瓢容一升"。（苏辙《次迟韵示陈天倪秀才侄孙元老主簿》）

③所属，即"蝇"的属性特征＋领属关系标记＋领主，即"非蝇"及其表达式。

"小的利/名"：蝇利/名 A。由此引发的概念及其表达式有"苍蝇一样大的名声，蜗牛角大的利益"：蝇名蜗利/蜗利蝇名 A。"蜗牛角大的名声，苍蝇一样大的利益"：蜗名蝇利/蝇利蜗名 A；"类似于蝇的昆虫"：蝇科 A。

（4）包含状态事件的事物概念及其表达式

"眼睛大而红的蝇"：红头蝇 A。

3. 事件概念及其表达式

下文以事件的类型为主线排序。

①施事＋行为及其表达式。

"蝇飞/营"：蝇飞/营 NA，"浮生聚散是浮萍，何须日夜苦蝇营"。（唐寅《江南春·次倪元镇韵》）由此引发的概念及其表达式有"苍蝇营营往来，到处飞逐；狗苟且求活"：蝇营狗苟 A，狗苟蝇营 A，"蝇营营往来，鼠四下窥伺"：蝇营鼠窥 A。

②施事 1 和 2＋行为构成要素＋修饰关系标记＋行为及其表达式。

"苍蝇、青蛙无休止地鸣叫"：蝇声蛙噪/躁 A，"所以生民伦常之道立，而其教遂亘古而弗衰，弘文宣化，如黄钟，如律吕，然他年则蝇声蛙噪耳"。（何汉敬《正教真诠·叙》）"苍蝇、蚯蚓嗡嗡叫"：蝇声蚓窍 A，"岂肯寄今人篱落下，效蝇声蚓窍之音，苟然相慕说也哉"。（钱谦益《牧斋初学集·南游草叙》）"蚯蚓、苍蝇嗡嗡叫"：蚓窍蝇鸣 A，"时于蚯蚓窍，微作苍蝇鸣"。（轩辕弥明《石鼎联句》）

③施事＋行为＋受事及其表达式。

"苍蝇逐臭"：苍蝇逐臭 NA，略为蝇趋 A；由此引发的概念及其表达式有"蝇逐臭和蚁附膻"：蝇趋蚁附 A。"蚁附膻和蝇逐臭"：蚁附蝇趋 A，"为人不能学蚁附蝇趋一样实际"。（国学大师）"力士捉蝇"：力士捉蝇 NA，"犹如力士捉蝇太急，蝇即便死；捉蝇太缓，蝇便飞去"。（《中阿含经》）"苍蝇碰壁"：苍蝇碰壁 NA，"小小寰球，有几个苍蝇碰壁，嗡嗡叫"。（毛泽东《满江红·和郭沫若同志》）"苍蝇玷污素练/玉器"：青蝇点素/璧 NA，"而青蝇点素，同兹在藩"。（范晔《后汉书·卷五十四·杨震传》）"苍蝇玷污白绢"：青蝇染白 NA，"疾青蝇之染白，悲小弁之靡托"。（《艺文类聚》卷二六）"青蝇为吊客"：青蝇吊客 NA，"自恨疏节，骨体不媚，犯上获罪，当长没海隅。生无可与语，死以青蝇为吊客"。（陈寿《三国志·吴书·虞翻传》裴松之注引《翻别传》）由此引发的概念及其表达式有"青蝇之吊"：青蝇之吊 NA，"差免青蝇之吊，空营彩凤之栖，姬于玉舟其有情耶，其无情耶？"（捧花生《秦淮画舫录·纪丽·朱芸官》）"腐臭的肉招来苍蝇"：臭肉来蝇 A。

④施事＋行为 1＋受事＋行为构成要素＋行为 2 及其表达式。

"苍蝇见血，拼命吮吸"：苍蝇见血 A，"他两个正是旷夫怨女，相见如饥虎逢羊，苍蝇见血"。（冯梦龙《古今小说·张舜美灯宵得丽女》）

⑤施事＋行为 1＋行为 2＋受事＋行为 3 及其表达式。

"群蝇飞动，串珠垂挂"：飞蝇垂珠 A，"既壮而肤革不丰盈，未老而齿发早衰白，瞥然如飞蝇垂珠在眸子中者，动以万数，盖以苦学力文之所致"。（《旧唐书·白居易传》）

⑥施事＋否定＋行为＋属性特征＋修饰关系标记＋受事及其表达式。

"苍蝇不抱没缝的蛋"：苍蝇不抱没缝的蛋 NA。

⑦施事＋行为＋受事＋行为＋结果及其表达式。

"蝇之为虫，污白使黑，污黑使白"：蝇点 A，"骥调方汗血，蝇点忽成卢"。（元稹《酬乐天东南行诗一百韵》）

⑧施事＋行为＋场所及其表达式。

"苍蝇附在千里马的尾巴上"：（苍）蝇附/随骥尾 A，略为苍蝇附骥 A，"蝇附骥尾，岂须愁路贫"。（邵璨《香囊记·设祭》）由此引发的概念及其表达式有"苍蝇因附在千里马的尾巴上而跑了千里的路程"：蝇附骥尾而致千里 A，"颜渊虽笃学，附骥尾而行益显"。（司马迁《史记·伯夷列传》）

⑨行为＋受事及其表达式。

"捕/捉/打/扑/灭/猎蝇"：捕/捉/打/扑/灭/猎蝇 NA。由此引发的概念及其表达式有"扑蝇的拂（子）/刷/甩"：蝇拂（子）/刷、蝇甩 A，"手横蝇拂坐绳床，竹间风吹煮茗香"。（高启《送证上人住持道场》）"宝钗走近前来，悄悄地笑道：'你也过于小心了。这个屋里还有苍蝇蚊子？还拿蝇刷子赶什么？'"（曹雪芹《红楼梦》第三十六回）"李贵手持猞猁尾蝇甩，笑眯眯地坐在靠椅上"。（《人民文学》1978 年第 10 期）由此引发的概念及其表达式有"用麻做的蝇拂子"：麻蝇拂 A，"床头有土障，壁上挂葛灯笼、麻蝇拂"。（司马光《资治通鉴·宋孝武帝大明七年》）

⑩行为构成要素，即场所、方式和处置＋行为＋受事及其表达式。

"在老虎头上打/扑苍蝇"：老虎头上打/扑苍蝇 A。"用腐臭的鱼驱赶苍蝇"：茹鱼去蝇 A。"用冰块引苍蝇"：以冰致蝇 NA。"以肉驱蝇"：以肉驱蝇 NA。"以鱼驱蝇"：以鱼驱蝇 NA。"把屏风上的污点画成苍蝇"：点屏成蝇 A。"把屏风上的因误笔而成的污点画成苍蝇"：落笔成蝇 A，误笔成蝇 A。

⑪出现者＋出现及其表达式。

"蝇奔"：蝇奔 NA，由此引发的概念及其表达式有"蝇奔和蚋集，即苍蝇向有臭味、酸味的地方聚集"：蝇奔蚋集 A，"当秦桧专国时，士大夫嗜进者蝇奔蚋集"。（戴表元《题方公删定家藏诸贤墨迹》）由此引发的概念及其表达式有"像苍蝇跟着有臭味的东西飞"：如蝇逐臭 NA。"蝇趋/集/营"：蝇趋/集/营 NA。"蝇趋/集/营和蚁附，即像苍蝇一样往来飞逐，像蚂蚁般纷纷聚集"：蝇趋/集/营蚁附 A，"较之今日蝇趋蚁附，恋恋于势利之场者，大相远矣"。（西湖渔隐主人《欢喜冤家》第一回）

（二）关涉事件概念"繁殖"的表达式

1. 施事的表达式

（1）"雄性家蝇"：雄蝇 NA。

（2）"雌性家蝇"：雌蝇 NA。

2. 行为的表达式

"生产"：生 NA，产 NA，生产 NA。

3. 受事的表达式

"雌性家蝇产的卵"：蝇卵 A，由此引发的概念及其表达式有"蝇从幼虫变化到成虫的一种过渡形态"：蝇蛹 A，"蝇的幼虫"：蝇蛆 A。

二、后入"蝇"框架概念表达式统计分析

（一）非意合表达式的数据

共计 26 个。非意合表达式的客体为具体事物的 2 个：蝇子，多蝇。客体为行为事件的 24 个。施事为"蝇"的 13 个：繁殖，产卵，孵化，蝇飞，蝇营，苍蝇不抱没缝的蛋，苍蝇碰壁，青蝇点璧，青蝇点素，青蝇染白，青蝇吊客，青蝇之吊，苍蝇逐臭。施事为"人"的 11 个：捕蝇，捉蝇，打蝇，扑蝇，灭蝇，猎蝇，力士捉蝇，如蝇逐臭，以冰致蝇，以肉驱蝇，以鱼驱蝇。

（二）意合表达式的数据

非意合表达式共计 25 个。意合表达式的客体为事物的共计 107 个。

客体为"蝇"的有 21 个：苍蝇，青蝇，花蝇，麻蝇，家蝇，笔上蝇，马蝇，牛蝇，狗虱蝇，狗蝇，红头蝇，绿豆蝇，谗蝇，痴蝇，附骥蝇，托骥之蝇，钻纸蝇，寒蝇，鹰头之蝇，没头苍蝇，卵生动物蝇。客体为"类似于蝇的动物"的有 1 个：蝇科。客体为"蝇的种类"的有 1 个：蝇种。

客体为"蝇和其他昆虫"的有 4 个：蝇蛀，蝇蚤，蝇蚋，蝇虫。客体为"其他昆虫和蝇"的有 3 个：蟊蝇，蛆蝇，蚊蝇。客体为"其他事物和蝇"的有 1 个：白璧青蝇。

客体为"器具"的有 5 个：蝇拂，蝇拂子，蝇刷，蝇甩，麻蝇拂。客体为"书法或写字本"的有 8 个：蝇头小字，蝇头楷书，蝇头楷，蝇头小楷，蝇头细字，蝇头字，蝇头细书，蝇头本。客体为"声音"的有 1 个：蝇声。

客体为"蝇的外部部位"的有 20 个，同部异名的有 1 个：狗蝇胡子；客体为"蝇的内部器官"的有 30 个。客体为"蝇的外部部位和蚊脚、蜗角或蜗角和蝇的外部部位"的有 3 个：蝇头蚊脚，蝇头蜗角，蜗角蝇头。客体为"蝇产的卵"的有 1 个：蝇卵。客体为"蝇的排泄物"的有 2 个：蝇粪，蝇矢/屎。

客体为"名或利"的共计 9 个：蝇利，蝇名，蝇名蜗利，蜗利蝇名，蜗名蝇利，蝇利蜗名，蝇头微利，蝇头小利，蝇头利。

意合表达式的客体为事件的计有 28 个。施事为"人"的 8 个：老虎头上打苍蝇，老虎头上扑苍蝇，茹鱼去蝇，点屏成蝇，落笔成蝇，误笔成蝇，臭肉来蝇，蝇粪点玉。施事为"蝇"的 20 个：蝇趋蚁附，蝇集蚁附，蝇营蚁附，蝇营狗苟，狗苟蝇营，蝇营鼠窥，朝蝇暮蚊，蝇奔蚋集，蝇点，蝇声蛙噪/躁，蝇声蚓窍，蚓窍蝇鸣，蚁附蝇趋，蝇附骥尾，蝇随骥尾，苍蝇附骥，苍蝇附骥尾，蝇附骥尾而致千里，苍蝇见血，飞蝇垂珠。

（三）分析

非意合表达式计 26 个，意合表达式计 135 个，共计 161 个。

非意合性表达客体为具体事物的有 2 个，占总数的 7.70%；为事件的 24 个，占总数的 92.30%。意合性表达客体为具体事物的有 107 个，占总数的 79.26%；为事件的 28 个，占总数的 20.74%。26 个非意合表达式占总数的 16.15%，135 个意合表达式则占到 83.85%。

意合表达式的客体数量较多的为事物（107 个），其中最多的是"蝇"本体（不考虑专业性术语 21 个）。这充分表明了言语的产生过程，即"体验—语言＋认知—言语"。这些语言形式是汉民族农耕家居文化的载体，人在日常生活中被骚扰最多的动物应是蝇，对其也是最反感的。

小　结

在弄清楚有多少概念后于起点语言单位概念而产生，有多少非意合表达式和意合表达式的同时，结合表 2-1 中的两组数据，我们发现人用语言表达自己所体验的事物词汇化程度高，即意合性强，而且几乎可以说是必然的，因为语言的经济原则和人的认知省力原则使然。而人用语言表达自己所体验的事件时，受到其结构逻辑和语境的制约比较大：意合时需文化模式、共享知识结构、默认值域的强力支撑；意合后更容易固化，表现在语言形式上，即词层面的意合性显著强于句层面。

表 2-1　非意合性表达客体为事物和事件与意合性表达客体为事物和事件的比例

框架	非意合表达式	意合表达式
"猪"框架	客体为事物的百分比：16.67%	客体为事物的百分比：93.17%
	客体为事件的百分比：83.33%	客体为事件的百分比：6.83%
"狗"框架	客体为事物的百分比：23.73%	客体为事物的百分比：66.93%
	客体为事件的百分比：76.27%	客体为事件的百分比：33.07%
"鹰"框架	客体为事物的百分比：30.77%	客体为事物的百分比：70.69%
	客体为事件的百分比：69.23%	客体为事件的百分比：29.31%
"鸡"框架	客体为事物的百分比：9.30%	客体为事物的百分比：69.89%
	客体为事件的百分比：90.70%	客体为事件的百分比：30.11%
"蝇"框架	客体为事物的百分比：7.70%	客体为事物的百分比：79.26%
	客体为事件的百分比：92.30%	客体为事件的百分比：20.74%

而表 2-2 则充分体现了语言的经济原则和人的认知省力原则，即无处不在的转喻操作。

表 2-2　非意合表达式的和意合表达式百分比

框架	非意合表达式的百分比	意合表达式的百分比
"猪"框架	5.79%	94.21%
"狗"框架	10.52%	89.48%
"鹰"框架	6.95%	93.05%
"鸡"框架	7.28%	92.72%
"蝇"框架	16.15%	83.85%

　　四个可家养的动物概念框架里的意合表达式比较明显地高于"蝇"框架，这主要与熟悉程度的高低和熟悉人群的大小有关，充分说明了语言的体验性。

第三章
后入框架事物概念意合表达式

在摸清框架里意合表达式家底的基础上，本章着重介绍事物概念意合表达式的体验基础、认知操作和途径及其具体实施。隐略和突显基于客体的客观凸显和人的主观注意以及区别性功能。在统计隐略的元素时，在默认值范围内的施事不予考虑。概念角色的确认以最初的为准。下文以后入框架概念意合途径为主线展开。

第一节　后入框架事物概念转喻意合表达式

转喻有三类：简单、复合和复杂。复杂转喻又可分为三次、四次、五次、六次、七次及其以上转喻。下文根据后入框架事物概念转喻意合表达式的情形展开。

一、后入框架事物概念限定成分转喻意合表达式

限定成分分为单纯和复合两种，根据角色和层次，复合限定成分只探讨双层复合成分。

下面以单层或双层为主线展开。

（一）后入框架事物概念单层限定成分转喻意合表达式

1. 后入框架事物概念单层限定成分简单转喻意合表达式

下面以框架为主线展开。

（1）后入框架事物概念基于生肖历法单层限定成分简单转喻意合表达式

后入框架事物概念基于生肖历法单层限定成分简单转喻意合表达式见表 3-1。

表 3-1　后入框架事物概念基于生肖历法单层限定成分简单转喻意合表达式

概念	框架	意合表达式
"第 12 年"	12生肖/属相：鼠、牛、虎、兔、龙、蛇、马、羊、猴、鸡、狗、猪，与12地支相配：子、丑、寅、卯、辰、巳、午、未、申、酉、戌、亥。"领有"事件框架：领主"猪/狗/鸡"＋"领有"＋所属"第 12/11/10"。"领有"事件框架：领主"年"＋"领有"＋所属"第 12/11/10"。	猪①年［定（领主）中（领主）］
"第 11 年"		狗②年［定（领主）中（领主）］
"第 10 年"		鸡③年［定（领主）中（领主）］

从表 3-1 可发现，体验基础是生肖历法和两个领有事件框架结构逻辑，突显的元素是领主＋领主，途径为简单转喻。突显的两个元素跨越两个事件框架，隐略两个领有和所属，因而语义透明度极低。具有汉语特色的体认理据是生肖和干支两个历法，类比转喻由此而生。由于历法的专业性强，又降低了语义透明度。

（2）后入框架事物概念基于事物，即语言单位和领有事件框架单层限定成分简单转喻意合表达式

后入框架事物概念基于事物，即语言单位和领有事件框架单层限定成分简单转喻意合表达式见表 3-2。

表 3-2　后入框架事物概念基于事物，即语言单位和领有事件
框架单层限定成分简单转喻意合表达式

概念	框架	意合表达式
"一只鸡"	整体：数量"一只"，部分："一、只。"领有"事件框架：领主"鸡"＋"领有"＋所属"数量"。	一④/只⑤鸡［定（所属为数量的部分）中（领主）］

---

① 在十二生肖中猪排在第 12，"猪"代"第 12"。类似的还有：猪日（农历正月初三日）。

② 在十二生肖中狗排在第 11，"狗"代"第 11"。也可作"狗/犬儿年"。类似的还有：狗日（农历正月初二日）。

③ 在十二生肖中鸡排在第 10，"鸡"代"第 10"。类似的还有：鸡日（农历正月初一日）。

④ 部分数"一"代整体数量"一只"。

⑤ 部分量"只"代整体数量"一只"。

　　从表 3-2 可发现，体认理据是整体与部分关系和领有事件框架结构逻辑，突显的元素是所属＋领主，途径为简单转喻。突显的两个元素隐略整体与部分关系，语义透明度较低。

2. 后入框架事物概念单层限定成分复合转喻意合表达式

下面以框架为主线展开。

（1）后入框架事物概念单层限定成分复合转喻意合表达式

下面以转喻所依靠的事件的类型为主线展开。

第一，后入框架事物概念基于行为事件框架单层限定成分复合转喻意合表达式。下面以施事的类型为主线展开。

其一，后入框架事物概念基于施事为集体、机构、个人的行为事件框架单层限定成分复合转喻意合表达式。后入框架事物概念基于施事为集体、机构、个人的行为事件框架单层限定成分复合转喻意合表达式见表 3-3～3-5。下面按限定成分所表达的事件概念角色排序，即施事、行为、受事等。

限定成分表达施事的单层限定成分复合转喻意合表达式见表 3-3。

表 3-3　限定成分表达施事的单层限定成分复合转喻意合表达式

概念	框架	意合表达式
"家养的猪/狗/鸡"	"养"事件框架：施事"家"＋行为"养"＋受事"猪/狗/鸡"。	家①猪/狗/鸡［定（施事）中（受事）］
"皇家/桀/舜养的犬"	"养"事件框架：施事"皇家/桀/舜"＋行为"养"＋受事"犬"。	皇家/桀/舜②犬［定（施事）中（受事）］
"官府养的犬/鹰"	"养"事件框架：施事"官府"＋行为"养"＋受事"犬/鹰"。	官府③犬/鹰［定（施事）中（受事）］
"警察/军队培训的犬"	"培训"事件框架：施事"警察/军队"＋行为"驯养"＋受事"犬"。	警/军④犬［定（施事）中（受事）］

---

① 首先，施事"家"代施事"家"＋行为"饲养"；然后，施事"家"＋行为"饲养"代施事"家"＋行为"饲养"＋修饰关系标记"的"。

② 首先，施事"皇家/桀/舜"代施事"皇家/桀/舜"＋行为"饲养"；然后，施事"皇家/桀/舜"＋行为"饲养"代施事"皇家/桀/舜"＋行为"饲养"＋修饰关系标记"的"。

③ 首先，施事"官府"代施事"官府"＋行为"饲养"；然后，施事"官府"＋行为"饲养"代施事"官府"＋行为"饲养"＋修饰关系标记"的"。

④ 首先，施事"警察/军队"代施事"警察/军队"＋行为"驯养"；然后，施事"警察/军队"＋行为"驯养"代施事"警察/军队"＋行为"驯养"＋修饰关系标记"的"。

从表 3-3 可知，体验基础是行为事件结构逻辑，突显的元素是施事＋受事，途径为转喻。突显的两个元素虽然处在同一结构逻辑层级，但是隐略了行为和修饰关系标记，因而语义透明度较低。

限定成分表达行为的单层限定成分复合转喻意合表达式见表 3-4。

表 3-4　限定成分表达行为的单层限定成分复合转喻意合表达式

概念	框架	意合表达式
"饲养猪/狗/鸡的人员"	"饲养"事件框架：施事"人员"＋行为"饲养"＋受事"猪/狗/鸡"。	饲养①员［定（行为）中（施事）］
"屠宰猪的场地"	"屠宰"事件框架：施事"人"＋行为"屠宰"＋受事"猪"，行为［行为本身、场所……］，场所"场地"。	屠宰②场［定（行为）中（场所）］
"屠宰猪的刀"	"屠宰"事件框架：施事"人"＋行为"屠宰"＋受事"牲畜/猪"，行为［行为本身、工具……］，工具"刀"。	屠③刀［定（行为）中（工具）］

从表 3-4 可知，体验基础是行为事件结构逻辑，突显的元素有行为＋施事/场所/工具，途径为转喻。突显的行为＋施事这两个元素虽然处在同一结构逻辑层级，但是隐略了受事和修饰关系标记，因而语义透明度较低；突显的行为＋场所/工具两个元素处在两个不同结构逻辑层级，而且隐略了受事和修饰关系标记，因而语义透明度低。后两者的施事在默认值范围内。

限定成分表达受事的单层限定成分复合转喻意合表达式见表 3-5。

从表 3-5 可知，体验基础是行为事件结构逻辑，突显的元素有受事＋施事/工具/场所，途径为转喻。突显的受事＋施事这两个元素虽然处在同一结构逻辑层级，但是隐略了行为和修饰关系标记，因而语义透明度较低；突显的受事＋工具/场所这两个元素结构逻辑层级差一个，而且隐略了行为和修饰关系标记，因而语义透明度低。后四者的施事在默认值范围内。

---

①　首先，行为"饲养"代行为"饲养"＋受事"猪/狗/鸡"；然后，行为"饲养"＋受事"猪/狗/鸡"代行为"饲养"＋受事"猪/狗/鸡"＋修饰关系标记"的"。

②　首先，行为"屠宰"代行为"屠宰"＋受事"猪"；然后，行为"屠宰"＋受事"猪"代行为"屠宰"＋受事"猪"＋修饰关系标记"的"。

③　首先，行为"屠宰"代行为"屠宰"＋受事"猪"；然后，行为"屠宰"＋受事"猪"代行为"屠宰"＋受事"猪"＋修饰关系标记"的"。

表 3-5　限定成分表达受事的单层限定成分复合转喻意合表达式

概念	框架	意合表达式
"训①鹰的师/人"	"训练"事件框架：施事"人"＋行为"训练"＋受事"鹰"。	鹰②师/人［定（受事）中（施事）］
"养猪的专职人员"	"饲养"事件框架：施事"专职人员"＋行为"饲养"＋受事"猪"。	猪③倌④［定（受事）中（施事）］
"装猪的笼/兜"	"装"事件框架：施事"人"＋行为"装"＋受事"猪"，行为［行为本身、工具……］，工具"笼/兜"。	猪⑤笼/兜［定（受事）中（工具）］
"栖鹰的木架"	"栖"事件框架：施事"人"＋行为"栖"＋受事"鹰"，行为［行为本身、工具……］，工具"木架"。	鹰⑥架［定（受事）中（工具）］
"杀鸡的刀"	"杀"事件框架：施事"人"＋行为"杀"＋受事"鸡"，行为［行为本身、工具……］，工具"刀"。	鸡⑦刀［定（受事）中（工具）］
"饲养猪/鸡的一块土地"	"饲养"事件框架：施事"人"＋行为"饲养"＋受事"猪/鸡"，行为［行为本身、场所……］，场所"场"。	猪/鸡⑧场⑨［定（受事）中（场所）］

其二，后入框架事物概念基于施事为猪、狗、鹰、鸡或蝇的行为事件框架单层限定成分复合转喻意合表达式。后入框架事物概念基于施事为猪、狗、

---

　　① "训"意为"训练"："有智略，能训治军旅。"（王安石《举渭川兵马都监盖传等充边上任使状》）

　　② 首先，受事"鹰"代行为"训练"＋受事"鹰"；然后，行为"训练"＋受事"鹰"代行为"训练"＋受事"鹰"＋修饰关系标记"的"。

　　③ 首先，受事"猪"代行为"饲养"＋受事"猪"；然后，行为"饲养"＋受事"猪"代行为"饲养"＋受事"猪"＋修饰关系标记"的"。

　　④ "倌"意为"农村中主管饲养某些牲畜的人"。

　　⑤ 首先，受事"猪"代行为"装"＋受事"猪"；然后，行为"装"＋受事"猪"代行为"装"＋受事"猪"＋修饰关系标记"的"。

　　⑥ 首先，受事"鹰"代行为"栖"＋受事"鹰"；然后，行为"栖"＋受事"鹰"代行为"栖"＋受事"鹰"＋修饰关系标记"的"。

　　⑦ 首先，受事"鸡"代行为"杀"＋受事"鸡"；然后，行为"杀"＋受事"鸡"代行为"杀"＋受事"鸡"＋修饰关系标记"的"。

　　⑧ 首先，受事"猪/鸡"代行为"饲养"＋受事"猪/鸡"；然后，行为"饲养"＋受事"猪/鸡"代行为"饲养"＋受事"猪/鸡"＋修饰关系标记"的"。

　　⑨ "场"意为"一块饲养家畜或其他动物的土地"。

鹰、鸡或蝇的行为事件框架单层限定成分复合转喻意合表达式见表 3-6～3-9，下面按限定成分所表达的事件概念角色排序，即施事、行为、受事、对象等。

限定成分表达施事的单层限定成分复合转喻意合表达式见表 3-6。

表 3-6　限定成分表达施事的单层限定成分复合转喻意合表达式

概念	框架	意合表达式
"狗/蝇排泄的矢"	"排泄"事件框架：施事"狗/蝇"＋行为"排泄"＋受事"矢"。	狗/蝇①矢［定（施事）中（受事）］
"犬留下的踪迹"	"留下"事件框架：施事"犬"＋行为"留下"＋受事"踪迹"。	犬②迹［定（施事）中（受事）］
"鸡遭受的祸殃"	"遭受"事件框架：施事"鸡"＋行为"遭受"＋受事"祸殃"。	鸡③祸/殃［定（施事）中（受事）］
"蝇产的卵"	"产"事件框架：施事"蝇"＋行为"产"＋受事"卵"。	蝇④卵［定（施事）中（受事）］
"蝇繁殖的幼虫"	"繁殖"事件框架：施事"蝇"＋行为"繁殖"＋受事"幼虫"。	蝇⑤蛆⑥［定（施事）中（受事）］
"蝇发出的声音"	"发出"事件框架：施事"蝇"＋行为"发出"＋受事"声音"。	蝇⑦声［定（施事）中（受事）］
"鸡栖的窝"	"栖"事件框架：施事"鸡"＋行为"栖"，行为［行为本身、场所……］，场所"窝/洞/树"。	鸡⑧窝［定（施事）中（场所）］

---

① 首先，施事"狗/蝇"代施事"狗/蝇"＋行为"排泄"；然后，施事"狗/蝇"＋行为"排泄"代施事"狗/蝇"＋行为"排泄"＋修饰关系标记"的"。类似的还有：狗/鸡/蝇屎、猪/狗尿、狗屁等。

② 首先，施事"犬"代施事"犬"＋行为"留下"；然后，施事"犬"＋行为"留下"代施事"犬"＋行为"留下"＋修饰关系标记"的"。

③ 首先，施事"鸡"代施事"鸡"＋行为"遭受"；然后，施事"鸡"＋行为"遭受"代施事"鸡"＋行为"遭受"＋修饰关系标记"的"。

④ 首先，施事"蝇"代施事"蝇"＋行为"产"；然后，施事"蝇"＋行为"产"代施事"蝇"＋行为"产"＋修饰关系标记"的"。

⑤ 首先，施事"蝇"代施事"蝇"＋行为"繁殖"；然后，施事"蝇"＋行为"繁殖"代施事"蝇"＋行为"繁殖"＋修饰关系标记"的"。

⑥ "蛆"意为"蝇的幼虫"。

⑦ 首先，施事"蝇"代施事"蝇"＋行为"发出"；然后，施事"蝇"＋行为"发出"代施事"蝇"＋行为"发出"＋修饰关系标记"的"。

⑧ 首先，施事"鸡"代施事"鸡"＋行为"栖息"；然后，施事"鸡"＋行为"栖息"代施事"鸡"＋行为"栖息"＋修饰关系标记"的"。类似的还有：鸡洞、鸡树等。

从表 3-6 可知，体验基础是行为事件结构逻辑，突显的元素有施事＋受事/场所，途径为转喻。突显的施事＋受事这两个元素虽然处在同一结构逻辑层级，但是隐略了行为和修饰关系标记，因而语义透明度较低；突显的施事＋场所这两个元素结构逻辑层级差一个，而且隐略了行为和修饰关系标记，因而语义透明度低。

限定成分表达行为的单层限定成分复合转喻意合表达式见表 3-7。

表 3-7　限定成分表达行为的单层限定成分复合转喻意合表达式

概念	框架	意合表达式
"活着的猪"	"活"事件框架：施事"猪"＋行为"活"，行为［行为本身、状态……］，状态"进行"，进行体标记"着"。	生①/活②猪［定（行为）中（施事）］
"坐下的狗"	"坐"事件框架：施事"狗"＋行为"坐"，行为［行为本身、结果……］，结果"位置低了"。	坐③狗［定（行为）中（施事）］
"看守家的狗"	"看守"事件框架：施事"狗"＋行为"看守"＋受事"家"。	守④狗/犬［定（行为）中（施事）］

从表 3-7 可知，体验基础是行为事件结构逻辑，突显的元素是行为＋施事，途径为转喻。突显的两个元素虽然处在同一结构逻辑层级，但是隐略了受事和修饰关系标记，因而语义透明度较低。

限定成分表达受事的单层限定成分复合转喻意合表达式见表 3-8。

从表 3-8 可知，体验基础是行为事件结构逻辑，突显的元素是受事＋施事，途径为转喻。突显的两个元素虽然处在同一结构逻辑层级，但是隐略了行为和修饰关系标记，因而语义透明度较低。

---

①　"生"意为"活"。

②　首先，行为"活"代行为"活"＋进行体标记"着"；然后，行为"活"＋进行体标记"着"代行为"活"＋进行体标记"着"＋修饰关系标记"的"。

③　首先，行为"坐"代行为"坐"＋结果"下"；然后，行为"坐"＋结果"下"代行为"坐"＋结果"下"＋修饰关系标记"的"。

④　"守"意为"看守"，如："汤为儿守舍。"（司马迁《史记·张汤传》）首先，行为"看守"代行为"看守"＋受事"家"；然后，行为"看守"＋受事"家"代行为"看守"＋受事"家"＋修饰关系标记"的"。类似的还有：牧犬、偷狗、戴狗等。

表 3-8　限定成分表达受事的单层限定成分复合转喻意合表达式

概念	框架	意合表达式
"提供劳役的狗"	"供役"事件框架：施事"狗"＋行为"提供"＋受事"劳役"。	役①狗［定（受事）中（施事）］
"看守宫门的犬"	"看守"事件框架：施事"狗"＋行为"看守"＋受事"宫门"。	阍②犬［定（受事）中（施事）］
"报晓的鸡"	"报"事件框架：施事"鸡"＋行为"报"＋受事"晓"。	晓③鸡［定（受事）中（场所）］

限定成分表达构成要素的单层限定成分复合转喻意合表达式见表 3-9。

表 3-9　限定成分表达构成要素的单层限定成分复合转喻意合表达式

概念	框架	意合表达式
"生长时间短/长的狗/鸡"	"生长"事件框架：施事"狗/鸡"＋行为"生长"，行为［行为本身、时间、结果……］，时间"短/长"，结果"嫩/老"。	嫩/老④狗/鸡［定（结果）中（施事）］
"吠叫的狗"	"吠叫"事件框架：施事"狗"＋行为"吠叫"，行为［行为本身、结果……］，结果"吠叫声"。	猎⑤犬［定（结果）中（施事）］
"识人意的狗"	"留意体贴"事件框架：施事"狗"＋行为"留意体贴"＋受事"主人"，行为［行为本身、原因……］，原因"识人意"。	周⑥狗［定（原因）中（施事）］

---

① 首先，受事"役"代行为"提供"＋受事"役"；然后，行为"提供"＋受事"役"代行为"供"＋受事"役"＋修饰关系标记"的"。

② "阍"意为"宫门"。首先，受事"宫门"代行为"看守"＋受事"宫门"；然后，行为"看守"＋受事"宫门"代行为"看守"＋受事"宫门"＋修饰关系标记"的"。

③ 首先，受事"晓"代行为"报"＋受事"晓"；然后，行为"报"＋受事"晓"代行为"报"＋受事"晓"＋修饰关系标记"的"。

④ 首先，结果"嫩/老"代行为"生长"＋时间"短/长"；然后，行为"生长"＋时间"短/长"代行为"生长"＋时间"短/长"＋修饰关系标记"的"。

⑤ "猎"意为"吠声"。首先，结果"吠声"代行为"吠叫"；然后，行为"吠叫"代行为"吠叫"＋修饰关系标记"的"。

⑥ "周"意为"周到，处处留意体贴"："古之君子，其责己也重以周，其待人也轻以约。"（韩愈《原毁》）首先，行为"留意体贴"代原因"识人意"；然后，原因"识人意"代原因"识人意"＋修饰关系标记"的"。

从表3-9可知，体验基础是行为事件结构逻辑，突显的元素有结果/原因＋施事，途径为转喻。突显的两个元素结构逻辑层级差一个，而且隐略了行为和修饰关系标记，因而语义透明度低。

第二，后入框架事物概念基于出现事件框架单层限定成分复合转喻意合表达式。后入框架事物概念基于出现事件框架单层限定成分复合转喻意合表达式见表3-10。

表3-10　后入框架事物概念基于出现事件框架单层限定成分复合转喻意合表达式

概念	框架	意合表达式
"狗进出的洞"	"进出"事件框架：出现者"狗"＋出现"进出"，出现〔出现本身、场所……〕，场所"洞"。	狗①窦/洞〔定（出现者）中（场所）〕

从表3-10可知，体验基础是出现事件结构逻辑，突显的元素是出现者＋场所，途径为转喻。突显的两个元素结构逻辑层级差一个，而且隐略了出现和修饰关系标记，因而语义透明度低。

第三，后入框架事物概念基于领有事件框架单层限定成分复合转喻意合表达式。后入框架事物概念基于领有事件框架单层限定成分复合转喻意合表达式见表3-11。

表3-11　后入框架事物概念基于领有事件框架单层限定成分复合转喻意合表达式

概念	框架	意合表达式
"患瘟疫的猪/鸡"	"患"事件框架：领主"猪/狗/鸡"＋领有"患"＋所属"瘟病/因生癣疮而毛发脱落的病/头风病"。	瘟②猪/鸡〔定（所属）中（领主）〕
"患因生癣疮而毛发脱落的病的狗"		癞③狗〔定（所属）中（领主）〕
"患头风病的狗"		疯④狗/犬〔定（所属）中（领主）〕

---

① 首先，出现者"狗"代出现者"狗"＋出现"进出"；然后，出现者"狗"＋出现"进出"代出现者"狗"＋出现"进出"＋修饰关系标记"的"。

② "瘟"意为"瘟疫"："遂令邪风伺间隙，潜中瘟疫于疲氓。"（欧阳修《晏太尉西园贺雪歌》）首先，所属"瘟疫"代领有"患"＋所属"瘟疫"；然后，领有"患"＋所属"瘟疫"代"领有"＋所属"瘟疫"＋修饰关系标记"的"。

③ "癞"意为"因生癣疮而毛发脱落的病"。首先，所属"因生癣疮而毛发脱落的病"代领有"患"＋所属"因生癣疮而毛发脱落的病"；然后，领有"患"＋所属"因生癣疮而毛发脱落的病"代领有"患"＋所属"因生癣疮而毛发脱落的病"＋修饰关系标记"的"。

④ "疯"意为"头风病"。首先，所属"头风病"代领有"患"＋所属"头风病"；然后，领有"患"＋所属"头风病"代领有"患"＋所属"头风病"＋修饰关系标记"的"。

从表 3-11 可知,体验基础是领有事件结构逻辑,突显的元素是所属+领主,途径为转喻。突显的两个元素虽然处在同一结构逻辑层级,但是隐略了领有和修饰关系标记,因而语义透明度较低。

第四,后入框架事物概念基于存在事件框架单层限定成分复合转喻意合表达式。后入框架事物概念基于存在事件框架单层限定成分复合转喻意合表达式见表 3-12。

表 3-12　后入框架事物概念基于存在事件框架单层限定成分复合转喻意合表达式

概念	框架	意合表达式
"有鸡的林子"	"存在"事件框架:场所"林子"+存在"有"+存在物"鸡"。	鸡①林［定(存在物)中(场所)］

从表 3-12 可知,体验基础是存在事件结构逻辑,突显的元素是存在物+场所,途径为转喻。突显的两个元素虽然处在同一结构逻辑层级,但是隐略了存在和修饰关系标记,因而语义透明度较低。

第五,后入框架事物概念基于接连两个行为事件框架单层限定成分复合转喻意合表达式。后入框架事物概念基于接连两个行为事件框架单层限定成分复合转喻意合表达式见表 3-13。

表 3-13　后入框架事物概念基于接连两个行为事件框架单层限定成分复合转喻意合表达式

概念	框架	意合表达式
"撞晕了的鸡"	"撞……晕"接连事件框架:施事"鸡"+行为1"撞"+行为2"晕",行为1［行为本身、结果……］,结果"晕";行为2［行为本身、状态……］,状态"完成",完成体标记"了"。	撞晕②鸡［定(行为1+结果/行为2)中(施事)］

从表 3-13 可知,体验基础是接连两个行为事件框架结构逻辑,突显的元素有行为1+结果/行为2+施事,途径为转喻。突显的行为1+结果/行为2+施事三个元素虽然处在同一结构逻辑层级,但是隐略了行为2的状

---

①　首先,存在物"鸡"代存在"有"+存在物"鸡";然后,存在"有"+存在物"鸡"代存在"有"+存在物"鸡"+修饰关系标记"的"。

②　首先,行为"撞"+结果"晕"代行为"撞"+结果"晕"+完成体标记"了";然后,行为"撞"+结果"晕"+完成体标记"了"代行为"撞"+结果"晕"+完成体标记"了"+修饰关系标记"的"。

态，即完成体标记"了"和修饰关系标记"的"，因而语义透明度较低。

第六，后入框架事物概念基于两个行为事件框架单层限定成分复合转喻意合表达式。后入框架事物概念基于两个行为事件框架单层限定成分复合转喻意合表达式见表3-14。

表 **3-14**　后入框架事物概念基于两个行为事件框架单层限定成分复合转喻意合表达式

概念	框架	意合表达式
"调皮的家伙"	"蹦"事件框架：施事"狗"＋行为"蹦"，行为［行为本身、评价……]，人的评价"调皮"。"调皮"事件框架：施事"人"＋行为"调皮"。	狗蹦①子［定（施事＋行为）中（施事）]
"无关紧要、微不足道的盗贼"	"吠"事件框架：施事"犬"＋行为"吠"，行为［行为本身、原因……]，原因"钻洞和爬墙"。"钻洞和爬墙"事件框架：施事"人"＋行为"钻洞和爬墙"，行为［行为本身、目的、人的评价……]，目的"盗物"，人的评价"无关紧要、微不足道"。	犬吠②之盗③［定（施事＋行为）标记（的）中（施事）]

从表3-14可知，体验基础是两个不同的行为事件框架结构逻辑，突显的元素有一个事件的施事＋行为和另一个事件的施事以及一个事件的施事＋行为、修饰关系标记和另一个事件的施事，途径为转喻。突显的一个事件的施事＋行为和另一个事件的施事这三个元素跨越两个行为事件，而且隐略领属关系标记，因而语义透明度低；突显的一个事件的施事＋行为、修饰关系标记和另一个事件的施事这四个元素跨越两个行为事件，因而语义透明度较低。

第七，后入框架事物概念基于行为和领有事件框架单层限定成分复合转喻意合表达式。后入框架事物概念基于行为和领有事件框架单层限定成分复合转喻意合表达式见表3-15。

---

①　首先，施事"狗"＋行为"蹦"代人的评价"调皮"；然后，人的评价"调皮"代人的评价"调皮"＋领属关系标记"的"。

②　首先，施事"犬"＋行为"吠"代原因"钻洞和爬墙"；然后，行为"钻洞和爬墙"代人的评价"无关紧要、微不足道"。

③　"盗"意为"偷盗财物的人"："盗起而不知御，民困而不知救。"（刘基《卖柑者言》）

表 3-15　后入框架事物概念基于行为和领有事件框架单层限定成分复合转喻意合表达式

概念	框架	意合表达式
"雄性鸡"	"鸣叫"事件框架：施事"公鸡"＋行为"鸣叫"，施事［雄性……］。"领有"事件框架：领主"公鸡"＋"领有"＋所属"雄性"。	叫①鸡［定（行为）中（施事/领主）］

从表 3-15 可知，体验基础是行为和领有事件框架结构逻辑，突显的元素是行为事件的行为和领有事件的领主，途径为转喻。突显的两个元素跨越两个事件，因而语义透明度较低。

第八，后入框架事物概念基于行为和状态事件框架单层限定成分复合转喻意合表达式。后入框架事物概念基于行为和状态事件框架单层限定成分复合转喻意合表达式见表 3-16。

表 3-16　后入框架事物概念基于行为和状态事件框架单层限定成分复合转喻意合表达式

概念	框架	意合表达式
"严厉勇猛的郎将"	"击"事件框架：施事"鹰"＋行为"击"，行为［行为本身、评价……］，人的评价"严厉勇猛"。"状态"事件框架：状主"郎将"＋状态"严厉勇猛"。	鹰击②郎将［定（施事＋行为）中（状主）］

从表 3-16 可知，体验基础是行为和状态事件框架结构逻辑，突显的元素是行为事件的施事＋行为和状态事件的状主，途径为转喻。突显的这三个元素跨越两个不同事件，而且隐略修饰关系标记，因而语义透明度低。

第九，后入框架事物概念基于行为事件框架和范畴单层限定成分复合转喻意合表达式。后入框架事物概念基于行为事件框架和范畴单层限定成分复合转喻意合表达式见表 3-17。

表 3-17　后入框架事物概念基于行为事件框架和范畴单层限定成分复合转喻意合表达式

概念	框架	意合表达式
"寄放在别人家的公猪"	"寄放"事件框架：施事"人"＋行为"寄放"＋受事"公猪"，行为［行为本身、场所……］，场所"在别人家"。类："猪"，种："公猪"。	寄③豭之猪［定（行为＋受事：种）标记（之）中（类）］

---

① "叫"意为"鸣叫"："双双归蛰燕，一一叫群猿。"（韩愈《晚泊江口》）首先，行为"鸣叫"代施事"公鸡"；然后，施事/领主"公鸡"代所属"雄性"。

② 首先，施事"鹰"＋行为"击"代人的评价"严厉勇猛"；然后，人的评价"严厉勇猛"代人的评价"严厉勇猛"＋领属关系标记"的"。

③ 首先，行为"寄放"代行为"寄放"＋场所"在别人家"；然后，行为"寄放"＋场所"在别人家"代行为"寄放"＋场所"在别人家"＋修饰关系标记"的"。

从表 3-17 可知，体验基础是行为事件框架和范畴结构逻辑，突显的元素是行为事件的行为＋受事、种与类关系标记和类，途径为转喻。突显的这四个元素跨越事件和事物两个框架，而且隐略场所和修饰关系标记，又不合形式搭配法则，因而透明度极低。

第十，后入框架事物概念基于两个领有事件框架单层限定成分复合转喻意合表达式。后入框架事物概念基于两个领有事件框架单层限定成分复合转喻意合表达式见表 3-18。

表 3-18　后入框架事物概念基于两个领有事件框架单层限定成分复合转喻意合表达式

概念	框架	意合表达式
"废弃无用的狗"	"领有"事件框架：领主"垃圾"＋"领有"＋所属"废弃无用"。"领有"事件框架：领主"狗"＋"领有"＋所属"废弃无用"。	垃圾①狗[（领主）中（领主）]
"快捷迅猛之军，即辽军"	"领有"事件框架：领主"鹰"＋"领有"＋所属"快捷迅猛"。"领有"事件框架：领主"军"＋"领有"＋所属"快捷迅猛"。	鹰②军[（领主）中（领主）]
"（传说中）神奇的鸡"	"领有"事件框架：领主"金"＋"领有"＋所属"神奇"。"领有"事件框架：领主"鸡"＋"领有"＋所属"神奇"。	金③鸡[定（领主）中（领主）]
	"领有"事件框架：领主"碧"＋"领有"＋所属"神奇"。"领有"事件框架：领主"鸡"＋"领有"＋所属"神奇"。	碧④鸡[定（领主）中（领主）]

从表 3-18 可知，体验基础是领有事件框架结构逻辑，突显的元素是两个领主，途径为转喻。突显的两个元素跨越两个不同事件，而且隐略领属

---

① "垃圾"意为"脏土或扔掉的破烂东西"："更有载垃圾粪土之船，成群搬运而去。"（吴自牧《梦粱录·河舟》）首先，领主"垃圾"代所属"废弃无用"；然后，所属"废弃无用"代所属"废弃无用"＋领属关系标记"的"。

② 首先，领主"鹰"代所属"快捷迅猛"；然后，所属"快捷迅猛"代所属"快捷迅猛"＋修饰关系标记"之"。类似的还有：鹰佣、鹰船。

③ 首先，领主"金"代所属"神奇"；然后，所属"神奇"代所属"神奇"＋修饰关系标记"的"。

④ "碧"意为"青绿色的玉石"。首先，领主"碧"代所属"神奇"；然后，所属"神奇"代所属"神奇"＋修饰关系标记"的"。

关系标记，因而语义透明度低。

第十一，后入框架事物概念基于领有和状态/状态和领有事件框架单层限定成分复合转喻意合表达式。后入框架事物概念基于领有和状态/状态和领有事件框架单层限定成分复合转喻意合表达式见表 3-19。

表 3-19　后入框架事物概念基于领有和状态/状态和领有事件框架单层限定成分复合转喻意合表达式

概念	框架	意合表达式
"形体大的鸡"	"领有"事件框架：领主"马"＋"领有"＋所属"形体大"。状态事件框架：状主"鸡"＋状态"形体大"。	马①鸡［定（领主）中（状主）］
"羽毛鲜艳光亮的鸡"	"鲜艳光亮"事件框架：状主"羽毛"＋状态"鲜艳光亮"。"领有"事件框架：领主"鸡"＋"领有"＋所属"鲜艳光亮的羽毛"。	油②鸡［定（状态）中（领主）］
"骨头浅黑的鸡"	"浅黑"事件框架：状主"骨头"＋状态"浅黑"。"领有"事件框架：领主"鸡"＋"领有"＋所属"浅黑骨头"。	乌③鸡［(状态)中（领主）］

从表 3-19 可知，体验基础是领有和状态/状态和领有事件框架结构逻辑，突显的元素有领主＋状主和状态＋领主，途径为转喻。突显的领主＋状主这两个元素跨越两个不同事件，而且隐略领属关系标记，因而语义透明度低；突显的状态＋领主这两个元素跨越两个不同事件，而且隐略修饰关系标记，因而语义透明度低。

（2）后入框架事物概念基于两个事物和事件框架单层限定成分复合转喻意合表达式

后入框架事物概念基于两个事物和事件框架单层限定成分复合转喻意合表达式见表 3-20。

---

① 首先，领主"马"代所属"形体大"；然后，状态"形体大"代状态"形体大"＋领属关系标记"的"。类似的还有：猪熊、猪獾、狗鱼、狗獾、狗熊等。

② "油"意为"鲜艳光亮"。首先，状态"鲜艳光亮"代状主"羽毛"＋状态"鲜艳光亮"；然后，所属"鲜艳光亮的羽毛"代所属"鲜艳光亮的羽毛"＋修饰关系标记"的"。

③ "乌"意为"浅黑色"："身披乌衣，手执耒耜，以率将士。"（周容《芋老人传》）首先，状态"浅黑"代状主"骨头"＋状态"浅黑"；然后，状主"骨头"＋状态"浅黑"代状主"骨头"＋状态"浅黑"＋修饰关系标记"的"。

表 3-20　后入框架事物概念基于两个事物和事件框架单层限定成分复合转喻意合表达式

概念	框架	意合表达式
"短头猪"	整体："猳"；部分："头"。"短"事件：状主"头"＋状态"短"。整体："猪"；部分："短头"。	猳①猪［定（整体）中（整体）］

从表 3-20 可知，体验基础是事物和事件框架结构逻辑，突显的元素是整体＋整体，途径为转喻。突显的两个元素跨越两个不同的事物框架和一个事件框架，为双音节化而牺牲形式搭配法则，因而语义透明度低。

3. 后入框架事物概念单层限定成分复杂转喻意合表达式

下面以框架为主线展开。

（1）后入框架事物概念单层限定成分三次复杂转喻意合表达式

下面以转喻所依靠的框架数量为主线展开。

第一，后入框架事物概念基于一个行为事件框架单层限定成分三次复杂转喻意合表达式。

其一，后入框架事物概念基于一个施事为"人"的行为事件框架单层限定成分三次复杂转喻意合表达式。后入框架事物概念基于一个施事为"人"的行为事件框架单层限定成分三次复杂转喻意合表达式见表 3-21。

表 3-21　后入框架事物概念基于一个施事为"人"的行为事件框架单层限定成分复合转喻意合表达式

概念	框架	意合表达式
"依照猪/狗/鹰/鸡/蝇划分的科/种"	"划分"事件框架：施事"人"＋行为"划分"＋受事"动物"，行为［行为本身、标的、结果……］，标的"猪/狗/鹰/鸡/蝇"，结果"科"；标的标记"依照"。	猪/狗/鹰/鸡/蝇②科/种［定（标的）中（结果）］

---

①　"猳"意为"短头猪"。首先，整体"猳"代部分"头"；然后，状主"头"代状态"短"＋状主"头"。

②　首先，标的"猪/狗/鹰/鸡/蝇"代标的标记"依照"＋标的"猪/狗/鹰/鸡/蝇"；然后，标的"依照狗/鹰/鸡/蝇"代标的"依照猪/狗/鹰/鸡/蝇"＋行为"划分"；最后，标的"依照猪/狗/鹰/鸡/蝇"＋行为"划分"代标的"依照猪/狗/鹰/鸡/蝇"＋行为"划分"＋修饰关系标记"的"。

（续表）

概念	框架	意合表达式
"家养猪的圈/牢"	"养"事件框架：施事"家"＋行为"养"＋受事"猪"，行为［行为本身、场所……］，场所"圈/牢"。	猪/豕①圈/牢［定（受事）中（场所）］
"饲鹰者栖鹰的木架"	"栖"事件框架：施事"饲鹰者"＋行为"栖"＋受事"鹰"，行为［行为本身、场所……］，场所"木架"。	鹰②架［定（受事）中（场所）］
"（唐代）宫廷养鸡之所"	"饲养"事件框架：施事"宫廷"＋行为"养"＋受事"鸡"，行为［行为本身、场所……］，场所"坊"。	鸡③坊［定（受事）中（场所）］
"用饲料养的猪"	"养"事件框架：施事"人"＋行为"养"＋受事"猪"，行为［行为本身、方式……］，方式"用饲料"。"用"事件框架：施事"人"＋行为"用"＋受事"饲料"。	饲料④猪［定（方式的受事）中（受事）］
"用铁铸的鹰"	"铸"事件框架：施事"人"＋行为"铸"＋受事"鹰"，行为［行为本身、方式……］，方式"用铁"。"用"事件框架：施事"人"＋行为"用"＋受事"铁"。	铁⑤鹰［定（方式的受事）中（受事）］

① 首先，受事"猪"代行为"养"＋受事"猪"；然后，行为"养"＋受事"猪"代施事"家"＋行为"养"＋受事"猪"；最后，施事"家"＋行为"养"＋受事"猪"代施事"家"＋行为"养"＋受事"猪"＋修饰关系标记"的"。类似的还有：豕圈/牢、猪栏/阑/溷、狗舍/窝、鸡舍等。

② 首先，受事"鹰"代行为"栖"＋受事"鹰"；然后，行为"栖"＋受事"鹰"代施事"饲鹰者"＋行为"栖"＋受事"鹰"，最后，施事"饲鹰者"＋行为"栖"＋受事"鹰"代施事"饲鹰者"＋行为"栖"＋受事"鹰"＋修饰关系标记"的"。

③ 首先，受事"鸡"代行为"养"＋受事"鸡"；然后，行为"养"＋受事"鸡"代施事"宫廷"＋行为"养"＋受事"鸡"；最后，施事"宫廷"＋行为"养"＋受事"鸡"代施事"宫廷"＋行为"养"＋受事"鸡"＋修饰关系标记"的"。

④ 首先，受事"饲料"代行为"用"＋受事"饲料"；然后，方式"用饲料"代方式"用饲料"＋行为"养"；最后，方式"用饲料"＋行为"养"代方式"用饲料"＋行为"养"＋修饰关系标记"的"。

⑤ 首先，方式的受事"铁"代行为"用"＋受事"铁"；然后，方式"用铁"代方式"用铁"＋行为"铸"；最后，方式"用铁"＋行为"铸"代方式"用铁"＋行为"铸"＋修饰关系标记"的"。类似的还有：泥猪、石猪、墨猪、卉犬、土/木鸡等。

（续表）

概念	框架	意合表达式
"圈养的猪"	"饲养"事件框架：施事"家"＋行为"饲养"＋受事"猪"，行为［行为本身、方式……］，方式"通过圈"。	圈① 猪［定（方式）中（受事）］
"在门上画的鸡"	"画"事件框架：施事"人"＋行为"画"＋受事"鸡"，行为［行为本身、方式……］，场所"门上"。	门画② 鸡儿［定（场所＋行为）中（受事）］

从表 3-21 可知，体验基础是行为事件框架结构逻辑，突显的元素有标的＋结果、受事＋场所、方式的受事＋受事、方式＋受事和场所＋行为＋受事，途径为转喻。突显的元素标的＋结果虽然处在同一结构逻辑层级，但是隐略了施事、行为和受事，因而语义透明度低；突显的受事＋场所、方式＋受事和场所＋行为＋受事两个元素结构逻辑层级差一个，而且隐略了行为和修饰关系标记，因而语义透明度较低；而突显的方式的受事＋受事两个元素结构逻辑层级差两个，而且隐略了行为和修饰关系标记，因而语义透明度很低。

其二，后入框架事物概念基于一个猪、狗、鹰、鸡或蝇为施事的行为事件框架单层限定成分三次复杂转喻意合表达式。后入框架事物概念基于一个猪、狗、鹰、鸡或蝇为施事的行为事件框架单层限定成分三次复杂转喻意合表达式见表 3-22～3-26。

下面以限定成分所表达的概念角色为主线展开。

限定成分表达施事的见表 3-22。

从表 3-22 可知，体验基础是行为事件框架结构逻辑，突显的元素是施事＋施事，途径为转喻。突显的两个元素虽然处在同一结构逻辑层级，但是隐略了行为、场所和修饰关系标记，因而语义透明度低。"雉""鸡"之间也是种与类的关系。

---

① "圈"意为"把禽畜关在栅栏里"："鼻赤象，圈巨狿。"（《文选·张衡·西京赋》）。首先，方式"圈"代方式标记"通过"＋方式"圈"；然后，方式"通过圈"代方式"通过圈"＋行为"饲养"；最后，方式"通过圈"＋行为"饲养"代方式"通过圈"＋行为"饲养"＋修饰关系标记"的"。

② 首先，场所"门"代场所标记部分"在"＋场所"门"＋场所标记部分"上"；然后，场所"在门上"代场所"在门上"＋行为"画"；最后，场所"在门上"＋行为"画"代场所"在门上"＋行为"画"＋修饰关系标记"的"。

表 3-22　限定成分表达施事的单层限定成分三次复杂转喻意合表达式

概念	框架	意合表达式
"生长在原野的鸡"	"生长"事件框架：施事"鸡"＋行为"生长"，行为［行为本身、场所……］，场所"在原野"。	雉①　鸡［定（施事）中（施事）］

限定成分表达行为的见表 3-23。

表 3-23　限定成分表达行为的单层限定成分三次复杂转喻意合表达式

概念	框架	意合表达式
"凶猛咬人的狗"	"噬"事件框架：施事"狗"＋行为"噬"＋受事"人"，行为［行为本身、方式……］，方式"凶猛"。	噬②　狗/犬［定（行为）中（施事）］
"与人交谈的鸡"	"谈"事件框架：施事"鸡"＋行为"谈"＋对象"人"，对象标记"与"。	谈③　鸡［定（行为）中（施事）］

从表 3-23 可知，体验基础是行为事件框架结构逻辑，突显的元素是行为＋施事，途径为转喻。突显的两个元素虽然处在同一结构逻辑层级，但是隐略了受事/对象标记、方式/对象和修饰关系标记，因而语义透明度低。

限定成分表达行为＋受事的见表 3-24。

表 3-24　限定成分表达行为＋受事的单层限定成分三次复杂转喻意合表达式

概念	框架	意合表达式
"慌了脚的鸡"	"慌"事件框架：施事"鸡"＋行为"慌"＋受事"脚"，行为［行为本身、状态……］，状态"完成"；完成体标记"了"。	慌脚④鸡［（结果＋受事）中（施事）］

---

①　"雉"意为"野鸡"。首先，施事"野鸡"代行为"生长"；然后，行为"生长"代行为"生长"＋场所"在原野"；最后，行为"生长"＋场所"在原野"代行为"生长"＋场所"在原野"＋修饰关系标记"的"。

②　首先，行为"噬"代行为"噬"＋受事"人"；然后，行为"噬"＋受事"人"代方式"凶猛"＋行为"噬"＋受事"人"；最后，方式"凶猛"＋行为"噬"＋受事"人"代方式"凶猛"＋行为"噬"＋受事"人"＋修饰关系标记"的"。

③　首先，行为"谈"代对象"人"＋行为"谈"；然后，对象"人"＋行为"谈"代对象标记"与"＋对象"人"＋行为"谈"；最后，对象标记"与"＋对象"人"＋行为"谈"代对象标记"与"＋对象"人"＋行为"谈"＋修饰关系标记"的"。

④　首先，行为"慌"＋受事"脚"代施事"本身"＋行为"慌"＋受事"脚"；然后，施事"本身"＋行为"慌"＋受事"脚"代施事"本身"＋行为"慌"＋完成体标记"了"＋受事"脚"；最后，施事"本身"＋行为"慌"＋完成体标记"了"＋受事"脚"代施事"本身"＋行为"慌"＋完成体标记"了"＋受事"脚"＋修饰关系标记"的"。

从表 3-24 可知，体验基础是行为事件框架结构逻辑，突显的元素是行为＋受事＋施事，途径为转喻。突显的行为＋受事和施事虽然处在同一结构逻辑层级，但是隐略了状态，即完成体和修饰关系标记，因而语义透明度较低。

限定成分表达行为构成要素的见表 3-25、3-26，以具体行为构成要素为主线展开。限定成分表达行为构成要素场所的见表 3-25。

表 3-25　限定成分表达行为构成要素场所的单层限定成分三次复杂转喻意合表达式

概念	框架	意合表达式
"生长在原野的猪/狗/鹰/鸡"	"生长"事件框架：施事"猪/狗/鹰/鸡"＋行为"生长"，行为［行为本身、场所……］，场所"在原野"，场所标记"在"。	野①猪/狗/鹰/鸡［定（场所）中（施事）］
"生长在巴克夏的猪"	"生长"事件框架：施事"猪/狗"＋行为"生长"，行为［行为本身、场所……］，场所"巴克夏/蜀"，场所标记"在"。	巴克夏②猪［定（场所）中（施事）］
"生长在蜀的狗"		蜀③犬［定（场所）中（施事）］
"生长在北方的鹰"	"生长"事件框架：施事"鹰"＋行为"生长"，行为［行为本身、方所……］，方所"北方"，方所标记"在"。	北④鹰［定（场所）中（施事）］

从表 3-25 可知，体验基础是行为事件框架结构逻辑，突显的元素是场所＋施事，途径为转喻。突显的两个元素结构逻辑层级差一个，而且隐略了行为和修饰关系标记，因而语义透明度低。

---

① "野"意为"原野"："旷野饶悲风，飕飕黄蒿草。"（王昌龄《长歌行》）首先，场所"原野"代场所标记"在"＋场所"原野"；然后，场所"在原野"代行为"生长"＋场所"在原野"；最后，行为"生长"＋场所"在原野"代行为"生长"＋场所"在原野"＋修饰关系标记"的"。

② 首先，场所"巴克夏"代场所标记"在"＋场所"巴克夏"；然后，场所"在巴克夏"代行为"生长"＋场所"在巴克夏"；最后，行为"生长"＋场所"在巴克夏"代行为"生长"＋场所"在巴克夏"＋修饰关系标记"的"。

③ 首先，场所"蜀"代场所标记"在"＋场所"蜀"；然后，场所"在蜀"代行为"生长"＋场所"在蜀"；最后，行为"生长"＋场所"在蜀"代行为"生长"＋场所"在蜀"＋修饰关系标记"的"。类似的还有：粤犬、鲁鸡、蜀鸡、荆鸡、越鸡、狼山鸡、寿光鸡、汝南鸡等等。

④ 出自《晋书·崔洪传》："丛生棘刺，来自博陵。在南为鹞，在北为鹰。"首先，方所"北方"代方所标记"在"＋方所"北方"；然后，方所"在北方"代行为"生长"＋方所"在北方"；最后，行为"生长"＋方所"在北方"代行为"生长"＋方所"在北方"＋修饰关系标记"的"。

限定成分表达行为构成要素结果的见表 3-26。

表 3-26　限定成分表达行为构成要素结果的单层限定成分三次复杂转喻意合表达式

概念	框架	意合表达式
"丧失主人家而流浪的狗"	"丧失"事件框架：施事"狗"＋行为"丧失"＋受事"主人家"，行为［行为本身、结果……］，结果"流浪、没有约束"。	流浪①狗［定（结果）中（施事）］
		浪②狗［定（结果）中（施事）］
		野③狗［定（结果）中（施事）］

从表 3-26 可知，体验基础是行为事件框架结构逻辑，突显的元素是结果＋施事，途径为转喻。突显的两个元素结构逻辑层级差一个，而且隐略了行为、受事和修饰关系标记，因而语义透明度很低。

第二，后入框架事物概念基于一个出现事件框架单层限定成分三次复杂转喻意合表达式。后入框架事物概念基于一个出现事件框架单层限定成分三次复杂转喻意合表达式见表 3-27。

表 3-27　后入框架事物概念基于一个出现事件框架单层限定成分三次复杂转喻意合表达式

概念	框架	意合表达式
"秋天的蝇"	"出现"事件框架：出现者"蝇"＋"出现"，出现［出现本身、时间、伴随状态］，时间"秋天"，伴随状态"痴"。	痴④蝇［定（伴随状态）中（出现者）］

---

①　"流浪"意为"生活没有着落，到处转移，随地谋生"："饥寒各流浪，感念伤我神。"（于逖《忆舍弟》）首先，结果"流浪"代行为"丧失"；然后，行为"丧失"代行为"丧失"＋受事"主人家"；最后，行为"丧失"＋受事"主人家"代行为"丧失"＋受事"主人家"＋修饰关系标记"的"。

②　"浪"意为"没有约束"："大禹受禅让，子高辞诸侯。退躬适外野，放浪夫何求。"（吴筠《高士咏·柏成子高》）首先，结果"没有约束"代行为"丧失"；然后，行为"丧失"代行为"丧失"＋受事"主人家"；最后，行为"丧失"＋受事"主人家"代行为"丧失"＋受事"主人家"＋修饰关系标记"的"。

③　"野"意为"不受拘束"："狼子野心。"（《左传·宣公四年》）首先，结果"不受拘束"代行为"丧失"；然后，行为"丧失"代行为"丧失"＋受事"主人家"；最后，行为"丧失"＋受事"主人家"代行为"丧失"＋受事"主人家"＋修饰关系标记"的"。

④　"痴"意为"迟钝"："倒不如痴呆懵懂，紧守着陋巷的这简箪瓢。"（无名氏文）首先，伴随状态"痴"代"出现"；然后，"出现"代时间"秋天"；最后，时间"秋天"代时间"秋天"＋修饰关系标记"的"。

从表 3-27 可知，体验基础是出现事件框架结构逻辑，突显的元素是伴随状态＋出现者，途径为转喻。突显的两个元素结构逻辑层级差一个，而且隐略了修饰关系标记，因而语义透明度较低。

第三，后入框架事物概念基于施事同一的接连两个行为事件框架单层限定成分三次复杂转喻意合表达式。后入框架事物概念基于施事同一的接连两个行为事件框架单层限定成分三次复杂转喻意合表达式见表 3-28～3-31，以限定成分所表达的概念角色为主线展开。限定成分表达施事的见表 3-28。

表 3-28　限定成分表达施事的单层限定成分三次复杂转喻意合表达式

概念	框架	意合表达式
"豕/犬 因为变异带来的祸害"	"变异……带来"事件框架：施事"豕/犬"＋行为1"变异"＋行为2"带来"＋受事"祸害"。因果关系：原因"变异"，结果"带来祸害"。	豕/犬①祸［定（施事）中（受事）］
"猪喜欢吃的苋"②	"喜欢……吃"事件框架：施事"猪"＋行为1"喜欢"＋行为2"吃"＋受事"苋"。因果关系：原因"喜欢"，结果"吃"。	猪③苋［定（施事）中（受事）］
"鸡相聚形成的群"	"相聚……形成"事件框架：施事"鸡"＋行为1"相聚"＋行为2"形成"＋受事"群"。因果关系：原因"相聚"，结果"形成群"。	鸡④群［定（施事）中（受事）］

从表 3-28 可知，体验基础是事件框架结构逻辑，突显的元素是施事＋受事，途径为转喻。突显的两个元素虽然处在同一结构逻辑层级，但是隐略了行为1和2及修饰关系标记，而且湮没因果关系，因而语义透明度很低。

限定成分表达行为的见表 3-29。

---

① 首先，施事"猪/狗"代施事"猪/狗"＋行为"带来"；然后，施事"猪/狗"＋行为"带来"代施事"猪/狗"＋原因"变异"＋行为"带来"；最后，施事"猪/狗"＋原因"变异"＋行为"带来"代施事"猪/狗"＋原因"变异"＋行为"带来"＋修饰关系标记"的"。

② 李时珍《本草纲目·菜部·苋》〔集解〕引苏颂曰："细苋，俗谓之野苋，猪好食之，又名猪苋。"

③ 首先，施事"猪"代施事"猪"＋行为"喜欢"；然后，施事"猪"＋行为"喜欢"代施事"猪"＋行为"喜欢"＋行为"吃"；最后，施事"猪"＋行为"喜欢"＋行为"吃"代施事"猪"＋行为"喜欢"＋行为"吃"＋修饰关系标记"的"。

④ 首先，施事"鸡"代施事"鸡"＋行为"相聚"；然后，施事"鸡"＋行为"相聚"代施事"鸡"＋行为"相聚"＋行为"形成"；最后，施事"鸡"＋行为"相聚"＋行为"形成"代施事"鸡"＋行为"相聚"＋行为"形成"＋修饰关系标记"的"。

表 3-29　限定成分表达行为的单层限定成分三次复杂转喻意合表达式

概念	框架	意合表达式
"帮助猎人打猎的犬"	"帮助"事件框架：施事 1"犬"＋行为 1"帮助"＋受事 1/施事 2"猎人"＋行为 2"打猎"。	畋①犬［定（行为 2）中（施事）］

从表 3-29 可知，体验基础是事件框架结构逻辑，突显的元素是行为 2＋施事，途径为转喻。突显的两个元素虽然处在同一结构逻辑层级，但是隐略了行为 1 和受事 1 及修饰关系标记，因而语义透明度低。

限定成分表达受事的见表 3-30。

表 3-30　限定成分表达受事的单层限定成分三次复杂转喻意合表达式

概念	框架	意合表达式
"遇寒受冻之蝇"	"遇……受"事件框架：施事"蝇"＋行为 1"遇"＋受事 1"寒"＋行为 2"受"＋受事 2"冻"。	寒②蝇［定（受事 1）中（施事）］

从表 3-30 可知，体验基础是事件框架结构逻辑，突显的元素是受事 1＋施事，途径为转喻。突显的两个元素虽然处在同一结构逻辑层级，但是隐略了行为 1 和行为 2 和受事 2 及修饰关系标记，因而语义透明度极低。

限定成分表达行为＋受事的见表 3-31。

表 3-31　限定成分表达行为＋受事的单层限定成分三次复杂转喻意合表达式

概念	框架	意合表达式
"挡着门咬人的犬"	"挡……咬"事件框架：施事"犬"＋行为 1"挡"＋受事 1"门"＋行为 2"咬"＋受事 2"人"，行为 1［行为本身、状态……］，状态"进行"；进行体形式标记"着"。	当门③犬［定（行为 1＋受事 1）中（施事）］

---

①　"畋"意为"打猎"："以畋于云梦。"（《吕氏春秋·直谏》）首先，行为 2"打猎"代行为 1"帮助"＋行为 2"打猎"；然后，行为 1"帮助"＋行为 2"打猎"代行为 1"帮助"＋受事 1/施事 2"猎人"＋行为 2"打猎"；最后，行为 1"帮助"＋受事 1/施事 2"猎人"＋行为 2"打猎"代行为 1"帮助"＋受事 1/施事 2"猎人"＋行为 2"打猎"＋修饰关系标记"的"。类似的还有：猎狗/犬/鹰。

②　"寒"意为"冷，寒冷"："心忧炭贱愿天寒。"（白居易《卖炭翁》）首先，受事 1"寒"代行为 1"遇"＋受事 1"寒"；然后，行为 1"遇"＋受事 1"寒"代行为 1"遇"＋受事 1"寒"＋行为 2"受"＋受事 2"冻"；最后，行为 1"遇"＋受事 1"寒"＋行为 2"受"＋受事 2"冻"代行为 1"遇"＋受事 1"寒"＋行为 2"受"＋受事 2"冻"＋修饰关系标记"的"。

③　"当门"意为"挡着门"："人有以其狗为有执而爱之。其狗尝溺井。其邻人见狗之溺井也，欲入言之。狗恶之，当门而噬之。"（《战国策·楚策一》）首先，伴随状态"挡着门"代伴随状态"挡着门"＋行为"咬"；然后，伴随状态"挡着门"＋行为"咬"代伴随状态"挡着门"＋行为"咬"＋受事"人"；最后，伴随状态"挡着门"＋行为"咬"＋受事"人"代伴随状态"挡着门"＋行为"咬"＋受事"人"＋修饰关系标记"的"。

从表 3-31 可知，体验基础是事件框架结构逻辑，突显的元素是（行为 1＋受事 1）＋施事，途径为转喻。突显的行为 1＋受事 1 和施事这三个元素虽然处在同一结构逻辑层级，但是隐略了行为 1 的状态与行为 2 和受事 2 及修饰关系标记，因而语义透明度很低。

第四，后入框架事物概念基于施事不一的两个不同行为事件框架单层限定成分三次复杂转喻意合表达式。后入框架事物概念基于施事不一的两个不同行为事件框架单层限定成分三次复杂转喻意合表达式见表 3-32。

表 3-32　后入框架事物概念基于施事不一的两个不同行为
事件框架单层限定成分三次复杂转喻意合表达式

概念	框架	意合表达式
"主管吠守的二星"	"吠守"事件框架：施事"狗"＋行为"吠守"＋受事"家门"。"主管"事件框架：施事"二星"＋行为"主管"＋受事/事务"吠守"。	狗①二星［定（施事）中（施事）］
"被收买的国会/议员"	"收买"事件框架：施事"人"＋行为"收买"＋受事"猪仔"。"收买"事件框架：施事"人"＋行为"收买"＋受事"国会/议员"。"语态"范畴：成员主动语态"收买"、成员被动语态"被收买"。	（猪仔②国会/议员）③［定（受事）中（受事）］

从表 3-32 可知，体验基础是行为事件框架结构逻辑，突显的元素有施事＋施事和受事＋受事，途径为转喻。突显的施事＋施事两个元素跨越两个行为事件框架，隐略两个行为和受事及修饰关系标记，因而语义透明度极低；"狗二星"所仰仗的还有我国古代的天文学。突显的受事＋受事两个元素跨越两个行为事件框架，隐略两个行为和施事及修饰关系标记，因而语义透明度极低。"猪仔国会/议员"内包被动语态，颇具汉语特色。

第五，后入框架事物概念基于领有和行为两个事件框架单层限定成分三次复杂转喻意合表达式。后入框架事物概念基于领有和行为两个事件框架单层限定成分三次复杂转喻意合表达式见表 3-33。

① 首先，施事"狗"代行为"吠守"；然后，受事"吠守"代行为"主管"＋事务"吠守"；最后，行为"主管"＋事务"吠守"代行为"主管"＋事务"吠守"＋修饰关系标记"的"。

② 受事"猪仔"代"收买"；然后，同一范畴"语态"的一个成员即主动语态"收买"代另一个成员被动语态"被收买"；最后，被动语态"被收买"代被动语态"被收买"＋修饰关系标记"的"。

③ 猪仔被装在小笼里运到市场上出售，与国会/议员被收买具有相似性，故名，以为轻蔑。

表 3-33　后入框架事物概念基于领有和行为两个事件
框架单层限定成分三次复杂转喻意合表达式

概念	框架	意合表达式
"得传染病后，传播疾病的鸡"	"得"事件框架：领主"鸡"＋领有"得"＋所属"传染病"。"传播"事件框架：施事"鸡"＋行为"传播"＋受事"传染病"，行为［行为本身、时间……］，时间"得传染病后"。	传①鸡［定（行为）中（领主/施事）］

从表 3-33 可知，体验基础是领有和行为事件框架结构逻辑，突显的元素是行为和施事，途径为转喻。突显的两个元素虽然处在同一结构逻辑层级，但是隐略了领有和所属与时间和修饰关系标记，因而语义透明度很低。

第六，后入框架事物概念基于两个领有事件框架单层限定成分三次复杂转喻意合表达式。后入框架事物概念基于两个领有事件框架单层限定成分三次复杂转喻意合表达式见表 3-34。

表 3-34　后入框架事物概念基于两个领有事件框架
单层限定成分三次复杂转喻意合表达式

概念	框架	意合表达式
"麻灰色的蝇"	"领有"事件框架：领主"麻"＋"领有"＋所属"灰色"。"领有"事件框架：领主"蝇"＋"领有"＋所属"麻灰色"。	麻②蝇［定（领主）中（领主）］

从表 3-34 可知，体验基础是两个领有事件框架结构逻辑，突显的元素是领主＋领主，途径为转喻。突显的两个元素跨越两个领有事件框架，隐略两个领有和所属与修饰关系标记，因而语义透明度极低。

第七，后入框架事物概念基于状态和领有事件框架单层限定成分三次复杂转喻意合表达式。后入框架事物概念基于状态和领有事件框架单层限定成分三次复杂转喻意合表达式见表 3-35。

---

① "传"意为"传播"："胜利的消息传遍全国。"（百度汉语）首先，行为"传播"代行为"传播"＋受事"传染病"；然后，行为"传播"＋受事"传染病"代时间"得传染病后"＋行为"传播"＋受事"传染病"；最后，时间"得传染病后"＋行为"传播"＋受事"传染病"代时间"得传染病后"＋行为"传播"＋受事"传染病"＋修饰关系标记"的"。

② 首先，领主"麻"代领主"麻"＋所属"灰色"；然后，所属"麻灰色"代"领有"＋所属"麻灰色"；最后，"领有"＋所属"麻灰色"代"领有"＋所属"麻灰色"＋修饰关系标记"的"。

表 3-35　后入框架事物概念基于状态和领有事件

框架单层限定成分三次复杂转喻意合表达式

概念	框架	意合表达式
"患头风病的狗"	"疯狂"事件框架：状主"狗"＋状态"疯狂"，状态［状态本身、原因］，原因"患头风病"。"患"事件框架：领主"狗"＋领有"患"＋所属"头风病"。	瘦① 狗［定（状态）中（领主）］

从表 3-35 可知，体验基础是状态和领有事件框架结构逻辑，突显的元素是状态＋领主，途径为转喻。突显的两个元素跨越两个事件框架，隐略原因、领有和所属及修饰关系标记，因而语义透明度很低。

第八，后入框架事物概念基于范畴与行为事件框架单层限定成分三次复杂转喻意合表达式。后入框架事物概念基于范畴与行为事件框架单层限定成分三次复杂转喻意合表达式见表 3-36。

表 3-36　后入框架事物概念基于范畴与行为事件框架单层限定成分三次复合转喻意合表达式

概念	框架	意合表达式
"母鸡产的蛋"	类："鸡"，种："母鸡"。"产"事件框架：施事"母鸡"＋行为"生产"＋受事"蛋"。	鸡②蛋［定（类）中（受事）］
"公鸡鸣之时"	类："鸡"，种："公鸡"。"鸣"事件框架：施事"公鸡"＋行为"鸣"，行为［行为本身、时间……］，时间"旦"。	鸡③旦④［定（类）中（时间）］

从表 3-36 可知，体验基础是范畴和行为事件框架结构逻辑，突显的元素有类＋受事/时间，途径为转喻。突显的类＋受事两个元素虽然处在结构逻辑同一层级，但是隐略了类与种的关系、行为和修饰关系标记，因而语

---

① "瘦"意为"疯狂"："国狗之瘦，无不噬也。"（《左传·哀公十二年》）首先，状态"疯狂"代结果"头风病"；然后，所属"头风病"代领有"患"＋所属"头风病"；最后，领有"患"＋所属"头风病"代领有"患"＋所属"头风病"＋修饰关系标记"的"。类似的还有：狂犬。

② 首先，类"鸡"代种"母鸡"；然后，施事"母鸡"代施事"母鸡"＋行为"生产"；最后，施事"母鸡"＋行为"生产"代施事"母鸡"＋行为"生产"＋修饰关系标记"的"。类似的还有：鸡卵。

③ 首先，类"鸡"代种"公鸡"；然后，施事"公鸡"代施事"公鸡"＋行为"鸣"；最后，施事"公鸡"＋行为"鸣"代施事"公鸡"＋行为"鸣"＋修饰关系标记"的"。

④ "旦"意为"夜刚尽日初出时"："夫犬马，人所知也，旦暮罄于前，不可类之，故难。"（《韩非子·外储说左上》）

义透明度低；突显的类＋时间两个元素结构逻辑层级差一个，而且隐略了类与种的关系、行为和修饰关系标记，因而语义透明度很低。

第九，后入框架事物概念基于事物和存在事件框架单层限定成分三次复杂转喻意合表达式。后入框架事物概念基于事物和存在事件框架单层限定成分三次复杂转喻意合表达式见表 3-37。

表 3-37 后入框架事物概念基于事物和存在事件框架
单层限定成分三次复杂转喻意合表达式

概念	框架	意合表达式
"组成部分有赤腹的鹰"	整体："鹰"，组成部分："赤腹"。"存在"事件框架：场所"组成部分"＋存在"有"＋存在物"赤腹"。	赤腹①鹰［（存在物）中（整体）］
"组成部分有乌骨的鸡"	整体："鸡"，部分："乌骨"。"存在"事件框架：场所"组成部分"＋存在"有"＋存在物"乌骨"。	乌骨②鸡［（存在物）中（整体）］

从表 3-37 可知，体验基础是事物和存在事件框架结构逻辑，突显的元素是存在物＋整体，途径为转喻。突显的两个元素隐略了场所、存在、整体与部分关系标记，因而语义透明度低。

第十，后入框架事物概念基于两个不同领有事件框架单层限定成分三次复杂转喻意合表达式。后入框架事物概念基于两个不同领有事件框架单层限定成分三次复杂转喻意合表达式见表 3-38。

表 3-38 后入框架事物概念基于两个不同领有事件和
一个事物框架单层限定成分三次复杂转喻意合表达式

概念	框架	意合表达式
"领有黄毛耳的犬"	"领有"事件框架：领主"毛"＋"领有"＋所属"黄"。"领有"事件框架：领主"耳"＋"领有"＋所属"黄毛"；整体：犬，部分：黄毛耳。	黄③犬［（所属）中（整体）］

---

① 首先，存在物"赤腹"代存在"有"＋存在物"赤腹"；然后，存在"有"＋存在物"赤腹"代场所"组成部分"＋存在"有"＋存在物"赤腹"；最后，场所"组成部分"＋存在"有"＋存在物"赤腹"代场所"组成部分"＋存在"有"＋存在物"赤腹"＋修饰关系标记"的"。

② 首先，存在物"乌骨"代存在"有"＋存在物"乌骨"；然后，存在"有"＋存在物"乌骨"代场所"组成部分"＋存在"有"＋存在物"乌骨"；最后，场所"组成部分"＋存在"有"＋存在物"乌骨"代场所"组成部分"＋存在"有"＋存在物"乌骨"＋修饰关系标记"的"。类似的还有：乌眼鸡。

③ 首先，所属"黄"代所属"黄"＋领主"毛"；然后，所属"黄毛"代"领有"＋所属"黄毛"＋领主"耳"；最后，所属"黄毛耳"代所属"黄毛耳"＋领属关系标记"的"。

从表 3-38 可知，体验基础是两个不同领有事件和整体与部分关系框架结构逻辑，突显的元素是第一个领有事件的所属＋部分与整体关系中的整体，途径为转喻。突显的两个元素跨越三个框架，隐略两个领主和领有、领有和所属，因而语义透明度极低。

第十一，后入框架事物概念基于两个不同领有事件和一个事物框架单层限定成分三次复杂转喻意合表达式。后入框架事物概念基于两个不同领有事件和一个事物框架单层限定成分三次复杂转喻意合表达式见表 3-39。

表 3-39　后入框架事物概念基于两个不同领有事件和一个
事物框架单层限定成分三次复杂转喻意合表达式

概念	框架	意合表达式
"肉嫩味香的猪"	"领有"事件框架：领主"味"＋"领有"＋所属"香"。整体："肉嫩味香"，部分："肉嫩、味香"。"领有"事件框架：领主"猪"＋"领有"＋所属"味香"。	香① 猪［定（所属）中（领主）］

从表 3-39 可知，体验基础是领有事件和事物，即语言单位框架结构逻辑，突显的元素是一个领有事件的所属＋另一个领有事件的领主，途径为转喻。突显的两个元素跨越三个框架，隐略领主和领有、部分、领有与修饰关系标记，因而语义透明度极低。

（2）后入框架事物概念单层限定成分四次复杂转喻意合表达式

第一，后入框架事物概念基于一个行为事件框架单层限定成分四次复杂转喻意合表达式。后入框架事物概念基于一个行为事件框架单层限定成分四次复杂转喻意合表达式见表 3-40～3-42，以限定成分所表达的概念角色为主线展开。

限定成分表达行为构成要素场所的见表 3-40、3-41，下面按中心成分所表达的概念角色排序。中心成分表达施事的见表 3-40。

---

① 首先，所属"香"代领主"味"＋所属"香"；然后，联合式主谓短语部分"味香"代整体"肉嫩味香"；最后，所属"肉嫩味香"代所属"肉嫩味香"＋修饰关系标记"的"。

表 3-40 中心成分表达施事的

概念	框架	意合表达式
"生活在邑里的狗"	"生活"事件框架：施事"狗"＋行为"生活"，行为［行为本身、场所……］，方所"邑"，方所标记"在……里"。	邑① 犬［定（方所）中（施事）］
"生长在天上的鸡"	"生长"事件框架：施事"鸡"＋行为"生长"，行为［行为本身、方所……］，方所"天"，方所标记"在……上"。	天② 鸡［定（方所）中（施事）］

从表 3-40 可知，体验基础是行为事件框架结构逻辑，突显的元素是方所＋施事，途径为转喻。突显的两个元素结构逻辑层级差一个，而且隐略行为和行为构成要素方所的复合标记，因而语义透明度低。

中心成分表达受事的见表 3-41。

表 3-41 中心成分表达受事的

概念	框架	意合表达式
"调教于臂套上的鹰"	"调教"事件框架：施事"人"＋行为"调教"＋受事"鹰"，行为［行为本身、方所……］，方所"臂套"，方所标记"于……上"。	鞲③ 鹰［定（方所）中（受事）］

从表 3-41 可知，体验基础是行为事件框架结构逻辑，突显的元素是方所＋受事，途径为转喻。突显的两个元素结构逻辑层级差一个，而且隐略行为和行为构成要素方所的复合标记，因而语义透明度低。

---

① "邑"意为"一般城镇"："小则获邑，大则获城。"（苏洵《六国论》）首先，方所"邑"代方所"邑"＋方所标记部分"里"；然后，方所"邑"＋方所标记部分"里"代方所标记部分"在"＋方所"邑"＋方所标记部分"里"；再然后，方所"在邑里"代行为"生活"＋方所"在邑里"；最后，行为"生活"＋方所"在邑里"代行为"生活"＋方所"在邑里"＋修饰关系标记"的"。类似的还有：山鸡。

② 首先，方所"天"代方所"天"＋方所标记部分"上"；然后，方所"天"＋方所标记部分"上"代方所标记部分"在"＋方所"天"＋方所标记部分"上"；再然后，方所"在天上"代行为"生长"＋方所"在天上"；最后，行为"生长"＋方所"在天上"代行为"生长"＋方所"在天上"＋修饰关系标记"的"。

③ "鞲"意为"臂套"。首先，方所"臂套"代方所标记部分"于"＋方所"臂套"；然后，方所标记部分"于"＋方所"臂套"代方所标记部分"于"＋方所"臂套"＋方所标记部分"上"；再然后，方所"于臂套上"代行为"调教"＋方所"于臂套上"；最后，行为"调教"＋方所"于臂套上"代行为"调教"＋方所"于臂套上"＋修饰关系标记"的"。

限定成分表达行为构成要素结果的见表 3-42。

表 3-42　限定成分表达行为构成要素结果的

概念	框架	意合表达式
"已被屠宰的猪/狗"	"屠宰"事件框架：施事"人"＋行为"屠宰"＋受事"猪/狗"，行为［行为本身、状态、结果］，状态"完成"，结果"死"；完成体标记"已"。语态范畴：主动语态成员"屠宰"，被动语态成员"被屠宰"。	死①猪/狗［定（结果）中（受事）］

从表 3-42 可知，体验基础是行为事件框架结构逻辑，突显的元素是结果＋受事，途径为转喻。突显的两个元素逻辑结构层级差一个，而且隐略行为与被动语态、完成体和修饰关系标记，因而语义透明度很低。

第二，后入框架事物概念基于内包事件的行为事件框架单层限定成分四次复杂转喻意合表达式。后入框架事物概念基于内包事件的行为事件框架单层限定成分四次复杂转喻意合表达式见表 3-43、3-44。下面按所内包的事件数量排序。内包一个行为事件的见表 3-43。

表 3-43　内包一个行为事件的

概念	框架	意合表达式
"通过吠叫看守门户的狗"	"看守"事件框架：施事"狗"＋行为"看守"＋受事"门户"，行为［行为本身、方式……］，方式"通过吠叫"，方式标记"通过"。"吠叫"事件框架：施事"狗"＋行为"吠叫"。	吠②狗［定（次行为）中（施事）］

从表 3-43 可知，体验基础是两个行为事件框架结构逻辑，突显的元素是次行为＋受事，途径为转喻。突显的两个元素跨越两个事件框架，隐略主行为、受事与方式和修饰关系标记，因而语义透明度很低。

---

① 首先，结果"死"代行为"屠宰"；然后，行为"屠宰"代完成体标记"已"＋行为"屠宰"；再然后，主动语态"已屠宰"代被动语态"已被屠宰"；最后，"已被屠宰"代被动语态"已被屠宰"＋修饰关系标记"的"。

② 首先，方式"吠叫"代方式标记"通过"＋方式"吠叫"；然后，方式"通过吠叫"代方式"通过吠叫"＋行为"看守"；再然后，方式"通过吠叫"＋行为"看守"代方式"通过吠叫"＋行为"看守"＋受事"门户"；最后，方式"通过吠叫"＋行为"看守"＋受事"门户"代方式"通过吠叫"＋行为"看守"＋受事"门户"＋修饰关系标记"的"。

内包一个领有事件和一个行为事件的见表 3-44。

表 3-44　内包一个领有事件和一个行为事件的

概念	框架	意合表达式
"活着的猪"	"领有"事件框架：领主"毛"＋"领有"＋所属"混"。"长"事件框架：施事"猪"＋行为"长"＋受事"混毛"，行为［行为本身、持续、原因……］，持续体标记"着"，原因"活着"。	混毛①猪［定（受事）中（施事）］

从表 3-44 可知，体验基础是行为事件和领有事件框架结构逻辑，突显的元素是受事＋施事，途径为转喻。突显的两个元素虽然处在同一事件框架结构层级，但是隐略了行为、原因与持续体和修饰关系标记，因而语义透明度很低。

第三，后入框架事物概念基于施事同一的接连两个行为事件框架单层限定成分四次复杂转喻意合表达式。

后入框架事物概念基于施事同一的接连两个行为事件框架单层限定成分四次复杂转喻意合表达式见表 3-45～3-47，以限定成分所表达的概念角色为主线展开。限定成分表达行为的见表 3-45。

表 3-45　限定成分表达行为的

概念	框架	意合表达式
"用绳子连在一起的鸡"	"用……连"事件框架：施事"人"＋行为1"用"＋受事1"绳"＋行为2"连"＋受事2"鸡"，行为2［行为本身、结果……］，结果"在一起"。	连②鸡［定（行为）中（受事）］

从表 3-45 可知，体验基础是行为事件框架结构逻辑，突显的元素是行

---

① 首先，所属"混"＋领主"毛"代行为"长"＋受事"混毛"；然后，行为"长"＋受事"混毛"代行为"长"＋持续体标记"着"＋受事"混毛"；再然后，行为"长"＋持续体标记"着"＋受事"混毛"代原因"活着"；最后，原因"活着"代原因"活着"＋修饰关系标记"的"。

② "连"意为"连结"："民相连而从之，遂组成国于岐山之下。"（《吕氏春秋·审为》）首先，行为2"连"代行为2"连"＋结果"在一起"；然后，行为2"连"＋结果"在一起"代行为1"用"＋行为2"连"＋结果"在一起"；再然后，行为1"用"＋行为2"连"＋结果"在一起"代行为1"用"＋受事1"绳"＋行为2"连"＋结果"在一起"；最后，行为1"用"＋受事1"绳"＋行为2"连"＋结果"在一起"代行为1"用"＋受事1"绳"＋行为2"连"＋结果"在一起"＋修饰关系标记"的"。

为＋受事，途径为转喻。突显的两个元素虽然处在同一结构逻辑层级，但是隐略了方式、结果和修饰关系标记，因而语义透明度低。

限定成分表达受事的见表 3-46。

表 3-46　限定成分表达受事的

概念	框架	意合表达式
"活着的猪"	"长"事件框架：施事"猪"＋行为"长"＋受事"毛"，行为［行为本身、持续、原因……］，持续体标记"着"，原因"活着"。"活着"事件框架：状主"猪"＋状态"活着"。	毛① 猪［定（受事）中（施事）］

从表 3-46 可知，体验基础是行为事件框架结构逻辑，突显的元素是受事＋施事，途径为转喻。突显的两个元素虽然处在同一结构逻辑层级，但是隐略了行为和行为构成要素，即原因与持续体和修饰关系标记，因而语义透明度很低。

限定成分表达行为构成要素的见表 3-47。

表 3-47　限定成分表达行为构成要素的

概念	框架	意合表达式
"圈养了一年以上的猪"	"养"事件框架：施事"人"＋行为"饲养"＋受事"猪"，行为［行为本身、时长、方式、状态……］，时长"一年以上"，方式"圈"，状态"完成"；完成体标记："了"。"圈"事件框架：施事"人"＋行为"圈"＋受事"猪"。	宿② 猪［定（时长）中（受事）］

从表 3-47 可知，体验基础是行为事件框架结构逻辑，突显的元素是时

---

① 首先，受事"毛"代行为"长"＋受事"毛"；然后，行为"长"＋受事"毛"代行为"长"＋持续体标记"着"＋受事"毛"；再然后，行为"长"＋持续体标记"着"＋受事"毛"代原因"活着"；最后，原因"活着"代原因"活着"＋修饰关系标记"的"。

② "宿"意为"前一年的，隔年的"："元狩三年，遣谒者劝有水灾郡种宿麦。"（班固《汉书·武帝纪》）首先，时长"一年以上"代行为"饲养"＋时长"一年以上"；然后，行为"饲养"＋时长"一年以上"代行为"饲养"＋完成体标记"了"＋时长"一年以上"；再然后，行为"饲养"＋完成体标记"了"＋时长"一年以上"代方式"圈"＋行为"饲养"＋完成体标记"了"＋时长"一年以上"；最后，方式"圈"＋行为"饲养"＋完成体标记"了"＋时长"一年以上"代方式"圈"＋行为"饲养"＋完成体标记"了"＋时长"一年以上"＋修饰关系标记"的"。

长＋受事，途径为转喻。突显的两个元素结构逻辑层级差一个，而且隐略行为、行为构成要素方式、完成体和修饰关系两个标记，因而语义透明度极低。

第四，后入框架事物概念基于内包一个出现事件的行为事件框架单层限定成分四次复杂转喻意合表达式。后入框架事物概念基于内包一个出现事件的行为事件框架单层限定成分四次复杂转喻意合表达式见表 3-48。

表 3-48　后入框架事物概念基于内包一个出现事件的行为

事件框架单层限定成分四次复杂转喻意合表达式

概念	框架	意合表达式
"冬日人们来往时使狗的国家"	"使"事件框架：施事"人们"＋行为"使"＋受事"狗"，行为［行为本身、时段、时点、场所……］，时段"冬日"，时点"来往时"，场所"国家"。"来往"事件框架：出现者"人们"＋出现"来往"。	狗①国［定（受事）中（场所）］

从表 3-48 可知，体验基础是行为和出现事件框架结构逻辑，突显的元素是受事＋场所，途径为转喻。突显的两个元素结构逻辑层级差一个，而且隐略行为、时段、时点和修饰关系标记，因而语义透明度极低。

第五，后入框架事物概念基于内包一个状态事件的行为事件框架单层限定成分四次复杂转喻意合表达式。后入框架事物概念基于内包一个状态事件的行为事件框架单层限定成分四次复杂转喻意合表达式见表 3-49。

从表 3-49 可知，体验基础是行为和状态事件框架结构逻辑，突显的元素有结果＋施事和（状态＋状主）＋施事，途径为转喻。突显的结果＋施事这两个元素逻辑结构层级差一个，而且隐略行为与完成体、因果关系和修饰关系标记，因而语义透明度极低。突显的（状态＋状主）＋施事这三个元素逻辑结构层级差一个，而且隐略行为、语言单位部分与因果关系和

---

① 首先，受事"狗"代行为"使"＋受事"狗"；然后，行为"使"＋受事"狗"代时段"冬日"＋行为"使"＋受事"狗"；再然后，时段"冬日"＋行为"使"＋受事"狗"代时段"冬日"＋时点"来往时"＋行为"使"＋受事"狗"；最后，时段"冬日"＋时点"来往时"＋行为"使"＋受事"狗"代时段"冬日"＋时点"来往时"＋行为"使"＋受事"狗"＋修饰关系标记"的"。

修饰关系两个标记，因而语义透明度极低。

表 3-49　后入框架事物概念基于内包一个状态事件的行为事件
框架单层限定成分四次复杂转喻意合表达式

概念	框架	意合表达式
"已经长大且肥的猪/鸡"	"长大"事件框架：施事"猪/鸡"＋行为"长大"，行为［行为本身、状态、结果……］，状态"完成"，结果"肥"；完成体标记："已经"；因果关系标记："而"。"肥"事件框架：状主"猪"＋状态"肥"。	肥①　猪/鸡　［定（结果）中（施事）］
"（唐玄宗时）驯鸡而鸡变神奇的小儿（贾昌）"	"驯"事件框架：施事"童"＋行为"驯"＋受事"鸡"，行为［行为本身、结果……］，结果"鸡变神奇"。"变神奇"事件框架：状主"鸡"＋状态"变神奇"；因果关系标记："而"。	神鸡②童［定（状态＋状主）中（施事）］

第六，后入框架事物概念基于内包一个行为事件的状态事件框架单层限定成分四次复杂转喻意合表达式。后入框架事物概念基于内包一个行为事件的状态事件框架单层限定成分四次复杂转喻意合表达式见表 3-50。

从表 3-50 可知，体验基础是状态和行为事件框架结构逻辑，突显的元素是范围＋状主，途径为转喻。突显的两个元素结构逻辑层级差一个，而且隐略状态、范围复合标记和修饰关系标记，因而语义透明度很低。

---

① "肥"意味"脂肪多"。首先，结果"肥"代行为"长大"＋结果"肥"；然后，行为"长大"＋结果"肥"代完成体标记"已经"＋行为"长大"＋结果"肥"；再然后，完成体标记"已经"＋行为"长大"＋结果"肥"代完成体标记"已经"＋行为"长大"＋因果关系标记"而"＋结果"肥"；最后，完成体标记"已经"＋行为"长大"＋因果关系标记"而"＋结果"肥"代完成体标记"已经"＋行为"长大"＋因果关系标记"而"＋结果"肥"＋修饰关系标记"的"。

② 据陈鸿《东城老父传》转载："贾昌，长安宣阳里人。唐玄宗出游，见昌弄木鸡于云龙门道旁，遂召入为鸡坊小儿。昌入鸡群，如狎群小，壮者，弱者，勇者，怯者，水谷之时，疾病之候，悉能知之。举二鸡，鸡畏而驯，使令如人。开元十四年，昌衣斗鸡服，会玄宗于温泉，当时天下号为'神鸡童'。时人为之语曰：'生儿不用识文字，斗鸡走马胜读书。贾家小儿年十三，富贵荣华代不如。'"首先，表征状态的述宾式短语部分"神奇"＋状主"鸡"代整体"变神奇"＋状主"鸡"；然后，结果"鸡变神奇"代行为"驯"＋受事"鸡"＋结果"鸡变神奇"；再然后，行为"驯"＋受事"鸡"＋结果"鸡变神奇"代行为"驯"＋受事"鸡"＋因果关系标记"而"＋结果"鸡变神奇"；最后，行为"驯"＋受事"鸡"＋因果关系标记"而"＋结果"鸡变神奇"代行为"驯"＋受事"鸡"＋因果关系标记"而"＋结果"鸡变神奇"＋修饰关系标记"的"。

表 3-50　后入框架事物概念基于内包一个行为事件的状态事件

框架单层限定成分四次复杂转喻意合表达式

概念	框架	意合表达式
"在吠叫方面擅长的狗"	"擅长"事件框架：状主"狗"＋状态"擅长"，状态［行为本身、范围……］，范围"在吠叫方面"。"吠叫"事件框架：施事"狗"＋行为"吠叫"。	吠①犬［定（范围）中（状主）］

第七，后入框架事物概念基于内包三个不同行为事件的状态事件框架单层限定成分四次复杂转喻意合表达式。后入框架事物概念基于内包三个不同行为事件的状态事件框架单层限定成分四次复杂转喻意合表达式见表3-51。

表 3-51　后入框架事物概念基于内包三个不同行为事件的状态事件

框架单层限定成分四次复杂转喻意合表达式

概念	框架	意合表达式
"鲳鱼的别名，即刺软且少的鱼"	"食"事件框架：施事"人"＋行为"食"＋受事"鲳鱼"，行为［行为本身、结果……］，结果"无所弃"。"瞌睡"事件框架：施事"狗"＋行为"瞌睡"，行为［行为本身、原因……］，原因"等不到刺"。因果关系：原因"无所弃"，结果"等不到刺"。因果关系：原因"刺软且少"，结果"无所弃"。	狗瞌睡②鱼［定（施事＋行为）中（受事）］

从表 3-51 可知，体验基础是行为和状态事件框架结构逻辑，突显的元素是（第三个行为事件的施事＋行为）＋受事，途径为转喻。突显的这三个元素跨越两个行为事件和两个因果关系框架，而且隐略修饰关系标记，

---

　　①　首先，范围"吠叫"代范围"吠叫"＋范围标记部分"方面"；然后，范围"吠叫"＋范围标记部分"方面"代范围标记部分"在"＋范围"吠叫"＋范围标记部分"方面"；再然后，范围"在吠叫方面"代"在吠叫方面"＋状态"擅长"；最后，"在吠叫方面"＋状态"擅长"代"在吠叫方面"＋状态"擅长"＋修饰关系标记"的"。

　　②　首先，施事"狗"＋行为"瞌睡"代原因"等不到刺"；然后，结果"等不到刺"代原因"无所弃"；再然后，结果"无所弃"代原因"刺软且少"；最后，"刺软且少"代"刺软且少"＋领属关系标记"的"。

因而语义透明度极低。

　　第八，后入框架事物概念基于两个行为事件框架单层限定成分四次复杂转喻意合表达式。后入框架事物概念基于两个行为事件框架单层限定成分四次复杂转喻意合表达式见表 3-52。

表 3-52　后入框架事物概念基于两个行为事件框架单层限定成分四次复杂转喻意合表达式

概念	框架	意合表达式
"饲养人供给猪/狗/鸡吃的食物"	"给"事件框架：施事 1"饲养人"＋行为 1"供给"＋受事"食物/潲/饲料/粮食"＋对象/施事 2"猪/狗/鸡"＋行为 2"吃"＋受事"食物/潲/饲料/粮食"。	猪/狗/鸡①食［定（对象/施事 2）中（受事）］
"帮助打猎的狗"	"帮助"事件框架：施事 1"狗"＋行为 1"帮助"＋受事 1/施事 2"猎人"＋行为 2"打猎"，行为 1［行为本身、场所……］，场所"农田"，场所标记"在"。	田②犬［定（场所）中（施事）］

　　从表 3-52 可知，体验基础是两个行为事件框架结构逻辑，突显的元素有对象/施事 2＋受事和场所＋施事，途径为转喻。突显的对象/施事 2＋受事这两个元素虽然处在同一逻辑结构层级，但是隐略施事 1、行为 1 和修饰关系标记，因而语义透明度低。突显的场所＋施事这两个元素逻辑结构层级差一个，而且隐略行为 1 和 2 与场所和修饰关系标记，因而语义透明度极低。

　　第九，后入框架事物概念基于内包一个行为事件的两个行为事件框架单层限定成分四次复杂转喻意合表达式。后入框架事物概念基于内包一个行为事件的两个行为事件框架单层限定成分四次复杂转喻意合表达式见表 3-53、3-54，以施事是否同一为主线展开。

———————

　　①　首先，对象/施事 2"猪/狗/鸡"代对象/施事 2"猪/狗/鸡"＋行为 2"吃"；然后，对象/施事 2"猪/狗/鸡"＋行为 2"吃"代行为 1"供给"＋对象/施事 2"猪/狗/鸡"＋行为 2"吃"；再然后，行为 1"供给"＋对象/施事 2"猪/狗/鸡"＋行为 2"吃"代施事 1"饲养人"＋行为 1"供给"＋对象/施事 2"猪/狗/鸡"＋行为 2"吃"；最后，施事 1"人"＋行为 1"供给"＋对象/施事 2"猪/狗/鸡"＋行为 2"吃"代施事 1"人"＋行为 1"供给"＋对象/施事 2"猪/狗/鸡"＋行为 2"吃"＋修饰关系标记"的"。类似的还有：猪潲、猪/鸡饲料、狗粮。

　　②　首先，场所"农田"代场所标记"在"＋场所"农田"；然后，场所"在农田"代场所"在农田"＋行为 1"帮助"；再然后，场所"在农田"＋行为 1"帮助"代场所"在农田"＋行为 1"帮助"＋行为 2"打猎"；最后，场所"在农田"＋行为 1"帮助"＋行为 2"打猎"代场所"在农田"＋行为 1"帮助"＋行为 2"打猎"＋修饰关系标记"的"。

表 3-53　施事同一

概念	框架	意合表达式
"通过走/遇帮助猎人打猎的狗"	"帮助"事件框架：施事1"狗"＋行为1"帮助"＋受事1/施事2"猎人"＋行为2"打猎"＋受事2"兽兔"，行为1［行为本身、方式……］，方式"通过走"。"走"事件框架：施事"狗"＋行为"走"。	走①　狗/犬［定（行为2的方式）中（施事）］
	"帮助"事件框架：施事1"狗"＋行为1"帮助"＋受事1/施事2"猎人"＋行为2"打猎"＋受事2"兽兔"，行为1［行为本身、方式……］，方式"通过遇"。"遇"事件框架：施事"狗"＋行为"遇"＋受事"兽兔"。	遇②犬［定（行为2的方式）中（施事）］

从表 3-53 可知，体验基础是三个行为事件框架结构逻辑，突显的元素是行为 2 的方式＋施事，途径为转喻。突显的两个元素逻辑结构层级差一个，而且隐略行为 1 和行为 2 以及方式和修饰关系标记，因而语义透明度极低。

表 3-54　施事不一

概念	框架	意合表达式
"通过放被养的猪"	"养"事件框架：施事"人"＋行为"饲养"＋受事"猪"，行为［行为本身、方式、结果］，方式"通过放"，结果"猪跑"。"放"事件框架：施事"人"＋行为"放"＋受事"猪"。"跑"事件框架：施事"猪"＋行为"跑"。	跑③猪［定（结果）中（受事）］

---

① 首先，方式"走"代方式标记"通过"＋方式"走"；然后，方式"通过走"代方式"通过走"＋行为1"帮助"；再然后，方式"通过走"＋行为1"帮助"代方式"通过走"＋行为1"帮助"＋行为2"打猎"；最后，方式"通过走"＋行为1"帮助"＋行为2"打猎"代方式"通过走"＋行为1"帮助"＋行为2"打猎"＋修饰关系标记"的"。

② "遇"意为"对付"："无用吾之所短，遇人之所长。"（《荀子·大略》）首先，方式"遇"代方式标记"通过"＋方式"遇"；然后，方式"通过遇"代方式"通过遇"＋行为1"帮助"；再然后，方式"通过遇"＋行为1"帮助"代方式"通过遇"＋行为1"帮助"＋行为2"打猎"；最后，方式"通过遇"＋行为1"帮助"＋行为2"打猎"代方式"通过遇"＋行为1"帮助"＋行为2"打猎"＋修饰关系标记"的"。

③ 首先，结果"跑"代方式"通过放"；然后，方式"通过放"代方式"通过放"＋行为"饲养"；再然后，方式"通过放"＋行为"饲养"代方式"通过放"＋被动语态标记"被"＋行为"饲养"；最后，方式"通过放"＋被动语态标记"被"＋行为"饲养"代方式"通过放"＋被动语态标记"被"＋行为"饲养"＋修饰关系标记"的"。

从表 3-54 可知，体验基础是三个行为事件框架结构逻辑，突显的元素是结果＋受事，途径为转喻。突显的两个元素逻辑结构层级差一个，而且隐略行为"饲养""放"与方式和修饰关系标记，因而语义透明度极低。

第十，后入框架事物概念基于事物和行为事件框架单层限定成分四次复杂转喻意合表达式。后入框架事物概念基于事物和行为事件框架单层限定成分四次复杂转喻意合表达式见表 3-55。

表 3-55　后入框架事物概念基于事物和行为事件
框架单层限定成分四次复杂转喻意合表达式

概念	框架	意合表达式
"寄生于狗体的跳蚤/虱子"	整体："狗"，部分："体"。"寄生"事件框架：施事"跳蚤/虱子"＋行为"寄生"，行为［行为本身、场所……］，场所"狗体"，场所标记"于"。	狗①蚤②/虱子［定（场所）中（施事）］
"活动于屋内外的蝇"	整体："屋内外"，部分："屋内""屋外"。"活动"事件框架：施事"蝇"＋行为"活动"，行为［行为本身、方所……］，方所"屋内外"，方所标记"于"。	家③蝇［定（方所）中（施事）］
"集④于笔端上的蝇"	整体："笔"，部分："端"。"停留"事件框架：施事"蝇"＋行为"停留"，行为［行为本身、场所……］，场所"笔端"，场所标记"于……上"。	笔上⑤蝇［定（场所）中（施事）］

从表 3-55 可知，体验基础是事物和行为事件框架结构逻辑，突显的元素是场/方所＋施事，途径为转喻。突显的两个元素逻辑结构层级差一个，而且隐略行为、部分、场/方所、修饰关系标记，因而语义透明度极低。

---

　①　首先，整体"狗"代整体"狗"＋部分"体"；然后，场所"狗体"代场所标记"于"＋场所"狗体"；再然后，场所"于狗体"代行为"寄生"＋场所"于狗体"；最后，行为"寄生"＋场所"于狗体"代行为"寄生"＋场所"于狗体"＋修饰关系标记"的"。

　②　"蚤"意为"跳蚤"："蚤，啮人跳蚤。"（许慎《说文解字》）

　③　"家"意为"屋内"："室为夫妇所居，家谓一门之内。"（《诗·周南·桃夭》）首先，部分"屋内"代整体"屋内外"；然后，方所"屋内外"代方所标记"于"＋方所"屋内外"；再然后，方所"于屋内外"代行为"活动"＋方所"于屋内外"；最后，行为"活动"＋方所"于屋内外"代行为"活动"＋方所"于屋内外"＋修饰关系标记"的"。

　④　"集"意为"停留"："沙鸥翔集。"（范仲淹《岳阳楼记》）

　⑤　首先，整体"笔"代整体"笔"＋部分"端"；然后，场所"笔端"＋场所标记部分"上"代场所标记部分"于"＋场所"笔端"＋场所标记部分"上"；再然后，场所"于笔端上"代行为"停留"＋场所"于笔端上"；最后，行为"停留"＋场所"于笔端上"代行为"停留"＋场所"于笔端上"＋修饰关系标记"的"。

第十一，后入框架事物概念基于范畴和行为事件框架单层限定成分四次复杂转喻意合表达式。后入框架事物概念基于范畴和行为事件框架单层限定成分四次复杂转喻意合表达式见表 3-56、3-57，以限定成分所表达的概念角色为主线展开。限定成分表达受事的单层限定成分四次复杂转喻意合表达式见表 3-56。

表 3-56　限定成分表达受事的单层限定成分四次复杂转喻意合表达式

概念	框架	意合表达式
"（唐代）皇帝畜养猎狗的场所"	类："狗"；种："猎狗"。"畜养"事件框架：施事"皇帝"＋行为"畜养"＋受事"猎狗"，行为［行为本身、场所……］，场所"坊"。	狗① 坊［定（受事）中（场所）］
"家庭饲养肥鸡的笼子"	类："鸡"；种："肥鸡"。"饲养"事件框架：施事"家庭"＋行为"饲养"＋受事"肥鸡"，行为［行为本身、场所……］，场所"笼"。	鸡② 笼［定（受事）中（场所）］

从表 3-56 可知，体验基础是范畴和行为事件框架结构逻辑，突显的元素是受事＋场所，途径为转喻。突显的两个元素逻辑结构层级差一个，而且隐略类与种的关系、施事和行为及修饰关系标记，因而语义透明度极低。

限定成分表达目的的单层限定成分四次复杂转喻意合表达式见表 3-57。

表 3-57　限定成分表达目的的单层限定成分四次复杂转喻意合表达式

概念	框架	意合表达式
"为肉食饲养的狗"	类："食"；种："肉食"。"饲养"事件框架：施事"人"＋行为"饲养"＋受事"狗"，行为［行为本身、目的……］，目的"为肉食"。	食③犬［定（目的的部分）中（受事）］

---

① 首先，类"狗"代种"猎狗"；然后，受事"猎狗"代行为"畜养"＋受事"猎狗"；再然后，行为"畜养"＋受事"猎狗"代施事"皇帝"＋行为"畜养"＋受事"猎狗"；最后，施事"皇帝"＋行为"畜养"＋受事"猎狗"代施事"皇帝"＋行为"畜养"＋受事"猎狗"＋修饰关系标记"的"。类似的还有：鹰房/坊。

② 首先，类"鸡"代种"肥鸡"；然后，受事"肥鸡"代行为"饲养"＋受事"肥鸡"；再然后，行为"饲养"＋受事"肥鸡"代施事"家庭"＋行为"饲养"＋受事"肥鸡"；最后，施事"家庭"＋行为"饲养"＋受事"肥鸡"代施事"家庭"＋行为"饲养"＋受事"肥鸡"＋修饰关系标记"的"。

③ 首先，类"食"代种"肉食"；然后，目的"肉食"代目的标记"为"＋目的"肉食"；再然后，目的"为肉食"代目的"为肉食"＋行为"饲养"；最后，目的"为肉食"＋行为"饲养"代目的"为肉食"＋行为"饲养"＋修饰关系标记"的"。

从表 3-57 可知，体验基础是范畴和行为事件框架结构逻辑，突显的元素是目的的部分＋受事，途径为转喻。突显的两个元素逻辑结构层级差三个，而且隐略行为和修饰关系标记，因而语义透明度极低。

第十二，后入框架事物概念基于事物和内包领有事件的行为事件框架单层限定成分四次复杂转喻意合表达式。后入框架事物概念基于事物和内包领有事件的行为事件框架单层限定成分四次复杂转喻意合表达式见表 3-58。

表 3-58　后入框架事物概念基于事物和内包领有事件的行为事件
框架单层限定成分四次复杂转喻意合表达式

概念	框架	意合表达式
"西汉淮南王养的鸡"	整体："西汉"，部分："西""汉"。"领有"事件框架：领主"西汉"＋"领有"＋所属"淮南王"。"养"事件框架：施事"西汉淮南王"＋行为"养"＋受事"鸡"。	汉①鸡［定（部分）中（受事）］

从表 3-58 可知，体验基础是事物与领有和行为事件框架结构逻辑，突显的元素是部分＋受事，途径为转喻。突显的两个元素隐略整体与部分关系、领有和所属、行为及修饰关系标记，因而语义透明度极低。

第十三，后入框架事物概念基于内包状态事件的行为事件和事物框架单层限定成分四次复杂转喻意合表达式。后入框架事物概念基于内包状态事件的行为事件和事物框架单层限定成分四次复杂转喻意合表达式见表 3-59。

表 3-59　后入框架事物概念基于内包状态事件的行为事件和事物
框架单层限定成分四次复杂转喻意合表达式

概念	框架	意合表达式
"大而晃的耳朵"	"招"事件框架：施事"耳"＋行为"招"＋受事"风"，行为［行为本身、原因……］，原因"大"。"大"事件框架：状主"耳朵"＋状态"大"；整体："耳朵"，部分："耳""朵"。	招风②耳［定（行为＋受事）中（施事）］

---

① 首先，定中式专名部分"汉"代整体"西汉"；然后，领主"西汉"代领主"西汉"＋所属"淮南王"；再然后，施事"西汉淮南王"代施事"西汉淮南王"＋行为"饲养"；最后，施事"西汉淮南王"＋行为"饲养"代施事"西汉淮南王"＋行为"饲养"＋修饰关系标记"的"。

② 猪耳朵大而晃，故又称招风耳。首先，行为"招"＋受事"风"代原因"大而晃"；然后，状态"大而晃"代状态"大而晃"＋状主/部分"耳"；再然后，状态"大而晃"代状态"大而晃"＋修饰关系标记"的"＋状主/部分"耳"；最后，状态"大而晃"＋修饰关系标记"的"＋状主/部分"耳"代状态"大而晃"＋修饰关系标记"的"＋状主/整体"耳朵"。

从表 3-59 可知，体验基础是状态和行为事件与事物框架结构逻辑，突显的元素是（行为＋受事）＋施事，途径为转喻。突显的这三个元素虽然处在同一逻辑结构层级，但是湮没了整体与部分和因果关系，隐略了修饰关系标记，因而语义透明度低。

第十四，后入框架事物概念基于事物和内包领有事件的领有事件框架单层限定成分四次复杂转喻意合表达式。后入框架事物概念基于事物和内包领有事件的领有事件框架单层限定成分四次复杂转喻意合表达式见表 3-60。

表 3-60　后入框架事物概念基于事物和内包领有事件的领有事件
框架单层限定成分四次复杂转喻意合表达式

概念	框架	意合表达式
"鸡心形状的槟榔"	整体："鸡"，部分："心"。"领有"事件框架：领主"鸡心"＋"领有"＋所属"形状"。"领有"事件框架：领主"槟榔"＋"领有"＋所属"鸡心形状"。	鸡① 槟［定（整体）中（领主）］

从表 3-60 可知，体验基础是事物和两个领有事件框架结构逻辑，突显的元素是整体＋领主，途径为转喻。突显的两个元素跨越三个框架，隐略整体与部分关系、两个领有和所属及修饰关系标记，因而语义透明度极低。

第十五，后入框架事物概念基于两个不同领有事件框架单层限定成分四次复杂转喻意合表达式。后入框架事物概念基于两个不同领有事件框架单层限定成分四次复杂转喻意合表达式见表 3-61。

表 3-61　后入框架事物概念基于两个不同领有事件
框架单层限定成分四次复杂转喻意合表达式

概念	框架	意合表达式
"黑/白毛的猪"	"领有"事件框架：领主"毛"＋"领有"＋所属"黑/白"。整体："猪"，部分："黑/白毛"。	黑/白② 猪［定（所属）中（领主）］

---

①　首先，整体"鸡"代整体"鸡"＋部分"心"；然后，领主"鸡心"代领主"鸡心"＋"领有"＋所属"形状"；再然后，所属"鸡心形状"代"领有"＋所属"鸡心形状"；最后，"领有"＋所属"鸡心形状"代"领有"＋所属"鸡心的形状"＋领属关系标记"的"。

②　首先，所属"黑/白"代"领有"＋所属"黑/白"；然后，"领有"＋所属"黑/白"代"领有"＋所属"黑/白"＋领主"毛"；再然后，部分"黑/白毛"代部分"黑/白毛"＋整体"猪"；最后，部分"黑/白毛"＋整体"猪"代部分"黑/白毛"＋部分与整体关系标记"的"＋整体"猪"。类似的还有：白/黑狗、青/苍狗等。

（续表）

概念	框架	意合表达式
"青色羽的毛鹰"	"领有"事件框架：领主"羽毛"＋"领有"＋所属"青色"。"领有"事件框架：领主"鹰"＋"领有"＋所属"青色羽毛"。	苍/仓①鹰［定（所属）中（领主）］

从表 3-61 可知，体验基础是领有事件框架结构逻辑，突显的元素是所属＋领主，途径为转喻。突显的两个元素跨越了两个事件框架，隐略领主和领有与领有和所属，因而语义透明度很低。

第十六，后入框架事物概念基于范畴和领有事件框架单层限定成分四次复杂转喻意合表达式。后入框架事物概念基于范畴和领有事件框架单层限定成分四次复杂转喻意合表达式见表 3-62。

表 3-62　后入框架事物概念基于范畴和领有事件框架
单层限定成分四次复杂转喻意合表达式

概念	框架	意合表达式
"头顶上长着毛角的鹰"	类："角"，种："毛角"。"长"事件框架：领主"鹰"＋领有"长着"＋所属"毛角"，领有［领有本身、方所……］，方所"头顶"，方所标记"上"。	角②鹰［定（类）中（领主）］

从表 3-62 可知，体验基础是范畴和领有事件框架结构逻辑，突显的元素是类＋领主，途径为转喻。突显的两个元素隐略类与种的关系、领有、方所与方所和修饰关系标记，因而语义透明度极低。

第十七，后入框架事物概念基于范畴和状态事件框架单层限定成分四次复杂转喻意合表达式。后入框架事物概念基于范畴和状态事件框架单层限定成分四次复杂转喻意合表达式见表 3-63。

---

①　首先，所属"青色"代"领有"＋所属"青色"；然后，"领有"＋所属"青色"代"领有"＋所属"青色"＋领主"羽毛"；再然后，部分"青色羽毛"代部分"青色羽毛"＋整体"鹰"；最后，部分"青色羽毛"＋整体"鹰"代部分"青色羽毛"＋部分与整体关系标记"的"＋整体"鹰"。类似的还有：赤/黄鸡。

②　首先，类"角"代种"毛角"；然后，所属"毛角"代领有"长着"＋所属"毛角"；再然后，领有"长着"＋所属"毛角"代方所"头顶上"＋领有"长着"＋所属"毛角"；最后，方所"头顶上"＋领有"长着"＋所属"毛角"代方所"头顶上"＋领有"长着"＋所属"毛角"＋修饰关系标记"的"。

表 3-63　后入框架事物概念基于范畴和状态事件框架

单层限定成分四次复杂转喻意合表达式

概念	框架	意合表达式
"体重轻的猪"	"形式单位"范畴：英语：mini，汉语："迷你"。"体重轻"事件框架：状主"猪"＋状态"体重轻"。	迷你①猪［定（范畴成员）中（状主）］

从表 3-63 可知，体验基础是范畴和状态事件框架结构逻辑，突显的元素是范畴的成员＋状主，途径为转喻。突显的两个元素隐略范畴的成员与成员关系以及修饰关系标记，因而语义透明度较低。

第十八，后入框架事物概念基于范畴与事物和行为事件框架单层限定成分四次复杂转喻意合表达式。后入框架事物概念基于范畴与事物和行为事件框架单层限定成分四次复杂转喻意合表达式见表 3-64。

表 3-64　后入框架事物概念基于范畴与事物和行为事件框架

单层限定成分四次复杂转喻意合表达式

概念	框架	意合表达式
"为肉食饲养的猪/狗/鸡"	类："食"，种："肉食"；整体："肉食"，部分："肉""食"。"饲养"事件框架：施事"人"＋行为"饲养"＋受事"猪/狗/鸡"，行为［行为本身、目的……］，目的"为肉食"。	肉②猪/狗/鸡［定（目的的部分）中（受事）］
"为菜用饲养的鸡"	类："用途"，种："菜用"；整体："菜用"，部分："菜""用"。"饲养"事件框架：施事"人"＋行为"饲养"＋受事"鸡"，行为［行为本身、目的……］，目的"为菜用"。	菜③鸡［定（目的的部分）中（受事）］

从表 3-64 可知，体验基础是范畴与事物和行为事件框架结构逻辑，突

---

① 首先，"形式单位"范畴的一个成员即汉语"迷你"代另一个成员，即英语 mini；然后，mini 代语义"微型/小型"；再然后，原因"微型/小型"代结果"体重轻"；最后，结果"体重轻"代结果"体重轻"＋修饰关系标记"的"。

② 首先，定中式复合名词部分"肉"代整体"肉食"；然后，目的"肉食"代目的标记"为"＋目的"肉食"；再然后，目的"为肉食"代目的"为肉食"＋行为"饲养"；最后，目的"为肉食"＋行为"饲养"代目的"为肉食"＋行为"饲养"＋修饰关系标记"的"。

③ 首先，定中式名词短语部分"菜"代整体"菜用"；然后，目的"菜用"代目的标记"为"＋目的"菜用"；再然后，目的"为菜用"代目的"为菜用"＋行为"饲养"；最后，目的"为菜用"＋行为"饲养"代目的"为菜用"＋行为"饲养"＋修饰关系标记"的"。

显的元素是目的的部分＋受事，途径为转喻。突显的两个元素逻辑结构层级差两个，隐略整体与部分关系、行为和目的与修饰关系标记，因而语义透明度很低。

第十九，后入框架事物概念基于两个领有和一个行为事件框架单层限定成分四次复杂转喻意合表达式。后入框架事物概念基于两个领有和一个行为事件框架单层限定成分四次复杂转喻意合表达式见表 3-65。

表 3-65　后入框架事物概念基于两个领有和一个行为事件框架
单层限定成分四次复杂转喻意合表达式

概念	框架	意合表达式
"带来王霸之业的鸡"	"领有"事件框架：领主"宝"＋"领有"＋所属"珍贵"。"领有"事件框架：领主"王霸之业"＋"领有"＋所属"珍贵"。"带来"事件框架：施事"鸡"＋行为"带来"＋受事"王霸之业"。	宝①鸡［（领主）中（施事）］

从表 3-65 可知，体验基础是两个领有和行为事件框架结构逻辑，突显的元素是第一个领有事件的领主＋行为事件的施事，途径为转喻。突显的两个元素跨越三个框架，隐略领有和所属、领主和领有、行为和受事与修饰关系标记，因而语义透明度极低。

第二十，后入框架事物概念基于范畴和接连两个行为事件框架单层限定成分四次复杂转喻意合表达式。后入框架事物概念基于范畴和接连两个行为事件框架单层限定成分四次复杂转喻意合表达式见表 3-66。

表 3-66　后入框架事物概念基于范畴和接连两个行为事件框架
单层限定成分四次复杂转喻意合表达式

概念	框架	意合表达式
"神鹰化成的笛"	类："鹰"，种："神鹰"。"变化……成为"事件框架：施事"神鹰"＋行为1"变化"＋行为2"成为"＋受事"笛"。	鹰②笛［定（类）中（受事）］

---

① 首先，领主"宝"代所属"珍贵"；然后，所属"珍贵"代领主"王霸之业"；再然后，受事"王霸之业"代行为"带来"＋受事"王霸之业"；最后，行为"带来"＋受事"王霸之业"代行为"带来"＋受事"王霸之业"＋修饰关系标记"的"。

② 首先，类"鹰"代种"神鹰"；然后，施事"神鹰"代施事"神鹰"＋行为1"变化"；再然后，施事"神鹰"＋行为1"变化"代施事"神鹰"＋行为1"变化"＋行为2"成为"；最后，施事"神鹰"＋行为1"变化"＋行为2"成为"代施事"神鹰"＋行为1"变化"＋行为2"成为"＋修饰关系标记"的"。

从表 3-66 知，体验基础是范畴和行为事件框架结构逻辑，突显的元素是类＋受事，途径为转喻。突显的两个元素跨越两个框架，隐略类与种的关系、行为 1 和行为 2 及修饰关系标记，因而语义透明度很低。

第二十一，后入框架事物概念基于三个行为事件框架单层限定成分四次复杂转喻意合表达式。后入框架事物概念基于三个行为事件框架单层限定成分四次复杂转喻意合表达式见表 3-67。

表 3-67　后入框架事物概念基于三个行为事件框架单层限定成分四次复杂转喻意合表达式

概念	框架	意合表达式
"屠宰猪切分得到的肉/膘/排/大排/小排/头/腿/前/后腿/脚/前/后脚/肘（子）/前/后肘/骨（头）/排骨/大骨/脊背/软骨/蹄/前/后蹄/蹄膀/尾巴/耳朵/舌"	"屠宰"事件框架：施事"人"＋行为"屠宰"＋受事"猪"，行为［行为本身、结果……］，结果"被屠宰了的猪"。"切分"事件框架：施事"人"＋行为"切分"＋受事"被屠宰了的猪"，行为［行为本身、结果……］，结果"肉/膘/排/大排/小排/头/腿/前/后腿/脚/前/后脚/肘（子）/前/后肘/骨（头）/排骨/大骨/脊背/软骨/蹄/前/后蹄/蹄膀/尾巴/耳朵/舌"。"得到"事件框架：施事"人"＋行为"得到"＋受事"肉/膘/排/大排/小排/头/腿/前/后腿/脚/前/后脚/肘（子）/前/后肘/骨（头）/排骨/大骨/脊背/软骨/蹄/前/后蹄/蹄膀/尾巴/耳朵/舌"。	猪①肉/膘/排/大排/小排/头/腿/前/后腿/脚/前/后脚/肘（子）/前/后肘/骨（头）/排骨/大骨/脊背/软骨/蹄/前/后蹄/蹄膀/尾巴/耳朵/舌［定（受事）中（受事）］
"屠宰猪切分得到的心/肝/肺/胰/肚/肠/尿泡"	"屠宰"事件框架：施事"人"＋行为"屠宰"＋受事"猪"，行为［行为本身、结果……］，结果"被屠宰了的猪"。"切分"事件框架：施事"人"＋行为"切分"＋受事"被屠宰了的猪"，行为［行为本身、结果……］，结果"心/肝/肺/胰/肚/肠/尿泡"。"得到"事件框架：施事"人"＋行为"得到"＋受事"心/肝/肺/胰/肚/肠/尿泡"。	猪②心/肝/肺/胰/肚/肠/尿泡［定（受事）中（受事）］

---

① 首先，受事"猪"代行为"屠宰"＋受事"猪"；然后，行为"屠宰"＋受事"猪"代行为"屠宰"＋受事"猪"＋行为"切分"；再然后，行为"屠宰"＋受事"猪"＋行为"切分"代行为"屠宰"＋受事"猪"＋行为"切分"＋行为"得到"；最后，行为"屠宰"＋受事"猪"＋行为"切分"＋行为"得到"代行为"屠宰"＋受事"猪"＋行为"切分"＋行为"得到"＋修饰关系标记"的"。类似的还有：狗/鸡肉、狗尾巴、狗骨秃、鸡跰/蹠等。

② 首先，受事"猪"代行为"屠宰"＋受事"猪"；然后，行为"屠宰"＋受事"猪"代行为"屠宰"＋受事"猪"＋行为"切分"；再然后，行为"屠宰"＋受事"猪"＋行为"切分"代行为"屠宰"＋受事"猪"＋行为"切分"＋行为"得到"；最后，行为"屠宰"＋受事"猪"＋行为"切分"＋行为"得到"代行为"屠宰"＋受事"猪"＋行为"切分"＋行为"得到"＋修饰关系标记"的"。类似的还有：狗下水（"下水"意为"牲畜的内脏"）、鸡素/嗉等。

（续表）

概念	框架	意合表达式
"猪被屠宰后拔得其颈上的长毛"	"屠宰"事件框架：施事"人"＋行为"屠宰"＋受事"猪"，行为［行为本身、结果……］，结果"被屠宰了的猪"。"拔"事件框架：施事"人"＋行为"拔"＋受事"被屠宰了的猪"，行为［行为本身、结果……］，结果"鬃/鬣"；"得到"事件框架：施事"人"＋行为"得到"＋受事"鬃/鬣"。	猪①鬃/鬣②［定（受事）中（受事）］
"屠宰猪/狗剥得的皮"	"屠宰"事件框架：施事"人"＋行为"屠宰"＋受事"猪/狗"，行为［行为本身、结果……］，结果"被屠宰了的猪/狗"。"剥"事件框架：施事"人"＋行为"剥"＋受事"被屠宰了的猪/狗"，行为［行为本身、结果……］，结果"皮"。"得到"事件框架：施事"人"＋行为"得到"＋受事"皮"。	猪/狗③皮［定（受事）中（受事）］
"猪/狗肉块"	"屠宰"事件框架：施事"人"＋行为"屠宰"＋受事"猪/狗"，行为［行为本身、结果……］，结果"被屠宰了的猪/狗"。"切分"事件框架：施事"人"＋行为"切分"＋受事"被屠宰了的猪/狗"，行为［行为本身、结果……］，结果"猪/狗肉块"。"得到"事件框架：施事"人"＋行为"得到"＋受事"猪/狗肉块"。	豕/狗④戴［定（受事）中（受事）］

---

① 首先，受事"猪"代行为"屠宰"＋受事"猪"；然后，行为"屠宰"＋受事"猪"代行为"屠宰"＋受事"猪"＋行为"拔"；再然后，行为"屠宰"＋受事"猪"＋行为"拔"代行为"屠宰"＋受事"猪"＋行为"拔"＋行为"得到"；最后，行为"屠宰"＋受事"猪"＋行为"拔"＋行为"得到"代行为"屠宰"＋受事"猪"＋行为"拔"＋行为"得到"＋修饰关系标记"的"。类似的还有：鸡毛。

② "鬃/鬣"意为"颈上的长毛"。

③ 首先，受事"猪/狗"代行为"屠宰"＋受事"猪/狗"；然后，行为"屠宰"＋受事"猪/狗"代行为"屠宰"＋受事"猪/狗"＋行为"剥"；再然后，行为"屠宰"＋受事"猪/狗"＋行为"剥"代行为"屠宰"＋受事"猪/狗"＋行为"剥"＋行为"得到"；最后，行为"屠宰"＋受事"猪/狗"＋行为"剥"＋行为"得到"代行为"屠宰"＋受事"猪/狗"＋行为"剥"＋行为"得到"＋修饰关系标记"的"。

④ 首先，受事"猪/狗"代行为"屠宰"＋受事"猪/狗"；然后，行为"屠宰"＋受事"猪/狗"代行为"屠宰"＋受事"猪/狗"＋行为"切分"；再然后，行为"屠宰"＋受事"猪/狗"＋行为"切分"代行为"屠宰"＋受事"猪/狗"＋行为"切分"＋行为"得到"；最后，行为"屠宰"＋受事"猪/狗"＋行为"切分"＋行为"得到"代行为"屠宰"＋受事"猪/狗"＋行为"切分"＋行为"得到"＋修饰关系标记"的"。

（续表）

概念	框架	意合表达式
"鸡肉/丁丝"	"杀"事件框架：施事"人"＋行为"杀"＋受事"鸡"，行为［行为本身、结果……］，结果"被杀了的鸡"。"切分"事件框架：施事"人"＋行为"切分"＋受事"被杀了的鸡"，行为［行为本身、结果……］，结果"肉丁/丝"。"得到"事件框架：施事"人"＋行为"得到"＋受事"肉丁/丝"。	鸡①丁/濛/纤［定（受事）中（受事）］

从表 3-67 可知，体验基础是行为事件框架结构逻辑，突显的元素是受事＋受事，途径为转喻。突显的两个元素跨越三个事件框架，隐略三个行为和一个受事及修饰关系标记，因而语义透明度极低。

第二十二，后入框架事物概念基于一个事物、两个状态事件和一个领有事件框架单层限定成分四次复杂转喻意合表达式。后入框架事物概念基于一个事物、两个状态事件和一个领有事件框架单层限定成分四次复杂转喻意合表达式见表 3-68。

表 3-68　后入框架事物概念基于一个事物、两个状态事件和一个领有
事件框架单层限定成分四次复杂转喻意合表达式

概念	框架	意合表达式
"瘦肉香味浓郁的猪"	整体："香味"，部分："香""味"。"浓郁"事件框架：状主"香味"＋状态"浓郁"。"香味浓郁"事件框架：状主"瘦肉"＋状态"香味浓郁"。"领有"事件框架：领主"猪"＋"领有"＋所属"瘦肉香味浓郁"。	香②猪［定（语言单位部分）中（领主）］

———————————

① 首先，受事"鸡"代行为"杀"＋受事"鸡"；然后，行为"杀"＋受事"鸡"代行为"杀"＋受事"鸡"＋行为"切分"；再然后，行为"杀"＋受事"鸡"＋行为"切分"代行为"杀"＋受事"鸡"＋行为"切分"＋行为"得到"；最后，行为"杀"＋受事"鸡"＋行为"切分"＋行为"得到"代行为"杀"＋受事"鸡"＋行为"切分"＋行为"得到"＋修饰关系标记"的"。

② 首先，定中式名词短语部分"香"代整体"香味"；然后，状主"香味"代状主"香味"＋状态"浓郁"；接下来，状态"香味浓郁"代状主"瘦肉"＋状态"香味浓郁"；最后，状主"瘦肉"＋状态"香味浓郁"代状主"瘦肉"＋状态"香味浓郁"＋修饰关系标记"的"。

从表 3-68 可知，体验基础是事物、状态和领有事件框架结构逻辑，突显的元素是语言单位部分＋领主，途径为转喻。突显的两个元素跨越四个框架，隐略部分与整体关系、状态、状主、领有和所属及修饰关系标记，因而语义透明度极低。

（3）后入框架事物概念单层限定成分五次复杂转喻意合表达式

下文以事件为主，结合框架数量来展开。

第一，后入框架事物概念基于一个行为事件框架单层限定成分五次复杂转喻意合表达式。后入框架事物概念基于一个行为事件框架单层限定成分五次复杂转喻意合表达式见表 3-69、3-70。下面按两个元素是否处在同一层级排序。处在同一层级的见表 3-69。

表 3-69　处在同一层级的

概念	框架	意合表达式
"给（秦李斯的）狗戴过的枷"	"戴"事件框架：施事"人"＋行为"戴"＋受事"枷"＋对象"秦李斯的狗"，行为［行为本身、状态……］，状态"完成"；完成体标记"过"；对象标记"给"。	狗① 枷 ［定（对象）中（受事）］

从表 3-69 可知，体验基础是行为事件框架结构逻辑，突显的元素是对象＋受事，途径为转喻。突显的两个元素虽然处在同一结构逻辑层级，但是隐略了行为和状态与状态、对象和修饰关系标记，因而语义透明度极低。

不处在同一层级的见表 3-70。

从表 3-70 可知，体验基础是行为事件框架结构逻辑，突显的元素有目的＋受事和方所＋施事，途径为转喻。前者突显的两个元素结构逻辑层级差一个，而且隐略施事、行为和对象与目的及修饰关系标记，因而语义透明度极低；后者突显的两个元素结构逻辑层级差一个，而且隐略行为和状

---

① 首先，对象"狗"代对象标记"给"＋对象"秦李斯的狗"；然后，对象标记"给"＋对象"秦李斯的狗"代对象标记"给"＋对象"秦李斯的狗"＋行为"戴"；再然后，对象标记"给"＋对象"秦李斯的狗"＋行为"戴"代对象标记"给"＋对象"秦李斯的狗"＋行为"戴"＋完成体标记"过"；接下来，对象标记"给"＋对象"秦李斯的狗"＋行为"戴"＋完成体标记"过"代施事"人"＋对象标记"给"＋对象"秦李斯的狗"＋行为"戴"＋完成体标记"过"；最后，施事"人"＋对象标记"给"＋对象"秦李斯的狗"＋行为"戴"＋完成体标记"过"代施事"人"＋对象标记"给"＋对象"秦李斯的狗"＋行为"戴"＋完成体标记"过"＋修饰关系标记"的"。

态与状态、方所和修饰关系标记，因而语义透明度极低。

表 3-70　不处在同一层级的

概念	框架	意合表达式
"生女后，把名字写在红布上，挂在屋里西墙的锁神柜内，姑娘出嫁时由男方送猪来敬锁神，取出该红布。称这猪为'开锁猪'。"	"送"事件框架：施事"男方"＋行为"送"＋受事"猪"＋对象"女方"，行为［行为本身、目的……］，目的"为开锁"。	开锁①猪［定（目的）中（受事）］
"在臂套上蹲着的鹰"	"蹲"事件框架：施事"鹰"＋行为"蹲"，行为［行为本身、方所、状态……］，方所"鞲"，状态"持续"；方所标记"在……上"；持续体标记"着"。	鞲②鹰［定（方所）中（施事）］

　　第二，后入框架事物概念基于内包一个行为事件的行为事件框架单层限定成分五次复杂转喻意合表达式。后入框架事物概念基于内包一个行为事件的行为事件框架单层限定成分五次复杂转喻意合表达式见表 3-71。

　　从表 3-71 可知，体验基础是两个行为事件框架结构逻辑，突显的元素有受事＋受事和内包事件的行为＋施事，途径为转喻。突显的受事＋受事这两个元素跨越两个行为事件框架，隐略两个行为、时间和源头及修饰关系标记，因而语义透明度极低。突显的内包事件的行为＋施事这两个元素跨越两个行为事件框架，隐略第一个行为事件的受事和第二个行为事件的

---

　　① 首先，目的"开锁"代目的标记"为"＋目的"开锁"；然后，目的"为开锁"＋行为"送"代施事"男方"＋目的"为开锁"＋行为"送"；再然后，施事"男方"＋目的"为开锁"＋行为"送"代施事"男方"＋目的"为开锁"＋行为"送"＋对象"女方"；接下来，施事"男方"＋目的"为开锁"＋行为"送"＋对象"女方"代施事"男方"＋目的"为开锁"＋行为"送"＋对象标记"给"＋对象"女方"；最后，施事"男方"＋目的"为开锁"＋行为"送"＋对象标记"给"＋对象"女方"代施事"男方"＋目的"为开锁"＋行为"送"＋对象标记"给"＋对象"女方"＋修饰关系标记"的"。

　　② "鞲"意为"臂套"。首先，方所"鞲"代方所"鞲"＋方所标记部分"上"；然后，方所"鞲"＋方所标记部分"上"代方所标记部分"在"＋方所"鞲"＋方所标记部分"上"；再然后，方所"在鞲上"＋行为"蹲"代方所"在鞲上"＋行为"蹲"＋持续体标记"着"；最后，方所"在鞲上"＋行为"蹲"＋持续体标记"着"代方所"在鞲上"＋行为"蹲"＋持续体标记"着"＋修饰关系标记"的"。

行为、受事和对象及修饰关系标记，因而语义透明度极低。

表 3-71　后入框架事物概念基于内包一个行为事件的行为事件

框架单层限定成分五次复杂转喻意合表达式

概念	框架	意合表达式
"屠宰猪/狗/鸡时从其身体放/沥出的血"	"屠宰"事件框架：施事"人"＋行为"屠宰"＋受事"猪/狗/鸡"。"放/沥出"事件框架：施事"人"＋行为"放/沥出"＋受事"血"，行为［行为本身、时间、源头……］，时间"屠宰猪/狗/鸡时"，源头"从其身体"。	猪/狗/鸡①血［定（受事）中（受事）］
"把屠宰牲畜作为职业的人"	"屠宰"事件框架：施事"人"＋行为"屠宰"＋受事"牲畜"。"作为"事件框架：施事"人"＋行为"作为"＋受事"职业"＋对象"屠宰牲畜"。	屠②夫［定（内包事件的行为）中（施事）］

第三，后入框架事物概念基于内包一个行为事件的接连两个行为事件框架单层限定成分五次复杂转喻意合表达式。后入框架事物概念基于内包一个行为事件的接连两个行为事件框架单层限定成分五次复杂转喻意合表达式见表 3-72。

从表 3-72 可知，体验基础是三个行为事件框架结构逻辑，突显的元素是目的＋受事，途径为转喻。突显的两个元素跨越三个行为事件框架，隐略行为和受事、行为与目的及修饰关系标记，因而语义透明度极低。

———

① 首先，受事"猪/狗/鸡"代行为"屠宰"＋受事"猪/狗/鸡"；然后，行为"屠宰"＋受事"猪/狗/鸡"代时间"屠宰猪/狗/鸡时"；再然后，时间"屠宰猪/狗/鸡时"代时间"屠宰猪/狗/鸡时"＋行为"放/沥出"；接下来，时间"屠宰猪/狗/鸡时"＋行为"放/沥出"代时间"屠宰猪/狗/鸡时"＋源头"从其身体"＋行为"放/沥出"；最后，时间"屠宰猪/狗/鸡时"＋源头"从其身体"＋行为"放/沥出"代时间"屠宰猪/狗/鸡时"＋源头"从其身体"＋行为"放/沥出"＋修饰关系标记"的"。

② 首先，行为"屠宰"代行为"屠宰"＋受事"牲畜"；然后，对象"屠宰牲畜"代对象标记"把"＋对象"屠宰牲畜"；再然后，"把"字结构"把屠宰牲畜"代"把"字结构"把屠宰牲畜"＋行为"作为"；接下来，"把"字结构"把屠宰牲畜"＋行为"作为"代"把"字结构"把屠宰牲畜"＋行为"作为"＋受事"职业"；最后，"把"字结构"把屠宰牲畜"＋行为"作为"＋受事"职业"代"把"字结构"把屠宰牲畜"＋行为"作为"＋受事"职业"＋修饰关系标记"的"。

表 3-72　后入框架事物概念基于内包一个行为事件的接连两个行为
事件框架单层限定成分五次复杂转喻意合表达式

概念	框架	意合表达式
"作为玩具用材料制作的狗"	"用……制作"事件框架：施事"人"＋行为1"用"＋受事1"材料"＋行为2"制作"＋受事2"狗"，行为2［行为本身、目的……］，目的"作为玩具"。"作为"事件框架：施事"人"＋行为"作为"＋受事"玩具"＋对象"用材料制作的狗"。	玩具①狗［定（目的的受事）中（受事）］

第四，后入框架事物概念基于领有和行为事件框架单层限定成分五次复杂转喻意合表达式。后入框架事物概念基于领有和行为事件框架单层限定成分五次复杂转喻意合表达式见表 3-73。

表 3-73　后入框架事物概念基于领有和行为事件
框架单层限定成分五次复杂转喻意合表达式

概念	框架	意合表达式
"生过蛋的鸡"	"领有"事件框架：领主"鸡"＋"领有"＋所属"雌性的"。"产"事件框架：施事"鸡"＋行为"产"＋受事"蛋"，行为［行为本身、状态］，状态"完成"；完成体标记"过"。	母②鸡［定（所属）中（施事）］

从表 3-73 可知，体验基础是领有和行为事件框架结构逻辑，突显的元素是目的所属＋施事，途径为转喻。突显的两个元素跨越两个事件框架，隐略领有、行为和受事、状态和完成体及修饰关系标记，因而语义透明度极低。

第五，后入框架事物概念基于范畴和行为事件框架单层限定成分五次

---

① 首先，受事"玩具"代行为"作为"＋受事"玩具"；然后，目的"作为玩具"代目的"作为玩具"＋行为2"制作"；再然后，目的"作为玩具"＋行为2"制作"代目的"作为玩具"＋行为1"用"＋行为2"制作"；接下来，目的"作为玩具"＋行为1"用"＋行为2"制作"代目的"作为玩具"＋行为1"用"＋受事1"材料"＋行为2"制作"；最后，目的"作为玩具"＋行为1"用"＋受事1"材料"＋行为2"制作"代目的"作为玩具"＋行为1"用"＋受事1"材料"＋行为2"制作"＋修饰关系标记"的"。

② "母"意为"雌性的"。首先，所属"雌性的"代领主"鸡"；然后，施事"鸡"代行为"产"；再然后，行为"产"代行为"产"＋受事"蛋"；接下来，行为"产"＋受事"蛋"代行为"产"＋完成体标记"过"＋受事"蛋"；最后，行为"产"＋完成体标记"过"＋受事"蛋"代行为"产"＋完成体标记"过"＋受事"蛋"＋修饰关系标记"的"。

复杂转喻意合表达式。后入框架事物概念基于范畴和行为事件框架单层限定成分五次复杂转喻意合表达式见表 3-74。

表 3-74 后入框架事物概念基于范畴和行为事件框架单层

限定成分五次复杂转喻意合表达式

概念	框架	意合表达式
"宫廷鹰坊中饲养猎鹰的棚"	类："鹰"，种："猎鹰"。"饲养"事件框架：施事"宫廷"＋行为"饲养"＋受事"猎鹰"，行为［行为本身、场所、工具……］，场所"鹰坊"，工具"棚"，场所标记"中"。	鹰① 棚［定（受事）中（工具）］

从表 3-74 可知，体验基础是范畴和行为事件框架结构逻辑，突显的元素是受事＋工具，途径为转喻。突显的两个元素框架结构逻辑层级差一个，而且隐略类与种关系、行为、场所和修饰关系标记，因而语义透明度极低。

第六，后入框架事物概念基于范畴和接连两个行为事件框架单层限定成分五次复杂转喻意合表达式。后入框架事物概念基于范畴和接连两个行为事件框架单层限定成分五次复杂转喻意合表达式见表 3-75。

表 3-75 后入框架事物概念基于范畴和接连两个行为事件

框架单层限定成分五次复杂转喻意合表达式

概念	框架	意合表达式
"饲鹰者让猎鹰停栖的木架"	类："鹰"，种："猎鹰"。"让"事件框架：施事 1"饲鹰者"＋行为 1"让"＋受事/施事 2"猎鹰"＋行为 2"停栖"，行为 2［行为本身、场所……］，场所"木架"。	鹰②架［定（受事/施事 2）中（场所）］

---

① 首先，类"鹰"代种"猎鹰"；然后，受事"猎鹰"代行为"饲养"＋受事"猎鹰"；再然后，行为"饲养"＋受事"猎鹰"代场所"鹰坊中"＋行为"饲养"＋受事"猎鹰"；接下来，场所"鹰坊中"＋行为"饲养"＋受事"猎鹰"代施事"宫廷"＋场所"鹰坊中"＋行为"饲养"＋受事"猎鹰"；最后，施事"宫廷"＋场所"鹰坊中"＋行为"饲养"＋受事"猎鹰"代施事"宫廷"＋场所"鹰坊中"＋行为"饲养"＋受事"猎鹰"＋修饰关系标记"的"。

② 首先，类"鹰"代种"猎鹰"；然后，受事/施事 2"猎鹰"代受事/施事 2"猎鹰"＋行为 2"停栖"；再然后，受事/施事 2"猎鹰"＋行为 2"停栖"代行为 1"让"＋受事/施事 2"猎鹰"＋行为 2"停栖"；接下来，行为 1"让"＋受事/施事 2"猎鹰"＋行为 2"停栖"代施事 1"饲鹰者"＋行为 1"让"＋受事/施事 2"猎鹰"＋行为 2"停栖"；最后，施事 1"饲鹰者"＋行为 1"让"＋受事/施事 2"猎鹰"＋行为 2"停栖"代施事 1"饲鹰者"＋行为 1"让"＋受事/施事 2"猎鹰"＋行为 2"停栖"＋修饰关系标记"的"。类似的还有：鹰韝（"韝"意为"臂套"）。

（续表）

概念	框架	意合表达式
"让公鸡斗的场地"	类："鸡"，种："公鸡"。"斗"事件框架：施事1"人"＋行为1"让"＋受事/施事2"公鸡"＋行为2"斗"，行为2［行为本身、场所……］，场所"场地"。	鸡①场［定（受事/施事2）中（场所）］
"依附马虱吸食血液的蝇"	类："虱"，种："马虱"。"依附-吸食"事件框架：施事"蝇"＋行为1"依附"＋行为2"吸食"＋受事"血液"，行为1［行为本身、场所……］，场所"于牛马的毛丛里"，场所标记"于"；行为2［行为本身、源头、场所……］，源头"马虱"。	（虱②蝇）③［定（源头）中（施事）］

从表3-75可知，体验基础是范畴和接连两个行为事件框架结构逻辑，突显的元素是受事/施事2＋场所和源头＋施事，途径为转喻。突显的受事/施事2＋场所这两个元素结构逻辑层级差一个，而且隐略类与种关系、行为1和行为2及修饰关系标记，因而语义透明度极低。突显的源头＋施事这两个元素结构逻辑层级差一个，而且隐略类与种关系、行为1和行为2、场所和修饰关系标记，因而语义透明度极低。

第七，后入框架事物概念基于事物和行为事件框架单层限定成分五次复杂转喻意合表达式。后入框架事物概念基于事物和行为事件框架单层限定成分五次复杂转喻意合表达式见表3-76。

---

① 首先，类"鸡"代种"公鸡"；然后，受事/施事2"公鸡"代受事/施事2"公鸡"＋行为2"斗"；再然后，受事/施事2"公鸡"＋行为2"斗"代行为1"让"＋受事/施事2"公鸡"＋行为2"斗"；接下来，行为1"让"＋受事/施事2"公鸡"＋行为2"斗"代施事1"人"＋行为1"让"＋受事/施事2"公鸡"＋行为2"斗"；最后，施事1"人"＋行为1"让"＋受事/施事2"公鸡"＋行为2"斗"代施事1"人"＋行为1"让"＋受事/施事2"公鸡"＋行为2"斗"＋修饰关系标记"的"。

② "虱"意为"昆虫（体小，灰白色。寄生在人、畜身上，吸食血液，能传染疾病）。首先，类"虱"代种"马虱"；然后，源头"马虱"代受事"血液"；再然后，受事"血液"代行为2"吸食"＋受事"血液"；接下来，行为2"吸食"＋受事"血液"代场所"于牛马的毛丛里"＋行为2"吸食"＋受事"血液"；最后，场所"于牛马的毛丛里"＋行为2"吸食"＋受事"血液"代场所"于牛马的毛丛里"＋行为2"吸食"＋受事"血液"＋修饰关系标记"的"。

③ 又名马虱蝇。夏季多附于牛马的毛丛中，吸食虱的血液，故名。

表 3-76　后入框架事物概念基于事物和行为事件框架

单层限定成分五次复杂转喻意合表达式

概念	框架	意合表达式
"玉帝养而成仙的犬"	整体："玉帝"；部分："玉""帝"。"养"事件框架：施事"玉帝"＋行为"养"＋受事"狗"，行为［结果］，结果"成仙"。	玉①犬［定（部分）中（受事）］
"（神话中）为玉皇守天门的狗"	整体："玉皇"；部分："玉""皇"。施事"狗"＋行为"看守"＋受事"天门"，行为［行为本身、目的……］，目的"为玉皇"，目的标记"为"。	玉②狗［定（部分）中（施事）］
"栖息在露天里的鸡"	整体："露天"；部分："露""天"。"栖息"事件框架：施事"鸡"＋行为"栖息"，行为［行为本身、方所……］，方所"在露天里"。	露③鸡［定（部分）中（施事）］

从表 3-76 可知，体验基础是事物和行为事件框架结构逻辑，突显的元素有部分＋受事/施事，途径为转喻。前者突显的部分＋受事这两个元素虽然处在同一结构逻辑层级，但是隐略了整体与部分关系、行为、行为构成要素结果和修饰关系标记，因而语义透明度很低。中者突显的部分＋施事这两个元素结构逻辑层级差两个，而且隐略整体与部分关系、受事、行为构成要素目的和修饰关系标记，因而语义透明度极低。后者突显的部分＋

---

①　首先，定中式复合名词部分"玉"代整体"玉帝"；然后，施事"玉帝"代施事"玉帝"＋行为"饲养"；再然后，施事"玉帝"＋行为"饲养"代施事"玉帝"＋行为"饲养"＋受事"犬"；接下来，施事"玉帝"＋行为"饲养"＋受事"犬"代结果"成仙"；最后，结果"成仙"代结果"成仙"＋修饰关系标记"的"。

②　首先，定中式复合名词部分"玉"代整体"玉皇"；然后，目的"玉皇"代目的标记"为"＋目的"玉皇"；再然后，目的"为玉皇"代目的"为玉皇"＋行为"看守"；接下来，目的"为玉皇"＋行为"看守"代目的"为玉皇"＋行为"看守"＋受事"天门"；最后，目的"为玉皇"＋行为"看守"＋受事"天门"代目的"为玉皇"＋行为"看守"＋受事"天门"＋修饰关系标记"的"。

③　首先，定中式复合名词部分"露"代整体"露天"；然后，方所"露天"代方所"露天"＋方所标记部分"里"；再然后，方所"露天"＋方所标记部分"里"代方所标记部分"在"＋方所"露天"＋方所标记部分"里"；接下来，方所"在露天里"代方所"在露天里"＋行为"栖息"；最后，方所"在露天里"＋行为"栖息"代方所"在露天里"＋行为"栖息"＋修饰关系标记"的"。

施事这两个元素结构逻辑层级差一个，而且隐略整体与部分关系、行为、方所复合标记和修饰关系标记，因而语义透明度极低。

第八，后入框架事物概念基于事物和内包一个行为事件的行为事件框架单层限定成分五次复杂转喻意合表达式。后入框架事物概念基于事物和内包一个行为事件的行为事件框架单层限定成分五次复杂转喻意合表达式见表 3-77。

表 3-77　后入框架事物概念基于事物和内包一个行为事件的行为事件
框架单层限定成分五次复杂转喻意合表达式

概念	框架	意合表达式
"祭以犬鸡拜盟的土坛"	整体："犬和鸡"，部分："犬""鸡"。"拜盟"事件框架：施事"人"＋行为"拜盟"，行为［行为本身、方式、场所……］，方式"祭以犬鸡"，场所"土坛"。"祭"事件框架：施事"人"＋行为"祭"，行为［行为本身、方式……］，方式"以犬鸡"，方式的标记"以"。	鸡① 坛［定（受事）中（场所）］

从表 3-77 可知，体验基础是事物和行为事件框架结构逻辑，突显的元素是受事＋场所，途径为转喻。突显的两个元素构逻辑层级差一个，而且隐略整体与部分关系、两个行为、行为构成要素方式和修饰关系标记，因而语义透明度极低。

第九，后入框架事物概念基于内包一个事物的事物和行为事件框架单层限定成分五次复杂转喻意合表达式。后入框架事物概念基于内包一个事物的事物和行为事件框架单层限定成分五次复杂转喻意合表达式见表 3-78。

从表 3-78 可知，体验基础是事物和行为事件框架结构逻辑，突显的元素是部分＋施事，途径为转喻。突显的两个元素构逻辑层级差一个，而且隐略两个整体与部分关系、行为、场所和修饰关系标记，因而语义透明度极低。

---

　① 　在土坛交友拜盟、祭以犬鸡，故名。首先，联合式短语部分"鸡"代整体"犬鸡"；然后，方式的受事"犬鸡"代方式"以犬鸡"；再然后，方式"以犬鸡"代方式"以犬鸡"＋行为"祭"；接下来，方式"祭以犬鸡"代方式"祭以犬鸡"＋行为"拜盟"；最后，方式"祭以犬鸡"＋行为"拜盟"代方式"祭以犬鸡"＋行为"拜盟"＋修饰关系标记"的"。

表 3-78　后入框架事物概念基于内包一个事物的事物和行为事件

框架单层限定成分五次复杂转喻意合表达式

概念	框架	意合表达式
"生长于广东南雄龙王岩的猪"	整体："龙王"，部分："龙""王"；整体："龙王岩"，部分："龙王""岩"。"生长"事件框架：施事"猪"＋行为"生长"，行为［行为本身、场所……］，场所"于龙王岩"，场所标记"于"。	龙① 猪［定（部分）中（施事）］

第十，后入框架事物概念基于事物和两个行为事件框架单层限定成分五次复杂转喻意合表达式。后入框架事物概念基于事物和两个行为事件框架单层限定成分五次复杂转喻意合表达式见表 3-79。

表 3-79　后入框架事物概念基于事物和两个行为事件框架

单层限定成分五次复杂转喻意合表达式

概念	框架	意合表达式
"贩卖鹰鹘者投宿的客栈"	整体："鹰鹘"，部分"鹰""鹘"。"贩卖"事件框架：施事"人"＋行为"贩卖"＋受事"鹰鹘"。"投宿"事件框架：施事"人"＋行为"投宿"，行为［行为本身、场所……］，场所"店"。	鹰② 店［定（部分）中（"投宿"事件的场所）］

从表 3-79 可知，体验基础是事物和两个行为事件框架结构逻辑，突显的元素是部分＋"投宿"事件框架的场所，途径为转喻。突显的两个元素跨越三个框架，隐略施事和两个行为及修饰关系标记，因而语义透明度极低。

第十一，后入框架事物概念基于范畴与行为和领有事件框架单层限定成分五次复杂转喻意合表达式。后入框架事物概念基于范畴与行为和领有

---

① 首先，定中式复合名词部分"龙"代整体"龙王"；然后，定中式名词短语部分"龙王"代整体"龙王岩"；再然后，场所"龙王岩"代场所标记"于"＋场所"龙王岩"；接下来，场所"于龙王岩"代行为"生长"＋场所"于龙王岩"；最后，行为"生长"＋场所"于龙王岩"代行为"生长"＋场所"于龙王岩"＋修饰关系标记"的"。

② 首先，联合式短语部分"鹰"代整体"鹰鹘"；然后，受事"鹰鹘"代行为"贩卖"＋受事"鹰鹘"；再然后，行为"贩卖"＋受事"鹰鹘"代施事"贩卖鹰鹘者"；接下来，施事"贩卖鹰鹘者"代施事"贩卖鹰鹘者"＋行为"投宿"；最后，施事"贩卖鹰鹘者"＋行为"投宿"代施事"贩卖鹰鹘者"＋行为"投宿"＋修饰关系标记"的"。

事件框架单层限定成分五次复杂转喻意合表达式见表3-80。

表3-80 后入框架事物概念基于范畴与行为和领有事件框架

单层限定成分五次复杂转喻意合表达式

概念	框架	意合表达式
"太子居处门前所列之戟"	类："鸡"，种："雄鸡"。"鸣"事件框架：施事"雄鸡"＋行为"鸣"，行为［行为本身、姿势……］。"领有"事件框架：领主"戟"＋"领有"＋所属"雄鸡啼鸣的姿势"。	鸡①戟［定（类）中（领主）］

从表3-80可知，体验基础是范畴与行为和领有事件框架结构逻辑，突显的元素是类＋领主，途径为转喻。突显的两个元素跨越三个框架，隐略类与种关系、行为、领有、所属和修饰关系标记，因而语义透明度极低。

第十二，后入框架事物概念基于事物和三个领有事件框架单层限定成分五次复杂转喻意合表达式。后入框架事物概念基于事物和三个领有事件框架单层限定成分五次复杂转喻意合表达式见表3-81。

表3-81 后入框架事物概念基于事物和三个领有事件框架

单层限定成分五次复杂转喻意合表达式

概念	框架	意合表达式
"有形如鸡平面的风信器"	"领有"事件框架：领主"鸡"＋"领有"＋所属"形状"。整体："旗"，部分："平面"。"领有"事件框架：领主"平面"＋"领有"＋所属"鸡形"。"领有"事件框架：领主"旗"＋"领有"＋所属"鸡形平面"。	鸡②旗［定（第一个领有事件的领主）中（第三个领有事件的领主）］

① 此戟作雄鸡啼鸣状，故名。首先，类"鸡"代种"雄鸡"；然后，施事"雄鸡"代施事"雄鸡"＋行为"鸣"；再然后，施事"雄鸡"＋行为"鸣"代"姿势"；接下来，所属"雄鸡啼鸣的姿势"代领有＋所属"雄鸡啼鸣的姿势"；最后，所属"雄鸡啼鸣的姿势"代领有＋所属"雄鸡啼鸣的姿势"＋修饰关系标记"的"。

② 此器的平面形如鸡，故名。首先，领主"鸡"代领主"鸡"＋所属"形状"；然后，所属"鸡形"代"领有"＋所属"鸡形"；再然后，"领有"＋所属"鸡形"代"领有"＋所属"鸡形"＋领主"平面"；接下来，所属"鸡形平面"代"领有"＋所属"鸡形平面"；最后，"领有"＋所属"鸡形平面"代"领有"＋所属"鸡形平面"＋修饰关系标记"的"。

从表 3-81 可知，体验基础是事物和三个领有事件框架结构逻辑，突显的元素是第一个领有事件的领主＋第三个领有事件的领主，途径为转喻。突显的两个元素跨越四个框架，而且隐略整体与部分关系，领有和所属，领主、领有和所属，领有与修饰关系标记，因而语义透明度极低。

第十三，后入框架事物概念基于三个事物和一个存在事件／一个事物与一个存在和领有事件框架单层限定成分五次复杂转喻意合表达式见表 3-82、3-83。

其一，后入框架事物概念基于三个事物和一个存在事件框架单层限定成分五次复杂转喻意合表达式见表 3-82。

表 3-82　后入框架事物概念基于三个事物和一个存在事件框架

单层限定成分五次复杂转喻意合表达式

概念	框架	意合表达式
"（大赦时竖立的）一端附有金首鸡形的竿"	整体："鸡形"，部分："鸡""形"；整体："金首鸡形"，部分："金首""鸡形"。"存在"事件框架：场所"一端"＋存在"附有"＋存在物"金首鸡形"。整体："杆"，部分："一端"。	鸡①竿［定（第一个事物的部分）中（第三个事物的部分）］

从表 3-82 可知，体验基础是三个事物和一个存在事件框架结构逻辑，突显的元素是第一个事物的部分＋第三个事物的部分，途径为转喻。突显的两个元素跨越四个框架，而且隐略三个整体与部分关系，存在、存在物和场所与修饰关系标记，因而语义透明度极低。

其二，后入框架事物概念基于一个事物与一个存在和领有事件框架单层限定成分五次复杂转喻意合表达式见表 3-83。

从表 3-83 可发现，体验基础是一个整体与部分关系和一个领有与存在事件框架结构逻辑，突显的元素是（整体＋场所）＋领主，途径为转喻。突显的三个元素跨越三个框架，隐略一个整体与部分关系、两个修饰关系

---

① 首先，定中式名词短语部分"鸡"代整体"鸡形"；然后，定中式名词短语部分"鸡形"代整体"金首鸡形"；再然后，存在物"金首鸡形"代存在"附有"＋存在物"金首鸡形"；接下来，存在"附有"＋存在物"金首鸡形"代场所"一端"＋存在"附有"＋存在物"金首鸡形"；最后，场所"一端"＋存在"附有"＋存在物"金首鸡形"代场所"一端"＋存在"附有"＋存在物"金首鸡形"＋修饰关系标记"的"。

标记、一个领有和一个所属以及存在和存在物，因而语义透明度极低。

表 3-83   后入框架事物概念基于一个事物与一个存在和领有事件框架

单层限定成分五次复杂转喻意合表达式

概念	框架	意合表达式
"领有有鹰的毛羽的背的狗"	整体："鹰"，部分："毛羽"。"存在"事件框架：存在"有"＋存在物"鹰的毛羽"＋场所"背"。"领有"事件框架：领主"狗"＋"领有"＋所属"有鹰的毛羽的背"。	鹰背①狗［定（整体＋场所）中（领主）］

第十四，后入框架事物概念基于范畴和三个领有事件框架单层限定成分五次复杂转喻意合表达式。后入框架事物概念基于范畴和三个领有事件框架单层限定成分五次复杂转喻意合表达式见表 3-84。

表 3-84   后入框架事物概念基于范畴和三个领有事件框架

单层限定成分五次复杂转喻意合表达式

概念	框架	意合表达式
"被毛为黑白杂色的猪"	"领有"事件框架：领主"花"＋"领有"＋所属"杂色"。类："杂色"，种："黑白杂色"。"领有"事件框架：领主"被毛"＋"领有"＋所属"黑白杂色"。"领有"事件框架：领主"猪"＋"领有"＋所属"黑白杂色的被毛"。	花②猪［定（第一个领有事件的领主）中（第三个领有事件的领主）］

---

①   据陶宗仪《辍耕录·鹰背狗》："北方凡皂雕作巢所在，官司必令人穷巢探卵，较其多寡。如一巢而三卵者，置卒守护，日觇视之，及其成鷇，一乃狗耳，取以饲养，进之于朝。其状与狗无异，但耳尾上多毛羽数根而已。田猎之际，雕则戾天，狗则走陆，所逐同至，名曰鹰背狗。"首先，整体与部分关系不用形式标记"的"；然后，整体"鹰"＋场所"背"代整体"鹰"＋部分"毛羽"＋场所"背"；再然后，整体"鹰"＋部分"毛羽"＋场所"背"代整体"鹰"＋整体与部分关系标记"的"＋部分"毛羽"＋场所"背"；接下来，存在物"鹰的毛羽"＋场所"背"代存在"有"＋存在物"鹰的毛羽"＋场所"背"；再之后，存在"有"＋存在物"鹰的毛羽"＋场所"背"代存在"有"＋存在物"鹰的毛羽"＋修饰关系标记"的"＋场所"背"；接下来，所属"有鹰的毛羽的背"代"领有"＋所属"有鹰的毛羽的背"；最后，"领有"＋所属"有鹰的毛羽的背"代"领有"＋所属"有鹰的毛羽的背"＋修饰关系标记"的"。

②   "花"意为"草木花的总称"。首先，领主"花"代所属"杂色"；然后，类"杂色"代种"黑白杂色"；再然后，所属"黑白杂色"代"领有"＋所属"黑白杂色"＋领主"被毛"；接下来，所属"黑白杂色被毛"代"领有"＋所属"被毛黑白杂色"；最后，"领有"＋所属"被毛黑白杂色"代"领有"＋所属"被毛黑白杂色"＋修饰关系标记"的"。

从表 3-84 可知，体验基础是范畴和三个领有事件框架结构逻辑，突显的元素是第一个领有事件的领主＋第三个领有事件的领主，途径为转喻。突显的两个元素跨越四个框架，而且隐略类与种的关系，两个领有和所属，领主、领有和所属与修饰关系标记，因而语义透明度极低。

第十五，后入框架事物概念基于范畴、行为事件和事物框架单层限定成分五次复杂转喻意合表达式。后入框架事物概念基于范畴、行为事件和事物框架单层限定成分五次复杂转喻意合表达式见表 3-85。

表 3-85　后入框架事物概念基于范畴、行为事件和事物框架

单层限定成分五次复杂转喻意合表达式

概念	框架	意合表达式
"母鸡产的蛋的黄"	类："鸡"，种："母鸡"。"产"事件框架：施事"母鸡"＋行为"产"＋受事"蛋"。整体："蛋"，部分："白""黄"。	鸡①黄［定（类）中（部分）］

从表 3-85 可知，体验基础是范畴、行为事件和事物框架结构逻辑，突显的元素是类＋部分，途径为转喻。突显的两个元素跨越三个框架，隐略类与种和整体与部分关系、行为、受事和修饰关系标记，因而语义透明度极低。

（4）后入框架事物概念单层限定成分六次复杂转喻意合表达式

第一，后入框架事物概念基于三个行为事件框架单层限定成分六次复杂转喻意合表达式。后入框架事物概念基于三个行为事件框架单层限定成分六次复杂转喻意合表达式见表 3-86。

从表 3-86 可知，前者体认理据是三个行为事件框架结构逻辑，突显的元素是第一个行为事件的受事＋第三个行为事件的受事，途径为转喻。突显的两个元素跨越三个框架，隐略三个行为、一个受事和时间、目的和修饰关系标记，因而语义透明度极低。后者体认理据是三个行为事件框架结构逻辑，突显的元素是第三个行为事件的结果＋第一个行为事件的受事，

---

① 首先，类"鸡"代种"母鸡"；然后，施事"母鸡"代施事"母鸡"＋行为"产"；再然后，施事"母鸡"＋行为"产"代施事"母鸡"＋行为"产"＋受事"蛋"；接下来，施事"母鸡"＋行为"产"＋受事"蛋"代施事"母鸡"＋行为"产"＋修饰关系标记"的"＋受事"蛋"；最后，整体"母鸡产的蛋"代整体"母鸡产的蛋"＋整体与部分关系标记"的"。

途径为转喻。突显的两个元素跨越三个框架，隐略三个行为、一个受事和行为2的构成要素源头和状态以及修饰关系标记，因而语义透明度极低。

表 3-86　后入框架事物概念基于三个行为事件框架

单层限定成分六次复杂转喻意合表达式

概念	框架	意合表达式
"为过年时食肉饲养的猪"	"饲养"事件框架：施事"人"＋行为"饲养"＋受事"猪"，行为［行为本身、目的……］，目的"为过年时食肉"，目的标记"为"。"过"事件框架：施事"人"＋行为"过"＋受事"年"。"食"事件框架：施事"人"＋行为"食"＋受事"肉"，行为［行为本身、时间……］，时间"过年"。	年①猪［定（第一个行为事件的受事）中（第三个行为事件的受事）］
"已经屠宰使用滚水退了毛的猪"	"屠宰"事件框架：施事"人"＋行为"屠宰"＋受事"猪"，行为［行为本身、结果……］，结果"被屠宰了的猪"。"使用……退"事件框架：施事"人"＋行为1"使用"＋受事1"滚水"＋行为2"退"＋受事2"毛"，行为2［行为本身、源头、状态、结果……］，源头"被屠宰了的猪"，状态"完成"，结果"白条"；完成体标记"了"。	白条②猪［定（第三个行为事件的结果）中（第一个行为事件的受事）］

第二，后入框架事物概念基于五个行为事件框架单层限定成分六次复

---

①　首先，受事"年"代行为"过"＋受事"年"；然后，时间"过年"代时间"过年"＋时间标记"时"；再然后，时间"过年时"代时间"过年时"＋行为"食"；接下来，时间"过年时"＋行为"食"代时间"过年时"＋行为"食"＋受事"肉"；再之后，目的"过年时食肉"代目的标记"为"＋"过年时食肉"；再接下来，目的"为过年时食肉"代目的"为过年时食肉"＋行为"饲养"；最后，目的"为过年时食肉"＋行为"饲养"代目的"为过年时食肉"＋行为"饲养"＋修饰关系标记"的"。类似的还有：年鸡。

②　首先，结果"白条"代行为2"退"；然后，行为2"退"代行为2"退"＋受事"毛"；再然后，行为2"退"＋受事"毛"代行为2"退"＋完成体标记"了"＋受事"毛"；接下来，行为2"退"＋完成体标记"了"＋受事"毛"代行为1"使用"＋行为2"退"＋完成体标记"了"＋受事"毛"；再接下来，行为1"使用"＋行为2"退"＋完成体标记"了"＋受事"毛"代行为1"使用"＋受事"滚水"＋行为2"退"＋完成体标记"了"＋受事"毛"；最后，行为1"使用"＋受事"滚水"＋行为2"退"＋完成体标记"了"＋受事"毛"代行为1"使用"＋受事"滚水"＋行为2"退"＋完成体标记"了"＋受事"毛"＋修饰关系标"的"。

杂转喻意合表达式。后入框架事物概念基于五个行为事件框架单层限定成分六次复杂转喻意合表达式见表 3-87。

表 3-87 后入框架事物概念基于五个行为事件框架单层
限定成分六次复杂转喻意合表达式

概念	框架	意合表达式
"刀切的猪肉片"	"屠宰"事件框架：施事"人"＋行为"屠宰"＋受事"猪"，行为［行为本身、结果……］，结果"被屠宰了的猪"。"切分"事件框架：施事"人"＋行为"切分"＋受事"被屠宰了的猪"，行为［行为本身、结果］，结果"部分"。"切分"事件框架：施事"人"＋行为"切分"＋受事"部分"，行为［行为本身、结果］，结果"肉"。"切分"事件框架：施事"人"＋行为"切分"＋受事"肉"，行为［行为本身、结果］，结果"肉片"。"得到"事件框架：施事"人"＋行为"得到"＋受事"肉片"。	肉①片［定（第四个行为事件的受事）中（第五个行为事件的受事）］

从表 3-87 可知，体验基础是五个行为事件框架结构逻辑，突显的元素是第四个行为事件的受事＋第五个行为事件的受事，途径为转喻。突显的两个元素跨越五个框架，隐略三个行为、一个受事和时间、目的和修饰关系标记，因而语义透明度极低。

第三，后入框架事物概念基于事物和行为事件框架单层限定成分六次

---

① 首先，受事"肉"代行为"切分"＋受事"肉"；然后，行为"切分"＋受事"肉"代行为"切分"＋受事"肉"＋行为"得到"；再然后，行为"切分"＋受事"肉"＋行为"得到"代行为"切分"＋行为"切分"＋受事"肉"＋行为"得到"；接下来，行为"切分"＋行为"切分"＋受事"肉"＋行为"得到"代行为"切分"＋受事"被屠宰了的猪"＋行为"切分"＋受事"肉"＋行为"得到"；再之后，行为"切分"＋受事"被屠宰了的猪"＋行为"切分"＋受事"肉"＋行为"得到"代行为"屠宰"＋行为"切分"＋受事"被屠宰了的猪"＋行为"切分"＋受事"肉"＋行为"得到"；再接下来，行为"屠宰"＋行为"切分"＋受事"被屠宰了的猪"＋行为"切分"＋受事"肉"＋行为"得到"代行为"屠宰"＋受事"猪"＋行为"切分"＋受事"被屠宰了的猪"＋行为"切分"＋受事"肉"＋行为"得到"；最后，行为"屠宰"＋受事"猪"＋行为"切分"＋受事"被屠宰了的猪"＋行为"切分"＋受事"肉"＋行为"得到"代行为"屠宰"＋受事"猪"＋行为"切分"＋受事"被屠宰了的猪"＋行为"切分"＋受事"肉"＋行为"得到"＋修饰关系标记"的"。

复杂转喻意合表达式后入框架事物概念基于事物和行为事件框架单层限定
成分六次复杂转喻意合表达式见表 3-88。

表 3-88　后入框架事物概念基于事物和行为事件框架单层

限定成分六次复杂转喻意合表达式

概念	框架	意合表达式
"农夫在家里养的鸡"	整体："村"，部分："家"。"饲养"事件框架：施事"农夫"＋行为"饲养"＋受事"鸡"；行为［行为本身、方所……］，方所"在家里"，方所标记"在……里"。	村① 鸡［定（方所）中（受事）］
	整体："家"，部分："窝"。"饲养"事件框架：施事"农夫"＋行为"饲养"＋受事"鸡"；行为［行为本身、方所……］，方所"在家里"，方所标记"在……里"。	埘② 鸡［定（方所）中（受事）］
"在牛毛上产卵的蝇"	整体："牛"，部分："毛"。"生产"事件框架：施事"蝇"＋行为"生产"＋受事"卵"，行为［行为本身、方所……］，方所"在牛毛上"，方所标记"在……上"。	牛③ 蝇［定（部分）中（施事）］

从表 3-88 可知，体验基础是事物和行为事件框架结构逻辑，突显的元

---

① 首先，整体"村"代部分"家"；然后，方所"家"代方所"家"＋方所标记部分"里"；再然后，方所"家"＋方所标记部分"里"代方所标记部分"在"＋方所"家"＋方所标记部分"里"；接下来，方所"在家里"代方所"在家里"＋行为"饲养"；再接下来，方所"在家里"＋行为"饲养"代施事"农夫"＋方所"在家里"＋行为"饲养"；最后，施事"农夫"＋方所"在家里"＋行为"饲养"代施事"农夫"＋方所"在家里"＋行为"饲养"＋修饰关系标记"的"。

② "埘"意为"窝"："鸡栖于埘。"（《诗·王风·君子于役》）首先，部分"窝"代整体"家"；然后，方所"家"代方所"家"＋方所标记部分"里"；再然后，方所"家"＋方所标记部分"里"代方所标记部分"在"＋方所"家"＋方所标记部分"里"；接下来，方所"在家里"代方所"在家里"＋行为"饲养"；再接下来，方所"在家里"＋行为"饲养"代施事"农夫"＋方所"在家里"＋行为"饲养"；最后，施事"农夫"＋方所"在家里"＋行为"饲养"代施事"农夫"＋方所"在家里"＋行为"饲养"＋修饰关系标记"的"。

③ 首先，整体"牛"代整体"牛"＋部分"毛"；然后，方所"牛毛"代方所"牛毛"＋方所标记部分"上"；再然后，方所"牛毛"＋方所标记部分"上"代方所标记部分"在"＋方所"牛毛"＋方所标记部分"上"；接下来，方所"在牛毛上"代方所"在牛毛上"＋行为"生产"；再接下来，方所"在牛毛上"＋行为"生产"代方所"在牛毛上"＋行为"生产"＋受事"卵"；最后，方所"在牛毛上"＋行为"生产"＋受事"卵"代方所"在牛毛上"＋行为"生产"＋受事"卵"＋修饰关系标记"的"。

素有方所＋受事和部分＋施事，途径为转喻。突显的方所＋受事这两个元素框架结构逻辑层级差一个，而且隐略整体与部分关系、施事、行为、方所和修饰关系标记，因而语义透明度极低。突显的部分＋施事这两个元素框架结构逻辑层级差一个，而且隐略整体与部分关系、行为、受事、方所和修饰关系标记，因而语义透明度极低。

第四，后入框架事物概念基于范畴和两个行为事件框架单层限定成分六次复杂转喻意合表达式。后入框架事物概念基于范畴和两个行为事件框架单层限定成分六次复杂转喻意合表达式见表 3-89。

表 3-89　后入框架事物概念基于范畴和两个行为事件框架
单层限定成分六次复杂转喻意合表达式

概念	框架	意合表达式
"放置关长鸣鸡的笼的窗户"	类："鸡"，种："长鸣的鸡"。"关"事件框架：施事"人"＋行为"关"＋受事"长鸣的鸡"，行为［行为本身、场所……］，场所"笼"。"放置"事件框架：施事"人"＋行为"放置"＋受事"关长鸣鸡的笼"，行为［行为本身、场所……］，场所"窗户"。	（鸡①　窗）②［定（类）中（场所）］

从表 3-89 可知，体验基础是范畴和两个行为事件框架结构逻辑，突显的元素是类＋场所，途径为转喻。突显的两个元素跨越三个框架，隐略类与种、两个行为、一个受事和修饰关系标记，因而语义透明度极低。

（5）后入框架事物概念单层限定成分七次及其以上复杂转喻意合表达式

第一，后入框架事物概念基于两个行为事件框架单层限定成分七次及其以上复杂转喻意合表达式。后入框架事物概念基于两个行为事件框架单层限定成分七次及其以上复杂转喻意合表达式见表 3-90。

---

① 首先，类"鸡"代种"长鸣的鸡"；然后，受事"长鸣的鸡"代行为"关"＋受事"长鸣的鸡"；再然后，行为"关"＋受事"长鸣的鸡"代行为"关"＋受事"长鸣的鸡"＋场所"笼"；接下来，行为"关"＋受事"长鸣的鸡"＋场所"笼"代行为"关"＋受事"长鸣的鸡"＋修饰关系标记"的"＋场所"笼"；再接下来，受事"关长鸣鸡的笼"代行为"放置"＋受事"关长鸣鸡的笼"；最后，行为"放置"＋受事"关长鸣鸡的笼"代行为"放置"＋受事"关长鸣鸡的笼"＋修饰关系标记"的"。

② 据《艺文类聚》卷九一引刘义庆《幽明录》："晋兖州刺史沛国宋处宗曾买得一长鸣鸡，爱养甚至，恒笼着窗间。鸡遂作人语，与处宗谈论，极有言智，终日不辍。处宗因此言巧大进。"

表 3-90　后入框架事物概念基于两个行为事件框架单层
限定成分七次及其以上复杂转喻意合表达式

概念	框架	意合表达式
"生长在狗撒了尿的腐烂木头上的真菌"	"撒"事件框架：施事"狗"＋行为"撒"＋受事"尿"，行为［行为本身、方所、结果……］，方所"在腐烂的木头上"，结果"狗撒了尿的腐烂木头"。方所标记"在……上"；"生长"事件框架：施事"苔"＋行为"生长"，行为［行为本身、方所……］，方所"在狗撒了尿的腐烂的木头上"，方所标记"在……上"。	狗尿①苔［定（第一个行为事件的施事＋受事）中（施事）］

从表 3-90 可知，体验基础是两个行为事件框架结构逻辑，突显的元素是（第一个行为事件的施事＋受事）＋第二个行为事件的施事，途径为转喻。突显的两个元素跨越两个事件框架，隐略第一个行为的构成要素、方所的复合标记、第二个行为及其构成要素、方所和修饰关系标记，因而语义透明度极低。

第二，后入框架事物概念基于三个行为事件框架单层限定成分七次及其以上复杂转喻意合表达式。后入框架事物概念基于三个行为事件框架单层限定成分七次及其以上复杂转喻意合表达式见表 3-91。

从表 3-91 可知，体验基础是三个行为事件框架结构逻辑，突显的元素有方式＋受事、第一个事件的受事＋第三个事件的场所和第一个事件的受事＋第三个事件的场所，途径为转喻。突显的方式＋受事这两个元素跨越三个事件框架，隐略第一个事件的行为、第二个事件的行为和受事、第三个事件的行为和受事及行为构成要素、源头与修饰关系标记，因而语义透明度极低。突显的第一个事件的受事＋第三个事件的场所这两个元素跨越三个事件框架，隐略第一个事件的行为、第二个事件的行为和受事、第三个事件的行为和对象与修饰关系标记，因而语义透明度极低。突显的第一个事件的受事＋第三个事件的受事这两个元素跨越三个事件框架，隐略第

---

①　首先，施事"狗"＋受事"尿"代施事"狗"＋行为"撒"＋受事"尿"；然后，施事"狗"＋行为"撒"＋受事"尿"代施事"狗"＋方所"在腐烂的木头上"＋行为"撒"＋受事"尿"；再然后，施事"狗"＋方所"在腐烂的木头上"＋行为"撒"＋受事"尿"代结果"狗撒了尿的腐烂木头"；接下来，方所"狗撒了尿的腐烂木头"代方所"狗撒了尿的腐烂木头"＋方所标记部分"上"；再接下来，方所"狗撒了尿的腐烂木头"＋方所标记部分"上"代方所标记部分"在"＋方所"狗撒了尿的腐烂木头"＋方所标记部分"上"；再之后，方所"在狗撒了尿的腐烂的木头上"代方所"在狗撒了尿的腐烂的木头上"＋行为"生长"；最后，方所"在狗撒了尿的腐烂的木头上"＋行为"生长"代方所"在狗撒了尿的腐烂的木头上"＋行为"生长"＋修饰关系标记"的"。

一个事件的行为、第二个事件的受事、第三个事件的行为及其构成要素、方式和方式与修饰关系标记，因而语义透明度极低。

表 3-91　后入框架事物概念基于三个行为事件框架单层限定

成分七次及其以上复杂转喻意合表达式

概念	框架	意合表达式
"被屠宰了的、经滚水烫洗的、去毛的猪"	"屠宰"事件框架：施事"人"＋行为"屠宰"＋受事"猪"，行为［行为本身、结果……］，结果"已被屠宰了的猪"。"烫洗"事件框架：施事"人"＋行为"烫洗"＋受事"被屠宰了的猪"，行为［行为本身、方式、结果……］，方式"经滚水"，方式标记"经"，结果"经滚水烫洗了的已被屠宰的猪"。"去"事件框架：施事"人"＋行为"去"＋受事"毛"，行为［行为本身、源头……］，源头"经滚水烫洗了的已被屠宰的猪"。	汤① 猪［定（方式）中（受事）］
"以屠宰狗为业者杂居的市场"	"屠宰"事件框架：施事"人"＋行为"屠宰"＋受事"狗"。"作为"事件框架：施事"屠宰狗的人"＋对象"屠宰狗"＋行为"作为"＋受事"职业"，对象的标记"以"。"居住"事件框架：施事"以屠狗为业者"＋行为"居住"，行为［行为本身、方式、场所……］，方式"杂"，场所"市集"。	狗②市［定（第一个事件的受事）中（第三个事件的场所）］

① "汤"意为"滚水"。首先，方式"滚水"代方式标记"经"＋方式"滚水"；然后，方式"经滚水"代方式"经滚水"＋行为"烫洗"；再然后，方式"经滚水"＋行为"烫洗"代方式"经滚水"＋行为"烫洗"＋行为"去"；接下来，方式"经滚水"＋行为"烫洗"＋行为"去"代方式"经滚水"＋行为"烫洗"＋行为"去"＋受事"毛"；最后，方式"经滚水"＋行为"烫洗"＋行为"去"＋受事"毛"代方式"经滚水"＋行为"烫洗"＋行为"去"＋受事"毛"＋修饰关系标记"的"。

② 第一，受事"狗"代行为"屠宰"＋受事"狗"；第二，行为"屠宰"＋受事"狗"代行为"屠宰"＋受事"狗"＋修饰关系标记"的"；第三，行为"屠宰"＋受事"狗"＋修饰关系标记"的"代行为"屠宰"＋受事"狗"＋修饰关系标记"的"＋施事"人"；第四，施事"屠宰狗的人"代行为"作为"；第五，行为"作为"代对象"屠宰狗"＋行为"作为"；第六，对象"屠宰狗"＋行为"作为"代对象标记"以"＋对象"屠宰狗"＋行为"作为"；第七，对象"以屠宰狗"＋行为"作为"代对象"以屠宰狗"＋行为"作为"＋受事"职业"；第八，对象"以屠宰狗"＋行为"作为"＋受事"职业"代对象"以屠宰狗"＋行为"作为"＋受事"职业"＋修饰关系标记"的"；第九，对象"以屠宰狗"＋行为"作为"＋受事"职业"＋修饰关系标记"的"代对象"以屠宰狗"＋行为"作为"＋受事"职业"＋修饰关系标记"的"＋施事"屠宰狗的人"；第十，施事"以屠狗为业者"代施事"以屠狗为业者"＋行为"居住"；第十一，施事"以屠狗为业者"＋行为"居住"代施事"以屠狗为业者"＋方式"杂"＋行为"居住"；第十二，施事"以屠狗为业者"＋方式"杂"＋行为"居住"代施事"以屠狗为业者"＋方式"杂"＋行为"居住"＋修饰关系标记"的"。

（续表）

概念	框架	意合表达式
"同鸡肉烹的枞/宗"	"杀"事件框架：施事"人"＋行为"杀"＋受事"鸡"，行为［行为本身、结果……］，结果"被杀了的鸡"。"切分"事件框架：施"人"＋行为"切分"＋受事"被杀了的鸡"，行为［行为本身、结果……］，结果"鸡肉"。"烹"事件框架：施事"人"＋行为"烹"＋受事"枞/宗"，行为［行为本身、方式……］，方式"同鸡肉"，方式标记"同"。	鸡①枞/宗［定（第一个事件的受事）中（第三个事件的受事）］

第三，后入框架事物概念基于四个行为事件框架单层限定成分七次及其以上复杂转喻意合表达式。后入框架事物概念基于四个行为事件框架单层限定成分七次及其以上复杂转喻意合表达式见表 3-92、3-93，按中心成分所表达的客体排序。

中心成分表达食品的见表 3-92。

表 3-92　中心成分表达食品

概念	框架	意合表达式
"猪被屠宰后切分晒干得到的干肉"	"屠宰"事件框架：施事"人"＋行为"屠宰"＋受事"猪"，行为［行为本身、结果……］，结果"被屠宰的猪"。"切分"事件框架：施事"人"＋行为"切分"＋受事"被屠宰的猪"，行为［行为本身、结果……］，结果"肉"。"晒"事件框架：施事"人"＋行为"晒"＋受事"肉"，行为［行为本身、结果……］，结果"干肉"。"得到"事件框架：施事"人"＋行为"得到"＋受事"干肉"。	豕②腊③［定（第一个行为事件的受事）中（第四个行为事件的受事）］

---

① 此种菌同鸡烹食至美，故名。首先，受事"鸡"代行为"杀"＋受事"鸡"；然后，行为"杀"＋受事"鸡"代结果"被杀了的鸡"；再然后，受事"被杀了的鸡"代行为"切分"＋受事"被杀了的鸡"；接下来，行为"切分"＋受事"被杀了的鸡"代结果"鸡肉"；再接下来，方式"鸡肉"代方式标记"同"＋方式"鸡肉"；再之后，方式"同鸡肉"代方式"同鸡肉"＋行为"烹"；最后，方式"同鸡肉"＋行为"烹"代方式"同鸡肉"＋行为"烹"＋修饰关系标记"的"。

② 首先，受事"猪"代行为"屠宰"＋受事"猪"；然后，行为"屠宰"＋受事"猪"代结果"被屠宰的猪"；再然后，受事"被屠宰的猪"代行为"切分"＋受事"被屠宰的猪"；接下来，行为"切分"＋受事"被屠宰的猪"代结果"肉"；再接下来，受事"肉"代行为"晒"＋受事"肉"；再接下来，行为"晒"＋受事"肉"代结果"干肉"；又还接下来，受事"干肉"代行为"得到"；最后，行为"得到"代行为"得到"＋修饰关系标记"的"。

③ "腊"从肉；本义："干肉，"布千匹，腊五百斤"。（房玄龄《晋书·谢安传》）

（续表）

概念	框架	意合表达式
“狗被屠宰后对其切分得到肉再切分得到的薄片的肉”	“屠宰”事件框架：施事“人”＋行为“屠宰”＋受事“狗”，行为［行为本身、结果……］，结果“被屠宰的狗”。“切分”事件框架：施事“人”＋行为“切分”＋受事“被屠宰的狗”，行为［行为本身、结果……］，结果“肉”。“切分”事件框架：施事“人”＋行为“切分”＋受事“肉”，行为［行为本身、结果……］，结果“薄片的肉”。“得到”事件框架：施事“人”＋行为“得到”＋受事“薄片的肉”。	狗①腂［定（第一个行为事件的受事）中（第四个行为事件的受事）］
“提炼猪肉得到的油/脂/膏”	“屠宰”事件框架：施事“人”＋行为“屠宰”＋受事“猪”，行为［行为本身、结果……］，结果“被屠宰的猪”。“切分”事件框架：施事“人”＋行为“切分”＋受事“被屠宰的猪”，行为［行为本身、结果……］，结果“肉”。“提炼”事件框架：施事“人”＋行为“提炼”＋受事“肉”，行为［行为本身、结果……］，结果“油/脂/膏”。“得到”事件框架：施事“人”＋行为“得到”＋受事“油/脂/膏”。	猪②油/脂/膏［定（第一个行为事件的受事）中（第四个行为事件的受事）］

从表3-92可知，体验基础是四个行为事件框架结构逻辑，突显的元素是第一个行为事件的受事＋第四个行为事件的受事，途径为转喻。突显的两个元素跨越四个框架，隐略四个行为、两个受事和修饰关系标记，因而

① 第一，受事“狗”代行为“屠宰”＋受事“狗”；第二，行为“屠宰”＋受事“狗”代结果“被屠宰的狗”；第三，受事“被屠宰的狗”代行为“切分”＋受事“被屠宰的狗”；第四，行为“切分”＋受事“被屠宰的狗”代结果“肉”；第五，受事“肉”代行为“切分”＋受事“肉”；第六，行为“切分”＋受事“肉”代结果“薄片的肉”；第七，受事“薄片的肉”代行为“得到”＋受事“薄片的肉”；第八，行为“得到”＋受事“薄片的肉”代行为“得到”；最后，行为“得到”代行为“得到”＋修饰关系标记“的”。

② 首先，受事“猪”代行为“屠宰”＋受事“猪”；然后，行为“屠宰”＋受事“猪”代结果“被屠宰的猪”；再后，受事“被屠宰的猪”代行为“切分”＋受事“被屠宰的猪”；接下来，行为“切分”＋受事“被屠宰的猪”代结果“肉”；再接下来，受事“肉”代行为“提炼”＋受事“肉”；再之后，行为“提炼”＋受事“肉”代行为“提炼”＋受事“肉”＋行为“得到”；最后，行为“提炼”＋受事“肉”＋行为“得到”代行为“提炼”＋受事“肉”＋行为“得到”＋修饰关系标记“的”。类似的还有：鸡油。

语义透明度极低。

中心成分表达服装的见表 3-93。

表 3-93　中心成分表达服装

概念	框架	意合表达式
"豪猪皮做的靴子"	"屠宰"事件框架：施事"人"＋行为"屠宰"＋受事"豪猪"，行为［行为本身、结果……］，结果"被屠宰的豪猪"。"切分"事件框架：施事"人"＋行为"切分"＋受事"被屠宰的豪猪"，行为［行为本身、结果……］，结果"皮"。"用……制作"事件框架：施事"人"＋行为1"用"＋受事1"皮"＋行为2"制作"＋受事2"靴"。	豪猪①靴［定（第一个行为事件的受事）中（第四个行为事件的受事）］
"用狗毛皮制成的裘"	"屠宰"事件框架：施事"人"＋行为"屠宰"＋受事"狗"，行为［行为本身、结果……］，结果"被屠宰的狗"。"剥"事件框架：施事"人"＋行为"剥"＋受事"被屠宰的狗"，行为［行为本身、结果……］，结果"狗毛皮"。"用……制作"事件框架：施事"人"＋行为1"用"＋受事1"狗毛皮"＋行为2"制作"＋受事2"裘"。	狗②裘［定（第一个行为事件的受事）中（第四个行为事件的受事）］

从表 3-93 可知，体验基础是四个行为事件框架结构逻辑，突显的元素

---

①　首先，受事"豪猪"代行为"屠宰"＋受事"豪猪"；然后，行为"屠宰"＋受事"豪猪"代结果"被屠宰的豪猪"；再然后，受事"豪猪"代行为"切分"＋受事"被屠宰的豪猪"；接下来，行为"切分"＋受事"被屠宰的豪猪"代结果"皮"；再接下来，受事1"皮"代行为1"用"＋受事1"皮"；再之后，行为1"用"＋受事1"皮"代行为1"用"＋受事1"皮"＋行为2"制作"；最后，行为1"用"＋受事1"皮"＋行为2"制作"代行为1"用"＋受事1"皮"＋行为2"制作"＋修饰关系标记"的"。

②　首先，受事"狗"代行为"屠宰"＋受事"狗"；然后，行为"屠宰"＋受事"狗"代结果"被屠宰的狗"；再然后，受事"被屠宰的狗"代行为"切分"＋受事"被屠宰的狗"；接下来，行为"切分"＋受事"被屠宰的狗"代结果"狗毛皮"；再接下来，受事1"狗毛皮"代行为1"用"＋受事1"狗毛皮"；再之后，行为1"用"＋受事1"狗毛皮"代行为1"用"＋受事1"狗毛皮"＋行为2"制作"；最后，行为1"用"＋受事1"狗毛皮"＋行为2"制作"代行为1"用"＋受事1"狗毛皮"＋行为2"制作"＋修饰关系标记"的"。类似的还有：犬服［"服"通"箙"，意为"盛箭之器"："衣三属之甲，操十二石之弩，负服五十个，置戈其上，冠胄带剑，赢三日之粮，日中而趋百里。"（《荀子·议兵》）］

是第一个行为事件的受事＋第四个行为事件的受事，途径为转喻。突显的两个元素跨越四个框架，隐略四个行为、两个受事和修饰关系标记，因而语义透明度极低。

第四，后入框架事物概念基于五个行为事件框架单层限定成分七次及其以上复杂转喻意合表达式。后入框架事物概念基于五个行为事件框架单层限定成分七次及其以上复杂转喻意合表达式见表 3-94。

表 3-94　后入框架事物概念基于五个行为事件框架单层限定
成分七次及其以上复杂转喻意合表达式

概念	框架	意合表达式
"把鸡毛粘扎在藤条或细竹竿上而成的帚/掸/撢子"	"杀"事件框架：施事"人"＋行为"杀"＋受事"鸡"，行为［行为本身、结果……］，结果"被杀的鸡"。"拔"事件框架：施事"人"＋行为"拔"＋受事"被杀的鸡"，行为［行为本身、结果……］，结果"鸡毛"。"得到"事件框架：施事"人"＋行为"得到"＋受事"鸡毛"。"粘扎"事件框架：施事"人"＋行为"粘扎"＋受事"鸡毛"，行为［行为本身、方所、结果……］，方所"在藤条或细竹竿上"，结果"制成帚/掸/撢子"。"制成"事件框架：施事"人"＋行为"制成"＋受事"帚/掸/撢子"。	鸡毛①帚/掸/撢子［定（第二个事件的受事）中（第五个事件的受事）］

---

① 第一，受事"鸡毛"代行为"得到"＋受事"鸡毛"；第二，行为"得到"＋受事"鸡毛"代行为"拔"＋行为"得到"＋受事"鸡毛"；第三，行为"拔"＋行为"得到"＋受事"鸡毛"代行为"拔"＋受事"被杀的鸡"＋行为"得到"＋受事"鸡毛"；第四，行为"拔"＋受事"被杀的鸡"＋行为"得到"＋受事"鸡毛"代行为"杀"＋行为"拔"＋受事"被杀的鸡"＋行为"得到"＋受事"鸡毛"；第五，行为"杀"＋行为"拔"＋受事"被杀的鸡"＋行为"得到"＋受事"鸡毛"代行为"杀"＋受事"鸡"＋行为"拔"＋受事"被杀的鸡"＋行为"得到"＋受事"鸡毛"；第六，行为"杀"＋受事"鸡"＋行为"拔"＋受事"被杀的鸡"＋行为"得到"＋受事"鸡毛"代行为"杀"＋受事"鸡"＋行为"拔"＋受事"被杀的鸡"＋行为"得到"＋修饰关系标记"的"＋受事"鸡毛"；第七，受事"杀鸡拔毛得到的鸡毛"代行为"粘扎"＋受事"杀鸡拔毛得到的鸡毛"；第八，行为"粘扎"＋受事"杀鸡拔毛得到的鸡毛"代行为"粘扎"＋受事"杀鸡拔毛得到的鸡毛"＋方所"在藤条或细竹竿上"；第九，行为"粘扎"＋受事"杀鸡拔毛得到的鸡毛"＋方所"在藤条或细竹竿上"代行为"粘扎"＋受事"杀鸡拔毛得到的鸡毛"＋方所"在藤条或细竹竿上"＋行为"制成"；第十，行为"粘扎"＋受事"杀鸡拔毛得到的鸡毛"＋方所"在藤条或细竹竿上"＋行为"制成"代行为"粘扎"＋受事"杀鸡拔毛得到的鸡毛"＋方所"在藤条或细竹竿上"＋行为"制成"＋修饰关系标记"的"。

从表 3-94 可知，体验基础是五个行为事件框架结构逻辑，突显的元素是第二个行为事件的受事＋第五个行为事件的受事，途径为转喻。突显的两个元素跨越五个框架，隐略五个行为、三个受事、第四个行为构成要素方所和修饰关系标记，因而语义透明度极低。

第五，后入框架事物概念基于一个行为事件和一个存在事件框架单层限定成分七次及其以上复杂转喻意合表达式。后入框架事物概念基于一个行为事件和一个存在事件框架单层限定成分七次及其以上复杂转喻意合表达式见表 3-95。

表 3-95 后入框架事物概念基于一个行为事件和一个存在事件框架
单层限定成分七次及其以上复杂转喻意合表达式

概念	框架	意合表达式
"生长于常年积雪的山地的鸡"	"生长"事件框架：施事"鸡"＋行为"生长"，行为［行为本身、场所……］，场所"常年积雪的山地"。"堆积"事件框架：存在物"雪"＋时间"常年"＋存在"堆积"＋场所"山地"。	雪①鸡［定（存在物）中（施事）］

从表 3-95 可知，体验基础是行为和存在事件框架结构逻辑，突显的元素是存在物＋施事，途径为转喻。突显的两个元素跨越两个事件框架，隐略存在、时间和场所、行为和场所以及两个修饰关系标记，因而语义透明度极低。

第六，后入框架事物概念基于五个行为事件和一个领有事件框架单层限定成分七次及其以上复杂转喻意合表达式。后入框架事物概念基于五个行为事件和一个领有事件框架单层限定成分七次及其以上复杂转喻意合表达式见表 3-96。

---

① 首先，存在物"雪"代存在物"雪"＋存在"堆积"；然后，存在物"雪"＋存在"堆积"代存在物"雪"＋时间"常年"＋存在"堆积"；再然后，存在物"雪"＋时间"常年"＋存在"堆积"代存在物"雪"＋时间"常年"＋存在"堆积"＋修饰关系标记"的"；接下来，存在物"雪"＋时间"常年"＋存在"堆积"＋修饰关系标记"的"代存在物"雪"＋时间"常年"＋存在"堆积"＋修饰关系标记"的"＋场所"山地"；再接下来，场所"常年雪堆积的山地"代场所标记"于"＋场所"常年雪堆积的山地"；再之后，场所"于常年雪堆积的山地"代行为"生长"＋场所"于常年雪堆积的山地"；最后，行为"生长"＋场所"于常年雪堆积的山地"代行为"生长"＋场所"于常年雪堆积的山地"＋修饰关系标记"的"。

表 3-96 后入框架事物概念基于五个行为事件和一个领有事件框架

单层限定成分七次及其以上复杂转喻意合表达式

概念	框架	意合表达式
"笔头用鸡毛制成的笔"	"杀"事件框架：施事"人"＋行为"杀"＋受事"鸡"，行为［行为本身、结果……］，结果"被杀的鸡"。"拔"事件框架：施事"人"＋行为"拔"＋受事"被杀的鸡"，行为［行为本身、结果……］，结果"鸡毛"。"得到"事件框架：施事"人"＋行为"得到"＋受事"鸡毛"。"用……制成"事件框架：施事"人"＋行为1"用"＋受事1"鸡毛"＋行为2"制成"＋受事2"笔头"，行为［行为本身、方式……］。"领有"事件框架：领主"笔"＋"领有"＋所属"用鸡毛制成的笔头"。	鸡毛①笔［定（第三个事件的受事）中（领主）］

从表 3-96 可知，体验基础是五个行为事件和一个领有事件框架结构逻辑，突显的元素是第三个行为事件的受事＋领主，途径为转喻。突显的两个元素跨越六个框架，隐略五个行为、四个受事、领有和所属及修饰关系标记，因而语义透明度极低。

---

① 第一，受事"鸡毛"代行为"得到"＋受事"鸡毛"；第二，行为"得到"＋受事"鸡毛"代行为"拔"＋行为"得到"＋受事"鸡毛"；第三，行为"拔"＋行为"得到"＋受事"鸡毛"代行为"拔"＋受事"被杀的鸡"＋行为"得到"＋受事"鸡毛"；第四，行为"拔"＋受事"被杀的鸡"＋行为"得到"＋受事"鸡毛"代行为"杀"＋行为"拔"＋受事"被杀的鸡"＋行为"得到"＋受事"鸡毛"；第五，行为"杀"＋行为"拔"＋受事"被杀的鸡"＋行为"得到"＋受事"鸡毛"代行为"杀"＋受事"鸡"＋行为"拔"＋受事"被杀的鸡"＋行为"得到"＋受事"鸡毛"；第六，行为"杀"＋受事"鸡"＋行为"拔"＋受事"被杀的鸡"＋行为"得到"＋受事"鸡毛"代行为"杀"＋受事"鸡"＋行为"拔"＋受事"被杀的鸡"＋行为"得到"＋修饰关系标记"的"＋受事"鸡毛"；第七，受事1"杀鸡拔毛得到的鸡毛"代行为1"用"＋受事1"杀鸡拔毛得到的鸡毛"；第八，行为1"用"＋受事1"杀鸡拔毛得到的鸡毛"代行为1"用"＋受事1"杀鸡拔毛得到的鸡毛"＋行为2"制成"；第九，行为1"用"＋受事1"杀鸡拔毛得到的鸡毛"＋行为2"制成"代行为1"用"＋受事1"杀鸡拔毛得到的鸡毛"＋行为2"制成"＋受事2"笔头"；第十，行为1"用"＋受事1"杀鸡拔毛得到的鸡毛"＋行为2"制成"＋受事2"笔头"代行为1"用"＋受事1"杀鸡拔毛得到的鸡毛"＋行为2"制成"＋修饰关系标记"的"＋受事2"笔头"；第十一，所属"用杀鸡拔毛得到的鸡毛制成的笔头"代"领有"＋所属"杀鸡拔毛得到的鸡毛制成的笔头"；第十二，领有＋所属"杀鸡拔毛得到的鸡毛制成的笔头"代"领有"＋所属"杀鸡拔毛得到的鸡毛制成的笔头"＋修饰关系标记"的"。

第七，后入框架事物概念基于范畴和一个行为事件和两个领有事件框架单层限定成分七次及其以上复杂转喻意合表达式。后入框架事物概念基于范畴和一个行为事件和两个领有事件框架单层限定成分七次及其以上复杂转喻意合表达式见表 3-97。

表 3-97　后入框架事物概念基于范畴和一个行为事件和两个领有事件框架

单层限定成分七次及其以上复杂转喻意合表达式

概念	框架	意合表达式
"其本如鸡卵的粟"	类："鸡"，种："母鸡"。"生产"事件框架：施事"母鸡"＋行为"生产"＋受事"卵"。"领有"事件框架：领主"鸡生产的卵"＋"领有"＋所属"形状"。"领有"事件框架：领主"本"＋"领有"＋所属"鸡生产的卵的形状"。	鸡①谷②［定（施事）中（第二个领有事件的领主）］

从表 3-97 可知，体验基础是范畴和一个行为事件和两个领有事件框架结构逻辑，突显的元素是施事＋第二个领有事件的领主，途径为转喻。突显的两个元素跨越四个框架，隐略类与种关系、行为、受事、所属和领属关系标记，因而语义透明度极低。

第八，后入框架事物概念基于一个事物和四个行为事件框架单层限定成分七次及其以上复杂转喻意合表达式。后入框架事物概念基于一个事物和四个行为事件框架单层限定成分七次及其以上复杂转喻意合表达式见表 3-98。

---

① 首先，类"鸡"代种"母鸡"；然后，施事"母鸡"代施事"母鸡"＋行为"生产"；再然后，施事"母鸡"＋行为"生产"代施事"母鸡"＋行为"生产"＋受事"卵"；接下来，施事"母鸡"＋行为"生产"＋受事"卵"代施事"母鸡"＋行为"生产"＋修饰关系标记"的"＋受事"卵"；再接下来，领主"鸡生产的卵"代领主"鸡生产的卵"＋"领有"；再接下来，领主"鸡生产的卵"＋"领有"代领主"鸡生产的卵"＋"领有"＋所属"形状"；又还接下来，领主"鸡生产的卵的形状"代"领有"＋所属"鸡生产的卵的形状"；最后，"领有"＋所属"鸡生产的卵的形状"代"领有"＋所属"鸡生产的卵的形状"＋领属关系标记"的"。类似的还有：鸡槟。

② "谷"意为"粟"（北方的俗称）。鸡谷的本如鸡卵，故名。

表 3-98 后入框架事物概念基于一个事物和四个行为事件框架单层
限定成分七次及其以上复杂转喻意合表达式

概念	框架	意合表达式
"用狗肉、鸡蛋、小麦和白酒制成的食品"	"屠宰"事件框架：施事"人"＋行为"屠宰"＋受事"狗"，行为［行为本身、结果……］，结果"被屠宰的狗"。"切分"事件框架：施事"人"＋行为"切分"＋受事"被屠宰的狗"，行为［行为本身、结果……］，结果"狗肉"。"用……制作"事件框架：施事"人"＋行为1"用"＋受事1"狗肉"＋行为2"制作"＋受事2"食品"。整体："狗肉、鸡蛋、小麦和白酒"，部分："狗肉""鸡蛋、小麦和白酒"。	犬①朕［定（第一个行为事件的受事）中（第一个行为事件的受事）］

从表 3-98 可知，体验基础是事物和四个行为事件框架结构逻辑，突显的元素是第一个行为事件的受事＋第四个行为事件的受事，途径为转喻。突显的两个元素跨越五个框架，隐略整体与部分关系、四个事件的行为、中间两个事件的受事和修饰关系标记，因而语义透明度极低。

第九，后入框架事物概念基于三个事物、四个行为事件和一个领有事件框架单层限定成分七次及其以上复杂转喻意合表达式。后入框架事物概念基于三个事物、四个行为事件和一个领有事件框架单层限定成分七次及其以上复杂转喻意合表达式见表 3-99。

从表 3-99 可知，体验基础是三个事物、四个行为事件和一个领有事件框架结构逻辑，突显的元素是第三个事物的部分＋领主，途径为转喻。突显的两个元素跨越八个框架，隐略三个类与种关系、四个事件的行为和修

---

① 第一，受事"狗"代行为"屠宰"＋受事"狗"；第二，行为"屠宰"＋受事"狗"代结果"被屠宰的狗"；第三，受事"被屠宰的狗"代行为"切分"＋受事"被屠宰的狗"；第四，行为"切分"＋受事"被屠宰的狗"代结果"狗肉"；第五，部分"狗肉"代整体"狗肉、鸡蛋、小麦和白酒"；第六，受事1"狗肉、鸡蛋、小麦和白酒"代行为1"用"＋受事1"狗肉、鸡蛋、小麦和白酒"；第七，方式行为1"用"＋受事1"狗肉、鸡蛋、小麦和白酒"代行为1"用"＋受事1"狗肉、鸡蛋、小麦和白酒"＋行为2"制作"；第八，行为1"用"＋受事1"狗肉、鸡蛋、小麦和白酒"＋行为2"制作"代行为1"用"＋受事1"狗肉、鸡蛋、小麦和白酒"＋行为2"制作"＋修饰关系标记"的"。

饰关系标记，因而语义透明度极低。

表 3-99　后入框架事物概念基于三个事物、四个行为事件和一个领有事件框架
单层限定成分七次及其以上复杂转喻意合表达式

概念	框架	意合表达式
"朝廷宣布赦令的消息"	整体："金首"，部分："金""首"；整体："鸡形"，部分："鸡""形"；整体："金首鸡形"，部分："金首""鸡形"；整体：事件链"立→设→击→宣布"，部分："立→设→击""宣布"；整体："立→设→击"，部分："立""设""击"。"立"事件框架：施事"人"＋行为"立"＋受事"长杆"。"设"事件框架：施事"人"＋行为"设"＋受事"口衔绛幡的金首鸡形"。"击"事件框架：施事"人"＋行为"击"＋受事"鼓"。"宣布"事件框架：施事"人"＋行为"宣布"＋受事"朝廷赦令"。"领有"事件框架：领主"消息"＋"领有"＋所属"宣布朝廷赦令"。	金鸡① 消息［定（第三个事物的部分）中（领主）］

第十，后入框架事物概念基于一个范畴、两个事物和三个行为事件框架单层限定成分七次及其以上复杂转喻意合表达式。后入框架事物概念基于一个范畴、两个事物和三个行为事件框架单层限定成分七次及其以上复杂转喻意合表达式见表 3-100。

从表 3-100 可知，体验基础是一个范畴、两个事物和三个行为事件框架结构逻辑，突显的元素是类＋第三个事件的受事，途径为转喻。突显的两个元素跨越六个框架，隐略类与种和两个整体与部分关系、三个事件的行为、一个事件的受事和修饰关系标记，因而语义透明度极低。

---

① 古代大赦时，立一长杆，杆头设金鸡，口衔绛幡，击鼓，宣布赦令，故名。首先，定中式名词短语部分"金"＋定中式名词短语部分"鸡"代整体"金首"＋整体"鸡形"；然后，受事"金首鸡形"代"设有"＋受事"金首鸡形"；再然后，"设有"＋受事"金首鸡形"代场所"杆头"＋"设有"＋受事"金首鸡形"；接下来，事件链部分"杆头设金首鸡形"代部分"立长杆"＋部分"杆头设金首鸡形"；再接下来，部分"立长杆"＋部分"杆头设金首鸡形"代部分"立长杆"＋部分"杆头设金首鸡形"＋部分"击鼓"；再之后，部分"立长杆→杆头设金首鸡形→击鼓"代部分"宣布朝廷赦令"；最后，部分"宣布朝廷赦令"代部分"宣布朝廷赦令"＋修饰关系标记"的"。

表 3-100　后入框架事物概念基于一个范畴、两个事物和三个行为事件框架单层
限定成分七次及其以上复杂转喻意合表达式

概念	框架	意合表达式
"以鸡卵汁溲白瓦屑作的碑"	类："鸡"，种："母鸡"。"产"事件框架：施事"母鸡"＋行为"产"＋受事"卵"。整体："母鸡产的卵"，部分："汁"。"用……制作"事件框架：施事"人"＋行为1"用"＋受事1"鸡卵汁溲白瓦屑"＋行为2"制作"＋受事2"碑"。整体："鸡卵汁溲白瓦屑"，部分："鸡卵汁""溲""白瓦屑"。	鸡①碑［定（类）中（第三个事件的受事）］

（二）后入框架事物概念双层限定成分转喻意合表达式

双层限定成分指外层限定成分修饰里层限定成分＋中心成分，可图示如下：［定（定中）］。后入框架事物概念双层限定成分转喻意合表达式见表3-101～3-107，按外层限定成分所表达的概念角色排序。

1. 外层限定成分表达受事的见表 3-101，按所基于的行为事件数量排序

基于内包一个行为事件的行为事件见表 3-101。

表 3-101　基于内包一个行为事件的行为事件

概念	框架	意合表达式
"为传种交配的雄性猪/雌性猪"	"交配"事件框架：施事"雄性猪和雌性猪"＋行为"交配"。行为［行为本身、目的……］，目的"为传种"。"传种"事件框架：施事"雄性猪和雌性猪"＋行为"传"＋受事"种"。"领有"事件框架：领主"公/母"＋"领有"＋所属"雄/雌性"。	种②（公/母③猪）{定（受事）中［定（领主）中（领主）］}

---

① 第一，类"鸡"代种"母鸡"；第二，施事"母鸡"代施事"母鸡"＋行为"产"；第三，施事"母鸡"＋行为"产"代施事"母鸡"＋行为"产"＋受事"卵"；第四，施事"母鸡"＋行为"产"＋受事"卵"代施事"母鸡"＋行为"产"＋修饰关系标记"的"＋受事"卵"；第五，整体"母鸡产的卵"代整体"母鸡产的卵"＋部分"汁"；第六，材料的液体部分"鸡卵汁"代整体"鸡卵汁溲"；第七，材料部分"鸡卵汁溲"代整体"鸡卵汁溲白瓦屑"；第八，受事1"鸡卵汁溲白瓦屑"代行为1"用"＋受事1"鸡卵汁溲白瓦屑"；第九，行为1"用"＋受事1"鸡卵汁溲白瓦屑"代行为1"用"＋受事1"鸡卵汁溲白瓦屑"＋行为2"制作"；第十，行为1"用"＋受事1"鸡卵汁溲白瓦屑"＋行为2"制作"代行为1"用"＋受事1"鸡卵汁溲白瓦屑"＋行为2"制作"＋修饰关系标记"的"。

② 首先目的的受事"种"代行为"传"＋受事"种"；然后，目的"传种"代目的的标记"为"＋目的"传种"；再然后，目的"为传种"代目的的"为传种"＋行为"交配"；最后，目的"为传种"＋行为"交配"代目的"为传种"＋行为"交配"＋修饰关系标记"的"。

③ 领主"公/母"代所属"雄/雌性"。

从表 3-101 可知，体验基础是内包一个行为事件的行为事件和领有事件框架结构逻辑，外层限定成分突显的是内包行为事件的受事，途径为转喻。突显的这个元素隐略了行为和受事与目的和修饰关系标记，因而语义透明度很低。里层限定成分突显的是领主，途径为转喻。突显的这个元素隐略了领有和所属，因而语义透明度较低。整个"种公/母猪"语义透明度很低。

基于内包连续三个行为事件的行为事件见表 3-102。

表 3-102　基于内包连续三个行为事件的行为事件

概念	框架	意合表达式
"驱赶兽兔让猎人枪杀的猎犬"	"驱赶"事件框架：施事"猎犬"＋行为"驱赶"＋受事"兽兔"，行为[行为本身、目的……]，目的"让猎人用枪捕杀兽兔"。"让……用……捕杀"事件框架：施事"猎人"＋行为"用"＋受事"枪"＋行为"捕杀"＋受事"兽兔"。"帮助"事件框架：施事"狗"＋行为"帮助"＋受事/施事"猎人"＋行为"打猎"＋受事"兽兔"。	枪①（猎②犬）{定（第二个事件的受事）中［定（行为）中（施事)]}

---

①　第一，受事"枪"代行为"用"＋受事"枪"；第二，行为"用"＋受事"枪"代行为"用"＋受事"枪"＋行为"捕杀"；第三，行为"用"＋受事"枪"＋行为"捕杀"代受事/施事"猎人"＋行为"用"＋受事"枪"＋行为"捕杀"；第四，受事/施事"猎人"＋行为"用"＋受事"枪"＋行为"捕杀"代受事/施事"猎人"＋行为"用"＋受事"枪"＋行为"捕杀"＋受事"兽兔"；第五，受事/施事"猎人"＋行为"用"＋受事"枪"＋行为"捕杀"＋受事"兽兔"代行为"让"＋受事/施事"猎人"＋行为"用"＋受事"枪"＋行为"捕杀"＋受事"兽兔"；第六，行为"让"＋受事/施事"猎人"＋行为"用"＋受事"枪"＋行为"捕杀"＋受事"兽兔"代行为"驱赶"＋行为"让"＋受事/施事"猎人"＋行为"用"＋受事"枪"＋行为"捕杀"＋受事"兽兔"；第七，行为"驱赶"＋行为"让"＋受事/施事"猎人"＋行为"用"＋受事"枪"＋行为"捕杀"＋受事"兽兔"代行为"驱赶"＋受事"兽兔"＋行为"让"＋受事/施事"猎人"＋行为"用"＋受事"枪"＋行为"捕杀"＋受事"兽兔"；第八，行为"驱赶"＋受事"兽兔"＋行为"让"＋受事/施事"猎人"＋行为"用"＋受事"枪"＋行为"捕杀"＋受事"兽兔"代行为"驱赶"＋受事"兽兔"＋行为"让"＋受事/施事"猎人"＋行为"用"＋受事"枪"＋行为"捕杀"＋受事"兽兔"＋修饰关系标记"的"。

②　首先，行为"打猎"代行为"帮助"＋行为"打猎"；然后，行为"帮助"＋行为"打猎"代行为"帮助"＋受事/施事"猎人"＋行为"打猎"；最后，行为"帮助"＋受事/施事"猎人"＋行为"打猎"代行为"帮助"＋受事/施事"猎人"＋行为"打猎"＋修饰关系标记"的"。

从表 3-102 可知，体验基础是内包连续三个行为事件的行为事件和另一个行为事件框架结构逻辑，外层限定成分突显的是内包第二个行为事件的受事，途径为转喻。突显的这个元素隐略了一个施事和受事与四个行为以及修饰关系标记，因而语义透明度极低。里层限定成分突显的是行为 2，途径为转喻。突显的这个元素隐略了行为 1、受事 1/施事 2 和受事 2，因而语义透明度低。整个"枪猎犬"语义透明度极低。

基于接连两个行为事件的见表 3-103。

表 3-103　基于接连两个行为事件的

概念	框架	意合表达式
"用铁铸的公鸡"	"用……铸"事件框架：施事"人"＋行为 1 "用"＋受事 1"铁"＋行为 2"铸"＋受事 2 "公鸡"。"领有"事件框架：领主"公"＋ "领有"＋所属"雄性"。"领有"事件框架：领主"鸡"＋"领有"＋所属"雄性"。	铁①（公② 鸡）〔定（第一个行为事件的受事）中［定（领主）中（领主）］〕

从表 3-103 可知，体验基础是接连两个行为事件和两个领有事件框架结构逻辑，外层限定成分突显的是第一个行为事件的受事，途径为转喻。突显的这个元素隐略了第一和第二个行为和修饰关系标记，因而语义透明度低。里层限定成分突显的是领主，途径为转喻。突显的这个元素隐略了领有和所属，因而语义透明度较低。整个"铁公鸡"语义透明度低。

基于四个行为事件的见表 3-104、3-105，按外层和里层所基于的事件及其数量排序。外层基于四个行为事件、里层基于接连两个行为事件的见表 3-104。

从表 3-104 可知，体验基础是四个行为事件和接连两个行为事件框架结构逻辑，外层限定成分突显的是第一个行为事件的受事，途径为转喻。突显的这个元素隐略了四个行为和三个受事及修饰关系标记，因而语义透明

---

①　首先，受事 1"铁"代行为 1"用"＋受事 1"铁"；然后，行为 1"用"＋受事 1"铁"代行为 1"用"＋受事 1"铁"＋行为 2"铸"；最后，行为 1"用"＋受事 1"铁"＋行为 2"铸"代行为 1"用"＋受事 1"铁"＋行为 2"铸"＋修饰关系标记"的"。

②　通"翁"，意为"父"："宋人嫁子，若公知其盗也，逐而去之。"（《淮南子·氾论》）领主"公"代所属"雄性"。

度极低。里层限定成分突显的是受事 2，途径为转喻。突显的这个元素隐略了行为 1、受事 1 和行为 2，因而语义透明度低。整个"猪惊骨"语义透明度极低。

表 3-104　外层基于四个行为事件、里层基于接连两个行为事件的

概念	框架	意合表达式
"屠宰猪、分割、切分被屠宰的猪、切分耳得到的为压惊用的骨"	"屠宰"事件框架：施事"人"＋行为"屠宰"＋受事"猪"，行为［行为本身、结果……］，结果"被屠宰了的猪"。"分割"事件框架：施事"人"＋行为"分割"＋受事"被屠宰了的猪"，行为［行为本身、结果……］，结果"耳"。"切分"事件框架：施事"人"＋行为"切分"＋受事"分割而来的耳"，行为［行为本身、结果……］，结果"耳内的听骨"。"得到"事件框架：施事"人"＋行为"得到"＋受事"耳内的听骨"。"用……压"事件框架：施事"人"＋行为 1"用"＋受事 1"耳内的听骨"＋行为 2"压"＋受事 2"惊"。	猪①（惊② 骨）{定（第一个行为事件的受事）中［定（受事 2）中（受事 1)］}

外层基于四个行为事件、里层基于两个领有事件的见表 3-105。

从表 3-105 可知，体验基础是四个行为事件框架结构逻辑和两个领有事件，外层限定成分突显的是第一个行为事件的受事，途径为转喻。突显的这个元素隐略了四个行为和三个受事及修饰关系标记，因而语义透明度极低。里层限定成分突显的是第一个领主，途径为转喻。突显的这个元素隐略了两个领有和领属，因而语义透明度很低。整个"猪筒子/眼镜骨"语义透明度极低。

---

①　首先，受事"猪"代结果"被屠宰了的猪"；然后，受事"被屠宰了的猪"代行为"分割"＋受事"被屠宰了的猪"；再然后，行为"分割"＋受事"被屠宰了的猪"代结果"耳"；接下来，受事"耳"代行为"切分"＋受事"耳"；再接下来，行为"切分"＋受事"耳"代行为"切分"＋受事"耳"＋行为"得到"；最后，行为"切分"＋受事"耳"＋行为"得到"代行为"切分"＋受事"耳"＋行为"得到"＋修饰关系标记"的"。

②　此骨常用红绳串起，主要佩戴在 10 周岁以下儿童手上或脚上，用于压惊、辟邪，故名。首先，受事"惊"代行为"压"＋受事"惊"；然后，目的"压惊"代目标记"为"＋目的"压惊"；接下来，目的"为压惊"代目的"为压惊"＋行为"用"；最后，目的"为压惊"＋行为"用"代目的"为压惊"＋行为"用"＋修饰关系标记"的"。

表 3-105　外层基于四个行为事件、里层基于两个领有事件的

概念	框架	意合表达式
"屠宰、分割、切分猪得到的领有筒子的洞的骨"	"屠宰"事件框架：施事"人"＋行为"屠宰"＋受事"猪"，行为［行为本身、结果……］，结果"被屠宰了的猪"。"分割"事件框架：施事"人"＋行为"分割"＋受事"被屠宰了的猪"，行为［行为本身、结果……］，结果"部分"。"切分"事件框架：施事"人"＋行为"切分"＋受事"部分"，行为［行为本身、结果……］，结果"筒子/眼镜骨"。"得到"事件框架：施事"人"＋行为"得到"＋受事"筒子/眼镜骨"。"领有"事件框架：领主"筒子/眼镜"＋"领有"＋领属"洞/架子"。"领有"事件框架：领主"骨"＋"领有"＋领属"筒子的洞/眼镜的架子"。	猪①（筒子②骨）{定（第一个行为事件的受事）中［定（领主）中（领主）］}
"屠宰、分割、切分猪得到的领有眼镜的架子的骨"		猪③（眼镜④骨）{定（第一个行为事件的受事）中［定（领主）中（领主）］}

2. 外层限定成分表达所属的见表 3-106、3-107，按框架类型及其数量排序

基于三个事物与接连两个行为事件和一个领有事件框架的见表 3-106。

从表 3-106 可知，体验基础是三个事物与接连两个行为事件和一个领有事件框架结构逻辑，外层限定成分突显的是两个事物的部分，途径为转喻。突显的这个元素隐略了两个部分、领属关系和修饰关系标记，因而语义透明度很低。里层限定成分突显的是受事 1，途径为转喻。突显的这个元素隐略了行为 1、行为 2 和修饰关系标记，因而语义透明度低。整个"已陈刍

---

① 首先，受事"猪"代结果"被屠宰了的猪"；然后，受事"被屠宰了的猪"代行为"分割"＋受事"被屠宰了的猪"；再然后，行为"分割"＋受事"被屠宰了的猪"代结果"部分"；接下来，受事"部分"代行为"切分"＋受事"部分"；再接下来，行为"切分"＋受事"部分"代行为"切分"＋受事"部分"＋行为"得到"；最后，行为"切分"＋受事"部分"＋行为"得到"代行为"切分"＋受事"部分"＋行为"得到"＋修饰关系标记"的"。

② 首先，领主"筒子"代领主"筒子"＋"领有"＋所属"洞"；然后，所属"筒子的洞"代"领有"＋所属"筒子的洞"；最后，"领有"＋所属"筒子的洞"代"领有"＋所属"筒子的洞"＋修饰关系标记"的"。

③ 同①。

④ 首先，领主"眼镜"代领主"眼镜"＋"领有"＋所属"架子"；然后，所属"眼镜的架子"代"领有"＋所属"眼镜的架子"；最后，"领有"＋所属"眼镜的架子"代"领有"＋所属"眼镜的架子"＋修饰关系标记"的"。

狗"语义透明度很低。

表 3-106　基于三个事物与接连两个行为事件和一个领有事件框架的

概念	框架	意合表达式
"已经陈旧的用弖扎成的狗"	整体："已经陈旧"，部分："已经""陈旧"；整体："已经"，部分："已""经"；整体："陈旧"，部分："陈""旧"。"用……扎"事件框架：施事"人"＋行为1"用"＋受事1"弖"＋行为2"扎"＋受事2"狗"。"领有"事件框架：领主"狗"＋"领有"＋所属"已经陈旧"。	已陈①（弖②狗）③｛定（所属）中〔定（受事1）中（领主）〕｝

基于领有和行为事件框架与范畴的见表 3-107。

表 3-107　基于领有和行为事件框架与范畴的

概念	框架	意合表达式
"领有软壳的鸡蛋"	"领有"事件框架：领主"鸡蛋"＋"领有"＋所属"软壳"。类："鸡"，种："母鸡"。"产"事件框架：施事"母鸡"＋行为"生产"＋受事"蛋"。	软壳④（鸡⑤蛋）｛定（所属）中〔定（施事）中（受事）〕｝

从表 3-107 可知，体验基础是领有事件和行为事件框架与范畴结构逻辑，外层限定成分突显的是所属，途径为转喻。突显的这个元素隐略了领有和修饰关系标记，因而语义透明度较低。里层限定成分突显的是类，途径为转喻。突显的这个元素隐略了类与种关系、行为和修饰关系标记，因而语义透明度低。整个"软壳鸡蛋"语义透明度低。

---

① 首先，状中式短语部分的部分"已"＋状中式短语部分的部分"陈"代状中式短语部分的整体"已经"＋状中式短语部分的整体"陈旧"；然后，状中式短语整体"已经陈旧"代状中式短语整体"已经陈旧"＋修饰关系标记"的"。

② 意为"谷类植物的茎秆"。首先，受事"弖"代行为1"用"＋受事1"弖"；然后，行为1"用"＋受事1"弖"代行为1"用"＋受事1"弖"＋行为2"扎"；最后，行为1"用"＋受事1"弖"＋行为2"扎"代行为1"用"＋受事1"弖"＋行为2"扎"＋修饰关系标记"的"。

③ 用弖扎成的、祭祀后丢弃，故名。

④ 首先，所属"软壳"代"领有"＋所属"软壳"；然后，"领有"＋所属"软壳"代"领有"＋所属"软壳"＋修饰关系标记"的"。

⑤ 首先，类"鸡"代种"母鸡"；然后，施事"母鸡"代施事"母鸡"＋行为"生产"；最后，施事"母鸡"＋行为"生产"代施事"母鸡"＋行为"生产"＋修饰关系标记"的"。

二、后入框架事物概念限定成分内包转喻转喻意合表达式

显性内包转喻的转喻可图示如下：［（转喻）转喻］，隐性的则存在于操作过程中。

（一）后入框架事物概念限定成分显性内包转喻转喻意合表达式

后入框架事物概念限定成分显性内包转喻转喻意合表达式见表 3-108～3-127。按限定成分所表达的施事、行为、受事等概念角色排序。

1. 限定成分表达施事＋行为的见表 3-108

表 3-108　限定成分表达施事＋行为的

概念	框架	意合表达式
"太子居处门前所列之戟"	类："鸡"，种："雄鸡"。"啼鸣"事件框架：施事"雄鸡"＋行为"啼鸣"，行为［行为本身、姿势……］。"领有"事件框架：领主"戟"＋"领有"＋所属"雄鸡啼鸣的姿势"。	（鸡①　鸣）②　戟［定（施事＋行为）中（领主）］
"一种特殊的茶壶"	类："鸡"，种："公鸡"。"鸣叫"事件框架：施事"公鸡"＋行为"鸣叫"，行为［行为本身、时间……］，时间"天亮"。"热"事件框架：状主"茶水"＋状态"热"，状态［状态本身、持续……］，持续"至天亮"。"领有"事件框架：领主"壶"＋"领有"＋所属"功能"，功能"茶水热至天亮"。	（鸡③　鸣）④　壶［定（施事＋行为）中（领主）］

从表 3-108 可知，体验基础是范畴、行为和领有事件框架结构逻辑，限定成分突显的是施事＋行为，途径为转喻。前者突显的两个元素隐略了类与种关系、领有和所属以及修饰关系标记，因而语义透明度很低。后者突显的两个元素隐略类与种关系、行为构成要素时间、一个状态事件、领有

---

① 类"鸡"代种"雄鸡"。

② 此戟作雄鸡啼鸣状，故名。首先，施事"雄鸡"＋行为"啼鸣"代施事"雄鸡"＋行为"啼鸣"＋"姿势"；然后，施事"雄鸡"＋行为"啼鸣"＋"姿势"代施事"雄鸡"＋行为"啼鸣"＋修饰关系标记"的"＋"姿势"；接下来，所属"雄鸡啼鸣的姿势"代"领有"＋所属"雄鸡啼鸣的姿势"；最后，"领有"＋所属"雄鸡啼鸣的姿势"代"领有"＋所属"雄鸡啼鸣的姿势"＋修饰关系标记"的"。

③ 类"鸡"代种"公鸡"。

④ 此壶用铜、锡或陶瓷制成，下配可以燃烧炭墼的底座，以保壶中的茶水热至天亮，常备作过夜之用，故名。首先，施事"公鸡"＋行为"鸣叫"代时间"天亮"；然后，持续"天亮"代持续的形式标记"至"＋持续"天亮"；再然后，持续"至天亮"代状态"热"＋持续"至天亮"；接下来，状态"热"＋持续"至天亮"代状主"茶水"＋状态"热"＋持续"至天亮"；最后，状主"茶水"＋状态"热"＋持续"至天亮"＋修饰关系标记"的"。

和所属以及修饰关系标记，因而语义透明度极低。

2. 限定成分表达施事＋受事的见表 3-109

表 3-109　限定成分表达施事＋受事的

概念	框架	意合表达式
"警/军犬组成的队伍"	"驯养"事件框架：施事"警察/军队"＋行为"驯养"＋受事"犬"。"组成"事件框架：施事"警/军饲驯养的犬"＋行为"组成"＋受事"队伍"。	(警/军①犬)② 队{定［定（施事）中（受事）］中（受事）}
"训练警/军用犬的基地"	"用"事件框架：施事"警察/军队"＋行为"用"＋受事"犬"。"训练"事件框架：施事"人员"＋行为"训练"＋受事"警/军用犬"，行为［行为本身、场所……］，场所"基地"。	(警/军③犬)④ 基地{定［定（施事）中（受事）］中（场所）}
"玉鸡游于其中的川即洛水"	整体："玉帝"，部分："玉"帝。"养"事件框架：施事"玉帝"＋行为"养"。"游"事件框架：施事"玉鸡"＋行为"游"，行为［行为本身、场所……］，场所"于洛水"。"语言单位范畴"：成员"于洛水"、成员"其中"。	玉⑤鸡⑥川{定［定（施事）中（受事）］中（场所）}

从表 3-109 可知，前二者体验基础是两个行为事件框架结构逻辑，限定成分突显的是施事＋受事，途径为转喻。突显的两个元素隐略了第一个事件的行为与第二个事件的施事和行为以及修饰关系标记，因而语义透明度很低。后者体验基础是事物、范畴和两个行为事件框架结构逻辑，限定成分突显的是施事＋受事，途径为转喻。突显的两个元素隐略了整体与部分和成员

---

① 首先，施事"警/军"代施事"警/军"＋行为"驯养"；然后，施事"警/军"＋行为"驯养"代施事"警/军"＋行为"驯养"＋修饰关系标记"的"。

② 首先，施事"警/军饲养的犬"代施事"警/军饲养的犬"＋行为"组成"；然后，施事"警/军饲养的犬"＋行为"组成"代施事"警/军饲养的犬"＋行为"组成"＋修饰关系标记"的"。

③ 首先，施事"警察/军队"代施事"警察/军队"＋行为"用"；然后，施事"警察/军队"＋行为"用"代施事"警察/军队"＋行为"用"＋修饰关系标记"的"。

④ 首先，受事"警/军用犬"代行为"训练"＋受事"警/军用犬"；然后，行为"训练"＋受事"警/军用犬"代行为"训练"＋受事"警/军用犬"＋修饰关系标记"的"。

⑤ 首先，定中式复合名词部分"玉"代整体"玉帝"；然后，施事"玉帝"代施事"玉帝"＋行为"养"；最后，施事"玉帝"＋行为"养"代施事"玉帝"＋行为"养"＋修饰关系标记"的"。

⑥ 据《宋书·符瑞志上》，汉高帝母含始（昭灵后）游于洛水，有玉鸡衔赤珠出，含始吞珠而生帝，故指洛水为玉鸡川。首先，施事"玉鸡"代施事"玉鸡"＋行为"游"；然后，施事"玉鸡"＋行为"游"代施事"玉鸡"＋行为"游"＋场所"洛水"；接下来，施事"玉鸡"＋行为"游"＋场所"洛水"代施事"玉鸡"＋行为"游"＋场所标记"于"＋场所"洛水"；最后，施事"玉鸡"＋行为"游"＋场所"于洛水"代施事"玉鸡"＋行为"游"＋场所"于洛水"＋修饰关系标记"的"；其间，同一范畴的一个成员"于洛水"代另一个成员"于其中"。

与成员关系、两个事件的行为及修饰关系标记，因而语义透明度极低。

3. 限定成分表达施事＋方式的见表 3-110

表 3-110　限定成分表达施事＋方式的

概念	框架	意合表达式
"狗与其他动物杂交传的种"	类："狗"，种："公狗""母狗"；整体："公狗或母狗"，部分："公狗""母狗"。"交配"事件框架：施事"公狗或母狗"＋行为"交配"，行为［行为本身、方式……］，方式"杂乱"。"传"事件框架：施事"公狗或母狗"＋行为"传"＋受事"种"。	（狗① 杂)② 种［定（施事＋方式）中（受事）］

从表 3-110 可知，体验基础是行为事件框架结构逻辑，限定成分突显的是施事＋方式，途径为转喻。突显的两个元素隐略了类与种和整体与部分关系、第一个事件和第二个事件的行为以及修饰关系标记，因而语义透明度很低。

4. 限定成分表达行为＋施事的见表 3-111

表 3-111　限定成分表达行为＋施事的

概念	框架	意合表达式
"装生猪的车厢"	"活"事件框架：施事"猪"＋行为"活"，行为［行为本身、状态……］，状态"进行"，进行体标记"着"。"装"事件框架：施事"人"＋行为"装"＋受事"生猪"，行为［行为本身、工具……］，工具"车厢"。	（生③ 猪)④ 车厢｛定［定（行为）中（施事）］中（工具）｝

从表 3-111 可知，体验基础是两个行为事件框架结构逻辑，限定成分突显的是行为＋施事，途径为转喻。突显的行为＋施事元素隐略了行为构成要素，即状态和修饰关系标记。

---

① 首先，类"狗"代种"公狗"；然后，部分"公狗"代整体"公狗或母狗"。

② 首先，施事"公狗或母狗"＋方式"杂乱"代施事"公狗或母狗"＋方式"杂乱"＋行为"交配"；然后，施事"公狗或母狗"＋方式"杂乱"＋行为"交配"代施事"公狗或母狗"＋对象"其他动物"＋方式"杂乱"＋行为"交配"；再然后，施事"公狗或母狗"＋对象"其他动物"＋方式"杂乱"＋行为"交配"代施事"公狗或母狗"＋对象标记"与"＋对象"其他动物"＋方式"杂乱"＋行为"交配"；接下来，施事"公狗或母狗"＋对象标记"与"＋对象"其他动物"＋方式"杂乱"＋行为"交配"代施事"公狗或母狗"＋对象标记"与"＋对象"其他动物"＋方式"杂乱"＋行为"交配"＋行为"传"；最后，施事"公狗或母狗"＋对象"其他动物"＋方式"杂乱"＋行为"交配"＋行为"传"代施事"公狗或母狗"＋对象标记"与"＋对象"其他动物"＋方式"杂乱"＋行为"交配"＋行为"传"＋修饰关系标记"的"。

③ "生"意为"活"。首先，行为"活"代行为"活"＋进行体标记"着"；然后，行为"活"＋进行体标记"着"代行为"活"＋进行体标记"着"＋修饰关系标记"的"。

④ 首先，受事"生猪"代行为"装"＋受事"生猪"；然后，行为"装"＋受事"生猪"代行为"装"＋受事"生猪"＋修饰关系标记"的"。类似的还有：生猪市场、活鸡市场。

5. 限定成分表达行为＋受事的见表3-112

表3-112　限定成分表达行为＋受事的

概念	框架	意合表达式
"打流浪狗的机构"	类："狗"，种："流浪狗"。"打"事件框架：施事"机构"＋行为"打"＋受事"流浪狗"。	（打 狗①）② 办③[定（行为＋受事）中（施事）]
"消灭流浪犬的工具"	类："犬"，种："流浪犬"。"消灭"事件框架：施事"人"＋行为"消灭"＋受事"流浪犬"，行为［行为本身、工具……］。	（灭 犬④）⑤ 工具[定（行为＋受事）中（工具）]
"呼猎鹰来集其上的台"	类："鹰"，种："猎鹰"。"呼"事件框架：施事1"人"＋行为1"呼"＋受事/施事2"猎鹰"＋行为2"来集"，行为［行为本身、场所……］，场所"台上"。"语言单位范畴"：成员"台上"、成员"其上"。	（呼 鹰⑥）⑦ 台[定（行为＋受事）中（场所）]
"使公鸡相斗的游戏"	类："鸡"，种："公鸡"。事件框架：施事1"人"＋行为1"使"＋受事/施事2"公鸡"＋行为2"斗"，行为2［行为2本身、范围］，范围"相互"。	（斗 鸡⑧）⑨ 戏[定（行为2＋受事/施事2）中（行为＋受事）]

从表3-112可知，体验基础是范畴和行为事件框架结构逻辑，限定成分突显的是行为＋受事，途径为转喻。前三者隐略了类与种关系和修饰关系

---

① 类"狗"代种"流浪狗"。

② 行为"打"＋受事"流浪狗"代行为"打"＋受事"流浪狗"＋修饰关系标记"的"。

③ 意为"作为行政机构的办公室"。

④ 类"犬"代种"流浪犬"。

⑤ 行为"消灭"＋受事"流浪犬"代行为"消灭"＋受事"流浪犬"＋修饰关系标记"的"。

⑥ 类"鹰"代种"猎鹰"。

⑦ 首先，行为1"呼"＋受事/施事2"猎鹰"代行为1"呼"＋受事/施事2"猎鹰"＋行为2"来集"；然后，行为1"呼"＋受事/施事2"猎鹰"＋行为2"来集"代行为1"呼"＋受事/施事2"猎鹰"＋行为2"来集"＋场所"台"；接下来，行为1"呼"＋受事/施事2"猎鹰"＋行为2"来集"＋场所"台"代行为1"呼"＋受事/施事2"猎鹰"＋行为2"来集"＋场所"台"＋场所标记"上"；最后，行为1"呼"＋受事/施事2"猎鹰"＋行为2"来集"＋场所"台上"代行为1"呼"＋受事/施事2"猎鹰"＋行为2"来集"＋场所"台上"＋修饰关系标记"的"；其间，同一范畴的一个成员"台上"代另一个成员"其上"。类似的还有：晾鹰台。

⑧ 类"鸡"代种"公鸡"。

⑨ 首先，行为2"斗"＋受事/施事2"公鸡"代行为1"使"＋受事/施事2"公鸡"＋行为2"斗"；然后，行为1"使"＋受事/施事2"公鸡"＋行为2"斗"代行为1"使"＋受事/施事2"公鸡"＋范围"相互"＋行为2"斗"；最后，行为1"使"＋受事/施事2"公鸡"＋范围"相互"＋行为2"斗"代行为1"使"＋受事/施事2"公鸡"＋范围"相互"＋行为2"斗"＋修饰关系标记"的"。

标记，因而语义透明度较低。后者隐略了类与种关系、行为1和修饰关系标记，因而语义透明度低。

6. 限定成分表达行为＋行为构成要素的见表3-113、3-114

下面按行为构成要素排序，指终点的见表3-113。

表3-113 指终点的

概念	框架	意合表达式
"落入水的狗"	"落……入"事件框架：施事"狗"＋行为1"落"＋行为2"入"＋终点"水"。	（落① 水 ）② 狗［定（行为＋终点）中（施事）］

从表3-113可知，体验基础是接连两个行为事件框架结构逻辑，限定成分突显的是行为＋终点，途径为转喻。突显的行为＋终点元素隐略了行为2/趋向和修饰关系标记，因而语义透明度较低。

指场所的见表3-114。

表3-114 指场所的

概念	框架	意合表达式
"每天在地里走动觅食的鸡"	整体："走动"，部分："走""动"。"走动"事件框架：施事"鸡"＋行为"走动"，行为［行为本身、目的、场所、时间……］，目的"觅食"，场所"在地里"，时间"每天"。	（走③ 地④ ）⑤ 鸡［定（行为＋场所）中（施事）］
"附在骥尾的蝇"	整体："骥"，部分："尾"。"附"事件框架：施事"蝇"＋行为"附"，行为［行为本身、场所……］，场所"骥尾"；场所标记"在"。	（附 骥⑥ ）⑦ 蝇［定（行为＋场所）中（施事）］

---

① 行为"落"代行为"落"＋趋向"入"。

② 行为"落"＋趋向"入"＋终点"水"代行为"落"＋趋向"入"＋终点"水"＋修饰关系标记"的"。类似的还有：落汤鸡。

③ 述补式复合词部分"走"代整体"走动"。

④ 首先，场所"地"代场所"地"＋场所标记部分"里"；然后，场所"地"＋场所标记部分"里"代场所标记部分"在"＋场所"地"＋场所标记部分"里"。

⑤ 首先，行为"走动"＋场所"在地里"代行为"走动"＋场所"在地里"＋目的"觅食"；然后，行为"走动"＋场所"在地里"＋目的"觅食"代时间"每天"＋行为"走动"＋场所"在地里"＋目的"觅食"；最后，时间"每天"＋行为"走动"＋场所"在地里"＋目的"觅食"代时间"每天"＋行为"走动"＋场所"在地里"＋目的"觅食"＋修饰关系标记"的"。

⑥ 整体"骥"代整体"骥"＋部分"尾"。

⑦ 首先，行为"附"＋场所"骥尾"代行为"附"＋场所标记"在"＋场所"骥尾"；然后，行为"附"＋场所标记"在"＋场所"骥尾"代行为"附"＋场所标记"在"＋场所"骥尾"＋修饰关系标记"的"。

从表 3-114 可知，体验基础是事物和行为事件框架结构逻辑，限定成分突显的是行为＋场所，途径为转喻。前者突显的元素隐略了整体与部分关系、行为的构成要素目的和时间以及修饰关系标记，因而语义透明度很低。后者突显的元素隐略了整体与部分关系和场所与修饰关系标记，因而语义透明度低。

7. 表达受事＋受事的限定成分见表 3-115～3-119

下面按所依仗的事件数量排序。

依仗三个事件的见表 3-115。

表 3-115　依仗三个事件的

概念	框架	意合表达式
"把杀鸡时放出的血沥入其中的酒"	"杀"事件框架：施事"人"＋行为"杀"＋受事"鸡"。"放出"事件框架：施事"人"＋行为"放出"＋受事"血"，行为〔行为本身、时间、源头……〕，时间"杀鸡时"，源头"被杀的鸡"。"沥入"事件框架：施事"人"＋行为"沥入"＋受事"宰鸡时放出的血"＋目的地"酒"。	（鸡① 血）② 酒｛定〔定（受事）中（受事）〕中（目的地）｝

从表 3-115 可知，体认理据是三个行为事件框架结构逻辑，限定成分突显的是受事＋受事，途径为转喻。突显的两个元素隐略了三个行为和两个行为构成要素，即时间和源头，因而语义透明度极低。

依仗四个事件的见表 3-116。

从表 3-116 可知，体验基础是四个行为事件框架结构逻辑，限定成分突显的是受事＋受事，途径为转喻。突显的两个元素隐略了四个行为和一个受事，因而语义透明度极低。

---

① 首先，受事"鸡"代行为"杀"＋受事"鸡"；然后，行为"杀"＋受事"鸡"代行为"杀"＋受事"鸡"＋时间标记"时"；再后，时间"杀鸡时"代时间"杀鸡时"＋行为"放出"；最后"杀鸡时"＋行为"放出"代"杀鸡时"＋行为"放出"＋修饰关系标记"的"。类似的还有：托骥之蝇。

② 杀鸡沥血入酒中，称之为"鸡血酒"（结盟者依次喝饮，表示永远信守盟约。古代往往有此仪式，今尚存其遗俗）。首先，受事"杀鸡时放出的血"代行为"沥入"＋受事"杀鸡时放出的血"；然后，行为"沥入"＋受事"杀鸡时放出的血"代行为"沥入"＋受事"杀鸡时放出的血"＋修饰关系标记"的"。

表 3-116 依仗四个事件的

概念	框架	意合表达式
"屠宰生猪、分割被屠宰了的猪、切分肉得到的皮"	"屠宰"事件框架：施事"人"＋行为"屠宰"＋受事"猪"，行为［行为本身、结果……］，结果"被屠宰了的猪"。"分割"事件框架：施事"人"＋行为"分割"＋受事"被屠宰了的猪"，行为［行为本身、结果……］，结果"肉"。"切分"事件框架：施事"人"＋行为"切分"＋受事"肉"，行为［行为本身、结果……］，结果"皮"。"得到"事件框架：施事"人"＋行为"得到"＋受事"皮"。	（猪① 肉）② 皮｛定［定（受事）中（受事）］中（受事）｝

依仗五个事件的见表 3-117。

表 3-117 依仗五个事件的

概念	框架	意合表达式
"被屠宰了的用饲料饲养的猪被切分后得到的猪肉"	"用……饲养"事件框架：施事"人"＋行为1"用"＋受事1"饲料"＋行为2"饲养"＋受事2"猪"，行为［行为本身、结果……］，结果"用饲料饲养的猪"。"屠宰"事件框架：施事"人"＋行为"屠宰"＋受事"用饲料饲养的猪"，行为［行为本身、结果……］，结果"被屠宰了的用饲料饲养的猪"。"切分"事件框架：施事"人"＋行为"切分"＋受事"被屠宰了的用饲料饲养的猪"，行为［行为本身、结果……］，结果"肉"。"得到"事件框架：施事"人"＋行为"得到"＋受事"肉"。	（饲料③ 猪）④ 肉｛定［定（受事1）中（受事2）］中（受事）｝

---

① 首先，类"猪"代种"生猪"；然后，受事"生猪"代行为"屠宰"＋受事"生猪"；再然后，受事"被屠宰了的猪"代行为"分割"＋受事"被屠宰了的猪"；接下来，行为"分割"＋受事"被屠宰了的猪"代结果"肉"；再接下来，行为"切分"＋受事"肉"代结果"皮"；再之后，受事"皮"代行为"得到"；最后，行为"得到"代行为"得到"＋修饰关系标记"的"。

② 整体"肉"代整体"肉"＋整体与部分关系标记"的"。

③ 首先，受事1"饲料"代行为1"用"＋受事1"饲料"；然后，行为1"用"＋受事1"饲料"代行为1"用"＋受事1"饲料"＋行为2"饲养"；最后，行为1"用"＋受事1"饲料"＋行为2"饲养"代行为1"用"＋受事1"饲料"＋行为2"饲养"＋修饰关系标记"的"。

④ 首先，受事"用饲料饲养的猪"代行为"屠宰"＋受事"用饲料饲养的猪"；然后，行为"屠宰"＋受事"用饲料饲养的猪"代结果"被屠宰了的用饲料饲养的猪"；再然后，受事"被屠宰了的用饲料饲养的猪"代行为"切分"＋受事"被屠宰了的用饲料饲养的猪"；接下来，行为"切分"＋受事"被屠宰了的用饲料饲养的猪"代结果"肉"；再接下来，受事"肉"代行为"得到"；最后，行为"得到"代行为"得到"＋修饰关系标记"的"。

　　从表3-117可知，体验基础是五个行为事件框架结构逻辑，限定成分突显的是受事＋受事，途径为转喻。突显的两个元素隐略了五个行为和修饰关系标记，因而语义透明度极低。

　　依仗六个事件的见表3-118。

　　从表3-118可知，前者体验基础是六个行为事件框架结构逻辑，限定成分突显的是受事＋受事，途径为转喻。突显的两个元素隐略了六个行为、行为构成要素，即结果和目的以及目的和修饰关系标记，因而语义透明度极低。后者体验基础是五个行为事件和一个领有事件框架结构逻辑，限定成分突显的是受事＋受事，途径为转喻。突显的两个隐略了五个行为、行为构成要素，即结果和源头以及源头和修饰关系标记，因而语义透明度极低。

表 3-118　依仗六个事件的

概念	框架	意合表达式
"用来榨油的果"	"屠宰"事件框架：施事"人"＋行为"屠宰"＋受事"猪"，行为［行为本身、结果……］，结果"被屠宰了的猪"。"切分"事件框架：施事"人"＋行为"切分"＋受事"被屠宰了的猪"，行为［行为本身、结果……］，结果"肉"。"提炼"事件框架：施事"人"＋行为"提炼"＋受事"肉"，行为［行为本身、结果……］，结果"油"。"得到"事件框架：施事"人"＋行为"得到"＋受事"油"。类："油"，种"猪油"。"用"事件框架：施事"人"＋行为"用"＋受事"果"，行为［行为本身、目的……］，目的"榨油"，目的标记"来"。"榨"事件框架：施事"人"＋行为"榨"＋受事"油"。	［(猪①油)② 果］③｛定［定（受事）中（受事）］中（受事）｝

---

　　① 首先，受事"猪"代行为"屠宰"＋受事"猪"；然后，行为"屠宰"＋受事"猪"代结果"被屠宰了的猪"；再然后，受事"被屠宰了的猪"代行为"切分"＋受事"被屠宰了的猪"；接下来，行为"切分"＋受事"被屠宰了的猪"代结果"肉"；再接下来，受事"肉"代行为"提炼"＋受事"肉"；再接下来，行为"提炼"＋受事"肉"代行为"提炼"＋受事"肉"＋行为"得到"；最后，行为"提炼"＋受事"肉"＋行为"得到"代行为"提炼"＋受事"肉"＋行为"得到"＋修饰关系标记"的"。

　　② 首先，种"猪油"代类"油"；然后，受事"油"代行为"榨"＋受事"油"；再然后，目的"榨油"代目的"榨油"＋目的标记"来"；接下来，目的"来榨油"代行为"用"＋目的"来榨油"；最后，行为"用"＋目的"来榨油"代行为"用"＋目的"来榨油"＋修饰关系标记"的"。

　　③ 此果用来榨油，状似猪油，故名。

（续表）

概念	框架	意合表达式
"笔头用鸡毛制成的笔"	"杀"事件框架：施事"人"＋行为"杀"＋受事"鸡"，行为［行为本身、结果……］，结果"被杀的鸡"。"拔"事件框架：施事"人"＋行为"拔"＋受事"毛"，行为［行为本身、源头……］，源头"被杀的鸡"。"得到"事件框架：施事"人"＋行为"得到"＋受事"从被杀的鸡拔的毛"。"用……制成"事件框架：施事"人"＋行为"用"＋受事"从被杀的鸡拔的毛"＋行为"制成"＋受事"笔头"。"领有"事件框架：领主"笔"＋"领有"＋所属"用鸡毛制成的笔头"。	［（鸡①毛）② 笔］｛定［定（受事）中（受事）］中（领主）｝

8. 表达受事＋行为构成要素的限定成分见表 3-119、3-120，按行为构成要素排序

表达受事＋结果的限定成分见表 3-119。

从表 3-119 可知，体验基础是两个行为事件和一个存在事件框架结构逻辑，限定成分突显的是受事＋结果，途径为转喻。突显的两个元素隐略了两个行为、一个受事、存在和修饰关系标记，因而语义透明度极低。

---

① 首先，受事"鸡"代行为"杀"＋受事"鸡"；然后，行为"杀"＋受事"鸡"代结果"被杀的鸡"；再然后，源头"被杀的鸡"代源头标记"从"＋源头"被杀的鸡"；接下来，源头"从被杀的鸡"代源头"从被杀的鸡"＋行为"拔"；最后，源头"从被杀的鸡"＋行为"拔"代源头"从被杀的鸡"＋行为"拔"＋修饰关系标记"的"。

② 首先，受事"鸡毛"代行为"用"＋受事"鸡毛"；然后，行为"用"＋受事"鸡毛"代行为"用"＋受事"鸡毛"＋行为"制成"；再然后，行为"用"＋受事"鸡毛"＋行为"制成"代行为"用"＋受事"鸡毛"＋行为"制成"＋受事"笔头"；接下来，行为"用"＋受事"鸡毛"＋行为"制成"＋受事"笔头"代行为"用"＋受事"鸡毛"＋行为"制成"＋受事"笔头"＋修饰关系标记"的"＋受事"笔头"；再接下来，所属"用鸡毛制成的笔头"代"领有"＋所属"用鸡毛制成的笔头"；最后，"领有"＋所属"用鸡毛制成的笔头"代"领有"＋所属"用鸡毛制成的笔头"＋修饰关系标记"的"。

表 3-119　表达受事＋结果的限定成分

概念	框架	意合表达式
"猪骨里的髓"	"屠宰"事件框架：施事"人"＋行为"屠宰"＋受事"猪"，行为［行为本身、结果……］，结果"被屠宰了的猪"。"切分"事件框架：施事"人"＋行为"切分"＋受事"被屠宰了的猪"，行为［行为本身、结果……］，结果"骨"。"存在"事件框架：场所"骨"＋"存在"＋存在物"髓"，场所标记"里"。	（猪① 骨）② 髓 \{定［定（受事）中（结果）］中（存在物）\}
"鸡头上的肉"	"杀"事件框架：施事"人"＋行为"杀"＋受事"鸡"，行为［行为本身、结果……］，结果"被杀了的鸡"。"切分"事件框架：施事"人"＋行为"切分"＋受事"被杀了的鸡"，行为［行为本身、结果……］，结果"头"。"存在"事件框架：场所"被杀了的鸡的头"＋"存在"＋存在物"肉"，场所标记"上"。	（鸡③ 头）④ 肉 \{定［定（受事）中（结果）］中（存在物）\}

表达受事＋场所的限定成分见表 3-120。

---

① 首先，受事"猪"代行为"屠宰"＋受事"猪"；然后，行为"屠宰"＋受事"猪"代结果"被屠宰了的猪"；再然后，受事"被屠宰了的猪"代行为"切分"＋受事"被屠宰了的猪"；接下来，行为"切分"＋受事"被屠宰了的猪"代行为"切分"＋受事"被屠宰了的猪"＋行为"得到"；最后，行为"切分"＋受事"被屠宰了的猪"＋行为"得到"代行为"切分"＋受事"被屠宰了的猪"＋行为"得到"＋修饰关系标记"的"。

② 首先，场所"骨"代场所"骨"＋场所标记"里"；然后，场所"猪的骨里"代场所"猪的骨里"＋"存在"；最后，场所"猪的骨里"＋"存在"代场所"猪的骨里"＋"存在"＋修饰关系标记"的"。类似的还有：猪脊椎骨、猪韧带骨、猪腿骨、猪头骨。

③ 首先，受事"鸡"代行为"杀"＋受事"鸡"；然后，行为"杀"＋受事"鸡"代结果"被杀了的鸡"；再然后，受事"被杀了的鸡"代行为"切分"＋受事"被杀了的鸡"；接下来，行为"切分"＋受事"被杀了的鸡"代结果"头"；再接下来，场所"头"代场所"头"＋场所标记"上"；再之后，场所"头上"代场所"头上"＋"存在"；最后，场所"头上"＋"存在"代场所"头上"＋"存在"＋修饰关系标记"的"。

④ 首先，场所"被杀了的鸡的头"代场所"被杀了的鸡的头"＋场所标记"上"；然后，场所"被杀了的鸡的头上"代场所"被杀了的鸡的头上"＋"存在"；最后，场所"被杀了的鸡的头上"＋"存在"代场所"被杀了的鸡的头上"＋"存在"＋修饰关系标记"的"。类似的还有：猪颈肉、猪头肉。

表 3-120 表达受事＋场所的限定成分

概念	框架	意合表达式
"狗皮膏药"	"屠宰"事件框架：施事"人"＋行为"屠宰"＋受事"狗"，行为［行为本身、结果……］，结果"被屠宰了的狗"。"切分"事件框架：施事"人"＋行为"切分"＋受事"被屠宰了的狗"，行为［行为本身、结果……］，结果"皮"。"得到"事件框架：施事"人"＋行为"得到"＋受事"皮"。"涂"事件框架：施事"人"＋行为"涂"＋受事"膏药"，行为［行为本身、场所……］，场所"狗皮"，场所标记"上"。	［（狗①皮）② 膏药］③〈定［定（受事）中（场所）］中（受事）〉

从表 3-120 可知，体验基础是四个行为事件框架结构逻辑，限定成分突显的是受事＋场所，途径为转喻。突显的两个元素隐略了四个行为、一个受事以及场所和修饰关系标记，因而语义透明度极低。

9. 表达对象＋方所的限定成分见表 3-121

表 3-121 表达对象＋方所的限定成分

概念	框架	意合表达式
"主人给狗脖子上系的圈"	"系"事件框架：施事"主人"＋行为"系"＋受事"圈"＋对象"狗"，行为［行为本身、方所……］，方所"项上"；对象标记"给"，方所标记"上"。	（狗项）④ 圈［定（对象＋方所）中（受事）］

从表 3-121 可知，体验基础是行为事件框架结构逻辑，限定成分突显的是对象＋方所，途径为转喻。突显的两个元素隐略施事、行为与对象、方所和修饰关系标记，因而语义透明度极低。

---

① 首先，受事"狗"代行为"屠宰"＋受事"狗"；然后，行为"屠宰"＋受事"狗"代结果"被屠宰了的狗"；再然后，受事"被屠宰了的狗"代行为"切分"＋受事"被屠宰了的狗"；接下来，行为"切分"＋受事"被屠宰了的狗"代行为"切分"＋受事"被屠宰了的狗"＋行为"得到"；最后，行为"切分"＋受事"被屠宰了的狗"＋行为"得到"代行为"切分"＋受事"被屠宰了的狗"＋行为"得到"＋修饰关系标记"的"。

② 首先，场所"狗皮"代场所"狗皮"＋场所标记部分"上"；然后，场所"狗皮"＋场所标记部分"上"代场所标记部分"在"＋场所"狗皮"＋场所标记部分"上"；再然后，场所"在狗皮上"代行为"涂"＋场所"在狗皮上"；最后，行为"涂"＋场所"在狗皮上"＋修饰关系标记"的"。

③ 此膏药涂在小块狗皮上制成，故名。

④ 首先，对象"狗"＋方所"项"代对象标记"给"对象"狗"＋方所"项"＋方所标记"上"；然后，对象标记"给"对象"狗"＋方所"项"＋方所标记"上"代对象"给狗"＋方所"项上"＋行为"系"；再然后，对象"给狗"＋方所"项上"＋行为"系"代施事"主人"＋对象"给狗"＋方所"项上"＋行为"系"；最后，施事"主人"＋对象"给狗"＋方所"项上"＋行为"系"代施事"主人"＋对象"给狗"＋方所"项上"＋行为"系"＋修饰关系标记"的"。

10. 表达场所＋施事的限定成分见表3-122

表 3-122　表达场所＋施事的限定成分

概念	框架	意合表达式
"切分被屠宰的生长在原野的猪得到的肉"	"生长"事件框架：施事"猪"＋行为"生长"，行为［行为本身、场所……］，场所"原野"。"屠宰"事件框架：施事"人"＋行为"屠宰"＋受事"野猪"，行为［行为本身、结果……］，结果"被屠宰了的野猪"。"切分"事件框架：施事"人"＋行为"切分"＋受事"被屠宰了的野猪"，行为［行为本身、结果……］，结果"肉"。"得到"事件框架：施事"人"＋行为"得到"＋受事"肉"。	（野① 猪）② 肉｛定［定（场所）中（施事）］中（受事）｝

从表 3-122 可知，体验基础是四个行为事件框架结构逻辑，限定成分突显的是场所＋施事，途径为转喻。突显的两个元素隐略了四个行为和一个受事及场所和修饰关系标记，因而语义透明度极低。

11. 表达部分＋领主的限定成分见表3-123

表 3-123　表达部分＋领主的限定成分

概念	框架	意合表达式
"梅行思流派画的鸡"	整体：姓名"梅行思"，部分：姓"梅"、名"行思"。"领有"事件框架：领主"家"＋"领有"＋所属"梅行思"。"画"事件框架：施事"梅行思流派"＋行为"画"＋受事"鸡"。	（梅③ 家④）⑤ 鸡｛定［定（部分）中（领主）］中（受事）｝

从表 3-123 可知，体认理据是事物、领有和行为事件框架结构逻辑，限定成分突显的是部分＋领主，途径为转喻。突显的两个元素隐略了整体与部分关系、领有、行为和修饰关系标记，因而语义透明度很低。

---

① 首先，场所"原野"代场所标记"在"＋场所"原野"；然后，场所"在原野"代行为"生长"＋场所"在原野"；最后，行为"生长"＋场所"在原野"代行为"生长"＋场所"在原野"＋修饰关系标记"的"。

② 首先，受事"野猪"代行为"屠宰"＋受事"野猪"；然后，行为"屠宰"＋受事"野猪"代结果"被屠宰了的野猪"；再然后，受事"被屠宰了的野猪"代行为"切分"＋受事"被屠宰了的野猪"；接下来，行为"切分"＋受事"被屠宰了的野猪"代结果"肉"；再接下来，受事"肉"代行为"得到"；最后，行为"得到"代行为"得到"＋修饰关系标记"的"。类似的还有：野鸡肉。

③ 姓名专名部分姓"梅"代整体"梅行思"。

④ "家"意为"（学术）流派"。

⑤ 首先，施事"梅行思流派"代施事"梅行思流派"＋行为"画"；然后，施事"梅行思流派"＋行为"画"代施事"梅行思流派"＋行为"画"＋修饰关系标记"的"。

12. 表达成员＋领主的限定成分见表 3-124

表 3-124　表达成员＋领主的限定成分

概念	框架	意合表达式
"黑眼鸡"	语言单位范畴：成员"乌"，成员"五"。"领有"事件框架：领主"鸡"＋"领有"＋所属"眼睛"。"领有"事件框架：领主"眼"＋"领有"＋所属"黑色"。	（五①　眼）②　鸡｛定［定（成员）中（领主）］中（领主）｝

从表 3-124 可知，体验基础是范畴和两个领有事件框架结构逻辑，限定成分突显的是成员＋领主，途径为转喻。突显的两个元素隐略了成员与成员关系、两个领有和修饰关系标记，因而语义透明度很低。

13. 表达所属＋领主的限定成分见表 3-125

表 3-125　表达所属＋领主的限定成分

概念	框架	意合表达式
"屠宰土猪、切分得到的肉"	"领有"事件框架：领主"雄性猪和雌性猪"＋"领有"＋所属，即源头"本土"。"交配"事件框架：施事"本地雄性猪和雌性猪"＋行为"交配"，行为［行为本身、结果……］，结果"生产"。"生产"事件框架：施事"本地雌性猪"＋行为"生产"＋受事"猪"。"屠宰"事件框架：施事"人"＋行为"屠宰"＋受事"土猪"，行为［行为本身、结果……］，结果"被屠宰了的土猪"。"切分"事件框架：施事"人"＋行为"切分"＋受事"被屠宰了的土猪"，行为［行为本身、结果……］，结果"肉"。"得到"事件框架：施事"人"＋行为"得到"＋受事"肉"。	（土③　猪）④　肉｛定［定（所属）中（领主）］中（受事）｝

---

① 成员"五"代成员"乌"。

② 首先，所属"黑眼"代"领有"＋所属"黑眼"；然后，"领有"＋所属"黑眼"代"领有"＋所属"黑眼"＋修饰关系标记"的"。

③ "土"意为"本地"。首先，所属"本地"代"领有"＋所属"本地"；然后，"领有"＋所属"本地"代"领有"＋所属"本地"＋领主"雄性猪和雌性猪"；再然后，施事"本地雄性猪和雌性猪"代施事"本地雄性猪和雌性猪"＋行为"交配"；接下来，施事"本地雄性猪和雌性猪"＋行为"交配"代结果"生产"；再接下来，行为"生产"代施事"本地雌性猪"＋行为"生产"；最后，施事"本地雌性猪"＋行为"生产"代施事"本地雌性猪"＋行为"生产"＋修饰关系标记"的"。

④ 首先，受事"土猪"代行为"屠宰"＋受事"土猪"；然后，行为"屠宰"＋受事"土猪"代结果"被屠宰了的土猪"；再然后，受事"被屠宰了的土猪"代行为"切分"＋受事"被屠宰了的土猪"；接下来，行为"切分"＋受事"被屠宰了的土猪"代结果"肉"；接下来，受事"肉"代行为"得到"；最后，行为"得到"代行为"得到"＋修饰关系标记"的"。

从表 3-125 可知，体验基础是一个领有事件和五个行为事件框架结构逻辑，限定成分突显的是所属＋领主，途径为转喻。突显的两个元素隐略了领有、五个行为和一个受事以及修饰关系标记，因而语义透明度极低。

14. 表达所属＋场所的限定成分见表 3-126

表 3-126　表达所属＋场所的限定成分

概念	框架	意合表达式
"头上有红眼睛的蝇"	"领有"事件框架：领主"眼睛"＋"领有"＋所属"红"。"领有"事件框架：领主"蝇"＋场所"头"＋"领有"＋所属"红眼睛"，场所标记"上"。	［(红①头)② 蝇］③ {定［定（所属）中（场所）］中（领主）}

从表 3-126 可知，体认理据是两个领有事件框架结构逻辑，限定成分突显的是所属＋场所，途径为转喻。突显的两个元素隐略了第一个领有事件的领有和领主、第二个领有事件的领有以及场所和修饰关系标记，因而语义透明度极低。

15. 表达领主＋存在的限定成分见表 3-127

表 3-127　表达领主＋存在的限定成分

概念	框架	意合表达式
"带有狗图形的丝带"	"领有"事件框架：领主"狗"＋"领有"＋所属"图形"。"存在"事件框架：存在物"狗图形"＋"带有"＋场所"丝带"。	(狗④ 带)⑤ 绶［定（领主＋存在）中（场所）］

从表 3-127 可知，体验基础是领有事件和存在事件框架结构逻辑，限定成分突显的是领主＋存在，途径为转喻。突显的领主＋存在隐略了领有和所属、存在物以及修饰关系标记，因而语义透明度很低。

---

① 所属"红"代所属"红"＋领主"眼睛"。

② 首先，所属"红眼睛"＋场所"头"代所属"红眼睛"＋场所"头"＋场所标记"上"；然后，所属"红眼睛"＋场所"头上"代"领有"＋所属"红眼睛"＋场所"头上"；最后，"领有"＋所属"红眼睛"＋场所"头上"代场所"头上"＋"领有"＋所属"红眼睛"＋修饰关系标记"的"。

③ 此蝇眼睛大，红色，故名。

④ 领主"狗"代领主"狗"＋所属"图形"。

⑤ 存在物"狗图形"＋存在"带有"代存在"带有"＋存在物"狗图形"＋修饰关系标记"的"。

（二）后入框架事物概念限定成分隐性内包转喻转喻意合表达式

后入框架事物概念限定成分隐性内包转喻转喻意合表达式见表 3-128～
3-135，按转喻关系排序。

1. 内包基于成员与成员关系的转喻见表 3-128～3-133，按事件类型排序

（1）依仗行为事件框架的见表 3-128、3-129

下面按事件数量排序。

一个行为事件框架的见表 3-128。

表 3-128　一个行为事件框架的

概念	框架	意合表达式
"系火于其足的鸡"	"系"事件框架：施事"人"＋行为"系"＋受事"火"＋对象"鸡"，行为［行为本身、场所……］，场所"足"。语言单位范畴：成员"鸡"，成员"其"。	蒸①鸡［定（行为）中（对象）］

从表 3-128 可知，体验基础是行为事件框架结构逻辑，限定成分突显的是行为，途径为转喻。意合表达式隐略了施事、行为和行为构成要素场所与成员和成员关系以及修饰关系标记，因而语义透明度极低。

两个行为事件框架的见表 3-129。

从表 3-129 可知，体验基础是两个行为事件框架结构逻辑，限定成分突显的是第二个事件的施事，途径为转喻。意合表达式隐略了第一个事件的施事、行为和受事与第二个事件的行为和受事与成员和成员关系以及修饰关系标记，因而语义透明度极低。

---

① "蒸"意为"火"。首先，受事"火"代行为"系"＋受事"火"；然后，行为"系"＋受事"火"代行为"系"＋受事"火"＋场所"足"；再然后，行为"系"＋受事"火"＋场所"足"代行为"系"＋受事"火"＋场所标记"于"＋场所"足"；接下来，行为"系"＋受事"火"＋场所标记"于"＋场所"足"代行为"系"＋受事"火"＋场所标记"于"＋对象"鸡"＋场所"足"；再接下来，行为"系"＋受事"火"＋场所标记"于"＋对象"鸡"＋场所"足"代行为"系"＋受事"火"＋场所标记"于"＋对象"鸡"＋领有关系标记"的"＋场所"足"；最后，行为"系"＋受事"火"＋场所标记"于"＋对象"鸡"＋领有关系标记"的"＋场所"足"代行为"系"＋受事"火"＋场所标记"于"＋对象"鸡"＋领有关系标记"的"＋场所"足"＋修饰关系标记"的"。其间，成员"其"代成员"鸡"。

表 3-129　两个行为事件框架的

概念	框架	意合表达式
"把其作为猪饲料的莼"	"作为"事件框架：施事"人"＋行为"作为"＋对象"莼"＋受事"猪饲料"。"吃"事件框架：施事"猪"＋行为"吃"＋受事"饲料"。语言单位范畴：成员"莼"，成员"其"。	猪①莼②［定（第二个事件的施事）中（受事）］

（2）依仗出现事件框架的见表 3-130

表 3-130　依仗出现事件框架的

概念	框架	意合表达式
"蝇栖于其端的笔即前秦苻坚亲为赦文时所用之笔"	整体："笔"，部分："笔端"。语言单位范畴：成员"笔"、成员"其"。"栖"事件框架：出现者"蝇"＋出现"栖"，出现［出现本身、场所……］，场所"笔端"。	蝇栖③笔［定（出现者＋出现）中（整体）］

从表 3-130 可知，体验基础是事物、范畴和出现事件框架结构逻辑，限定成分突显的是出现者＋出现，途径为转喻。意合表达式隐略了整体与部分和成员与成员关系、存在构成要素场所以及场所和修饰关系标记，因而语义透明度极低。

（3）依仗领有和存在事件框架的见表 3-131

从表 3-131 可知，体验基础是一个事物、两个范畴与一个领有和一个存在事件框架结构逻辑，限定成分突显的是类，途径为转喻。意合表达式隐

---

① 首先，施事"猪"代施事"猪"＋行为"吃"；然后，施事"猪"＋行为"吃"代施事"猪"＋行为"吃"＋修饰关系标记"的"；再然后，施事"猪"＋行为"吃"＋修饰关系标记"的"代施事"猪"＋行为"吃"＋修饰关系标记"的"＋受事"饲料"；接下来，受事"猪饲料"代行为"作为"＋受事"猪饲料"；再接下来，行为"作为"＋受事"猪饲料"代对象"其"＋行为"作为"＋受事"猪饲料"；还接下来，对象"其"＋行为"作为"＋受事"猪饲料"代对象标记"把"＋行为"作为"＋受事"猪饲料"；最后，对象标记"把"＋对象"其"＋行为"作为"＋受事"猪饲料"代对象标记"把"＋对象"其"＋行为"作为"＋受事"猪饲料"＋修饰关系标记"的"；其间，成员"其"代成员"莼"。

② 意为"多年生水草，叶子椭圆形，浮在水面，茎上和叶的背面有黏液，花暗红色。嫩叶可以吃"。

③ 首先，出现者"蝇"＋出现"栖"代出现者"蝇"＋出现"栖"＋场所"笔端"；然后，出现者"蝇"＋出现"栖"＋场所"笔端"代出现者"蝇"＋出现"栖"＋场所标记"于"＋场所"笔端"；最后，出现者"蝇"＋出现"栖"＋场所标记"于"＋场所"笔端"代出现者"蝇"＋出现"栖"＋场所标记"于"＋场所"笔端"＋修饰关系标记"的"。其间，成员"其"代成员"笔"。

略一个整体与部分和成员与成员关系、领有和所属、存在和存在物以及场
所和修饰关系标记，因而语义透明度极低。

表 3-131　依仗领有和存在事件框架

概念	框架	意合表达式
"其上有子母鸡图形的缸即成窑酒杯中的一种精品"	类："鸡"，种："母鸡""子鸡"。整体："子母鸡"，部分："子鸡""母鸡"；"领有"事件框架：领主"子母鸡"＋"领有"＋所属"图形"。"存在"事件框架：存在物"子母鸡的图形"＋存在"有"＋场所"缸"；场所标记"上"。语言单位范畴：成员"缸"、成员"其"。	（鸡①　缸）②〔定（类）中（场所）〕

（4）依仗存在事件框架的见表 3-132

表 3-132　依仗存在事件框架的

概念	框架	意合表达式
"从其腿到趾附着浓密羽毛的鸡"	"存在"事件框架：存在物"浓密羽毛"＋存在"附着"＋场所"从鸡腿到趾"。整体："鸡"，部分："脚"；整体："下肢"，部分："腿""趾"。语言单位范畴：成员"鸡"、成员"其"。	毛脚③鸡〔定（部分）中（整体）〕

从表 3-132 可知，体验基础是两个事物、一个范畴和一个存在事件框架
结构逻辑，限定成分突显的是部分，途径为转喻。意合表达式隐略了一个
整体与部分关系和成员与成员关系、存在和存在构成要素场所以及修饰关

---

① 类"鸡"代种"母鸡"；然后，部分"母鸡"代整体"子母鸡"；再然后，领主"子母鸡"
代领主"子母鸡"＋所属"图形"；接下来，领主"子母鸡"＋所属"图形"代领主"子母鸡"＋
修饰关系标记"的"＋所属"图形"；再接下来，存在物"子母鸡的图形"代存在物"子母鸡的图
形"＋存在"有"＋场所"缸"；再之后，存在物"子母鸡的图形"＋存在"有"＋场所"缸"代
存在物"子母鸡的图形"＋存在"有"＋场所"缸"＋场所标记"上"；最后，存在物"子母鸡的
图形"＋存在"有"＋场所"缸上"代存在物"子母鸡的图形"＋存在"有"＋场所"缸上"＋修
饰关系标记"的"。其间，成员"其"代成员"缸"。
② 据程哲《窑器说》："鸡缸上画牡丹，下有子母鸡，跃跃欲动。"
③ 首先，存在物"浓密羽毛"＋场所"从鸡腿到趾"代存在物"浓密羽毛"＋场所"从鸡腿
到趾"＋存在"附着"；然后，存在物"浓密羽毛"＋场所"从鸡腿到趾"＋存在"附着"代存在
物"浓密羽毛"＋场所"从鸡腿到趾"＋存在"附着"＋修饰关系标记"的"。其间，成员"其"
代成员"鸡"。

系标记，因而语义透明度极低。

（5）依仗状态和领有事件框架的见表 3-133

表 3-133　依仗状态和领有事件框架

概念	框架	意合表达式
"其肉味美的鸡"	"味美"事件框架：状主"鸡肉"＋状态"味美"。语言单位范畴：成员"鸡肉"、成员"其肉"。"领有"事件框架：领主"鸡"＋"领有"＋所属"其肉味美"。	甘① 鸡 ［定（状态）中（领主）］

从表 3-133 可知，体验基础是状态、范畴和领有事件框架结构逻辑，限定成分突显的是状态，途径为转喻。意合表达式隐略了成员与成员关系、状主、领有和所属以及修饰关系标记，因而语义透明度极低。

2. 内包基于整体与部分关系的转喻见表 3-134

表 3-134　内包基于整体与部分关系的转喻

概念	框架	意合表达式
"参加枪猎运动的狗"	类："运动"，种："枪猎运动"。"参加"事件框架：施事"狗"＋行为"参加"＋受事"枪猎运动"。整体："开枪猎杀"，部分："开枪""猎杀"。	运动② 犬 ［定（类）中（施事）］

从表 3-134 可知，体验基础是事物和行为事件框架结构逻辑，限定成分突显的是类，途径为转喻。意合表达式隐略了整体与部分和成员与成员关系、行为和修饰关系标记，因而语义透明度很低。

3. 内包基于元素与事件关系的转喻见表 3-135

从表 3-135 可知，体验基础是三个行为事件和一个领有事件框架结构逻辑，限定成分突显的是领主，途径为转喻。意合表达式隐略三个行为和一个受事、一个领有和所属以及修饰关系标记，因而语义透明度极低。

---

　　① "甘"意为"味美"："何向者视渡老人之芋之香而甘也！"（周容《芋老人传》）首先，状态"味美"代状主"鸡肉"＋状态"味美"；然后，状主"鸡肉"＋状态"味美"代状主"鸡肉"＋状态"味美"＋修饰关系标记"的"。其间，成员"其"代成员"鸡"。

　　② 首先，类"运动"代种"枪猎运动"；然后，受事"枪猎运动"代行为"参加"＋受事"运动"；最后，行为"参加"＋受事"枪猎运动"代行为"参加"＋受事"枪猎运动"＋修饰关系标记"的"。其间，形式单位部分"枪猎"代整体"开枪猎杀"。

表 3-135　内包基于元素与事件关系的转喻

概念	框架	意合表达式
"猪被宰后切分获得的肉"	"屠宰"事件框架：施事"人"＋行为"屠宰"＋受事"猪"，行为［行为本身、结果……］，结果"被屠宰了的猪"。"切分"事件框架：施事"人"＋行为"切分"＋受事"被屠宰了的猪"，行为［行为本身、结果……］，结果"肉"。"得到"事件框架：施事"人"＋行为"得到"＋受事"肉"。"领有"事件框架：领主"大"＋"领有"＋所属，即功能"避讳朱"。	大①肉［定（领主）中（结果）］

三、后入框架事物概念限定成分和中心成分转喻意合表达式

（一）后入框架事物概念限定成分复合转喻、中心成分简单转喻意合表达式

后入框架事物概念限定成分复合转喻、中心成分简单转喻意合表达式见表 3-136～3-138，按所依仗的框架数量排序。依仗两个框架的见表 3-136。

表 3-136　依仗两个框架的

概念	框架	意合表达式
"纪渻养的、呆呆的斗鸡"	"养"事件框架：施事"纪渻"＋行为"养"＋受事"斗鸡"。类："木鸡"，种："木斗鸡"。	纪渻②（木③鸡④）⑤［定（施事）中（类）］

---

① 由于明朝皇帝姓朱，与猪同音，明朝人为避讳，把猪称为豚，把猪肉称为大肉或豚肉，故名。领主"大"代所属，即功能"避讳朱"；其间，"猪"复杂转喻：首先，受事"猪"代行为"屠宰"＋受事"猪"；然后，行为"屠宰"＋受事"猪"代结果"被屠宰了的猪"；再然后，受事"被屠宰了的猪"代行为"切分"＋受事"被屠宰了的猪"；接下来，行为"切分"＋受事"被屠宰了的猪"代行为"切分"＋受事"被屠宰了的猪"；再接下来，行为"切分"＋受事"被屠宰了的猪"代结果"肉"；还接下来，受事"肉"代行为"得到"；最后，行为"得到"代行为"得到"＋修饰关系标记"的"。

② 首先，施事"纪渻"代施事"纪渻"＋行为"养"；然后，施事"纪渻"＋行为"养"代施事"纪渻"＋行为"养"＋修饰关系标记"的"。

③ 意为"麻木"。

④ 类"木鸡"代种"木斗鸡"。

⑤ 看上去就像一只木鸡，故名。

（续表）

概念	框架	意合表达式
"犬传送的家信"	"传送"事件框架：施事"犬"＋行为"传送"＋受事"家信"。类："信件"，种："家信"。	犬①书②［定（施事）中（类）］
"报晓的公鸡"	"报告"事件框架：施事"公鸡"＋行为"报告"＋受事"晓"。类："鸡"，种："公鸡"。	晓③鸡④［定（受事）中（类）］
"主管犬的官员"	"主管"事件框架：施事"官员"＋行为"主管"＋受事"犬"。类："人"，种："官员"。	犬⑤人⑥［定（受事）中（类）］
"白日啼鸣的公鸡"	"啼鸣"事件框架：施事"公鸡"＋行为"啼鸣"，行为［行为本身、时间……］，时间"白日"。类："鸡"，种："公鸡"。	昼⑦鸡⑧［定（时间）中（类）］

从表3-136可知，体验基础是范畴和行为事件框架结构逻辑，突显的元素有施事＋类、受事＋类和时间＋类，途径为转喻。突显的施事＋类和受事＋类隐略了范畴与成员关系、行为和修饰关系标记，因而语义透明度低。突显的时间＋类框架结构逻辑层级差一个，而且隐略了范畴与成员关系、行为和修饰关系标记，因而语义透明度很低。

---

① 首先，施事"犬"代施事"犬"＋行为"传送"；然后，施事"犬"＋行为"传送"代施事"犬"＋行为"传送"＋修饰关系标记"的"。

② 意为"信件"，类"信件"代种"家信"。

③ 首先，受事"晓"代行为"报"＋受事"晓"；然后，行为"报"＋受事"晓"代行为"报"＋受事"晓"＋修饰关系标记"的"。

④ 类"鸡"代种"公鸡"。

⑤ 首先，受事"犬"代行为"主管"＋受事"犬"；然后，行为"主管"＋受事"犬"代行为"主管"＋受事"犬"＋修饰关系标记"的"。

⑥ 类"人"代种"官员"。

⑦ 意为"白日"："横柯上蔽，在昼犹昏。"（吴均《与朱元思书》）首先，时间"白日"代时间"白日"＋行为"啼叫"；然后，时间"白日"＋行为"啼叫"代时间"白日"＋行为"啼叫"＋修饰关系标记"的"。

⑧ 类"鸡"代种"公鸡"。

依仗三个框架的见表 3-137。

表 3-137　依仗三个框架的

概念	框架	意合表达式
"烤熟的鸡"	"杀"事件框架：施事"人"＋行为"杀"＋受事"鸡"，行为［行为本身、结果……］，结果"被杀了的鸡"。"烤"事件框架：施事"人"＋行为"烤"＋受事"被杀了的鸡"，行为［行为本身、结果］，结果"熟"。类："鸡"，种："被杀了的鸡"。	烧①鸡②［定（行为）中（类）］
"昼伏夜出的野猪"	"领有"事件框架：领主"猫"＋"领有"＋所属即活动特征"昼伏夜出"。"昼伏夜出"事件框架：施事"野猪"＋行为"昼伏夜出"。类："猪"，种："野猪"。	猫③猪④［定（领主）中（类）］

从表 3-137 可知，体验基础是一个范畴和两个行为事件框架结构逻辑，突显的元素有行为＋类和领主＋类，途径为转喻。突显的行为＋类隐略了范畴与成员关系、两个施事、一个行为、一个受事及修饰关系标记，因而语义透明度极低。突显的领主＋类隐略了范畴与成员关系、领有和所属、行为和修饰关系标记，因而语义透明度极低。

依仗五个框架的见表 3-138。

从表 3-138 可知，体验基础是一个范畴和四个行为事件框架结构逻辑，突显的元素是行为＋类，途径为转喻。突显的两个元素隐略了范畴与成员关系、两个行为和受事以及修饰关系标记，因而语义透明度极低。

---

① "烧"意为"烤"。首先，行为"烤"代行为"烤"＋结果"熟"；然后，行为"烤"＋结果"熟"代行为"烤"＋结果"熟"＋修饰关系标记"的"。

② 类"鸡"代种"被杀了的鸡"。

③ 首先，领主"猫"代所属，即活动特征"昼伏夜出"；然后，行为"昼伏夜出"代行为"昼伏夜出"＋修饰关系标记"的"。

④ 类"猪"代种"野猪"。

表 3-138　依仗五个框架的

概念	框架	意合表达式
"用油炸了的仔鸡"	"杀"事件框架：施事"人"＋行为"杀"＋受事"仔鸡"，行为［行为本身、结果……］，结果"被杀了的仔鸡"。"处理"事件框架：施事"人"＋行为"处理"＋受事"被杀了的仔鸡"，行为［行为本身、结果……］，结果"被处理过的仔鸡"。"用……炸"事件框架：施事"人"＋行为1"用"＋受事1"油"＋行为2"炸"＋受事2"被处理过的仔鸡"，行为［行为本身、结果……］，结果"油炸过的仔鸡"。类："仔鸡"，种："已被杀并处理过的仔鸡"。	炸① 仔 鸡② ［定（行为）中（类）］

（二）后入框架事物概念限定成分复杂转喻、中心成分简单转喻意合表达式

1. 后入框架事物概念限定成分三次复杂转喻、中心成分简单转喻意合表达式

后入框架事物概念限定成分三次复杂转喻、中心成分简单转喻意合表达式见表 3-139～3-150，按所依仗的框架数量排序。

（1）依仗两个框架的，见表 3-139～3-146

按行为事件的施事类型排序。

第一，人为施事的见表 3-139、3-140，按中心成分所表达的概念角色排序。

其一，中心成分表达行为的见表 3-139。

从表 3-139 可知，体验基础是两个行为事件框架结构逻辑，突显的元素是受事＋行为，途径为转喻。两个元素跨越两个事件，而且隐略了第一个事件的施事、行为和行为构成要素工具与第二个事件的施事、受事和行为构成要素工具以及修饰关系标记，因而语义透明度极低。

---

① 首先，行为"炸"代方式"用油"＋行为"炸"；然后，方式"用油"＋行为"炸"代方式"用油"＋行为"炸"＋修饰关系标记"的"。

② 类"仔鸡"代种"已被杀并处理过的仔鸡"。

表 3-139　中心成分表达行为的

概念	框架	意合表达式
"驱蝇除尘的工具"	"驱赶"事件框架：施事"人"＋行为"驱赶"＋受事"蝇"，行为［行为本身、工具……］，工具"拂/甩"。"拂拭/甩脱"事件框架：施事"人"＋行为"拂拭/甩脱"＋受事"蝇/尘"，行为［行为本身、工具……］。	蝇①拂②［定（受事）中（行为）］
		蝇③甩④［定（受事）中（行为）］

其二，中心成分表达类/受事的见表 3-140。

表 3-140　中心成分表达类/受事的

概念	框架	意合表达式
"腌制后风干了的鸡"	"吹拂"事件框架：施事"人"＋行为"吹拂"＋受事"被杀了的鸡"，行为［行为本身、时间、结果……］，时点"腌制后"，结果"干"。类："鸡"，种："被杀了的鸡"。	风⑤鸡⑥［定（行为）中（类/受事）］
"为狩猎使用的小鹰"	"使用"事件框架：施事"人"＋行为"使用"＋受事"鹰"，行为［行为本身、目的……］，目的"为狩猎"。类："鹰"，种："小鹰"。	猎⑦鹰⑧［定（目的）中（类/受事）］

---

①　首先，受事"蝇"代行为"驱赶"＋受事"蝇"；然后，行为"驱赶"＋受事"蝇"代"驱赶"＋受事"蝇"＋除尘；最后，"驱赶"＋受事"蝇"＋"除尘"代"驱赶"＋受事"蝇"＋"除尘"＋修饰关系标记"的"。

②　行为"拂拭"代工具。

③　首先，受事"蝇"代行为"驱赶"＋受事"蝇"；然后，行为"驱赶"＋受事"蝇"代"驱赶"＋受事"蝇"＋除尘，最后"驱赶"＋受事"蝇"＋"除尘"代"驱赶"＋受事"蝇"＋"除尘"＋修饰关系标记"的"。

④　行为"甩脱"代工具。

⑤　"风"意为"吹拂"。首先，行为"风"代行为"风"＋结果"干"；然后，行为"风"＋结果"干"代时点"腌制后"＋行为"风"＋结果"干"；最后，时点"腌制后"＋行为"风"＋结果"干"＋修饰关系标记"的"。

⑥　类"鸡"代种"被杀了的鸡"。

⑦　首先，目的"狩猎"代目的标记"为"＋目的"狩猎"；然后，目的"为狩猎"代目的"为狩猎"＋行为"使用"；最后，目的"为狩猎"＋行为"使用"代目的"为狩猎"＋行为"使用"＋修饰关系标记"的"。

⑧　类"鹰"代种"小鹰"。

（续表）

概念	框架	意合表达式
"刚训练好的猎鹰"	"训练"事件框架：施事"人"＋行为"训练"＋受事"猎鹰"，行为［行为本身、时间、结果……］，时间"刚刚"，结果"好"。类："鹰"，种："猎鹰"。	新①鹰②［定（时间）中（类/受事）］

从表 3-140 可知，体验基础是范畴和行为事件框架结构逻辑，突显的元素有行为/目的/时间＋类/受事，途径为转喻。前者两个元素结构逻辑层级差一个，而且隐略了范畴与成员关系、施事和行为构成要素时间与结果以及修饰关系标记，因而语义透明度极低。中间两个元素结构逻辑层级差一个，而且隐略了范畴与成员关系、施事、行为和行为构成要素目的以及目的和修饰关系标记，因而语义透明度极低。后者两个元素结构逻辑层级差一个，而且隐略了范畴与成员关系、施事、行为和行为构成要素结果以及目的和修饰关系标记，因而语义透明度极低。

第二，动物为施事的见表 3-141～3-146，按中心成分所表达的概念角色排序。

其一，中心成分表达施事的见表 3-141～3-145，按限定成分所表达的概念角色排序。限定成分表达施事的见表 3-141。

表 3-141　限定成分表达施事的

概念	框架	意合表达式
"产过仔的雌性猪"	"产"事件框架：施事"母猪"＋行为"产"＋受事"仔"，行为［行为本身、状态］，状态"完成"；完成体标记："过"。类："猪"，种："雌性猪"。	娄③猪④［定（施事）中（类/施事）］

---

①　"新"意为"新近；刚刚"："新来与世界为缘。"（梁启超《饮冰室合集·文集》）首先，时间"刚刚"代时间"刚刚"＋行为"训练"；然后，时间"刚刚"＋行为"训练"代时间"刚刚"＋行为"训练"＋结果"好"；最后，时间"刚刚"＋行为"训练"＋结果"好"代时间"刚刚"＋行为"训练"＋结果"好"＋修饰关系标记"的"。

②　类"鹰"代种"猎鹰"。

③　"娄"意为"母猪"。首先，施事"母猪"代行为"产"＋受事"仔"；然后，行为"产"＋受事"仔"代行为"产"＋完成体标记"过"＋受事"仔"；最后，行为"产"＋受事"仔"代行为"产"＋完成体标记"过"＋受事"仔"＋修饰关系标记"的"。

④　类"猪"代种"雌性猪"。

（续表）

概念	框架	意合表达式
"产过仔的雌性猪/狗"	"产"事件框架：施事"母"＋行为"产"＋受事"仔"，行为［行为本身、状态］，状态"完成"；完成体标记："过"。类："猪/狗"，种："雌性猪/狗"。	母① 猪/狗② ［定（施事）中（类/施事）］

从表 3-141 可知，体验基础是范畴和行为事件框架结构逻辑，突显的元素是施事＋类/施事，途径为转喻。突显的两个元素隐略了类与种关系与行为、受事和行为构成要素状态以及完成体和修饰关系标记，因而语义透明度极低。

限定成分表达行为构成要素的见表 3-142～3-145，按具体要素排序。限定成分表达时间的见表 3-142。

表 3-142　限定成分表达时间的

概念	框架	意合表达式
"早晨报晓的公鸡"	"报告"事件框架：施事"鸡"＋行为"报"＋受事"晓"，行为［行为本身、方式、时间……］，方式"啼叫"，时间"早晨"；类："鸡"，种："公鸡"。	（晨/朝③ 鸡④）⑤ ［定（时间）中（类）］

从表 3-142 可知，体验基础是范畴和行为事件框架结构逻辑，突显的元素是时间＋类，途径为转喻。突显的两个元素隐略了类与种关系、行为和受事以及修饰关系标记，因而语义透明度很低。

---

① 首先，施事"母"代行为"产"；然后，行为"产"代行为"产"＋受事"仔"；再然后，行为"产"＋受事"仔"代行为"产"＋完成体标记"过"＋受事"仔"；最后，行为"产"＋完成体标记"过"＋受事"仔"代行为"产"＋完成体标记"过"＋受事"仔"＋修饰关系标记"的"。

② 类"猪/狗"代种"雌性猪/狗"。

③ 首先，时间"早晨"代时间"早晨"＋行为"报"；然后，时间"早晨"＋行为"报"代时间"早晨"＋行为"报"＋受事"晓"；最后，时间"早晨"＋行为"报"＋受事"晓"代时间"早晨"＋行为"报"＋受事"晓"＋修饰关系标记"的"。

④ 类"鸡"代种"公鸡"。

⑤ 派生出"汝南晨鸡"。"汝南"复合转喻：首先，场所"汝南"代场所标记"于"＋场所"汝南"；然后，场所"于汝南"代行为"生长"＋场所"于汝南"；最后，行为"生长"＋场所"于汝南"代行为"生长"＋场所"于汝南"＋修饰关系标记"的"。

限定成分表达顺序的见表 3-143。

表 3-143　限定成分表达顺序的

概念	框架	意合表达式
"黎明时分最先啼叫的公鸡"	"啼叫"事件框架：施事"鸡"＋行为"啼叫"，行为［行为本身、时间、顺序……］，时间"黎明时分"，顺序"最先"。类："鸡"，种："公鸡"。	头①鸡②［定（顺序）中（类）］

从表 3-143 可知，体验基础是范畴和行为事件框架结构逻辑，突显的元素是顺序＋类，途径为转喻。突显的两个元素隐略了类与种关系、行为、受事和行为构成要素时间以及修饰关系标记，因而语义透明度极低。

限定成分表达场所的见表 3-144。

表 3-144　限定成分表达场所的

概念	框架	意合表达式
"生长在原野的鸡"	"生长"事件框架：施事"鸡"＋行为"生长"，行为［行为本身、场所……］，场所"在原野"。类："鸡"，种："野鸡"。	野③雉④［定（场所）中（种）］

从表 3-144 可知，体验基础是范畴和行为事件框架结构逻辑，突显的元素是场所＋种，途径为转喻。突显的两个元素隐略了类与种关系、行为和场所与修饰关系标记，因而语义透明度很低。

限定成分表达人的评价的见表 3-145。

从表 3-145 可知，体验基础是范畴和行为事件框架结构逻辑，突显的元素是人的评价＋类，途径为转喻。突显的两个元素隐略了类与种关系、行

---

① "头"意为"第一"："且说宋江亲自要去做先锋，攻打头阵。"（施耐庵《水浒传》第四十八回）首先，顺序"头"代顺序"头"＋行为"啼叫"；然后，顺序"头"＋行为"啼叫"代时间"黎明时分"＋顺序"头"＋行为"啼叫"；最后，时间"黎明时分"＋顺序"头"＋行为"啼叫"代时间"黎明时分"＋顺序"头"＋行为"啼叫"＋修饰关系标记"的"。

② 类"鸡"代种"公鸡"。

③ 首先，场所"原野"代场所标记"在"＋场所"原野"；然后，场所"在原野"代行为"生长"＋场所"在原野"；最后，行为"生长"＋场所"在原野"代行为"生长"＋场所"在原野"＋修饰关系标记"的"。

④ "雉"意为"野鸡"。种"野鸡"代类"鸡"。

为和行为构成要素时间与修饰关系标记，因而语义透明度很低。

表 3-145　限定成分表达人的评价的

概念	框架	意合表达式
"三更前啼叫的公鸡"	"啼鸣"事件框架：施事"鸡"＋行为"啼叫"，行为［行为本身、时间、人的评价……］，时间"三更前"，人的评价"不合情理"。类："鸡"，种："公鸡"。	荒①鸡②［（人的评价）中（类）］

其二，中心成分表达场所的见表 3-146。

表 3-146　中心成分表达场所的

概念	框架	意合表达式
"狗提供劳役的驿站"	"提供"事件框架：施事"狗"＋行为"提供"＋受事"劳役"，行为［行为本身、场所……］，场所"驿站"。整体："站赤"，部分："站"。	狗③站④［定（施事）中（场所）］

从表 3-146 可知，体验基础是事物即语言单位和行为事件框架结构逻辑，突显的元素是施事＋场所，途径为转喻。突显的两个元素隐略了整体与部分关系、行为和受事与修饰关系标记，因而语义透明度很低。

（2）依仗三个框架的，见表 3-147～3-150

按中心成分所表达的概念角色排序。

第一，中心成分表达施事/出现者的见表 3-147～3-149，按其类型排序。

其一，中心成分表达施事的见表 3-147、3-148，按其类型排序。人或机构为施事的见表 3-147。

从表 3-147 可知，前者的体认理据是一个范畴和两个行为事件框架结构逻辑，突显的元素是施事＋施事，途径为转喻。突显的两个元素隐略了类与

---

① "荒"意为"不合情理"："《夷坚志》乃容斋洪景庐借以演史笔，虚诞荒幻。"（陈栎《勤有堂随录》）首先，人的评价"不合情理"代时间"三更前"；然后，时间"三更前"代时间"三更前"＋行为"啼叫"；最后，时间"三更前"＋行为"啼叫"代时间"三更前"＋行为"啼叫"＋修饰关系标记"的"。

② 类"鸡"代种"公鸡"。

③ 首先，施事"狗"代施事"狗"＋行为"提供"；然后，施事"狗"＋行为"提供"代施事"狗"＋行为"提供"＋受事"劳役"；最后，施事"狗"＋行为"提供"＋受事"劳役"代施事"狗"＋行为"提供"＋受事"劳役"＋修饰关系标记"的"。

④ "站赤"意为"驿站"。蒙古语音译词的部分"站"代整体"站赤"。

种关系、两个行为和两个行为构成要素（方式），以及修饰关系标记，因而语义透明度极低。后者的体认理据是范畴、事物和行为事件框架结构逻辑，突显的元素是受事＋整体/施事，途径为转喻。突显的两个元素隐略了类与种和整体与部分关系、行为以及修饰关系标记，因而语义透明度很低。

表 3-147　人或机构为施事的

概念	框架	意合表达式
"简陋生活的哲学家"	"生活"事件框架：施事"犬"＋行为"生活"，行为［行为本身、方式……］，方式"简陋"。"生活"事件框架：施事"哲学家"＋行为"生活"，行为［行为本身、方式……］，方式"简陋"。类："学者"，种："哲学家"。	（犬①儒②）③［定（施事）中（施事）］
"饲养猎鹰的官署"	类："鹰"，种："猎鹰"。"饲养"事件框架：施事"官署"＋行为"饲养"＋受事"鹰"。整体："坊"，部分："官署"。	鹰④坊⑤［定（受事）中（整体/施事）］

动物为施事的见表 3-148。

表 3-148　动物为施事的

概念	框架	意合表达式
"孵卵、哺养雏鸡的母鸡"	"孵"事件框架：施事"母鸡"＋行为"孵"＋受事"卵"，行为［行为本身、结果……］，结果"雏鸡"。"哺养"事件框架：施事"母鸡"＋行为"哺养"＋受事"雏鸡"。类："鸡"，种："母鸡"。	哺⑥鸡⑦［定（行为）中（类/施事）］

---

① 首先，施事"犬"代行为"生活"；然后，行为"生活"代方式"简陋"＋行为"生活"；最后，方式"简陋"＋行为"生活"代方式"简陋"＋行为"生活"＋修饰关系标记"的"。

② 意为"学者"，类"学者"代种"哲学家"。

③ 古希腊犬儒学派的哲学家。他们提倡绝对的个人精神自由，轻视一切社会虚套、习俗和文化规范，过着禁欲的简陋生活，被当时人讥为穷犬。

④ 首先，类"鹰"代种"猎鹰"；然后，受事"猎鹰"代行为"饲养"＋受事"猎鹰"；最后，行为"饲养"＋受事"猎鹰"代行为"饲养"＋受事"猎鹰"＋修饰关系标记"的"。

⑤ 整体官署所在地"坊"代部分"官署"。

⑥ 首先，行为"哺养"代行为"哺养"＋受事"雏鸡"；然后，行为"哺养"＋受事"雏鸡"代行为"孵"＋受事"卵"＋行为"哺养"＋受事"雏鸡"；最后，行为"孵"＋受事"卵"＋行为"哺养"＋受事"雏鸡"代行为"孵"＋受事"卵"＋行为"哺养"＋受事"雏鸡"＋修饰关系标记"的"。

⑦ 类"鸡"代种"母鸡"。

从表 3-148 可知，体验基础是一个范畴和两个行为事件框架结构逻辑，突显的元素是行为＋类/施事，途径为转喻。突显的两个元素隐略了类与种关系、一个行为和两个受事与修饰关系标记，因而语义透明度极低。

其二，中心成分表达出现者的见表 3-149。

表 3-149 中心成分表达出现者的

概念	框架	意合表达式
"刚刚出生未睁开眼的小狗"	"出现"事件框架：出现者"小狗"＋出现"出生"，出现［出现本身、时间、状态］，时间"刚刚"，状态"未睁开眼"。"未睁开眼"事件框架：状主"小狗"＋状态"未睁开眼"，状态［状态本身、结果］，结果"未视"。类："狗"，种："小狗"。	未视①之狗②［定（状态）中（类/出现者）］

从表 3-149 可知，体验基础是范畴、出现和状态事件框架结构逻辑，突显的元素是状态＋类/出现者，途径为转喻。突显的两个元素隐略了类与种关系、出现和出现构成要素（状态），因而语义透明度低。

第二，中心成分表达受事的见表 3-150。

表 3-150 中心成分表达受事的

概念	框架	意合表达式
"官家养的斗鸡"	整体："官家"，部分："官"。"养"事件框架：施事"官家"＋行为"饲养"＋受事"斗鸡"。类："鸡"，种："斗鸡"。	官③鸡④［定（施事）中（类/受事）］

体认理据是范畴、事物和行为事件框架结构逻辑，突显的元素是施事＋类/受事，途径为转喻。突显的两个元素隐略了类与种和整体与部分关系、行为以及修饰关系标记，因而语义透明度很低。

---

① 首先，结果"未视"代状态"未睁开眼"；然后，状态"未睁开眼"代出现"出生"＋状态"未睁开眼"；最后，出现"出生"＋状态"未睁开眼"代时间"刚刚"＋出现"出生"＋状态"未睁开眼"。

② 类"狗"代种"小狗"。

③ 首先，部分"官"代整体"官家"；然后，施事"官家"代施事"官家"＋行为"饲养"；最后，施事"官家"＋行为"饲养"代施事"官家"＋行为"饲养"＋修饰关系标记"的"。

④ 类"鸡"代种"斗鸡"。

2. 后入框架事物概念限定成分四次复杂转喻、中心成分简单转喻意合表达式

后入框架事物概念限定成分四次复杂转喻、中心成分简单转喻意合表达式见表 3-151～3-161，按所依仗的框架数量排序。

（1）依仗两个框架的见表 3-151

表 3-151　依仗两个框架的

概念	框架	意合表达式
"生长在山里的野猪/鹰"	"生长"事件框架：施事"野猪/鹰"＋行为"生长"，行为［行为本身、场所……］，场所"山"，场所标记"在……里"。类："猪/鹰"，种："野猪/鹰"。	山① 猪/鹰② ［定（场所）中（类）］
"在云中啼鸣的公鸡"	"啼鸣"事件框架：施事"鸡"＋行为"啼鸣"，行为［行为本身、场所……］，场所"云"，场所标记"在……中"。类："鸡"，种："公鸡"。	云③ 鸡④ ［定（场所）中（类）］

从表 3-151 可以看出，体验基础是范畴和行为事件框架结构逻辑，突显的元素是场所＋类，途径为转喻。突显的两个元素隐略了类与种关系、行为以及场所和修饰关系标记，因而语义透明度很低。

（2）依仗三个框架的见表 3-152～3-158

下面按中心成分所表达的概念角色排序。

第一，中心成分表达施事的见表 3-152～3-155，按人和动物为施事排序。

其一，中心成分表达人为施事的见表 3-152、3-153，按限定成分所表达的受事和对象排序。限定成分表达受事的见表 3-152。

---

① 首先，场所"山"代场所"山"＋场所标记部分"里"；然后，场所"山"＋场所标记部分"里"代场所标记部分"在"＋场所"山"＋场所标记部分"里"；再然后，场所"在山里"代场所"在山里"＋行为"生长"；最后，场所"在山里"＋行为"生长"代场所"在山里"＋行为"生长"＋修饰关系标记"的"。

② 类"猪/鹰"代种"野猪/鹰"。

③ 首先，场所"云"代场所"云"＋场所标记部分"中"；然后，场所"云"＋场所标记部分"中"代场所标记部分"在"＋场所"云"＋场所标记部分"中"；再然后，场所"在云中"代场所"在云中"＋行为"啼叫"；最后，场所"在云中"＋行为"啼鸣"代场所"云中"＋行为"啼叫"＋修饰关系标记"的"。

④ 类"鸡"代种"公鸡"。

表 3-152　限定成分表达受事的

概念	框架	意合表达式
"用鸡为人治病的巫师"	"用……治疗"事件框架：施事"巫师"＋行为1"用"＋受事1"鸡"＋行为2"治疗"＋受事2"病"。类："师"，种："巫师"。	鸡①　师②［定（受事1）中（类）］

从表 3-152 可以看出，体验基础是范畴和接连两个行为事件框架结构逻辑，突显的元素是受事 1＋类，途径为转喻。突显的两个元素隐略了类与种关系、两个行为和一个受事以及修饰关系标记，因而语义透明度极低。

限定成分表达对象的见表 3-153。

表 3-153　限定成分表达对象的

概念	框架	意合表达式
"戎人的一支"	"领有"事件框架：领主"戎羌/东方之人"＋"领有"＋所属"图腾"。"作为"事件框架：施事"戎羌/东方之人"＋行为"作为"＋受事"图腾"＋对象"犬"，对象标记"把"。整体："戎羌"，部分："戎"。类："中原以外的各族"，种："东方之人"。	犬③　戎④［定（对象）中（施事）］

从表 3-153 可以看出，体验基础是范畴、领有和行为事件框架结构逻辑，突显的元素是对象＋施事，途径为转喻。突显的两个元素隐略了类与种关系、领有和所属、行为和受事以及对象和修饰关系标记，因而语义透明度极低。

其二，中心成分表达动物为施事的见表 3-154、3-155，按限定成分所表

①　首先，受事1"鸡"代行为1"用"＋受事1"鸡"；然后，行为1"用"＋受事1"鸡"代行为1"用"＋受事1"鸡"＋行为2"治疗"；再然后，行为1"用"＋受事1"鸡"＋行为2"治疗"代行为1"用"＋受事1"鸡"＋行为2"治疗"＋受事2"病"；最后，行为1"用"＋受事1"鸡"＋行为2"治疗"＋受事2"病"代行为1"用"＋受事1"鸡"＋行为2"治疗"＋受事2"病"＋修饰关系标记"的"。

②　"师"意为"擅长某种技术或在某个领域里有特殊技能的人"："而渔工水师虽知而不能言。"（苏轼《石钟山记》）类"师"代种"巫师"。

③　首先，对象"犬"代对象标记"把"＋对象"犬"；然后，对象"把犬"代对象"把犬"＋行为"作为"；再然后，对象"把犬"＋行为"作为"代对象"把犬"＋行为"作为"＋受事"图腾"；最后，对象"把犬"＋行为"作为"＋受事"图腾"代对象"把犬"＋行为"作为"＋受事"图腾"＋修饰关系标记"的"。类似的还有：犬夷（"夷"本义为"东方之人"，种"东方之人"代类"中原以外的各族"）。

④　形式单位部分"戎"代整体"戎羌"。

达的概念角色排序。限定成分表达时间的见表 3-154。

表 3-154　限定成分表达时间的

概念	框架	意合表达式
"等到潮来时鸣叫的公鸡"	"来"事件框架：出现者"潮"＋出现"来"。"鸣叫"事件框架：施事"鸡"＋行为"鸣叫"，行为［行为本身、时间……］，时间"潮来时"。类："鸡"，种："公鸡"。	潮①　鸡②　［定(时间)中(类/施事)］

从表 3-154 可以看出，体验基础是一个范畴、一个出现事件和一个行为事件框架结构逻辑，突显的元素是行为构成要素，即时间＋类/施事，途径为转喻。突显的两个元素隐略了类与种关系、第一个事件的出现、第二个事件的行为和行为构成要素（时间），以及修饰关系标记，因而语义透明度极低。

限定成分表达场所的见表 3-155。

表 3-155　限定成分表达场所的

概念	框架	意合表达式
"生长在山石间的野鸡"	类："石"，种："山石"。"生长"事件框架：施事"野鸡"＋行为"生长"，行为［行为本身、场所……］，场所"山石"，场所标记"间"。类："鸡"，种："野鸡"。	石③鸡④［定(场所)中(类/施事)］
"寄生于狗身的虱蝇"	整体："狗"，部分："身"。"寄生"事件框架：施事"虱蝇"＋行为"寄生"，行为［行为本身、场所……］，场所"狗身"，场所标记"于"。类："蝇"，种："虱蝇"。	狗⑤蝇⑥［定(场所)中(类/施事)］

从表 3-155 可以看出，前者体验基础是两个范畴和一个行为事件框架结构逻辑，突显的元素是行为构成要素，即场所＋类/施事，途径为转喻。突显的两个元素隐略了两个类与种关系、行为以及场所和修饰关系标记，因

---

① 首先，出现者"潮"代出现者"潮"＋出现"来"；然后，出现者"潮"＋出现"来"代时间"潮来时"；再然后，时间"潮来时"代时间"潮来时"＋行为"鸣叫"；最后，时间"潮来时"＋行为"鸣叫"代时间"潮来时"＋行为"鸣叫"＋修饰关系标记"的"。

② 类"鸡"代种"公鸡"。

③ 首先，类"石"代种"山石"；然后，场所"山石"代场所"山石"＋场所标记"间"；再然后，场所"山石间"代场所"山石间"＋行为"生长"；最后，场所"山石间"＋行为"生长"代场所"山石间"＋行为"生长"＋修饰关系标记"的"。

④ 类"鸡"代种"野鸡"。

⑤ 首先，整体"狗"代整体"狗"＋部分"身"；然后，场所"狗身"代场所标记"于"＋场所"狗身"；再然后，场所"于狗身"代行为"寄生"＋场所"于狗身"；最后，行为"寄生"＋场所"于狗身"代行为"寄生"＋场所"于狗身"＋修饰关系标记"的"。

⑥ 类"蝇"代种"虱蝇"。

而语义透明度极低。后者体验基础是一个事物、范畴和行为事件框架结构逻辑，突显的元素是行为构成要素，即场所＋类/施事，途径为转喻。突显的两个元素隐略了整体与部分和类与种关系、行为以及场所和修饰关系标记，因而语义透明度极低。

第二，中心成分表达受事的见表 3-156。

表 3-156　中心成分表达受事的

概念	框架	意合表达式
"为产蛋饲养的母鸡"	"饲养"事件框架：施事"人"＋行为"饲养"＋受事"母鸡"，行为［行为本身、目的……］，目的"产蛋"，目的标记"为"。"生产"事件框架：施事"母鸡"＋行为"生产"＋受事"蛋"。类："鸡"，种："母鸡"。	蛋① 鸡② ⌊定（目的的受事）中（类/受事）］

从表 3-156 可以看出，体验基础是一个范畴和两个行为事件框架结构逻辑，突显的元素是目的的受事＋类/受事，途径为转喻。突显的两个元素隐略了类与种关系、两个事件的施事和行为以及目的和修饰关系标记，因而语义透明度极低。

第三，中心成分表达领主的见表 3-157。

表 3-157　中心成分表达领主的

概念	框架	意合表达式
"自肩部以后长着长而末端尖细的毛的野猪"	"领有"事件框架：领主"豪"＋领有"长着"＋所属"长而末端尖细的毛"。"领有"事件框架：领主"豨/豴/猪"＋领有"长着"＋所属"长而末端尖细的毛"。类："豨/豴/猪"，种："野猪"。	豪③ 豨/豴/猪④［定（领主）中（类/领主）］

---

① 首先，受事"蛋"代行为"生产"＋受事"蛋"；然后，目的"产蛋"代目的标记"为"＋目的"产蛋"；再然后，目的"为产蛋"代目的"为产蛋"＋行为"饲养"；最后，目的"为产蛋"＋行为"饲养"代目的"为产蛋"＋行为"饲养"＋修饰关系标记"的"。

② 类"鸡"代种"母鸡"。

③ "豪"意为"哺乳动物，全身黑色，自肩部以后长着许多长而硬的棘毛。棘毛如刺，黑白相间。穴居，昼伏夜出。也称箭猪"。首先，领主"豪"代领有"长着"；然后，领有"长着"代领有"长着"＋所属"长而末端尖细的毛"；再然后，领有"长着"＋所属"长而末端尖细的毛"代场所"自肩部以后"＋领有"长着"＋所属"长而末端尖细的毛"；最后，场所"自肩部以后"＋领有"长着"＋所属"长而末端尖细的毛"代场所"自肩部以后"＋领有"长着"＋所属"长而末端尖细的毛"＋整体与部分关系标记"的"。

④ 类"豨/豴/猪"代种"野猪"。

（续表）

概念	框架	意合表达式
"状如猪肠的米粉"	"领有"事件框架：领主"猪肠"＋"领有"＋所属"形状"。"领有"事件框架：领主"米粉"＋"领有"＋所属"猪肠的形状"。类：粉，种：米粉。	猪肠① 粉② ［定（领主）中（类/领主）］

从表 3-157 可以看出，体验基础是一个范畴和两个领有事件框架结构逻辑，突显的元素是领主＋类/领主，途径为转喻。突显的两个元素隐略了类与种关系、两个领有和所属以及修饰关系标记，因而语义透明度极低。

第四，中心成分表达所属的见表 3-158。

表 3-158　中心成分表达所属的

概念	框架	意合表达式
"屠宰猪时放出的血"	"屠宰"事件框架：施事"人"＋行为"屠宰"＋受事"猪"。"放出"事件框架：施事"人"＋行为"放出"＋受事"血"，行为［行为本身、时间、源头……］，时间"屠宰猪时"，时间标记"时"。"领有"事件框架：领主"血"＋"领有"＋所属"红"。	猪③ 红④ ［定（受事）中（所属）］

从表 3-158 可以看出，体验基础是两个行为事件和一个领有事件框架结构逻辑，突显的元素是受事＋所属，途径为转喻。突显的两个元素隐略了两个行为和一个受事、行为构成要素（时间），以及修饰关系标记，因而语义透明度极低。

（3）依仗四个框架的见表 3-159～3-161

下面按中心成分所表达的概念角色排序。

第一，中心成分表达施事的见表 3-159。

---

① 首先，领主"猪肠"代领主"猪肠"＋所属"形状"；然后，领主"猪肠"＋所属"形状"代领主"猪肠"＋领属关系标记"的"＋所属"形状"；接下来，所属"猪肠的形状"代"领有"＋所属"猪肠的形状"；最后，"领有"＋所属"猪肠的形状"代"领有"＋所属"猪肠的形状"＋修饰关系标记"的"。

② 类"粉"代种"米粉"。

③ 首先，受事"猪"代行为"屠宰"＋受事"猪"；然后，行为"屠宰"＋受事"猪"代行为"屠宰"＋受事"猪"＋时间标记"时"；接下来，时间"屠宰猪时"代时间"屠宰猪时"＋行为"放出"；最后"屠宰猪时"＋行为"放出"代"屠宰猪时"＋行为"放出"＋修饰关系标记"的"。

④ 所属"红"代领主"血"。

表 3-159　中心成分表达施事的

概念	框架	意合表达式
"掌管供办鸡牲的官员"	类："牲"，种："鸡"。"供办"事件框架：施事"官员"＋行为"供办"＋受事"鸡牲"。"掌管"事件框架：施事"官员"＋行为"掌管"＋受事"供办鸡牲"。类："人"，种："官员"。	鸡① 人② ［定（种）中（类/施事）］

从表 3-159 可以看出，体验基础是两个范畴和两个行为事件框架结构逻辑，突显的元素是种＋类/施事，途径为转喻。突显的两个元素隐略了两个类与种关系、两个行为和受事以及修饰关系标记，因而语义透明度极低。

第二，中心成分表达受事的见表 3-160。

表 3-160　中心成分表达受事的

概念	框架	意合表达式
"阴历十二月腌制后熏干的被杀了的鸡"	"杀"事件框架：施事"人"＋行为"杀"＋受事"鸡"。"腌制"事件框架：施事"人"＋行为"腌制"＋受事"被杀了的鸡"。"熏"事件框架：施事"人"＋行为"熏"＋受事"被杀了的鸡"，行为［行为本身、时段、时点、结果……］，时段"阴历十二月"，时点"腌制后"，结果"干"。类："鸡"，种："被杀了的鸡"。	腊③ 鸡④ ［定（时段）中（类/受事）］

从表 3-160 可以看出，体验基础是一个范畴和三个行为事件框架结构逻辑，突显的元素是时段＋类/受事，途径为转喻。突显的两个元素隐略了类与种关系、三个行为和一个受事、行为构成要素（时点），以及修饰关系标记，因而语义透明度极低。

---

① 首先，种"鸡"代种"鸡"＋类"牲"；然后，受事"鸡牲"代行为"供办"＋受事"鸡牲"；接下来，受事"供办鸡牲"代行为"掌管"＋受事"供办鸡牲"；最后，行为"掌管"＋受事"供办鸡牲"代行为"掌管"＋受事"供办鸡牲"＋修饰关系标记"的"。

② 类"人"代种"官员"。

③ "腊"意为"阴历十二月"："腊后花期知渐近，寒梅已作东风信。"（晏殊《蝶恋花》）首先，时段"阴历十二月"代时段"阴历十二月"＋时点"腌制后"；然后，时段"阴历十二月"＋时点"腌制后"代时段"阴历十二月"＋时点"腌制后"＋行为"熏"；接下来，时段"阴历十二月"＋时点"腌制后"＋行为"熏"代时段"阴历十二月"＋时点"腌制后"＋行为"熏"＋结果"干"；最后，时段"阴历十二月"＋时点"腌制后"＋行为"熏"＋结果"干"代时段"阴历十二月"＋时点"腌制后"＋行为"熏"＋结果"干"＋修饰关系标记"的"。

④ 类"鸡"代种"被杀了的鸡"。

第三，中心成分表达部分的见表 3-161。

表 3-161　中心成分表达部分的

概念	框架	意合表达式
"鸡舌形状的丁香"	整体："鸡"，部分："舌"。"领有"事件框架：领主"鸡舌"＋"领有"＋所属"形状"。"领有"事件框架：领主"丁香"＋"领有"＋所属"鸡舌形状"。整体："丁香"，部分："丁""香"。	鸡① 香②〔定（整体）中（部分）〕

从表 3-161 可以看出，体验基础是两个事物和两个领有事件框架结构逻辑，突显的元素是整体＋部分，途径为转喻。突显的两个元素隐略了两个整体与部分关系、两个领有和所属以及修饰关系标记，因而语义透明度极低。

3. 后入框架事物概念限定成分五次复杂转喻、中心成分简单转喻意合表达式

后入框架事物概念限定成分五次复杂转喻、中心成分简单转喻意合表达式见表 3-162～3-171，按所依仗的框架数量排序。

（1）依仗两个框架的见表 3-162

表 3-162　依仗两个框架的

概念	框架	意合表达式
"为催肥被阉掉睾丸/卵巢的公/母猪"	"阉割"事件框架：施事"人"＋行为"阉割"＋受事"睾丸或卵巢"，行为〔行为本身、源头、目的、状态……〕，源头"公/母猪"，目的"为催肥"，状态"完成"，完成体标记"掉"。语态范畴：成员"主动语态"，成员"被动语态"；被动语态的形式标记"被"。类："猪"，种："公/母猪"。	阉③ 猪④〔定（行为）中（类/源头）〕

---

① 首先，整体"鸡"代整体"鸡"＋部分"舌"；然后，领主"鸡舌"代领主"鸡舌"＋所属"形状"；接下来，所属"鸡舌形状"代"领有"＋所属"鸡舌形状"；最后，"领有"＋所属"鸡舌形状"代"领有"＋所属"鸡舌形状"＋修饰关系标记"的"。

② 定中式复合词部分"香"代整体"丁香"。

③ "阉"意为"阉割"。首先，行为"阉割"代行为"阉割"＋受事"睾丸或卵巢"；然后，行为"阉割"＋受事"睾丸或卵巢"代目的"为催肥"＋行为"阉割"＋受事"睾丸或卵巢"；再然后，目的"为催肥"＋行为"阉割"＋受事"睾丸或卵巢"代目的"为催肥"＋行为"阉割"＋完成体标记"掉"＋受事"睾丸或卵巢"；接下来，目的"为催肥"＋行为"阉割"＋完成体标记"掉"＋受事"睾丸或卵巢"代目的"为催肥"＋被动语态标记"被"＋行为"阉割"＋完成体标记"掉"＋受事"睾丸或卵巢"；最后，目的"为催肥"＋被动语态标记"被"＋行为"阉割"＋完成体标记"掉"＋受事"睾丸或卵巢"代目的"为催肥"＋被动语态标记"被"＋行为"阉割"＋完成体标记"掉"＋受事"睾丸或卵巢"＋修饰关系标记"的"。

④ 类"猪"代种"公/母猪"。

（续表）

概念	框架	意合表达式
"为催肥被阉掉睾丸的雄狗"	"阉割"事件框架：施事"人"＋行为"阉割"＋受事"睾丸"，行为［行为本身、源头、目的、状态……］，源头"公鸡"，目的"为催肥"，状态"完成"，完成体标记"掉"。语态范畴：成员"主动语态"，成员"被动语态"；被动语态的形式标记"被"。类："狗"，种："雄狗"。	阉/骟①狗②［定（行为）中（类/源头）］
"为催肥被阉割过睾丸的公鸡"	"阉割"事件框架：施事"人"＋行为"阉割"＋受事"睾丸"，行为［行为本身、源头、目的、状态……］，源头"公鸡"，目的"为催肥"，状态"完成"；完成体标记"过"。范畴"处理过"：成员"阉割过"；语态范畴：成员"主动语态"，成员"被动语态"；被动语态的形式标记"被"。类："鸡"，种："公鸡"。	熟③ 鸡④［定（行为）中（类/源头）］

从表 3-162 可以看出，体验基础是范畴和行为事件框架结构逻辑，突显的元素是行为＋类/源头，途径为转喻。突显的两个元素隐略了类与种关系和受事以及完成体和修饰关系标记，因而语义透明度极低。

（2）依仗三个框架的见表 3-163～3-165

下面按中心成分所表达的概念角色排序。

---

① "阉/骟"意为"阉割"。首先，行为"阉割"代行为"阉割"＋受事"睾丸"；然后，行为"阉割"＋受事"睾丸"代目的"为催肥"＋行为"阉割"＋受事"睾丸"；再然后，目的"为催肥"＋行为"阉割"＋受事"睾丸"代目的"为催肥"＋行为"阉割"＋完成体标记"掉"＋受事"睾丸"；接下来，目的"为催肥"＋行为"阉割"＋完成体标记"掉"＋受事"睾丸"代目的"为催肥"＋被动语态标记"被"＋行为"阉割"＋完成体标记"掉"＋受事"睾丸"；最后，目的"为催肥"＋被动语态标记"被"＋行为"阉割"＋完成体标记"掉"＋受事"睾丸"代目的"为催肥"＋被动语态标记"被"＋行为"阉割"＋完成体标记"掉"＋受事"睾丸"＋修饰关系标记"的"。类似的还有：阉/劁/镦/骟/骗/扇鸡。

② 类"狗"代种"雄狗"。

③ "熟"意为"处理过"。首先，范畴"处理过"代成员"阉割过"；然后，行为"阉割"＋完成体标记"过"代行为"阉割"＋完成体标记"过"＋受事"睾丸"；接下来，行为"阉割"＋完成体标记"过"＋受事"睾丸"代被动语态标记"被"＋行为"阉割"＋完成体标记"过"＋受事"睾丸"；最后，被动语态标记"被"＋行为"阉割"＋完成体标记"过"＋受事"睾丸"代被动语态标记"被"＋行为"阉割"＋完成体标记"过"＋受事"睾丸"＋修饰关系标记"的"。

④ 类"鸡"代种"公鸡"。

第一，中心成分表达施事的见表 3-163。

表 3-163　中心成分表达施事的

概念	框架	意合表达式
"生长在山石间的野鸡"	类："石"，种："山石"；"生长"事件框架：施事"野鸡"＋行为"生长"，行为〔行为本身、场所……〕，场所"山石"。类："鸡"，种："野鸡"。	石① 鸡② 〔定（场所）中（类/施事）〕

从表 3-163 可以看出，体验基础是两个范畴和一个行为事件框架结构逻辑，突显的元素是场所＋类/施事，途径为转喻。突显的两个元素隐略了两个类与种关系、行为以及场所和修饰关系标记，因而语义透明度很低。

第二，中心成分表达对象的见表 3-164。

表 3-164　中心成分表达对象的

概念	框架	意合表达式
"作为猪饲料的草类植物"	"吃"事件框架：施事"猪"＋行为"吃"＋受事"饲料"。"作为"事件框架：施事"人"＋行为"作为"＋对象"草类植物"＋受事"猪饲料"。类："草类植物"，种："草"。	猪③ 草④ 〔定（施事）中（种/对象）〕

从表 3-164 可以看出，体验基础是一个范畴和两个行为事件框架结构逻辑，突显的元素是施事＋种/对象，途径为转喻。突显的两个元素隐略了类与种关系、两个行为和受事以及修饰关系标记，因而语义透明度极低。

第三，中心成分表达整体的见表 3-165。

---

① 首先，类"石"代种"山石"；然后，场所"山石"代场所"山石"＋场所标记部分"间"；再然后，场所"山石"＋场所标记部分"间"代场所标记部分"在"＋场所"山石"＋场所标记部分"间"；接下来，场所"在山石之间"代场所"在山石之间"＋行为"生长"；最后，场所"在山石之间"＋行为"生长"代场所"在山石之间"＋行为"生长"＋修饰关系标记"的"。

② 类"鸡"代种"野鸡"。

③ 首先，施事"猪"代施事"猪"＋行为"吃"；然后，施事"猪"＋行为"吃"代施事"猪"＋行为"吃"＋受事"饲料"；再然后，施事"猪"＋行为"吃"＋受事"饲料"代施事"猪"＋行为"吃"＋修饰关系标记"的"＋受事"饲料"；接下来，受事"猪饲料"代行为"作为"＋受事"猪饲料"；最后，行为"作为"＋受事"猪饲料"代行为"作为"＋受事"猪饲料"＋修饰关系标记"的"。

④ 种"草"代类"草类植物"。

表 3-165 中心成分表达整体的

概念	框架	意合表达式
"红色毛的雄鸡"	"领有"事件框架：领主"毛"＋"领有"＋所属"丹"。"领有"事件框架：领主"鸡"＋"领有"＋所属"毛"。整体："鸡"，部分："赤毛"。类："鸡"，种："雄鸡""雌鸡"。	(丹①鸡②)③ [定（所属）中（类/领主）]

从表 3-165 可以看出，体验基础是一个范畴和两个领有事件框架结构逻辑，突显的元素是所属＋类/领主，途径为转喻。突显的两个元素隐略了一个类与种的关系、第一个事件的领主和领有、第二个事件的领有和所属以及关系标记，因而语义透明度极低。

（3）依仗四个框架的见表 3-166～3-170

下面按中心成分所表达的概念角色排序。

第一，中心成分表达施事的见表 3-166、3-167，按施事类型排序。

其一，人为施事的见表 3-166。

表 3-166 人为施事的

概念	框架	意合表达式
"主管皇帝猎犬的官员"	类："犬"，种："猎犬"。"领有"事件框架：领主"皇帝"＋"领有"＋所属"猎犬"。"主管"事件框架：施事"官员"＋行为"主管"＋受事"狗"。类："官员"，种："监督、指导或劝告的人"。	狗/犬④监⑤ [定（受事）中（类/施事）]

从表 3-166 可以看出，体验基础是三个范畴与一个行为和领有事件框架结构逻辑，突显的元素是受事＋类/施事，途径为转喻。突显的两个元素隐略了两个类与种关系、领主和领有、行为以及修饰关系标记，因而语义透

---

① "丹"意为"红色"。首先，所属"红色"代"领有"＋所属"红色"；然后，"领有"＋所属"红色"代"领有"＋所属"红色"＋领主"毛"；再然后，"领有"＋所属"红色"＋领主"毛"代所属"红色"＋领主"毛"；接下来，部分"红色毛"代部分"红色毛"＋整体"鸡"；最后，部分"红色毛"＋整体"鸡"代部分"红色毛"＋部分与整体关系标记"的"＋整体"鸡"。

② 类"鸡"代种"雄鸡"。

③ 盟誓和祭祀所用的赤毛雄鸡，故名。

④ 首先，类"犬"代种"猎犬"；然后，所属"猎犬"代领主"皇帝"＋所属"猎犬"；再然后，领主"皇帝"＋所属"猎犬"代领主"皇帝"＋领有关系标记"的"＋所属"猎犬"；接下来，受事"皇帝的猎犬"代行为"主管"＋受事"皇帝的猎犬"；最后，行为"主管"＋受事"皇帝的猎犬"代行为"主管"＋受事"皇帝的猎犬"＋修饰关系标记"的"。类似的还有：狗中（"中"意为"中间人"，类"中间人"代种"官员"）。

⑤ "监"意为"监督、指导或劝告的人"，种"监督、指导或劝告的人"代类"官员"。

明度极低。

其二，动物为施事的见表 3-167。

表 3-167　动物为施事的

概念	框架	意合表达式
"伏卵、孵卵、哺养雏鸡的母鸡"	"伏……孵"事件框架：施事"母鸡"＋行为1"伏"＋受事"卵"＋行为2"孵"＋受事"卵"，行为［行为本身、结果……］，结果"雏鸡"。"哺养"事件框架：施事"母鸡"＋行为"哺养"＋受事"雏鸡"。类："鸡"，种："母鸡"。	伏①鸡②［定（行为）中（类/施事）］

从表 3-167 可以看出，体验基础是一个范畴与三个行为事件框架结构逻辑，突显的元素是行为＋类/施事，途径为转喻。突显的两个元素隐略了类与种关系，第二、三个行为和第三个受事以及修饰关系标记，因而语义透明度极低。

第二，中心成分表达受事的见表 3-168。

表 3-168　中心成分表达受事的

概念	框架	意合表达式
"屠宰猪、切分、得到的尿脬/胞/泡"	"屠宰"事件框架：施事"人"＋行为"屠宰"＋受事"猪"，行为［行为本身、结果……］，结果"被屠宰了的猪"。"切分"事件框架：施"人"＋行为"切分"＋受事"被屠宰了的猪"，行为［行为本身、结果……］，结果"尿脬/胞/泡"。"得到"事件框架：施事"人"＋行为"得到"＋受事"尿脬/胞/泡"。整体："尿脬/胞/泡"，部分："尿""脬/胞/泡"。	猪③脬/胞/泡④［定（受事）中（部分/受事的部分）］

---

①　首先，行为1"伏"代行为1"伏"＋受事"卵"；然后，行为1"伏"＋受事"卵"代行为1"伏"＋受事"卵"＋行为2"孵"＋受事"卵"；再然后，行为1"伏"＋受事"卵"＋行为2"孵"＋受事"卵"代行为1"伏"＋受事"卵"＋行为2"孵"＋受事"卵"代结果"雏鸡"；接下来，受事"雏鸡"代行为"哺养"＋受事"雏鸡"；最后，行为"哺养"＋受事"雏鸡"代行为"哺养"＋受事"雏鸡"＋修饰关系标记"的"。

②　类"鸡"代种"母鸡"。

③　首先，受事"猪"代行为"屠宰"＋受事"猪"；然后，行为"屠宰"＋受事"猪"代结果"被屠宰了的猪"；再然后，受事"被屠宰了的猪"代行为"切分"＋受事"被屠宰了的猪"；接下来，行为"切分"＋受事"被屠宰了的猪"代行为"切分"＋受事"被屠宰了的猪"＋行为"得到"；最后，行为"切分"＋受事"被屠宰了的猪"＋行为"得到"代行为"切分"＋受事"被屠宰了的猪"＋行为"得到"＋修饰关系标记"的"。

④　部分"脬/胞/泡"代整体"尿脬/胞/泡"。

从表 3-168 可以看出，体验基础是一个事物和三个行为事件框架结构逻辑，突显的元素是受事＋部分/受事的部分，途径为转喻。突显的两个元素隐略了整体与部分关系、三个行为和一个受事以及修饰关系标记，因而语义透明度极低。

第三，中心成分表达场所的见表 3-169。

表 3-169　中心成分表达场所的

概念	框架	意合表达式
"其正面有图案鹰的洋币"	类："鹰"，种："图案鹰"。"存在"事件框架：存在物"图案鹰"＋"存在"＋场所"银币正面"。语言单位范畴：成员"银币正面"，成员"其正面"。整体："洋钱"，部分："洋""钱"。	鹰① 洋② ［定（种）中（部分）］

从表 3-169 可以看出，体验基础是两个范畴、一个事物和一个存在事件框架结构逻辑，突显的元素是种＋部分，途径为转喻。突显的两个元素隐略了两个类与种和一个整体与部分关系、存在和场所以及修饰关系标记，因而语义透明度极低。

第四，中心成分表达领主的见表 3-170。

表 3-170　中心成分表达领主的

概念	框架	意合表达式
"全身浓褐色的野鸡即野鸡的一种"	类："褐色"，种："浓褐色"。"领有"事件框架：领主"全身"＋"领有"＋所属"浓褐色"。"领有"事件框架：领主"鸡"＋"领有"＋所属"浓褐色的全身"。类："鸡"，种："家鸡""野鸡"。	［褐③ 鸡（子）④⑤［定（类）中（类/领主）］

---

① 此币的正面图案为凸起的鹰，故名。首先，类"鹰"代种"图案鹰"；然后，存在物"图案鹰"代"存在"＋存在物"图案鹰"；再然后，"存在"＋存在物"图案鹰"代场所"其正面"＋"存在"＋存在物"图案鹰"；最后，场所"其正面"＋"存在"＋存在物"图案鹰"代场所"其正面"＋"存在"＋存在物"图案鹰"＋修饰关系标记"的"；其间成员"其正面"代成员"银币正面"。

② 形式单位部分"洋"代整体"洋钱"。

③ 首先，类"褐色"代种"浓褐色"；然后，所属"浓褐色"代所属"浓褐色"＋领主"全身"；再然后，所属"浓褐色"＋领主"全身"代领所属"浓褐色"＋修饰关系标记"的"＋领主"全身"；接下来，所属"浓褐色的全身"代"领有"＋所属"浓褐色的全身"；最后，"领有"＋所属"浓褐色的全身"代"领有"＋所属"浓褐色的全身"＋修饰关系标记"的"。

④ 类"鸡"代种"野鸡"。

⑤ 全身呈浓褐色，故名。

从表 3-170 可以看出，体验基础是两个范畴和两个领有事件框架结构逻辑，突显的元素是类＋类/领主，途径为转喻。突显的两个元素隐略了两个类与种关系和一个领主、两个领有与一个所属及修饰关系标记，因而语义透明度极低。

（4）依仗六个框架的见表 3-171

表 3-171　依仗六个框架的

概念	框架	意合表达式
"用鸡用油和酱油烹炙成的被杀了的鸡"	"杀"事件框架：施事"人"＋行为"杀"＋受事"鸡"，行为［行为本身、结果……］，结果"被杀了的鸡"。"用……烹炙"事件框架：施事"人"＋行为1"用"＋受事1"鸡用油和酱油等佐料"＋行为2"烹炙"＋受事2"被杀了的鸡"。整体："鸡用油和酱油"，部分："鸡用油""酱油"。类："油"，种："鸡用油"；类："鸡"，种："被杀了的鸡"。	油①鸡②［定（类）中（类）］

从表 3-171 可以看出，体验基础是一个事物、两个范畴和三个行为事件框架结构逻辑，突显的元素是类＋类，途径为转喻。突显的两个元素隐略了整体与部分和两个类与种关系、三个行为和一个受事以及修饰关系标记，因而语义透明度极低。

4. 后入框架事物概念限定成分六次及其以上复杂转喻、中心成分简单转喻意合表达式

后入框架事物概念限定成分六次及其以上复杂转喻、中心成分简单转喻意合表达式见表 3-172～3-185，按所依仗的框架数量排序。

（1）依仗三个框架的见表 3-172

从表 3-172 可以看出，体验基础是事物、范畴和行为事件框架结构逻辑，突显的元素是结果的部分＋类，途径为转喻。突显的两个元素隐略了整体与部分和类与种关系、行为和受事、行为构成要素（时段），和要求以及修饰关系标记，因而语义透明度极低。

---

① 首先，类"油"代种"鸡用油"；然后，部分"鸡用油"代部分"鸡用油"＋部分"酱油"；再然后，受事1"鸡用油和酱油等佐料"代行为1"用"＋受事1"鸡用油和酱油等佐料"；接下来，行为1"用"＋受事1"鸡用油和酱油等佐料"代行为1"用"＋受事1"鸡用油和酱油等佐料"＋行为2"烹炙"；最后，行为1"用"＋受事1"鸡用油和酱油等佐料"＋行为2"烹炙"代行为1"用"＋受事1"鸡用油和酱油等佐料"＋行为2"烹炙"＋修饰关系标记"的"。

② 类"鸡"代种"被杀了的鸡"。

表 3-172　依仗三个框架的

概念	框架	意合表达式
"夜间按更报时的公鸡"	"报"事件框架：施事"鸡"＋行为"报"＋受事"时"，行为［行为本身、时段、要求、频次……］，时段"夜间"，要求"按更"，频次"五更五次"。整体："五更五次"，部分："五更""五次"。类："鸡"，种："公鸡"。	五更①鸡②［定（部分）中（类）］

（2）依仗四个框架的见表 3-173～3-178

下面按中心成分所表达的概念角色排序。

第一，中心成分表达受事的见表 3-173。

表 3-173　中心成分表达受事的

概念	框架	意合表达式
"配种来自本土的仔猪/狗/鸡"	"出现"事件框架：出现者"雄性猪/狗/鸡和雌性猪/狗/鸡"＋出现"来"，出现［出现本身、源头……］，源头"本土"，源头标记"自"。"交配"事件框架：施事"来自本土的雄性猪/狗/鸡和雌性猪/狗/鸡"＋行为"交配"，行为［行为本身、结果……］，结果"生产"。"生产"事件框架：施事"来自本土的雌性猪/狗/鸡"＋行为"生产"＋受事"猪/狗/鸡"。类："猪/狗/鸡"，种："仔猪/狗/鸡"。	本土/地③猪/狗/鸡④［定（源头）中（类/受事）］

---

① 首先，频次短语部分"五更"代整体"五更五次"；然后，频次"五更五次"代要求"按更"；再然后，要求"按更"代要求"按更"＋行为"报"；接下来，要求"按更"＋行为"报"代时段"夜间"＋要求"按更"＋行为"报"；再接下来，时段"夜间"＋要求"按更"＋行为"报"代时段"夜间"＋要求"按更"＋行为"报"＋受事"时"；最后，时段"夜间"＋要求"按更"＋行为"报"＋受事"时"代时段"夜间"＋要求"按更"＋行为"报"＋受事"时"＋修饰关系标记"的"。

② 类"鸡"代种"公鸡"。

③ 第一，源头"本土"代源头标记"自"＋源头"本土"；第二，源头"自本土"代出现"来"＋源头"自本土"；第三，出现"来"＋源头"自本土"代出现"来"＋源头"自本土"＋出现者"雄性猪/狗/鸡和雌性猪/狗/鸡"；第四，出现"来"＋源头"自本土"＋出现者"雄性猪/狗/鸡和雌性猪/狗/鸡"代出现"来"＋源头"自本土"＋修饰关系标记"的"＋出现者"雄性猪/狗/鸡和雌性猪/狗/鸡"；第五，施事"来自本土的雄性猪/狗/鸡和雌性猪/狗/鸡"代施事"来自本土的雄性猪/狗/鸡和雌性猪/狗/鸡"＋行为"交配"；第六，施事"来自本土的雄性猪/狗/鸡和雌性猪/狗/鸡"＋行为"交配"代结果"生产"；第七，行为"生产"代施事"来自本土的雌性猪/狗/鸡"＋行为"生产"；第八，施事"来自本土的雌性猪/狗/鸡"＋行为"生产"代施事"来自本地的雌性猪/狗/鸡"＋行为"生产"＋修饰关系标记"的"。

④ 类"猪/狗/鸡"代种"仔猪/狗/鸡"。

从表 3-173 可以看出，体验基础是一个范畴、两个行为事件和一个出现事件框架结构逻辑，突显的元素是源头＋类/受事，途径为转喻。突显的两个元素隐略了类与种关系和两个行为、出现者和出现以及来源和修饰关系标记，因而语义透明度极低。

第二，中心成分表达源头的见表 3-174～3-177，按限定成分所表达的概念角色排序。

其一，限定成分表达受事的见表 3-174。

表 3-174　限定成分表达受事的

概念	框架	意合表达式
"为催肥被用线阉掉睾丸的公鸡"	"用……阉割"事件框架：施事"人"＋行为 1"用"＋受事 1"线"＋行为 2"阉割"＋受事 2"睾丸"，行为 2［行为本身、源头、目的、状态……］，源头"公鸡"，目的"为催肥"，状态"完成"；目的标记"为"，完成体标记"掉"。语态范畴：成员"主动语态"，成员"被动语态"；被动语态的形式标记"被"。类："鸡"，种："公鸡"。	线① 鸡② ［定（受事 1）中（源头/类）］

从表 3-174 可以看出，体验基础是两个范畴和两个行为事件框架结构逻辑，突显的元素是受事 1＋源头/类，途径为转喻。突显的两个元素隐略了两个类与种关系、两个行为和一个受事、三个行为构成要素，即源头、目

---

① 第一，受事"线"代行为 1"用"＋受事 1"线"；第二，行为 1"用"＋受事 1"线"代行为 1"用"＋受事 1"线"＋行为 2"阉割"；第三，行为 1"用"＋受事 1"线"＋行为 2"阉割"代行为 1"用"＋受事 1"线"＋行为 2"阉割"＋受事 2"睾丸"；第四，行为 1"用"＋受事 1"线"＋行为 2"阉割"＋受事 2"睾丸"代行为 1"用"＋受事 1"线"＋行为 2"阉割"＋完成体标记"掉"＋受事 2"睾丸"；第五，行为 1"用"＋受事 1"线"＋行为 2"阉割"＋完成体标记"掉"＋受事 2"睾丸"代被动语态标记"被"＋行为 1"用"＋受事 1"线"＋行为 2"阉割"＋完成体标记"掉"＋受事 2"睾丸"；第六，被动语态标记"被"＋行为 1"用"＋受事 1"线"＋行为 2"阉割"＋完成体标记"掉"＋受事 2"睾丸"代目的"为催肥"＋被动语态标记"被"＋行为 1"用"＋受事 2"线"＋行为 2"阉割"＋完成体标记"掉"＋受事 2"睾丸"；第七，目的"为催肥"＋被动语态标记"被"＋行为 1"用"＋受事 1"线"＋行为 2"阉割"＋完成体标记"掉"＋受事 2"睾丸"代目的"为催肥"＋被动语态标记"被"＋行为 1"用"＋受事 1"线"＋行为 2"阉割"＋完成体标记"掉"＋受事 2"睾丸"＋修饰关系标记"的"。

② 类"鸡"代种"公鸡"。

的和状态以及目的、完成体和修饰关系标记，因而语义透明度极低。

其二，限定成分表达目的的见表3-175。

表3-175　限定成分表达目的的

概念	框架	意合表达式
"为催肥被阉掉睾丸的公鸡"	整体："催肥"，部分："催""肥"。"阉割"事件框架：施事"人"＋行为"阉割"＋受事"睾丸"，行为〔行为本身、源头、目的、状态、结果……〕，源头"公鸡"，目的"为催肥"，状态"完成"；目的标记"为"，完成体标记"掉"。语态范畴：成员"主动语态"，成员"被动语态"；被动语态的形式标记"被"。类："鸡"，种："公鸡"。	膹① 鸡② 〔定（目的）中（源头/类）〕

从表3-175可以看出，体验基础是一个事物、两个范畴和一个行为事件框架结构逻辑，突显的元素是目的＋源头/类，途径为转喻。突显的两个元素隐略了一个整体与部分和两个类与种关系、行为和受事、行为构成要素（状态以及目的）、完成体和修饰关系标记，因而语义透明度极低。

其三，限定成分表达领主的见表3-176。

从表3-176可以看出，体验基础是两个范畴、一个领有事件和一个行为事件框架结构逻辑，突显的元素是领主＋源头/类，途径为转喻。突显的两个元素隐略了两个类与种关系、领有和所属、行为和受事、三个行为构成要素（目的、状态和结果）以及目的、完成体和修饰关系标记，因而语义透明度极低。

---

① "膹"意为"肥"："鸟兽膹肤。"（左思《吴都赋》）第一，述补式复合动词部分"肥"代整体"催肥"；第二，目的"催肥"代目的标记"为"＋目的"催肥"；第三，目的"为催肥"代目的"为催肥"＋行为"阉割"；第四，目的"为催肥"＋行为"阉割"代目的"为催肥"＋行为"阉割"＋受事"睾丸"；第五，目的"为催肥"＋行为"阉割"＋受事"睾丸"代"为催肥"＋行为"阉割"＋完成体标记"掉"＋受事"睾丸"；第六，目的"为催肥"＋行为"阉割"＋完成体标记"掉"＋受事"睾丸"代目的"为催肥"＋被动语态标记"被"＋行为"阉割"＋完成体标记"掉"＋受事"睾丸"；第七，目的"为催肥"＋被动语态标记"被"＋行为"阉割"＋完成体标记"掉"＋受事"睾丸"代目的"为催肥"＋被动语态标记"被"＋行为"阉割"＋完成体标记"掉"＋受事"睾丸"＋修饰关系标记"的"。

② 类"鸡"代种"公鸡"。

表 3-176　限定成分表达领主的

概念	框架	意合表达式
"为催肥被阉掉睾丸的公鸡"	"没有"事件框架：领主"太监"＋领有"没有"＋所属"性别"。"阉割"事件框架：施事"人"＋行为"阉割"＋受事"睾丸"，行为［行为本身、源头、目的、状态、结果……］，源头"公鸡"，目的"为催肥"，状态"完成"，结果"无性别"；目的标记"为"，完成体标记"掉"。语态范畴：成员"主动语态"，成员"被动语态"；被动语态的形式标记"被"。类："鸡"，种："公鸡"。	太监①　鸡②［定（领主）中（源头/类）］

其四，限定成分表达所属的见表 3-177。

表 3-177　限定成分表达所属的

概念	框架	意合表达式
"为催肥被阉掉睾丸的公鸡"	"没有"事件框架：领主"公鸡"＋领有"没有"＋所属"性别"。"阉割"事件框架：施事"人"＋行为"阉割"＋受事"睾丸"，行为［行为本身、源头、目的、状态、结果……］，源头"公鸡"，目的"为催肥"，状态"完成"，结果"无性别"；目的标记"为"，完成体标记"掉"。语态范畴：成员"主动语态"，成员"被动语态"；被动语态的形式标记"被"。类："鸡"，种："公鸡"。	性③　鸡④［定（所属）中（源头/类）］

---

①　第一，领主"太监"代领主"太监"＋领有"没有"；第二，领主"太监"＋领有"没有"代领主"太监"＋领有"没有"＋所属"性别"；第三，结果"无性别"代行为"阉割"＋受事"睾丸"；第四，行为"阉割"＋受事"睾丸"代行为"阉割"＋完成体标记"掉"＋受事"睾丸"；第五，行为"阉割"＋完成体标记"掉"＋受事"睾丸"代目的"催肥"＋行为"阉割"＋完成体标记"掉"＋受事"睾丸"；第六，目的"催肥"＋行为"阉割"＋完成体标记"掉"＋受事"睾丸"代目的标记"为"＋目的"催肥"＋行为"阉割"＋完成体标记"掉"＋受事"睾丸"；第七，目的"为催肥"＋行为"阉割"＋完成体标记"掉"＋受事"睾丸"代目的"为催肥"＋被动语态标记"被"＋行为"阉割"＋完成体标记"掉"＋受事"睾丸"；第八，目的"为催肥"＋被动语态标记"被"＋行为"阉割"＋完成体标记"掉"＋受事"睾丸"代目的"为催肥"＋被动语态标记"被"＋行为"阉割"＋完成体标记"掉"＋受事"睾丸"＋修饰关系标记"的"。

②　类"鸡"代种"公鸡"。

③　"性"意为"性别"。第一，所属"性别"代领有"没有"＋所属"性别"。第二，领主"公鸡"＋领有"没有"代领主"公鸡"＋领有"没有"＋所属"性别"；第三，结果"无性别"代行为"阉割"＋受事"睾丸"；第四，行为"阉割"＋受事"睾丸"代行为"阉割"＋完成体标记"掉"＋受事"睾丸"；第五，行为"阉割"＋完成体标记"掉"＋受事"睾丸"代目的"催肥"＋行为"阉割"＋完成体标记"掉"＋受事"睾丸"；第六，目的"催肥"＋行为"阉割"＋完成体标记"掉"＋受事"睾丸"代目的标记"为"＋目的"催肥"＋行为"阉割"＋完成体标记"掉"＋受事"睾丸"；第七，目的"为催肥"＋行为"阉割"＋完成体标记"掉"＋受事"睾丸"代目的"为催肥"＋被动语态标记"被"＋行为"阉割"＋完成体标记"掉"＋受事"睾丸"；第八，目的"为催肥"＋被动语态标记"被"＋行为"阉割"＋完成体标记"掉"＋受事"睾丸"代目的"为催肥"＋被动语态标记"被"＋行为"阉割"＋完成体标记"掉"＋受事"睾丸"＋修饰关系标记"的"。

④　类"鸡"代种"公鸡"。

从表 3-177 可以看出，体验基础是两个范畴、一个领有事件和一个行为事件框架结构逻辑，突显的元素是所属＋源头/类，途径为转喻。突显的两个元素隐略了类与种关系、领主和领有、行为和受事、三个行为构成要素（目的、状态和结果），以及目的、完成体和修饰关系标记，因而语义透明度极低。

第三，中心成分表达领主的见表 3-178。

表 3-178　中心成分表达领主的

概念	框架	意合表达式
"有鸡形图饰的酒樽"	"领有"事件框架：领主"鸡"＋"领有"＋所属"形状"。"领有"事件框架：领主"图饰"＋"领有"＋所属"鸡形"。"领有"事件框架：领主"酒樽"＋"领有"＋所属"鸡形图饰"。类："礼器"，种："酒樽"。	鸡①　彝/夷②［定（领主）中（类/领主）］
"有金鸡形图饰的坐障"	"领有"事件框架：领主"金鸡"＋"领有"＋所属"形状"。"领有"事件框架：领主"图饰"＋"领有"＋所属"金鸡形"。"领有"事件框架：领主"坐障"＋"领有"＋所属"金鸡形图饰"。类："障"，种："坐障"。	金鸡③　障④［定（领主）中（类/领主）］

从表 3-178 可以看出，体验基础是一个范畴和三个领有事件框架结构逻辑，突显的元素是领主＋类/领主，途径为转喻。突显的两个元素隐略类与种关系和一个领主、三个领有和所属以及修饰关系标记，因而语义透明度

----

① 首先，领主"鸡"代领主"鸡"＋所属"形状"；然后，领主"鸡"＋所属"形状"代领主"鸡"＋领属关系标记"的"＋所属"形状"；再然后，所属"鸡形"代"领有"＋所属"鸡形"；接下来，"领有"＋所属"鸡形"代"领有"＋所属"鸡形"＋领主"图饰"；再接下来，"领有"＋所属"鸡形"＋领主"图饰"代"领有"＋所属"鸡形"＋修饰关系标记"的"＋领主"图饰"；最后，"领有"＋所属"鸡形"＋修饰关系标记"的"＋领主"图饰"代"领有"＋所属"鸡形图饰"＋修饰关系标记"的"。

② "彝"意为"古代祭祀时常用的礼器的总称"："官司彝器。"（《左传》）类"礼器"代种"酒樽"。

③ 首先，领主"金鸡"代领主"金鸡"＋所属"形状"；然后，领主"金鸡"＋所属"形状"代领主"金鸡"＋领属关系标记"的"＋所属"形状"；再然后，所属"金鸡形"代"领有"＋所属"金鸡形"；接下来，"领有"＋所属"金鸡形"代"领有"＋所属"金鸡形"＋领主"图饰"；再接下来，"领有"＋所属"金鸡形"＋领主"图饰"代"领有"＋所属"金鸡形"＋修饰关系标记"的"＋领主"图饰"；最后，"领有"＋所属"金鸡形图饰"代"领有"＋所属"金鸡形图饰"＋修饰关系标记"的"。类似的还有：金鸡奖杯。

④ "障"意为"布帷或屏风"："梨花园中册作妃，金鸡障下养为儿。"（白居易《胡旋女》）类"障"代种"坐障"。

极低。

（3）依仗五个框架的见表 3-179～3-182

下面按中心成分所表达的概念角色排序。

第一，中心成分表达受事的见表 3-179、3-180，按限定成分所表达的概念角色排序。

其一，限定成分表达受事的见表 3-179。

表 3-179 限定成分表达受事的

概念	框架	意合表达式
"烹鸡肉时添加的水苏"	"杀"事件框架：施事"人"＋行为"杀"＋受事"鸡"，行为［行为本身、结果……］，结果"被杀了的鸡"。"切分"事件框架：施事"人"＋行为"切分"＋受事"被杀了的鸡"，行为［行为本身、结果……］，结果"肉"。"烹"事件框架：施事"人"＋行为"烹"＋受事"肉"，行为［行为本身、时间］；时间"烹鸡肉时"，时间标记"时"。"添加"事件框架：施事"人"＋行为"添加"＋受事"水苏"，行为［行为本身、时间］，时间"烹鸡肉时"。类："苏"，种："水苏"。	鸡① 苏②［定（受事）中（类/受事）］

从表 3-179 可以看出，体验基础是一个范畴和四个行为事件框架结构逻辑，突显的元素是受事＋类/受事，途径为转喻。突显的两个元素隐略了类与种关系、四个行为、两个受事、行为构成要素（时间），以及修饰关系标记，因而语义透明度极低。

其二，限定成分表达源头的见表 3-180。

从表 3-180 可以看出，体验基础是一个事物、一个范畴、两个行为事件和一个出现事件框架结构逻辑，突显的元素是源头＋类/受事，途径为转喻。突显的两个元素隐略了整体与部分和类与种关系、出现、两个行为以及源头和修饰关系标记，因而语义透明度极低。

---

① 此种草的叶因辛香而用以烹鸡，故名。第一，受事"鸡"代行为"杀"＋受事"鸡"；第二，行为"杀"＋受事"鸡"代结果"被杀了的鸡"；第三，受事"被杀了的鸡"代行为"切分"＋受事"被杀了的鸡"；第四，行为"切分"＋受事"被杀了的鸡"代结果"肉"；第五，受事"肉"代行为"烹"＋受事"肉"；第六，行为"烹"＋受事"肉"代行为"烹"＋受事"肉"＋时间标记"时"；第七，时间"烹鸡肉时"代时间"烹鸡肉时"＋行为"添加"；最后，时间"烹鸡肉时"＋行为"添加"代时间"烹鸡肉时"＋行为"添加"＋修饰关系标记"的"。

② 类"苏"代种"水苏"。

表 3-180　限定成分表达源头的

概念	框架	意合表达式
"配种来自本土的仔猪/狗/鸡"	整体："本土"，部分："本""土"；"出现"事件框架：出现者"雄性猪/狗/鸡和雌性猪/狗/鸡"＋出现"来"，出现［出现本身、源头……］，源头"本土"，源头标记"自"。"交配"事件框架：施事"来自本土的雄性猪/狗/鸡和雌性猪/狗/鸡"＋行为"交配"，行为［行为本身、结果……］，结果"生产"。"生产"事件框架：施事"来自本土的雌性猪/狗/鸡"＋行为"生产"＋受事"猪/狗/鸡"。类："猪/狗/鸡"，种："仔猪/狗/鸡"。	土①　猪/狗/鸡②［定（源头）中（类/受事）］

第二，中心成分表达所属的见表 3-181。

表 3-181　中心成分表达所属的

概念	框架	意合表达式
"阴历十二月腌制熏干的猪肉"	"屠宰"事件框架：施事"人"＋行为"屠宰"＋受事"猪"，行为［行为本身、结果……］，结果"被屠宰了的猪"。"切分"事件框架：施事"人"＋行为"切分"＋受事"被屠宰了的猪"，行为［行为本身、结果］，结果"肉"。"腌制"事件框架：施事"人"＋行为"腌制"＋受事"肉"，行为［行为本身、结果……］，结果"腌制的肉"。"熏干"事件框架：施事"人"＋行为"熏干"＋受事"腌制的肉"，行为［行为本身、时间、结果……］，时间"阴历十二月"，结果"熏干的腌制的肉"。"领有"事件框架：领主"熏干的腌制的肉"＋"领有"＋所属"红"。	猪③　红④［定（受事）中（所属）］

---

① 第一，定中式复合名词部分"土"代整体"本土"；第二，源头"本土"代源头标记"自"＋源头"本土"；第三，源头"自本土"代出现"来"＋源头"自本土"；第四，出现"来"＋源头"自本土"代出现"来"＋源头"自本土"＋出现者"雄性猪/狗/鸡和雌性猪/狗/鸡"；第五，出现"来"＋源头"自本土"＋出现者"雄性猪/狗/鸡和雌性猪/狗/鸡"代出现"来"＋源头"自本土"＋修饰关系标记"的"＋出现者"雄性猪/狗/鸡和雌性猪/狗/鸡"；第六，施事"来自本土的雄性猪/狗/鸡和雌性猪/狗/鸡"代施事"来自本土的雄性猪/狗/鸡和雌性猪/狗/鸡"＋行为"交配"；第七，施事"来自本土的雄性猪/狗/鸡和雌性猪/狗/鸡"＋行为"交配"代结果"生产"；第八，行为"生产"代施事"来自本土的雌性猪/狗/鸡"＋行为"生产"；第九，施事"来自本土的雌性猪/狗/鸡"＋行为"生产"代施事"本地的雌性猪/狗/鸡"＋行为"生产"＋修饰关系标记"的"。

② 类"猪/狗/鸡"代种"仔猪/狗/鸡"。

③ 第一，受事"猪"代行为"屠宰"＋受事"猪"；第二，行为"屠宰"＋受事"猪"代结果"被屠宰了的猪"；第三，受事"被屠宰了的猪"代行为"切分"＋受事"被屠宰了的猪"；第四，行为"切分"＋受事"被屠宰了的猪"代结果"肉"；第五，受事"肉"代行为"腌制"；第六，行为"腌制"代时间"阴历十二月"＋行为"腌制"；第七，时间"阴历十二月"＋行为"腌制"代时间"阴历十二月"＋行为"腌制"＋行为"熏干"；第八，时间"阴历十二月"＋行为"腌制"＋行为"熏干"代时间"阴历十二月"＋行为"腌制"＋行为"熏干"＋修饰关系标记"的"。

④ 所属"红"代领主"肉"。

从表 3-181 可以看出，体验基础是四个行为事件和一个领有事件框架结构逻辑，突显的元素是受事＋所属，途径为转喻。突显两个元素隐略了四个行为、三个受事、领主和领有、行为构成要素（时间），以及修饰关系标记，因而语义透明度极低。

第三，中心成分表达部分的见表 3-182。

表 3-182　中心成分表达部分的

概念	框架	意合表达式
"其殿内有鸡栖树的中书省"	"栖"事件框架：施事"鸡"＋行为"栖"，行为［行为本身、场所……］，场所"树"。"存在"事件框架：场所"殿内"＋存在"有"＋存在物"鸡栖的树"。整体"中书省"，部分："中书""省"；整体："中书省"，部分："殿"；整体："殿"，部分："殿内""殿外"。	鸡① 省② ［定（施事）中（部分）］

从表 3-182 可以看出，体验基础是三个事物、一个行为事件和一个存在事件框架结构逻辑，突显的元素是施事＋部分，途径为转喻。突显的两个元素隐略了三个整体与部分关系、行为、存在、行为构成要素（场所），以及修饰关系标记，因而语义透明度极低。

（4）依仗六个框架的见表 3-183

从表 3-183 可以看出，体验基础是一个范畴和五个行为事件框架结构逻辑，突显的元素是受事＋类/受事，途径为转喻。前者突显的两个元素隐略了类与种关系、五个行为和三个受事以及修饰关系标记，因而语义透明度极低。后者突显的两个元素隐略了类与种关系、五个行为、三个受事和一个行为构成要素（源头），以及场所和修饰关系标记，因而语义透明度极低。

---

① 中书省殿内有鸡所栖之树，故名。首先，施事"鸡"代施事"鸡"＋行为"栖"，然后，施事"鸡"＋行为"栖"代施事"鸡"＋行为"栖"＋场所"树"；再然后，施事"鸡"＋行为"栖"＋场所"树"代施事"鸡"＋行为"栖"＋修饰关系标记"的"＋场所"树"；接下来，存在物"鸡栖的树"代存在"有"＋存在物"鸡栖的树"；再接下来，存在"有"＋存在物"鸡栖的树"代场所"殿内"＋存在"有"＋存在物"鸡栖的树"；最后，场所"殿内"＋存在"有"＋存在物"鸡栖的树"代场所"殿内"＋存在"有"＋存在物"鸡栖的树"＋修饰关系标记"的"。

② 形式单位定中式复合名词部分"省"代整体"中书省"。

表 3-183　依仗六个框架的

概念	框架	意合表达式
"猪皮被去毛后加工制成的熟革"	"屠宰"事件框架：施事"人"＋行为"屠宰"＋受事"猪"，行为［行为本身、结果……］，结果"被屠宰了的猪"。"剥"事件框架：施事"人"＋行为"剥"＋受事"被屠宰了的猪"，行为［行为本身、源头、结果……］，结果"猪毛皮"。"去"事件框架：施事"人"＋行为"去"＋受事"毛"，行为［行为本身、源头、结果……］，源头"猪毛皮"，结果"去了毛的猪皮"。"加工……制作"事件框架：施事"人"＋行为1"加工"＋受事1"去了毛的猪皮"＋行为2"制作"＋受事2"革"。类："革"，种："熟革"。	猪① 革② ［定（受事）中（类/受事）］
"涂在狗皮上的药膏"	"杀"事件框架：施事"人"＋行为"杀"＋受事"狗"，行为［行为本身、结果……］，结果"被杀了的狗"。"剥"事件框架：施事"人"＋行为"剥"＋受事"被杀了的狗"，行为［行为本身、结果……］，结果"毛皮"。"去"事件框架：施事"人"＋行为"去"＋受事"毛"，行为［行为本身、源头、结果……］，源头"毛皮"，结果"皮"。"得到"事件框架：施事"人"＋行为"得到"＋受事"皮"。"涂"事件框架：施事"人"＋行为"涂"＋受事"药膏"，行为［行为本身、场所……］，场所"狗皮上"。类："浓稠的糊状物"，种："药膏"。	狗 皮③ 膏④ ｛定［定（受事）中（类/受事）］中｝

---

①　第一，受事"猪"代行为"屠宰"＋受事"猪"；第二，行为"屠宰"＋受事"猪"代结果"被屠宰了的猪"；第三，受事"被屠宰了的猪"代行为"剥"＋受事"被屠宰了的猪"；第四，行为"剥"＋受事"被屠宰了的猪"代结果"猪毛皮"；第五，源头"猪毛皮"代行为"去"；第六，行为"去"代行为"去"＋受事"毛"；第七，行为"去"＋受事"毛"代结果"去了毛的猪皮"；第八，结果"去了毛的猪皮"代行为1"加工"＋受事1"去了毛的猪皮"；第九，行为1"加工"＋受事1"去了毛的猪皮"代行为1"加工"＋受事1"去了毛的猪皮"＋行为2"制作"；第十，行为1"加工"＋受事1"去了毛的猪皮"＋行为2"制作"代行为1"加工"＋受事1"去了毛的猪皮"＋行为2"制作"＋修饰关系标记"的"。

②　类"革"代种"熟革"。

③　第一，受事"狗"＋受事"皮"代行为"杀"＋受事"狗"＋受事"皮"；第二，行为"杀"＋受事"狗"＋受事"皮"代行为"杀"＋受事"狗"＋行为"得到"＋受事"皮"；第三，行为"杀"＋受事"狗"＋行为"得到"＋受事"皮"代行为"杀"＋受事"狗"＋行为"剥"＋行为"得到"＋受事"皮"；第四，行为"杀"＋受事"狗"＋行为"剥"＋行为"得到"＋受事"皮"代行为"杀"＋受事"狗"＋行为"剥"＋受事"被杀了的狗"＋行为"得到"＋受事"皮"；第五，行为"杀"＋受事"狗"＋行为"剥"＋受事"被杀了的狗"＋行为"得到"＋受事"皮"代行为"杀"＋受事"狗"＋行为"剥"＋受事"被杀了的狗"＋行为"去"＋行为"得到"＋受事"皮"；第六，行为"杀"＋受事"狗"＋行为"剥"＋受事"被杀了的狗"＋行为"去"＋行为"得到"＋受事"皮"代行为"杀"＋受事"狗"＋行为"剥"＋受事"被杀了的狗"＋行为"去"＋受事"毛"＋行为"得到"＋受事"皮"；第七，行为"杀"＋受事"狗"＋行为"剥"＋受事"被杀了的狗"＋行为"去"＋受事"毛"＋行为"得到"＋受事"皮"代行为"杀"＋受事"狗"＋行为"剥"＋受事"被杀了的狗"＋行为"去"＋受事"毛"＋源头"毛皮"＋行为"得到"＋受事"皮"；第八，行为"杀"＋受事"狗"＋行为"剥"＋受事"被杀了的狗"＋行为"去"＋受事"毛"＋源头"毛皮"＋行为"得到"＋受事"皮"代行为"杀"＋受事"狗"＋行为"剥"＋受事"被杀了的狗"＋行为"去"＋受事"毛"＋源头标记"从"＋源头"毛皮"＋行为"得到"＋受事"皮"；第九，场所"狗皮"代场所"狗皮"＋场所标记部分"上"；第十，场所"狗皮"＋场所标记部分"上"代场所标记部分"在"＋场所"狗皮"＋场所标记部分"上"；第十一，场所"在狗皮上"代行为"涂"＋场所"在狗皮上"；第十二，行为"涂"＋场所"在狗皮上"＋修饰关系标记"的"。

④　意为"浓稠的糊状物"；类"浓稠的糊状物"代种"药膏"。

（5）依仗七个框架的，见表 3-184、3-185

下面按中心成分所表达的概念角色排序。

第一，中心成分表达受事的见表 3-184。

表 3-184 中心成分表达受事的

概念	框架	意合表达式
"用鸡肉粉、鸡蛋粉制成的味精"	"杀"事件框架：施事"人"＋行为"杀"＋受事"鸡"，行为［行为本身、结果……］，结果"被杀了的鸡"。"切分"事件框架：施事"人"＋行为"切分"＋受事"被杀了的鸡"，行为［行为本身、结果……］，结果"鸡肉"。"磨"事件框架：施事"人"＋行为"磨"＋受事"鸡肉"，行为［行为本身、结果……］，结果"鸡肉粉"。"用……制作"事件框架：施事"人"＋行为1"用"＋受事1"鸡肉粉、鸡蛋粉"＋行为2"制成"＋受事2"味精"。整体："鸡肉粉、鸡蛋粉"，部分："鸡肉粉""鸡蛋粉"。类："晶体"，种："调味的晶体"。	鸡① 精② ［定（受事）中（受事）］
"配种来自海外的仔猪/狗/鸡"	整体："海域"，部分："海之中心""海域外面"；整体："海域外面"，部分："海外""海内"。"出现"事件框架：出现者"雄性猪/狗/鸡和雌性猪/狗/鸡"＋出现"来"，出现［出现本身、源头……］，源头"海外"，源头标记"自"。"交配"事件框架：施事"来自海外的雄性猪/狗/鸡和雌性猪/狗/鸡"＋行为"交配"，行为［行为本身、结果……］，结果"生产"。"生产"事件框架：施事"来自海外的雌性猪/狗/鸡"＋行为"生产"＋受事"猪/狗/鸡"。类："猪/狗/鸡"，种："仔猪/狗/鸡"。	洋③猪/狗/鸡④［定（源头）中（受事）］

----

① 第一，受事"鸡"代行为"杀"＋受事"鸡"；第二，行为"杀"＋受事"鸡"代结果"被杀了的鸡"；第三，受事"被杀了的鸡"代行为"切分"＋受事"被杀了的鸡"；第四，行为"切分"＋受事"被杀了的鸡"代结果"鸡肉"；第五，受事"鸡肉"代行为"磨"＋受事"鸡肉"；第六，行为"磨"＋受事"鸡肉"代结果"鸡肉粉"；第七，部分"鸡肉粉"代整体"鸡肉粉、鸡蛋粉"；第八，受事"鸡肉粉、鸡蛋粉"代行为1"用"＋受事1"鸡肉粉、鸡蛋粉"；第九，行为1"用"＋受事1"鸡肉粉、鸡蛋粉"代行为1"用"＋受事1"鸡肉粉、鸡蛋粉"＋行为2"制作"；第十，行为1"用"＋受事1"鸡肉粉、鸡蛋粉"＋行为2"制作"代行为1"用"＋受事1"鸡肉粉、鸡蛋粉"＋行为2"制作"＋修饰关系标记"的"。

② 通"晶"，意为"晶体"；类"晶体"代种"调味的晶体"。

③ 本义为"海之中心"。第一，部分"海之中心"代整体"海域"；第二，整体"海域"代部分"海域外面"；第三，定中式名词短语整体"海域外面"代部分"海外"；第四，源头"海外"代源头标记"自"＋源头"海外"；第五，源头"自海外"代出现"来"＋源头"自海外"；第六，出现"来"＋源头"自海外"代出现"来"＋源头"自海外"＋出现者"雄性猪/狗/鸡和雌性猪/狗/鸡"；第七，出现"来"＋源头"自海外"＋出现者"雄性猪/狗/鸡和雌性猪/狗/鸡"；第七，出现"来"＋源头"自海外"＋修饰关系标记"的"＋出现者"雄性猪/狗/鸡和雌性猪/狗/鸡"；第八，施事"来自海外的雄性猪/狗/鸡和雌性猪/狗/鸡"代施事"来自海外的雄性猪/狗/鸡和雌性猪/狗/鸡"＋行为"交配"；第九，施事"来自海外的雄性猪/狗/鸡和雌性猪/狗/鸡"＋行为"交配"代结果"生产"；第十，行为"生产"代施事"来自海外的雌性猪/狗/鸡"＋行为"生产"；最后，施事"来自海外的雌性猪/狗/鸡"＋行为"生产"代施事"来自海外的雌性猪/狗/鸡"＋行为"生产"＋修饰关系标记"的"。

④ 类"猪/狗/鸡"代种"仔猪/狗/鸡"。

从表 3-184 可以看出，前者体认理据是一个事物、一个范畴和五个行为事件框架结构逻辑，突显的元素是受事＋受事，途径为转喻。突显的两个元素隐略了整体与部分和类与种关系、五个行为和三个受事以及修饰关系标记，因而语义透明度极低。后者体认理据是三个事物和一个范畴与一个出现事件和两个行为事件框架结构逻辑，突显的元素是源头＋受事，途径为转喻。突显的两个元素隐略了三个整体与部分和一个类与种关系、出现者和出现、两个行为和一个行为构成要素（结果），以及来源和修饰关系标记，因而语义透明度极低。

第二，中心成分表达状主的见表 3-185。

表 3-185　中心成分表达状主的

概念	框架	意合表达式
"一种价格低的客店/房"	"杀"事件框架：施事"人"＋行为"杀"＋受事"鸡"，行为［行为本身、结果……］，结果"被杀了的鸡"。"拔"事件框架：施事"人"＋行为"拔"＋受事"毛"，行为［行为本身、源头、结果……］，源头"被杀了的鸡"，结果"鸡毛"。"得到"事件框架：施事"人"＋行为"得到"＋受事"鸡毛"，行为［行为本身、人的评价……］，人的评价"价值小"。"价值小"事件框架：状主"鸡毛"＋状态"价值小"。"货币表现"范畴：成员"价值小"、成员"价格低"。"价格低"事件框架：状主"客店/房"＋状态"价格低"。类："店/房"，种："客店/房"。	鸡毛①店/房②｛定［定（受事）中（受事）］中（类/状主）｝

从表 3-185 可以看出，体验基础是两个范畴、三个行为事件和两个状态事件框架结构逻辑，突显的元素是受事＋受事＋类/状主，途径为转喻。突显的两个元素隐略了两个类与种关系、三个行为和一个受事、两个状态以

---

① 基于人的评价，鸡毛是没什么价值的，故称。第一，受事"鸡"＋受事"毛"代行为"杀"＋受事"鸡"＋受事"毛"；第二，行为"杀"＋受事"鸡"＋受事"毛"代行为"杀"＋受事"鸡"＋行为"拔"＋受事"毛"；第三，行为"杀"＋受事"鸡"＋行为"拔"＋受事"毛"代结果"鸡毛"；第四，受事"鸡毛"代行为"得到"＋受事"鸡毛"；第五，行为"得到"＋受事"鸡毛"代人的评价"价值小"；第六，"货币表现"范畴的一个成员"价值小"代另一个成员"价格低"；第七，状态"价格低"代状态"价格低"＋修饰关系标记"的"。

② 类"店/房"代种"客店/房"。

及修饰关系标记，因而语义透明度极低。

（三）后入框架事物概念限定成分转喻、中心成分复合/杂转喻意合表达式

后入框架事物概念限定成分转喻、中心成分复合/杂转喻意合表达式见表 3-186～3-201，按中心成分转喻类型排序。

1. 中心成分复合转喻见表 3-186～3-190

下面按中心成分所表达的概念角色排序。

（1）中心成分表达施事的见表 3-186～3-188

下面按施事类型排序。

第一，人为施事的见表 3-186、3-187。

下面按限定成分转喻次数排序。

其一，限定成分转喻三次的见表 3-186。

表 3-186　限定成分转喻三次的

概念	框架	意合表达式
"把养猪/狗/鸡作为专业的人"	"养"事件框架：施事"人"＋行为"养"＋受事"猪/狗/鸡"。"作为"事件框架：施事"人"＋行为"作为"＋受事"专业"＋对象"养猪/狗/鸡"，对象标记"把"。整体："住房"，部分："单扇门"。"领有"事件框架：领主"人"＋"领有"＋所属"住房"。	养猪/狗/鸡专业① 户② ［定（行为＋受事）中（部分/施事）］

从表 3-186 可以看出，体验基础是一个事物、两个行为事件和一个领有事件框架结构逻辑，突显的元素是（行为＋受事）＋部分/施事，途径为转喻，即限定成分三次复杂转喻，中心成分复合转喻。突显的三个元素隐略了整体与部分关系、一个行为和一个受事、一个领有以及对象和修饰关系标记，因而语义透明度极低。

其二，限定成分转喻五次的见表 3-187。

---

① 首先，对象"养猪/狗/鸡"＋受事"专业"代对象标记"把"＋对象"养猪/狗/鸡"＋受事"专业"；然后，对象标记"把"＋对象"养猪/狗/鸡"＋受事"专业"代对象标记"把"＋对象"养猪/狗/鸡"＋行为"作为"＋受事"专业"；最后，对象标记"把"＋对象"养猪/狗/鸡"＋行为"作为"＋受事"专业"代对象标记"把"＋对象"养猪/狗/鸡"＋行为"作为"＋受事"专业"＋修饰关系标记"的"。

② "户"本义为"单扇门"。首先，部分"单扇门"代整体"住房"；然后，所属"住房"代领主"人"。

表 3-187　限定成分转喻五次的

概念	框架	意合表达式
"把宰杀牲畜作为职业的人"	"屠宰"事件框架：施事"人"＋行为"屠宰"＋受事"牲畜"。"作为"事件框架：施事"人"＋行为"作为"＋受事"职业"＋对象"宰杀牲畜"。整体："住房"，部分："单扇门"。"领有"事件框架：领主"人"＋"领有"＋所属"住房"。	屠①户②［定（行为）中（部分/施事）］

从表 3-187 可以看出，体验基础是一个事物、两个行为事件和一个领有事件框架结构逻辑，突显的元素是行为＋部分/施事，途径为转喻，即限定成分五次复杂转喻，中心成分复合转喻。突显的两个元素隐略了整体与部分关系、一个行为和两个受事、领主和领有以及修饰关系标记，因而语义透明度极低。

第二，动物为施事的见表 3-188。

表 3-188　动物为施事的

概念	框架	意合表达式
"为传种交配的雄性猪/鸡和雌性猪/鸡，即家猪/鸡中专门用于繁殖的雄性猪/鸡和雌性猪/鸡"	"交配"事件框架：施事"雄性猪/鸡和雌性猪/鸡"＋行为"交配"；行为［行为本身、目的……］，目的"为传种"，目的标记"为"。"传种"事件框架：施事"雄性猪/鸡和雌性猪/鸡"＋行为"传"＋受事"种"。类："猪/鸡"，种："雌性猪/鸡""雄性猪/鸡"。整体："雄性猪/鸡和雌性猪/鸡"，部分："雄性猪/鸡""雌性猪/鸡"。	种③猪/鸡④［定（受事）中（类/施事）］

①　首先，行为"屠宰"代行为"屠宰"＋受事"牲畜"；然后，对象"屠宰牲畜"代对象标记"把"＋对象"屠宰牲畜"；再然后，对象标记"把"＋对象"屠宰牲畜"代对象标记"把"＋对象"屠宰牲畜"＋行为"作为"；接下来，对象标记"把"＋对象"屠宰牲畜"＋行为"作为"代对象标记"把"＋对象"屠宰牲畜"＋行为"作为"＋受事"职业"；最后，对象标记"把"＋对象"屠宰牲畜"＋行为"作为"＋受事"职业"代对象标记"把"＋对象"屠宰牲畜"＋行为"作为"＋受事"职业"＋修饰关系标记"的"。

②　见 264 页②。

③　首先，目的的受事"种"代行为"传"＋受事"种"；然后，目的"传种"代目的标记"为"＋目的"传种"；再然后，目的"为传种"代目的"为传种"＋行为"交配"；最后，目的"为传种"＋行为"交配"代目的"为传种"＋行为"交配"＋修饰关系标记"的"。

④　首先，类"猪/鸡"代种"雌性猪/鸡""雄性猪/鸡"；然后，部分"雌性猪/鸡""雄性猪/鸡"代整体"雌性猪/鸡和雄性猪/鸡"。

从表 3-188 可以看出，体验基础是一个事物和范畴与两个行为事件框架结构逻辑，突显的元素是受事＋类/施事，途径为转喻，即限定成分四次复杂转喻，中心成分复合转喻。突显的两个元素隐略了整体与部分和类与种关系、两个行为以及目的和修饰关系标记，因而语义透明度极低。

（2）中心成分表达受事的见表 3-189

表 3-189　中心成分表达受事的

概念	框架	意合表达式
"猪被屠宰后对其切分得到的肉再切分得到的大片瘦猪肉经炸过或煎过的食品"	"屠宰"事件框架：施事"人"＋行为"屠宰"＋受事"猪"，行为［行为本身、结果……］，结果"被屠宰了的猪"。"切分"事件框架：施事"人"＋行为"切分"＋受事"被屠宰了的猪"，行为［行为本身、结果……］，结果"肉"。"切分"事件框架：施事"人"＋行为"切分"＋受事"肉"，行为［行为本身、结果……］，结果"大片瘦猪肉"。"炸或煎"事件框架：施事"人"＋行为"炸或煎"＋受事"大片瘦猪肉"，行为［行为本身、状态……］，状态"完成"，完成体标记"过"。类："食品"，种："炸过或煎过的大片瘦猪肉"。	猪① 排② ［定（受事）中（类/受事）］
"能放置于枕匣里的小种鸡"	整体："枕匣"，部分："枕""匣"。"放置"事件框架：施事"人"＋行为"放置"＋受事"种鸡"；行为［行为本身、场所……］，场所"枕匣"，场所标记"于……里"。"语态"范畴：成员"主动语态"、成员"被动语态"，被动语态标记"被"。类："鸡"，种："种鸡"；类："种鸡"，种："小种鸡"。	枕③ 鸡④ ［定（场所）中（类/受事）］

---

①　第一，受事"猪"代行为"屠宰"＋受事"猪"；第二，行为"屠宰"＋受事"猪"代结果"被屠宰了的猪"；第三，受事"被屠宰了的猪"代行为"切分"＋受事"被屠宰了的猪"；第四，行为"切分"＋受事"被屠宰了的猪"代结果"大片瘦猪肉"；第五，受事"大片瘦猪肉"代行为"炸或煎"＋受事"大片瘦猪肉"；第六，行为"炸或煎"＋受事"大片瘦猪肉"代行为"炸或煎"＋完成体标记"过"＋受事"大片瘦猪肉"；第七，行为"炸或煎"＋完成体标记"过"＋受事"大片瘦猪肉"代行为"炸或煎"＋完成体标记"过"＋修饰关系标记"的"＋受事"大片瘦猪肉"；第八，种"炸过或煎过的大片瘦猪肉"代种"炸过或煎过的大片瘦猪肉"＋类与种关系标记"的"。

②　首先，"形式单位"范畴的一个成员汉语"排"代英语"pie"（意为"馅饼"）；然后，种"馅饼"代类"食品"。

③　首先，定中式复合名词部分"枕"代整体"枕匣"；然后，场所"枕匣"代场所"枕匣"＋场所标记部分"里"；再然后，场所"枕匣"＋场所标记部分"里"代场所标记部分"于"＋场所"枕匣"＋场所标记部分"里"；接下来，场所"于枕匣里"代行为"放置"＋场所"于枕匣里"；再接下来，主动语态"放置于枕匣里"代被动语态"被放置于枕匣里"；最后，被动语态"被放置于枕匣里"代被动语态"被放置于枕匣里"＋修饰关系标记"的"。

④　首先，类"鸡"代种"种鸡"；然后，类"种鸡"代种"小种鸡"。

从表 3-189 可以看出，前者体认理据是一个类与种关系和四个行为事件框架结构逻辑，突显的元素是受事＋类，途径为转喻，即限定成分七次复杂转喻，中心成分复合转喻。突显的两个元素隐略了类与种关系、四个行为和三个受事以及完成和类与种关系标记，因而语义透明度极低。后者体认理据是一个事物、三个范畴和一个行为事件框架结构逻辑，突显的元素是场所＋类/受事，途径为转喻，即限定成分五次复杂转喻，中心成分复合转喻。突显的两个元素隐略一个整体与部分和三个类与种关系、一个行为和一个行为构成要素（语态），以及场所和修饰关系标记，因而语义透明度极低。

（3）中心成分表达结果的见表 3-190

表 3-190 中心成分表达结果的

概念	框架	意合表达式
"狗被屠宰后对其切分而得到的内脏"	"屠宰"事件框架：施事"人"＋行为"屠宰"＋受事"狗"，行为［行为本身、结果……］，结果"被屠宰了的狗"。"切分"事件框架：施"人"＋行为"切分"＋受事"被屠宰了的狗"，行为［行为本身、结果……］，结果"狗肉、内脏"。"得到"事件框架：施事"人"＋行为"得到"＋受事"内脏"。"切"事件框架：施事"人"＋行为"切"＋受事"内脏"，行为［行为本身、结果……］，结果"杂碎"。整体："杂乱零碎"，部分："杂乱""零碎"。	狗① 杂碎② ［定（受事）中（部分/结果）］

从表 3-190 可以看出，体验基础是四个行为事件框架结构逻辑，突显的元素是受事＋部分/结果，途径为转喻，即限定成分五次复杂转喻，中心成分复合转喻。突显的两个元素隐略了四个行为和两个受事以及修饰关系标记，因而语义透明度极低。

2. 中心成分复杂转喻见表 3-191～3-201

下面按中心成分复杂转喻次数排序。

---

① 首先，受事"狗"代行为"屠宰"＋受事"狗"；然后，行为"屠宰"＋受事"狗"代结果"被屠宰了的狗"；再然后，受事"被屠宰了的狗"代行为"切分"＋受事"被屠宰了的狗"；接下来，行为"切分"＋受事"被屠宰了的狗"代行为"切分"＋受事"被屠宰了的狗"＋行为"得到"；最后，行为"切分"＋受事"被屠宰了的狗"＋行为"得到"代行为"切分"＋受事"被屠宰了的狗"＋行为"得到"＋修饰关系标记"的"。

② 首先，结果/部分"杂碎"代结果/整体"杂乱零碎"；然后，结果"杂乱零碎"代受事"内脏"。

（1）中心成分复杂转喻三次的见表 3-191～3-193

下面按中心成分所表达的概念角色排序。

第一，中心成分表达领主的见表 3-191。

表 3-191　中心成分表达领主的

概念	框架	意合表达式
"壳软的鸡蛋"	"软"事件框架：状主"壳"＋状态"软"。"领有"事件框架：领主"鸡蛋"＋"领有"＋所属"软壳"。"产"事件框架：施事"母鸡"＋行为"产"＋受事"蛋"。	软①蛋②〔定（状态）中（受事/领主）〕

从表 3-191 可以看出，体验基础是一个行为、领有和状态事件框架结构逻辑，突显的元素是状态＋受事/领主，途径为转喻，即限定成分复合转喻，中心成分三次复杂转喻。突显的两个元素隐略了施事和行为、领有和所属、状主以及修饰关系标记，因而语义透明度极低。

第二，中心成分表达所属的见表 3-192。

表 3-192　中心成分表达所属的

概念	框架	意合表达式
"小鸡身上的黄绒毛"	类："鸡"，种："小鸡"。"领有"事件框架：领主"小鸡"＋"领有"＋所属"黄绒毛"，领有〔领有本身场所〕，场所"身体"，场所标记"上"。"领有"事件框架：领主"绒毛"＋"领有"＋所属"黄"。	鸡③黄④〔定（类）中（所属）〕

---

① 首先，状态"软"代状主"壳"＋状态"软"；然后，状主"壳"＋状态"软"代状主"壳"＋状态"软"＋修饰关系标记"的"。

② 首先，受事"蛋"代行为"产"＋受事"蛋"；然后，行为"产"＋受事"蛋"代施事"母鸡"＋行为"产"＋受事"蛋"；最后，施事"母鸡"＋行为"产"＋受事"蛋"代施事"母鸡"＋行为"产"＋修饰关系标记"的"＋受事"蛋"。

③ 首先，类"鸡"代种"小鸡"；然后，领主"小鸡"代领主"小鸡"＋"领有"；再然后，领主"小鸡"＋"领有"代领主"小鸡"＋场所"身体"＋"领有"；接下来，领主"小鸡"＋场所"身体"＋"领有"代领主"小鸡"＋场所"身体"＋场所标记"上"＋"领有"；最后，领主"小鸡"＋场所"身体"＋场所标记"上"＋"领有"代领主"小鸡"＋场所"身体"＋场所标记"上"＋"领有"＋修饰关系标记"的"。

④ 首先，所属"黄"代"领有"＋所属"黄"；然后，"领有"＋所属"黄"代"领有"＋所属"黄"＋领主"绒毛"；最后，"领有"＋所属"黄"＋领主"绒毛"代"领有"＋所属"黄"＋修饰关系标记"的"＋领主"绒毛"。

从表 3-192 可以看出，体验基础是一个范畴和两个领有事件框架结构逻辑，突显的元素是类＋所属，途径为转喻，即限定成分五次复杂转喻，中心成分三次复杂转喻。突显的两个元素隐略了类与种关系、两个领有、一个所属和领有构成要素（场所），以及场所和修饰关系标记，因而语义透明度极低。

第三，中心成分表达结果的见表 3-193。

表 3-193　中心成分表达结果的

概念	框架	意合表达式
"鸡被杀后对其切分而得到的内脏"	"杀"事件框架：施事"人"＋行为"杀"＋受事"鸡"，行为［行为本身、结果……］，结果"被杀了的鸡"。"切分"事件框架：施事"人"＋行为"切分"＋受事"被杀了的鸡"，行为［行为本身、结果……］，结果"鸡肉、内脏"。"得到"事件框架：施事"人"＋行为"得到"＋受事"内脏"。"切"事件框架：施事"人"＋行为"切"＋受事"内脏"，行为［行为本身、结果……］，结果"杂乱零碎"。整体："杂乱零碎"，部分："杂乱""零碎"；整体："杂乱"，部分："杂""乱"。	鸡① 杂② ［定（受事）中（部分/结果）］

从表 3-193 可以看出，体验基础是两个事物和四个行为事件框架结构逻辑，突显的元素是受事＋部分/结果，途径为转喻，即限定成分五次复杂转喻，中心成分三次复杂转喻。突显的两个元素隐略了整体与部分关系、四个行为和两个受事以及修饰关系标记，因而语义透明度极低。

（2）中心成分复杂转喻四次的见表 3-194～3-197

下面按中心成分所表达的概念角色排序。

第一，中心成分表达受事的见表 3-194～3-196。

下面按限定成分所表达的概念角色排序。

---

① 首先，受事"鸡"代行为"杀"＋受事"鸡"；然后，行为"杀"＋受事"鸡"代结果"被杀了的鸡"；再然后，受事"被杀了的鸡"代行为"切分"＋受事"被杀了的鸡"；接下来，行为"切分"＋受事"被杀了的鸡"代行为"切分"＋受事"被杀了的鸡"＋行为"得到"；最后，行为"切分"＋受事"被杀了的鸡"＋行为"得到"代行为"切分"＋受事"被杀了的鸡"＋行为"得到"＋修饰关系标记"的"。

② 首先，形式单位联合式复合词部分"杂"代整体"杂乱"；然后，形式单位联合式短语部分"杂乱"代整体"杂乱零碎"；最后，结果"杂乱零碎"代受事"内脏"。

其一，限定成分表达施事的见表 3-194。

表 3-194　限定成分表达施事的

概念	框架	意合表达式
"（狗站中）狗应得的给养物"	"应得"事件框架：施事"狗"＋行为"应得"＋受事"给养物"。"发放"事件框架：施事"狗站"＋行为"发放"＋受事"给养物"，行为［行为本身、标准……］，标准"分例"，标准标记"按"。	狗① 分 例② ［定（施事）中（标准）]

从表 3-194 可以看出，体验基础是两个行为事件框架结构逻辑，突显的元素是施事＋标准，途径为转喻，即限定成分复合转喻，中心成分四次复杂转喻。突显的两个元素隐略了一个施事、两个行为和受事以及修饰关系标记，因而语义透明度极低。

其二，限定成分表达行为的见表 3-195。

表 3-195　限定成分表达行为的

概念	框架	意合表达式
"烤熟的猪肉"	"屠宰"事件框架：施事"人"＋行为"屠宰"＋受事"猪"，行为［行为本身、结果……］，结果"被屠宰了的猪"。"切分"事件框架：施事"人"＋行为"切分"＋受事"被屠宰了的猪"，行为［行为本身、结果……］，结果"猪肉"。"烤"事件框架：施事"人"＋行为"烤"＋受事"猪肉"，行为［行为本身、结果］，结果"熟"。	烧③ 猪④ ［定（行为）中（受事）]

---

① 首先，施事"狗"代施事"狗"＋行为"应得"；然后，施事"狗"＋行为"应得"代施事"狗"＋行为"应得"＋修饰关系标记"的"。

② "分例"意为"按定例发放的钱物"。首先，标准"分例"代标准标记"按"＋标准"分例"；然后，标准"按分例"代标准"按分例"＋行为"发放"；接下来，标准"按分例"＋行为"发放"代标准"按分例"＋行为"发放"＋受事"给养物"；最后，标准"按分例"＋行为"发放"＋受事"给养物"代标准"按分例"＋行为"发放"＋修饰关系标记"的"＋受事"给养物"。

③ "烧"意为"烤"。首先，行为"烤"代行为"烤"＋结果"熟"；然后，行为"烤"＋结果"熟"代行为"烤"＋结果"熟"＋修饰关系标记"的"。

④ 首先，受事"猪"代行为"屠宰"＋受事"猪"；然后，行为"屠宰"＋受事"猪"代结果"被屠宰了的猪"；接下来，受事"被屠宰了的猪"代行为"切分"＋受事"被屠宰了的猪"；最后，行为"切分"＋受事"被屠宰了的猪"代结果"猪肉"。

从表 3-195 可以看出，体验基础是三个行为事件框架结构逻辑，突显的元素是行为＋受事，途径为转喻，即限定成分复合转喻，中心成分四次复杂转喻。突显的两个元素隐略了两个行为和两个受事、行为构成要素（结果），以及修饰关系标记，因而语义透明度极低。

其三，限定成分表达受事的见表 3-196。

表 3-196　限定成分表达受事的

概念	框架	意合表达式
"用气锅蒸熟的鸡肉"	"杀"事件框架：施事"人"＋行为"杀"＋受事"鸡"，行为［行为本身、结果……］，结果"被杀了的鸡"。"切分"事件框架：施事"人"＋行为"切分"＋受事"被杀了的鸡"，行为［行为本身、结果……］，结果"鸡肉"。"用……蒸"事件框架：施事"人"＋行为1"用"＋受事1"气锅"＋行为2"蒸"＋受事"鸡肉"，行为［行为本身、结果……］，结果"熟"。	气 锅① 鸡②［定（受事）中（受事）］

从表 3-196 可以看出，体验基础是四个行为事件框架结构逻辑，突显的元素是受事＋受事，途径为转喻，即限定成分四次复杂转喻，中心成分四次复杂转喻。突显的两个元素隐略了四个行为和两个受事、行为构成要素（结果），以及修饰关系标记，因而语义透明度极低。

第二，中心成分表达领主的见表 3-197。

从表 3-197 可以看出，体验基础是一个范畴、两个行为和领有事件框架结构逻辑，突显的元素是领主＋领主，途径为转喻，即限定成分五次复杂转喻，中心成分四次复杂转喻。突显的两个元素隐略了类与种关系、两个行为和受事、两个领主一个所属以及修饰关系标记，因而语义透明度极低。

---

① 首先，受事1"气锅"代行为1"用"＋受事1"气锅"；然后，行为1"用"＋受事1"气锅"代行为1"用"＋受事1"气锅"＋行为2"蒸"；再然后，行为1"用"＋受事1"气锅"＋行为2"蒸"代行为1"用"＋受事1"气锅"＋行为2"蒸"＋结果"熟"；最后，行为1"用"＋受事1"气锅"＋行为2"蒸"＋结果"熟"代行为1"用"＋受事1"气锅"＋行为2"蒸"＋结果"熟"＋修饰关系标记"的"。

② 首先，受事"鸡"代行为"杀"＋受事"鸡"；然后，行为"杀"＋受事"鸡"代结果"被杀了的鸡"；再然后，受事"被杀了的鸡"代行为"切分"＋受事"被杀了的鸡"；最后，行为"切分"＋受事"被杀了的鸡"代结果"鸡肉"。

表 3-197　中心成分表达领主的

概念	框架	意合表达式
"狗脂肪的臭气味"	"屠宰"事件框架：施事"人"＋行为"屠宰"＋受事"狗"，行为［行为本身、结果……］，结果"被屠宰了的狗"。"切分"事件框架：施事"人"＋行为"切分"＋受事"被屠宰了的狗"，行为［行为本身、结果……］，结果"狗脂肪"。"领有"事件框架：领主"狗脂肪"＋"领有"＋所属"气味"。单纯词范畴：成员"生""胜"。"领有"事件框架：领主"气味"＋"领有"＋所属"臭"。	狗①　生②　［定（领主）中（领主）］

（3）中心成分复杂转喻六次的见表 3-198～3-200

下面按限定成分所表达的概念角色排序。

第一，限定成分表达行为的见表 3-198。

表 3-198　限定成分表达行为的

概念	框架	意合表达式
"熏制的猪肉"	"屠宰"事件框架：施事"人"＋行为"屠宰"＋受事"猪"，行为［行为本身、结果……］，结果"被屠宰了的猪"。"切分"事件框架：施事"人"＋行为"切分"＋受事"被屠宰了的猪"，行为［行为本身、结果……］，结果"肉"。"得到"事件框架：施事"人"＋行为"得到"＋受事"肉"。整体："熏制"，部分："熏""制"。"熏制"事件框架：施事"人"＋行为"熏制"＋受事"猪肉"。	熏③　肉④　［定（行为）中（受事）］

---

①　首先，受事"狗"代行为"屠宰"＋受事"狗"；然后，行为"屠宰"＋受事"狗"代结果"被屠宰了的狗"；接下来，受事"被屠宰了的狗"代行为"切分"＋受事"被屠宰了的狗"；再接下来，行为"切分"＋受事"被屠宰了的狗"代结果"狗脂肪"；最后，结果"狗脂肪"代结果"狗脂肪"＋领属关系标记"的"。

②　首先，成员"生"代成员"胜"（意为"臭"）；然后，所属"臭"代"领有"＋所属"臭"；再然后，"领有"＋所属"臭"代"领有"＋所属"臭"＋领主"气味"；最后，"领有"＋所属"臭"＋领主"气味"代"领有"＋所属"臭"＋修饰关系标记"的"＋领主"气味"。

③　首先，部分"熏"代整体"熏制"；然后，行为"熏制"代行为"熏制"＋修饰关系标记"的"。

④　首先，受事"肉"代行为"得到"＋受事"肉"；然后，行为"得到"＋受事"肉"代行为"切分"＋行为"得到"＋受事"肉"；再然后，行为"切分"＋行为"得到"＋受事"肉"代行为"切分"＋受事"被屠宰了的猪"＋行为"得到"＋受事"肉"；接下来，行为"切分"＋受事"被屠宰了的猪"＋行为"得到"＋受事"肉"代行为"屠宰"＋行为"切分"＋受事"被屠宰了的猪"＋行为"得到"＋受事"肉"；再接下来，行为"屠宰"＋行为"切分"＋受事"被屠宰了的猪"＋行为"得到"＋受事"肉"代行为"屠宰"＋受事"猪"＋行为"切分"＋受事"被屠宰了的猪"＋行为"得到"＋受事"肉"；最后，行为"屠宰"＋受事"猪"＋行为"切分"＋受事"被屠宰了的猪"＋行为"得到"＋受事"肉"代行为"屠宰"＋受事"猪"＋行为"切分"＋受事"被屠宰了的猪"＋行为"得到"＋修饰关系标记"的"＋受事"肉"。

从表 3-198 可以看出，体验基础是四个行为事件框架结构逻辑，突显的元素是行为＋受事，途径为转喻，即限定成分简单转喻，中心成分六次复杂转喻。突显的两个元素隐略了三个行为和受事以及修饰关系标记，因而语义透明度极低。

第二，限定成分表达结果的见表 3-199。

从表 3-199 可以看出，前者体认理据是五个行为事件和一个领有事件框架结构逻辑，突显的元素是领主/结果＋受事，途径为转喻，即限定成分三次复杂转喻，中心成分六次复杂转喻。突显的两个元素隐略了五个行为和四个受事、一个领有和所属以及修饰关系标记，因而语义透明度极低。后者体认理据是五个行为事件框架结构逻辑，突显的元素是结果＋结果/受事，途径为转喻，即限定成分四次复杂转喻，中心成分六次复杂转喻。突显的两个元素隐略了五个行为和四个受事以及修饰关系标记，因而语义透明度极低。

表 3-199　限定成分表达结果的

概念	框架	意合表达式
"用盐腌制的猪腿"	"用……腌制"事件框架：施事"人"＋行为1"用"＋受事1"盐"＋行为2"腌制"＋受事2"猪腿"，行为[行为本身、结果]，结果"咸、鲜红"。"领有"事件框架：领主"火"＋"领有"＋所属"鲜红"。"屠宰"事件框架：施事"人"＋行为"屠宰"＋受事"猪"，行为[行为本身、结果……]，结果"被屠宰了的猪"。"切分"事件框架：施事"人"＋行为"切分"＋受事"被屠宰了的猪"，行为[行为本身、结果……]，结果"猪腿"。"得到"事件框架：施事"人"＋行为"得到"＋受事"猪腿"。	火① 腿② ［定（领主/结果）中（受事）］

① 首先，领主"火"代所属"鲜红"；然后，结果"鲜红"代行为"腌制"；最后，行为"腌制"代行为"腌制"＋修饰关系标记"的"。

② 首先，受事"腿"代行为"得到"＋受事"腿"；然后，行为"得到"＋受事"腿"代行为"切分"＋行为"得到"＋受事"腿"；再然后，行为"切分"＋行为"得到"＋受事"腿"代行为"切分"＋受事"被屠宰了的猪"＋行为"得到"＋受事"腿"；接下来，行为"切分"＋受事"被屠宰了的猪"＋行为"得到"＋受事"腿"代行为"屠宰"＋行为"切分"＋受事"被屠宰了的猪"＋行为"得到"＋受事"腿"；再接下来，行为"屠宰"＋行为"切分"＋受事"被屠宰了的猪"＋行为"得到"＋受事代行为"屠宰"＋受事"猪"＋行为"切分"＋受事"被屠宰了的猪"＋行为"得到"＋受事"腿"；最后，行为"屠宰"＋受事"猪"＋行为"切分"＋受事"被屠宰了的猪"＋行为"得到"＋受事"腿"代行为"屠宰"＋受事"猪"＋行为"切分"＋受事"被屠宰了的猪"＋行为"得到"＋修饰关系标记"的"＋受事"腿"。

（续表）

概念	框架	意合表达式
"用盐腌的猪肉"	"用……腌制"事件框架：施事"人"＋行为1"用"＋受事1"盐"＋行为2"腌制"＋受事2"猪肉"，行为[行为本身、结果]，结果"咸"。"屠宰"事件框架：施事"人"＋行为"屠宰"＋受事"猪"，行为[行为本身、结果……]，结果"被屠宰了的猪"。"切分"事件框架：施事"人"＋行为"切分"＋受事"被屠宰了的猪"，行为[行为本身、结果……]，结果"猪肉"。"得到"事件框架：施事"人"＋行为"得到"＋受事"猪肉"。	咸① 肉②［定（结果）中（结果/受事）]

第三，限定成分表达部分的见表3-200。

表3-200　限定成分表达部分的

概念	框架	意合表达式
"猪被屠宰后切分得到的领有五花马的毛色五花纹的肉，即肥瘦分层相间的猪肉"	整体："五花马"，部分："五花""马"。"领有"事件框架：领主"五花马"＋"领有"＋所属"毛色"。"领有"事件框架：领主"五花马的毛色"＋"领有"＋所属"五花纹"。"屠宰"事件框架：施事"人"＋行为"屠宰"＋受事"猪"，行为[行为本身、结果……]，结果"被屠宰了的猪"。"切分"事件框架：施事"人"＋行为"切分"＋受事"被屠宰了的猪"，行为[行为本身、结果……]，结果"肉"。"得到"事件框架：施事"人"＋行为"得到"＋受事"肉"。"领有"事件框架：领主"肉"＋"领有"＋所属"五花马的毛色五花纹"。	五花③ 肉④［定（部分）中（结果/受事）]

---

① 首先，结果"咸"代行为"腌制"；然后，行为2"腌制"代行为1"用"＋行为2"腌制"；接下来，行为1"用"＋行为2"腌制"代行为1"用"＋受事1"盐"＋行为2"腌制"；最后，行为1"用"＋受事1"盐"＋行为2"腌制"代行为1"用"＋受事1"盐"＋行为2"腌制"＋修饰关系标记"的"。

② 首先，受事"肉"代行为"得到"＋受事"肉"；然后，行为"得到"＋受事"肉"代行为"切分"＋行为"得到"＋受事"肉"；再然后，行为"切分"＋行为"得到"＋受事"肉"代行为"切分"＋受事"被屠宰了的猪"＋行为"得到"＋受事"肉"；接下来，行为"切分"＋受事"被屠宰了的猪"＋行为"得到"＋受事"肉"代行为"屠宰"＋行为"切分"＋受事"被屠宰了的猪"＋行为"得到"＋受事"肉"；再接下来，行为"屠宰"＋行为"切分"＋受事"被屠宰了的猪"＋行为"得到"＋受事"肉"代行为"屠宰"＋受事"猪"＋行为"切分"＋受事"被屠宰了的猪"＋行为"得到"＋受事"肉"；最后，行为"屠宰"＋受事"猪"＋行为"切分"＋受事"被屠宰了的猪"＋行为"得到"＋受事"肉"代行为"屠宰"＋受事"猪"＋行为"切分"＋受事"被屠宰了的猪"＋行为"得到"＋修饰关系标记"的"＋受事"肉"。

③ 第一，定中式复合名词部分"五花"代"五花马"；第二，领主"五花马"代领主"五花马"＋所属"毛色"；第三，领主"五花马"＋所属"毛色"代领主"五花马"＋领属关系标记"的"＋所属"毛色"；第四，领主"五花马的毛色"代领主"五花马的毛色"＋所属"五花纹"；第五，领主"五花马的毛色"＋所属"五花纹"代领主"五花马的毛色"＋领属关系标记"的"＋所属"五花纹"；第六，所属"五花马的毛色五花纹"代"领有"＋所属"五花马的毛色五花纹"；第七，"领有"＋所属"五花马的毛色五花纹"代"领有"＋所属"五花马的毛色五花纹"＋修饰关系标记"的"。

④ 首先，受事"肉"代行为"得到"＋受事"肉"；然后，行为"得到"＋受事"肉"代行为"切分"＋行为"得到"＋受事"肉"；再然后，行为"切分"＋行为"得到"＋受事"肉"代行为"切分"＋受事"被屠宰了的猪"＋行为"得到"＋受事"肉"；接下来，行为"切分"＋受事"被屠宰了的猪"＋行为"得到"＋受事"肉"代行为"屠宰"＋行为"切分"＋受事"被屠宰了的猪"＋行为"得到"＋受事"肉"；再接下来，行为"屠宰"＋行为"切分"＋受事"被屠宰了的猪"＋行为"得到"＋受事"肉"代行为"屠宰"＋受事"猪"＋行为"切分"＋受事"被屠宰了的猪"＋行为"得到"＋受事"肉"；最后，行为"屠宰"＋受事"猪"＋行为"切分"＋受事"被屠宰了的猪"＋行为"得到"＋受事"肉"代行为"屠宰"＋受事"猪"＋行为"切分"＋受事"被屠宰了的猪"＋行为"得到"＋修饰关系标记"的"＋受事"肉"。

从表 3-200 可以看出，体验基础是一个事物、三个行为和领有事件框架结构逻辑，突显的元素是部分＋结果/受事，途径为转喻，即限定成分七次复杂转喻，中心成分六次复杂转喻。突显的两个元素隐略了整体与部分关系、三个行为和两个受事、三个领有和两个所属以及修饰关系标记，因而语义透明度极低。

（4）中心成分复杂转喻八次的见表 3-201

表 3-201　中心成分复杂转喻八次的

概念	框架	意合表达式
"屠宰猪切分猪耳得到的压惊辟邪的听骨"	"屠宰"事件框架：施事"人"＋行为"屠宰"＋受事"猪"，行为［行为本身、结果……］，结果"被屠宰了的猪"。"切分"事件框架：施事"人"＋行为"切分"＋受事"被屠宰了的猪"，行为［行为本身、结果……］，结果"猪耳"。"切分"事件框架：施事"人"＋行为"切分"＋受事"猪耳"，行为［行为本身、结果……］，结果"听骨"。类："骨"，种："听骨"。"得到"事件框架：施事"人"＋行为"得到"＋受事"听骨"。"领有"事件框架：领主"听骨"＋"领有"＋所属"功能"，功能"压惊辟邪"。"压惊"事件框架：施事"听骨"＋行为"压"＋受事"惊"；整体："压惊辟邪"，部分："压惊""辟邪"。	（惊①　骨②）③［定（受事）中（类/领主）］

---

①　首先，受事"惊"代行为"压"＋受事"惊"；然后，部分"压惊"代整体"压惊辟邪"；接下来，所属即功能"压惊辟邪"代"领有"＋所属即功能"压惊辟邪"；最后，"领有"＋所属即功能"压惊辟邪"代"领有"＋所属"压惊辟邪"＋修饰关系标记"的"。

②　第一，类"骨"代种"听骨"；第二，受事"听骨"代行为"得到"＋受事"听骨"；第三，行为"得到"＋受事"听骨"代行为"切分"＋受事"猪耳"＋行为"得到"＋受事"听骨"；第四，行为"切分"＋受事"猪耳"＋行为"得到"代行为"切分"＋行为"切分"＋受事"猪耳"＋行为"得到"；第五，行为"切分"＋行为"切分"＋受事"猪耳"＋行为"得到"代行为"切分"＋受事"被屠宰了的猪"＋行为"切分"＋受事"猪耳"＋行为"得到"＋受事"听骨"；第六，行为"切分"＋受事"被屠宰了的猪"＋行为"切分"＋受事"猪耳"＋行为"得到"＋受事"听骨"代行为"屠宰"＋行为"切分"＋受事"被屠宰了的猪"＋行为"切分"＋受事"猪耳"＋行为"得到"＋受事"听骨"；第七，行为"屠宰"＋行为"切分"＋受事"被屠宰了的猪"＋行为"切分"＋受事"猪耳"＋行为"得到"＋受事"听骨"代行为"屠宰"＋受事"猪"＋行为"切分"＋受事"被屠宰了的猪"＋行为"切分"＋受事"猪耳"＋行为"得到"＋受事"听骨"；第八，行为"屠宰"＋受事"猪"＋行为"切分"＋受事"被屠宰了的猪"＋行为"切分"＋受事"猪耳"＋行为"得到"＋受事"听骨"代行为"屠宰"＋受事"猪"＋行为"切分"＋受事"被屠宰了的猪"＋行为"切分"＋受事"猪耳"＋行为"得到"＋修饰关系标记"的"＋受事"听骨"。

③　此骨常用红绳串起，主要佩戴在 10 周岁以下儿童手上或脚上，用于压惊、辟邪，故名。

从表 3-201 可以看出，体验基础是一个事物和范畴、五个行为事件和一个领有事件框架结构逻辑，突显的元素是受事＋类/领主，途径为转喻，即限定成分四次复杂转喻，中心成分八次复杂转喻。突显的两个元素隐略了整体与部分和类与种关系、五个行为和三个受事、一个领有以及修饰关系标记，因而语义透明度极低。

（四）后入框架事物概念限定成分内包转喻转喻、中心成分转喻意合表达式

这里的内包转喻有显性的，也有隐性的。后入框架事物概念限定成分内包转喻转喻、中心成分转喻意合表达式见表 3-202～3-206，按中心成分所表达的概念角色排序。

1. 中心成分表达施事的见表 3-202～3-204

下面按限定成分所表达的概念角色排序。

（1）限定成分表达行为＋受事的见表 3-202

从表 3-202 可以看出，前者体认理据是一个范畴和两个行为事件框架结构逻辑，突显的元素是（行为＋受事）＋类/施事，途径为内包转喻转喻。突显的三个元素隐略了类与种关系、一个行为和两个受事以及修饰关系标记，因而语义透明度极低。后者体认理据是一个范畴、三个行为事件和一个出现事件框架结构逻辑，突显的元素是（行为＋受事）＋类/施事，途径为内包转喻转喻。突显的三个元素隐略了类与种关系、两个行为、出现以及时间和修饰关系标记，因而语义透明度极低。

表 3-202　限定成分表达行为＋受事的

概念	框架	意合表达式
"错过清晨报晓的公鸡"	"报"事件框架：施事"公鸡"＋行为"报"＋受事"晓"，行为［行为本身、时间……］，时间"清晨"。"错过"事件框架：施事"公鸡"＋行为"错过"＋受事"清晨报晓"。类："鸡"，种："公鸡"。	（失晨/旦①）②鸡③［定（行为＋受事）中（类/施事）］

---

① "晨/旦"意为"清晨"："晨起不辨衣履。"（周容《芋老人传》）"且夕得甘毳以养亲"。（司马迁《史记·刺客列传》）首先，时间"清晨"代时间"清晨"＋行为"报"；然后，时间"清晨"＋行为"报"代时间"清晨"＋行为"报"＋受事"晓"。

② "失"意为"错过"。行为"错过"＋受事"清晨报晓"代行为"错过"＋受事"清晨报晓"＋修饰关系标记"的"。

③ 类"鸡"代种"公鸡"。

（续表）

概念	框架	意合表达式
"等到潮来时鸣叫的公鸡"	"来"事件框架：出现者"潮"＋出现"来"。"等待"事件框架：施事"公鸡"＋行为"等待"＋受事"潮来"，行为［行为本身、结果……］，结果"等到潮来"。"等到"事件框架：施事"公鸡"＋行为"等到"＋受事"潮来"，行为［行为本身、时间……］，时间"等到潮来"，时间标记"时"。"鸣叫"事件框架：施事"公鸡"＋行为"鸣叫"，行为［行为本身、时间……］，时间"等到潮来时"。类："鸡"，种："公鸡"。	（伺　潮①）②鸡③［定（行为＋受事）中（类/施事）］

（2）限定成分表达行为＋时间的见表 3-203

表 3-203　限定成分表达行为＋时间的

概念	框架	意合表达式
"天明时候啼叫的公鸡"	"明"事件框架：状主"天"＋状态"明"，状态［状态本身、时间……］，时间"天明"，时间标记"时"。"啼叫"事件框架：施事"公鸡"＋行为"啼叫"，行为［行为本身、时间……］，时间"天明时"。类："鸡"，种："公鸡"。	（啼　明④）⑤鸡⑥［定（行为＋时间）中（类/施事）］

从表 3-203 可发现，体验基础是一个类与种关系和一个行为和状态事件框架结构逻辑，突显的元素是（行为＋时间）＋类/施事，途径为内包转喻转喻。突显的三个元素隐略了类与种关系、状主、行为构成要素（时间），以及时间标记和修饰关系标记，因而语义透明度极低。

---

① 出现者"潮"代出现者"潮"＋出现"来"。

② "伺"意为"等待"。首先，行为"等待"＋受事"潮来"代行为"等待"＋结果"到"＋受事"潮来"；然后，行为"等待"＋结果"到"＋受事"潮来"代行为"等待"＋结果"到"＋受事"潮来"＋时间标记"时"；接下来，时间"等到潮来时"代时间"等到潮来时"＋行为"鸣叫"；最后，时间"等到潮来时"＋行为"鸣叫"代时间"等到潮来时"＋行为"鸣叫"＋修饰关系标记"的"。

③ 类"鸡"代种"公鸡"。

④ 首先，状态"明"代状主"天"＋状态"明"；然后，状主"天"＋状态"明"代时间"天明时"。

⑤ 行为"啼叫"＋时间"天明时"代时间"天明时"＋行为"啼叫"＋修饰关系标记"的"。

⑥ 类"鸡"代种"公鸡"。

（3）限定成分表达时点的见表 3-204

表 3-204　限定成分表达时点的

概念	框架	意合表达式
"夜间五个时辰都报时的公鸡"	"报告"事件框架：施事"公鸡"＋行为"报告"＋受事"时间"，行为［行为本身、时段、时点、范围……］，时段"夜间"，时点"五个时辰"，范围标记"都"。整体"五个时辰"，部分："五个""时辰"；整体："五个"，部分："五""个"；整体："时辰"，部分："时""辰"。类："鸡"，种："公鸡"。	（五　时①）②鸡③［定（时间）中（类/施事）］

从表 3-204 可发现，体验基础是三个整体与部分关系、一个类与种关系和一个行为事件框架结构逻辑，突显的元素是时点＋类/施事，途径为内包转喻转喻。突显的两个元素隐略三个整体与部分和类与种关系、行为和受事、行为构成要素（时段），以及范围和修饰关系标记，因而语义透明度极低。

2. 中心成分表达领主的见表 3-205

表 3-205　中心成分表达领主的

概念	框架	意合表达式
"领有饲鹰者栖鹰木架形状的木架"	"栖"事件框架：施事"饲鹰者"＋行为"栖"＋受事"鹰"，行为［行为本身、场所……］，场所"木架"。"领有"事件框架：领主"饲鹰者栖鹰的木架"＋"领有"＋所属"形状"。"领有"事件框架：领主"木架"＋"领有"＋所属"饲鹰者栖鹰的木架的形状"。整体："木架"，部分："木""架"。	（鹰④　架）⑤木⑥［定（受事＋场所）中（部分/领主）］

---

① 联合式复合名词部分"时"代整体"时辰"。

② 第一，定中式数量短语部分"五"代整体"五个"；第二，定中式名词短语部分"五个"代整体"五个时辰"；第三，时点"五个时辰"代时点"五个时辰"＋行为"报告"；第四，时点"五个时辰"＋行为"报告"代时点"五个时辰"＋范围标记"都"＋行为"报告"；第五，时点"五个时辰"＋范围标记"都"＋行为"报告"代时段"夜间"＋时点"五个时辰"＋范围标记"都"＋行为"报告"；第六，时段"夜间"＋时点"五个时辰"＋范围标记"都"＋行为"报告"代时段"夜间"＋时点"五个时辰"＋范围标记"都"＋行为"报告"＋受事"时间"；第七，时段"夜间"＋时点"五个时辰"＋范围标记"都"＋行为"报告"＋受事"时间"代时段"夜间"＋时点"五个时辰"＋范围标记"都"＋行为"报告"＋受事"时间"＋修饰关系标记"的"。

③ 类"鸡"代种"公鸡"。

④ 首先，受事"鹰"代行为"栖"＋受事"鹰"；然后，行为"栖"＋受事"鹰"代施事"饲鹰者"＋行为"栖"＋受事"鹰"；最后，施事"饲鹰者"＋行为"栖"＋受事"鹰"代施事"饲鹰者"＋行为"栖"＋受事"鹰"＋修饰关系标记"的"。

⑤ 首先，领主"饲鹰者栖鹰的木架"代领主"饲鹰者栖鹰的木架"＋所属"形状"；然后，领主"饲鹰者栖鹰的木架"＋所属"形状"代领主"饲鹰者栖鹰的木架"＋领属关系标记"的"＋所属"形状"；接下来，"饲鹰者栖鹰的木架的形状"代"领有"＋所属"饲鹰者栖鹰的木架的形状"；最后，"领有"＋所属"饲鹰者栖鹰的木架的形状"代"领有"＋所属"饲鹰者栖鹰的木架的形状"＋修饰关系标记"的"。

⑥ 形式单位定中式复合名词部分"木"代整体"木架"，以避免重复。

从表 3-205 可发现，体验基础是一个整体与部分关系、一个行为事件和两个领有事件框架结构逻辑，突显的元素是（受事＋场所）＋部分/领主，途径为内包转喻转喻。突显的三个元素隐略了整体与部分关系、行为、两个领有和所属以及领属和修饰关系标记，因而语义透明度极低。

3. 中心成分表达所属的见表 3-206

表 3-206　中心成分表达所属的

概念	框架	意合表达式
"鸡蛋的清白胶状物质"	类："鸡"，种："母鸡"。"产"事件框架：施事"母鸡"＋行为"生产"＋受事"蛋"。整体："鸡蛋"，部分："清白胶状物质"。"领有"事件框架：领主"鸡蛋"＋"领有"＋所属"清/青白胶状物质"。"领有"事件框架：领主"胶状物质"＋"领有"＋所属"清/青白"。	（鸡① 蛋）② 清③［定（类/施事＋受事）中（所属）］

从表 3-206 可发现，体验基础是整体与部分关系、类与种关系、一个行为事件和两个领有事件框架结构逻辑，突显的元素是（类/施事＋受事）＋所属，途径为内包转喻转喻。突显的三个元素隐略了整体与部分和类与种关系、行为、两个领有和一个所属以及两个修饰关系标记，因而语义透明度极低。

（五）后入框架事物概念联合/双层限定成分转喻、中心成分转喻意合表达式

联合限定成分指两个成分肩并肩一起修饰中心成分，可图示如下：［定（联合式）中］；双层限定成分指外层限定成分修饰里层限定成分＋中心成分，可图示如下：［定（定中）］。后入框架事物概念联合/双层限定成分转喻、中心成分转喻意合表达式见表 3-207、3-208，按联合和双层排序。

---

① 首先，类"鸡"代种"母鸡"；然后，施事"母鸡"代施事"母鸡"＋行为"生产"；然后，施事"母鸡"＋行为"生产"代施事"母鸡"＋行为"生产"＋修饰关系标记"的"。

② 领主"鸡蛋"代领主"鸡蛋"＋领属关系标记"的"。

③ "清"意为"清白"。首先，所属"清/青白"代所属"清/青白"＋领主"胶状物质"；然后，所属"清/青白"＋领主"胶状物质"代所属"清/青白"＋修饰关系标记"的"＋领主"胶状物质"。

1. 联合限定成分转喻、中心成分转喻意合表达式的见表 3-207

表 3-207　联合限定成分转喻、中心成分转喻意合表达式的

概念	框架	意合表达式
"不加调味烹煮了的、斩着吃的被杀了的、处理过的鸡"	"杀"事件框架：施事"人"＋行为"杀"＋受事"鸡"，行为［行为本身、结果……］，结果"被杀了的鸡"。"处理"事件框架：施事"人"＋行为"处理"＋受事"被杀了的鸡"，结果"处理过的、被杀了的鸡"。"烹煮"事件框架：施事"人"＋行为"烹煮"＋受事"处理过的、被杀了的鸡"，行为［行为本身、方式、状态……］，方式"不加调味"，状态"完成"，完成体标记"了"。"语言单位"范畴：成员"单单"、成员"不加调味"。"斩……吃"事件框架：施事"人"＋行为1"斩"＋受事"不加调味烹煮了的、处理过的、被杀了的鸡"＋行为2"吃"＋受事"不加调味烹煮了的、处理过的、被杀了的鸡"，行为［行为本身、状态……］，状态"进行"，进行体标记"着"；被动语态标记"被"，完成体标记"了/过"。	（白①斩②鸡③）④［定（成员＋行为）中（受事）］

①　"白"意为"单单"。第一，形式单位范畴成员"单单"代成员"不加调味"；第二，方式"不加调味"代方式"不加调味"＋行为"烹煮"；第三，方式"不加调味"＋行为"烹煮"代方式"不加调味"＋行为"烹煮"＋完成体标记"了"；第四，方式"不加调味"＋行为"烹煮"＋完成体标记"了"代方式"不加调味"＋行为"烹煮"＋完成体标记"了"＋修饰关系标记"的"；第五，方式"不加调味"＋行为"烹煮"＋完成体标记"了"＋修饰关系标记"的"代行为"处理"＋方式"不加调味"＋行为"烹煮"＋完成体标记"了"＋修饰关系标记"的"；第六，行为"处理"＋方式"不加调味"＋行为"烹煮"＋完成体标记"了"＋修饰关系标记"的"代行为"处理"＋完成体标记"过"＋方式"不加调味"＋行为"烹煮"＋完成体标记"了"＋修饰关系标记"的"；第七，行为"处理"＋完成体标记"过"＋方式"不加调味"＋行为"烹煮"＋完成体标记"了"＋修饰关系标记"的"代行为"处理"＋完成体标记"过"＋修饰关系标记"的"＋方式"不加调味"＋行为"烹煮"＋完成体标记"了"＋修饰关系标记"的"；第八，行为"处理"＋完成体标记"过"＋修饰关系标记"的"＋方式"不加调味"＋行为"烹煮"＋完成体标记"了"＋修饰关系标记"的"代行为"杀"＋行为"处理"＋完成体标记"过"＋修饰关系标记"的"＋方式"不加调味"＋行为"烹煮"＋完成体标记"了"＋修饰关系标记"的"；第九，行为"杀"＋行为"处理"＋完成体标记"过"＋修饰关系标记"的"＋方式"不加调味"＋行为"烹煮"＋完成体标记"了"＋修饰关系标记"的"代被动语态标记"被"＋行为"杀"＋行为"处理"＋完成体标记"过"＋修饰关系标记"的"＋方式"不加调味"＋行为"烹煮"＋完成体标记"了"＋修饰关系标记"的"；第十，被动语态标记"被"＋行为"杀"＋行为"处理"＋完成体标记"过"＋修饰关系标记"的"＋方式"不加调味"＋行为"烹煮"＋完成体标记"了"＋修饰关系标记"的"代被动语态标记"被"＋行为"杀"＋完成体标记"了"＋行为"处理"＋完成体标记"过"＋修饰关系标记"的"＋方式"不加调味"＋行为"烹煮"＋完成体标记"了"＋修饰关系标记"的"；第十一，被动语态标记"被"＋行为"杀"＋完成体标记"了"＋行为"处理"＋完成体标记"过"＋修饰关系标记"的"＋方式"不加调味"＋行为"烹煮"＋完成体标记"了"＋修饰关系标记"的"代被动语态标记"被"＋行为"杀"＋完成体标记"了"＋修饰关系标记"的"＋行为"处理"＋完成体标记"过"＋修饰关系标记"的"＋方式"不加调味"＋行为"烹煮"＋完成体标记"了"＋修饰关系标记"的"。

②　首先，行为1"斩"代行为"斩"＋进行体标记"着"；然后，行为1"斩"＋进行体标记"着"代行为1"斩"＋进行体标记"着"＋行为2"吃"；最后，行为1"斩"＋进行体标记"着"＋行为2"吃"代行为1"斩"＋进行体标记"着"＋行为2"吃"＋修饰关系标记"的"。

③　首先，类"鸡"代种"被杀了的鸡"；然后，类"被杀了的鸡"代种"被杀了的烹煮过了的鸡"。

④　因烹鸡时不加调味白煮而成，食用时随吃随斩，故称"白斩鸡"。

从表 3-207 可发现，体验基础是五个行为事件框架结构逻辑，突显的元素是联合的方式和行为＋受事，途径为转喻。突显的三个元素隐略了一个成员与成员的关系、四个行为和进行体、完成体、被动语态和修饰关系标记，因而语义透明度极低。

2. 通过双层限定成分转喻、中心成分转喻意合表达式的见表 3-208

表 3-208　通过双层限定成分转喻、中心成分转喻意合表达式的

概念	框架	意合表达式
"用鸡用油和酱油等佐料烹的被杀了的、处理过的鸡"	语言单位范畴：成员"三黄"，成员"脚黄、皮黄、嘴黄"。"领有"事件框架：领主"鸡"＋"领有"＋所属"三黄"。"杀"事件框架：施事"人"＋行为"杀"＋受事"鸡"，行为［行为本身、结果……］，"被杀了的鸡"。"处理"事件框架：施事"人"＋行为"处理"＋受事"被杀了的鸡"，行为［行为本身、结果……］，"被杀了的、处理过的鸡"。"煮"事件框架：施事"人"＋行为"煮"＋受事"被杀了的、处理过的鸡"，行为［行为本身、方式……］，方式"用鸡用油、酱油佐料等"。"用"事件框架：施事"人"＋行为"用"＋受事"鸡用油、酱油等佐料"。类："佐料"，种："鸡用油、酱油"；整体："鸡用油和酱油"，部分："鸡用油""酱油"；类："油"，种："鸡用油"；类："鸡"，种："被杀了的鸡"；类："被杀了的鸡"，种："被杀了的、处理过的鸡"。	三黄①（油②鸡③）④｛定（成员）中［定（类）中(类)］｝
"生长于北京、羽毛色泽鲜艳光亮的公鸡"	"生长"事件框架：施事"鸡"＋行为"生长"，行为［行为本身、场所……］，场所"北京"，场所标记"于"。"领有"事件框架：领主"羽毛"＋"领有"＋所属"色泽鲜艳光亮"。"领有"事件框架：领主"公鸡"＋"领有"＋所属"色泽鲜艳光亮的羽毛"。类："鸡"，种："公鸡""母鸡"。	北京⑤油⑥鸡⑦｛定（场所）［定（所属）中(类/受事)］｝

---

① 成员"三黄"代成员"脚黄、皮黄、嘴黄"。

② 首先，类"油"代种"鸡用油"；然后，部分"鸡用油"代部分"鸡用油"＋部分"酱油"；再然后，种"鸡用油、酱油"代种"鸡用油、酱油"＋类"佐料"；接下来，受事"鸡用油、酱油等佐料"代行为"用"＋受事"鸡用油和酱油等佐料"；再接下来，方式"用鸡用油和酱油等佐料"代方式"用鸡用油和酱油等佐料"＋行为"煮"；最后，方式"用鸡用油和酱油等佐料"＋行为"煮"代方式"用鸡用油和酱油等佐料"＋行为"烹"＋修饰关系标"的"。

③ 首先，类"鸡"代种"被杀了的鸡"；然后，类"被杀了的鸡"代种"被杀了的、处理过的鸡"。

④ 用鸡用油和酱油等佐料烹炙而成，故名。

⑤ 首先，场所"北京"代场所标记"于"＋场所"北京"；然后，场所"于北京"代行为"生长"＋场所"于北京"；最后，行为"生长"＋场所"于北京"代行为"生长"＋场所"于北京"＋修饰关系标记"的"。

⑥ "油"意为"色泽鲜艳光亮"。首先，所属"色泽鲜艳光亮"代领主"羽毛"＋所属"色泽鲜艳光亮"；然后，"羽毛色泽鲜艳光亮"代所属"羽毛色泽鲜艳光亮"＋领属关系标记"的"。

⑦ 类"鸡"代种"公鸡"。

（续表）

概念	框架	意合表达式
"用麻做的驱赶蝇的拂尘"	"用……做"事件框架：施事"人"＋行为1"用"＋受事1"麻"＋行为2"做"＋受事2"蝇拂"，行为〔行为本身、结果……〕，结果"用麻做的蝇拂"。"驱赶"事件框架：施事"人"＋行为"驱赶"＋受事"蝇"，行为〔行为本身、工具……〕，工具"用麻做的蝇拂"。"拂"事件框架：施事"人"＋行为"拂"＋受事"蝇"，行为〔行为本身、工具……〕，工具"拂尘"。	麻①(蝇②拂③){定（受事）中〔定（受事）中（工具）〕}

从表 3-208 可发现，前者体认理据是一个整体与部分关系、一个成员与成员关系、四个类与种关系、三个行为事件和一个领有事件框架结构逻辑，突显的元素是成员＋（类＋类），途径为转喻。突显的三个元素隐略了一个整体与部分、成员与成员和四个类与种的关系、三个行为和一个受事、一个领有和修饰关系标记，因而语义透明度极低。中者体认理据是一个类与种关系、一个行为事件和两个领有事件框架结构逻辑，突显的元素是场所＋（所属＋类/受事），途径为转喻。突显的三个元素隐略了一个类与种关系、一个行为和两个领有以及场所和修饰关系标记，因而语义透明度极低。后者体认理据是四个行为事件框架结构逻辑，突显的元素是受事＋（受事＋工具），途径为转喻。突显的三个元素隐略了四个行为和一个受事、一个行为构成要素（结果），以及修饰关系标记，因而语义透明度极低。

四、后入框架事物概念成分转喻后整体转喻意合表达式

后入框架事物概念成分转喻后整体转喻意合表达式按限定成分转喻与限定成分和中心成分转喻排序。

---

① 首先，受事1"麻"代行为1"用"＋受事1"麻"；然后，行为1"用"＋受事1"麻"代行为1"用"＋受事1"麻"＋行为2"做"；最后，行为1"用"＋受事1"麻"＋行为2"做"代行为1"用"＋受事1"麻"＋行为2"做"＋修饰关系标记"的"。

② 首先，受事"蝇"代行为"驱赶"＋受事"蝇"；然后，行为"驱赶"＋受事"蝇"代"驱赶"＋受事"蝇"＋修饰关系标记"的"。

③ 行为"拂"代工具"拂尘"。

（一）后入框架事物概念限定成分转喻后整体转喻意合表达式

下文按限定成分的类型展开。

1. 单层限定成分转喻

后入框架事物概念限定成分转喻后整体转喻意合表达式见表 3-209～3-214，按整体所表达的事物和姿势展开。

（1）整体表达事物的见表 3-209～3-213

下面按有无生命排序。

第一，整体表达有生命事物的，见表 3-209～3-211。

其一，整体表达人的见表 3-209。

表 3-209　整体表达人的

概念	框架	意合表达式
"把杀猪作为职业的人"	"杀"事件框架：施事"人"＋行为"杀"＋受事"猪"。"作为"事件框架：施事"人"＋行为"作为"＋受事"职业"＋对象"杀猪"。	（杀猪①的）②[述宾式短语＋"的"字结构]

从表 3-209 可发现，体验基础是两个行为事件框架结构逻辑，突显的元素是行为＋受事＋"的"字结构，途径为转喻。突显的三个元素隐略了一个行为、受事和对象以及对象标记，因而语义透明度很低。

其二，整体表达猪的见表 3-210。

从表 3-210 可发现，体验基础是三个行为事件、一个状态事件和一个领有事件框架结构逻辑，突显的元素是范围＋状态，途径为转喻。突显的两个元素隐略了三个行为和受事、一个状主与一个领有和领属以及被动语态、范围和修饰关系标记，因而语义透明度极低。

---

① 首先，对象"杀猪"代对象标记"把"＋对象"杀猪"；然后，对象标记"把"＋对象"杀猪"代对象标记"把"＋对象"杀猪"＋行为"作为"；最后，对象标记"把"＋对象"杀猪"＋行为"作为"代对象标记"把"＋对象"杀猪"＋行为"作为"＋受事"职业"。

② "的"字结构"把杀猪作为职业的"代"的"字结构"把杀猪作为职业的"＋施事"人"。

表 3-210　整体表达猪的

概念	框架	意合表达式
"被屠宰切分烹煮肉香七/十里的猪"	"屠宰"事件框架：施事"人"＋行为"屠宰"＋受事"猪"，行为［行为本身、结果……］，结果"被屠宰了的猪"。"切分"事件框架：施事"人"＋行为"切分"＋受事"被屠宰了的猪"，行为［行为本身、结果……］，结果"肉"。"烹煮"事件框架：施事"人"＋行为"烹煮"＋受事"肉"，行为［行为本身、结果……］，结果1"被烹煮的肉"，结果2"香"；被动语态标记"被"。"香"事件框架：状主"被烹煮的肉"＋状态"香"，范围"七/十里"，范围标记"内"。"领有"事件框架：领主"猪"＋"领有"＋所属"被屠宰切分烹煮肉香七/十里"。	(七/十里①香)② ［状（范围）中（状态）］

其三，整体表达植物的见表 3-211。

表 3-211　整体表达植物的

概念	框架	意合表达式
"像猪零落排泄的屎的菌"	语言单位范畴：成员"零"，成员"苓"。"排泄"事件框架：施事"猪"＋行为"排泄"＋受事"屎"，行为［行为本身、方式……］，方式"零落"。整体："零落"，部分："零""落"；"像"事件框架：状主"菌"＋状态"像"＋对象"猪零落排泄的屎"。	(猪苓③)④ ［主（施事）谓（方式的部分）］

---

① 范围"七/十里"代范围"七/十里"＋范围标记"内"。

② 第一，状态"香"＋范围"七/十里内"代状主"肉"＋状态"香"＋范围"七/十里内"；第二，状主"肉"＋状态"香"＋范围"七/十里内"代行为"烹煮"＋状主"肉"＋状态"香"＋范围"七/十里内"；第三，行为"烹煮"＋状主"肉"＋状态"香"＋范围"七/十里内"代行为"切分"＋行为"烹煮"＋状主"肉"＋状态"香"＋范围"七/十里内"；第四，行为"切分"＋行为"烹煮"＋状主"肉"＋状态"香"＋范围"七/十里内"代行为"屠宰"＋行为"切分"＋行为"烹煮"＋状主"肉"＋状态"香"＋范围"七/十里内"；第五，行为"屠宰"＋行为"切分"＋行为"烹煮"＋状主"肉"＋状态"香"＋范围"七/十里内"代被动语态标记"被"＋行为"屠宰"＋行为"切分"＋行为"烹煮"＋状主"肉"＋状态"香"＋范围"七/十里内"；第六，被动语态标记"被"＋行为"屠宰"＋行为"切分"＋行为"烹煮"＋状主"肉"＋状态"香"＋范围"七/十里内"代被动语态标记"被"＋行为"屠宰"＋行为"切分"＋行为"烹煮"＋状主"肉"＋状态"香"＋范围"七/十里内"＋修饰关系标记"的"；第七，所属"被屠宰切分烹煮肉香七/十里"＋修饰关系标记"的"代所属"被屠宰切分烹煮肉香七/十里"＋修饰关系标记"的"＋领主"猪"。

③ 一个形式单位成员"苓"代另一个形式单位成员"零"。

④ 在古代本草中，认为猪苓皮黑，块状，像猪屎，猪屎零落而下，"零"与"苓"同音，故称。第一，施事"猪"＋表达方式的状中式复合动词部分"零"代施事"猪"＋表达方式的状中式复合动词整体"零落"；第二，施事"猪"＋方式"零落"代施事"猪"＋方式"零落"＋行为"排泄"；第三，施事"猪"＋方式"零落"＋行为"排泄"代施事"猪"＋方式"零落"＋行为"排泄"＋受事"屎"；第四，施事"猪"＋方式"零落"＋行为"排泄"＋受事"屎"代施事"猪"＋方式"零落"＋行为"排泄"＋修饰关系标记"的"＋受事"屎"；第五，对象"猪零落排泄的屎"代状态"像"＋对象"猪零落排泄的屎"；第六，状态"像"＋对象"猪零落排泄的屎"代状态"像"＋对象"猪零落排泄的屎"＋修饰关系标记"的"；第七，状态"像"＋对象"猪零落排泄的屎"＋修饰关系标记"的"代状态"像"＋对象"猪零落排泄的屎"＋修饰关系标记"的"＋状主"菌"。

从表 3-211 可发现，体验基础是成员与成员和整体与部分关系、一个行为和状态事件框架结构逻辑，突显的元素是施事＋方式的部分，途径为转喻。突显的两个元素隐略了两个关系，一个行为和受事，一个状主、状态和对象以及两个修饰关系标记，因而语义透明度极低。

第二，整体表达源自生命体事物的见表 3-212。

表 3-212　整体表达源自生命体事物的

概念	框架	意合表达式
"烧烤熟的猪肉"	"屠宰"事件框架：施事"人"＋行为"屠宰"＋受事"猪"，行为［行为本身、结果……］，结果"被屠宰了的猪"。"切分"事件框架：施事"人"＋行为"切分"＋受事"被屠宰了的猪"，行为［行为本身、结果……］，结果"猪肉"。"烧烤"事件框架：施事"人"＋行为"烧烤"＋受事"猪肉"，行为［行为本身、结果］，结果"熟"。	（豕① 炙②）③［主（受事）谓（行为）］

从表 3-212 可发现，体验基础是三个行为事件框架结构逻辑，突显的元素是受事＋行为，途径为转喻。突显的两个元素隐略了两个行为和受事、行为构成要素结果以及修饰关系标记，因而语义透明度极低。

第三，整体表达颜色的见表 3-213。

从表 3-213 可发现，体验基础是整体与部分和类与种关系以及领有事件框架结构逻辑，突显的元素是（整体＋部分）＋所属，途径为转喻。突显的三个元素隐略了两种关系和一个领有，因而语义透明度低。

---

① 第一，受事"猪"代行为"屠宰"＋受事"猪"；第二，行为"屠宰"＋受事"猪"代结果"被屠宰了的猪"；第三，受事"被屠宰了的猪"代行为"切分"＋受事"被屠宰了的猪"；第四，行为"切分"＋受事"被屠宰了的猪"代结果"猪肉"；第五，受事"猪肉"代行为"烧烤"＋受事"猪肉"；第六，行为"烧烤"＋受事"猪肉"代行为"烧烤"＋结果"熟"＋受事"猪肉"；第六，行为"烧烤"＋结果"熟"＋受事"猪肉"代行为"烧烤"＋结果"熟"＋修饰关系标记"的"＋受事"猪肉"。

② "炙"本义为"烧烤，把去毛的兽肉串起来在火上熏烤"："饮醇酒，炙肥牛。"（《乐府诗集·西门行》）

③ 首先，受事"猪被屠宰切分得到的肉"＋行为"烤炙"代行为"烤炙"＋结果"熟"＋受事"切分被屠宰了的猪得到的肉"；然后，行为"烤炙"＋结果"熟"＋受事"切分被屠宰了的猪得到的肉"代行为"烤炙"＋结果"熟"＋修饰关系标记＋受事"切分被屠宰了的猪得到的肉"。

表 3-213　整体表达颜色的

概念	框架	意合表达式
"鹰的脖的色，即灰白色"	整体："鹰"，部分："脖"。"领有"事件框架：领主"鹰脖"＋"领有"＋所属"色"。类："灰白色"，种："鹰的脖的色"。	［（鹰脖）① 色］②〈定［定（整体）中（部分）］中（所属）〉

（2）整体表达姿势的见表 3-214

表 3-214　整体表达姿势的

概念	框架	意合表达式
"像狗跑/爬一样游泳的姿势"	"跑/爬"事件框架：施事"狗"＋行为"跑/爬"。"游泳"事件框架：施事"人"＋行为"游泳"，行为［行为本身、方式、结果……］，方式"狗跑/爬"，结果"姿势"；方式/比较的标记："像……一样"。	（狗 跑/爬③ 泳）④［状（施事＋行为）谓（行为）］

从表 3-214 可发现，体验基础是两个行为事件框架结构逻辑，突显的元素是（施事＋行为）＋行为，途径为转喻。突显的三个元素隐略了一个施事和两个行为构成要素（结果和方式），以及修饰关系标记，因而语义透明度低。

2. 双层限定成分转喻

后入框架事物概念双层限定成分转喻后整体转喻意合表达式见 3-215。

---

① 首先，整体"鹰"＋部分"脖"代整体"鹰"＋整体与部分关系标记"的"＋部分"脖"；然后，整体"鹰"＋整体与部分关系标记"的"＋部分"脖"代整体"鹰"＋整体与部分关系标记"的"＋部分"脖"＋领属关系标记"的"。

② 种"鹰的脖的色"代类"灰白色"。

③ 首先，施事"狗"＋行为"跑/爬"代施事"狗"＋行为"跑/爬"；然后，施事"狗"＋行为"跑/爬"代比较的形式标记部分"像"＋施事"狗"＋行为"跑/爬"＋比较的形式标记部分"一样"。

④ 首先，方式"像狗跑/爬一样"＋行为"泳"代方式"像狗跑/爬一样"＋行为"泳"＋修饰关系标记"的"；然后，"像狗跑/爬一样"＋行为"泳"＋修饰关系标记"的"代"像狗跑/爬姿势一样地"＋行为"泳"＋修饰关系标记"的"＋结果"姿势"。类似的还有：狗跑儿浮（意为"像狗跑一样浮水的姿势"）。

表 3-215　后入框架事物概念双层限定成分转喻后整体转喻意合表达式

概念	框架	意合表达式
"不详之年，即辛酉年"	"白"事件框架：状主"羽毛"＋状态"白"。"羽毛白"事件框架：状主"鸡"＋状态"羽毛白"。"领有"事件框架：领主"羽毛白的鸡"＋"领有"＋所属"不祥"。"领有"事件框架：领主"本命年"＋"领有"＋所属"不祥"。类："年"，种："不详之年"；类："不详之年"，种："本命年"；类："不详之年"，种："辛酉年"。	［（白①　鸡）②年]③｛定［定（状态）中（状主）]中（类）｝

从表 3-215 可发现，体验基础是三个类与种的关系、两个领有事件和两个状态事件框架结构逻辑，突显的元素是（状态＋状主）＋类，途径为转喻。突显的三个元素隐略了三个类与种的关系，一个状主，两个领主、领有和所属以及修饰关系标记"的"，因而语义透明度极低。

3. 联合成分转喻

后入框架事物概念两个联合成分转喻后整体转喻意合表达式见表3-216。

表 3-216　后入框架事物概念两个联合成分转喻后整体转喻意合表达式

概念	框架	意合表达式
"个头大、棕黄色的鸡"	整体："九斤重"，部分："九斤""重"。因果关系：因"九斤重"，果"个头大"。类："黄色"，种："棕黄色"。"领有"事件框架：领主"鸡"＋"领有"＋所属"重量、颜色"，重量"九斤"，颜色"棕黄"。	（九斤④黄⑤）⑥［联合式(部分＋类)]

---

① 首先，状态"白"代状主"羽毛"＋状态"白"；然后，状主"羽毛"＋状态"白"代状主"羽毛"＋状态"白"＋修饰关系标记"的"。

② 首先，领主"羽毛白的鸡"代所属"不祥"；然后，所属"不祥"代所属"不祥"＋修饰关系标记"的"。

③ 据《晋书·谢安传》："昔桓温在时，吾常惧不全。忽梦乘温舆行十六里，见一白鸡而止。乘温舆者，代其位也。十六里，至今十六年矣。白鸡主酉，今太岁在酉，吾病殆不起乎！"首先，类"不祥之年"代种"本命年"；然后，类"本命年"代种"辛酉年"。

④ 首先，状中式短语部分"九斤"代整体"九斤重"；然后，原因"九斤重"代结果"个头大"。

⑤ 首先，类"黄色"代种"棕黄色"，然后，种"棕黄色"代种"棕黄色"＋修饰关系标记"的"。

⑥ 产于中国，多为棕黄色，背部宽，胸部肥厚，臀部发达；雄鸡体重可达九斤，雌鸡可达七八斤，故名。首先，所属"九斤重、棕黄色"代"领有"＋所属"九斤重、棕黄色"；然后，"领有"＋所属"九斤重、棕黄色"代"领有"＋所属"九斤重、棕黄色"＋领主"鸡"；最后，"领有"＋所属"九斤重、棕黄色"＋领主"鸡"代"领有"＋所属"九斤重、棕黄色"＋修饰关系标记"的"＋领主"鸡"。

从表 3-216 可发现，体验基础是一个整体与部分、因与果和类与种关系以及领有事件框架结构逻辑，突显的元素是部分＋类，途径为转喻。突显的两个元素隐略了一个整体与部分、因与果和类与种关系、领主和领有以及两个修饰关系标记，因而语义透明度极低。

（二）后入框架事物概念限定成分和中心成分转喻后整体转喻意合表达式

后入框架事物概念限定成分和中心成分转喻后整体转喻意合表达式见表 3-217～3-219。按整体所表达的客体类型展开。

1. 整体表达有生命具体事物的

整体表达有生命具体事物的见表 3-217。

表 3-217　整体表达有生命具体事物的

概念	框架	意合表达式
"背侧有麻羽毛的土母鸡"	"领有"事件框架：领主"羽毛"＋"领有"＋所属"细小斑点"。"领有"事件框架：领主"母鸡"＋"领有"＋所属"麻羽毛"，领有［领有本身、场所……］，场所"背侧"。类："鸡"，种："公鸡""母鸡"，类："母鸡"，种："土母鸡"。	（麻①　鸡②）③［定（所属）中（类）］

从表 3-217 可发现，体验基础是两个类与种关系和两个领有事件框架结构逻辑，突显的元素是所属＋类，途径为转喻。突显的两个元素隐略了两个类与种关系、一个领主和两个领有、一个领有构成要素（场所），以及一个修饰关系标记，因而语义透明度极低。

2. 整体表达源自生命体的具体事物的

整体表达源自生命体的具体事物的见表 3-218。

---

① "麻"意为"细小斑点"。首先，所属"细小斑点"代"领有"＋所属"细小斑点"；然后，"领有"＋所属"细小斑点"代"领有"＋所属"细小斑点"＋领主"羽毛"；再然后，"领有"＋所属"细小斑点"＋领主"羽毛"代"领有"＋所属"细小斑点"＋修饰关系标记"的"＋领主"羽毛"；接下来，所属"麻羽毛"代"领有"＋所属"麻羽毛"；再接下来，"领有"＋所属"麻羽毛"代场所"背侧"＋"领有"＋所属"麻羽毛"；最后，场所"背侧"＋"领有"＋所属"麻羽毛"代场所"背侧"＋"领有"＋所属"麻羽毛"＋修饰关系标记"的"。

② 类"鸡"代种"母鸡"。

③ 因母鸡背侧羽毛有细小斑点，故称。种"母鸡"代类"土母鸡"。

表 3-218　整体表达源自生命体的具体事物的

概念	框架	意合表达式
"压惊辟邪的猪耳内的听骨。常用红绳串起，主要佩戴在10周岁以下儿童手上或脚上"	"屠宰"事件框架：施事"人"＋行为"屠宰"＋受事"猪"，行为［行为本身、结果……］，结果"被屠宰了的猪"。"切分"事件框架：施事"人"＋行为"切分"＋受事"被屠宰了的猪"，行为［行为本身、结果……］，结果"猪耳"。"切分"事件框架：施事"人"＋行为"切分"＋受事"猪耳"，行为［行为本身、结果……］，结果"听骨"。"领有"事件框架：领主"听骨"＋"领有"＋所属"功能"，功能"压惊辟邪"。整体："压惊辟邪"，部分："压惊""辟邪"。	（猪①　惊②）③［定（受事）中（受事）］

从表 3-218 可发现，体验基础是一个整体与部分关系、三个行为事件和一个领有事件框架结构逻辑，突显的元素是受事＋受事，途径为转喻。突显的两个元素隐略了一种关系，三个行为和两个受事，一个领主、领有和所属以及一个修饰关系标记，因而语义透明度极低。

3. 整体表达抽象事物的

整体表达抽象事物的见表 3-219。

表 3-219　整体表达抽象事物的

概念	框架	意合表达式
"死亡之兆"	类："鸡"，种："白鸡"。"见"事件框架：施事"人"＋行为"见"＋受事"白鸡"，行为［行为本身、场所、人的解释……］，场所"梦"，人的解释"死亡之兆"；场所标记"中"。	（鸡④　梦⑤）⑥［定（类）中（场所）］

---

①　首先，受事"猪"代行为"屠宰"＋受事"猪"；然后，行为"屠宰"＋受事"猪"代结果"被屠宰了的猪"；再然后，受事"被屠宰了的猪"代行为"切分"＋受事"被屠宰了的猪"；接下来，行为"切分"＋受事"被屠宰了的猪"代结果"猪耳"；再接下来，受事"猪耳"代行为"切分"＋受事"猪耳"；最后，行为"切分"＋受事"猪耳"代结果"听骨"。

②　首先，受事"惊"代行为"压"＋受事"惊"；然后，部分"压惊"代整体"压惊辟邪"。

③　首先，所属"压惊辟邪"代所属"压惊辟邪"＋领主"听骨"；然后，所属"压惊辟邪"＋领主"听骨"代所属"压惊辟邪"＋修饰关系标记"的"＋领主"听骨"。

④　类"鸡"代种"白鸡"。

⑤　场所"梦"代场所"梦"＋场所标记"中"。

⑥　首先，受事"白鸡"＋场所"梦中"代场所"梦中"＋行为"见"＋受事"白鸡"；然后，场所"梦中"＋行为"见"＋受事"白鸡"代人的解释"死亡之兆"。

从表 3-219 可发现，体验基础是类与种关系和行为事件框架结构逻辑，突显的元素是类＋场所，途径为转喻。突显的两个元素隐略了一种关系，一个施事、行为和行为构成要素（人的解释），以及场所和修饰关系标记，因而语义透明度极低。

五、后入框架事物概念整体转喻意合表达式

后入框架事物概念整体转喻意合表达式见表 3-220～3-237，按所依仗的框架数量排序。

（一）依仗一个框架的

依仗一个框架的见表 3-220～3-223，按所表达的客体类型排序。

1. 表达事物的见表 3-220

按所表达的是否有生命的排序。

（1）表达有生命的见表 3-220、3-221

下面按人和动物排序。

第一，表达人的见表 3-220。

表 3-220　表达人的

概念	框架	意合表达式
"该死的人"	"刮"事件框架：施事"人"＋行为"刮"＋受事"头"，行为［行为本身、源头、结果……］，源头"狗"，结果"死亡"；人对结果"死亡"的评价"该死"。"该死"事件框架：施事"人"＋行为"该死"。	（狗 刮 头）① ［主（源头）谓（行为）宾（受事）］

从表 3-220 可发现，体验基础是两个行为事件框架结构逻辑，突显的元素是源头＋行为＋受事，途径为四次复杂转喻。突显的三个元素隐略了两个施事、行为构成要素（结果、人对结果的评价和源头），以及修饰关系标记，因而语义透明度极低。

第二，表达动物的见表 3-221。

---

① 首先，源头"狗"＋行为"刮"＋受事"头"代结果"死亡"；然后，结果"死亡"代人对结果"死亡"的评价"该死"；再然后，人对结果"死亡"的评价"该死"代人对结果"死亡"的评价"该死"＋修饰关系标记"的"；最后，人对结果"死亡"的评价"该死"＋修饰关系标记"的"代人对结果"死亡"的评价"该死"＋修饰关系标记"的"＋施事"人"。

表 **3-221**　表达动物的

概念	框架	意合表达式
"幼小的鸡"	"幼小"事件框架：状主"鸡"＋状态"幼小"。	（鸡雏）①　[主（状主）谓（状态）]

从表 3-221 可发现，体验基础是一个状态事件框架结构逻辑，突显的元素是状主＋状态，途径为改变成分顺序和三次复杂/复合转喻。突显的两个元素不合成分顺序法则，因而语义不透明。

（2）表达无生命的见表 3-222

表 **3-222**　表达无生命的

概念	框架	意合表达式
"鸡栖的地方"	"栖"事件框架：施事"鸡"＋行为"栖"，行为[行为本身、场所……]，场所"地方"。	（鸡栖/棲）②　[定（施事）中（行为）]
"报晓鸡的啼声"	"报晓"事件框架：施事"鸡"＋行为"啼"，行为[行为本身、目的、时间、结果……]，目的"报晓"，时间"天刚亮时"，结果"声"；目的标记"为"。	（曙③鸡）④　[定（时间）中（施事）]

从表 3-222 可发现，体验基础是一个行为事件框架结构逻辑，前者突显的元素是施事＋行为，途径为复合转喻。突显的两个元素隐略了行为构成

---

①　首先，状主"鸡"＋状态"幼小"代状态"幼小"；然后，状态"幼小"代状态"幼小"＋状主"鸡"；最后，状态"幼小"＋状主"鸡"代状态"幼小"＋修饰关系标记"的"＋状主"鸡"。类似的还有：鸡肥。

②　首先，施事"鸡"＋行为"栖"代施事"鸡"＋行为"栖"＋场所"地方"；然后，施事"鸡"＋行为"栖"＋场所"地方"代施事"鸡"＋行为"栖"＋修饰关系标记"的"＋场所"地方"。

③　"曙"意为"天刚亮时"。

④　首先，时间"天刚亮时"＋施事"鸡"代时间"天刚亮时"＋施事"鸡"＋行为"啼"；然后，时间"天刚亮时"＋施事"鸡"＋行为"啼"代时间"天刚亮时"＋目的"报晓"＋施事"鸡"＋行为"啼"；再然后，时间"天刚亮时"＋目的"报晓"＋施事"鸡"＋行为"啼"代时间"天刚亮时"＋目的标记"为"＋目的"报晓"＋施事"鸡"＋行为"啼"；接下来，时间"天刚亮时"＋目的标记"为"＋目的"报晓"＋施事"鸡"＋行为"啼"代时间"天刚亮时"＋目的标记"为"＋目的"报晓"＋施事"鸡"＋行为"啼"＋结果"声"；最后，时间"天刚亮时"＋目的"为报晓"＋施事"鸡"＋行为"啼"＋结果"声"代时间"天刚亮时"＋目的"为报晓"＋施事"鸡"＋行为"啼"＋修饰关系标记"的"＋行为"啼"＋结果"声"。

要素（场所）和修饰关系标记，因而语义透明度较低。后者突显的元素是时间＋施事，途径为五次复杂转喻。突显的两个元素隐略了行为及其构成要素（目的），以及目的和修饰关系标记，因而语义透明度很低。

2. 表达事件的见表 3-223

表 3-223　表达事件的

概念	框架	意合表达式
"人为参加竞赛让狗跑的活动"	"让"事件框架：施事 1"人"＋行为 1"让"＋受事/施事 2"狗"＋行为 2"跑"，行为 1［行为本身、目的、过程……］，目的"参加竞赛"，过程"活动"；目的标记"为"。	（跑狗）①［谓（行为 2）宾（受事/施事 2）］

从表 3-223 可发现，体验基础是一个行为事件框架结构逻辑，突显的元素是行为 2＋受事/施事 2，途径为五次复杂转喻。突显的两个元素隐略了施事 1、行为 1 及其构成要素（目的和过程），以及目的和修饰关系标记，因而语义透明度极低。

（二）依仗两个框架的

依仗两个框架的见表 3-224～3-227，按所表达的客体类型排序。

1. 表达有生命的具体事物见表 3-224、3-225

按人和植物排序。

（1）表达人的

从表 3-224 可发现，体验基础是两个行为事件框架结构逻辑，突显的元素是第一个事件的受事＋行为，途径为五次复杂转喻。突显的两个元素隐略了第一个事件的施事、第二个事件的施事、行为和受事以及对象和修饰

---

① 首先，行为 2"跑"＋受事/施事 2"狗"代施事 1"人"＋行为 1"让"＋受事/施事 2"狗"＋行为 2"跑"；然后，施事 1"人"＋行为 1"让"＋受事/施事 2"狗"＋行为 2"跑"代施事 1"人"＋目的"参加竞赛"＋行为 1"让"＋受事/施事 2"狗"＋行为 2"跑"；再然后，施事 1"人"＋目的"参加竞赛"＋行为 1"让"＋受事/施事 2"狗"＋行为 2"跑"代施事 1"人"＋目的标记"为"＋目的"参加竞赛"＋行为 1"让"＋受事/施事 2"狗"＋行为 2"跑"；接下来，施事 1"人"＋目的"为参加竞赛"＋行为 1"让"＋受事/施事 2"狗"＋行为 2"跑"代施事 1"人"＋目的"为参加竞赛"＋行为 1"让"＋受事/施事 2"狗"＋行为 2"跑"＋修饰关系标记"的"；最后，施事 1"人"＋目的"为参加竞赛"＋行为 1"让"＋受事/施事 2"狗"＋行为 2"跑"＋修饰关系标记"的"代施事 1"人"＋目的"为参加竞赛"＋行为 1"让"＋受事/施事 2"狗"＋行为 2"跑"＋修饰关系标记"的"＋过程"活动"。

关系标记，因而语义透明度极低。

表 3-224　表达人的

概念	框架	意合表达式
"把屠狗作为职业的人"	"屠宰"事件框架：施事"人"＋行为"屠宰"＋受事"狗"。"作为"事件框架：施事"屠宰狗的人"＋行为"作为"＋受事"职业"＋对象"屠宰狗"；对象标记"把"。	（狗屠）①　［主（第一个事件的受事）谓（行为）］

（2）表达植物的见表 3-225

表 3-225　表达植物的

概念	框架	意合表达式
"像猪屎的药草"	"排泄"事件框架：施事"猪"＋行为"排泄"＋受事"屎"，行为［行为本身、方式……］，方式"零落"；整体："零落"，部分："零""落"。"像"事件框架：状主"药草"＋状态"像"＋对象"猪屎"。	（冡零）②　［主（施事）谓（方式）］

从表 3-225 可发现，体验基础是一个行为和状态事件框架结构逻辑，突显的两个元素是施事＋方式，途径为七次复杂转喻。突显的两个元素隐略了行为和受事，状主、状态和对象以及修饰关系标记，因而语义透明度极低。

2. 表达无生命的具体事物见表 3-226、3-227

按所表达的客体排序。

---

① 首先，受事"狗"＋行为"屠宰"代对象标记"把"＋行为"屠宰"＋受事"狗"；然后，处置"把屠宰狗"代处置"把屠宰狗"＋行为"作为"；再然后，处置"把屠宰狗"＋行为"作为"代处置"把屠宰狗"＋行为"作为"＋受事"职业"；接下来，处置"把屠宰狗"＋行为"作为"＋受事"职业"代处置"把屠宰狗"＋行为"作为"＋受事"职业"＋施事"人"；最后，处置"把屠宰狗"＋行为"作为"＋受事"职业"＋施事"人"代处置"把屠宰狗"＋行为"作为"＋受事"职业"＋修饰关系标记"的"＋施事"人"。

② 在古代本草中，认为猪苓皮黑，块状，像猪屎，猪屎零落而下，"零"与"苓"同音，故称。第一，施事"猪"＋表达方式的状中式复合动词部分"零"代施事"猪"＋表达方式的状中式复合动词整体"零落"；第二，施事"猪"＋方式"零落"代施事"猪"＋方式"零落"＋行为"排泄"；第三，施事"猪"＋方式"零落"＋行为"排泄"代施事"猪"＋方式"零落"＋行为"排泄"＋受事"屎"；第四，施事"猪"＋方式"零落"＋行为"排泄"＋受事"屎"代施事"猪"＋方式"零落"＋行为"排泄"＋修饰关系标记"的"＋受事"屎"；第五，对象"猪零落排泄的屎"代状态"像"＋对象"猪零落排泄的屎"；第六，状态"像"＋对象"猪零落排泄的屎"代状态"像"＋对象"猪零落排泄的屎"＋修饰关系标记"的"；第七，状态"像"＋对象"猪零落排泄的屎"＋修饰关系标记"的"代状态"像"＋对象"猪零落排泄的屎"＋修饰关系标记"的"＋状主"药草"。

（1）表达器具的见表 3-226

表 3-226　表达器具的

概念	框架	意合表达式
"养鸡的器具"	"气"事件框架：施事"狗"＋行为"气"，行为［行为本身、程度、原因……］，程度"杀"，原因"不能像鸡一样可以伸进颈子去啄养鸡器具的食料"。"领有"事件框架：领主"器具"＋"领有"＋所属"功能"，功能 1"养鸡"和功能 2"狗不能像鸡一样可以伸进颈子去啄食料"。	（狗 气 杀）①［主（施事）谓（行为）状（程度）］

从表 3-226 可发现，体验基础是一个行为和领有事件框架结构逻辑，突显的三个元素是施事＋行为＋程度，途径为四次复杂转喻。突显的三个元素隐略了领主、领有和所属（两个功能），以及修饰关系标记，因而语义透明度极低。

（2）表达设施的见表 3-227

表 3-227　表达设施的

概念	框架	意合表达式
"有犬畜其中的设施"	"存在"事件框架：存在物"狗"＋存在"附"＋场所"设施"，场所的标记"在……中"。"语言单位"范畴成员"在设施中"，成员"在其中"。	（狗附）②　［主（存在物）谓（存在）］

---

　　①　此器具内盛食料，鸡可以伸进颈子去啄，狗却不能，只能看着气死，故名。首先，施事"狗"＋行为"气"＋状语"杀"代原因"不能像鸡一样可以伸进颈子去啄养鸡器具的食料"；然后，部分即功能 2"不能像鸡一样可以伸进颈子去啄养鸡器具的食料"代功能 1"养鸡"＋功能 2"不能像鸡一样可以伸进颈子去啄食料"；接下来，所属即功能 1 和功能 2 代"领有"＋所属即功能 1 和功能 2＋领主"器具"；最后，"领有"＋所属即功能 1 和功能 2＋领主"器具"代"领有"＋所属即功能 1 和功能 2＋修饰关系标记"的"＋领主"器具"。

　　②　此戒备设施有犬畜其中，故名。首先，存在物"狗"＋存在"附"代存在物"狗"＋存在"附"＋场所"设施"；然后，存在物"狗"＋存在"附"＋场所"设施"代存在物"狗"＋存在"附"＋场所标记部分"在"＋场所"设施"；再然后，存在物"狗"＋存在"附"＋场所标记部分"在"＋场所"设施"代存在物"狗"＋存在"附"＋场所标记部分"在"＋场所"设施"＋场所标记部分"中"；接下来，存在物"狗"＋存在"附"＋场所标记部分"在"＋场所"设施"＋场所标记部分"中"代存在物"狗"＋存在"附"＋场所标记部分"在"＋场所"设施"＋场所标记部分"中"＋修饰关系标记"的"；再接下来，存在物"狗"＋存在"附"＋场所"在设施中"＋修饰关系标记"的"代存在物"狗"＋存在"附"＋场所"在设施中"＋修饰关系标记"的"＋场所"设施"；最后，存在物"狗"＋存在"附"＋表达场所的一个成员"在设施中"＋修饰关系标记"的"＋场所"设施"代存在物"狗"＋存在"附"＋表达场所的另一个成员"在其中"＋修饰关系标记"的"＋场所"设施"。

从表 3-227 可发现，体验基础是一个范畴和存在事件框架结构逻辑，突显的两个元素是存在物＋存在，途径为六次复杂转喻。突显的两个元素隐略了成员与成员关系、存在场所以及场所的复合标记和修饰关系标记，因而语义透明度极低。

（三）依仗三个框架的

依仗三个框架的见表 3-228～3-233，按所表达的客体类型排序。

1. 表达有生命的具体事物（鸡）的见表 3-228

表 3-228　有生命的具体事物

概念	框架	意合表达式
"报晓的鸡"	"领有"事件框架：领主"鸡"＋"领有"＋所属"雄性"。"领有"事件框架：领主"雄鸡"＋"领有"＋所属"功能"，功能"报晓"。"报晓"事件框架：施事"鸡"＋行为"报晓"。	（雄鸡）①〔定（所属）中（领主）〕

从表 3-228 可发现，体验基础是两个领有事件和一个行为事件框架结构逻辑，突显的元素是所属＋领主，途径为三次复杂转喻。突显的两个元素隐略第一个事件的领有、第二个事件的领有和所属以及修饰关系标记，因而语义透明度很低。

2. 表达源自生命体的具体事物的见表 3-229

表 3-229　表达源自生命体的具体事物的

概念	框架	意合表达式
"老/嫩狗肉"	"老/嫩"事件框架：状主"狗"＋状态"老/嫩"。"屠宰"事件框架：施事"人"＋行为"屠宰"＋受事"老/嫩狗"，行为〔行为本身、结果……〕，结果"被屠宰了的老/嫩狗"。"切分"事件框架：施事"人"＋行为"切分"＋受事"被屠宰了的老/嫩狗"，行为〔行为本身、结果……〕，结果"老/嫩狗肉"。	（老/嫩狗）②〔定（状态）中（状主）〕

---

① 首先，领主"雄鸡"代所属"功能"即"报晓"；然后，行为"报晓"代行为"报晓"＋施事"鸡"；最后，行为"报晓"＋施事"鸡"代行为"报晓"＋修饰关系标记"的"＋施事"鸡"。

② 首先，受事"老/嫩狗"代行为"屠宰"＋受事"老/嫩狗"；然后，行为"屠宰"＋受事"老/嫩狗"代结果"被屠宰了的老/嫩狗"；接下来，受事"被屠宰了的老/嫩狗"代行为"切分"＋受事"被屠宰了的老/嫩狗"；最后，行为"切分"＋受事"被屠宰了的老/嫩狗"代结果"老/嫩狗肉"。类似的还有：老/嫩鸡。

从表 3-229 可发现，体验基础是一个状态事件和两个行为事件框架结构逻辑，突显的元素是状态＋状主，途径为四次复杂转喻。突显的两个元素隐略了两个施事、行为和一个受事，因而语义透明度极低。

3. 表达器具的见表 3-230

表 3-230　表达器具的

概念	框架	意合表达式
"鸡栖形的车"	"栖"事件框架：施事"鸡"＋行为"栖"，行为［行为本身、场所……］，场所"地方"。"领有"事件框架：领主"鸡栖的地方"＋"领有"＋所属"形状"。"领有"事件框架：领主"车"＋"领有"＋所属"鸡栖的地方的形状"。	鸡　栖①［主（施事）谓（行为）］
"粗劣的薄板棺材"	"碰"事件框架：施事"狗"＋行为"碰"＋受事"头"，行为［行为本身、场所……］，场所"棺材"。"用……制作"事件框架：施事"人"＋行为1"用"＋受事1"薄板"＋行为2"制作"＋受事2"棺材"，行为［行为本身、结果……］，结果"粗劣"。"粗劣"事件框架：状主"用薄板制作的棺材"＋状态"粗劣"。	狗碰头②［主（施事）谓（行为）宾（受事）］

从表 3-230 可发现，前者体认理据是一个行为事件和两个领有事件框架结构逻辑，突显的元素是施事＋行为，途径为七次复杂转喻。突显的两个

---

① 此车形似鸡栖，故名。第一，施事"鸡"＋行为"栖"代施事"鸡"＋行为"栖"＋场所"地方"；第二，施事"鸡"＋行为"栖"＋场所"地方"代施事"鸡"＋行为"栖"＋修饰关系标记"的"＋场所"地方"；第三，领主"鸡栖的地方"代领主"鸡栖的地方"＋所属"形状"；第四，领主"鸡栖的地方"＋所属"形状"代领主"鸡栖的地方"＋领属关系标记"的"＋所属"形状"；第五，所属"鸡栖的地方的形状"代"领有"＋所属"鸡栖的地方的形状"；第六，"领有"＋所属"鸡栖的地方的形状"代"领有"＋所属"鸡栖的地方的形状"＋领主"车"；第七，"领有"＋所属"鸡栖的地方的形状"＋领主"车"代"领有"＋所属"鸡栖的地方的形状"＋修饰关系标记"的"＋领主"车"。

② 第一，施事"狗"＋行为"碰"＋受事"头"代场所"棺材"；第二，受事2"棺材"代行为2"制作"＋受事2"棺材"；第三，行为2"制作"＋受事2"棺材"代行为1"用"＋行为2"制作"＋受事2"棺材"；第四，行为1"用"＋行为2"制作"＋受事2"棺材"代行为1"用"＋受事1"薄板"＋行为2"制作"＋受事2"棺材"；第五，行为1"用"＋受事1"薄板"＋行为2"制作"＋受事2"棺材"代行为1"用"＋受事1"薄板"＋行为2"制作"＋修饰关系标记"的"＋受事2"棺材"；第六，状主"用薄板制作的棺材"代状态"粗劣"＋状主"用薄板制作的棺材"；第七，状态"粗劣"＋状主"用薄板制作的棺材"代状态"粗劣"＋修饰关系标记"的"＋状主"用薄板制作的棺材"。可略为"狗碰"。

元素隐略了两个领主、领有和所属以及修饰关系标记，因而语义透明度极低。后者体认理据是两个行为事件和一个状态事件框架结构逻辑，突显的元素是施事＋行为＋受事，途径为七次复杂转喻。突显的三个元素隐略了一个施事、两个行为和受事，状主和状态，以及修饰关系标记，因而语义透明度极低。

4. 表达名号的见表 3-231

表 3-231　表达名号的

概念	框架	意合表达式
"武官的名号"	"飞扬"事件框架：施事"鹰"＋行为"飞扬"，行为[行为本身、人的评价⋯⋯]，人的评价"威武"。"威武"事件框架：状主"武官"＋状态"威武"。"领有"事件框架：领主"武官"＋"领有"＋所属"名号"。	鹰 扬① ［主（施事）谓（行为）］

从表 3-231 可发现，体验基础是一个行为、状态和领有事件框架结构逻辑，突显的元素是施事＋行为，途径为四次复杂转喻。突显的两个元素隐略了状主和状态，领主、领有和所属以及修饰关系标记，因而语义透明度极低。

5. 表达机构的见表 3-232

表 3-232　表达机构的

概念	框架	意合表达式
"其林子有鸡的鸡头摩寺"	"存在"事件框架：场所"林子"＋"存在"＋存在物"鸡"。"存在"事件框架：场所"鸡头摩寺"＋"存在"＋存在物"有鸡的林子"。	鸡 林② ［定（存在物）中（场所）］

---

① 首先，施事"鹰"＋行为"飞扬"代人的评价"威武"；然后，状态"威武"代状主"武官"；接下来，领主"武官"代领主"武官"＋所属"名号"；最后，领主"武官"＋所属"名号"代领主"武官"＋领属关系标记"的"＋所属"名号"。

② 据蒋清翊注引《佛尔雅》："鸡头摩寺，谓之鸡园⋯⋯昔有野火烧林，林中有雉，入水渍羽，以救其焚。"首先，存在物"鸡"＋场所"林子"代存在物"鸡"＋"存在"＋场所"林子"；然后，存在物"鸡"＋"存在"＋场所"林子"代存在物"鸡"＋"存在"＋修饰关系标记"的"＋场所"林子"；再然后，存在物"有鸡的林子"代存在物"有鸡的林子"＋"存在"＋场所"鸡头摩寺"；接下来，存在物"有鸡的林子"＋"存在"＋场所"鸡头摩寺"代存在物"有鸡的林子"＋"存在"＋修饰关系标记"的"＋场所"鸡头摩寺"；最后，种"有鸡林的鸡头摩寺"代类"佛寺"。

（续表）

概念	框架	意合表达式
"中书省"	"栖"事件框架：施事"鸡"＋行为"栖"，行为［行为本身、场所……］，场所"树"。"存在"事件框架：场所"中书省殿内"＋"存在"＋存在物"鸡栖的树"；整体："中书省"，部分："殿内""殿外"。	鸡 树① ［定（施事）中（场所）］

从表 3-232 可发现，"鸡林"体认理据是两个存在事件框架结构逻辑，突显的元素是存在物＋场所，途径为四次复杂转喻。突显的两个元素隐略了两个存在、一个存在物和一个场所与两个修饰关系标记，因而语义透明度极低。"鸡树"体认理据是一个事物和一个行为和存在事件框架结构逻辑，突显的元素是施事＋场所，途径为五次复杂转喻。突显的两个元素隐略了整体与部分关系，一个行为，一个存在、存在物和场所，以及一个修饰关系标记，因而语义透明度极低。

6. 表达巫术的见表 3-233

表 3-233　表达巫术的

概念	框架	意合表达式
"用雄鸡招魂的巫术"	类："鸡"，种："雄鸡"；"用……招"事件框架：施事"人"行为 1"用"＋受事 1"雄鸡"＋行为 2"招"＋受事 2"魂"。"领有"事件框架：领主"巫术"＋"领有"＋所属"用鸡招魂"。	鸡 招② ［定（类）中（行为）］

---

① 中书省殿内有鸡所栖之树，故名。首先，施事"鸡"＋场所"树"代施事"鸡"＋行为"栖"＋场所"树"；然后，施事"鸡"＋行为"栖"＋场所"树"代施事"鸡"＋行为"栖"＋修饰关系标记"的"＋场所"树"；再然后，存在物"鸡栖的树"代"存在"＋存在物"鸡栖的树"；接下来，"存在"＋存在物"鸡栖的树"代场所"中书省殿内"；最后，整体＋部分"中书省殿内"代整体"中书省"。

② 据李调元《南越笔记·南越人好巫》："广州妇女患病者，使一妪左持雄鸡，右持米及箸，于间巷间噪曰：'某归。'则一妪应之曰：'某归矣。'其病旋愈。此亦招魂之礼，是名鸡招。"首先，类"鸡"代种"雄鸡"；然后，受事 1"雄鸡"代行为 1"用"＋受事 1"雄鸡"；再然后，行为 1"用"＋受事 1"雄鸡"＋行为 2"招"代行为 1"用"＋受事 1"雄鸡"＋行为 2"招"＋受事 2"魂"；接下来，所属"用鸡招魂"代所属"用鸡招魂"＋领主"巫术"；最后，所属"用鸡招魂"＋领主"巫术"代所属"用鸡招魂"＋修饰关系标记"的"＋领主"巫术"。

从表 3-233 可发现，体验基础是一个类与种关系、一个行为事件和一个领有事件框架结构逻辑，突显的元素是类＋行为，途径为五次复杂转喻。突显的两个元素隐略了类与种关系，一个施事、行为和受事，一个领主、领有和所属，以及修饰关系标记，因而语义透明度极低。

（四）依仗四个框架的

依仗四个框架的见表 3-234～3-237，按所表达的客体类型排序。

1. 表达源自生命体的具体事物的见表 3-234、3-235

下面按有生命事物类型排序。

第一，源自猪的见表 3-234。

表 3-234　源自猪的

概念	框架	意合表达式
"猪被屠宰、切分、得到的肥/瘦肉/肥肠"	"屠宰"事件框架：施事"人"＋行为"屠宰"＋受事"猪"，行为［行为本身、结果……］，结果"被屠宰了的猪"。"切分"事件框架：施事"人"＋行为"切分"＋受事"被屠宰了的猪"，行为［行为本身、结果……］，结果"肉/肠"。"得到"事件框架：施事"人"＋行为"得到"＋受事"肉/肠"。"状态"事件框架：状主"肉/肠"＋状态"肥/瘦"。	（肥/瘦 肉/肥肠）① ［定（状态）中（结果）］

从表 3-234 可发现，体验基础是三个行为事件和一个状态事件框架结构逻辑，突显的元素是状态＋结果，途径为六次复杂转喻。突显的两个元素隐略了三个施事和行为及两个受事，因而语义透明度极低。

---

① 首先，受事"肥/瘦/肥肠"代行为"得到"＋受事"肥/瘦/肥肠"；然后，行为"得到"＋受事"肥/瘦/肥肠"代行为"切分"＋行为"得到"＋受事"肥/瘦/肥肠"；再然后，行为"切分"＋行为"得到"＋受事"肥/瘦/肥肠"代行为"切分"＋受事"被屠宰了的猪"＋行为"得到"＋受事"肥/瘦/肥肠"；接下来，行为"切分"＋受事"被屠宰了的猪"＋行为"得到"＋受事"肥/瘦/肥肠"代行为"屠宰"＋行为"切分"＋受事"被屠宰了的猪"＋行为"得到"＋受事"肥/瘦/肥肠"；再接下来，行为"屠宰"＋行为"切分"＋受事"被屠宰了的猪"＋行为"得到"＋受事"肥/瘦/肥肠"代行为"屠宰"＋受事"猪"＋行为"切分"＋受事"被屠宰了的猪"＋行为"得到"＋受事"肥/瘦/肥肠"；最后，行为"屠宰"＋受事"猪"＋行为"切分"＋受事"被屠宰了的猪"＋行为"得到"＋受事"肥/瘦/肥肠"代行为"屠宰"＋受事"猪"＋行为"切分"＋受事"被屠宰了的猪"＋行为"得到"＋修饰关系标记"的"＋受事"肥/瘦/肥肠"。

第二，源自鸡的见表 3-235。

表 3-235　源自鸡的

概念	框架	意合表达式
"酸甜香辣的鸡肉丝"（此凉菜的制法：鸡煮熟去骨，用棒将鸡肉敲松，扯成丝，淋以麻酱、醋、糖、酱油、红油、葱花等调成的佐料；由于鸡肉被棒敲松了，调味易于渗入，酸甜香辣，甚为可口。）	语言单位范畴：原型成员"棒"，重叠式"棒棒"。"杀"事件框架：施事"人"＋行为"杀"＋受事"鸡"。"处理"事件框架：施事"人"＋行为"处理"＋受事"被杀了的鸡"。"烹煮"事件框架：施事"人"＋行为"烹煮"＋受事"被杀了的、处理过的鸡"。"除去"事件框架：施事"人"＋行为"除去"＋受事"骨"，行为［行为本身、源头……］，源头"被杀了的、处理过的、烹煮了的鸡"。"用……敲"事件框架：施事"人"＋行为1"用"＋受事1"棒棒"＋行为2"敲"＋受事2"被杀了的、处理过的、烹煮了的、除去了骨的鸡"，行为［行为本身、结果……］，结果"敲松的鸡肉"。"扯"事件框架：施事"人"＋行为"扯"＋受事"敲松的鸡肉"，行为［行为本身、结果……］，结果"鸡肉丝"。"淋"事件框架：施事"人"＋行为"淋"＋受事"调料"＋对象"鸡肉丝"，行为［行为本身、状态、结果……］，状态"完成"，结果"酸甜香辣"；完成体标记"了"。"酸甜香辣"事件：状主"鸡肉丝"＋状态"酸甜香辣"。	（棒棒鸡）①［定（成员/受事）中（受事）］

---

① 第一，重叠式"棒棒"＋受事"鸡"代原型成员"棒"＋受事"鸡"；第二，受事"棒"＋受事"鸡"代行为"用"＋受事"棒"＋受事"鸡"；第三，行为"用"＋受事"棒"＋受事"鸡"代行为"用"＋受事"棒"＋行为"敲"＋受事"鸡"；第四，行为"用"＋受事"棒"＋行为"敲"＋受事"鸡"代行为"用"＋受事"棒"＋行为"敲"＋受事"杀"＋受事"鸡"代行为"用"＋受事"棒"＋行为"敲"＋结果"被杀了的鸡"；第五，行为"用"＋受事"棒"＋行为"敲"＋结果"被杀了的鸡"代行为"用"＋受事"棒"＋行为"敲"＋行为"处理"＋受事"被杀了的鸡"；第六，行为"用"＋受事"棒"＋行为"敲"＋行为"处理"＋受事"被杀了的鸡"代行为"用"＋受事"棒"＋行为"敲"＋结果"被处理过的鸡"；第七，行为"用"＋受事"棒"＋行为"敲"＋结果"被处理过的鸡"代行为"用"＋受事"棒"＋行为"敲"＋行为"烹煮"＋受事"被处理过的鸡"；第八，行为"用"＋受事"棒"＋行为"敲"＋行为"烹煮"＋受事"被处理过的鸡"代行为"用"＋受事"棒"＋行为"敲"＋结果"被烹煮了的鸡"；第九，行为"用"＋受事"棒"＋行为"敲"＋结果"被烹煮了的鸡"代行为"用"＋受事"棒"＋行为"敲"＋行为"除去"＋源头"被烹煮了的鸡"；第十，行为"用"＋受事"棒"＋行为"敲"＋行为"除去"＋源头"被烹煮了的鸡"代行为"用"＋受事"棒"＋行为"敲"＋行为"除去"＋受事"骨"＋源头"被烹煮了的鸡"；第十一，行为"用"＋受事"棒"＋行为"敲"＋受事"除去了骨的鸡"代结果"敲松的鸡肉"；第十二，受事"敲松的鸡肉"代行为"扯"＋受事"敲松的鸡肉"；第十三，行为"扯"＋受事"敲松的鸡肉"代行为"扯"＋受事"敲松的鸡肉"；第十四，行为"扯"＋受事"敲松的鸡肉"代结果"鸡肉丝"；第十五，对象"鸡肉丝"代行为"淋"＋对象"鸡肉丝"；第十六，行为"淋"＋对象"鸡肉丝"代行为"淋"＋受事"调料"＋对象"鸡肉丝"；第十七，行为"淋"＋受事"调料"＋对象"鸡肉丝"代行为"淋"＋完成标记"了"＋受事"调料"＋对象"鸡肉丝"；第十八，行为"淋"＋完成标记"了"＋受事"调料"＋对象"鸡肉丝"代结果"酸甜香辣"＋对象"鸡肉丝"；最后，状态"酸甜香辣"＋状主"鸡肉丝"代状态"酸甜香辣"＋修饰关系标记"的"＋状主"鸡肉丝"。

从表 3-235 可以看出，体验基础是一个范畴、七个行为事件和一个状态事件框架结构逻辑，突显的元素是成员/受事＋受事，途径为十九次复杂转喻。突显的两个元素隐略了一个成员与成员关系、七个行为和五个受事、状主和状态以及完成体标记和修饰关系标记，因而语义透明度极低。

2. 表达器物的见表 3-236

表 3-236　表达器物的

概念	框架	意合表达式
"守城的器械"	"走"事件框架：施事"狗"＋行为"走"，行为〔行为本身、结果……〕，结果"出"。"出"事件框架：出现者"狗"＋行为"出"，出现〔出现本身、场所……〕，场所"穴"。整体："器械"，部分："穴"。"领有"事件框架：领主"器械"＋"领有"＋所属"功能"，功能"守城"。	（狗走）① 〔主（施事）谓（行为）〕
"有影的光的犀角"	"惊"事件框架：状主"鸡"＋状态"惊"，行为〔状态本身、原因……〕，原因"见影"。"见"事件框架：施事"鸡"＋行为"见"＋受事"影"。"领有"事件框架：领主"光"＋"领有"＋所属"影"。"领有"事件框架：领主"犀角"＋"领有"＋所属"有影的光"。	（鸡骇）② 〔主（状主）谓（状态）〕

从表 3-236 可发现，前者体认理据是一个事物，一个行为、出现和领有事件框架结构逻辑，突显的元素是施事＋行为，途径为五次复杂转喻。突显的两个元素隐略了整体与部分关系，出现者和出现，领主、领有和所属，

---

① 一说，此守城器械有穴，狗可出，故名。首先，施事"狗"＋行为"走"代结果"出"；然后，出现"出"代场所"穴"；再然后，部分"穴"代整体"器械"；接下来，领主"器械"代"领有"＋领主"器械"；再接下来，"领有"＋领主"器械"代"领有"＋所属即功能"守城"＋领主"器械"；最后，"领有"＋所属即功能"守城"＋领主"器械"代"领有"＋所属即功能"守城"＋修饰关系标记"的"＋领主"器械"。

② 犀角之美者有光，鸡见影而惊，故名。第一，状主"鸡"＋状态"惊"代原因"见影"；第二，行为"见"＋受事"影"代受事"影"；第三，所属"影"代"领有"＋所属"影"；第四，"领有"＋所属"影"代"领有"＋所属"影"＋领主"光"；第五，"领有"＋所属"影"＋领主"光"代"领有"＋所属"影"＋修饰关系标记"的"＋领主"光"；第六，所属"有影的光"代"领有"＋所属"有影的光"；第七，"领有"＋所属"有影的光"代"领有"＋所属"有影的光"＋领主"犀角"；第八，"领有"＋所属"有影的光"＋领主"犀角"代"领有"＋所属"有影的光"＋修饰关系标记"的"＋领主"犀角"。

以及修饰关系标记，因而语义透明度极低。后者体认理据是一个行为、状态和两个领有事件框架结构逻辑，突显的元素是状主＋状态，途径为八次复杂转喻。突显的两个元素隐略了行为和受事，两个领主、领有和所属以及修饰关系标记，因而语义透明度极低。

3. 表达书斋的见表 3-237

表 3-237　表达书斋的

概念	框架	意合表达式
"其窗放置关长鸣鸡笼的书斋"	类："鸡"，种："长鸣鸡"。"关"事件框架：施事"人"＋行为"关"＋受事"长鸣鸡"，行为［行为本身、场所……］，场所"笼"。"放置"事件框架：施事"人"＋行为"放置"＋受事"关长鸣鸡的笼"，行为［行为本身、场所……］，场所"窗户"。整体："书斋"，部分："窗户"。	（鸡窗）①　［定（类）中（整体）］

从表 3-237 可发现，体验基础是一个类与种和整体与部分关系以及两个行为事件框架结构逻辑，突显的元素是类＋整体，途径为八次复杂转喻。突显的两个元素隐略了类与种和整体与部分关系，两个施事和行为，一个受事和行为构成要素，即场所，以及修饰关系标记，因而语义透明度极低。

第二节　蕴含关系的后入框架事物概念不标记意合表达式

蕴含关系的后入框架事物概念不标记意合表达式有九种情形。

---

① 据《艺文类聚》卷九一引刘义庆《幽明录》："晋兖州刺史沛国宋处宗曾买得一长鸣鸡，爱养甚至，恒笼着窗间。鸡遂作人语，与处宗谈论，极有言智，终日不辍。处宗因此言巧大进。"第一，类"鸡"代种"长鸣鸡"；第二，受事"长鸣鸡"代行为"关"＋受事"长鸣鸡"；第三，行为"关"＋受事"长鸣鸡"代行为"关"＋受事"长鸣鸡"＋场所"笼"；第四，行为"关"＋受事"长鸣鸡"＋场所"笼"代行为"关"＋受事"长鸣鸡"＋修饰关系标记"的"＋场所"笼"；第五，受事"关长鸣鸡的笼"代行为"放置"＋受事"关长鸣鸡的笼"；第六，行为"放置"＋受事"关长鸣鸡的笼"代行为"放置"＋受事"关长鸣鸡的笼"＋场所"窗户"；第七，行为"放置"＋受事"关长鸣鸡的笼"＋场所"窗户"代行为"放置"＋受事"关长鸣鸡的笼"＋修饰关系标记"的"＋场所"窗户"；第八，部分"放置关长鸣鸡的笼的窗户"代整体"书斋"。

一、蕴含整体与部分关系的后入框架事物概念不标记意合表达式

蕴含整体与部分关系的后入框架事物概念不标记意合表达式见表 3-238。

表 3-238 蕴含整体与部分关系的后入框架事物概念不标记意合表达式

概念	框架	意合表达式
"猪/狗/鹰/鸡/蝇的外部部位"	整体:"猪/狗/鹰/鸡/蝇",部分:"外部部位"。	豕喙,猪/狗耳,猪鬃,彘豪,鹰目,鸡眼,蝇头〔定(整体)中(部分)〕
"猪/狗/鹰/鸡/蝇的内部器官"	整体:"猪/狗/鹰/鸡/蝇",部分:"内部器官"。	猪/狗/鸡心〔定(整体)中(部分)〕

从表 3-238 可发现,体验基础是整体与部分关系框架结构逻辑,突显的元素是整体＋部分,途径为双音节化。突显的两个元素只隐略了整体与部分关系标记,因而语义透明度不低。

二、蕴含成员与成员关系后入框架事物概念不标记意合表达式

蕴含成员与成员关系后入框架事物概念不标记意合表达式见表 3-239。

表 3-239 蕴含成员与成员关系后入框架事物概念不标记意合表达式

概念	范畴	意合表达式
"猪和狗"	"家畜"范畴同一层次的不同成员:猪、狗、猫……	猪狗,豚犬,猣狗
"阿狗和阿猫"		阿狗阿猫
"狗和猪"		狗彘
"鸡和鸭"	"家禽"范畴同一层次的不同成员:鸡、鸭……	鸡鹜
"狗和鸡"	"家养动物"范畴同一层次的不同成员:猪、狗、鸡……	犬鸡
"鸡和猪"		鸡豚
"鸡和天鹅"	"禽"范畴同一层次的不同成员:鸡、凤、天鹅……	鸡鹄
"凤和鸡"		凤鸡
"鹰和鹗/鹘/鸢/雕/鹞/鹯"	"猛禽"范畴同一层次的不同成员:鹰、鹗、鹘、鸢、雕、鹞、鹯……	鹰鹗,鹰鹘,鹰鸢,鹰隼/鹯,鹰鹞,鹰鹯

（续表）

概念	范畴	意合表达式
"狗和鼠/鼠和狗"	"动物"范畴同一层次的不同成员：狗、鼠、鸡、虫、蝇、蚌……	狗鼠，鼠狗
"鸡和虫/虫和鸡"		鸡虫，虫鸡
"蝇与蚌"		蝇蚌
"蝇和虻/蚋"	"昆虫"范畴同一层次的不同成员：蝇、虻、蚋、蛆、蚊……	蝇虻，蝇蚋
"蝱/蛆/蚊和蝇"		蝱蝇，蛆蝇，蚊蝇

从表 3-239 可发现，体验基础是同一范畴同一层次成员与成员关系框架结构逻辑，突显的元素是成员＋成员，途径为双音节化。突显的两个元素只隐略并列关系标记，因而语义透明度不低。

三、蕴含内包整体与部分关系的成员与成员关系的后入框架事物概念不标记意合表达式

蕴含内包整体与部分关系的成员与成员关系的后入框架事物概念不标记意合表达式见表 3-240。

表 3-240　蕴含内包整体与部分关系的成员与
成员关系的后入框架事物概念不标记意合表达式

概念	框架/范畴	意合表达式
"犬的牙和鹰的爪"	整体："犬"，部分："牙"；整体："鹰"，部分："爪"。"动物外部部位"范畴同一层次的成员："犬牙、鹰爪"。	犬牙鹰爪
"鸡的胸和龟的背"	整体："鸡"，部分："胸"；整体："龟"，部分："背"。"动物外部部位"范畴同一层次的成员："鸡胸、龟背"。	鸡胸龟背
"蝇的头和蚊的脚"	整体："蝇"，部分："头"；整体："蚊"，部分："脚"。"昆虫外部部位"范畴同一层次的成员："蝇头、蚊脚"。	蝇头蚊脚
"蝇的头和蜗的角"/"蜗的角和蝇的头"	整体："蝇"，部分："头"；整体："蜗"，部分："角"。"昆虫外部部位"范畴同一层次的成员："蝇头、蜗角"。	蝇头蜗角/蜗角蝇头
"贼的头和狗的脑"	整体："贼"，部分："头"；整体："狗"，部分："脑"。"动物外部部位"范畴同一层次的成员："贼头、狗脑"。	贼头狗脑

（续表）

概念	框架/范畴	意合表达式
"狼的心和狗的肺"	整体："狼"，部分："心"；整体："狗"，部分："肺"。"动物内部器官"范畴同一层次的成员："狼心、狗肺"。	狼心狗肺
"鸡的肠和狗的肚"	整体："鸡"，部分："肠"；整体："狗"，部分："肚"。"动物内部器官"范畴同一层次的成员："鸡肠、狗肚"。	鸡肠狗肚
"鼠的肚和鸡的肠"	整体："鼠"，部分："肚"；整体："鸡"，部分："肠"。"动物内部器官"范畴同一层次的成员："鼠肚、鸡肠"。	鼠肚鸡肠
"鼠的腹和鸡的肠"	整体："鼠"，部分："腹"；整体："鸡"，部分："肠"。"动物内部器官"范畴同一层次的成员："鼠腹、鸡肠"。	鼠腹鸡肠
"鹤的骨和鸡的肤"	整体："鹤"，部分："骨"；整体："鸡"，部分："肤"。"动物部分"范畴同一层次的成员："鹤骨、鸡肤"。	鹤骨鸡肤
"鸡的头和鱼的刺"	整体："鸡"，部分："头"；整体："鱼"，部分："刺"。"动物部分"范畴同一层次的成员："鸡头、鱼刺"。	鸡头鱼刺
"凤的毛和鸡的胆"	整体："凤"，部分："毛"；整体："鸡"，部分："胆"。"动物部分"范畴同一层次的成员："凤毛、鸡胆"。	凤毛鸡胆
"人的面和狗的心"	整体："人"，部分："面"；整体："狗"，部分："心"。"动物部分"范畴同一层次的成员："人面、狗心"。	人面狗心

从表 3-240 可发现，体验基础是部分与整体和同一范畴同一层次成员与成员关系框架结构逻辑，突显的元素是（整体＋部分）＋（整体＋部分），途径为四字格化。突显的四个元素隐略了两个整体与部分关系标记和一个并列关系标记，因而语义透明度较低。

四、蕴含内包成员与成员关系的成员与成员关系的后入框架事物概念不标记意合表达式

蕴含内包成员与成员关系的成员与成员关系的后入框架事物概念不标记意合表达式见表 3-241。

表 3-241　蕴含内包成员与成员关系的成员
与成员关系的后入框架事物概念不标记意合表达式

概念	范畴	意合表达式
"鸡和犬与桑和麻"	范畴："鸡和犬属家养动物"范畴成员，"桑和麻属植物"范畴成员，"鸡犬和桑麻生物"范畴成员。	鸡犬桑麻

从表 3-241 可发现,体验基础是同一范畴同一层次成员与成员关系框架结构逻辑,突显的元素是(成员＋成员)＋(成员＋成员),途径为四字格化。突显的四个元素隐略三个并列关系标记,因而语义透明度低。

五、蕴含修饰关系的后入框架事物概念不标记意合表达式

蕴含修饰关系的后入框架事物概念不标记意合表达式见表 3-242。

表 3-242 蕴含修饰关系的后入框架事物概念不标记意合表达式

概念	框架	意合表达式
"无家可归的狗"	"丧失"事件框架:施事"狗"＋行为"丧失"＋受事"家"。	丧家狗/犬[定(行为＋受事)中(施事)]
		忘/亡①家狗[定(行为＋受事)中(施事)]
"养猪/狗/鸡的场"	"养"事件框架:施事"场"＋行为"养"＋受事"猪/狗/鸡"。	养猪/狗/鸡场[定(行为＋受事)中(施事)]
"牧猪的奴"	"牧"事件框架:施事"奴"＋行为"牧"＋受事"猪"。	牧猪奴[定(行为＋受事)中(施事)]
"驯犬的人员"	"驯"事件框架:施事"人员"＋行为"驯"＋受事"犬"。	驯犬员[定(行为＋受事)中(施事)]
"驯犬的师"	"驯"事件框架:施事"师"＋行为"驯"＋受事"犬"。	驯犬师[定(行为＋受事)中(施事)]
"断尾的雄鸡"	"断"事件框架:施事"雄鸡"＋行为"断"＋受事"尾"。	断尾雄鸡[定(行为＋受事)中(施事)]
"钻纸的蝇"	"钻"事件框架:施事"蝇"＋行为"钻"＋受事"纸"。	钻纸蝇[定(行为＋受事)中(施事)]
"飞行的鹰"	"游"事件框架:施事"鹰"＋行为"游"。	游②鹰[定(行为)中(施事)]
"跳的鸡"	"跳"事件框架:施事"鸡"＋行为"跳"。	跳鸡[定(行为)中(施事)]
"运猪的车"	"运"事件框架:施事"人"＋行为"运"＋受事"猪",行为[行为本身、工具],工具"车"。	运猪车[定(行为＋受事)中(工具)]
"杀猪的刀"	"杀"事件框架:施事"人"＋行为"杀"＋受事"猪",行为[行为本身、工具],工具"刀"。	杀猪刀[定(行为＋受事)中(工具)]

---

① "忘"通"亡",意为"丧失":"秦无亡矢遗镞之费。"(贾谊《过秦论》)

② "游"意为"飞行"。

从表 3-242 可发现，体验基础是行为事件和修饰关系框架结构逻辑，突显的元素有（行为＋受事）＋施事、行为＋施事和（行为＋受事）＋工具，途径为四字格化、三音节化或双音节化。突显的元素只隐略修饰关系标记，因而语义透明度不低。

六、蕴含领属关系的后入框架事物概念不标记意合表达式

蕴含领属关系的后入框架事物概念不标记意合表达式见表 3-243。

表 3-243　蕴含领属关系的后入框架事物概念不标记意合表达式

概念	框架	意合表达式
"狗的主人"	"领有"事件：领主"狗"＋"领有"＋所属"主人"。	狗主［定（领主）中（所属）］
"狗的习气/神态/模样"	"领有"事件框架：领主"狗"＋"领有"＋所属"习气/神态/模样"。	狗气/态/样［定（领主）中（所属）］
"狗的尸体"	"领有"事件：领主"狗"＋"领有"＋所属"尸体"。	狗尸/犀［定（领主）中（所属）］
"鹰之巢"	"领有"事件：领主"鹰"＋"领有"＋所属"巢"。	鹰窠［定（领主）中（所属）］
"鸡的德"	"领有"事件：领主"鸡"＋"领有"＋所属"德"。	鸡德［定（领主）中（所属）］

从表 3-243 可发现，体验基础是领有事件框架结构逻辑，突显的元素是领主＋所属，途径为双音节化。突显的元素只隐略领属关系标记，因而语义透明度不低。

七、蕴含内包修饰关系的并列关系后入框架事物概念不标记意合表达式

蕴含内包修饰关系的并列关系后入框架事物概念不标记意合表达式见表 3-244。

表 3-244　蕴含内包修饰关系的并列关系后入框架事物概念不标记意合表达式

概念	框架	意合表达式
"饥的鹰和饿的虎/饿的虎和饥的鹰"	"饥/饿"事件：状主"鹰/虎"＋状态"饥/饿"。限定成分：饥/饿，中心成分：鹰、虎。"动物"范畴同一层次的不同成员：鹰、虎……	饥鹰饿虎，饿虎饥鹰

从表 3-244 可发现，体验基础是状态事件、修饰关系和同一范畴同一层次成员与成员关系框架结构逻辑，突显的元素是（状态＋状主）＋（状态＋状主），途径为四字格化。意合表达式隐略了修饰和并列关系标记"的"和"和"，因而语义透明度较低。

八、蕴含内包修饰关系和整体与部分关系的并列关系后入框架事物概念不标记意合表达式

蕴含内包修饰关系和整体与部分关系的并列关系后入框架事物概念不标记意合表达式见表 3-245。

表 3-245　蕴含内包修饰关系和整体与部分关系的并列
关系后入框架事物概念不标记意合表达式

概念	框架	意合表达式
"小的肚和鸡的肠"	"小"事件：状主"肚"＋状态"小"；限定成分：小，中心成分：肚。整体："动物"，部分："肚"；整体："鸡"，部分："肠"。"动物内部器官"范畴同一层次的成员：动物小肚、鸡肠。	小肚鸡肠
"油滑的嘴和狗的舌"	"油滑"事件：状主"嘴"＋状态"油滑"；限定成分：油滑，中心成分："嘴"。整体："人"，部分："嘴"；整体："狗"，部分："舌"。"动物外部部位"范畴同一层次的成员："人的油滑的嘴、狗舌"。	油嘴狗舌

从表 3-245 可发现，体验基础是状态事件、修饰关系和同一范畴同一层次成员与成员关系框架结构逻辑，突显的元素是（状态＋状主）＋（整体＋部分），途径为四字格化。意合表达式隐略了修饰、整体与部分和并列关系标记"的""和"，因而语义透明度低。

九、蕴含内包整体与部分和修饰关系的并列关系后入框架事物概念不标记意合表达式

蕴含内包整体与部分（和修饰关系）的并列关系后入框架事物概念不标记意合表达式见表 3-246。

从表 3-246 可发现，体验基础是整体与部分关系、修饰关系和同一范畴同一层次成员与成员关系以及状态事件框架结构逻辑，突显的元素是（整体＋部分）＋（状态＋状主），途径为四字格化。意合表达式隐略了修饰、整体与部分和并列关系标记"的""和"，因而语义透明度低。

表 3-246　蕴含内包修饰关系（和整体与部分关系）的并列关系后入
框架事物概念不标记意合表达式

概念	框架	意合表达式
"犬的牙和厚大的石/厚大的石和犬的牙"	整体："犬"，部分："牙"。"厚大"事件：状主"石"＋状态"厚大"。限定成分："盘"，中心成分："石"。"具体事物"范畴同一层次的成员："犬牙""盘石"。	犬牙磐石，盘石犬牙

第三节　蕴含关系的后入框架事物概念不标记后转喻意合表达式

蕴含关系的后入框架事物概念不标记后转喻意合表达式有五种情形。

一、蕴含关系的后入框架事物概念限定成分先不标记后转喻意合表达式

蕴含关系的后入框架事物概念限定成分先不标记后转喻意合表达式见表 3-247～3-255，按关系展开。

（一）整体与部分关系见表 3-247～3-250

按所依仗的框架数量展开。

1. 依仗两个框架的见表 3-247～3-249

下面按事件类型展开。

（1）行为事件见表 3-247

表 3-247　行为事件

概念	框架	省略整体与部分关系标记后转喻的意合表达式
"标记紧急的书信"	整体："鸡"，部分："毛"。"粘或插"事件框架：施事"人"＋行为"粘或插"＋受事"鸡毛"，行为［行为本身、目的、场所……］，目的"标记紧急"，场所"书信"。	鸡毛①文书/信［定（受事）中（场所）］

――――――

① 标记紧急的书信上粘或插鸡毛，故称。首先，整体与部分关系不用形式标记"的"；然后，受事"鸡毛"代行为"粘或插"＋受事"鸡毛"；接下来，行为"粘或插"＋受事"鸡毛"代目的"标记紧急"；最后，目的"标记紧急"代目的"标记紧急"＋修饰关系标记"的"。

（续表）

概念	框架	省略整体与部分关系标记后转喻的意合表达式
"标记紧急投递的报纸"	整体："鸡"，部分："毛"。"粘或插"事件框架：施事"人"＋行为"粘或插"＋受事"鸡毛"，行为［行为本身、目的、场所……］，目的"标记紧急投递"，场所"报纸"。	鸡毛①报［定（受事）中（场所）］

从表 3-247 可发现，体验基础是整体与部分关系和行为事件框架结构逻辑，突显的元素是受事＋场所，途径为四字格化/三音节化和三次复杂转喻。意合表达式隐略了整体与部分关系和修饰关系标记以及行为和行为构成要素，即目的，因而语义透明度很低。

（2）领有事件见表 3-248

表 3-248　领有事件

概念	框架	省略整体与部分关系标记后转喻的意合表达式
"唯命是从，东奔西跑的人"	整体："狗"，部分："腿"。"领有"事件框架：领主"狗"＋"领有"＋所属"唯命是从，东奔西跑"。	狗腿②差［定（所属）中（领主）］

从表 3-248 可发现，体验基础是整体与部分关系和领有事件框架结构逻辑，突显的元素是所属＋领主，途径为三音节化和三次复杂转喻。意合表达式隐略了整体与部分关系和修饰关系标记以及领有与所属，因而语义透明度很低。

（3）存在事件见表 3-249

从表 3-249 可发现，体验基础是整体与部分关系和存在事件框架结构逻辑，突显的元素是（方所＋修饰关系标记）＋存在物，途径为四字格化和复合转喻。意合表达式隐略了整体与部分关系和方所标记以及存在，因而语义透明度低。

---

① 需紧急投递的报纸粘或插鸡毛，故称。首先，整体与部分关系不用形式标记"的"；然后，受事"鸡毛"代行为"粘或插"＋受事"鸡毛"；接下来，行为"粘或插"＋受事"鸡毛"代目的"标记紧急投递"；最后，目的"标记紧急投递"代目的"标记紧急投递"＋修饰关系标记"的"。

② 首先，整体与部分关系不用形式标记"的"；然后，整体"狗"＋部分"腿"代整体"狗"；接下来，领主"狗"代所属"唯命是从，东奔西跑"；最后，领属"唯命是从，东奔西跑"代领属"唯命是从，东奔西跑"＋修饰关系标记"的"。

表 3-249　存在事件

概念	框架	省略整体与部分关系标记后转喻的意合表达式
"鹰头上的蝇"	整体："鹰"，部分："头"。"存在"事件框架：存在物"蝇"＋"存在"＋方所，[存在本身、方所……]，方所"鹰头"，方所标记"上"。	鹰头①之蝇［定（方所＋修饰关系标记）中（存在物）］

2. 依仗三个框架的见表 3-250

表 3-250　依仗三个框架的

概念	框架	省略整体与部分关系标记后转喻的意合表达式
"传信的差役"	整体："鸡"，部分："毛"；整体："鸡毛信"，部分："鸡毛"、"信"。"传递"事件框架：施事"官"＋行为"传递"＋受事"鸡毛信"。	鸡毛②官［定（部分）中（施事）］

从表 3-250 可发现，体验基础是两个整体与部分关系和一个行为事件框架结构逻辑，突显的元素是部分＋施事，途径为三音节化和三次复杂转喻。意合表达式隐略了两个整体与部分关系和修饰关系标记以及行为，因而语义透明度很低。

（二）领属关系见表 3-251

表 3-251　领属关系

概念	框架	省略领属关系标记后转喻的意合表达式
"为肉的用途饲养的猪/狗/鸡"	"领有"事件框架：领主"肉"＋"领有"＋所属"用途"。"饲养"事件框架：施事"人"＋行为"饲养"＋受事"猪/狗/鸡"，行为［行为本身、目的……］，目的"肉用"，目的标记"为"。	肉用③猪/狗/鸡［定（目的）中（受事）］

---

①　首先，整体与部分关系不用形式标记"的"；然后，方所"鹰头"代方所"鹰头"＋方所标记"上"；最后，方所"鹰头上"代方所"鹰头上"＋"存在"。

②　首先，整体与部分关系不用形式标记"的"；然后，形式单位部分"鸡毛"代整体"鸡毛信"；接下来，受事"鸡毛信"代行为"传递"＋受事"鸡毛信"；最后，行为"传递"＋受事"鸡毛信"代行为"传递"＋受事"鸡毛信"＋修饰关系标记"的"。

③　首先，领属关系不用标记"的"；然后，目的"肉用"代目的标记"为"＋目的"肉用"；接下来，目的"为肉用"代目的"为肉用"＋行为"饲养"；最后，目的"为肉用"＋行为"饲养"代目的"为肉用"＋行为"饲养"＋修饰关系标记"的"。类似的还有：卵用鸡。

（续表）

概念	框架	省略领属关系标记后转喻的意合表达式
"有鹰窠的峰"	"领有"事件框架：领主"鹰"＋"领有"＋所属"窠"。"存在"事件框架：存在物"鹰窠"＋存在"有"＋场所"峰"。	鹰窠①峰［定（存在物）中（场所）］

从表 3-251 可发现，前者体认理据是领有事件和行为事件框架结构逻辑，突显的元素是目的＋受事，途径为三音节化和三次复杂转喻。意合表达式隐略了领属关系标记、施事和行为以及修饰关系标记，因而语义透明度很低。后者体认理据是领有事件和存在事件框架结构逻辑，突显的元素是存在物＋场所，途径为三音节化和复合转喻。意合表达式隐略了领属关系标记、存在和修饰关系标记，因而语义透明度低。

（三）修饰关系见表 3-252

表 3-252　修饰关系

概念	框架	省略修饰关系标记后转喻的意合表达式
"正相斗的鸡的眼睛"	整体："正相斗的鸡"，部分："眼"。"斗"事件框架：施事"鸡"＋行为"斗"，行为［行为本身、范围、状态……］，范围"相互"，状态"持续"；持续体标记"正"。	斗鸡②眼｛定［谓（行为）宾（施事）］中（部分）｝
"当宠物饲养的猪/狗"	"宠爱"事件框架：施事"人"＋行为"宠爱"＋受事"猪/狗"。"饲养"事件框架：施事"人"＋行为"饲养"＋受事"猪/狗"，行为［行为本身、目的］，目的"当作宠物"。"当作"事件框架：施事"人"＋行为"当作"＋受事"宠物"＋对象"猪/狗"；修饰关系的形式标记："的"。	宠物③猪/狗｛定［谓（行为）宾（受事）］中（对象）｝

① 首先，领属关系不用标记"的"；然后，存在物"鹰窠"代存在"有"＋存在物"鹰窠"；最后，存在"有"＋存在物"鹰窠"代存在"有"＋存在物"鹰窠"＋修饰关系标记"的"。

② 首先，修饰关系不用标记"的"；然后，行为"斗"＋施事"鸡"代范围"相互"＋行为"斗"＋施事"鸡"；再然后，范围"相互"＋行为"斗"＋施事"鸡"代持续体标记"正"＋范围"相互"＋行为"斗"＋施事"鸡"；接下来，持续体标记"正"＋范围"相互"＋行为"斗"＋施事"鸡"代持续体标记"正"＋范围"相互"＋行为"斗"＋修饰关系标记"的"＋施事"鸡"；最后，持续体标记"正"＋范围"相互"＋行为"斗"＋修饰关系标记"的"＋施事"鸡"代持续体标记"正"＋范围"相互"＋行为"斗"＋修饰关系标记"的"＋施事"鸡"＋修饰关系标记"的"。

③ 首先，修饰关系不用标记"的"；然后，受事"宠物"代行为"当作"＋受事"宠物"；再然后，目的"当作宠物"代目的"当作宠物"＋行为"饲养"；最后，目的"当作宠物"＋行为"饲养"代目的"当作宠物"＋行为"饲养"＋修饰关系标记"的"。

从表 3-252 可发现，前者体认理据是修饰关系和行为事件框架结构逻辑，突显的元素是（行为＋受事）＋部分，途径为三音节化和四次复杂转喻。意合表达式隐略了行为构成要素（范围和状态），以及两个修饰关系标记，因而语义透明度很低。后者体认理据是两个修饰关系和三个行为事件框架结构逻辑，突显的元素是（行为＋受事）＋对象，途径为三音节化和三次复杂转喻。意合表达式隐略了两个行为和受事以及两个修饰关系标记，因而语义透明度极低。

（四）并列关系见表 3-253～3-255

下面按所依仗的框架数量展开。

1. 依仗三个框架的见表 3-253、3-254

下面按事件类型展开。

（1）行为事件见表 3-253

表 3-253　行为事件

概念	框架	省略修饰关系标记后转喻的意合表达式
"饲养猎鹰猎犬的官署"	"动物"范畴同一层次的成员："鹰、犬"。类："鹰/犬"，种："猎鹰/猎犬"。"饲养"事件框架：施事"官署"＋行为"饲养"＋受事"猎鹰猎犬"。	鹰狗①处［定（受事）中（施事）］
"替皇帝管理猎鹰猎犬的官吏"	"动物"范畴同一层次的成员："鹰、犬"。类："鹰/犬"，种："猎鹰/猎犬"。"管理"事件框架：施事"吏员"＋行为"管理"＋受事"猎鹰猎犬"，行为［行为本身、目的］，目的"皇帝"，目的标记"替"。	鹰犬②吏［定（受事）中（施事）］

① 首先，并列关系不用标记"和/与"；然后，类"鹰/犬"代种"猎鹰/猎犬"；再然后，受事"猎鹰/猎犬"代行为"饲养"＋受事"猎鹰/猎犬"；最后，行为"饲养"＋受事"猎鹰/猎犬"代行为"饲养"＋受事"猎鹰/猎犬"＋修饰关系标记"的"。

② 首先，并列关系不用标记"和/与"；然后，类"鹰/犬"代种"猎鹰/猎犬"；再然后，受事"猎鹰猎犬"代行为"管理"＋受事"猎鹰猎犬"；接下来，行为"管理"＋受事"猎鹰猎犬"代目的"皇帝"＋行为"管理"＋受事"猎鹰猎犬"；再接下来，目的"皇帝"＋行为"管理"＋受事"猎鹰猎犬"代目的标记"替"＋目的"皇帝"＋行为"管理"＋受事"猎鹰猎犬"；最后，目的"替皇帝"＋行为"管理"＋受事"猎鹰猎犬"代目的"替皇帝"＋行为"管理"＋受事"猎鹰猎犬"＋修饰关系标记"的"。

从表 3-253 可发现，前者体验基础是类与种和同一范畴成员与成员关系及行为事件框架结构逻辑，突显的元素是受事＋施事，途径为三音节化和三次复杂转喻。意合表达式隐略了两个关系、一个行为以及并列和修饰关系标记，因而语义透明度极低。后者体验基础是类与种和同一范畴成员与成员关系及行为事件框架结构逻辑，突显的元素是受事＋施事，途径为三音节化和五次复杂转喻。意合表达式隐略了两个关系、一个行为以及并列、修饰关系和目的标记，因而语义透明度极低。

（2）领有事件见表 3-254

表 3-254　领有事件

概念	框架	省略修饰关系标记后转喻的意合表达式
"猎鹰和猎犬的任务/作用"	"动物"范畴同一层次的成员：鹰、犬。类：鹰/犬，种：猎鹰/猎犬。"领有"事件框架：领主"猎鹰和猎犬"＋"领有"＋所属"任务/作用"。	鹰犬①之任/用［定（领主）中（所属）］

从表 3-254 可发现，体验基础是类与种和同一范畴成员与成员关系及领有事件框架结构逻辑，突显的元素是领主＋所属，途径为四字格化和简单转喻。意合表达式隐略两个关系、一个领有和并列关系标记，因而语义透明度很低。

2. 依仗四个框架的见表 3-255

表 3-255　依仗四个框架的

概念	框架	省略修饰关系标记后转喻的意合表达式
"主管猎鹰猎狗处的总统"	"动物"范畴同一层次的成员：鹰、狗；类：鹰/狗，种：猎鹰/猎犬。"主管"事件框架：施事"官吏"＋行为"主管"＋受事"猎鹰猎狗处"。整体：猎鹰猎狗处，部分：猎鹰猎狗、处。	鹰狗②总统［定（受事）中（施事）］

---

① 首先，并列关系不用标记"和/与"；然后，类"鹰/犬"代种"猎鹰/猎犬"。

② 首先，并列关系不用标记"和/与"；然后，类"鹰/狗"代种"猎鹰/猎犬"；再然后，部分"猎鹰猎狗"代整体"猎鹰猎狗处"；接下来，受事"猎鹰猎狗处"代行为"主管"＋受事"猎鹰猎狗处"；最后，行为"主管"＋受事"猎鹰猎狗处"代行为"主管"＋受事"猎鹰猎狗处"＋修饰关系标记"的"。

从表 3-255 可发现，体验基础是类与种、同一范畴成员与成员关系和整体与部分及行为事件框架结构逻辑，突显的元素是受事＋施事，途径为四字格化和三次复杂转喻。意合表达式隐略了三个关系、一个行为以及并列和修饰关系标记，因而语义透明度极低。

二、蕴含关系的后入框架事物概念限定成分不标记后中心成分转喻意合表达式

蕴含关系的后入框架事物概念限定成分不标记后中心成分转喻意合表达式见表 3-256。

表 **3-256**　蕴含关系的后入框架事物概念限定成分不标记后中心成分转喻意合表达式

概念	框架	省略并列关系标记后中心成分转喻的意合表达式
"报晓的公鸡"	"报"事件框架：施事"公鸡"＋行为"报"＋受事"晓"。类："鸡"，种："公鸡"。	报晓①鸡②［定（行为＋受事）中（施事）］

从表 3-256 可发现，体验基础是修饰和类与种关系及行为事件框架结构逻辑，突显的元素是（行为＋受事）＋施事，途径为三音节化和简单转喻。意合表达式隐略类与种关系和修饰关系标记，因而语义透明度较低。

三、蕴含关系的后入框架事物概念限定成分不标记且转喻后中心成分转喻意合表达式

蕴含关系的后入框架事物概念限定成分不标记且转喻后中心成分转喻意合表达式见表 3-257、3-258，按所依仗的框架数量展开。

1. 依仗三个框架的见表 3-257

从表 3-257 可发现，体验基础是同一范畴成员与成员和整体与部分关系及行为事件框架结构逻辑，突显的元素是受事＋部分，途径为三音节化和转喻，即限定成分四次复合转喻，中心成分简单转喻。意合表达式隐略了两个关系、一个施事和行为以及并列和修饰关系标记，因而语义透明度极低。

---

① 修饰关系不用形式标记"的"。

② 类"鸡"代种"公鸡"。类似的还有：索斗鸡（意为"索斗的公鸡"）、鸣鸡（"啼鸣的雄鸡"）。

表 3-257　依仗三个框架的

概念	框架	省略并列关系标记后中心成分转喻的意合表达式
"祭祀土地神后乡人分享鸡豚的社日"	"家养动物"范畴同一层次的成员：鸡，豚。"分享"事件框架：施事"乡人"＋行为"分享"＋受事"鸡豚"，行为［行为本身、时间……］，时间"祭祀土地神后"。整体："社日"，部分："社"。	鸡豚①社②［定（受事）中（部分）］

2. 依仗四个框架的见表 3-258

表 3-258　依仗四个框架的

概念	框架	省略整体与部分关系标记且转喻后中心成分转喻的意合表达式
"形如鸡舌的丁香"	整体："鸡"，部分："舌"。"领有"事件框架：领主"鸡舌"＋"领有"＋所属"形状"。"领有"事件框架：领主"丁香"＋"领有"＋所属"鸡舌的形状"。整体："丁香"，部分："丁、香"。	鸡舌③香④［定（整体＋部分）中（部分）］
"腮腺炎或耳下腺炎"	整体："猪"，部分："嘴"。"状态"事件框架：状主"猪嘴"＋状态"肥大"，状态［状态本身、原因……］，原因"腮腺肿"。"病"范畴：成员"瘟疫"、成员"炎症"。"领有"事件框架：领主"炎症"＋"领有"＋所属"腮腺肿"。	猪嘴⑤瘟⑥［定（整体＋部分）中（成员）］

---

　　①　首先，并列关系不用形式标记"和/与"；然后，受事"鸡豚"代行为"分享"＋受事"鸡豚"；再然后，行为"分享"＋受事"鸡豚"代时间"祭祀土地神后"＋行为"分享"＋受事"鸡豚"；接下来，时间"祭祀土地神后"＋行为"分享"＋受事"鸡豚"代施事"乡人"＋时间"祭祀土地神后"＋行为"分享"＋受事"鸡豚"；最后，施事"乡人"＋时间"祭祀土地神后"＋行为"分享"＋受事"鸡豚"代施事"乡人"＋时间"祭祀土地神后"＋行为"分享"＋受事"鸡豚"＋修饰关系标记"的"。

　　②　本义为"土地神"。形式单位部分"社"代整体"社日"。

　　③　首先，整体与部分关系不用形式标记"的"；然后，领主"鸡舌"代领主"鸡舌"＋所属"形状"；再然后，领主"鸡舌"＋所属"形状"代领主"鸡舌"＋修饰关系标记"的"＋所属"形状"；接下来，所属"鸡舌的形状"代"领有"＋所属"鸡舌的形状"；最后，"领有"＋所属"鸡舌的形状"代"领有"＋所属"鸡舌的形状"＋修饰关系标记"的"。

　　④　部分"香"代整体"丁香"。

　　⑤　首先，整体与部分关系不用形式标记"的"；然后，状主"猪嘴"代状主"猪嘴"＋状态"肥大"；接下来，状主"猪嘴"＋状态"肥大"代原因"腮腺肿"；最后，原因"腮腺肿"代原因"腮腺肿"＋领属关系标记"的"。

　　⑥　"瘟"意为"瘟疫"："前日被瘟官打的棒疮……好不疼痛！"（张南庄《何典》）同一范畴"病"的一个成员"瘟疫"代另一个成员"炎症"。

从表 3-258 可发现，前者体认理据是两个整体与部分关系和两个领有事件框架结构逻辑，突显的元素是（整体＋部分）＋部分，途径为三音节化和转喻，即限定成分四次复合转喻，中心成分简单转喻。意合表达式隐略了两个关系、两个领有和所属以及两个修饰关系标记，因而语义透明度极低。后者体认理据是整体与部分和同一范畴成员与成员关系及一个状态和领有事件框架结构逻辑，突显的元素是（整体＋部分）＋成员，途径为三音节化和转喻，即限定成分三次复合转喻，中心成分简单转喻。意合表达式隐略了两个关系、一个领有和所属以及一个领属关系标记，因而语义透明度极低。

四、蕴含关系的后入框架事物概念限定成分不标记（且转喻）后整体转喻意合表达式

蕴含关系的后入框架事物概念限定成分不标记（且转喻）后整体转喻意合表达式，见表 3-259、表 3-260，按关系展开。

（一）不标记修饰关系的见表 3-259

表 3-259　不标记修饰关系的

概念	框架	省略修饰关系标记后整体转喻的意合表达式
"领有跳鸡姿势样式的杂技"	"跳"事件框架：施事"鸡"＋行为"跳"。"领有"事件框架：领主"跳鸡"＋"领有"＋所属"姿势"。"领有"事件框架：领主"样式"＋"领有"＋所属"跳鸡的姿势"。"领有"事件框架：领主"杂技"＋"领有"＋所属"跳鸡姿势的样式"。	（跳鸡①模）② ［定（行为＋施事）中（领主）］

---

① 修饰关系不用形式标记"的"。

② 此杂技仿于跳鸡，故名。第一，领主"跳鸡"代领主"跳鸡"＋所属"姿势"；第二，领主"跳鸡"＋所属"姿势"代领主"跳鸡"＋领属关系标记"的"＋所属"姿势"；第三，所属"跳鸡的姿势"代"领有"＋所属"跳鸡的姿势"；第四，"领有"＋所属"跳鸡的姿势"代"领有"＋所属"跳鸡的姿势"＋领主"样式"；第五，"领有"＋所属"跳鸡的姿势"＋领主"样式"代"领有"＋所属"跳鸡的姿势"＋修饰关系标记"的"＋领主"样式"；第六，"领有"＋所属"跳鸡的姿势"＋修饰关系标记"的"＋领主"样式"代"领有"＋所属"跳鸡姿势的样式"；第七，"领有"＋所属"跳鸡姿势的样式"代"领有"＋所属"跳鸡姿势的样式"＋领主"杂技"；第八，"领有"＋所属"跳鸡姿势的样式"＋领主"杂技"代"领有"＋所属"跳鸡姿势的样式"＋修饰关系标记"的"＋领主"杂技"。

从表 3-259 可发现，体验基础是一个行为事件和三个领有事件框架结构逻辑，突显的元素是(行为＋施事)＋领主，途径为三音节化和八次复杂转喻。意合表达式隐略了三个领有和所属以及领属和修饰关系标记，因而语义透明度极低。

(二) 不标记整体与部分关系的见表 3-260

表 3-260　不标记整体与部分关系的

概念	框架	省略整体与部分关系标记后整体转喻的意合表达式
"守城的安装了状如狗脚木的器械"	整体："狗"，部分："脚"。"领有"事件框架：领主"狗脚"＋"领有"＋所属"形状"。"领有"事件框架：领主"木"＋"领有"＋所属"狗脚形状"。"安装"事件框架：施事"人"＋行为"安装"＋受事"狗脚形状的木"，行为[行为本身、场所……]，场所"器械"。"领有"事件框架：领主"安装了状如狗脚木的器械"＋"领有"＋所属，即功能"守城"。	(狗脚①木)②[定(整体＋部分)中(领主)]
"短毛羊皮"	整体："鹰"，部分："爪"。"领有"事件框架：领主"鹰爪"＋"领有"＋所属"形状"。类："鹰爪形状的毛"，种："鹰爪形状的短毛"。"存在"事件框架：存在"有"＋存在物"鹰爪形状的短毛"＋场所"羊皮"。	(鹰爪③毛)④[定(整体＋部分)中(领主)]

---

① 首先，整体与部分关系不用形式标记"的"；然后，领主"狗脚"代领主"狗脚"＋所属"形状"；最后，领主"狗脚"＋所属"形状"代领主"狗脚"＋修饰关系标记"的"＋所属"形状"。

② 此器械的主要构件，即二柱状如狗脚，故名。第一，领主"狗脚"代领主"狗脚"＋所属"形状"；第二，领主"狗脚"＋所属"形状"代领主"狗脚"＋领属关系标记"的"＋所属"形状"；第三，所属"狗脚形状"代"领有"＋所属"狗脚形状"；第四，"领有"＋所属"狗脚形状"代"领有"＋所属"狗脚形状"＋领主"木"；第五，"领有"＋所属"狗脚形状"＋领主"木"代"领有"＋所属"狗脚形状"＋修饰关系标记"的"＋领主"木"；第六，受事"狗脚形状的木"代行为"安装"＋受事"狗脚形状的木"；第七，行为"安装"＋受事"狗脚形状的木"代行为"安装"＋受事"狗脚形状的木"＋修饰关系标记"的"；第八，行为"安装"＋受事"狗脚形状的木"＋修饰关系标记"的"代行为"安装"＋受事"狗脚形状的木"＋修饰关系标记"的"＋场所"器械"；第九，领主"安装了状如狗脚木的器械"代所属即功能"守城"＋领主"安装了状如狗脚木的器械"；第十，所属即功能"守城"＋领主"安装了状如狗脚木的器械"代所属即功能"守城"＋领属标记"的"＋领主"安装了状如狗脚木的器械"。

③ 首先，整体与部分关系不用形式标记"的"；然后，领主"鹰爪"代领主"鹰爪"＋所属"形状"；最后，领主"鹰爪"＋所属"形状"代领主"鹰爪"＋领属关系标记"的"＋所属"形状"。

④ 首先，类"鹰爪形状的毛"代种"鹰爪形状的短毛"；然后，存在物"鹰爪形状的短毛"代存在"有"＋存在物"鹰爪形状的短毛"；接下来，存在"有"＋存在物"鹰爪形状的短毛"代存在"有"＋存在物"鹰爪形状的短毛"＋场所"羊皮"；最后，存在"有"＋存在物"鹰爪形状的短毛"＋场所"羊皮"代存在"有"＋存在物"鹰爪形状的短毛"＋修饰关系标记"的"＋场所"羊皮"。

从表 3-260 可发现，前者体认理据是整体与部分关系、一个行为事件和三个领有事件框架结构逻辑，突显的元素是（整体＋部分）＋领主，途径为三音节化和十次复杂转喻。意合表达式隐略了整体与部分关系，一个施事、行为和受事，三个领有和所属以及领属和修饰关系标记，因而语义透明度极低。后者体认理据是整体与部分和类与种关系、一个领有和存在事件框架结构逻辑，突显的元素是（整体＋部分）＋领主，途径为三音节化和四次复杂转喻。意合表达式隐略了整体与部分和类与种关系，一个领有和所属，一个存在和存在构成要素（场所），以及领属和修饰关系标记，因而语义透明度极低。

五、蕴含关系的后入框架事物概念整体不标记后转喻意合表达式

蕴含关系的后入框架事物概念整体不标记后转喻意合表达式见表 3-261～3-264，按所依仗的框架数量展开。

（一）依仗两个框架的见表 3-261

表 3-261　依仗两个框架的

概念	框架	省略并列关系标记后整体转喻的意合表达式
"游猎时用的狗和马"	"家畜"范畴：成员"狗"，成员"马"。"使用"事件框架：施事"猎人"＋行为"使用"＋受事"狗和马"，行为［行为本身、时间……］，时间"游猎时"。	(狗/犬马)① 　　（成员＋成员）

从表 3-261 可发现，体验基础是同一范畴成员与成员关系和行为事件框架结构逻辑，突显的元素是成员＋成员，途径为双音节化和三次复杂转喻。意合表达式隐略了成员与成员关系，行为及其行为构成要素，即时间，以及修饰关系标记，因而语义透明度很低。

---

① 首先，并列关系不用形式标记"和/与"；然后，受事"狗和马"代行为"使用"＋受事"狗和马"；接下来，行为"使用"＋受事"狗和马"代时间"游猎时"＋行为"使用"＋受事"狗和马"；最后，时间"游猎时"＋行为"使用"＋受事"狗和马"代时间"游猎时"＋行为"使用"＋修饰关系标记"的"＋受事"狗和马"。类似的还有：鹰犬/卢（意为"打猎时所用的鹰和狗"）、鹰马（"打猎时所用的鹰和马"）。

（二）依仗三个框架的见表 3-262

表 3-262　依仗三个框架的

概念	框架	省略整体与部分关系标记后转喻的意合表达式
"领有猪气的天名精"	整体："猪"，部分："首"。"领有"事件框架：领主"豕/彘"＋"领有"＋所属"气"。"领有"事件框架：领主"天名精"＋"领有"＋所属"豕/彘气"。	（豕/彘首）① ［定（整体）中（部分）］
"领有狗骨形状的樗"	整体："狗"，部分："骨"。"领有"事件框架：领主"狗骨"＋"领有"＋所属"形状"。"领有"事件框架：领主"樗"＋"领有"＋所属"狗骨的形状"。	（狗骨）② ［定（整体）中（部分）］

从表 3-262 可发现，体验基础是整体与部分关系和两个领有事件框架结构逻辑，突显的元素是整体＋部分，途径为双音节化和前者经五次复杂转喻，后者经六次复杂转喻。意合表达式隐略了整体与部分关系，一个领主、两个领有和一个所属，以及领属和修饰关系标记，因而语义透明度极低。

（三）依仗四个框架的见表 3-263

从表 3-263 可发现，前者体认理据是整体与部分关系、两个领有和一个状态事件框架结构逻辑，突显的元素是整体＋部分，途径为双音节化和七次复杂转喻。意合表达式隐略了整体与部分关系，一个领主、两个领有和所属，一个状主和状态以及修饰关系标记，因而语义透明度极低。后者体认理据是整体与部分和同一范畴成员与成员关系、一个领有和存在事件框架结构逻辑，突显的元

---

① 其气如猪，故名。首先，整体与部分关系不用形式标记"的"；然后，整体"豕/彘"＋部分"首"代整体"豕/彘"；再然后，领主"豕/彘"代领主"豕/彘"＋所属"气"；接下来，所属"豕/彘气"代"领有"＋所属"豕/彘气"；再接下来，"领有"＋所属"豕/彘气"代"领有"＋所属"豕/彘气"＋领主"天名精"；最后，"领有"＋所属"豕/彘气"＋领主"天名精"代"领有"＋所属"豕/彘气"＋修饰关系标记"的"＋领主"天名精"。类似的还有：彘颅。

② 此木形如狗骨，故名。首先，整体与部分关系不用形式标记"的"；然后，领主"狗骨"代领主"狗骨"＋所属"形状"；再然后，领主"狗骨"＋所属"形状"代领主"狗骨"＋领属关系标记"的"＋所属"形状"；接下来，所属"狗骨的形状"代"领有"＋所属"狗骨的形状"；再接下来，"领有"＋"狗骨的形状"代"领有"＋所属"狗骨的形状"＋领主"樗"；最后，"领有"＋所属"狗骨的形状"＋修饰关系标记"的"＋领主"樗"。类似的还有：鹰觜/嘴（意为"领有鹰嘴形状的茶"）、鹰爪（"领有鹰爪形状的茶"）、鸡舌（"领有鸡舌形状的丁香"）。

素是整体＋部分，途径为双音节化和七次复杂转喻。意合表达式隐略了整体与部分和成员与成员关系，领主和领有，存在和场所，以及修饰关系标记，因而语义透明度极低。

表 3-263　依仗四个框架的

概念	框架	省略整体与部分关系标记后整体转喻的意合表达式
"守城的、像狗尸/犀的形状的器械"	整体："狗"，部分："尸/犀"。"领有"事件框架：领主"狗尸/犀"＋"领有"＋所属"形状"。"像"事件框架：状主"器械"＋状态"像"＋对象"狗尸/犀的形状"。"领有"事件框架：领主"像狗尸/犀的形状的器械"＋"领有"＋所属"功能"，即功能"守城"。	(狗尸/犀)① 〔定（整体）中（部分）〕
"旗杆头上有鸡翘的鸾旗（帝王仪仗之一）"	整体："鸡"，部分："尾上的长羽"。"尾"范畴：成员"牦牛尾"，成员"鸡翘"。"存在"事件框架：场所"旗杆头上"＋存在"有"＋存在物"鸡翘"。"领有"事件框架：领主"鸾旗"＋"领有"＋所属即特征"旗杆头上有鸡翘"。	(鸡翘)② 〔定（整体）中（部分）〕

---

① 此绳类器械形似狗尸，故名。第一，整体与部分关系不用形式标记"的"；第二，领主"狗尸/犀"代领主"狗尸/犀"＋"领有"＋所属"形状"；第三，对象"狗尸/犀的形状"代状态"像"＋对象"狗尸/犀的形状"；第四，状态"像"＋对象"狗尸/犀的形状"代状态"像"＋对象"狗尸/犀的形状"＋修饰关系标记"的"；第五，状态"像"＋对象"狗尸/犀的形状"＋修饰关系标记"的"代状态"像"＋对象"狗尸/犀的形状"＋修饰关系标记"的"＋状主"器械"；第六，领主"像狗尸/犀的形状的器械"代"领有"＋所属即功能"守城"＋领主"像狗尸/犀的形状的器械"；第七，"领有"＋所属即功能"守城"＋领主"像狗尸/犀的形状的器械"代"领有"＋所属即功能"守城"＋修饰关系标记"的"＋领主"像狗尸/犀的形状的器械"。

② 此旗杆头上用牦牛尾做装饰，民误以为鸡翘，故名。第一，整体与部分关系不用形式标记"的"；第二，"尾"范畴的一个成员"鸡翘"代另一个成员"牦牛尾"；第三，存在物"鸡翘"代存在"有"＋存在物"鸡翘"；第四，存在"有"＋存在物"鸡翘"代场所"旗杆头上"＋存在"有"＋存在物"鸡翘"；第五，所属即特征"旗杆头上有鸡翘"代"领有"＋所属即特征"旗杆头上有鸡翘"；第六，"领有"＋所属即特征"旗杆头上有鸡翘"代"领有"＋所属即特征"旗杆头上有鸡翘"＋领主"鸾旗"；第七，"领有"＋所属即特征"旗杆头上有鸡翘"＋领主"鸾旗"代"领有"＋所属即特征"旗杆头上有鸡翘"＋修饰关系标记"的"＋领主"鸾旗"。

（四）依仗五个框架的见表 3-264

表 3-264　依仗五个框架的

概念	框架	省略整体与部分关系标记后整体转喻的意合表达式
"一种不符合规定的劣等钱币"	整体："鸡"，部分："眼"。"眼"范畴：成员"鸡的眼"，成员"钱币的眼"。整体："钱币"，部分："眼"。"不符合规定……劣等"事件框架：状主"钱币"＋状态 1"不符合规定"＋状态 2"劣等"。	（鸡眼）① ［定（整体）中（部分）］

从表 3-264 可发现，体验基础是两个整体与部分和一个同一范畴成员与成员关系以及两个状态事件框架结构逻辑，突显的元素是整体＋部分，途径为双音节化和复合转喻。意合表达式隐略了两个整体与部分和一个成员与成员关系，以及一个状主和两个状态，因而语义透明度极低。

第四节　蕴含关系的后入框架事物概念限定成分转喻后中心成分中的关系不标记意合表达式

蕴含关系的后入框架事物概念限定成分转喻后中心成分中的关系不标记意合表达式见表 3-265。

表 3-265　蕴含关系的后入框架事物概念限定成分转喻后中心成分中的关系不标记意合表达式

概念	框架	意合表达式
"朝廷养的鹰和犬"	"养"事件框架：施事"朝廷"＋行为"养"＋受事"鹰和犬"。"动物"范畴：成员"鹰"，成员"犬"。	朝廷②鹰犬③［定（施事）中（受事）］

---

① 币眼如鸡眼，故名。首先，整体与部分关系不用形式标记"的"；然后，"眼"范畴的一个成员"鸡的眼"代另一个成员"钱币的眼"；最后，部分"眼"代整体"钱币"。

② 首先，施事"朝廷"代施事"朝廷"＋行为"养"；然后，施事"朝廷"＋行为"养"代施事"朝廷"＋行为"养"＋修饰关系标记"的"。

③ 并列关系不用形式标记"和/与"。

概念	框架	意合表达式
"淮南王养的鸡和狗"	整体："淮南王"，部分："淮南、王"。"养"事件框架：施事"淮南王"＋行为"养"＋受事"鸡和犬"。"家养动物"范畴：成员"鸡"，成员"狗"。	淮南①鸡犬②［定（部分）中（受事）］
	整体："淮南王"，部分："淮南、王"；整体："淮南"，部分："淮、南"。"养"事件框架：施事"淮南王"＋行为"养"＋受事"鸡和犬"。"家养动物"范畴：成员"鸡"，成员"狗"。	淮王③鸡狗/犬④［定（部分＋部分）中（受事）］

从表 3-265 可发现，前者体认理据是同一范畴成员与成员关系和行为事件框架结构逻辑，突显的元素是施事＋受事，途径为四字格化和复合转喻。意合表达式隐略了行为以及修饰和并列关系标记，因而语义透明度低。后二者中的第一个体认理据是一个整体与部分和范畴成员与成员关系及行为事件框架结构逻辑，突显的元素是部分＋受事，途径为四字格化和三次复杂转喻。意合表达式隐略了两个关系和一个行为以及修饰和并列关系标记，因而语义透明度极低。第二个体认理据是两个整体与部分关系和同一范畴成员与成员关系及行为事件框架结构逻辑，突显的元素是（部分＋部分）＋受事，途径为四字格化和三次复杂转喻。意合表达式隐略了三个关系和一个行为以及修饰和并列关系标记，因而语义透明度极低。

---

① 首先，定中式短语部分"淮南"代整体"淮南王"；然后，施事"淮南王"代施事"淮南王"＋行为"饲养"；最后，施事"淮南王"＋行为"饲养"代施事"淮南王"＋行为"饲养"＋修饰关系标记"的"。

② 并列关系不用形式标记"和/与"。

③ 首先，定中式复合名词部分"淮"＋定中式名词短语部分"王"代定中式复合名词整体"淮南"＋定中式名词短语部分"王"；然后，定中式名词短语整体/施事"淮南王"代施事"淮南王"＋行为"饲养"；最后，施事"淮南王"＋行为"饲养"代施事"淮南王"＋行为"饲养"＋修饰关系标记"的"。

④ 并列关系不用形式标记"和/与"。

第五节 蕴含关系的后入框架事物概念其中一部分内包的限定成分转喻后整体中的关系不标记意合表达式

蕴含关系的后入框架事物概念其中一部分内包的限定成分转喻后整体中的关系不标记意合表达式见表 3-266。

表 3-266 蕴含关系的后入框架事物概念其中一部分内包的
限定成分转喻后整体中的关系不标记意合表达式

概念	框架	意合表达式
"烧鸡和渍于棉絮里的酒"	"烧"事件框架：施事"人"＋行为"烧"＋受事"鸡"。"渍"事件框架：施事"人"＋行为"渍"＋受事"酒"，行为［行为本身、场所……］，场所"棉絮"，场所标记"于……里"。	(炙鸡絮①酒)② ［定(行为)中(受事)＋定(场所)中(受事)］

从表 3-266 可发现，体验基础是两个行为事件框架结构逻辑，突显的元素是（行为＋受事）＋（行为＋受事），途径为四字格化和四次复合转喻。意合表达式隐略了两个行为与场所、修饰和并列关系标记，因而语义透明度极低。

---

① 首先，场所"棉絮"代场所"棉絮"＋场所标记部分"里"；然后，场所"棉絮"＋场所标记部分"里"代场所标记部分"于"＋场所"棉絮"＋场所标记部分"里"；接下来，场所"于棉絮里"代行为"渍"＋场所"于棉絮里"；最后，行为"渍"＋场所"于棉絮里"代行为"渍"＋场所"于棉絮里"＋修饰关系标记"的"。

② 并列关系不用形式标记"和/与"。类似的还有：絮酒炙鸡（意为"渍于棉絮里的酒和烧鸡"）。

第六节　蕴含关系的后入框架事物概念 内包的限定成分转喻后整体中 的关系不标记意合表达式

蕴含关系的后入框架事物概念内包的限定成分转喻后整体中的关系不标记意合表达式见表 3-267～3-273，以所依仗的框架数量为主线展开。

一、依仗三个框架

依仗三个框架的见表 3-267～3-270，按所表达的客体展开。

（一）客体是人的见表 3-267

表 3-267　客体是人的

概念	框架	内包的限定成分转喻后整体省略标记意合表达式
"好吃懒做、不务正业的朋友"	"领有"事件框架：领主"猪/狗"＋"领有"＋所属，即属性特征"好吃懒做/不务正业"。"朋友"范畴同一层次的成员：好吃懒做的朋友、不务正业的朋友。	（猪①朋狗②友）③［定（所属）中（领主）＋定（所属）中（领主）］

从表 3-267 可发现，体验基础是成员与成员关系和两个领有事件框架结构逻辑，突显的元素是（所属＋领主）＋（所属＋领主），途径为四字格化和复合转喻。意合表达式隐略了两个领有和所属以及修饰和并列关系标记，因而语义透明度极低。

---

① 首先，领主"猪"代所属"好吃懒做"；然后，所属"好吃懒做"代所属"好吃懒做"＋修饰关系标记"的"。

② 首先，领主"狗"代所属"不务正业"；然后，所属"不务正业"代所属"不务正业"＋修饰关系标记"的"。

③ 并列关系不用形式标记"和/与"。类似的还有：狗党狐朋（意为"吃喝玩乐、不务正业的朋友"）。

（二）客体都是动物的见表 3-268

表 3-268　客体都是动物的

概念	框架	内包的限定成分转喻后整体省略标记意合表达式
"家养的鸡和野生的鸡"	"饲养"事件框架：施事"家"＋行为"饲养"＋受事"鸡"。"生长"事件框架：施事"鸡"＋行为"生长"，行为［行为本身、场所］，场所"原野"，场所标记"在"。"鸡"范畴同一层次的成员：家鸡、野鸡。	（家①鸡野②雉）③［定（施事）中（受事）＋定（场所）中（施事）］

从表 3-268 可发现，体验基础是一个同一范畴成员与成员关系和两个行为事件框架结构逻辑，突显的元素是（施事＋受事）＋（场所＋施事），途径为四字格化和复合/三次复杂转喻。意合表达式隐略了两个行为与场所、修饰和并列关系标记，因而语义透明度极低。

（三）客体包括无生命具体事物和动物的

具体见表 3-269、3-270，按动物是否家养展开。

1. 动物是家养的见表 3-269

表 3-269　动物是家养的

概念	框架	内包的限定成分转喻后整体省略标记意合表达式
"白的云和苍的狗"	"领有"事件框架：领主"云"＋"领有"＋所属"白"。"领有"事件框架：领主"狗"＋"领有"＋所属"苍"。"具体事物"范畴成员：云、狗……	（白④云苍⑤狗）⑥［定（所属）中（领主）＋定（所属）中（领主）］

从表 3-269 可发现，体验基础是一个同一范畴成员与成员关系和两个领有事件框架结构逻辑，突显的元素是（所属＋领主）＋（所属＋领主），途

---

① 首先，施事"家"代施事"家"＋行为"饲养"；然后，施事"家"＋行为"饲养"代施事"家"＋行为"饲养"＋修饰关系标记"的"。

② "野"意为"原野"。首先，场所"原野"代场所标记"在"＋场所"原野"；然后，场所"在原野"代行为"生长"＋场所"在原野"；最后，行为"生长"＋场所"在原野"代行为"生长"＋场所"在原野"＋修饰关系标记"的"。

③ 并列关系不用形式标记"和/与"。类似的还有：家鸡野鹜（意为"家养的鸡和野生的鸭"）。

④ 所属"白"＋领主"云"代所属"白"＋修饰关系标记"的"＋领主"云"。

⑤ 所属"苍"＋领主"狗"代所属"苍"＋修饰关系标记"的"＋领主"狗"。

⑥ 并列关系不用形式标记"和/与"。

径为四字格化和简单转喻。意合表达式隐略了两个领有与修饰以及并列关系标记，因而语义透明度很低。

2. 动物是野生的见表 3-270

表 3-270　动物是野生的

概念	框架	内包的限定成分转喻后整体省略标记意合表达式
"白的璧和青的蝇"	"领有"事件框架：领主"璧"＋"领有"＋所属"白"。"领有"事件框架：领主"蝇"＋"领有"＋所属"青"。"具体事物"范畴成员："璧、蝇……"	（白①璧青②蝇）③［定（所属）中（领主）＋定（所属）中（领主）］

从表 3-270 可发现，体验基础是一个同一范畴成员与成员关系和两个领有事件框架结构逻辑，突显的元素是（所属＋领主）＋（所属＋领主），途径为四字格化和简单转喻。意合表达式隐略了两个领有与修饰以及并列关系标记，因而语义透明度很低。

二、依仗四个框架

依仗四个框架的见表 3-271。

表 3-271　依仗四个框架的

概念	框架	内包的限定成分转喻后整体省略标记意合表达式
"繁殖于南方的鹞和繁殖于北方的鹰"	"繁殖"事件框架：施事"鹞/鹰"＋行为"繁殖"，行为［行为本身、方所］，方所"南方""北方"，方所标记"于"。整体："南方"，部分："南、方"；整体："北方"，部分："北、方"。"猛禽"范畴同一层次的成员：鹞、鹰。	（南④鹞北⑤鹰）⑥［定（方所）中（施事）＋定（方所）中（施事）］

---

① 所属"白"＋领主"璧"代所属"白"＋修饰关系标记"的"＋领主"璧"。

② 所属"青"＋领主"蝇"代所属"青"＋修饰关系标记"的"＋领主"蝇"。

③ 并列关系不用形式标记"和/与"。

④ 首先，定中式复合名词部分"南"代整体"南方"；然后，方所"南方"代方所标记"于"＋方所"南方"；接下来，方所"于南方"代行为"繁殖"＋方所"于南方"；最后，行为"繁殖"＋方所"于南方"代行为"繁殖"＋方所"于南方"＋修饰关系标记"的"。

⑤ 首先，定中式复合名词部分"北"代整体"北方"；然后，方所"北方"代方所标记"于"＋方所"北方"；接下来，方所"于北方"代行为"繁殖"＋方所"于北方"；最后，行为"繁殖"＋方所"于北方"代行为"繁殖"＋方所"于北方"＋修饰关系标记"的"。

⑥ 并列关系不用形式标记"和/与"。

从表 3-271 可发现，体验基础是两个整体与部分和同一范畴成员与成员关系及行为事件框架结构逻辑，突显的元素是（方所＋施事）＋（方所＋施事），途径为四字格化和四次复杂转喻。意合表达式隐略了行为与方所、修饰和并列关系标记，因而语义透明度很低。

三、依仗五个框架

依仗五个框架的见表 3-272。

表 3-272　依仗五个框架的

概念	框架	内包的限定成分转喻后整体省略标记意合表达式
"一条龙和一头猪"	"领有"事件框架：领主"龙/猪"＋"领有"＋所属"数量"。整体："一条"，部分："一、条"；整体："一头"，部分："一、头"。"动物"范畴同一层次的成员："龙、猪"。	（一①龙一②猪）③［定（所属）中（领主）＋定（所属）中（领主）］
"一只鸡和一壶酒"	整体："一只"，部分："一、只"；整体："一斗/樽"，部分："一、斗/樽"。"领有"事件框架：领主"鸡"＋"领有"＋所属"数量"。"领有"事件框架：领主"酒"＋"领有"＋所属"数量"。"事物"范畴同一层次的成员："鸡、酒"。	（只④鸡斗/樽⑤酒）⑥［定（所属）中（领主）＋定（所属）中（领主）］

从表 3-272 可发现，体验基础是两个整体与部分和一个同一范畴成员与成员关系以及两个领有事件框架结构逻辑，突显的元素是（所属＋领主）＋（所属＋领主），途径为四字格化和简单转喻。意合表达式隐略了两个部分和并列关系标记，因而语义透明度低。

四、依仗六个框架

依仗六个框架的见表 3-273。

---

① 部分"一"代整体"一条"。
② 部分"一"代整体"一头"。
③ 并列关系不用形式标记"和/与"。
④ 部分"只"代整体"一只"。
⑤ 部分"斗/樽"代整体"一斗/樽"。
⑥ 并列关系不用形式标记"和/与"。类似的还有：斗酒只鸡（意为"一壶酒和一只鸡"）。

表 3-273　依仗六个框架的

概念	框架	内包的限定成分转喻后整体省略标记意合表达式
"蝇一样大的名声，蜗牛角大的利益"	"领有"事件框架：领主"蝇"＋"领有"＋所属"小"。"领有"事件框架：领主"名"＋"领有"＋所属"小"。整体："蜗牛"，部分："角"。"领有"事件框架：领主"蜗牛角"＋"领有"＋所属"小"。"领有"事件框架：领主"利"＋"领有"＋所属"小"。"野生动物"范畴成员："蝇、蜗……"	(蝇①名蜗②利)③［定（所属）中（领主）＋定（所属）中（领主）］

从表 3-273 可发现，体验基础是一个整体与部分和同一范畴成员与成员关系以及四个领有事件框架结构逻辑，突显的元素是（所属＋领主）＋（所属＋领主），途径为四字格化和简单/复合转喻。意合表达式隐略了部分与整体关系、两个领有和并列关系标记，因而语义透明度很低。

第七节　蕴含关系的后入框架事物概念内包的限定成分和第一部分的中心成分转喻后整体中的关系不标记意合表达式

蕴含关系的后入框架事物概念内包的限定成分和第一部分的中心成分转喻后整体中的关系不标记意合表达式见表 3-274。

从表 3-274 可发现，体验基础是一个类与种和同一范畴成员与成员关系以及四个领有事件框架结构逻辑，突显的元素是（所属＋领主）＋（所属＋领主），途径为四字格化与三次复杂和简单转喻。意合表达式隐略了类与种关系、两个领有和并列关系标记，因而语义透明度很低。

---

①　领主"蝇"代所属"小"。
②　首先，整体"蜗牛"代整体"蜗牛"＋部分"角"；然后，领主"蜗牛角"代所属"小"。
③　并列关系不用形式标记"和/与"。类似的还有：蜗利蝇名（意为"蜗牛角大的利益，蝇一样大的名声"）。

表 3-274　蕴含关系的后入框架事物概念内包的限定成分和第一部分的
中心成分转喻后整体中的关系不标记意合表达式

概念	框架	意合表达式
"领有赤的毛的雄鸡和领有白的毛的犬"	"领有"事件框架：领主"鸡"＋"领有"＋所属"赤的毛"。"领有"事件框架：领主"毛"＋"领有"＋所属"赤"。类："鸡"，种："雄鸡"。"领有"事件框架：领主"犬"＋"领有"＋所属"白的毛"。"领有"事件框架：领主"毛"＋"领有"＋所属"白"。"家养动物"范畴成员："鸡、狗"。	(丹① 鸡② 白③ 犬)④〔定（所属）中（领主）＋定（所属）中（领主）〕

第八节　蕴含关系的后入框架事物概念限定成分转喻、并列的中心成分转喻且关系不标记意合表达式

　　蕴含关系的后入框架事物概念限定成分转喻、并列的中心成分转喻且关系不标记意合表达式见表 3-275。

　　从表 3-275 可发现，体验基础是两个整体与部分和三个类与种关系以及一个行为事件框架结构逻辑，突显的元素是场所＋（类＋种），途径为四字格化与三次复杂和简单转喻。意合表达式隐略了两个整体与部分和三个类

---

　　① 首先，所属"赤"代"领有"＋所属"赤"；然后，"领有"＋所属"赤"代"领有"＋所属"赤"＋领主"毛"；再然后，"领有"＋所属"赤"＋领主"毛"代"领有"＋所属"赤"＋修饰关系标记"的"＋领主"毛"；接下来，所属"赤的毛"代"领有"＋所属"赤的毛"；最后，"领有"＋所属"赤的毛"代"领有"＋所属"赤的毛"＋修饰关系标记"的"。

　　② 类"鸡"代种"雄鸡"。

　　③ 首先，所属"白"代"领有"＋所属"白"；然后，"领有"＋所属"白"代"领有"＋所属"白"＋领主"毛"；再然后，"领有"＋所属"白"＋领主"毛"代"领有"＋所属"白"＋修饰关系标记"的"＋领主"毛"；接下来，"白的毛"代"领有"＋所属"白的毛"；最后，"领有"＋所属"白的毛"代"领有"＋所属"白的毛"＋修饰关系标记"的"。

　　④ 并列关系不用形式标记"和/与"。

与种关系、行为以及场所、修饰和并列关系标记，因而语义透明度极低。

表 3-275　蕴含关系的后入框架事物概念限定成分转喻、并列的
中心成分转喻且关系不标记意合表达式

概念	框架	意合表达式
"生长于上蔡的猎鹰和猎狗"	"生长"事件框架：施事"鹰和韩卢"＋行为"生长"，行为［行为本身、场所……］，场所"上蔡"，场所标记"于"。全称："韩国良犬"，略称："韩卢"；整体："韩卢"，部分："韩、卢"。类："鹰"，种："猎鹰"；类："猎犬"，种："韩国良犬"。"狩猎动物"范畴成员："猎鹰、猎狗"。	（上蔡）①（鹰②卢③）④［定（场所）中（类＋种）］

第九节　蕴含关系的后入框架事物概念内包的限定成分和第二部分整体转喻后并列关系不标记意合表达式

蕴含关系的后入框架事物概念内包的限定成分和第二部分整体转喻后并列关系不标记意合表达式见表 3-276。

从表 3-276 可发现，体验基础是一个范畴成员与成员关系和三个行为事件框架结构逻辑，突显的元素是（施事＋结果）＋（施事＋受事），途径为四字格化与三次和四次复杂转喻。意合表达式隐略了三个行为以及修饰和并列关系标记，因而语义透明度极低。

---

① 首先，场所"上蔡"代场所标记"于"＋场所"上蔡"；然后，场所标记"于"＋场所"上蔡"代行为"生长"＋场所标记"于"＋场所"上蔡"；最后，行为"生长"＋场所标记"于"＋场所"上蔡"代行为"生长"＋场所标记"于"＋场所"上蔡"＋修饰关系标记"的"。

② 类"鹰"代种"猎鹰"。

③ 首先，部分"卢"代整体"韩卢"；然后，略称"韩卢"代全称"韩国良犬"；最后，种"韩国良犬"代类"猎犬"。

④ 并列关系不用形式标记"和/与"。

表 3-276　蕴含关系的后入框架事物概念内包的限定成分和

第二部分整体转喻后并列关系不标记意合表达式

概念	框架，范畴	意合表达式
"苍蝇和蚯蚓的鸣叫声"	"鸣叫"事件框架：施事"苍蝇"＋行为"鸣叫"，行为［行为本身、结果……］，结果"声音"。"用……鸣叫"事件框架：施事"蚯蚓"＋行为1"用"＋受事1"孔窍"＋行为2"鸣叫"，行为［行为本身、结果……］，结果"声音"。"具体事物"范畴同一层次的两个成员："蝇声、蚓窍"。	［蝇①声（蚓窍）②］③［定（施事）中（结果）＋定（施事）中（受事）］

第十节　后入框架事物概念第一个同位成分转喻后第二个同位成分的限定成分转喻意合表达式

　　后入框架事物概念第一个同位成分转喻后第二个同位成分的限定成分转喻意合表达式见表 3-277。

　　从表 3-277 可发现，体验基础是一个类与种和三个整体与部分关系和五个行为事件框架结构逻辑，突显的元素是（整体＋部分）＋（数量＋类），途径为四字格化与八次复杂和简单转喻。意合表达式隐略了类与种和整体与部分关系和五个行为以及修饰关系标记，因而语义透明度极低。

---

　　① 首先，施事"苍蝇"代施事"苍蝇"＋行为"鸣叫"；然后，施事"苍蝇"＋行为"鸣叫"代施事"苍蝇"＋行为"鸣叫"＋修饰关系标记"的"。

　　② 首先，施事"蚯蚓"＋受事1"孔窍"代施事"蚯蚓"＋行为1"用"＋受事1"孔窍"；然后，施事"蚯蚓"＋行为1"用"＋受事1"孔窍"代施事"蚯蚓"＋行为1"用"＋受事1"孔窍"＋行为2"鸣叫"；接下来，施事"蚯蚓"＋行为1"用"＋受事1"孔窍"＋行为2"鸣叫"代施事"蚯蚓"＋行为1"用"＋受事1"孔窍"＋行为2"鸣叫"＋结果"声音"；最后，施事"蚯蚓"＋行为1"用"＋受事1"孔窍"＋行为2"鸣叫"＋结果"声音"代施事"蚯蚓"＋行为1"用"＋受事1"孔窍"＋行为2"鸣叫"＋修饰关系标记"的"＋结果"声音"。

　　③ 并列关系不用形式标记"和/与"。

表 3-277　后入框架事物概念第一个同位成分转喻后第二个

同位成分的限定成分转喻意合表达式

概念	框架	意合表达式
"用于祭祀的牛、羊、猪"	"屠宰"事件框架：施事"人"＋行为"屠宰"＋受事"猪"，行为［行为本身、结果……］，结果"被屠宰了的猪"。"切分"事件框架：施事"人"＋行为"切分"＋受事"被屠宰了的猪"，行为［行为本身、结果……］，结果"猪头"。"得到"事件框架：施事"人"＋行为"得到"＋受事"猪头"。整体："被屠宰了的猪"，部分："头"。"用……祭祀"事件框架：施事"人"＋行为1"用"＋受事1"祭品"＋行为2"祭祀"＋受事2"天神/地祇/人祖"。类："牲"，种："牛、羊、猪"；整体："牛羊猪"，部分："牛、羊、猪"；整体："三种"，部分："三、种"。	猪头① 三② 牲｛同位：第一个成分［定（整体）中（部分）］＋第二个成分［定（数量）中（类）］｝

小　结

　　着眼于理据，本研究发现文化模式、体验、客体的结构逻辑、语言的经济性和汉语的韵律（如双音节化、三音节化）是基础性的；着眼于途径，发现后入框架事物概念意合表达式可分为以下十种情形：通过转喻，通过不标记关系，通过不标记关系后转喻，通过限定成分转喻后中心成分中的

---

　　① 第一，受事"猪头"代行为"得到"＋受事"猪头"；第二，行为"得到"＋受事"猪头"代行为"切分"＋行为"得到"＋受事"猪头"；第三，行为"切分"＋行为"得到"＋受事"猪头"代行为"切分"＋受事"被屠宰了的猪"＋行为"得到"＋受事"猪头"；第四，行为"切分"＋受事"被屠宰了的猪"＋行为"得到"＋受事"猪头"代行为"屠宰"＋行为"切分"＋受事"被屠宰了的猪"＋行为"得到"＋受事"猪头"；第五，行为"屠宰"＋行为"切分"＋受事"被屠宰了的猪"＋行为"得到"＋受事"猪头"代行为"屠宰"＋受事"猪"＋行为"切分"＋受事"被屠宰了的猪"＋行为"得到"＋受事"猪头"；第六，行为"屠宰"＋受事"猪"＋行为"切分"＋受事"被屠宰了的猪"＋行为"得到"＋受事"猪头"代行为"屠宰"＋受事"猪"＋行为"切分"＋受事"被屠宰了的猪"＋行为"得到"＋修饰关系标记"的"＋受事"猪头"；第七，部分"猪头"代整体"被屠宰了的猪"；第八，部分"被屠宰了的猪"代整体"牛羊猪"。
　　② 部分"三"代整体"三种"。

关系不标记，通过其中一部分内包的限定成分转喻后整体中的关系不标记，通过内包的限定成分转喻后整体中的关系不标记，通过内包的限定成分和第一部分的中心成分转喻后整体中的关系不标记，通过限定成分转喻、并列的中心成分转喻且关系不标记，通过内包的限定成分和第二部分整体转喻后并列关系不标记，以及通过第一个同位成分转喻后第二个同位成分的限定成分转喻。

一、通过转喻，有五种情形

（一）通过限定成分转喻，有两种情形

1. 通过单层有三种情形

（1）简单转喻；（2）复合转喻；（3）复杂转喻。

2. 通过双层

（二）通过限定成分内包转喻再转喻，有两种情形：显性和隐性

（三）通过限定成分和中心成分转喻，有五种情形

1. 限定成分复合转喻、中心成分简单转喻

2. 限定成分复杂转喻、中心成分简单转喻，有四种情形

（1）限定成分三次复杂转喻、中心成分简单转喻；（2）限定成分四次复杂转喻、中心成分简单转喻；（3）限定成分五次复杂转喻、中心成分简单转喻；（4）限定成分六次及其以上复杂转喻、中心成分简单转喻。

3. 限定成分转喻、中心成分复合/复杂转喻

4. 限定成分内包转喻转喻、中心成分转喻

5. 联合/双层限定成分转喻、中心成分转喻

（四）通过成分转喻后整体转喻，有两种情形

1. 限定成分转喻后整体转喻，有三种情形

（1）单层限定成分转喻；（2）双层限定成分转喻；（3）联合成分转喻。

2. 限定成分和中心成分转喻后整体转喻，有三种情形

（1）整体表达有生命具体事物的；（2）整体表达源自生命体的具体事物的；（3）整体表达抽象事物的。

（五）通过整体转喻，有四种情形

1. 依仗一个框架的，有两种情形：表达事物和事件的

2. 依仗两个框架的，有两种情形：表达有生命和无生命的具体事物

3. 依仗三个框架的，有六种情形

（1）表达有生命的具体事物；（2）表达源自生命体的具体事物；（3）表达器具的；（4）表达名号的；（5）表达机构的；（6）表达巫术的。

4. 依仗四个框架的，有三种情形

（1）表达源自生命体的具体事物的；（2）表达器物的；（3）表达书斋的。

二、通过不标记关系，有九种情形

蕴含整体与部分关系的后入框架事物概念不标记意合表达式、蕴含成员与成员关系后入框架事物概念不标记意合表达式、蕴含内包整体与部分关系的成员与成员关系的后入框架事物概念不标记意合表达式、蕴含内包成员与成员关系的成员与成员关系的后入框架事物概念不标记意合表达式、蕴含修饰关系的后入框架事物概念不标记意合表达式、蕴含领属关系的后入框架事物概念不标记意合表达式、蕴含内包修饰关系的并列关系后入框架事物概念不标记意合表达式、蕴含内包修饰关系和整体与部分关系的并列关系后入框架事物概念不标记意合表达式和蕴含内包修饰关系和整体与部分关系的并列关系后入框架事物概念不标记意合表达式。

三、通过不标记关系后转喻，有五种情形

（一）蕴含关系的后入框架事物概念限定成分不标记后转喻意合表达式，有四种情形

1. 蕴含整体与部分关系的，有三种情形

（1）依仗两个框架的，有三种情形：行为/领有/存在事件＋X 的；（2）依仗三个框架的；（3）依仗四个框架的。

2. 蕴含领属关系的

3. 蕴含修饰关系的

4. 蕴含并列关系的，有两种情形

（1）依仗三个框架的，有两种情形：行为/领有事件＋X＋Y 的；（2）依仗四个框架的。

（二）蕴含关系的后入框架事物概念限定成分不标记后中心成分转喻意合表达式

（三）蕴含关系的后入框架事物概念限定成分不标记且转喻后中心成分转喻意合表达式，有两种情形：依仗三/四个框架的

（四）蕴含关系的后入框架事物概念限定成分不标记（且转喻）后整体转喻意合表达式，有两种情形：不标记修饰/整体与部分关系的

（五）蕴含关系的后入框架事物概念整体不标记后转喻意合表达式，有四种情形：依仗两/三/四/五个框架的

四、通过限定成分转喻后中心成分中的关系不标记

五、通过其中一部分内包的限定成分转喻后整体中的关系不标记

六、通过内包的限定成分转喻后整体中的关系不标记，有四种情形

（一）依仗三个框架的，有三种情形

（1）客体是人的；（2）客体都是动物的；（3）客体包括无生命具体事务和动物的，有两种情形动物是家养/野生的。

（二）依仗四个框架的

（三）依仗五个框架的

（四）依仗六个框架的

七、通过内包的限定成分和第一部分的中心成分转喻后整体中的关系不标记

八、通过限定成分转喻、并列的中心成分转喻且关系不标记

九、通过内包的限定成分和第二部分整体转喻后并列关系不标记

十、通过第一个同位成分转喻后第二个同位成分的限定成分转喻

第四章
后入框架事件概念意合表达式

本章承接第三章，专注事件概念意合表达式的体验基础、认知操作和途径及其具体实施，以事件类型为主线展开：行为、出现、领有和状态事件。

第一节　行为事件概念意合表达式

行为事件概念意合表达式见表 4-1～4-43，以所表达的元素所处的框架及其结构逻辑层级为主线展开。

一、所表达的元素属同一事件框架

所表达的元素属同一事件框架的见表 4-1～4-8。

（一）所表达的元素处在同一事件框架结构逻辑第一层级的见表 **4-1～4-4**

下面按施事、行为、受事和对象＋X 排序。

1. 施事＋受事的见表 4-1、4-2

表 4-1　施事＋受事的

概念	框架	意合表达式
"猪吃食"	"吃"事件框架：施事"猪"＋行为"吃"＋受事"食"，行为［行为本身、方式……］，方式"贪婪"。	（豕食）①　［主（施事）谓（受事）］

---

① 首先，行为"吃"代方式"贪婪"＋行为"吃"；然后，方式"贪婪"＋行为"吃"代方式"贪婪"＋行为"吃"＋受事"食"。

从表 4-1 可发现，体验基础是行为事件框架结构逻辑，突显的元素是施事＋受事，途径为复合转喻。意合表达式隐略了行为和行为构成要素，即方式，因而语义透明度较低。

表 4-2　施事＋受事的

概念	框架	意合表达式
"鸡和犬都认识新丰的家"	"家养动物"范畴同一层级成员：鸡、犬。"认识"事件框架：施事"鸡和犬"＋行为"认识"＋受事"新丰"，行为［行为本身、范围……］，范围"都"。整体：新丰，部分：家。	（鸡犬新丰）①［主（成员＋成员/施事）谓（受事）］

从表 4-2 可发现，体验基础是成员与成员和整体与部分关系及行为事件框架结构逻辑，突显的元素是（成员＋成员/施事）＋受事，途径为四次复杂转喻。意合表达式隐略了整体与部分关系、行为及成员与成员和整体与部分关系标记，因而语义透明度很低。

2. 施事＋范围＋受事的见表 4-3

表 4-3　施事＋范围＋受事的

概念	框架	意合表达式
"鸡和犬皆成为仙"	"家养动物"范畴同一层级成员：鸡、犬。"成为"事件框架：施事"鸡和犬"＋行为"成为"＋受事"仙"，行为［行为本身、范围……］，范围"皆"。	（鸡犬皆仙）②［主（成员＋成员/施事）状（范围）宾（受事）］

---

① 刘邦为解父亲乡愁，在长安附近仿照家乡沛郡丰邑（今江苏丰县）建造新丰（今西安市新丰镇），将原丰邑的鸡和犬也一块取来，鸡和犬都认识新丰的家。首先，表达施事的联合式名词短语部分"鸡犬"＋受事/整体"新丰"代表达施事的联合式名词短语整体"鸡和犬"＋受事/整体"新丰"；然后，施事"鸡和犬"＋受事/整体"新丰"代施事"鸡和犬"＋行为"认识"＋受事/整体"新丰"；接下来，施事"鸡和犬"＋行为"认识"＋受事/整体"新丰"代施事"鸡和犬"＋行为"认识"＋受事/整体"新丰"＋部分"家"；最后，施事"鸡和犬"＋行为"认识"＋受事/整体"新丰"＋部分"家"代施事"鸡和犬"＋行为"认识"＋受事/整体"新丰"＋整体与部分关系标记"的"＋部分"家"。

② 首先，表达施事的联合式短语部分"鸡犬"＋范围"皆"＋受事"仙"代表达施事的联合式短语整体"鸡和犬"＋范围"皆"＋受事"仙"；然后，施事"鸡和犬"＋范围"皆"＋受事"仙"代施事"鸡和犬"＋范围"皆"＋行为"成为"＋受事"仙"。

从表 4-3 可发现，体验基础是成员与成员关系及行为事件框架结构逻辑，突显的元素是（成员＋成员/施事）＋范围＋受事，途径为复合转喻。意合表达式只隐略了行为和成员与成员关系标记，因而语义透明度较低。

3. 受事 1＋行为＋受事 2 的见表 4-4

表 4-4　受事 1＋行为＋受事 2 的

概念	框架	意合表达式
"人刮狗头"	"割"事件框架：施事"人"＋行为"割"＋受事 1 "狗"＋受事 2 "头"。	（狗 割 头）① ［主（受事 1）谓（行为）宾（受事 2）］

从表 4-4 可发现，体验基础是行为事件框架结构逻辑，突显的元素是受事 1＋行为＋受事 2，途径为简单转喻。意合表达式只隐略了施事，且受事 1 取代施事作主语，因而语义透明度较低。

（二）所表达的元素处在同一事件框架结构逻辑第一或二层级的见表 4-5～4-8

下面以施事和行为＋X 排序。

1. 施事＋行为＋场所的见表 4-5

表 4-5　施事＋行为＋场所的

概念	框架	意合表达式
"鹰搏杀于长空"	"击"事件框架：施事"鹰"＋行为"击"，行为［行为本身、场所……］，场所"长空"，场所标记"于"。	（鹰 击 长空）② ［主（施事）谓（行为）状（场所）］

从表 4-5 可发现，体验基础是行为事件框架结构逻辑，突显的元素是施事＋行为＋场所，途径为简单转喻。意合表达式隐略了场所标记，因而语义透明度不低。

---

① 受事 1 "狗"＋行为"割"＋受事 2 "头"代施事"人"＋行为"割"＋受事 1 "狗"＋受事 2 "头"。

② 施事"鹰"＋行为"击"＋场所"长空"代施事"鹰"＋行为"击"＋场所"于"＋场所"长空"。

2. 施事＋行为＋受事的见表 4-6

表 4-6　施事＋行为＋受事的

概念	框架	意合表达式
"狗在头上生角"	"生角"事件框架：施事"狗"＋行为"生"＋受事"角"，行为［行为本身、场所］，场所"头"，场所标记"在……上"。	（狗生角）①［主（施事）谓（行为）宾（受事）］

从表 4-6 可发现，体验基础是行为事件框架结构逻辑，突显的元素是施事＋行为＋受事，途径为复合转喻。意合表达式只隐略了场所及其标记，因而语义透明度较低。

3. 施事＋场所＋行为＋受事的见表 4-7

表 4-7　施事＋场所＋行为＋受事的

概念	框架	意合表达式
"猪在鼻子里插葱"	"插"事件框架：施事"猪"＋行为"插"＋受事"葱"，行为［行为本身、场所……］，场所"鼻子"，场所标记"在……里"。	（猪鼻子插葱）②［主（施事）状（场所）谓（行为）宾（受事）］
"狗在头上生角"	"生角"事件框架：施事"狗"＋行为"生"＋受事"角"，行为［行为本身、场所］，场所"头"，场所标记"在……上"。	（狗头生角）③［主（施事）状（场所）谓（行为）宾（受事）］

从表 4-7 可发现，体验基础是行为事件框架结构逻辑，突显的元素是施事＋场所＋行为＋受事，途径为简单转喻。意合表达式隐略了场所标记，因而语义透明度不低。

---

① 首先，施事"狗"＋行为"生"＋受事"角"代施事"狗"＋场所"头"＋行为"生"＋受事"角"；然后，施事"狗"＋场所"头"＋行为"生"＋受事"角"代施事"狗"＋场所标记部分"在"＋场所"头"＋场所标记部分"上"＋行为"生"＋受事"角"。

② 施事"猪"＋场所"鼻子"＋行为"插"＋受事"葱"代施事"猪"＋场所标记部分"在"＋场所"鼻子"＋场所标记部分"里"＋行为"插"＋受事"葱"。

③ 施事"狗"＋场所"头"＋行为"生"＋受事"角"代施事"狗"＋场所标记部分"在"＋场所"头"＋场所标记部分"上"＋行为"生"＋受事"角"。

4. 行为＋场所的见表 4-8

表 4-8　行为＋场所的

概念	框架	意合表达式
"在鸡蛋上镂花纹"	"镂"事件框架：施事"人"＋行为"镂"＋受事"花纹"，行为［行为本身、场所……］，场所"鸡蛋"，场所标记"在……上"。	（镂 鸡 子）①［谓（行为）宾（场所）］

从表 4-8 可发现，体验基础是行为事件框架结构逻辑，突显的元素是行为＋场所，途径为复合转喻。意合表达式隐略了受事和场所标记，因而语义透明度较低。

二、所表达的元素属接连两个事件框架

所表达的元素属接连两个事件框架的见表 4-9～4-18，按其所处的层级排序。

（一）所表达的元素处在第一层级的见表 4-9～4-16

下面按施事、行为、受事＋X 排序。

1. 施事＋行为的见表 4-9

表 4-9　施事＋行为的

概念	框架	意合表达式
"豕下斜眼睛偷视"	"下斜……视"事件框架：施事"豕"＋行为 1"下斜"＋受事"眼睛"＋行为 2"视"，行为 2［行为本身、方式……］，方式"偷"。	（豕视）②［主（施事）谓（行为 2）］
"鹰变化成为鸠"	"变化……成为"事件框架：施事"鹰"＋行为 1"变化"＋行为 2"成为"＋受事"鸠"。	（鹰化）③［主（施事）谓（行为 1）］

---

① 首先，行为"镂"＋场所"鸡蛋"代行为"镂"＋场所"鸡蛋"＋受事"花纹"；然后，行为"镂"＋场所"鸡蛋"＋受事"花纹"代行为"镂"＋场所标记部分"在"＋场所"鸡蛋"＋场所标记部分"上"＋受事"花纹"。

② 首先，施事"豕"＋行为 2"视"代施事"豕"＋行为 1"下斜"＋行为 2"视"；然后，施事"豕"＋行为 1"下斜"＋行为 2"视"代施事"豕"＋行为 1"下斜"＋受事"眼睛"＋行为 2"视"；最后，施事"豕"＋行为 1"下斜"＋受事"眼睛"＋行为 2"视"代施事"豕"＋行为 1"下斜"＋受事"眼睛"＋方式"偷"＋行为 2"视"。

③ 首先，施事"鹰"＋行为 1"变化"代施事"鹰"＋行为 1"变化"＋行为 2"成为"；然后，施事"鹰"＋行为 1"变化"＋行为 2"成为"代施事"鹰"＋行为 1"变化"＋行为 2"成为"＋受事"鸠"。

（续表）

概念	框架	意合表达式
"雌鸡变化成为雄鸡"	类："鸡"，种："雌鸡"。"变化……成为"事件框架：施事"雌鸡"＋行为1"变化"＋行为2"成为"＋受事"雄鸡"。	（鸡化）① ［主（类/施事）谓（行为1）］

从表4-9可发现，前者体认理据是接连两个行为事件框架结构逻辑，突显的元素是施事＋行为2，途径为三次复杂转喻。意合表达式隐略了行为1和受事以及行为2构成要素，即方式，因而语义透明度低。中者体认理据是接连两个行为事件框架结构逻辑，突显的元素是施事＋行为1，途径为复合转喻。意合表达式隐略了行为2和受事，因而语义透明度较低。后者体认理据是类与种关系和接连两个行为事件框架结构逻辑，突显的元素是类/施事＋行为1，途径为三次复杂转喻。意合表达式隐略类与种关系与行为1和受事，因而语义透明度低。

2. 行为＋受事的见表4-10～4-12，以行为1和行为2为序

（1）行为1＋受事的见表4-10、4-11

下面按所依仗的框架数量排序。

第一，依仗两个框架的见表4-10

表4-10　依仗两个框架的

概念	框架	意合表达式
"于正月初一杀鸡挂其于门上（旧俗）"	"磔"事件框架：施事"人"＋行为1"磔"＋受事1"鸡"，行为1［行为本身、时间、结果……］，时间"正月初一"，结果"被磔的鸡"，时间标记"于"。"挂"事件框架：施事"人"＋行为2"挂"＋受事2"被磔的鸡"，行为［行为本身、场所……］，场所"门"，场所标记"于……上……"。	（磔鸡）② ［谓（行为1）宾（受事1）］

---

① 首先，类/施事"鸡"＋行为1"化"代种/施事"雌鸡"＋行为1"化"；然后，施事"雌鸡"＋行为1"化"代施事"雌鸡"＋行为1"化"＋行为2"成为"；最后，施事"雌鸡"＋行为1"化"＋行为2"成为"代施事"雌鸡"＋行为1"化"＋行为2"成为"＋受事"雄鸡"。

② 第一，行为1"磔"＋受事1"鸡"代时间"正月初一"＋行为1"磔"＋受事1"鸡"；第二，时间"正月初一"＋行为1"磔"＋受事1"鸡"代时间标记"于"＋时间"正月初一"＋行为1"磔"＋受事1"鸡"；第三，时间标记"于"＋时间"正月初一"＋行为1"磔"＋受事1"鸡"代时间标记"于"＋时间"正月初一"＋行为1"磔"＋受事1"鸡"＋行为2"挂"；第四，时间标记"于"＋时间"正月初一"＋行为1"磔"＋受事1"鸡"＋行为2"挂"代时间标记"于"＋时间"正月初一"＋行为1"磔"＋受事1"鸡"＋行为2"挂"＋受事2"被磔的鸡"；第五，时间标记"于"＋时间"正月初一"＋行为1"磔"＋受事1"鸡"＋行为2"挂"＋受事2"被磔的鸡"代时间标记"于"＋时间"正月初一"＋行为1"磔"＋受事1"鸡"＋行为2"挂"＋受事2"被磔的鸡"＋场所"门"；第六，时间标记"于"＋时间"正月初一"＋行为1"磔"＋受事1"鸡"＋行为2"挂"＋受事2"被磔的鸡"＋场所"门"代时间标记"于"＋时间"正月初一"＋行为1"磔"＋受事1"鸡"＋行为2"挂"＋受事2"被磔的鸡"＋场所标记部分"于"＋场所"门"＋场所标记部分"上"。

从表 4-10 可发现，体验基础是接连两个行为事件框架结构逻辑，突显的元素是行为 1+受事 1，途径为六次复杂转喻。意合表达式隐略了行为 2 和受事 2、行为 1 构成要素（时间和结果），与行为 2 构成要素（场所），以及时间和场所标记，因而语义透明度极低。

第二，依仗三个框架的见表 4-11。

表 4-11　依仗三个框架的

概念	框架	意合表达式
"调弄和训练鹰隼"	"调……训"事件框架：施事"人"+行为 1"调"+行为 2"训练"+受事"鹰隼"。"禽"范畴同一层级的两个成员：鹰、隼。	（调鹰）① ［谓（行为 1）宾（受事）］
"控制鹰让其行猎"	"按……让"事件框架：施事 1"人"+行为 1"按"+受事"鹰"+行为 2"让"+受事/施事 2"鹰"+行为 3"行猎"。"行猎"事件框架：施事"鹰"+行为"行猎"。	（按鹰）② ［谓（行为 1）宾（受事）］

从表 4-11 可发现，前者体认理据是一个成员与成员关系和两个行为事件框架结构逻辑，突显的元素是行为 1+受事，途径为复合转喻。意合表达式隐略了成员与成员关系和行为 2，因而语义透明度较低。后者体认理据是三个行为事件框架结构逻辑，突显的元素是行为 1+受事，途径为三次复杂转喻。意合表达式隐略了行为 2 和受事与第三个事件的施事和行为，因而语义透明度很低。

（2）行为 2+受事的见表 4-12

从表 4-12 可发现，体验基础是接连两个行为事件框架结构逻辑，前者突显的元素是行为 2+受事 1，途径为三次复杂转喻。意合表达式隐略了行为 1 和受事 2，因而语义透明度较低；后者突显的元素是行为 2+受事，途径为复合转喻。意合表达式隐略了行为 1 及其构成要素（状态），因而语义透明度较低。

---

① 首先，行为 1"调"+表达受事的联合式名词短语部分"鹰"代行为 1"调"+表达受事的联合式名词短语整体"鹰隼"；然后，行为 1"调"+受事"鹰隼"代行为 1"调"+行为 2"训"+受事"鹰隼"。

② 首先，行为 1"按"+受事"鹰"代行为 1"按"+受事"鹰"+行为 2"让"；然后，行为 1"按"+受事"鹰"+行为 2"让"代行为 1"按"+受事"鹰"+行为 2"让"+受事/施事 2"鹰"；最后，行为 1"按"+受事"鹰"+行为 2"让"+受事/施事 2"鹰"代行为 1"按"+受事"鹰"+行为 2"让"+受事/施事 2"鹰"+行为 3"行猎"。

表 4-12 行为 2＋受事的

概念	框架	意合表达式
"剥被宰的猪猡毛皮"	"宰……剥"事件框架：施事"人"＋行为1"宰"＋受事1"猪猡"＋行为2"剥"＋受事2"被宰杀的猪"＋受事3"毛皮"＋结果"被宰杀的猪猡"。	（剥 猪 猡）① ［谓（行为 2）宾（受事 1）]
"牵着狗慢慢走"	"牵……走"事件框架：施事"人"＋行为1"牵"＋受事"狗"＋行为2"遛"，行为1［行为本身、状态……]，状态"进行"，进行体标记"着"。	（遛狗）② ［谓（行 为 2）宾（受事）]

3. 受事＋行为的见表 4-13

表 4-13 受事＋行为的

概念	框架	意合表达式
"兔子死后，猎狗就被屠宰、切分、烹来吃"	"屠宰"事件框架：施事"人"＋行为1"屠宰"＋受事"猎狗"，行为［行为本身、时间、结果……]，时间"兔子死"，结果"被屠宰的猎狗"，时间标记"后"。"切分"事件框架：施事"人"＋行为2"切分"＋受事"被屠宰的猎狗"，行为［行为本身、结果……]，结果"猎狗肉"。"烹"事件框架：施事"人"＋行为3"烹"＋受事"猎狗肉"，行为［行为本身、目的……]，目的"吃"，目的标记"来"。"语态"范畴同一层级成员：主动、被动，被动语态标记"被"；类："狗"，种："猎狗"。	（狗烹）③ ［主（类/受事）谓（行为）]

---

① 首先，行为2"剥"＋受事1"猪猡"代行为2"剥"＋行为1"宰"＋受事1"猪猡"；然后，行为2"剥"＋行为1"宰"＋受事1"猪猡"代行为2"剥"＋结果"被宰杀的猪猡"；最后，行为2"剥"＋受事2"猪猡"代行为2"剥"＋受事2"猪猡"＋受事3"毛皮"。

② "遛"意为"慢慢走"。首先，行为2"遛"＋受事"狗"代行为1"牵"＋受事"狗"＋行为2"遛"；然后，行为1"牵"＋受事"狗"＋行为2"遛"代行为1"牵"＋进行体标记"着"＋受事"狗"＋行为2"遛"。

③ 第一，类/受事"狗"＋行为3"烹"代种/受事"猎狗"＋行为3"烹"；第二，受事"猎狗"＋行为3"烹"代受事"猎狗"＋行为1"屠宰"＋行为3"烹"；第三，受事"猎狗"＋行为1"屠宰"＋行为3"烹"代受事"猎狗"＋被动语态标记"被"＋行为1"屠宰"＋行为3"烹"；第四，结果/受事"被屠宰的猎狗"＋行为3"烹"代"被屠宰的猎狗"＋行为3"烹"；第五，受事"被屠宰的猎狗"＋行为3"烹"代结果/受事"被屠宰的猎狗"＋行为2"切分"＋行为3"烹"；第六，结果/受事"被屠宰的猎狗"＋行为2"切分"＋行为3"烹"代结果/受事"被屠宰的猎狗"＋被动语态标记"被"＋行为2"切分"＋行为3"烹"；第七，结果/受事"猎狗肉"＋行为3"烹"代结果/受事"猎狗肉"＋被动语态标记"被"＋行为3"烹"；第八，受事"猎狗肉"＋被动语态标记"被"＋行为3"烹"代受事"猎狗肉"＋被动语态标记"被"＋行为3"烹"＋目的"吃"；第九，受事"猎狗肉"＋被动语态标记"被"＋行为3"烹"＋目的"吃"代受事"猎狗肉"＋被动语态标记"被"＋行为3"烹"＋目的标记"来"＋目的"吃"。

从表 4-13 可发现，体验基础是类与种和成员与成员关系及三个行为事件框架结构逻辑，突显的元素是类/受事＋行为，途径为九次复杂转喻。意合表达式隐略了类与种关系和成员与成员关系，两个施事和行为，行为构成要素（时间和目的），以及被动语态和目的标记，因而语义透明度极低。

4. 施事＋行为＋受事的见表 4-14

表 4-14　施事＋行为＋受事的

概念	框架	意合表达式
"苍蝇一见到血，就拼命吮吸"	"见到……吮吸"事件框架：施事"苍蝇"＋行为 1"见到"＋受事"血"＋行为 2"吮吸"，行为 2［行为本身、方式……］，方式"拼命"。整体：条件复句，部分：分句，条件复合句标记"一……就……"。	（苍蝇见血）①［主（施事）谓（行为）宾（受事）］

从表 4-14 可发现，体验基础是整体与部分关系和接连两个行为事件框架结构逻辑，突显的元素是施事＋行为＋受事，途径为三次复杂转喻。意合表达式隐略了整体与部分关系、第二个事件的行为及其构成要素（方式），以及条件复句复合标记，因而语义透明度很低。

5. 施事＋受事见表 4-15

表 4-15　施事＋受事的

概念	框架	意合表达式
"鹰用脚栖止"	"用……栖止"事件框架：施事"鹰"＋行为 1"用"＋受事"脚"＋行为 2"栖止"。	（鹰趾）②［主（施事）谓（受事）］

从表 4-15 可发现，体验基础是行为事件框架结构逻辑，突显的元素是施事＋受事，途径为复合转喻。意合表达式隐略了行为 1 和 2，因而语义透明度较低。

---

①　首先，施事"苍蝇"＋行为 1"见到"＋受事"血"代施事"苍蝇"＋行为 1"见到"＋受事"血"＋行为 2"吮吸"；然后，施事"苍蝇"＋行为 1"见到"＋受事"血"＋行为 2"吮吸"代施事"苍蝇"＋行为 1"见到"＋受事"血"＋方式"拼命"＋行为 2"吮吸"；最后，施事"苍蝇"＋行为 1"见到"＋受事"血"＋方式"拼命"＋行为 2"吮吸"代施事"苍蝇"＋条件复句标记部分"一"＋行为 1"见到"＋受事"血"＋条件复句标记部分"就"＋方式"拼命"＋行为 2"吮吸"。

②　首先，施事"鹰"＋受事"脚"代施事"鹰"＋行为 1"用"＋受事"脚"；然后，施事"鹰"＋行为 1"用"＋受事"脚"代施事"鹰"＋行为 1"用"＋受事"脚"＋行为 2"栖止"。

6. 受事 1＋受事 2 的见表 4-16

表 4-16　受事 1＋受事 2 的

概念	框架	意合表达式
"发出'祝祝'声呼叫鸡"	原式："祝"，重叠式："祝祝"。整体："祝祝声"，部分："祝祝、声"。"发出……呼叫"事件框架：施事"人"＋行为 1"发出"＋受事 1"祝祝声"＋行为 2"呼叫"＋受事 2"鸡"。	(祝鸡)① ［谓(原式/受事 1)宾(受事 2)］

从表 4-16 可发现，体验基础是一个原式与重叠式和整体与部分关系以及接连两个行为事件框架结构逻辑，突显的元素是原式/受事 1＋受事 2，途径为四次复杂转喻。意合表达式隐略了原式与重叠式和部分与整体关系，以及行为 1 和行为 2，因而语义透明度很低。

（二）所表达的元素处在第一或第二层级的见表 4-17、4-18

下面按施事、行为、受事＋X 排序。

1.（施事＋行为构成要素即工具）＋（施事＋行为）的见表 4-17

表 4-17（施事＋行为构成要素即工具）＋（施事＋行为）的

概念	框架	意合表达式
"狗用心思而后行"	"用……思"事件框架：施事"狗"＋行为 1"用"＋受事"心"＋行为 2"思"＋行为 3"行"；递进关系标记"而后"。	(狗心狗行)② ［主(施事)谓(受事)＋主(施事)谓(行为)］

从表 4-17 可发现，体验基础是两个行为事件框架结构逻辑，突显的元素是（施事＋受事）＋（施事＋行为），途径为三次复杂转喻。意合表达式

---

① 首先，单音节"祝"＋受事 2"鸡"代重叠式"祝祝"＋受事 2"鸡"；然后，表达受事 1 的定中式名词短语部分"祝祝"＋受事 2"鸡"代表达受事 1 的定中式名词短语整体"祝祝声"＋受事 2"鸡"；接下来，受事 1"祝祝声"＋受事 2"鸡"代行为 1"发出"＋受事 1"祝祝声"＋受事 2"鸡"；最后，行为 1"发出"＋受事 1"祝祝声"＋受事 2"鸡"代行为 1"发出"＋受事 1"祝祝声"＋行为 2"呼叫"＋受事 2"鸡"。

② 首先，施事"狗"＋受事"心"＋施事"狗"＋行为 3"行"代施事"狗"＋行为 1"用"＋受事"心"＋施事"狗"＋行为 3"行"；然后，施事"狗"＋行为 1"用"＋受事"心"＋施事"狗"＋行为 3"行"代施事"狗"＋行为 1"用"＋受事"心"＋行为 2"思"＋施事"狗"＋行为 3"行"；最后，施事"狗"＋行为 1"用"＋受事"心"＋行为 2"思"＋施事"狗"＋行为 3"行"代施事"狗"＋行为 1"用"＋受事"心"＋行为 2"思"＋递进关系标记"而后"＋行为 3"行"。

只隐略了行为，因而语义透明度不低。

2. 行为构成要素即结果＋行为的见表 4-18

表 4-18　行为构成要素即结果＋行为的

概念	框架	意合表达式
"狗猎猎地吠"	"吠"事件框架：施事"狗"＋行为"吠"，行为［行为本身、方式……］，方式"猎猎"；方式的标记"地"。原式"猎"，重叠式"猎猎"。	（猎吠）①　［状（方式）中（行为）］

从表 4-18 可发现，体验基础是行为事件框架结构逻辑，突显的元素是方式＋行为，途径为三次复杂转喻。意合表达式只隐略施事，因而语义透明度不低。

三、所表达的元素属接连三个以上事件框架

所表达的元素属接连三个以上事件框架的见表 4-19～4-23，按事件数量排序。接连三个事件的见表 4-19。

（一）接连三个事件的见表 4-19

表 4-19　接连三个事件的

概念	框架	意合表达式
"用冷水烫被宰杀的猪"	"宰杀"事件框架：施事"人"＋行为"宰杀"＋受事"猪"，行为［行为本身、结果……］，结果"被宰杀的猪"。"用……烫"事件框架：施事"人"＋行为1"用"＋受事1"冷水"＋行为2"烫"＋受事2"被宰杀的猪"。类："猪"，种"被宰杀的猪"。	（冷水烫猪）②［主（受事1）谓（行为2）宾（类/受事2）］

从表 4-19 可发现，前者体认理据是一个类与种关系和三个行为事件框架结构逻辑，突显的元素是受事1＋行为2＋类/受事2，途径为复合转喻。意合表达式隐略了一个行为和受事以及类与种关系，因而语义透明度低。

---

① 首先，方式的原式"猎"＋行为"吠"代方式的重叠式"猎猎"＋行为"吠"；然后，方式"猎猎"＋行为"吠"代方式"猎猎"＋方式的标记"地"＋行为"吠"；最后，方式"猎猎"＋方式的标记"地"＋行为"吠"代施事"狗"＋方式"猎猎"＋方式的标记"地"＋行为"吠"。

② 首先，受事1"冷水"＋行为2"烫"＋类/受事2"猪"代行为1"用"＋受事1"冷水"＋行为2"烫"＋类/受事2"猪"；然后，行为1"用"＋受事1"冷水"＋行为2"烫"＋类/受事2"猪"代行为1"用"＋受事1"冷水"＋行为2"烫"＋种/受事2"被宰杀的猪"。

（二）接连四个事件的见表 4-20、4-21

下面按事件的施事是否同类排序。

1. 事件施事同类的见表 4-20

表 4-20　事件施事同类的

概念	框架	意合表达式
"立长杆，在杆头上设口衔绛幡的金鸡，击鼓，宣布赦令"	整体："口衔绛幡的金鸡"，部分："口衔绛幡、的、金鸡"；"立—设—击—放"事件链。"立"事件框架：施事"人"＋行为"立"＋受事"长杆"。"设"事件框架：施事"人"＋行为"设"＋受事"口衔绛幡的金鸡"，行为 [行为本身、场所……]，场所"杆头"，场所标记"在……上"。"击"事件框架：施事"人"＋行为"击"＋受事"鼓"。"放"事件框架：施事"人"＋行为"放"＋受事"赦令"。整体："赦令"，部分："赦、令"。	（金鸡放赦）①[主语（部分/受事）谓（行为）＋宾语（部分/受事）]
"用鸡骨占吉凶祸福"	"宰"事件框架：施事"人"＋行为"杀"＋受事"鸡"，行为 [行为本身、结果……]，结果"被杀的鸡"。"切分"事件框架：施事"人"＋行为"切分"＋受事"被杀的鸡"，行为 [行为本身、结果……]，结果"鸡骨"。"用……卜/占"事件框架：施事"人"＋行为"用"＋受事"鸡骨"＋行为"卜/占"＋受事"吉凶祸福"。	（鸡卜/占）②[主（受事）谓（行为）]

---

① 第一，表达受事的定中式名词短语部分"金鸡"＋行为"放"＋表达受事的定中式复合名词部分"赦"代部分"口衔绛幡"＋部分"金鸡"＋行为"放"＋表达受事的定中式复合名词部分"赦"；第二，部分"口衔绛幡"＋部分"金鸡"＋行为"放"＋表达受事的定中式复合名词部分"赦"代整体"口衔绛幡的金鸡"＋行为"放"＋表达受事的定中式复合名词部分"赦"；第三，受事"口衔绛幡的金鸡"＋行为"放"＋表达受事的定中式复合名词部分"赦"代受事"口衔绛幡的金鸡"＋行为"放"＋表达受事的定中式复合名词整体"赦令"；第四，受事"口衔绛幡的金鸡"＋行为"放"＋受事"赦令"代行为"设"＋受事"口衔绛幡的金鸡"＋行为"放"＋受事"赦令"；第五，行为"设"＋受事"口衔绛幡的金鸡"＋行为"放"＋受事"赦令"代场所"杆头"＋行为"设"＋受事"口衔绛幡的金鸡"＋行为"放"＋受事"赦令"；第六，场所"杆头"＋行为"设"＋受事"口衔绛幡的金鸡"＋行为"放"＋受事"赦令"代场所标记部分"在"＋场所"杆头"＋场所标记部分"上"＋行为"设"＋受事"口衔绛幡的金鸡"＋行为"放"＋受事"赦令"；第七，场所"在杆头上"＋行为"设"＋受事"口衔绛幡的金鸡"＋行为"放"＋受事"赦令"代行为"立"＋场所"在杆头上"＋行为"设"＋受事"口衔绛幡的金鸡"＋行为"放"＋受事"赦令"；第八，行为"立"＋场所"在杆头上"＋行为"设"＋受事"口衔绛幡的金鸡"＋行为"放"＋受事"赦令"代行为"立"＋受事"长杆"＋场所"在杆头上"＋行为"设"＋受事"口衔绛幡的金鸡"＋行为"放"＋受事"赦令"；第九，行为"立"＋受事"长杆"＋场所"在杆头上"＋行为"设"＋受事"口衔绛幡的金鸡"＋行为"放"＋受事"赦令"代行为"立"＋受事"长杆"＋场所"在杆头上"＋行为"设"＋受事"口衔绛幡的金鸡"＋行为"击"＋行为"放"＋受事"赦令"；第十，行为"立"＋受事"长杆"＋场所"在杆头上"＋行为"设"＋受事"口衔绛幡的金鸡"＋行为"击"＋行为"放"＋受事"赦令"代行为"立"＋受事"长杆"＋场所"在杆头上"＋行为"设"＋受事"口衔绛幡的金鸡"＋行为"击"＋受事"鼓"＋行为"放"＋受事"赦令"。

② 第一，受事"鸡"＋行为"卜/占"代行为"杀"＋受事"鸡"＋行为"卜/占"；第二，行为"杀"＋受事"鸡"＋行为"卜/占"代结果"被杀的鸡"＋行为"卜/占"；第三，受事"被杀的鸡"＋行为"卜/占"代行为"切分"＋受事"被杀的鸡"＋行为"卜/占"；第四，行为"切分"＋受事"被杀的鸡"＋行为"卜/占"代结果"鸡骨"＋行为"卜/占"；第五，受事"鸡骨"＋行为"卜/占"代行为"用"＋受事"鸡骨"＋行为"卜/占"。

从表 4-20 可发现，体验基础是两个整体与部分关系和四个行为事件框架结构逻辑，突显的元素是部分/受事＋行为＋部分/受事，途径为十次复杂转喻。意合表达式隐略了两个整体与部分关系、三个行为和两个受事，因而语义透明度极低。后者体认理据是四个行为事件框架结构逻辑，突显的元素是受事＋行为，途径为五次复杂转喻。意合表达式隐略了三个行为和两个受事，因而语义透明度极低。

2. 事件施事不同类的见表 4-21

表 4-21 事件施事不同类的

概念	框架	意合表达式
"一听到鸡叫就起来舞剑"	"听到"事件框架：施事"人"＋行为"听到"＋内容/受事"鸡叫"。"叫"事件框架：施事"鸡"＋行为"叫"。"起来"事件框架：施事"人"＋行为"起来"，行为［行为本身、趋向……］，趋向"来"。"舞"事件框架：施事"人"＋行为"舞"＋受事"剑"；条件复句标记"一……就……"。	（闻鸡起舞）①［谓（行为）宾（施事）谓（行为）谓（行为）］

从表 4-21 可发现，体验基础是四个行为事件框架结构逻辑，突显的元素是受事＋行为＋受事，途径为四次复杂转喻。意合表达式隐略了一个行为和受事以及类与种关系，因而语义透明度低。

（三）接连五个事件的见表 4-22

从表 4-22 可发现，体认理据是一个类与种关系和五个行为事件框架结构逻辑，突显的元素是行为＋类/受事，途径为十一次复杂转喻。意合表达式隐略类与种的关系与四个行为和受事，因而语义透明度极低。

---

① 首先，行为"闻"＋施事"鸡"＋行为"起"＋行为"舞"代行为"闻"＋施事"鸡"＋行为"叫"＋行为"起"＋行为"舞"；然后，行为"闻"＋施事"鸡"＋行为"叫"＋行为"起"＋行为"舞"代条件复句标记部分"一"＋行为"闻"＋施事"鸡"＋行为"叫"＋条件复句标记部分"就"＋行为"起"＋行为"舞"；再然后，条件复句标记部分"一"＋行为"闻"＋施事"鸡"＋行为"叫"＋条件复句标记部分"就"＋行为"起"＋行为"舞"代条件复句标记部分"一"＋行为"闻"＋施事"鸡"＋行为"叫"＋条件复句标记部分"就"＋行为"起"＋趋向"来"＋行为"舞"；最后，条件复句标记部分"一"＋行为"闻"＋施事"鸡"＋行为"叫"＋条件复句标记部分"就"＋行为"起"＋趋向"来"＋行为"舞"代条件复句标记部分"一"＋行为"闻"＋施事"鸡"＋行为"叫"＋条件复句标记部分"就"＋行为"起"＋趋向"来"＋行为"舞"＋受事"剑"。

表 4-22　接连五个事件的

概念	框架	意合表达式
"大赦日悬金鸡于长杆上，集罪犯，击鼓，宣读赦令（古时）"	"立"事件框架：施事"人"＋行为"立"＋受事"长杆"。"县"事件框架：施事"人"＋行为"县"＋受事"金鸡"，行为〔行为本身、时间、场所……〕，时间"大赦日"，场所"长杆"，场所标记"于……上"。类："鸡"，种："金鸡"。"集"事件框架：施事"人"＋行为"集"＋受事"罪犯"。"击"事件框架：施事"人"＋行为"击"＋受事"鼓"。"宣读"事件框架：施事"人"＋行为"宣读"＋受事"赦令"。	（县 鸡）①〔谓（行为）宾（类/受事）〕

① 第一，行为"县"＋受事"鸡"代时间"大赦日"＋行为"县"＋受事"鸡"；第二，时间"大赦日"＋行为"县"＋受事"鸡"代时间"大赦日"＋行为"县"＋受事"鸡"＋场所"长杆"；第三，时间"大赦日"＋行为"县"＋受事"鸡"＋场所"长杆"代时间"大赦日"＋行为"县"＋受事"鸡"＋场所标记部分"于"＋场所"长杆"＋场所标记部分"上"；第四，时间"大赦日"＋行为"县"＋受事"鸡"＋场所"于长杆上"代时间"大赦日"＋行为"立"＋行为"县"＋受事"鸡"＋场所"于长杆上"；第五，时间"大赦日"＋行为"立"＋行为"县"＋受事"鸡"＋场所"于长杆上"代时间"大赦日"＋行为"立"＋受事"长杆"＋行为"县"＋受事"鸡"＋场所"于长杆上"；第六，时间"大赦日"＋行为"立"＋受事"长杆"＋行为"县"＋受事"鸡"＋场所"于长杆上"代时间"大赦日"＋行为"立"＋受事"长杆"＋行为"县"＋受事"鸡"＋场所"于长杆上"＋行为"集"；第七，时间"大赦日"＋行为"立"＋受事"长杆"＋行为"县"＋受事"鸡"＋场所"于长杆上"＋行为"集"代时间"大赦日"＋行为"立"＋受事"长杆"＋行为"县"＋受事"鸡"＋场所"于长杆上"＋行为"集"＋受事"罪犯"；第八，时间"大赦日"＋行为"立"＋受事"长杆"＋行为"县"＋受事"鸡"＋场所"于长杆上"＋行为"集"＋受事"罪犯"代时间"大赦日"＋行为"立"＋受事"长杆"＋行为"县"＋受事"鸡"＋场所"于长杆上"＋行为"集"＋受事"罪犯"＋行为"击"；第九，时间"大赦日"＋行为"立"＋受事"长杆"＋行为"县"＋受事"鸡"＋场所"于长杆上"＋行为"集"＋受事"罪犯"＋行为"击"代时间"大赦日"＋行为"立"＋受事"长杆"＋行为"县"＋受事"鸡"＋场所"于长杆上"＋行为"集"＋受事"罪犯"＋行为"击"＋受事"鼓"；第十，时间"大赦日"＋行为"立"＋受事"长杆"＋行为"县"＋受事"鸡"＋场所"于长杆上"＋行为"集"＋受事"罪犯"＋行为"击"＋受事"鼓"代时间"大赦日"＋行为"立"＋受事"长杆"＋行为"县"＋受事"鸡"＋场所"于长杆上"＋行为"集"＋受事"罪犯"＋行为"击"＋受事"鼓"＋行为"宣读"；第十一，时间"大赦日"＋行为"县"＋受事"鸡"＋场所"于长杆上"＋行为"集"＋受事"罪犯"＋行为"击"＋受事"鼓"＋行为"宣读"代时间"大赦日"＋行为"县"＋受事"鸡"＋场所"于长杆上"＋行为"集"＋受事"罪犯"＋行为"击"＋受事"鼓"＋行为"宣读"＋受事"赦令"。

（四）接连六个事件的见表 4-23

表 4-23　接连六个事件的

概念	框架	意合表达式
"杀鸡切分、碾黍，煮鸡肉和黍米饭用来招待客人缔结深厚的盟约"	"杀"事件框架：施事"主人"＋行为"杀"＋受事"鸡"，行为［行为本身、结果……］，结果"被杀的鸡"。"切分"事件框架：施事"主人"＋行为"切分"＋受事"被杀的鸡"，行为［行为本身、结果……］，结果"鸡肉"。"碾"事件框架：施事"人"＋行为"碾"＋受事"黍"，行为［行为本身、结果……］，结果"黍米"。"煮"事件框架：施事"主人"＋行为"煮"＋受事"鸡肉"／"黍米"，行为［行为本身、结果……］，结果"煮鸡肉"／"黍米饭"。"用……招待"事件框架：施事"主人"＋行为1"用"＋受事1"煮鸡肉和黍米饭"＋行为2"招待"＋受事2"客人"，行为［行为本身、目的……］，目的"缔结深厚的盟约"，目的标记"来"。"食物"范畴同一层级成员：煮鸡肉、黍米饭。"缔结……深盟"行为事件框架：行为"缔结"＋受事"深盟"。	（鸡黍深盟）①［主语（受事＋受事）谓（受事）］

① 第一，受事"鸡"＋受事"黍"＋受事"深盟"代行为"杀"＋受事"鸡"＋行为"碾"＋受事"黍"＋行为"缔结"＋受事"深盟"；第二，行为"杀"＋受事"鸡"＋行为"碾"＋受事"黍"＋行为"缔结"＋受事"深盟"代结果"被宰的鸡"＋结果"黍米"＋行为"缔结"＋受事"深盟"；第三，受事"被杀的鸡"＋结果"黍米"＋行为"缔结"＋受事"深盟"代行为"切分"＋受事"被杀的鸡"＋结果"黍米"＋行为"缔结"＋受事"深盟"；第四，行为"切分"＋受事"被杀的鸡"＋结果"黍米"＋行为"缔结"＋受事"深盟"代结果"鸡肉"＋结果"黍米"＋行为"缔结"＋受事"深盟"；第五，受事"鸡肉"＋受事"黍米"＋行为"缔结"＋受事"深盟"代行为"煮"＋受事"鸡肉"＋行为"煮"＋受事"黍米"＋行为"缔结"＋受事"深盟"；第六，行为"煮"＋受事"鸡肉"＋行为"煮"＋受事"黍米"＋行为"缔结"＋受事"深盟"代结果"煮鸡肉"＋结果"黍米饭"＋行为"缔结"＋受事"深盟"；第七，受事1部分"煮鸡肉"＋受事1部分"黍米饭"＋行为"缔结"＋受事"深盟"代行为1"用"＋受事1部分"煮鸡肉"＋受事1部分"黍米饭"＋行为"缔结"＋受事"深盟"；第八，行为1"用"＋受事1部分"煮鸡肉"＋受事1部分"黍米饭"＋行为"缔结"＋受事"深盟"代行为1"用"＋受事1整体"煮鸡肉和黍米饭"＋行为"缔结"＋受事"深盟"；第九，行为1"用"＋受事1整体"煮鸡肉和黍米饭"＋行为"缔结"＋受事"深盟"代行为1"用"＋受事1整体"煮鸡肉和黍米饭"＋行为2"招待"＋行为"缔结"＋受事"深盟"；第十，行为1"用"＋受事1"煮鸡肉和黍米饭"＋行为2"招待"＋行为"缔结"＋受事"深盟"代行为1"用"＋受事1"煮鸡肉和黍米饭"＋行为2"招待"＋受事"客人"＋行为"缔结"＋受事"深盟"；第十一，行为1"用"＋受事1"煮鸡肉和黍米饭"＋行为2"招待"＋受事"客人"＋行为"缔结"＋受事"深盟"代行为1"用"＋受事1"煮鸡肉和黍米饭"＋行为2"招待"＋受事"客人"＋目的标记"来"＋行为"缔结"＋受事"深盟"。

从表 4-23 可发现，体验基础是一个成员与成员关系和六个行为事件框架结构逻辑，突显的元素是（受事＋受事）＋受事，途径为十一次复杂转喻。意合表达式隐略了一个成员与成员关系与六个行为和四个受事，因而语义透明度极低。

四、所表达的元素跨事件框架

所表达的元素跨事件框架的见表 4-24～4-32，按所依仗的事件框架数量排序。

（一）依仗两个事件框架的见表 4-24、4-25

下面按 X＋施事或行为＋X 排序。

1. 行为＋施事＋行为的见表 4-24

表 4-24　行为＋施事＋行为的

概念	框架	意合表达式
"人喂养的鹰吃饱后飞走"	"养"事件框架：施事"人"＋行为"养"＋受事"鹰"。"扬去"事件框架：施事"人养的鹰"＋行为"扬去"，行为［行为本身、时间……］，时间"吃饱后"。"吃"事件框架：施事"鹰"＋行为"吃"，行为［行为本身、状态……］，状态"饱"；时间标记"后"。	（养鹰扬去）①［定（行为）主（施事）谓（行为）］

从表 4-24 可发现，体验基础是两个行为事件框架结构逻辑，突显的元素是行为＋施事＋行为，途径为三次复杂转喻。意合表达式隐略了施事、行为构成要素（时间），以及修饰关系标记，因而语义透明度低。

2.（行为＋场所）＋结果＋受事的见表 4-25

从表 4-25 可发现，体验基础是两个整体与部分关系和两个行为事件框架结构逻辑，突显的元素是（行为＋场所）＋结果＋受事，途径为六次复杂转喻。意合表达式隐略了两个整体与部分关系、一个行为和一个行为构成要素（处置），以及场所标记，因而语义透明度极低。

---

① 首先，行为"养"＋受事"鹰"＋行为"扬去"代施事"人"＋行为"养"＋受事"鹰"＋行为"扬去"；然后，施事"人"＋行为"养"＋受事"鹰"＋行为"扬去"代施事"人"＋行为"养"＋修饰关系标记"的"＋受事"鹰"＋行为"扬去"；最后，施事"人养的鹰"＋行为"扬去"代施事"人养的鹰"＋时间"吃饱后"＋行为"扬去"。

表 4-25　（行为＋场所）＋结果＋受事的

概念	框架	意合表达式
"把点在屏风上的墨点画成苍蝇"	"点"事件框架：施事"人"＋行为"点"＋受事"墨点"，行为［行为本身、场所……］，场所"屏风"，场所标记"在……上"。整体："屏风"，部分："屏、风"。"画"事件框架：施事"人"＋行为"画"＋受事"蝇"，行为［行为本身、处置、结果……］，处置"把点在屏风上的墨点"，结果"成"。整体："把点在屏风上的墨点"，部分："把（处置标记）、点在屏风上的墨点（对象）"。	（点屏成蝇）①［主（行为＋场所）谓（结果）宾（受事）］

（二）依仗三个事件框架的见表 4-26～4-30

下面按 X＋施事或行为＋X 排序。

1. 施事＋范围＋行为的见表 4-26

表 4-26　施事＋范围＋行为的

概念	框架	意合表达式
"鸡和犬能相互听见叫声"	"家养动物"范畴同一层级成员：鸡、犬。"叫"事件框架：施事"鸡"＋行为"叫"，行为［行为本身、结果……］，结果"声音"。"叫"事件框架：施事"犬"＋行为"叫"，行为［行为本身、结果……］，结果"声音"。"闻"事件框架：施事"鸡和犬"＋行为"闻"＋受事"声音"，行为［行为本身、可能性、范围……］，可能性"能"，范围"相互"。	（鸡犬相闻）②［主（施事）状（范围）谓（行为）］

---

① 首先，行为"点"＋表达场所的定中式名词部分"屏"＋结果"成"＋受事"蝇"代行为"点"＋表达场所的定中式名词整体"屏风"＋结果"成"＋受事"蝇"；然后，行为"点"＋场所"屏风"＋结果"成"＋受事"蝇"代行为"点"＋场所标记部分"在"＋场所"屏风"＋场所标记部分"上"＋结果"成"＋受事"蝇"；再然后，行为"点"＋场所"在屏风上"＋结果"成"＋受事"蝇"代行为"点"＋场所"在屏风上"＋受事"墨点"＋结果"成"＋受事"蝇"；接下来，行为"点"＋场所"在屏风上"＋受事"墨点"＋结果"成"＋受事"蝇"代行为"点"＋场所"在屏风上"＋修饰关系标记"的"＋受事"墨点"＋结果"成"＋受事"蝇"；再接下来，行为"点"＋场所"在屏风上"＋修饰关系标记"的"＋受事"墨点"＋结果"成"＋受事"蝇"代处置标记"把"＋对象"点在屏风上的墨点"＋结果"成"＋受事"蝇"；最后，处置标记"把"＋对象"点在屏风上的墨点"＋结果"成"＋受事"蝇"代处置标记"把"＋对象"点在屏风上的墨点"＋行为"画"＋结果"成"＋受事"蝇"。

② 首先，表达施事联合式名词短语部分"鸡犬"＋范围"相互"＋行为"闻"代表达施事联合式名词短语整体"鸡和犬"＋范围"相互"＋行为"闻"；然后，施事"鸡和犬"＋范围"相互"＋行为"闻"代施事"鸡和犬"＋范围"相互"＋行为"闻"＋受事"声音"；最后，施事"鸡和犬"＋范围"相互"＋行为"闻"＋受事"声音"代施事"鸡和犬"＋可能性"能"＋范围"相互"＋行为"闻"＋受事"声音"。

从表 4-26 可发现，体验基础是一个成员与成员关系和三个行为事件框架结构逻辑，突显的元素是成员＋成员/施事＋范围＋行为，途径为三次复杂转喻。意合表达式隐略了两个行为、一个受事和一个行为构成要素（可能性），以及联合关系标记，因而语义透明度极低。

2. 施事＋否定＋行为的见表 4-27

表 4-27 施事＋否定＋行为的

概念	框架	意合表达式
"鸡和犬不能相互听见叫声"	"家养动物"范畴同一层级成员：鸡、犬。"叫"事件框架：施事"鸡"＋行为"叫"，行为［行为本身、结果……］，结果"声音"。"叫"事件框架：施事"犬"＋行为"叫"，行为［行为本身、结果……］，结果"声音"。"闻"事件框架：施事"鸡和犬"＋行为"闻"＋受事"声音"，行为［行为本身、否定、可能性、范围……］，否定"不"，可能性"不能"，范围"相互"。	（鸡犬不闻）①［主（施事）状（否定）谓（行为）］

从表 4-27 可发现，体验基础是一个成员与成员关系和三个行为事件框架结构逻辑，突显的元素是成员＋成员/施事＋范围＋行为，途径为三次复杂转喻。意合表达式隐略了两个行为、一个受事和两个行为构成要素（可能性和范围），以及联合关系标记，因而语义透明度极低。

3. 行为＋施事的见表 4-28

表 4-28 行为＋施事的

概念	框架	意合表达式
"忌讳看到母犬产仔"	"忌讳"母事件框架：施事"人"＋行为"讳"＋受事/内容"看到母犬产仔"。"看到"子事件框架：施事"人"＋行为"看到"＋受事/内容"母犬产仔"。"产"子事件框架：施事"母犬"＋行为"产"＋受事"仔"。类："犬"，种："母犬"。	（讳犬）②［谓（行为）宾（施事）］

---

① 首先，表达施事联合式名词短语部分"鸡犬"＋否定"不"＋行为"闻"代表达施事联合式名词短语整体"鸡和犬"＋否定"不"＋行为"闻"；然后，施事"鸡和犬"＋否定"不"＋行为"闻"代施事"鸡和犬"＋否定"不"＋行为"闻"＋受事"声音"；最后，施事"鸡和犬"＋否定"不"＋行为"闻"＋受事"声音"代施事"鸡和犬"＋否定"不"＋可能性"能"＋行为"闻"＋受事"声音"。

② 首先，母事件行为"讳"＋第二个子事件施事"犬"代母事件行为"讳"＋第二个子事件施事"母犬"；然后，母事件行为"讳"＋第二个子事件施事"母犬"代母事件行为"讳"＋受事/第一个子事件行为"看到"＋第二个子事件施事"母犬"；接下来，母事件行为"讳"＋受事/第一个子事件行为"看到"＋第二个子事件施事"母犬"代母事件行为"讳"＋受事/第一个子事件行为"看到"＋第二个子事件施事"母犬"＋行为"产"；最后，母事件行为"讳"＋受事/第一个子事件行为"看到"＋第二个子事件施事"母犬"＋行为"产"代母事件行为"讳"＋受事/第一个子事件行为"看到"＋第二个子事件施事"母犬"＋行为"产"＋受事"仔"。

从表 4-28 可发现，体验基础是一个类与种关系和三个行为事件框架结构逻辑，突显的元素是行为＋施事，途径为四次复杂转喻。意合表达式隐略了一个类与种关系、两个施事、两个行为和一个受事，因而语义透明度极低。

4. 行为＋施事＋行为＋参照物的见表 4-29

表 4-29　行为＋施事＋行为＋参照物的

概念	框架	意合表达式
"在飞的蝇串成行，像珠子一样垂下来"	"飞"事件框架：施事"蝇"＋行为"飞"，行为［行为本身、状态……］，状态"进行"，进行体标记"在"。"串……垂"事件框架：施事"在飞的蝇"＋行为 1"串"＋行为 2"垂"＋受事"一串珠"，行为 1［行为本身、结果……］，结果"成行"；行为 2［行为本身、状态、趋向……］，状态"像珠子一样"，趋向"下来"。参照物"珠"。	（飞蝇垂珠）①［定（行为）主（施事）谓（行为）宾（参照物）］

从表 4-29 可发现，后者体认理据是三个行为事件框架结构逻辑，突显的元素是行为＋施事＋行为＋参照物，途径为六次复杂转喻。意合表达式隐略了行为构成要素（两个状态、一个结果和趋向），以及修饰关系、进行体和参照物标记，因而语义透明度极低。

5. （行为＋受事）＋结果＋受事的见表 4-30

从表 4-30 可发现，体验基础是两个整体与部分关系和三个行为事件框架结构逻辑，突显的元素是（行为＋受事）＋结果＋受事，途径为七次复

---

① 第一，行为"飞"＋施事"蝇"＋行为 2"垂"＋参照物"珠"代进行体标记"在"＋行为"飞"＋施事"蝇"＋行为 2"垂"＋参照物"珠"；第二，进行体标记"在"＋行为"飞"＋施事"蝇"＋行为 2"垂"＋参照物"珠"代进行体标记"在"＋行为"飞"＋修饰关系标记"的"＋施事"蝇"＋行为 2"垂"＋参照物"珠"；第三，施事"在飞的蝇"＋行为 2"垂"＋参照物"珠"代施事"在飞的蝇"＋行为 1"串"＋行为 2"垂"＋参照物"珠"；第四，施事"在飞的蝇"＋行为 1"串"＋行为 2"垂"＋参照物"珠"代施事"在飞的蝇"＋行为 1"串"＋结果"成行"＋行为 2"垂"＋参照物"珠"；第五，施事"在飞的蝇"＋行为 1"串"＋结果"成行"＋行为 2"垂"＋参照物"珠"代施事"在飞的蝇"＋行为 1"串"＋结果"成行"＋行为 2"垂"＋趋向"下来"＋参照物"珠"；第六，施事"在飞的蝇"＋行为 1"串"＋结果"成行"＋行为 2"垂"＋趋向"下来"＋参照物"珠"代施事"在飞的蝇"＋行为 1"串"＋结果"成行"＋行为 2"垂"＋趋向"下来"＋参照物标记部分"像"＋参照物"珠"＋参照物标记部分"一样"。

杂转喻。意合表达式隐略了两个整体与部分关系、两个行为和一个行为构成要素（处置），以及场所标记，因而语义透明度低。

表 4-30　（行为＋受事）＋结果＋受事的

概念	框架	意合表达式
"把在屏风上落/误笔而造成的污点画成苍蝇"	"落/误"事件框架：施事"人"＋行为"落/误"＋受事"笔"，行为［行为本身、场所、结果……］，场所"屏风"，场所标记"在……上"。整体："屏风"，部分："屏、风"；结果"造成污点"。"造成"事件框架：施事"人"＋行为"造成"＋受事"污点"。"画"事件框架：施事"人"＋行为"画"＋受事"蝇"，行为［行为本身、处置、结果……］，处置"把屏风上落/误笔而造成的污点"，结果"成"。整体："把屏风上落/误笔而造成的污点"，部分："把（处置标记）、屏风上落/误笔而造成的污点（对象）"。	落/误笔成蝇①［主（行为＋受事）谓（结果）宾（受事）］

（三）依仗四个事件框架的见表 4-31

从表 4-31 可发现，体验基础是三个行为事件和一个领有事件框架结构逻辑，突显的元素是母事件的行为＋第二个子事件的施事，途径为六次复杂转喻。意合表达式隐略了两个行为和受事、一个领有和一个行为构成要素（结果），因而语义透明度极低。

---

① 第一，行为"落/误"＋受事"笔"＋结果"成"＋受事"蝇"代场所"在屏风上"＋行为"落/误"＋受事"笔"＋结果"成"＋受事"蝇"；第二，场所"在屏风上"＋行为"落/误"＋受事"笔"＋结果"成"＋受事"蝇"代场所"在屏风上"＋行为"落/误"＋受事"笔"＋行为"造成"＋结果"成"＋受事"蝇"；第三，场所"在屏风上"＋行为"落/误"＋受事"笔"＋行为"造成"＋结果"成"＋受事"蝇"代场所"在屏风上"＋行为"落/误"＋受事"笔"＋行为"造成"＋受事"污点"＋结果"成"＋受事"蝇"；第四，场所"在屏风上"＋行为"落/误"＋受事"笔"＋行为"造成"＋受事"污点"＋结果"成"＋受事"蝇"代场所"在屏风上"＋行为"落/误"＋受事"笔"＋因果关系标记"而"＋行为"造成"＋受事"污点"＋结果"成"＋受事"蝇"；第五，场所"在屏风上"＋行为"落/误"＋受事"笔"＋因果关系标记"而"＋行为"造成"＋受事"污点"＋结果"成"＋受事"蝇"代场所"在屏风上"＋行为"落/误"＋受事"笔"＋因果关系标记"而"＋行为"造成"＋修饰关系标记"的"＋受事"污点"＋结果"成"＋受事"蝇"；第六，对象"在屏风上落/误笔而造成的污点"＋结果"成"＋受事"蝇"代处置标记"把"＋对象"在屏风上落/误笔而造成的污点"＋结果"成"＋受事"蝇"；第七，处置标记"把"＋对象"在屏风上落/误笔而造成的污点"＋结果"成"＋受事"蝇"代处置标记"把"＋对象"在屏风上落/误笔而造成的污点"＋行为"画"＋结果"成"＋受事"蝇"。

表 4-31　依仗四个事件框架的

概念	框架	意合表达式
"打 鸡 蛋、搅 黄 和 白、摊 糊 状 的 黄 和 白 成 黄 菜"	"打"事件框架：施事"人"＋行为"打"＋受事"鸡蛋"，行为［行为本身、结果……］，结果"黄和白"。"搅"事件框架：施事"人"＋行为"搅"＋受事"黄和白"，行为［行为本身、结果……］，结果"糊状的黄和白"。"摊"事件框架：施事"人"＋行为"摊"＋受事"糊状的黄和白"，行为［行为本身、结果……］，结果"成"。"领有"事件框架：领主"菜"＋"领有"＋所属"黄"。	（摊 黄 菜）①［谓（行为）定（所属）宾（受事）］

（四）依仗五个事件框架的见表 4-32

表 4-32　依仗五个事件框架的

概念	框架	意合表达式
"雄鸡报晓，情人要上路，只好中断欢爱"	类：鸡，种：雄鸡。"啼"事件框架：施事"雄鸡"＋行为"啼"，行为［行为本身、目的、结果……］，目的"报晓"，结果"声音"。"报"事件框架：施事"雄鸡"＋行为"报"＋受事"晓"，行为［行为本身、时间……］，时间"天明"。"上路"事件框架：施事"情人"＋行为"上路"，行为［行为本身、时间……］，时间"将来"，将来标记"要"。"中断"事件框架：施事"情人"＋行为"断"＋受事"欢爱"，行为［行为本身、原因……］，原因"天明情人要上路"。"欢爱"事件框架：施事"男女情人"＋行为"欢爱"。	（鸡 声 断 爱）②［主（类/施事）状（结果）谓（行为）宾（受事/行为）］

---

①　首先，行为"摊"＋所属"黄"＋受事"菜"代行为"摊"＋受事"鸡蛋"＋所属"黄"＋受事"菜"；然后，行为"摊"＋受事"鸡蛋"＋所属"黄"＋受事"菜"代行为"摊"＋行为"打"＋受事"鸡蛋"＋所属"黄"＋受事"菜"；再然后，行为"摊"＋行为"打"＋受事"鸡蛋"＋所属"黄"＋受事"菜"代行为"摊"＋结果"黄和白"＋所属"黄"＋受事"菜"；接下来，行为"摊"＋受事"黄和白"＋所属"黄"＋受事"菜"代行为"摊"＋行为"搅"＋受事"黄和白"＋所属"黄"＋受事"菜"；再接下来，行为"摊"＋行为"搅"＋受事"黄和白"＋所属"黄"＋受事"菜"代行为"摊"＋受事"糊状的黄和白"＋所属"黄"＋受事"菜"；最后，行为"摊"＋受事"糊状的黄和白"＋所属"黄"＋受事"菜"代行为"摊"＋受事"糊状的黄和白"＋结果"成"＋所属"黄"＋受事"菜"。

②　第一，类/施事"鸡"＋结果"声"＋行为"断"＋受事/行为"爱"代种/施事"雄鸡"＋结果"声"＋行为"断"＋受事/行为"爱"；第二，施事"雄鸡"＋结果"声"＋行为"断"＋受事/行为"爱"代施事"雄鸡"＋行为"啼"＋行为"断"＋受事/行为"爱"；第三，施事"雄鸡"＋行为"啼"＋行为"断"＋受事/行为"爱"代目的"报晓"＋行为"断"＋受事/行为"爱"；第四，目的"报晓"＋行为"断"＋受事/行为"爱"代时间"天明"＋行为"断"＋受事/行为"爱"；第五，时间"天明"＋行为"断"＋受事/行为"爱"代时间"天明"＋行为"上路"＋行为"断"＋受事/行为"爱"；第六，时间"天明"＋行为"上路"＋行为"断"＋受事/行为"爱"代时间"天明"＋将来标记"要"＋行为"上路"＋行为"断"＋受事/行为"爱"；第七，时间"天明"＋将来标记"要"＋行为"上路"＋行为"断"＋受事/行为"爱"代施事"情人"＋时间"天明"＋将来标记"要"＋行为"上路"＋行为"断"＋受事/行为"爱"；第八，施事"情人"＋时间"天明"＋将来标记"要"＋行为"上路"＋行为"断"＋受事/行为"爱"代施事"情人"＋时间"天明"＋将来标记"要"＋行为"上路"＋结果标记"只好"＋行为"断"＋受事/行为"爱"。

从表 4-32 可发现，前者体认理据是一个类与种关系和五个行为事件框架结构逻辑，突显的元素是类/施事＋结果＋行为＋受事/行为，途径为八次复杂转喻。意合表达式隐略了类与种关系和三个行为和一个受事，因而语义透明度极低。

五、两个联合事件概念意合表达式

两个联合事件概念意合表达式见表 4-33～4-42，按施事、行为、受事和对象＋X 排序。

（一）（施事＋行为）＋（施事＋方式）的见表 4-33

表 4-33（施事＋行为）＋（施事＋方式）的

概念	框架	意合表达式
"猬纷纷起毛和鸡连续鸣叫"	"起"事件框架：施事"猬"＋行为"起"＋受事"毛"，行为 [行为本身、方式……]，方式"纷纷"。"鸣叫"事件框架：施事"鸡"＋行为"鸣叫"，行为 [行为本身、方式……]，方式"连续"。"动物"范畴同一层级成员：猬、鸡；联合关系标记"和"。	猬 起 鸡 连① [主（施事）谓（行为）＋主（施事）谓（方式）]

从表 4-33 可发现，体验基础是成员与成员关系和两个行为事件框架结构逻辑，突显的元素是（施事＋行为）＋（施事＋方式），途径为四次复杂转喻。意合表达式隐略了一个受事、一个行为构成要素（方式），一个行为和联合关系标记，因而语义透明度很低。

（二）（施事＋结果）＋（施事＋行为）的见表 4-34

从表 4-34 可发现，体验基础是成员与成员关系和两个行为事件框架结

---

① 首先，施事"猬"＋行为"起"＋施事"鸡"＋方式"连"代施事"猬"＋行为"起"＋受事"毛"＋施事"鸡"＋方式"连"；然后，施事"猬"＋行为"起"＋受事"毛"＋施事"鸡"＋方式"连"代施事"猬"＋方式"纷纷"＋行为"起"＋受事"毛"＋施事"鸡"＋方式"连"；再然后，施事"猬"＋方式"纷纷"＋行为"起"＋受事"毛"＋施事"鸡"＋方式"连"代施事"猬"＋方式"纷纷"＋行为"起"＋受事"毛"＋施事"鸡"＋方式"连"＋行为"鸣叫"；最后，施事"猬"＋方式"纷纷"＋行为"起"＋受事"毛"＋施事"鸡"＋方式"连"＋行为"鸣叫"代施事"猬"＋方式"纷纷"＋行为"起"＋受事"毛"＋联合关系标记"和"＋施事"鸡"＋方式"连"＋行为"鸣叫"。

构逻辑，突显的元素是（施事＋结果）＋（施事＋行为），前者途径为复合转喻，意合表达式隐略了一个行为和联合关系标记，因而语义透明度较低；后者途径为四次复杂转喻，意合表达式隐略了一个行为和两个行为构成要素以及联合关系标记，因而语义透明度很低。

表 4-34　（施事＋结果）＋（施事＋行为）的

概念	框架	意合表达式
"鸡叫和鹅斗"	"叫"事件框架：施事"鸡"＋行为"叫"，行为［行为本身、方式……］，结果"声音"。"斗"事件框架：施事"鹅"＋行为"斗"。"行为事件"范畴成员："鸡叫""鹅斗"；联合关系标记"和"。	（鸡声鹅斗）①［主（施事）谓（结果）＋主（施事）＋谓（行为）］
"蝇无休止地叫和蛙无休止地噪"	"叫"事件框架：施事"蝇"＋行为"鸣"，行为［行为本身、方式、结果……］，方式"无休止"，结果"声音"。"噪"事件框架：施事"蛙"＋行为"噪"，行为［行为本身、方式……］，方式"无休止"；方式/状语标记"地"。"行为事件"范畴成员："蝇鸣""蛙叫"；联合关系标记"和"。	（蝇声蛙噪）②［主（施事）谓（结果）＋主（施事）＋谓（行为）］

（三）（施事＋结果）＋（状主＋状态）的见表 4-35

从表 4-35 可发现，体验基础是成员与成员关系和一个行为和一个状态事件框架结构逻辑，突显的元素是（施事＋结果）＋（状主＋状态），途径为转喻。意合表达式隐略了一个行为、一个行为构成要素和一个联合关系

---

① 首先，施事"鸡"＋结果"声"＋施事"鹅"＋行为"斗"代施事"鸡"＋行为"叫"＋施事"鹅"＋行为"斗"；然后，施事"鸡"＋行为"叫"＋施事"鹅"＋行为"斗"代施事"鸡"＋行为"叫"＋联合关系标记"和"＋施事"鹅"＋行为"斗"。

② 首先，施事"蝇"＋结果"声"＋施事"蛙"＋行为"噪"代施事"蝇"＋行为"鸣"＋施事"蛙"＋行为"噪"；然后，施事"蝇"＋行为"鸣"＋施事"蛙"＋行为"噪"代施事"蝇"＋方式"无休止"＋行为"鸣"＋施事"蛙"＋方式"无休止"＋行为"噪"；再然后，施事"蝇"＋方式"无休止"＋行为"鸣"＋施事"蛙"＋方式"无休止"＋行为"噪"代施事"蝇"＋方式"无休止"＋状语标记"地"＋行为"鸣"＋施事"蛙"＋方式"无休止"＋状语标记"地"＋行为"噪"；最后，施事"蝇"＋方式"无休止"＋状语标记"地"＋行为"鸣"＋施事"蛙"＋方式"无休止"＋状语标记"地"＋行为"噪"代施事"蝇"＋方式"无休止"＋状语标记"地"＋行为"鸣"＋联合关系标记"和"＋施事"蛙"＋方式"无休止"＋状语标记"地"＋行为"噪"。

标记，因而语义透明度低。

表 4-35　（施事＋结果）＋（状主＋状态）的

概念	框架	意合表达式
"蝇叫和蛙躁"	"叫"事件框架：施事"蝇"＋行为"叫"，行为［行为本身、结果……］，结果"声音"。"躁"事件框架：状主"蛙"＋状态"躁"，状态［状态本身、原因……］，原因"叫"。"事件"范畴成员："蝇叫""蛙躁"；联合关系标记"和"。	（蝇声蛙躁）①［主（施事）谓（结果）＋主（状主）谓（状态）］

（四）（施事＋结果）＋（施事＋源头）的见表 4-36

表 4-36　（施事＋结果）＋（施事＋源头）的

概念	框架	意合表达式
"蝇鸣和蚓叫"	"鸣"事件框架：施事"蝇"＋行为"鸣"。"鸣"事件框架：施事"蚓"＋行为"鸣"，行为［行为本身、源头……］，源头"窍"（旧误蚯蚓能鸣，其声发于孔窍）。"行为事件"范畴成员："蝇鸣""蚓鸣"；联合关系标记"和"。	（蝇声蚓窍）②［主（施事）谓（结果）＋主（施事）谓（源头）］

从表 4-36 可发现，体验基础是成员与成员关系和两个行为事件框架结构逻辑，突显的元素是（施事＋结果）＋（施事＋源头），途径为三次复杂转喻。意合表达式隐略了两个行为和一个联合关系标记，因而语义透明度低。

（五）（行为＋受事）＋（行为＋受事）的见表 4-37

从表 4-37 可发现，前者体认理据是成员与成员关系和两个行为事件框

---

①　首先，施事"蝇"＋结果"声"＋状主"蛙"＋状态"躁"代施事"蝇"＋行为"叫"＋状主"蛙"＋状态"躁"；然后，施事"蝇"＋行为"叫"＋状主"蛙"＋状态"躁"代施事"蝇"＋行为"叫"＋联合关系标记"和"＋状主"蛙"＋状态"躁"。

②　首先，施事"蝇"＋结果"声"＋施事"蚓"＋源头"窍"代施事"蝇"＋行为"鸣"＋施事"蚓"＋源头"窍"；然后，施事"蝇"＋行为"鸣"＋施事"蚓"＋源头"窍"代施事"蝇"＋行为"鸣"＋施事"蚓"＋行为"鸣"；最后，施事"蝇"＋行为"鸣"＋施事"蚓"＋行为"鸣"代施事"蝇"＋行为"鸣"＋联合关系标记"和"＋施事"蚓"＋行为"鸣"。

架结构逻辑，突显的元素是（行为＋受事）＋（行为＋受事），途径为简单转喻。突显的元素隐略了联合关系标记，因而语义透明度不低。后者体认理据是成员与成员关系和两个行为事件框架结构逻辑，突显的元素是（行为＋受事）＋（行为＋受事），途径为复合转喻。突显的元素隐略了两个行为构成要素（目的），和联合关系标记，因而语义透明度较低。

表 4-37 （行为＋受事）＋（行为＋受事）的

概念	框架	意合表达式
"指猪和骂狗"	"指"事件框架：施事"人"＋行为"指"＋受事"猪"。"骂"事件框架：施事"人"＋行为"骂"＋受事"狗"。"行为事件"范畴成员："指猪、骂狗"；联合关系标记"和"。	（指猪骂狗）①［谓（行为）宾（受事）＋谓（行为）宾（受事）］
"吞纸充饥和抱犬御寒"	"吞"事件框架：施事"人"＋行为"吞"＋受事"纸"，行为［行为本身、目的……］，目的"充饥"。"抱"事件框架：施事"人"＋行为"抱"＋受事"犬"，行为［行为本身、目的……］，目的"御寒"。"行为事件"范畴成员："吞、抱"；联合关系标记"和"。	（吞纸抱犬）②［谓（行为）宾（受事）＋谓（行为）宾（受事）］

（六）（行为＋类/领主）＋（行为＋类/领主）的见表 4-38

从表 4-38 可发现，体验基础是两个类与种关系、一个成员与成员关系和两个行为事件、四个领有事件框架结构逻辑，突显的元素是（行为＋类/领主）＋（行为＋类/领主），途径为四次复杂转喻。意合表达式隐略了两个受事、四个领有和所属以及联合关系标记，因而语义透明度极低。

---

① 行为"指"＋受事"猪"＋行为"骂"＋受事"狗"代行为"指"＋受事"猪"＋联合关系标记"和"＋行为"骂"＋受事"狗"。类似的还有：赶猪打狗。
② 首先，行为"吞"＋受事"纸"＋行为"抱"＋受事"犬"代行为"吞"＋受事"纸"＋目的"充饥"＋行为"抱"＋受事"犬"＋目的"御寒"；然后，行为"吞"＋受事"纸"＋目的"充饥"＋行为"抱"＋受事"犬"＋目的"御寒"代行为"吞"＋受事"纸"＋目的"充饥"＋联合关系标记"和"＋行为"抱"＋受事"犬"＋目的"御寒"。

表4-38　（行为＋类/领主）＋（行为＋类/领主）的

概念	框架	意合表达式
"戴/冠雄鸡形的帽子和佩公猪形的饰物"	类："鸡"，种："雄鸡"；类："猪"，种："公猪"。"领有"事件框架：领主"雄鸡"＋"领有"＋所属"形状"。"领有"事件框架：领主"帽子"＋"领有"＋所属"雄鸡形"。"领有"事件框架：领主"公猪"＋"领有"＋所属"形状"。"领有"事件框架：领主"饰物"＋领有＋所属"公猪形"。"戴/冠"事件框架：施事"人"＋行为"戴/冠"＋受事"雄鸡形的帽子"。"佩"事件框架：施事"人"＋行为"佩"＋受事"公猪形的饰物"。"行为事件"范畴成员："戴、佩"；联合关系标记"和"。	（戴/冠 鸡 佩 猳）①［谓（行为）宾（类/领主）＋谓（行为）宾（类/领主）］

（七）（行为＋受事）＋（场所＋受事）的见表4-39

表4-39　（行为＋受事）＋（场所＋受事）的

概念	框架	意合表达式
"用手牵犬和在臂上架鹰"	"用……牵"事件框架：施事"人"＋行为1"用"＋受事1"手"＋行为2"牵"＋受事2"犬"。"架"事件框架：施事"人"＋行为"架"＋受事"鹰"，行为［行为本身、场所……］，场所"臂"，场所标记"在……上"。"行为事件"范畴成员："牵犬""架鹰"；联合关系标记"和"。	（牵犬臂鹰）②［谓（行为）宾（受事）＋谓（场所）宾（受事）］

从表4-39可发现，体验基础是成员与成员关系和三个行为事件框架结

---

① 首先，行为"戴/冠"＋类/领主"鸡"＋行为"佩"＋类/领主"猳"代行为"戴/冠"＋种/领主"雄鸡"＋行为"佩"＋类/领主"猳"；然后，行为"戴/冠"＋种/领主"雄鸡"＋行为"佩"＋类/领主"猳"代行为"戴/冠"＋种/领主"雄鸡"＋所属"形状"＋行为"佩"＋类/领主"猳"＋所属"形状"；再然后，行为"戴/冠"＋种/领主"雄鸡"＋所属"形状"＋行为"佩"＋类/领主"猳"＋所属"形状"代行为"戴/冠"＋所属"雄鸡形"＋领主"帽子"＋行为"佩"＋所属"公猪形"＋领主"饰物"；接下来，行为"戴/冠"＋所属"雄鸡形"＋领主"帽子"＋行为"佩"＋所属"公猪形"＋领主"饰物"代行为"戴/冠"＋所属"雄鸡形"＋修饰关系标记"的"＋领主"帽子"＋行为"佩"＋所属"公猪形"＋修饰关系标记"的"＋领主"饰物"；最后，行为"戴/冠"＋所属"雄鸡形"＋修饰关系标记"的"＋领主"帽子"＋行为"佩"＋所属"公猪形"＋修饰关系标记"的"＋领主"饰物"代行为"戴/冠"＋所属"雄鸡形"＋修饰关系标记"的"＋领主"帽子"＋联合关系标记"和"＋行为"佩"＋所属"公猪形"＋修饰关系标记"的"＋领主"饰物"。

② 首先，行为"牵"＋受事"犬"＋场所"臂"＋受事"鹰"代行为1"用"＋行为2"牵"＋受事"犬"＋场所"臂"＋行为"架"＋受事"鹰"；然后，行为1"用"＋行为2"牵"＋受事"犬"＋场所"臂"＋行为"架"＋受事"鹰"代行为1"用"＋受事1"手"＋行为2"牵"＋受事"犬"＋场所标记部分"在"＋场所"臂"＋场所标记部分"上"＋行为"架"＋受事"鹰"；最后，行为1"用"＋受事1"手"＋行为2"牵"＋受事"犬"＋场所标记部分"在"＋场所"臂"＋场所标记部分"上"＋行为"架"＋受事"鹰"代行为1"用"＋受事1"手"＋行为2"牵"＋受事"犬"＋联合关系标记"和"＋场所标记部分"在"＋场所"臂"＋场所标记部分"上"＋行为"架"＋受事"鹰"。

构逻辑，突显的元素是（行为＋受事）＋（场所＋受事），途径为复合转喻。意合表达式隐略了一个行为和受事和场所与联合关系标记，因而语义透明度很低。

（八）（行为2＋受事/施事2）＋（行为2＋受事/施事2）的见表4-40

表4-40　（行为2＋受事/施事2）＋（行为2＋受事/施事2）的

概念	框架	意合表达式
"使公鸡相斗和使狗赛跑"	类："鸡"，种："公鸡"。"使"事件框架：施事1"人"＋行为1"使"＋受事/施事2"公鸡"＋行为2"斗"。"使"事件框架：施事1"人"＋行为1"使"＋受事/施事2"狗"＋行为2"走"[行为2本身、目的……]，目的"赛跑"。"行为事件"范畴成员：使公鸡相斗、使狗赛跑；联合关系标记"和"。	（斗鸡走狗/犬）①[谓（行为2）宾（类/受事/施事2）＋谓（行为2）宾（受事/施事2）]
"使猎鹰飞和使猎狗走去追捕野兽"	类："鹰"，种："猎鹰"；类："狗"，种："猎狗"。"使"事件框架：施事"人"＋行为1"使"＋受事/施事2"猎鹰"＋行为2"飞"，行为2[行为本身、目的……]，目的"去追捕野兽"。"使"事件框架：施事1"人"＋行为1"使"＋受事/施事2"猎狗"＋行为2"走"，行为2[行为本身、目的……]，目的"去追捕野兽"。"行为事件"范畴成员：放飞猎鹰、使猎狗走；联合关系标记"和"。	（飞鹰走狗）②[谓（行为2）宾（类/受事/施事2）＋谓（行为2）宾（类/受事/施事2）]

① 首先，行为2"斗"＋类/受事/施事2"鸡"＋行为2"走"＋受事/施事2"狗"代行为1"使"＋类/受事/施事2"鸡"＋行为2"斗"＋行为1"使"＋受事/施事2"狗"＋行为2"走"；然后，行为1"使"＋类/受事/施事2"鸡"＋行为2"斗"＋行为1"使"＋受事/施事2"狗"＋行为2"走"代行为1"使"＋种/受事/施事2"公鸡"＋行为2"斗"＋行为1"使"＋受事/施事2"狗"＋目的"赛跑"；最后，行为1"使"＋种/受事/施事2"公鸡"＋行为2"斗"＋行为1"使"＋受事/施事2"狗"＋目的"赛跑"代行为1"使"＋种/受事/施事2"公鸡"＋行为2"斗"＋联合关系标记"和"＋行为1"使"＋受事/施事2"狗"＋目的"赛跑"。

② 首先，行为2"飞"＋类/受事/施事2"鹰"＋行为2"走"＋类/受事/施事2"狗"代行为2"飞"＋种/受事/施事2"猎鹰"＋行为2"走"＋种/受事/施事2"猎狗"；然后，行为2"飞"＋受事/施事2"猎鹰"＋行为2"走"＋受事/施事2"猎狗"代行为1"使"＋受事/施事2"猎鹰"＋行为2"飞"＋行为1"使"＋受事/施事2"猎狗"＋行为2"走"；再然后，行为1"使"＋受事/施事2"猎鹰"＋行为2"飞"＋行为1"使"＋受事/施事2"猎狗"＋行为2"走"代行为1"使"＋受事/施事2"猎鹰"＋行为2"飞"＋联合关系标记"和"＋行为1"使"＋受事/施事2"猎狗"＋行为2"走"；最后，行为1"使"＋受事/施事2"猎鹰"＋行为2"飞"＋联合关系标记"和"＋行为1"使"＋受事/施事2"猎狗"＋行为2"走"代行为1"使"＋受事/施事2"猎鹰"＋行为2"飞"＋联合关系标记"和"＋行为1"使"＋受事/施事2"猎狗"＋行为2"走"＋目的"去追捕野兽"。

从表 4-40 可发现，前者体认理据是类与种和成员与成员关系和两个行为事件框架结构逻辑，突显的元素是（行为 2＋类/受事/施事 2）＋（行为 2＋受事/施事 2），途径为复杂转喻。意合表达式隐略了两个行为 1 和一个行为构成要素（目的），以及联合关系标记，因而语义透明度很低。后者体认理据是两个类与种和一个成员与成员关系和两个行为事件框架结构逻辑，突显的元素是（行为 2＋类/受事/施事 2）＋（行为 2＋类/受事/施事 2），途径为四次复杂转喻。意合表达式隐略了两个类与种关系、两个行为 1 和两个行为构成要素（目的），以及联合关系标记，因而语义透明度极低。

（九）（行为 1＋类/受事）＋（行为 2＋类/受事/施事 2）的见表 4-41

表 4-41　　（行为 1＋类/受事）＋（行为 2＋类/受事/施事 2）的

概念	框架	意合表达式
"呼猎鹰使其飞和使猎狗走去追捕野兽"	"呼……使"事件框架：施事 1 "人"＋行为 1 "呼"＋受事 "猎鹰"＋行为 2 "使"＋受事/施事 2 "猎鹰"＋行为 3 "飞"，行为 3 [行为本身、目的……]，目的 "去追捕野兽"。"使"事件框架：施事 1 "人"＋行为 1 "使"＋受事/施事 2 "猎狗"＋行为 2 "走"，行为 2 [行为本身、目的……]，目的 "去追捕野兽"。类："鹰"，种："猎鹰"；类："狗"，种："猎狗"。"语言单位" 范畴成员：猎鹰、其。"行为事件" 范畴成员：放飞猎鹰、使猎狗走；联合关系标记 "和"。	（呼鹰走狗）① [谓（行为 1）宾（类/受事）＋谓（行为 2）宾（类/受事/施事 2）]

从表 4-41 可发现，体验基础是两个类与种和一个成员与成员关系和三

---

① 第一，行为 1 "呼" ＋类/受事 "鹰" ＋行为 2 "走" ＋类/受事/施事 2 "狗" 代行为 1 "呼" ＋种/受事 "猎鹰" ＋行为 2 "走" ＋种/受事/施事 2 "猎狗"；第二，行为 1 "呼" ＋受事 "猎鹰" ＋行为 2 "走" ＋受事/施事 2 "猎狗" 代行为 1 "呼" ＋受事 "猎鹰" ＋行为 2 "使" ＋行为 1 "使" ＋受事/施事 2 "猎狗" ＋行为 2 "走"；再然后，行为 1 "呼" ＋受事 "猎鹰" ＋行为 2 "使" ＋行为 1 "使" ＋受事/施事 2 "猎狗" ＋行为 2 "走" 代行为 1 "呼" ＋受事 "猎鹰" ＋行为 2 "使" ＋受事/施事 2 "其" ＋行为 1 "使" ＋受事/施事 2 "猎狗" ＋行为 2 "走"；第三，行为 1 "呼" ＋受事 "猎鹰" ＋行为 2 "使" ＋受事/施事 2 "其" ＋行为 1 "使" ＋受事/施事 2 "猎狗" ＋行为 2 "走" 代行为 1 "呼" ＋受事 "猎鹰" ＋行为 2 "使" ＋受事/施事 2 "其" ＋行为 3 "飞" ＋行为 1 "使" ＋受事/施事 2 "猎狗" ＋行为 2 "走"；第四，行为 1 "呼" ＋受事 "猎鹰" ＋行为 2 "使" ＋受事/施事 2 "其" ＋行为 3 "飞" ＋行为 1 "使" ＋受事/施事 2 "猎狗" ＋行为 2 "走" 代行为 1 "呼" ＋受事 "猎鹰" ＋行为 2 "使" ＋受事/施事 2 "其" ＋行为 3 "飞" ＋行为 1 "使" ＋受事/施事 2 "猎狗" ＋行为 2 "走" ＋目的 "去追捕野兽"；第五，行为 1 "呼" ＋受事 "猎鹰" ＋行为 2 "使" ＋受事/施事 2 "其" ＋行为 3 "飞" ＋行为 1 "使" ＋受事/施事 2 "猎狗" ＋行为 2 "走" ＋目的 "去追捕野兽" 代行为 1 "呼" ＋受事 "猎鹰" ＋行为 2 "使" ＋受事/施事 2 "其" ＋行为 3 "飞" ＋联合关系标记 "和" ＋行为 1 "使" ＋受事/施事 2 "猎狗" ＋行为 2 "走" ＋目的 "去追捕野兽"。

个行为事件框架结构逻辑，突显的元素是（行为1＋类/受事）＋（行为2＋类/受事/施事2），途径为四次复杂转喻。意合表达式隐略了两个类与种关系、三个行为和两个行为构成要素（目的），以及联合关系标记，因而语义透明度极低。

（十）（受事＋行为）＋（受事＋行为）的见表 4-42

表 4-42　（受事＋行为）＋（受事＋行为）的

概念	框架	意合表达式
"分割被屠宰的猪和截断被打死的蛇"	"宰杀"事件框架：施事"人"＋行为"屠宰"＋受事"豕"，行为［行为本身、结果……］，结果"被宰杀的猪"。"分割"事件框架：施事"人"＋行为"分割"＋受事"被宰杀的猪"。"打"事件框架：施事"人"＋行为"打"＋受事"蛇"，行为［行为本身、结果1、结果2……］，结果1"死"，结果2"被打死的蛇"。"截断"事件框架：施事"人"＋行为"截断"＋受事"被打死的蛇"。"行为事件"范畴成员："分割被宰杀的猪""截断被打死的蛇"；联合关系标记"和"。	（豕分蛇断）①［主（受事）谓（行为）＋主（受事）谓（行为）］
"宁管鸡不从牛"	"尸"事件框架：施事"人"＋行为"尸"＋受事"鸡"。"从"事件框架：施事"人"＋行为"从"＋受事"牛"。"行为事件"范畴成员："管鸡""从牛"；选择复句标记"宁……不……"。	（鸡尸牛从）②［主（受事）谓（行为）＋主（受事）谓（行为）］

---

① 首先，受事"豕"＋行为"分"＋受事"蛇"＋行为"断"代行为"屠宰"＋受事"豕"＋行为"分"＋行为"打"＋受事"蛇"＋行为"断"；然后，行为"屠宰"＋受事"豕"＋行为"分"＋行为"打"＋受事"蛇"＋行为"断"代结果"被屠宰的豕"＋行为"分"＋行为"打"＋结果"死"＋受事"蛇"＋行为"断"；再然后，结果"被屠宰的豕"＋行为"分"＋行为"打"＋结果"死"＋受事"蛇"＋行为"断"代结果"被屠宰的豕"＋行为"分"＋结果"被打死的蛇"＋行为"断"；接下来，结果"被屠宰的豕"＋行为"分"＋结果"被打死的蛇"＋行为"断"代结果"被屠宰的豕"＋被动语态标记"被"＋行为"分"＋结果"被打死的蛇"＋被动语态标记"被"＋行为"断"；最后，受事"被屠宰的豕"＋行为"分"＋受事"被打死的蛇"＋行为"断"代行为"分"＋受事"被屠宰的豕"＋联合关系标记"和"＋行为"断"＋受事"被打死的蛇"。

② 受事"鸡"＋行为"尸"＋受事"牛"＋行为"从"代选择复句标记部分"宁"＋行为"尸"＋受事"鸡"＋选择复句标记部分"不"＋行为"从"＋受事"牛"。

从表 4-42 可发现，前者体认理据是成员与成员关系和四个行为事件框架结构逻辑，突显的元素是（受事＋行为）＋（受事＋行为），途径为四次复合转喻。意合表达式隐略了行为和受事及联合关系标记，因而语义透明度低。后者体认理据是成员与成员关系和两个行为事件框架结构逻辑，突显的元素是（受事＋行为）＋（受事＋行为），途径为简单转喻。意合表达式只隐略了选择复句和联合关系标记，因而语义透明度较低。

六、接连两个行为事件概念意合表达式

接连两个行为事件概念意合表达式见表 4-43。

表 4-43　接连两个行为事件概念意合表达式

概念	框架	意合表达式
"打狗而欺其主人"	"打"事件框架：施事"人"＋行为"打"＋受事"狗"。"欺"事件框架：施事"人"＋行为"欺"＋受事"狗的主人"。"领有"事件：领主"狗"＋"领有"＋所属"主人"。原因：打狗，结果：欺狗的主人；因果关系标记"而"。	打 狗 欺 主① ［谓（行为）宾（受事）＋谓（行为）宾（受事）］

从表 4-43 可发现，体验基础是接连两个行为事件框架结构逻辑，突显的元素是（行为＋受事）＋（行为＋受事），途径为两次复杂转喻。意合表达式隐略了因果关系标记和领主，因而语义透明度较低。

第二节　出现事件概念意合表达式

出现事件概念意合表达式见表 4-44。

---

① 首先，行为"打"＋受事"狗"＋行为"欺"＋受事"主"代行为"打"＋受事"狗"＋因果关系标记"而"＋行为"欺"＋受事"主"；然后，行为"打"＋受事"狗"＋因果关系标记"而"＋行为"欺"＋受事"主"代行为"打"＋受事"狗"＋因果关系标记"而"＋行为"欺"＋领主"狗"＋受事/所属"主"。

表 4-44　出现事件概念意合表达式

概念	框架	意合表达式
"蝇飞来臭肉"	"飞来"事件框架：出现者"蝇"＋出现"飞来"＋目的地"臭肉"。动补式复合动词整体："飞来"，部分："飞、来"。	（臭肉来蝇）① ［主（目的地）谓（趋向）宾（出现者）］

从表 4-44 可发现，体验基础是整体与部分关系和出现事件框架结构逻辑，突显的元素是目的地＋趋向＋出现者，途径为简单转喻。意合表达式只隐略了整体与部分关系，因而语义透明不低。

第三节　领有事件概念意合表达式

领有事件概念意合表达式见表 4-45、4-46。

一、领属概念意合表达式

领属概念意合表达式见表 4-45。

表 4-45　领属概念意合表达式

概念	框架	意合表达式
"鸡有文、武、勇、仁、信五德"	"领有"事件框架：领主"鸡"＋"领有"＋所属"五德"。"五德"范畴成员"文、武、勇、仁、信"。	（鸡有五德）② ［主（领主）谓（领有）宾（所属）］

从表 4-45 可发现，体验基础是范畴与成员关系和领有事件框架结构逻辑，突显的元素是领主＋领有＋所属，途径为简单转喻。意合表达式只隐

----

① 目的地"臭肉"＋趋向"来"＋出现者"蝇"代出现者"蝇"＋出现"飞来"＋目的地"臭肉"。

② 领主"鸡"＋"领有"＋所属"五德"代领主"鸡"＋"领有"＋成员"文、武、勇、仁、信"＋范畴"五德"。

略了范畴与成员关系，因而语义透明度不低。

二、行为事件中的领有事件概念意合表达式

行为事件中的领有事件概念意合表达式见表 4-46。

表 4-46　行为事件中的领有事件概念意合表达式

概念	框架	意合表达式
"引人家的狗入自己的寨子"	"引"事件框架：施事 1"人"＋行为 1"引"＋受事/施事 2"狗"＋行为 2"入"＋目的地"自己的寨子"。"领有"事件框架：领主"人家"＋"领有"＋所属"狗"。"领有"事件框架：领主"自己"＋"领有"＋所属"寨"。	(引狗入寨)①[谓 1（行为 1）宾 1（受事/施事 2）谓 2（行为 2）宾 2（目的地）]

从表 4-46 可发现，体验基础是一个行为事件和两个领有事件框架结构逻辑，突显的元素是行为 1＋受事/施事 2＋行为 2＋目的地，途径为复合转喻。意合表达式隐略了领主和领属关系标记，因而语义透明度较低。

第四节　状态事件概念意合表达式

状态事件概念意合表达式见表 4-47、4-48，有两种情形。

一、所表达的元素属同一事件框架

所表达的元素属同一事件框架的见表 4-47。

---

① 首先，行为 1"引"＋受事/施事 2"狗"＋行为 2"入"＋目的地"寨"代行为 1"引"＋领主"人家"＋受事/施事 2"狗"＋行为 2"入"＋领主"自己"＋目的地"寨"；然后，行为 1"引"＋领主"人家"＋受事/施事 2"狗"＋行为 2"入"＋领主"自己"＋目的地"寨"代行为 1"引"＋领主"人家"＋领属关系标记"的"＋受事/施事 2"狗"＋行为 2"入"＋领主"自己"＋领属关系标记"的"＋目的地"寨"。

表 4-47　所表达的元素属同一事件框架的

概念	框架	意合表达式
"鹰英武"	"状态"事件框架：状主"鹰"＋状态"英武"。整体："英武"，部分："英、武"。	(鹰武①)② ［主（状主）谓（状态）］
"鸡廉洁"	"状态"事件框架：状主"鸡"＋状态"廉洁"。整体："廉洁"，部分："廉、洁"。	(鸡廉)③ ［主（状主）谓（状态）］

从表 4-47 可发现，体验基础是整体与部分关系和状态事件框架结构逻辑，突显的元素是状主＋状态，途径为简单转喻。突显的元素只隐略了整体与部分关系，因而语义透明度不低。

二、两个联合状态事件概念意合表达式

两个联合状态事件概念意合表达式见表 4-48。

表 4-48　两个联合状态事件概念意合表达式

概念	框架	意合表达式
"猪卑和狗险"	"状态"事件框架：状主"猪"＋状态"卑"。"状态"事件框架：状主"狗"＋状态"阴险"。"状态事件"范畴成员："卑""阴险"；联合关系标记"和"。	(猪卑④狗险⑤)⑥ ［主（状主）谓（状态）＋主（状主）谓（状态）］

从表 4-48 可发现，体验基础是一个范畴与成员关系和两个状态事件框架结构逻辑，突显的元素是（状主＋状态）＋（状主＋状态），途径为简单转喻。突显的元素只隐略了范畴与成员关系，因而语义透明度不低。

---

① "武"意为"勇猛"："诚既勇兮又以武。"（《楚辞·九歌·国殇》）
② 状主"鹰"＋表达状态的联合式复合形容词部分"武"代状主"鹰"＋表达状态的联合式复合形容词整体"英武"。"英武"意为"英俊勇武"："鄂王英武庶其匹，时危协力扶王室。"（周灿《韩蕲王碑》）
③ 状主"鸡"＋表达状态的联合式复合形容词部分"廉"代状主"鸡"＋表达状态的联合式复合形容词整体"廉洁"。"廉洁"意为"不贪财货，立身清白"："夫以廉洁之美，而道之者寡；骄淫之丑，而陷之者众，何哉？"（崔令钦《教坊记》）
④ "卑"意为"素质低下"："非天质之卑，则必不若余之专耳。"（宋濂《送东阳马生序》）
⑤ "险"意为"阴险"："［潘夫人］性险妒容媚，自始至卒，潜害袁夫人等甚众。"（陈寿《三国志·吴志》）
⑥ 状主"猪"＋状态"卑"＋状主"狗"＋状态"险"代状主"猪"＋状态"卑"＋联合关系标记"和"＋状主"狗"＋状态"险"。

小　结

着眼于理据，本研究发现文化模式、体验、语境、主观性、主体间性、事件的结构逻辑、语言的经济性、语序的灵活性、概括性和汉语的韵律（如四字格化）是基础性的；着眼于途径，本研究发现后入框架事件概念意合表达式可分为以下四种情形：行为、出现、领有和状态事件的意合表达式。其中，行为事件意合表达式最为复杂，领有和状态事件次之。

一、行为事件概念意合表达式

（一）所表达的元素属同一事件框架
1. 所表达的元素处在同一事件框架结构逻辑第一层级
（1）施事＋受事；（2）施事＋范围＋受事；（3）受事1＋行为＋受事2。
2. 所表达的元素处在同一事件框架结构逻辑第一或二层级
（1）施事＋行为＋场所；（2）施事＋行为＋受事；（3）施事＋场所＋行为＋受事；（4）行为＋场所。

（二）所表达的元素属接连两个事件框架
1. 所表达的元素处在第一层级
（1）施事＋行为；（2）行为＋受事：第一，行为1＋受事：依仗两个框架的和依仗三个框架；第二，行为2＋受事；（3）受事＋行为；（4）施事＋行为＋受事；（5）施事＋受事；（6）受事1＋受事2。
2. 所表达的元素处在第一和第二层级
（1）（施事＋行为构成要素即工具）＋（施事＋行为）；（2）行为构成要素即结果＋行为。

（三）所表达的元素属接连三个以上事件框架
1. 接连三个事件
2. 接连四个事件
（1）事件施事同类；（2）事件施事不同类。
3. 接连五个事件

4. 接连六个事件

（四）所表达的元素跨事件框架

1. 依仗两个事件框架

（1）行为＋施事＋行为；（2）（行为＋场所）＋结果＋受事。

2. 依仗三个事件框架

（1）施事＋范围＋行为；（2）施事＋否定＋行为；（3）行为＋施事；

（4）行为＋施事＋行为＋参照物；（5）（行为＋受事）＋结果＋受事。

3. 依仗四个事件框架

4. 依仗五个事件框架

（五）两个联合事件概念意合表达式

（1）（施事＋行为）＋（施事＋方式）

（2）（施事＋结果）＋（施事＋行为）

（3）（施事＋结果）＋（施事＋结果）

（4）（施事＋结果）＋（施事＋源头）

（5）（行为＋受事）＋（行为＋受事）

（6）（行为＋类/领主）＋（行为＋类/领主）

（7）（行为＋受事）＋（场所＋受事）

（8）（行为2＋类/受事/施事2）＋（行为2＋类/受事/施事2）

（9）（行为1＋类/受事）＋（行为2＋类/受事/施事2）

（10）（受事＋行为）＋（受事＋行为）

（六）接连两个行为事件概念意合表达式

二、出现事件概念意合表达式

三、领有事件概念意合表达式

（一）领属概念意合表达式

（二）行为事件中的领有事件概念意合表达式

四、状态事件概念意合表达式

（一）所表达的元素属同一事件框架的

（二）两个联合状态事件概念意合表达式

第五章
汉语意合表达式的特征

　　基于前两章对后入框架事物和事件概念意合表达式的描写、分析和解释，本章以意合表达式的还原形式和英语的平行表达式为参照，归纳总结其特征。着眼于语言所遵循的一个基本原则，即经济性原则（也即用最少的形式来表达客体），无论是在词层面还是语层面，意合都是普遍现象；具体表现为，同一事件同一逻辑结构层级的元素组合，同一事件不同层级元素的组合，不同事件的元素的组合，但不同的语言在所跨越的层级或事件数量、具体影响因素、多面性等方面会有差异。（邢秋红 等，2022）

第一节　后入框架事物概念意合表达式特征

　　后入框架事物概念意合表达式的结果，即名词性合成词或短语，从其归纳出来的特征呈多元性，从单一到复合再到复杂。

一、形式结构不完整，量词直接作定语

　　可还原为"一只鸡"的"一鸡""只鸡"，它们形式上比前者少一个音节，即一个实义单纯词；其英语表达为"a/one chicken"，双音节化是其注脚。后两者音节数量相同。同一概念汉语有三个表达式，英语则只有一个，且同于其中一个，即数词直接作定语。这从侧面反映出汉语意合的复杂程度较高，有韵律之双音节化参与其中。

二、形式结构不完整，目标域为处置标记＋处置对象＋行为＋受事＋修饰关系标记＋施事

可还原为"把杀猪作为职业的人"的"杀猪的"，它形式上比前者少六个音节，即六个实义单纯词；"杀猪的"转喻——处置对象"杀猪"代处置标记"把"＋对象"杀猪"＋行为"作为"＋受事"职业"＋修饰关系标记"的"＋施事"人"，三字格化是其注脚；其英语表达为"a person who kills pigs as a profession"，从句作定语后置。

三、历法独特致意合表达式

中国古代拿十二地支和生肖与天干相配，用来表示年、月、日、时的次序。旧式记时法也用地支表示次序，如子时、丑时等。十二生肖/属相"鼠、牛、虎、兔、龙、蛇、马、羊、猴、鸡、狗、猪"与十二地支"子、丑、寅、卯、辰、巳、午、未、申、酉、戌、亥"相配。十二地支和生肖与十干"甲、乙、丙、丁、戊、己、庚、辛、壬、癸"相配。十二生肖的起源与动物崇拜有关。十二地支是古人根据木星来确定的，因为木星围绕太阳公转的周期为十二年。甲、乙、丙、丁从鱼而来，而鱼是渔猎社会的主要生活资源；后来补充了戊、己、庚、辛、壬、癸，用来给国王、国主编年号，给王排序，以及计时。先有天干、后有十二支、最后有甲子。下面以语法形式的有无为主线展开。

（一）无语法形式

可还原为"第十二/第十一/第十年"的"猪/狗/鸡年"，它形式上比前者少两/一个音节，即两/一个实义单纯词，其英语表达为"the twelfth / eleventh / tenth year""year of the pig/dog/rooster"。

（二）有语法形式

1. 可还原为"六十甲子中的第十二年"的"乙亥年"历法独特，形式结构不完整，语法形式省略

"乙亥年"形式上少七个音节，即七个单纯词，包括修饰关系标记"的"；其英语表达为"twelfth year of sixty years"。基于排序，地支与生肖可相互替代，如"猪/狗/鸡年"代"亥/戌/酉年"，由此产生基于同一性的转喻。

2. 可还原为"六十甲子中的第五十八年""辛酉年"的"白鸡年"历法独特，语出典故，形式结构不完整，语法形式省略

"白鸡年"出自"白鸡之梦"，形式上少八个音节，即八个单纯词，包括修饰关系标记"的"；其英语表达为"fifty eighth year of sixty years""xinyou year""year of the white rooster"。

以上三者"猪/狗/鸡年""乙亥年""白鸡年"，尤其是后者如不加注生肖与十二地支和天干历法及典故，则无法让目的语者真正理解。

四、民俗独特致意合表达式

可还原为"阴历正月初一/二/三日"的"鸡/狗/猪日"民俗独特，形式结构不完整。古代，每年正月初七日以前是为"说畜日"，初一日是鸡日；初二日是狗日；初三日是猪日；初四日是羊日；初五日是牛日；初六日是马日。六畜排完了，才轮到人即初七日。

五、语法形式省略

语法形式省略有两种情形，即单层和里外层的语法形式省略。

（一）单层的语法形式省略

下面以语法形式数量为主线展开。

1. 单层的一个关系不标记

（1）并列关系不标记

第一，可还原为"猪和狗"的"猪狗"，并列关系不用连词"和"标记。双音节化是"猪狗"的理据。其英语表达为"a pig and a dog""pigs and dogs"，需用连词"and"。

第二，可还原为"饥鹰和饿虎/饿虎和饥鹰"的"饥鹰饿虎/饿虎饥鹰"，并列关系不用连词"和"标记。四字格化是"饥鹰饿虎/饿虎饥鹰"的理据；其英语表达为"hungry eagles and tigers"，需用连词"and"，而"hungry"不重复。

（2）修饰关系不标记

第一，可还原为"养猪的场"的"养猪场"，修饰关系不用助词"的"标记。三音节化是"养猪场"的理据。其英语表达为"piggery""pig farm"。英语如若表达出行为，是必定有标记的。汉语的"猪场"也不用标记。可还原为"运猪的车"的"运猪车",修饰关系不用助词"的"标记;其英语表达为"a vehicle that carries pigs""a vehicle for carrying pigs""a vehicle carrying pigs",从句/介词短语/-ing 分词短语作定语后置。

第二,可还原为"丧家的狗"的"丧家狗",修饰关系不用助词"的"标记。三音节化是"丧家狗"的理据。其英语表达为"a homeless dog""a stray cur""an outcast"。英语动词"stray"用作定语,虽然也没有标记,但可固化为形容词。

第三,可还原为"驯犬的人"的"驯犬员",修饰关系不用助词"的"标记。三音节化是"驯犬员"的理据。其英语表达为"a dog handler"。英语使用了名词性后缀表达施事,也就不需任何标记了。

(3)领属关系不标记

可还原为"狗的主人"的"狗主",领属关系不用助词"的"标记。双音节化是"狗主"的理据。其英语表达为"dog's owner""the owner of the dog"。理论上,英语也可发展变化到不用领属关系的标记,即"dog owner"。

2. 单层的体和修饰关系不标记

(1)进行体和修饰关系不标记

可还原为"活着的猪"的"生/活猪",它形式上比前者少两个音节,即两个虚义单纯词,也即进行体标记"着"和修饰关系标记"的";动词直接作定语。其英语表达为"a live pig";"live"貌似动词,实为形容词,通过改变语音来标记区分;"live"作动词,读为 [lɪv],作形容词,读为 [laɪv]。汉语也有类似的情况,如"冠狗"中的"冠"最初是用作名词的,读为 [kuan⁵⁵],在此用作动词,则读为 [kuan⁵¹]。

(2)完成体和修饰关系不标记

第一,可还原为"撞晕了的鸡"的"撞晕鸡"。

"撞晕鸡"形式上少两个音节,即两个虚义单纯词,也即完成体标记"了"和修饰关系标记"的";述补结构"撞晕"直接作定语;其英语表达为"a stunned chicken","-ed"标记完成体,无修饰关系标记。

第二,可还原为"慌了脚的鸡"的"慌脚鸡"。

"慌脚鸡"形式上少两个音节,即两个虚义单纯词,也即完成体标记"了"和修饰关系标记"的";述宾结构"慌脚"直接作定语;其英语表达为"a chicken whose feet have been flustered","have been"标记完成体,

"be+-ed"标记被动语态，从句作定语后置，无修饰关系标记。

（二）里外层的语法形式均不标记

1. 里层领属关系不标记，外层并列关系不标记

（1）里层有两个领属关系不标记，外层并列关系不标记

可还原为"犬的牙和鹰的爪""犬牙和鹰爪"的"犬牙鹰爪"，它里层领属关系不用助词"的"标记，外层并列关系不用连词"和"标记，四字格化视为理据；其英语表达为"dog's teeth and eagle's claws""dog teeth and eagle claws"，连词"and"是必需的。

（2）里层只有一个领属关系，外层并列关系不标记

第一，可还原为"油嘴和狗的舌""油嘴和狗舌"的"油嘴狗舌"，它里层领属关系不用助词"的"标记，外层并列关系不用连词"和"标记，四字格化视为理据；其英语表达为"glib and dog's tongue""glib and dog tongue""glib"，由此不难发现，英汉在体认上的差异还是比较大的。

第二，可还原为"小肚和鸡的肠"的"小肚鸡肠"，它里层领属关系不用助词"的"标记，外层并列关系不用连词"和"标记，四字格化视为理据；其英语表达为"human lower abdomen and chicken's intestine"，连词"and"是必需的。

第三，可还原为"犬的牙和厚大的石/厚大的石和犬的牙""犬的牙和磐石/磐石和犬的牙"的"犬牙磐石/磐石犬牙"，它里层领属关系不用助词"的"标记，外层并列关系不用连词"和"标记，四字格化视为理据；其英语表达为"dog's teeth and huge rocks"，连词"and"是必需的。

2. 里层并列关系不标记，外层并列关系不标记

可还原为"鸡和犬与桑和麻"的"鸡犬桑麻"，它里层并列关系不用连词"和"标记，外层并列关系也不用连词"与"标记；其英语表达为"chicken and dog and mulberry and hemp"，里外层连词"and"均是必需的。

六、体验独特，形式结构不完整，语法形式省略

下面以体验为主线展开。

（一）避讳独特，形式结构不完整，语法形式省略

旧时的避讳是指，为了维护等级制度的尊严，即说话写文章时遇到君

主或尊亲的名字都不直接说出或写出，以表尊重，也可避免利用名字进行
人身攻击，而冒犯君主或尊亲超然的地位。《公羊传·闵公元年》说："春
秋为尊者讳，为亲者讳，为贤者讳。"这是古代避讳的一条总原则。

可还原为"猪被屠宰后对其切分得到的肉""猪肉"的"豚肉""大
肉"，它们形式上比前者少11个音节，即11个单纯词，包括被动语态标记
"被"和修饰关系标记"的"；它们的认知操作复杂程度也均高于第二个；
其英语表达为"meat obtained by cutting a pig after slaughtering""pork"。
如不加注以下内容，目的语者则会不知所以然：由于明朝皇帝姓朱，与猪
同音，明朝人为避讳，把"猪"称为"豚"，把"猪肉"称为"豚肉"或
"大肉"。如直译"大肉"又不加注，则无法让目的语者真正理解。

（二）风俗独特，形式结构不完整，语法形式省略

1. 可还原为"敬锁神的猪"的"开锁猪"

它形式上比前者少两个音节，即两个单纯词，包括修饰关系标记
"的"；其英语表达为"a pig worshiping the God of lock"，"-ing"是必不可
少的。生女后，把名字写在红布上，挂在屋里西墙的锁神柜内，姑娘出嫁
时由男方送猪来敬锁神，取出该红布。这猪称为"开锁猪"。

2. 可还原为"祭以犬鸡拜盟的土坛"的"鸡坛"

它形式上比前者少七个音节，即七个单纯词，包括修饰关系标记
"的"；其英语表达为"an earthen altar for swearing by sacrificing dogs and
chickens"，目的标记"for"和方式标记"by"是必不可少的。据《说郛》
卷六十引周处《风土记》："越俗性率朴，初与人交，有礼：封土坛，祭以
犬鸡，祝曰：'卿虽乘车我戴笠，后日相逢下车揖。我步行，君乘马，他日
相逢卿当下。'"

3. 可还原为"杀鸡沥血入其中的酒"的"鸡血酒"

它形式上比前者少六个音节，即六个单纯词，包括修饰关系标记
"的"；其英语表达为"the wine with chicken blood dropped into"，被动语
态标记"-ed"是必不可少的。结盟者依次喝饮，表示永远信守盟约。英译
时，如不加注有关风俗内容，则无法让目的语者真正理解。

（三）神话独特，形式结构不完整，语法形式省略

1. 可还原为"玉帝养而成仙的犬/鸡"的"玉犬/鸡"

"玉犬/鸡"形式上少六个音节，六个单纯词，包括因果关系标记"而"

和修饰关系标记"的";其英语表达为"an immortal dog/chicken raised by the Jade Emperor","-ed"和"by"一起标记被动语态,定语后置。

2. 可还原为"为玉皇守天门的狗"的"玉狗"

形式上少六个音节,即六个单纯词,包括修饰关系标记"的"和目的标记"为";其英语表达为"a dog guarding the gate of heaven for the Jade Emperor","-ing"标记动词作定语后置,目的标记"for"是必不可少的。

玉皇大帝居于太微玉清宫,其在中国民间的影响极大,被视为天上的"皇帝",万神世界的最高统治者。英译时,如不加注有关神话内容,则无法让目的语者真正理解。

（四）民族文化交融独特，形式结构不完整，语法形式省略

可还原为"神鹰化成的笛"的"鹰笛",它形式上比前者少四个音节,即四个单纯词,包括修饰关系标记"的"和完成体标记"成";其英语表达为"the flute into which an eagle has turned",从句作定语后置,完成体标记"have+-ed"是必不可少的。塔吉克族传说中的鹰王献身成笛,名之为"那依",到了汉语中就成了"鹰笛"。英译时,如不加注有关神话内容及其命名的来龙去脉,则无法让目的语者真正理解。

七、形式结构不完整，语法形式省略

下面以语法形式数量为主线展开。

（一）形式结构不完整，一个语法形式省略

1. 省略数词，量词作定语，并列关系不标记

可还原为"一只鸡和一壶酒"的"只鸡斗/樽酒",它形式上少三个音节,即三个单纯词,包括并列关系标记"和";四字格化是其注脚。其英语表达为"a chicken and a（pot of）wine","and"标记并列关系,必不可少。

2. 动词直接作定语，修饰关系不标记

下面以动词转喻的目标域为主线展开。

（1）目标域为联合式复合动词整体

可还原为"啼鸣的雄鸡"的"鸣鸡",它形式上比前者少三个音节,即三个单纯词,包括修饰关系标记"的";"鸣"直接作定语。其英语表达为"a crowing cock","-ing"标记动词作定语,必不可少;没有修饰关系标记。

（2）目标域为行为＋受事

第一，可还原为"屠猪的刀"的"屠刀"。

"屠刀"形式上少两个音节，即两个单纯词，包括修饰关系标记"的"；"屠"直接作定语。其英语表达为"a butcher（'s）knife"，不用动词。类似的还有"砍柴的刀"的"砍刀"，动词"砍"直接作定语。其英语表达为"a hacking knife""chopper"，用了动词，但有标记"-ing"。

第二，"看守家的狗"的"守狗"。

"守狗"形式上少三个音节，即三个单纯词，包括修饰关系标记"的"，"守"直接作定语。其英语表达为"a watch/guard dog"，"watch/guard"初始是用作名词的。

第三，可还原为"牧羊的犬"的"牧犬"。

"牧犬"形式上少两个音节，即两个单纯词，包括修饰关系标记"的"；"牧"直接作定语。其英语表达为"shepherd dog""sheepdog""grazing dog"，"shepherd""sheep"均为名词，"-ing"标记动词作定语。

第四，可还原为"偷食的狗"的"盗狗"。

"盗狗"形式上少两个音节，即两个单纯词，包括修饰关系标记"的"；"盗"直接作定语。其英语表达为"a dog that steals food""a stealing dog"，从句作定语后置，用了动词作定语，但需"-ing"标记。

（3）目标域为行为1＋受事1＋行为2＋受事2

可还原为"孵卵、哺养雏鸡的母鸡"的"哺鸡"，它形式上比前者少七个音节，即七个单纯词，包括修饰关系标记"的"；"哺"直接作定语。其英语表达为"a hen that incubates and feeds chicks"，从句作定语后置。

（4）目标域为行为1＋受事1＋行为2＋受事2＋行为3＋受事3

可还原为"伏卵、孵卵、哺养雏鸡的母鸡"的"伏鸡"，它形式上比前者少九个音节，即九个单纯词，包括修饰关系标记"的"；"伏"直接作定语。其英语表达为"a hen that lays eggs, incubates, and feeds chicks"，从句作定语后置，没有修饰关系标记。

（5）目标域为时间＋行为＋受事

可还原为"得传染病后，传播疾病的鸡"的"传鸡"，它形式上比前者少九个音节，即九个单纯词，包括修饰关系标记"的"；"传"直接作定语。其英语表达为"a chicken that spreads diseases after getting infectious"，从句作定语后置，没有修饰关系标记。

（6）目标域为方式＋行为＋受事

可还原为"凶猛咬人的狗"的"噬狗"，它形式上比前者少四个音节，即四个单纯词，包括修饰关系标记"的"；"噬"直接作定语。其英语表达为"a fierce biting dog"，可用动词作定语，但需"-ing"标记，没有修饰关系标记。

（7）目标域为方式的标记＋方式的行为＋行为＋受事

可还原为"通过吠叫看守门户的狗"的"吠犬"，它形式上比前者少八个音节，即八个单纯词，包括修饰关系标记"的"；"吠"直接作定语。其英语表达为"a dog that guards the door by barking" "a dog guarding the door by barking"，用了动词，但需依托句子，或由"-ing"标记，作定语后置，没有修饰关系标记。

（8）目标域为处置标记＋处置对象＋行为＋受事

可还原为"把屠宰牲畜作为职业的人"的"屠夫/户"，它形式上比前者少九个音节，即九个单纯词，包括修饰关系标记"的"；"屠"直接作定语。其英语表达为"a person who takes slaughtering livestock as a profession" "a person taking slaughtering livestock as a profession"，用了动词，但需依托句子，或由"-ing"标记，作定语后置，没有修饰关系标记。

（9）目标域为行为＋受事/施事 2＋行为

可还原为"帮助猎人打猎的狗/鹰"的"猎狗/鹰"，它形式上比前者少六个音节，即六个单纯词，包括修饰关系标记"的"；"猎"直接作定语。其英语表达为"a dog /eagle that helps hunters hunt" "a dog /eagle helping hunters hunt"，用了动词，但需依托句子，或由"-ing"标记，作定语后置，没有修饰关系标记。

（10）目标域为方式的标记＋方式的行为＋行为＋受事/施事 2＋行为

可还原为"通过走/对付帮助猎人打猎的狗"的"走狗/遇犬"，它形式上比前者少九个音节，即九个单纯词，包括修饰关系标记"的"；"走/遇"直接作定语。其英语表达为"a dog that helps hunters hunt by walking/encountering" "a dog helping hunters hunt by walking/encountering"，用了动词，但需依托句子，或由"-ing"标记，作定语后置，没有修饰关系标记。

（11）目标域为行为＋状态

可还原为"坐下的狗"的"坐狗"，它形式上比前者少两个音节，即两个单纯词，包括修饰关系标记"的"；"坐"直接作定语。其英语表达为"a dog that sits down""a dog sitting down"，用了动词，但需依托句子，或由"-ing"标记，作定语后置，没有修饰关系标记。

（12）目标域为时间＋行为

可还原为"拂晓叫的鸡"的"叫鸡"，它形式上比前者少三个音节，即三个单纯词，包括修饰关系标记"的"；"叫"直接作定语。其英语表达为"a chicken that crows at dawn""a chicken crowing at dawn"，用了动词，但需依托句子，或由"-ing"标记，作定语后置，没有修饰关系标记。

（13）目标域为对象标记＋对象＋行为

可还原为"与人交谈的鸡"的"谈鸡"，它形式上比前者少四个音节，即四个单纯词，包括修饰关系标记"的"；"谈"直接作定语。其英语表达为"a chicken that talks with a person""a chicken talking with a person"，用了动词，但需依托句子，或由"-ing"标记，作定语后置，没有修饰关系标记。

（14）目标域为范围标记部分＋范围＋范围标记部分＋状态

可还原为"在吠叫方面擅长的狗"的"吠犬"，它形式上比前者少七个音节，即七个单纯词，包括修饰关系标记"的"；"吠"直接作定语。其英语表达为"a dog good at barking"，形容词短语作定语后置，"-ing"标记动词名词化。

3. 动词性短语直接作定语，修饰关系不标记

（1）可还原为"错过清晨报晓的公鸡"的"失晨/旦鸡"

"失晨/旦鸡"形式上少六个音节，即六个单纯词，包括修饰关系标记"的"；动词性短语，即述宾结构"失晨/旦"直接作定语。其英语表达为"a rooster who has missed announcing the dawn in the morning""a rooster having missed announcing the dawn in the morning"，用了动词，但需依托句子，或由"-ing"标记，作定语后置，没有修饰关系标记，"have＋-ed"标记现在完成体。

（2）可还原为"等到潮来时鸣叫的公鸡"的"伺潮鸡"

"伺潮鸡"形式上少七个音节，即七个单纯词，包括修饰关系标记

"的"；动词性短语，即述宾结构"伺潮"直接作定语。其英语表达为"a cock that crows when the tide comes""a cock crowing when the tide comes"，用了动词，但需依托句子，或由"-ing"标记，作定语后置，没有修饰关系标记。

（3）可还原为"天明时候啼叫的公鸡"的"啼明鸡"

"啼明鸡"形式上比前者少六个音节，即六个单纯词，包括修饰关系标记"的"；动词性短语，即述宾结构"啼明"直接作定语。其英语表达为"a cock that crows at dawn""a cock crowing at dawn"，用了动词，但需依托句子，或由"-ing"标记，作定语后置，没有修饰关系标记。

（二）形式结构不完整，两个语法形式省略

下面以语法形式为主线展开。

1. 递进和修饰关系不标记

可还原为"大而晃的耳朵"的"招风耳"，它形式上比前者少三个音节，即三个单纯词，包括递进关系标记"而"和修饰关系标记"的"；动词性短语即述宾结构"招风"直接作定语。其英语表达为"big dangling ears""protruding ears"，用了动词作定语，但需"-ing"标记，没有修饰关系标记。

2. 处置和修饰关系不标记

可还原为"以养猪/狗/鸡为业的人"的"养猪/狗/鸡专业户"，它形式上比前者少两个音节，即两个单纯词，包括处置标记"以"和修饰关系标记"的"；动词性短语即述宾结构"养猪/狗/鸡"直接用作外层定语。其英语表达为"a person who takes raising pigs / dogs / chickens as a profession""a person taking raising pigs / dogs / chickens as a profession"，用了动词，但需依托句子，或由"-ing"标记，作定语后置，没有修饰关系标记。

3. 体和修饰关系不标记

（1）进行体和修饰关系不标记

可还原为"挡着门咬人的犬"的"当门犬"，它形式上比前者少四个音节，即四个单纯词，包括进行体标记"着"和修饰关系标记"的"；动词性短语，即述宾结构"当门"直接作定语。其英语表达为"a dog who is blocking the door and ready to bite sb.""a dog blocking the door and ready to bite sb."，用了动词，但需依托句子，或由"-ing"标记，作定语后置，没有修饰关系标记；作后置定语的标记"-ing"还标记进行体。

（2）完成体和修饰关系不标记

可还原为"丧失了主人家、流浪的狗"少七个音节的"流浪狗"，它形式上比前者少七个音节，即七个单纯词，包括完成体标记"了"和修饰关系标记"的"；动词"流浪"直接作定语，进而双音节化"浪狗"。其英语表达为"a stray dog that has lost its owner's home""a stray dog having lost its owner's home""stray dog"，用了动词，但需依托句子，或由"-ing"标记，作定语后置，没有修饰关系标记；作后置定语的标记"-ing"还与"lost"一起标记完成体；还可动词形化后作定语。

4. 被动语态和修饰关系不标记

（1）可还原为"被人圈起来养的猪""被圈起来养的猪""圈起来养的猪""圈养的猪"的"圈猪"

"圈猪"形式上比第一个少五个音节，即五个单纯词，包括被动语态标记"被"和修饰关系标记"的"；动词"圈"直接作定语。其英语表达为"a pig raised in a circle"，"-ed"过去分词短语作定语后置，且"-ed"还标记被动语态；没有修饰关系标记。

（2）可还原为"被人熏制的猪肉""被熏制的猪肉""熏制的猪肉"的"熏肉"

"熏肉"形式上比第一个少四个音节，即四个单纯词，包括被动语态标记"被"和修饰关系标记"的"；动词"熏"直接作定语。其英语表达为"smoked pork"，"-ed"过去分词作定语，且"-ed"还标记被动语态；"smoke"的词化程度高；没有修饰关系标记。

（3）可还原为"被人烤熟的猪肉""被烤熟的猪肉""烤熟的猪肉"的"烧猪"

"烧猪"形式上比第一个少四个音节，即四个单纯词，包括被动语态标记"被"和修饰关系标记"的"；动词"烧"直接作定语。其英语表达为"roasted pork"，"-ed"过去分词作定语，且"-ed"还标记被动语态；"roast"的词化程度高；没有修饰关系标记。

（4）可还原为"被人烤熟的鸡""被烤熟的鸡""烤熟的鸡"的"烧鸡"

"烧鸡"形式上比第一个少三个音节，即三个单纯词，包括被动语态标记"被"和修饰关系标记"的"；动词"烧"直接作定语。其英语表达为"a

roasted chicken"，"-ed" 过去分词作定语，且 "-ed" 还标记被动语态；
"roast" 的词化程度高；没有修饰关系标记。

（三）形式结构不完整，三个语法形式省略

下面以语法形式为主线展开。

1. 进行体、修饰关系和整体与部分关系不标记

可还原为"正相斗的鸡的眼睛"的"斗鸡眼"，它形式上少五个音节，
即五个单纯词，包括进行体标记"正"、修饰关系标记"的"和整体与部分
关系标记"的"；动词性短语"斗鸡"直接作定语。其英语表达为"the eyes
of mutually fighting chickens""the eyes of fighting chickens"，"-ing" 标记
进行体和修饰关系，"of" 标记整体与部分关系。

2. 被动语态、目的和修饰关系不标记

可还原为"为狩猎被人使用的小鹰""为狩猎被使用的小鹰""为狩猎
使用的小鹰"的"猎鹰"，它形式上比第一个少七个音节，即七个单纯词，
包括被动语态标记"被"、目的标记"为"和修饰关系标记"的"；动词
"猎"直接作定语。其英语表达为"a young eagle used for hunting"，"-ed"
过去分词短语作定语后置，且 "-ed" 还标记被动语态；标记目的"for"必
不可少，修饰关系不标记。

3. 被动语态、方式和修饰关系不标记

（1）可还原为"通过放被人养的猪""通过放养的猪""放养的猪"的
"跑猪"

"跑猪"形式上比前者少五个音节，即五个单纯词，包括被动语态标记
"被"、方式标记"通过"和修饰关系标记"的"；动词"跑"直接作定语。
其英语表达为"a pig raised without a circle"，"-ed" 过去分词短语作定语
后置，且 "-ed" 还标记被动语态；修饰关系不标记。

（2）可还原为"被人用绳子连在一起的鸡""被用绳子连在一起的鸡"
"用绳子连在一起的鸡"的"连鸡"

"连鸡"形式上比第一个少八个音节，即八个单纯词，包括被动语态标
记"被"、方式标记"用"和修饰关系标记"的"；动词"连"直接作定语。
其英语表达为"a chicken tied together with a rope"，"-ed" 过去分词短语
作定语后置，且 "-ed" 还标记被动语态。

（四）形式结构不完整，四个语法形式省略

1. 完成体、被动语态、目的和修饰关系不标记

（1）可还原为"为催肥被阉掉睾丸/卵巢的公/母猪""为催肥阉掉睾丸/卵巢的公/母猪"的"阉猪"

"阉猪"形式上比前者少九个音节，即九个单纯词，包括隐性完成体标记"掉"、被动语态标记"被"、目的标记"为"和修饰关系标记"的"；动词"阉"直接作定语。其英语表达为"a boar/sow castrated /ovariectomized for fattening"，"-ed"过去分词短语作定语后置，且"-ed"既标记完成体又标记被动语态；用动词表达目的，但需"-ing"标记；"for"标记目的；"castrate/ovariectomize"的词化程度高。

（2）可还原为"被屠宰了的、经滚水烫洗的、去毛的猪"的"汤猪"

"汤猪"形式上比前者少十三个音节，即十三个单纯词，包括完成体标记"了"、被动语态标记"被"、方式标记"经"和修饰关系标记"的"；名词"汤"直接作定语。其英语表达为"a slaughtered, scalded with boiled water and depilated pig"，"-ed"过去分词短语作定语，且"-ed"既标记完成体又标记被动语态，"with"标记方式，"and"标记递进关系；理论上，用名词直接作定语有一定的可能性。

2. 被动语态、完成体、完成体和修饰关系不标记

可还原为"被腌制过、风干了的鸡""腌制过、风干了的鸡"的"风鸡"，它形式上比第一个少七个音节，即七个单纯词，包括完成体标记"过"、被动语态标记"被"、完成体标记"了"和修饰关系标记"的"；动词"风"直接作定语。其英语表达为"a cured and air dried chicken"，"-ed"过去分词短语作定语，且"-ed"既标记完成体又标记被动语态。

3. 被动语态、完成体、时间和修饰关系不标记

可还原为"猪被屠宰完后、对其切分得到的肉""猪被屠宰后、对其切分得到的肉"的"猪肉"，它形式上比第一个少十二个音节，即十二个单纯词，包括隐性完成体标记"完"、被动语态标记"被"、时间标记"后"和修饰关系标记"的"；名词"猪"直接作定语。其英语表达为"the meat obtained by cutting the slaughtered pig"，"-ed"过去分词短语作定语，且第一个和第二个"-ed"既标记完成体又标记被动语态。

（五）形式结构不完整，五个语法形式省略

1. 目的、被动语态、方式、完成体和修饰关系不标记

可还原为"为催肥被用线阉割掉睾丸的公鸡""为催肥用线阉割掉睾丸的公鸡"的"线鸡"，它形式上比第一个少十二个音节，即十二个单纯词，包括隐性完成体标记"掉"、被动语态标记"被"、目的标记"为"、方式标记"用"和修饰关系标记"的"；名词"线"直接作定语。其英语表达为"a cock castrated with string for fattening"，"-ed"过去分词短语作定语后置，且"-ed"既标记完成体又标记被动语态；用动词表达目的，但需"-ing"标记；"for"标记目的，"with"标记方式；"castrate"的词化程度高。

2. 被动语态、完成体、时间、完成体和修饰关系不标记

可还原为"猪皮被去了毛后加工制成了的熟革""猪皮被去毛后加工制成的熟革"的"猪革"，它形式上比第一个少十三个音节，即十三个单纯词，包括被动语态标记"被"、完成体标记"了"、时间标记"后"、完成体标记"了"和修饰关系标记"的"；名词"猪"直接作定语。其英语表达为"the cooked leather having been made from pig skin after depilation"，"having been made"现在分词短语作定语后置，既标记完成体又标记被动语态；理论上，可用名词直接作定语。

（六）形式结构不完整，六个语法形式省略

可还原为"被人杀了的，加工过的，不加调味烹煮了的，斩着吃的鸡"的"白斩鸡"，它形式上少十九个音节，即十九个单纯词，包括被动语态标记"被"、完成体标记"过""了"、进行体标记"着"和修饰关系标记"的"；貌似的状中式动词短语"白斩"直接作定语。其英语表达为"the chicken cooked without seasoning after being killed, processed by depilation, etc.，and eaten by chopping"，"-ed"过去分词短语作定语后置，且第一个"-ed"既标记完成体又标记被动语态；"being"＋"-ed"既标记被动语态又标记完成体，动词非限定形式"eaten"附带标记被动语态，无修饰关系标记。

八、形式结构不完整，语法形式省略，且中有非短语化发生

下面以语法形式数量为主线展开。

（一）两个语法形式省略

可还原为"产过仔的雌性猪"的"娄猪"，它形式上少五个音节，即五

个单纯词，包括完成体标记"过"和修饰关系标记"的"；"雌性"词化为"娄"，直接作定语。其英语表达为"a farrowed female pig"，"-ed"过去分词短语作定语，且"-ed"还标记完成体，无修饰关系标记。

（二）三个语法形式省略

1. 可还原为"已经长大且脂肪多的猪/鸡""已经长大、脂肪多的猪/鸡"的"肥猪/鸡"

"肥猪/鸡"形式上比第一个少八个音节，即八个单纯词，包括完成体标记"已经"、递进关系标记"且"和修饰关系标记"的"；"脂肪多的"词化为"肥"，作定语。其英语表达为"a grown and fat pig/chicken"，动词过去分词"grown"作定语，还附带标记完成体，"and"标记递进关系，无修饰关系标记。

2. 可还原为"被屠宰了的猪""被屠宰的猪"的"死猪"

"死猪"形式上比第一个少四个音节，即四个单纯词，包括完成体标记"了"、被动语态标记"被"和修饰关系标记"的"；"被屠宰了的"词化为"死"，作定语。其英语表达为"a slaughtered pig"，"-ed"过去分词短语作定语，且"-ed"既标记完成体又标记被动语态，无修饰关系标记。

（三）六个语法形式省略

可还原为"被人宰杀了的、处理过的、用油炸了的小而嫩的鸡""被屠宰了的、处理过的、用油炸了的小而嫩的鸡""宰杀了的、处理过的、用油炸了的小而嫩的鸡""用油炸了的小而嫩的鸡""油炸了的小而嫩的鸡""油炸的小而嫩的鸡"的"炸子鸡"，它形式上比第一个少十七个音节，即十七个单纯词，包括被动语态标记"被"、完成体标记"了"、完成体标记"过"、方式标记"用"、完成体标记"了"和修饰关系标记"的"；"小而嫩的"词化为"子"，作定语。其英语表达为"a fried tender chicken under one year old"，"-ed"过去分词作定语，且"-ed"既标记完成体又标记被动语态，无修饰关系标记。

九、形式结构不完整，语法形式省略，意合中具象，短语作定语

下面以短语类型为主线展开。

（一）名词性短语

1. 可还原为"仿于正在跳的鸡的杂技"的"跳鸡模"

"跳鸡模"形式上少七个音节，即七个单纯词，包括进行体标记"正

在"和修饰关系标记"的";名词性短语"跳鸡"直接作定语更具象。其英语表达为"the acrobatics imitating jumping chicken",第一个"-ing"标记动词作后置定语,第二个"-ing"既标记定语又标记进行体。

2. 可还原为"驯鸡而鸡变神奇的小儿"的"神鸡童"

"神鸡童"形式上比前者少七个音节,即七个单纯词,包括因果关系标记"而"和修饰关系标记"的";表达状态的述宾式短语部分"神"＋状主"鸡"的名词性短语直接作定语更具象。其英语表达为"a child who domesticates chickens and turns them into magic""a child domesticating chickens and turning them into magic",用了动词,但需依托句子,或由"-ing"标记,作定语后置,没有修饰关系标记,"and"标记因果关系,定语后置,无修饰关系标记。

（二）表达施事＋行为的动词性短语

1. 可还原为"调皮的家伙"的"狗蹦子"

"狗蹦子"形式上少两个音节,即两个单纯词,包括修饰关系标记"的";表达施事＋行为的动词性短语即主谓结构"狗蹦"直接作定语,比"调皮"更具象。其英语表达为"one who is playfully mischievous""a naughty guy""a scamp",不用动词或动词性短语作定语,比较抽象概括。

2. 可还原为"刺软且少的鱼"的"狗瞌睡鱼"

"狗瞌睡鱼"形式上少两个音节,即两个单纯词,包括递进关系标记"且"和修饰关系标记"的";动词性短语即主谓结构"狗瞌睡"直接作定语,比"刺软且少"更具象。其英语表达为"fish with soft and few spines",不用动词或动词性短语作定语,定语后置。

3. 可还原为"严厉且勇猛的郎将""严厉勇猛郎将"的"鹰击郎将"

"鹰击郎将"形式上比第一个少四个音节,即四个单纯词,包括并列关系标记"且"和修饰关系标记"的";动词性短语即主谓结构"鹰击"直接作定语,比"严厉且勇猛"更具象。其英语表达为"the severe and brave captain of the bodyguards",不用动词或动词性短语作定语,"and"标记并列关系。

十、同义重复

可还原为"猪"的"豕彘"同义重复,"豕"和"彘"都意为"猪"。

十一、一方面形式结构不完整，且语法形式省略；另一方面意义却重复

（一）可还原为"头短的猪""短头猪"的"猏猪"

"猏猪"一方面形式上比第一个少两个音节，即两个单纯词，包括修饰关系标记"的"；另一方面意义则重复，因为意为"头短的猪"的"猏"包含"猪"义。其英语表达为"a short headed pig"，"-ed"标记修饰关系。

（二）可还原为"生长在原野的鸡"的"雉鸡"

"雉鸡"一方面形式上少五个音节，即五个单纯词，包括修饰关系标记"的"；另一方面意义则重复，因为本义为"野鸡"的"雉"包含"鸡"义。其英语表达为"a pheasant""a chicken growing in the wild"，"-ing"标记动词作定语后置。

双音节化是上述二者最好的注脚。

十二、一方面形式结构不完整，且语法形式省略；另一方面意义却重复，且增加语法形式

可还原为"被寄放在别人家的公猪"的"寄豭之猪"，它一方面形式上少六个音节，包括被动语态标记"被"和修饰关系标记"的"；另一方面意义则重复，因为意为"公猪"的"豭"包含"猪"义；而且由于意义重复增加修饰关系标记"之"。四字格化是其注脚。其英语表达为"the boar placed in someone else's house"，"-ed"过去分词作定语，且"-ed"还标记被动语态，"-'s"标记领属关系。

十三、一方面形式结构不完整，且语法形式省略；另一方面改变、增加意义

可还原为"眼睛黑色的鸡"的"五眼鸡"，它一方面形式上比前者少三个音节，即三个单纯词，包括修饰关系标记"的"；另一方面改变、增加意义，从"眼睛黑色"到"五只眼睛"，假借是其注脚，"五"为"乌"的借音字。其英语表达为"a chicken with black eyes"，意义不改变、不增加，介词短语作定语后置。

十四、形式结构不完整，语法形式和复指成分省略

下面以复指的对象为主线展开。

（一）复指源头

可还原为"其肉味美的鸡"的"甘鸡"，它形式上比前者少四个音节，即四个单纯词，包括修饰关系标记"的"和复指成分"其"；"其"复指源头"鸡"。其英语表达为"a chicken the meat of which is delicious"，"of which"复指"chicken's"，从句作定语后置，无修饰关系标记。

（二）复指整体

1. 可还原为"系火于其足的鸡""系火于足的鸡"的"鸡"

"爇鸡"形式上比第一个少六个音节，即六个单纯词，包括修饰关系标记"的"和复指成分"其"；"其"复指整体"鸡"。其英语表达为"a chicken with fire tied to its feet"，"its"复指"chicken's"，介词短语作定语后置，无修饰关系标记。

2. 可还原为"从其腿到趾附着浓密羽毛的鸡""从腿到趾附着浓密羽毛的鸡"的"毛脚鸡"

"毛脚鸡"形式上比第一个少十个音节，即十个单纯词，包括修饰关系标记"的"和复指成分"其"；"其"复指整体"鸡"。其英语表达为"a chicken with thick feathers from its legs to its toes"，"its"复指"chicken's"；复杂介词短语作定语后置，无修饰关系标记。

3. 可还原为"其正面有图案鹰的洋币""正面有图案鹰的洋币"的"鹰洋"

"鹰洋"形式上比第一个少八个音节，即八个单纯词，包括修饰关系标记"的"和复指成分"其"； "其"复指整体"币"。其英语表达为"a Mexican silver dollar with a figure of an eagle on it"，"it"复指"dollar"；复杂介词短语作定语后置，无修饰关系标记。

4. 可还原为"其殿内有鸡栖树的中书省""殿内有鸡栖树的中书省"的"鸡省"

"鸡省"形式上比第一个少九个音节，即九个单纯词，包括修饰关系标记"的"和复指成分"其"；"其"复指整体"省"。其英语表达为"Zhongshu department with the trees on which chickens perch in its hall"，"its"复指

"department's"；复杂介词短语作定语后置，无修饰关系标记。

5. 可还原为"其上有子母鸡图形的缸""上面有子母鸡图形的缸"的"鸡缸"

"鸡缸"形式上比前者少八个音节，即八个单纯词，包括修饰关系标记"的"和复指成分"其"；"其"复指整体"缸"。其英语表达为"a vat with a figure of a chick and a hen on it"，"it"复指"vat"；复杂介词短语作定语后置，无修饰关系标记。

6. 可还原为"蝇栖于其端的笔"的"蝇栖笔"

"蝇栖笔"形式上比前者少四个音节，即四个单纯词，包括修饰关系标记"的"和复指成分"其"；"其"复指整体"笔"。其英语表达为"a pen on the end of which a fly perched"，"which"复指"pen"，"of"标记整体与部分关系，从句作定语后置，无修饰关系标记。

（三）复指目的地

可还原为"杀鸡沥血入其中的酒"的"鸡血酒"，它形式上比前者少六个音节，即六个单纯词，包括修饰关系标记"的"和复指成分"其"；"其"复指目的地"酒"。其英语表达为"the wine with chicken blood dropped into"；复杂介词短语作定语后置，"-ed"标记被动语态，无修饰关系标记。

（四）复指处置对象

可还原为"把其作为猪饲料的莼"的"猪莼"，它形式上比前者少七个音节，即七个单纯词，包括处置标记"把"、修饰关系标记"的"和复指成分"其"；"其"复指处置对象"莼"。其英语表达为"an ulva which is used as pig feed"，"which"复指"ulva"，"be＋-ed"标记被动语态，从句作定语后置，无修饰关系标记。

第二节 后入框架事件概念意合表达式特征

后入框架事件概念意合表达式的结果，即动词性短语或句，从其归纳出来的特征主要涉及元素和标记的隐略，呈现出从单一到复合再到综合的特点，复杂性显著。

一、隐略关系致使概念结构（和形式结构）不完整

（一）隐略范畴与成员关系

可还原为"鸡有文、武、勇、仁、信五德"的"鸡有五德"，它突显领主"鸡"、领有"有"和所属"五德"，隐略了范畴（"五德"）与成员（"文、武、勇、仁、信"）关系，致使概念结构不完整；三字格化是其注脚。其英语表达为"The chicken has five virtues: benevolence, righteousness, courtesy, wisdom and loyalty."。

（二）隐略整体与部分关系

1. 可还原为"鹰英武"的"鹰武"

"鹰武"突显状主"鹰"和表达状态的联合式复合形容词部分"武"，隐略了整体（"英武"）与部分（"武"）关系，致使概念结构和形式结构不完整；双音节化是其注脚。其英语表达为"The eagle is wise and brave."。"wise"不可隐略，"and"标记并列关系。

2. 可还原为"鸡廉洁"的"鸡廉"

"鸡廉"突显状主"鸡"和表达状态的联合式复合形容词部分"廉"，隐略了整体（"廉洁"）与部分（"廉"）关系，致使概念结构和形式结构不完整；双音节化是其注脚。其英语表达为"The chicken is honest and clean."。"clean"不可隐略，"and"标记并列关系。

二、隐略元素致使概念结构和形式结构不完整

下面以所隐略的元素的数量为主线展开。

（一）隐略一个元素的即隐略行为的

1. 可还原为"猪吃食"的"豕食"

"豕食"突显施事"猪"和受事"食"，隐略行为"吃"，致使概念结构和形式结构不完整，句法上没有谓语；双音节化是其注脚。其英语表达为"Pigs eat food."。行为"eat"是不可隐略的。

2. 可还原为"鸡和犬皆成为仙"的"鸡犬皆仙"

"鸡犬皆仙"突显施事"鸡犬"、受事"仙"和范围"皆"，隐略行为"成为"，致使概念结构和形式结构不完整，句法上没有谓语；四字格化是其注脚。其英语表达为"Both chicken and dog are immortal."。行为"成

为"是不可隐略的,但表征为状态。

(二) 隐略两个元素的

1. 隐略行为和受事的

可还原为"鹰变化成为鸠""鹰化成鸠"的"鹰化",它突显施事"鹰"和行为1"化",隐略了行为2"成为"和受事"鸠",致使概念结构和形式结构不完整;双音节化是其注脚。其英语表达为"An eagle turns into a turtledove."。受事"turtledove"是不可隐略的,介词"into"可视为弱化的动词。类似的有:可还原为"雌鸡变化成为雄鸡""雌鸡化成雄鸡"的"鸡化"。

2. 隐略行为1和行为2的

可还原为"鹰用趾栖止"的"鹰趾",它突显施事"鹰"和受事"趾",隐略了行为1"用"和行为2"栖止",致使概念结构和形式结构不完整,句法上没有谓语;双音节化是其注脚。其英语表达为"The eagle rests on its feet."。行为2"rest"是不可隐略的,介词"on"可视为弱化的动词。

3. 隐略复指成分兼施事2和行为2的

可还原为"控制鹰让其行猎"的"按鹰",它突显行为1"按"和受事"鹰",隐略了复指成分兼施事2"其"和行为2"行猎",致使概念结构和形式结构不完整;双音节化是其注脚。其英语表达为"control the eagle to hunt",行为2"hunt"是不可隐略的。

(三) 隐略三个元素的

1. 可还原为"豕下斜眼睛偷视"的"豕视"

"豕视"突显施事"豕"和行为2"视",隐略了行为1"下斜"和受事"眼睛"以及行为2的方式"偷",致使概念结构和形式结构不完整;双音节化是其注脚。其英语表达为"The pig squints and keeks."。行为1"下斜"是不可隐略的,"squint"和"keek"词化程度高。

2. 可还原为"发出'祝祝'声呼叫鸡"的"祝鸡"

"祝鸡"突显表达受事1的原式"祝"和受事2"鸡",隐略了行为1"发出"和受事1的重叠成分以及行为2"呼叫",致使概念结构和形式结构不完整;双音节化是其注脚。其英语表达为"send out a 'Zhu Zhu' sound to call the chicken",行为1"send out"和行为2"call"是不可隐略的。

（四）隐略四个元素的

可还原为"忌讳看到母狗产仔"的"讳犬"，它突显行为1"忌讳"和子事件的施事"犬"，隐略了行为2"看到"与子事件施事的属性特征"母"、行为"产"和受事"仔"，致使概念结构和形式结构不完整；双音节化是其注脚。其英语表达为"abstain from seeing a mother dog giving birth"，行为"give"和受事"birth"是不可隐略的。

（五）隐略六个元素的

1. 可还原为"打鸡蛋、搅黄和白、摊糊状的黄和白做成菜"的"摊黄菜"

"摊黄菜"突显行为3"摊"、所属"黄"和受事"菜"，隐略了行为1"打"和受事1"鸡蛋"、行为2"搅"和受事2"黄和白"、受事3"糊状的黄和白"与行为4"做成"，致使概念结构和形式结构不完整；三音节化是其注脚。其英语表达为"beat the eggs, stir the yellow and white, and spread the paste yellow and white to make a dish"，行为1"beat"和受事1"egg"、行为2"stir"和受事2"the yellow and white"、受事3"the paste yellow and white"与行为4"spread"是不可隐略的。

2. 可还原为"杀鸡、切分被杀的鸡、用鸡骨占吉凶祸福"的"鸡卜/占"

"鸡卜/占"突显表达受事1"鸡"和行为4"卜/占"，隐略了施事"人"、行为1"杀"、行为2"切分"、受事2"被杀的鸡"、行为3"用"、受事3"骨"和受事4"吉凶祸福"，致使概念结构和形式结构不完整；双音节化是其注脚。其英语表达为"kill the chicken, cut the killed chicken, and use the chicken bones to divine good or bad luck"。前三个行为和四个受事是不可隐略的。

三、隐略施事致使概念结构和形式结构均不完整，且受事占据主语位置

下面以句类为主线展开。

（一）单句

可还原为"人刮狗头"的"狗刮头"，它突显受事1"狗"、行为"刮"和受事2"头"，隐略施事"人"，致使受事1占据施事的主语位置，概念结构和形式结构不完整；三字格化是其注脚。其英语表达为"A man shaves a dog's head."。施事是不可隐略的。

（二）复句

可还原为"宁管鸡不从牛"的"鸡尸牛从"，它突显行为"管"和受事"鸡"、行为"从"和受事"牛"，隐略施事"人"，致使受事"鸡"和受事"牛"分别占据施事的主语位置；而且隐略选择复句标记"宁……不……"，致使形式结构和概念结构不完整；四字格化是其注脚。其英语表达为"better to lead a chicken than to obey an ox"。"than"标记比较关系。

四、隐略出现致使概念结构和形式结构均不完整，且目的地占据主语位置，整个语序面目全非

可还原为"蝇飞来臭肉"的"臭肉来蝇"，它突显目的地"臭肉"、趋向"来"和出现者"蝇"，隐略出现"飞"，致使目的地占据出现者的主语位置，出现者置于句尾；四字格化是其注脚。其英语表达为"Flies fly to stink meat."。"fly"是不可隐略的。

五、隐略标记致使形式结构均不完整

下面以标记类型为主线展开。

（一）隐略并列关系标记

1. 可还原为"指猪和骂狗"的"指猪骂狗"

"指猪骂狗"隐略并列关系标记"和"，致使形式结构不完整；四字格化是其注脚。其英语表达为"point at the chicken and curse the dog"，"and"标记并列关系，类似的还有：可还原为"赶猪和打狗"的"赶猪打狗"。

2. 可还原为"猪卑和狗险"的"猪卑狗险"

"猪卑狗险"隐略并列关系标记"和"，致使形式结构不完整；四字格化是其注脚。其英语表达为"The pig is base and the dog is sinister."，"and"标记并列关系。

（二）隐略场所标记

1. 可还原为"鹰搏杀于长空"的"鹰击长空"

"鹰击长空"隐略场所标记"于"，致使形式结构不完整；四字格化是其注脚。其英语表达为"The eagle hovers high in the sky."，场所标记"in"是不可隐略的。

2. 可还原为"猪在鼻子里插葱""猪在鼻子插葱""猪鼻子里插葱"的"猪鼻子插葱"

"猪鼻子插葱"隐略场所标记"在……里",致使形式结构和不完整;节奏合拍是其注脚。"在……里"系复合标记,可只用其中之一。其英语表达为"The pig sticks scallion in its nose."。场所标记"in"是不可隐略的。

3. 可还原为"狗在头上生角""狗在头生角""狗头上生角"的"狗头生角"

"狗头生角"隐略场所标记"在……上",致使形式结构不完整;四字格化是其注脚。"在……里"系复合标记,可只用其中之一。其英语表达为"The dog sprouts horns on its head."。场所标记"on"是不可隐略的。

六、隐略元素和标记致使形式结构和概念结构不完整

下面以所隐略的元素和标记数量为主线展开。

(一) 隐略一个元素和一个标记的

下面以是否错位为主线展开。

1. 错位

(1) 可还原为"牵着狗慢慢走"的"遛狗"

"遛狗"突显母事件行为"遛"(意为"慢慢走")和子事件受事"狗",隐略子事件行为"牵"和体标记"着",致使形式结构和概念结构不完整,且"狗"错位置"遛"后作宾语;双音节化是其注脚。其英语表达为"walk slowly while leading the dog",行为"牵"是不可隐略的。

(2) 可还原为"在鸡蛋上镂花纹""鸡蛋上镂花纹"的"镂鸡子"

"镂鸡子"突显行为"镂"和场所"鸡子",隐略受事"花纹"和场所标记"在……上",致使形式结构和概念结构不完整,且场所"鸡子"错位置"镂"后作宾语;三音节化是其注脚。其英语表达为"carve patterns on eggs"。受事"patterns"是不可隐略的,"on"标记场所。

2. 不错位

(1) 可还原为"狗在头上生角""狗头上生角""狗头生角"的"狗生角"

"狗生角"突显施事"狗"、行为"生"和受事"角",隐略场所"头"及其标记"在……上",致使形式结构和概念结构不完整;三音节化是其注脚。其英语表达为"The dog sprouts horns on its head."。场所"head"及

其标记"on"是不可隐略的。

（2）可还原为"鸡发声和鹅搏斗""鸡发声、鹅搏斗"的"鸡声鹅斗"

"鸡声鹅斗"突显施事"鸡"和结果"声"与施事"鹅"和行为"斗"，隐略行为"发"和并列关系标记"和"，致使形式结构和概念结构不完整；四字格化是其注脚。其英语表达为"The chicken makes a noise and the goose fights."。行为"make"是不可隐略的，"and"标记并列关系。

（3）可还原为"蝇叫和蛙躁""蝇叫、蛙躁"的"蝇声蛙躁"

"蝇声蛙躁"突显施事"蝇"和结果"声"与状主"蛙"和状态"躁"，隐略行为"鸣"和并列关系标记"和"，致使形式结构和概念结构不完整；四字格化是其注脚。其英语表达为"Flies chirp and frogs are impatient."。行为"chirp"不能隐略，"are"标记状态，"and"标记并列关系。

（4）可还原为"蝇鸣和蚓叫""蝇声、蚓窍"的"蝇声蚓窍"

"蝇声蚓窍"突显施事"蝇"和结果"声"与施事"蚓"和源头"窍"，隐略行为"鸣"和并列关系标记"和"，致使形式结构和概念结构不完整；四字格化是其注脚。其英语表达为"Flies and worms chirp."。行为"chirp"不能隐略，"and"标记并列关系。

（5）可还原为"打狗而欺其主""打狗欺其主"的"打狗欺主"

"打狗欺主"突显行为"打"和受事"狗"与行为"欺"和受事"主"，隐略领主"狗"和因果关系标记"而"，致使形式结构和概念结构不完整；四字格化是其注脚。其英语表达为"To beat the dog is to bully its owner."。领主"its"不能隐略。

（二）隐略一个元素和一个标记且用原式的

可还原为"狗狺狺地吠""狗狺狺吠""狗狺吠"的"狺吠"。"狺吠"突显方式"狺"和行为"吠"，隐略施事"狗"和方式标记"地"，且用原式"狺"，致使形式结构和概念结构不完整；双音节化是其注脚。其英语表达为"The dog yelps."，施事"dog"不可隐略，"yelp"词化程度高。

（三）隐略两个元素和一个标记的

1. 可还原为"吞纸充饥和抱犬御寒""吞纸充饥、抱犬御寒"的"吞纸抱犬"

"吞纸抱犬"突显行为"吞"和受事"纸"与行为"抱"和受事"犬"，隐略了目的"充饥"和目的"御寒"与一个并列关系标记"和"，致使形式结构和概念结构不完整；四字格化是其注脚。其英语表达为"swallow paper to satisfy hunger and hold the dog to keep warm"，目的是不可隐略的，"and"标记并列关系。

2. 可还原为"鸡和犬能相互听见叫声"的"鸡犬相闻"

"鸡犬相闻"突显施事"鸡犬"、范围"相"和行为"闻"，隐略了可能性"能"和受事"叫声"以及并列关系标记"和"，致使形式结构和概念结构不完整；四字格化是其注脚。其英语表达为"Chickens and dogs can hear each other cry."。"can"和"and"是不可隐略的。类似的还有：可还原为"鸡和犬能不相互听见叫声"的"鸡犬不闻"。

3. 可还原为"苍蝇一见到血，就拼命吮吸""苍蝇见到血，就拼命吮吸""苍蝇见到血，拼命吮吸"的"苍蝇见血"

"苍蝇见血"突显施事"苍蝇"、行为1"见"和受事"血"，隐略了行为2"吮吸"及其方式"拼命"和条件复句标记"一……就……"，致使形式结构和概念结构不完整；四字格化是其注脚。其英语表达为"As soon as the fly sees the blood，it sucks desperately."。行为2"suck"及其方式"desperately"是不可隐略的。

(四) 隐略两个元素和两个标记的

1. 可还原为"剥被宰的猪猡毛皮""剥猪猡毛皮"的"剥猪猡"

"剥猪猡"突显行为"剥"和受事1"猪猡"，隐略了行为"宰"和受事2"毛皮"与被动语态标记"被"和修饰关系标记"的"，致使形式结构和概念结构不完整；三音节化是其注脚。其英语表达为"skin a slaughtered pig"。"skin"是名动化的结果，词化程度高；"-ed"分词作定语，还标记被动语态。

2. 可还原为"调弄和训练鹰和隼""调弄和训练鹰隼""调弄、训练鹰隼""调训鹰隼"的"调鹰"

"调鹰"突显行为1"调"和受事部分"鹰"，隐略了行为2"训练"和受事另一部分"隼"以及两个并列关系标记"和"，致使形式结构和概念结构不完整；三音节化是其注脚。其英语表达为"handle and train falcons"。行为2"train"是不可隐略的，"and"标记并列关系，"falcon"词化程度高。

（五）隐略两个元素和三个标记的

可还原为"被屠宰的猪被分割和被打死的蛇被截断""屠宰的猪被分割和打死的蛇被截断"的"豕分蛇断"，它突显受事/类"豕"和行为"分"与受事/类"蛇"和行为"断"，隐略两个类与种的关系、两个被动关系标记"被"与一个并列关系标记"和"，致使形式结构和概念结构不完整；四字格化是其注脚。其英语表达为"The slaughtered pig is cut and the killed snake is cut off."。类与种的关系是不可隐略的，"-ed"分词作定语，还标记被动语态，"and"标记并列关系。

（六）隐略三个元素和一个标记的

1. 可还原为"一听到鸡叫就起来舞剑"的"闻鸡起舞"

"闻鸡起舞"突显子事件行为1"闻"和子事件施事"鸡"与母事件行为2"起"和行为3"舞"，隐略了子事件行为"叫"与母事件行为2的趋向"来"和受事"剑"以及条件复句标记"一……就……"，致使形式结构和概念结构不完整；四字格化是其注脚。其英语表达为"As soon as sb. hears the chicken crow, he gets up and wields the sword."。子事件行为"crow"、行为2的趋向"up"和受事"sword"是不可隐略的。

2. 可还原为"使公鸡相斗和使狗赛跑"的"斗鸡走狗/犬"

"斗鸡走狗/犬"突显行为"斗"和行为"走"与受事兼施事"鸡"和受事兼施事"狗/犬"，隐略三个元素——行为"使"和范围"相"与行为"使"，一个并列关系标记"和"，致使形式结构和概念结构不完整；四字格化是其注脚。其英语表达为"make cocks fight each other and dogs race"，行为"make"是不可隐略的，"and"标记并列关系。

3. 可还原为"猬纷纷起毛和鸡连续鸣叫""猬纷纷起毛、鸡连续鸣叫"的"猬起鸡连"

"猬起鸡连"突显施事"猬"和行为"起"与施事"鸡"和方式"连续"，隐略三个元素——受事"毛"和方式"纷纷"与行为"鸣叫"，一个标记即并列关系标记"和"，致使形式结构和概念结构不完整；四字格化是其注脚。其英语表达为"The hedgehog starts to bristle and the chicken continues to sing."。行为"sing"是不可隐略的，"and"标记并列关系。

（七）隐略三个元素和两个标记的

1. 可还原为"引人家的狗入自己的寨子"的"引狗入寨"

"引狗入寨"突显行为"引"、受事兼施事"狗"、行为"入"和目的地

"寨",隐略了两个领主"人家"和"自己"与两个修饰关系标记"的",致使形式结构和概念结构不完整;四字格化是其注脚。其英语表达为"Lead other people's dogs into their own stockade."。领主不可隐略。

2. 可还原为"用手牵犬和在臂上架鹰""手牵犬和臂上架鹰""牵犬和臂上架鹰"的"牵犬臂鹰"

"牵犬臂鹰"突显行为"牵"和受事"犬"与场所"臂"和受事"鹰",隐略三个元素——行为"用"和受事"手"与行为"架",两个标记即并列关系标记"和"与场所标记"在……上",致使形式结构和概念结构不完整;四字格化是其注脚。其英语表达为"lead the dog by hand and hold the eagle on the arm"。行为"hold"是不可隐略的,"and"标记并列关系,"by"标记场所,"on"标记场所。

(八)隐略三个元素和二个标记的

1. 可还原为"人喂养的鹰吃饱后飞走""喂养的鹰吃饱后飞走"的"养鹰扬去"

"养鹰扬去"隐略了子事件施事"人"、行为1"吃"和结果"饱"以及修饰关系标记"的"和时间标记"后",致使形式结构和概念结构不完整;四字格化是其注脚。其英语表达为"The fed eagle flies away after eating."。时间是不可隐略的,过去分词"fed"作定语,附带标记被动语态。

2. 可还原为"把点在屏风上的墨点画成苍蝇"的"点屏成蝇"

"点屏成蝇"突显子事件行为"点"和表达场所定中式复合名词部分"屏"与母事件行为构成要素结果"成"和受事"蝇",隐略了子事件表达场所定中式复合名词部分"风"和受事"墨点"与行为"画"以及修饰关系标记"的"、场所标记"在……上"和处置标记"把",致使形式结构和概念结构不完整;四字格化是其注脚。其英语表达为"paint the dots on the screen as flies",行为"paint"是不可隐略的,"on"标记场所。

3. 可还原为"蝇无休止地叫和蛙无休止地噪""蝇无休止地叫、蛙无休止地噪"的"蝇声蛙噪"

"蝇声蛙噪"突显施事"蝇"和结果"声"与施事"蛙"和行为"噪",隐略了行为"叫"和方式"无休止"与方式"无休止"以及并列关系标记"和"和两个状语标记"地",致使形式结构和概念结构不完整;四字格化是其注脚。其英语表达为"The fly keeps chirping and the frog keeps croaking.". 行为"chirp"是不可隐略的,"-ing"标记作宾语,"and"标记并列关系。

(九)隐略四个元素和两个标记的

可还原为"于正月初一杀鸡挂其于门上""正月初一杀鸡挂其于门上""正月初一杀鸡挂于门上"的"磔鸡",它突显子事件行为"磔"和受事"鸡",隐略四个元素——时间"正月初一"、母事件行为"挂"、受事"被杀的鸡"和场所"门",两个标记——时间标记"于"和场所标记"于……上",致使形式结构和概念结构不完整;双音节化是其注脚。其英语表达为"On the first day of the first month, a chicken is killed and hung on the door.". 母事件行为"hang"与时间标记"on"和场所标记"on"是不可隐略的。

(十)隐略四个元素和三个标记的

1. 可还原为"在飞的蝇串成行,像珠子一样垂下来""飞蝇串成行,像珠子一样垂下来"的"飞蝇垂珠"

"飞蝇垂珠"突显第一个事件的子事件行为"飞"和施事"蝇"与第二个事件行为"垂"和参照物"珠",隐略四个元素——第一个事件行为"串"和结果"成行"与第二个事件行为"垂"的趋向"下来",三个标记——进行体标记"在"、修饰关系标记"的"和比较标记"像……一样";致使形式结构和概念结构不完整;四字格化是其注脚。其英语表达为"Flying flies hang down like beads in a string.". "-ing"分词作定语,且"-ing"还标记进行体,"like"标记比较,"in"标记方式。

2. 可还原为"鸡和犬都认识各自在新丰的家""鸡和犬都认识新丰的家"的"鸡犬新丰"

"鸡犬新丰"突显施事"鸡犬"和受事的场所"新丰",隐略四个元素——行为"认识"和范围"都"、受事"家"和受事的其他属性特征"各自",三个标记——并列关系标记"和"、场所标记"在"和修饰关系标记"的",致使形式结构和概念结构不完整,句法上没有谓语和宾语;四字格化是其注脚。其英语表达为"Both the chicken and the dog know their own homes in Xinfeng.". 行为"know"和受事"home"是不可隐略的,介词短语作后置定语,"in"标记场所。

（十一）隐略四个元素和四个标记的

可还原为"把在屏风上落/误笔而造成的污点画成苍蝇"的"落/误笔成蝇"，它突显子事件1行为"落/误"和受事"笔"与母事件行为构成要素结果"成"和受事"蝇"，隐略了子事件1场所"屏风"、子事件2行为"造成"和受事"污点"与母事件行为"画"以及处置标记"把"、场所标记"在……上"、结果标记"而"和修饰关系标记"的"，致使形式结构和概念结构不完整；四字格化是其注脚。其英语表达为"paint the stains caused by falling / mistaking strokes on the screen as flies"。场所和母事件行为"paint"是不可隐略的，"-ed"分词短语作后置定语，且"-ed"还标记被动语态，"on"标记场所。

（十二）隐略五个元素和一个标记的

可还原为"使猎鹰飞和使猎狗走去追捕野兽"的"飞鹰走狗"，它突显行为"飞"和行为"走"与施事兼受事/类"鹰"和施事兼受事/类"狗"，隐略五个元素——两个类与种的关系、两个行为"使"和目的"去追捕野兽"，一个并列关系标记"和"；四字格化是其注脚。其英语表达为"make falcons fly and hounds go after wild animals"，行为"make"是不可隐略的，"and"标记并列关系。

（十三）隐略五个元素和三个标记的

可还原为"戴/冠雄鸡形的帽子和佩公猪形的饰物"的"戴/冠鸡佩豻"，它突显行为"戴/冠"和行为"佩"与领主/类"鸡"和领主"豻"，隐略五个元素——类与种的关系、两组领主和所属和两个受事，三个标记——两个修饰关系标记"的"和一个并列关系标记"和"；四字格化是其注脚。其英语表达为"wear a cock-shaped hat and a boar-shaped ornament"。受事是不可隐略的，"-ed"标记修饰关系，"and"标记并列关系。

（十四）隐略六个元素和一个标记的

可还原为"雄鸡报晓，情人要上路，只好中断欢爱"的"鸡声断爱"，它突显施事/类"鸡"和行为构成要素，即结果"声"与行为"断"和受事"爱"，隐略六个元素——类与种的关系，行为"报"和受事"晓"与施事"情人"、行为"要"和受事"上路"，一个结果标记"只好"；四字格化是其注脚。其英语表达为"The cock announces the morning, and the lover has to hit the road and break off his love. "。行为 "announce" 是不可隐略的，"have to" 标记结果。

（十五）隐略八个元素和一个标记的

可还原为"呼猎鹰使它飞和使猎狗走去追捕野兽"的"呼鹰走狗"，它突显行为"呼"和受事/类"鹰"与行为"走"和受事/类"狗"，隐略八个元素——两个类与种的关系，行为"使"、受事兼施事/复指成分"它"和行为"飞"，行为"使"和受事兼施事"狗"，目的"去追捕野兽"，一个并列关系标记"和"；四字格化是其注脚。其英语表达为 "call the falcon, make it fly and make the hounds go after the wild animals"。两种关系、两个行为 "make" 和目的 " after the wild animals" 是不可隐略的，"and" 标记并列关系。

（十六）隐略九个元素和一个标记的

可还原为"大赦日悬金鸡于长杆上，集罪犯，击鼓，宣读赦令"的"县鸡"，它突显行为1"县"和受事1"鸡"，隐略九个元素——时间"大赦日"、场所"长杆"、受事1的属性特征"金"、行为2"集"、受事2"罪犯"、行为3"击"、受事3"鼓"、行为4"宣读"、受事4"赦令"，一个场所标记"于……上"，致使形式结构和概念结构不完整；双音节化是其注脚。其英语表达为 "on the amnesty day, the golden rooster hung on the long pole, gathering criminals, beating drums, and reading amnesty orders"，三个行为、三个受事和场所及其标记 "on" 都是不可隐略的。

（十七）隐略十个元素和一个标记的

可还原为"杀鸡切分、碾黍，煮鸡肉和黍米饭来招待客人缔结深厚的盟约""用煮鸡肉和黍米饭招待客人来缔结深厚的盟约""用煮鸡和黍米饭招待客人来缔结深厚的盟约"的"鸡黍深盟"，它突显受事1"鸡"和受事3"黍"与受事6"盟"及其属性特征"深"，隐略十个元素——行为1"杀"、行为2"切分"、受事2"被杀的鸡"、行为3"碾"、行为4"煮"、受事4"鸡肉"／"黍米"、行为5"招待"、受事5"客人"、行为6"缔结"，一个目的标记"来"，致使形式结构和概念结构不完整；四字格化是其注脚。其英语表达为 "kill the chicken, cut it, grind the millet, cook the chicken and millet rice to entertain the guests and conclude a deep covenant"，行为、受事和目的标记 "to" 都是不可隐略的。

七、隐略元素和标记致使形式结构和概念结构不完整，且受事占据施事位置作主语

下面以元素和标记数量为主线展开。

（一）隐略三个元素和两个标记的

可还原为"猪被宰杀后用冷水烫""用冷水烫被宰杀的猪""冷水烫被宰杀的猪"的"冷水烫猪"，它突显受事 2"冷水"、行为 3"烫"和受事 1"猪"，隐略三个元素——施事"人"、行为 1"宰杀"和行为 2"用"，两个标记——被动语态标记"被"和修饰关系标记"的"，致使受事 2 占据施事的主语位置，形式结构和概念结构不完整；四字格化是其注脚。其英语表达为"scald a slaughtered pig with cold water"，"-ed"分词短语作后置定语，且"-ed"还标记被动语态，介词"with"可视为弱化了的动词。

（二）隐略六个元素和四个标记的

可还原为"兔子死后，猎狗就被屠宰、切分、烹来吃""兔子死后，猎狗就被烹来吃"的"狗烹"，它突显受事 1/类"狗"和行为 3"烹"，隐略六个元素——施事"人"，类与种的关系，时间"兔子死后"、行为 1"屠宰"、行为 2"切分"和目的"吃"，四个标记——三个被动语态标记"被"和一个目的标记"来"，致使受事 1 占据施事的主语位置，概念结构和形式结构不完整；双音节化是其注脚。其英语表达为"After the rabbit dies, the hounds are slaughtered, cut and cooked for food."。时间"after the rabbit dies"、类与种的关系、行为 1 和行为 2 以及目的都是不可隐略的。

（三）隐略九个元素和两个标记的

可还原为"立长杆，在杆头上设口衔绿幡的金鸡，击鼓，宣布赦令"的"金鸡放赦"，它突显受事 2"金鸡"、行为 4"放"和受事 4"赦"，隐略九个元素——施事"人"、整体与部分关系、行为 1"立"、受事 1"长杆"、行为 2"设"、受事 2 的属性特征"口衔绿幡"、场所"杆头"、行为 3"击"和受事 3"鼓"两个标记"在……上"和"的"，致使受事 2 占据施事的主语位置，形式结构和概念结构不完整；四字格化是其注脚。其英语表达为"set up a long pole, set a golden rooster with a red flag on the head of the pole, beat the drums, and announce the pardon"，整体与部分关系、三个行

为、三个受事和场所及其标记"on"是不可隐略的，没有修饰关系标记。

八、隐略元素和标记致使形式结构和概念结构不完整，且重复施事

可还原为"狗用心思而后行""狗思而后行"的"狗心狗行"，它突显施事"狗"、受事"心"和行为 3"行"，隐略两个元素——行为 1"用"和行为 2"思"，以及一个时间标记"而后"，且重复施事，致使形式结构和概念结构不完整；四字格化和内部对仗工整是其注脚。其英语表达为"A dog goes after his mind."。时间标记"after"是不可隐略的。

小　结

基于还原形式和参照英语，汉语意合表达式特征总体精彩纷呈。

一、后入框架事物概念意合表达式特征

（一）形式结构不完整，量词直接作定语

（二）形式结构不完整，目标域为处置标记＋处置对象＋行为＋受事＋修饰关系标记＋施事

（三）历法独特致意合表达式

1. 无语法形式

2. 有语法形式

（1）形式结构不完整，语法形式省略；（2）语出典故，形式结构不完整，语法形式省略。

（四）民俗独特致意合表达式

（五）语法形式省略

1. 单层的语法形式省略

（1）单层的一个关系不标记

第一，并列关系不标记；第二，修饰关系不标记；第三，领属关系不标记。

（2）单层的体和修饰关系不标记

第一，进行体和修饰关系不标记；第二，完成体和修饰关系不标记。

2. 里外层的语法形式均不标记

（1）里层领属关系不标记，外层并列关系不标记

第一，里层有两个领属关系不标记，外层并列关系不标记；第二，里层只有一个领属关系，外层并列关系不标记。

（2）里层并列关系不标记，外层并列关系不标记

（六）体验独特，形式结构不完整，语法形式省略

（1）避讳独特，形式结构不完整，语法形式省略

（2）风俗独特，形式结构不完整，语法形式省略

（3）神话独特，形式结构不完整，语法形式省略

（4）民族文化交融独特，形式结构不完整，语法形式省略

（七）形式结构不完整，语法形式省略

1. 形式结构不完整，一个语法形式省略

（1）省略数词，量词作定语，并列关系不标记

（2）动词直接作定语，修饰关系不标记

第一，目标域为联合式复合动词整体。第二，目标域为行为＋受事。第三，目标域为行为1＋受事1＋行为2＋受事2。第四，目标域为行为1＋受事1＋行为2＋受事2＋行为3＋受事3。第五，目标域为时间＋行为＋受事。第六，目标域为方式＋行为＋受事。第七，目标域为方式的标记＋方式的行为＋行为＋受事。第八，目标域为处置标记＋处置对象＋行为＋受事。第九，目标域为行为＋受事/施事2＋行为。第十，目标域为方式的标记＋方式的行为＋行为＋受事/施事2＋行为。第十一，目标域为行为＋状态。第十二，目标域为时间＋行为。第十三，目标域为对象标记＋对象＋行为。第十四，目标域为范围标记部分＋范围＋范围标记部分＋状态。

（3）动词性短语直接作定语，修饰关系不标记

2. 形式结构不完整，两个语法形式省略

（1）递进和修饰关系不标记

（2）处置和修饰关系不标记

（3）体和修饰关系不标记

第一，进行体和修饰关系不标记；第二，完成体和修饰关系不标记。

（4）被动语态和修饰关系不标记

3. 形式结构不完整，三个语法形式省略

（1）进行体、修饰关系和整体与部分关系不标记

（2）被动语态、目的和修饰关系不标记

（3）被动语态、方式和修饰关系不标记

4. 形式结构不完整，四个语法形式省略

（1）完成体、被动语态、目的和修饰关系不标记

（2）被动语态、完成体、完成体和修饰关系不标记

（3）被动语态、完成体、时间和修饰关系不标记

5. 形式结构不完整，五个语法形式省略

（1）目的、被动语态、方式、完成体和修饰关系不标记

（2）被动语态、完成体、时间、完成体和修饰关系不标记

6. 形式结构不完整，六个语法形式省略

（八）形式结构不完整，语法形式省略，且中有非短语化发生

（1）两个语法形式省略

（2）三个语法形式省略

（3）六个语法形式省略

（九）形式结构不完整，语法形式省略，意合中具象，短语作定语

（1）名词性短语

（2）表达施事＋行为的动词性短语

（十）一方面形式结构不完整，且语法形式省略；另一方面意义却重复

（十一）一方面形式结构不完整，且语法形式省略；另一方面意义却重复，且增加语法形式

（十二）一方面形式结构不完整，且语法形式省略；另一方面改变、增加意义

（十三）形式结构不完整，语法形式和复指成分省略

（1）复指源头

（2）复指整体

（3）复指目的地

（4）复指处置对象

二、后入框架事件概念意合表达式特征

(一)隐略关系致使概念结构（和形式结构）不完整

（1）隐略范畴与成员关系

（2）隐略整体与部分关系

(二)隐略元素致使概念结构和形式结构不完整

1. 隐略一个元素的即隐略行为的

2. 隐略两个元素的

（1）隐略行为和受事的

（2）隐略行为 1 和行为 2 的

（3）隐略复指成分兼施事 2 和行为 2 的

3. 隐略三个元素的

4. 隐略四个元素的

5. 隐略七个元素的

(三)隐略施事致使概念结构和形式结构均不完整，且受事占据主语位置

（1）单句

（2）复句

(四)隐略出现致使概念结构和形式结构均不完整，且目的地占据主语位置，整个语序面目全非

(五)隐略标记致使形式结构均不完整

（1）隐略并列关系标记

（2）隐略场所标记

(六)隐略元素和标记致使形式结构和概念结构不完整

1. 隐略一个元素和一个标记的

（1）错位

（2）不错位

2. 隐略一个元素和一个标记且用原式的

3. 隐略两个元素和一个标记的

4. 隐略两个元素和两个标记的

5. 隐略两个元素和三个标记的

6. 隐略三个元素和一个标记的

7. 隐略三个元素和两个标记的

8. 隐略三个元素和二个标记的

9. 隐略四个元素和两个标记的

10. 隐略四个元素和三个标记的

11. 隐略四个元素和四个标记的

12. 隐略五个元素和一个标记的

13. 隐略五个元素和三个标记的

14. 隐略六个元素和一个标记的

15. 隐略八个元素和一个标记的

16. 隐略九个元素和一个标记的

17. 隐略十个元素和一个标记的

（七）隐略元素和标记致使形式结构和概念结构不完整，且受事占据施事位置作主语

（1）隐略三个元素和两个标记的

（2）隐略六个元素和四个标记的

（3）隐略九个元素和两个标记的

（八）隐略元素和标记致使形式结构和概念结构不完整，且重复施事

结　语

　　结语部分首先概述本研究的主要工作，然后归纳创新之处，最后在指出局限性的同时展望进一步的研究。

一、本研究的主要工作

　　本研究以五个动物词概念框架为个案，遵循以下逻辑：首先，拟构框架，明晰其结构层次，厘清其元素链条，以摸清每个框架里的意合表达式的家底，并对其进行统计和分析；然后，着重事物/事件概念意合表达式的体验基础、认知操作和途径及其具体实施；最后，以意合表达式的还原形式和英语的平行表达为参照，归纳总结汉语意合表达式的特征。

二、创新之处

　　本研究的创新之处如下：

　　首先，本研究发现框架里的元素组织呈众星拱月之状，序列较多且层级复杂。框架起点概念周边的概念被起点概念所引发也即起点概念与周边的概念之间具有源头与水流关系，或与起点概念具有整体与部分关系/部分与整体关系或种与类/类与种关系，或与起点概念具有领主与所属关系。但其中任一概念链条式延伸得越深，与起点概念关系则越间接；概念链上的、层级越往下的概念，若作为起点概念，其周边的概念与作为框架中心的起点概念的联系一般说来就越隐晦。其次，人用语言表达自己所体验的事物意合性强，而且几乎可以说是必需的，因为语言经济原则和人的认知省力原则使然；而人用语言表达自己所体验的事件时，受到其结构逻辑和语境的制约比较大，意合时需文化模式、共享知识结构、默认值域的强力支撑，意合后更容易固化，表现在语言形式上就是词层面的意合性显著强于句层面。再次，本研究着眼于后入框架事物概念意合表达式的理据，发现文化模式、体验、客体的结构逻辑、语言的经济性和汉语的韵律（如双音节化、三音节化）是基础性的；至于事件概念意合表达式，文化模式、体验、语境、主观性、主体间性、事件的结构逻辑、语言的经济性、语序的灵活性、概括性和汉语的韵律（如四字格化）也是基础性的。最后，基于还原形式和参照英语，发现汉语意合表达式特征总体精彩纷呈：（1）历法/民俗独特可致事物概念意合表达式；（2）事物概念意合表达式时，第一，一方面形式结构不完整，且语法形式省略；另一方面意义却重复。第二，一方面形式结构不完整，且语法形式省略；另一方面意义却重复，且增加语法形式。第三，一方面形式结构不完整，且语法形式省略；另一方面改变、增加意义。第四，形式结构不完整，语法形式和复指成分省略。（3）隐略出现事件中的"出现"致使概念结构和形式结构均不完整，且目的地占据主语位置，整个语序面目全非。（4）隐略元素和标记致使形式结构和概念结构不完整，且受事占据施事位置作主语。（5）隐略元素和标记致使形式结构和概念结构不完整，且重复施事。（6）隐略标记致使形式结构均不完整。

三、局限性及进一步研究的展望

本研究的内容还可延伸至意合与意象的交融，比如：内含意象的意合、先意合再意象、附意象的转喻等。本研究的对象是单语，若从语言类型学角度依托动物词概念框架来考察事物和事件概念意合表达式，理论概括应该会更全面、更具代表性。如果角度改为对比语言学，那可能会发现心理、认知、社会、文化等因素对事物和事件概念意合表达式影响的差异性。

参考文献

一、著作类

[1] 陈嘉映. 语言哲学 [M]. 北京：北京大学出版社，2003.

[2] 廖光蓉. 语言类型学视域下词概念框架认知研究 [M]. 长沙：湖南师范大学出版社，2015.

[3] 王寅. 体认语言学 [M]. 北京：商务印书馆，2020.

[4] 廖光蓉. 认知语言学与汉语研究 [M]. 长沙：湖南师范大学出版社，2016.

[5] 马清华. 文化语义学 [M]. 南昌：江西人民出版社，2000.

二、论文类

[1] 袁毓林. 汉语意合语法的认知机制和描写体系 [J]. 中国语学（日本），2015（262 号）：1-30.

[2] 廖光蓉. 英汉文化动物词对比研究 [J]. 外国语，2000（5）：17-26.

[3] 罗琼，周国光. 关于汉语意合法的实证和思考 [J]. 湖南社会科学，2016（3）：196-199.

[4] 金枚. "意合"是汉语语构文化的最大特点略论 [J]. 汉字文化，2016（5）：86-87.

[5] 赵艳丽. 英汉语言对比中的意合与形合 [J]. 汉字文化，2017（5）：26-28.

[6] 廖光蓉，邢秋红. 述宾结构"认 X"意合途径的体认语言学探讨 [J]. 浙江外国语学院学报，2021（4）：28-35.

[7] 郅友昌，赵亮，杨丽芳．俄罗斯认知研究中的概念分析［J］．外语教学，2008（6）：19-22.

[8] 廖光蓉，刘嵩．"裸 X"中"裸"意义重构的体认语言学探讨［J］．解放军外国语学院学报，2021，44（2）：33-39.

[9] 李鸿安，郜庭台，王钟瑞．略谈事物转化的过程和层次［J］．中州学刊，1986（5）：32-33.

[10] 敬源崚．事物的层次与管理［J］．自贡师专学报，1989（4）：18-21.

[11] 范为启．论事物内部的矛盾结构系统［J］．临沂大学学报，2018，40（3）：103-121.

[12] 宋连胜，董树彬．论中国特色和谐政党关系的构成要素［J］．社会科学战线，2011（6）：151-155.

[13] 王寅．后现代哲学视野下的体认语言学［J］．外国语文，2014，30（6）：61-67.

[14] 廖光蓉．体认语言学观照下的汉语语义组构超常及其典型性［J］．中国外语，2019，16（6）：34-43.

[15] 王德春．苏联心理语言学家论言语生成［J］．心理科学通讯，1982（2）：49-51.

[16] 王力，秦建华．试论言语生成的四个层面［J］．山西师大学报（社会科学版），1994（3）：93-95.

[17] 贾旭杰．俄罗斯的言语生成模型理论［J］．解放军外国语学院学报，2002（3）：31-34.

[18] 姜晨．从身体之维到言语之维——梅洛-庞蒂言语生成理论的建构［J］．哲学动态，2017（8）：85-91.

[19] 杨京鹏，袁凤识．隐喻，转喻，还是隐转喻？——虚构运动认知理据研究［J］．现代外语，2022，45（4）：451-463.

[20] 廖光蓉．词概念框架的拟构及属性与特征［J］．外语与外语教学，2009（5）：5-10.

[21] 邢秋红，廖光蓉．汉英"名＋名"形式单位意合对比研究［J］．湖南科技大学学报（社会科学版），2022，25（2）：170-175.